MAX WINNENBURG

Artikel 15 DS-GVO als Informationshebel
im Organhaftungsprozess

Abhandlungen zum Deutschen und Europäischen
Gesellschafts- und Kapitalmarktrecht

Herausgegeben von

Professor Dr. Holger Fleischer, LL.M., Hamburg
Professor Dr. Jens Koch, Köln
Professor Dr. Hanno Merkt, LL.M., Freiburg
Professor Dr. Gerald Spindler †

Band 264

# Artikel 15 DS-GVO als Informationshebel im Organhaftungsprozess

Von

Max Winnenburg

Duncker & Humblot · Berlin

Die Juristische Fakultät der Ruhr-Universität Bochum
hat diese Arbeit im Jahr 2024 als Dissertation angenommen.

Bibliografische Information der Deutschen Nationalbibliothek

Die Deutsche Nationalbibliothek verzeichnet diese Publikation in
der Deutschen Nationalbibliografie; detaillierte bibliografische Daten
sind im Internet über http://dnb.d-nb.de abrufbar.

Alle Rechte vorbehalten
© 2025 Duncker & Humblot GmbH, Berlin
Satz: TextFormA(r)t, Daniela Weiland, Göttingen
Druck: CPI books GmbH, Leck
Printed in Germany

ISSN 1614-7626
ISBN 978-3-428-19471-1 (Print)
ISBN 978-3-428-59471-9 (E-Book)

Gedruckt auf alterungsbeständigem (säurefreiem) Papier
entsprechend ISO 9706

Verlagsanschrift: Duncker & Humblot GmbH, Carl-Heinrich-Becker-Weg 9,
12165 Berlin, Germany | E-Mail: info@duncker-humblot.de
Internet: https://www.duncker-humblot.de

*Meinen Eltern*

# Vorwort

Die vorliegende Arbeit wurde im Sommersemester 2024 von der juristischen Fakultät der Ruhr-Universität Bochum als Dissertation angenommen. Das Manuskript wurde im Dezember 2023 fertiggestellt, sodass Rechtsprechung und Literatur ab diesem Zeitpunkt nur auszugsweise berücksichtigt werden konnten.

Mein herzlicher Dank gilt Frau Prof. Dr. Katharina Uffmann für die Betreuung dieser Arbeit sowie Herrn Jun.-Prof. Dr. Sebastian Golla für die zügige Anfertigung des Zweitgutachtens.

Mein größter Dank gilt meinen Eltern, meiner Schwester und Lena für ihren bedingungslosen Rückhalt in allen Lebenslagen. Ohne diese Unterstützung und das mir entgegengebrachte Verständnis wäre meine akademische Ausbildung nicht möglich gewesen. Insbesondere meinen Eltern sei für all das gedankt, was sie mir ermöglicht haben. Ihnen ist diese Arbeit gewidmet.

Düsseldorf, November 2024 *Max Winnenburg*

# Inhaltsübersicht

| § 1 | Einführung | 23 |
|---|---|---|
| | A. Einleitung in die Thematik | 23 |
| | B. Gang der Untersuchung | 25 |
| § 2 | **Der Organhaftungsprozess** | 28 |
| | A. Persönliche Haftung eines Organmitglieds | 28 |
| | B. Darlegungs- und Beweislastumkehr zulasten des Organmitglieds | 35 |
| | C. Fehlende Sachkenntnis und mangelnde Beweisnähe | 46 |
| | D. Darlegungs- und Beweisnot trotz sekundärer Darlegungslast | 49 |
| | E. Darlegungs- und Beweisnot trotz D&O-Versicherung | 53 |
| | F. Darlegungs- und Beweisnot trotz Abgeltungsvereinbarungen bei Ausscheiden | 68 |
| | G. Darlegungs- und Beweisnot bei Regressprozessen der Organmitglieder untereinander | 70 |
| | H. Darlegungs- und Beweisnot im Schiedsverfahren | 74 |
| | I. Summa: Darlegungs- und Beweisnot | 75 |
| | J. Welche Unterlagen schaffen Abhilfe in der Not? | 76 |
| § 3 | **Anerkannte Möglichkeiten der Beweiserlangung im Organhaftungsprozess** | 77 |
| | A. § 810 BGB (analog) für beweisrelevante Urkunden | 77 |
| | B. Auskunftsanspruch (und Einsichtsrecht) nach § 242 BGB i. V. m. (nachwirkender) gesellschaftsrechtlicher Treuepflicht | 84 |
| | C. Konkretisierungserfordernis bei § 810 BGB und § 242 BGB | 86 |
| | D. Kein zusätzlicher Informationsgewinn durch §§ 142, 421 ff. ZPO | 90 |
| | E. Summa: Beweisnot trotz anerkannter Informationsansprüche | 91 |
| § 4 | **Voraussetzungen und Rechtsfolgen des Art. 15 DS-GVO in der Organhaftung** | 95 |
| | A. Die DS-GVO und ihre Einordnung ins Normengefüge | 96 |
| | B. Voraussetzungen des Informationsanspruchs aus Art. 15 DS-GVO | 99 |
| | C. Rechtsfolge des Art. 15 DS-GVO | 123 |
| | D. Zusammenfassung bisheriger Befunde | 151 |

§ 5 Beschränkungen des Art. 15 DS-GVO im Organhaftungsprozess . . . . . . . . . . . . 154

    A. Mögliche Wege der Beeinflussung des Organhaftungsprozesses . . . . . . . . . . . . 155

    B. Auslegungsmaßstab: Verträglichkeit von Art. 15 DS-GVO mit nationalem Prozessrecht . . . . . . . . . . . . . . . . . . . . . . . . . . . . . . . . . . . . . . . . . . . . . . . . . . . . . . . . 156

    C. Beschränkungen des Art. 15 DS-GVO nach Art. 15 Abs. 3, 4 DS-GVO . . . . . . . . 174

    D. Beschränkungen des Art. 15 DS-GVO wegen des „Aufwands" für den Verantwortlichen . . . . . . . . . . . . . . . . . . . . . . . . . . . . . . . . . . . . . . . . . . . . . . . . . . . . . . . 188

    E. Beschränkung des Art. 15 DS-GVO bei „Verfolgung datenschutzfremder Zwecke" 238

    F. Sonstige Beschränkungen durch geschriebenes, nationales, materielles Recht . . 277

    G. Summa – Keine erheblichen Beschränkungen des Art. 15 DS-GVO . . . . . . . . . . . 284

§ 6 Vergleich von Art. 15 DS-GVO und §§ 810, 242 BGB . . . . . . . . . . . . . . . . . . . . . . . 286

    A. Vergleich der „Voraussetzungen" – Insbesondere Konkretisierungsanforderungen 286

    B. Umfang: Welche Informationen sind jeweils zugänglich? . . . . . . . . . . . . . . . . . . 292

    C. Erfüllungsmodalitäten – Tauglichkeit zur Generierung von Beweisnähe . . . . . . . 294

    D. Vergleich der Sanktionen bei Schlechterfüllung und Nichterfüllung . . . . . . . . . . 295

    E. Summa – Art. 15 DS-GVO stärker als §§ 810, 242 BGB . . . . . . . . . . . . . . . . . . . . 302

§ 7 (Vor-)Prozessuale Durchsetzbarkeit des Art. 15 DS-GVO in der Organhaftung 305

    A. Allgemein: Zuständiges Gericht für eine Klage auf Datenzugang . . . . . . . . . . . . 305

    B. Verschiedene (außer-)prozessuale Konstellationen . . . . . . . . . . . . . . . . . . . . . . . 307

    C. Summa – Ausschließlich prozessuale Verknüpfung der Verfahren . . . . . . . . . . . 322

    D. (Wahrscheinliche) Praktische Szenarien des Organhaftungsprozesses . . . . . . . . 323

    E. Ergebnis: Prozessuale Integration des Art. 15 DS-GVO . . . . . . . . . . . . . . . . . . . 330

§ 8 Thesenartige Zusammenfassung . . . . . . . . . . . . . . . . . . . . . . . . . . . . . . . . . . . . . . . 331

    A. Informationsdefizite in der Organhaftung . . . . . . . . . . . . . . . . . . . . . . . . . . . . . . 331

    B. Anwendbarkeit des Art. 15 DS-GVO in der Organhaftung . . . . . . . . . . . . . . . . . . 332

    C. Beschränkungen des Art. 15 DS-GVO in der Organhaftung . . . . . . . . . . . . . . . . 333

    D. Vergleich von §§ 810, 242 BGB und Art. 15 DS-GVO . . . . . . . . . . . . . . . . . . . . . 338

    E. Prozessuale Integration des Art. 15 DS-GVO in den Organhaftungsprozess . . . . 339

    F. Fazit zu Art. 15 DS-GVO in der Organhaftung . . . . . . . . . . . . . . . . . . . . . . . . . . 340

**Literaturverzeichnis** . . . . . . . . . . . . . . . . . . . . . . . . . . . . . . . . . . . . . . . . . . . . . . . . . . . . 341

**Sachwortverzeichnis** . . . . . . . . . . . . . . . . . . . . . . . . . . . . . . . . . . . . . . . . . . . . . . . . . . . 364

# Inhaltsverzeichnis

§ 1 Einführung .................................................... 23
   A. Einleitung in die Thematik ................................ 23
   B. Gang der Untersuchung .................................... 25

§ 2 Der Organhaftungsprozess ...................................... 28
   A. Persönliche Haftung eines Organmitglieds ................. 28
      I.   Haftung im Anstellungsverhältnis, § 280 Abs. 1 S. 1 BGB .... 29
      II.  Haftung im Organverhältnis .................................. 29
          1. Haftung geschäftsführender Organe während der Organtätigkeit ...... 30
          2. Haftung von Aufsichtsorganen während der Organtätigkeit .......... 31
          3. Haftung der Organmitglieder nach dem Ausscheiden ................ 32
          4. Haftung von Rechtsnachfolgern des Organmitglieds ............... 33
      III. Summa – Persönlich haftende (ehemalige) Organmitglieder ........ 34
   B. Darlegungs- und Beweislastumkehr zulasten des Organmitglieds ....... 35
      I.   Begrifflichkeiten: Beweislast und (sekundäre) Darlegungslast ....... 35
          1. Darlegungslast, Behauptungslast, Substantiierungslast ............ 36
          2. Subjektive und objektive Beweislast ............................ 36
          3. Abhilfe bei Darlegungs- und Beweisnot ......................... 37
             a) Sekundäre Darlegungslast – Abhilfe bei „Darlegungsnot" .... 37
             b) Anscheinsbeweis/Prima-Facie-Beweis – Abhilfe bei „Beweisnot" .. 38
      II.  Darlegungslastverteilung und Beweislastverteilungen in Organhaftungsprozessen ................................................. 39
          1. Umkehr des § 93 Abs. 2 S. 2 AktG .......................... 39
          2. Umkehr des § 280 Abs. 1 S. 2 BGB .......................... 41
      III. Beweislastverteilung bei ausgeschiedenen Organmitgliedern ....... 42
      IV. Organhaftung in Kapitalgesellschaften des EU-Auslands ......... 43
      V.  Zwischenergebnis – Darlegungs- und Beweislast im Organhaftungsprozess .. 45
   C. Fehlende Sachkenntnis und mangelnde Beweisnähe ............... 46
      I.   Intensivierung durch Rückgabeanspruch der Gesellschaft gegen das Organmitglied ............................................. 47
      II.  Intensivierung durch kurze Aufbewahrungsfristen ................ 48

## Inhaltsverzeichnis

D. Darlegungs- und Beweisnot trotz sekundärer Darlegungslast ................ 49
    I. Voraussetzungen der sekundären Darlegungslast – Zirkelschluss ........ 50
    II. Beschränkter Anwendungsbereich der sekundären Darlegungslast ....... 51
    III. Absolute Grenze: Allgemeine prozessuale Aufklärungspflicht .......... 51
    IV. Keine Auswirkungen der sekundären Darlegungslast auf die Beweisebene . 52
    V. Zwischenergebnis – Keine Abhilfe durch sekundäre Darlegungslast ...... 52

E. Darlegungs- und Beweisnot trotz D&O-Versicherung ...................... 53
    I. Fehlende Abhilfe bei vorsätzlichem und operativem Handeln ........... 53
    II. Fehlende Abhilfe wegen Deckungshöchstgrenze ..................... 54
    III. Fehlende Abhilfe wegen (verpflichtendem) Selbstbehalt .............. 56
    IV. Fehlende Abhilfe wegen Eigenschadensklausel ...................... 58
    V. Dieselskandal und dessen Auswirkungen auf den D&O-Markt .......... 59
    VI. Zwischenergebnis – Kein geringeres Informationsinteresse durch D&O-Versicherungen ......................................... 60
    VII. Direktprozess gegen die D&O-Versicherung nach BGH ................ 61
        1. Darlegungs- und Beweislastverteilung im Direktprozess ............ 62
            a) Informationsinteresse trotz Darlegungs- und Beweislast bei der Gesellschaft ................................................ 63
            b) Informationsinteresse trotz Darlegungs- und Beweislast bei D&O-Versicherung .............................................. 64
        2. Summa: Auswirkungen des Direktprozesses auf Relevanz der Thematik . 66
    VIII. Summa: Auswirkungen D&O-Versicherung auf die Thematik .......... 66

F. Darlegungs- und Beweisnot trotz Abgeltungsvereinbarungen bei Ausscheiden .. 68
    I. Fehlende Rahmenbedingungen für eine Abgeltungsvereinbarung ........ 68
    II. Voraussetzungen des Abschlusses einer Abgeltungsvereinbarung in der AG . 68
    III. Verhinderung der Berufung auf eine Abgeltungsvereinbarung .......... 70
    IV. Summa – Relevanz der Thematik trotz Abgeltungsvereinbarungen ....... 70

G. Darlegungs- und Beweisnot bei Regressprozessen der Organmitglieder untereinander .................................................................. 70
    I. Unterschiedliche Verortung der Problematik der Darlegungs- und Beweislastverteilung ................................................... 71
    II. Teleologische Reduktion des § 93 Abs. 2 S. 2 AktG .................... 72
    III. Zwischenergebnis – Interesse an Informationsanspruch im Innenregress .. 74

H. Darlegungs- und Beweisnot im Schiedsverfahren ......................... 74

I. Summa: Darlegungs- und Beweisnot .................................... 75

Inhaltsverzeichnis 13

    J. Welche Unterlagen schaffen Abhilfe in der Not? .......................... 76

**§ 3 Anerkannte Möglichkeiten der Beweiserlangung im Organhaftungsprozess** ... 77

    A. § 810 BGB (analog) für beweisrelevante Urkunden ...................... 77

        I. Tatbestandsvoraussetzungen des § 810 BGB ........................ 79

            1. Tatbestandsalternativen des § 810 BGB ......................... 79

            2. Schutzwürdiges „Rechtliches Interesse" ......................... 80

        II. Reichweite des § 810 BGB auf Rechtsfolgenseite .................... 81

            1. Grundsätzlich keine Kopien nach § 810 BGB .................... 81

            2. Sekundärunterlagen ........................................ 82

            3. Elektronische Dokumente ................................... 83

    B. Auskunftsanspruch (und Einsichtsrecht) nach § 242 BGB i. V. m. (nachwirkender) gesellschaftsrechtlicher Treuepflicht ...................................... 84

        I. Voraussetzungen des Informationsanspruchs aus § 242 BGB .......... 84

        II. Rechtsfolge des § 242 BGB ....................................... 85

    C. Konkretisierungserfordernis bei § 810 BGB und § 242 BGB ................. 86

        I. Sehr weite Ansicht – keine Konkretisierung erforderlich ............... 86

        II. Weite Ansicht – Ungefähre Bestimmung genügt ..................... 87

        III. Engere Ansicht – nachvollziehbare Darlegung ....................... 87

        IV. Strenge Ansicht – Genaue Bezeichnung erforderlich .................. 87

        V. Überzeugende Lösung – Strenge Anforderungen ..................... 88

    D. Kein zusätzlicher Informationsgewinn durch §§ 142, 421 ff. ZPO ............ 90

    E. Summa: Beweisnot trotz anerkannter Informationsansprüche ............... 91

        I. Schwäche der §§ 810, 242 BGB ................................... 91

        II. Schwäche der prozessrechtlichen Ansprüche ........................ 92

        III. Bilanz – Darlegungs- und Beweisnot ............................... 92

**§ 4 Voraussetzungen und Rechtsfolgen des Art. 15 DS-GVO in der Organhaftung** .. 95

    A. Die DS-GVO und ihre Einordnung ins Normengefüge ..................... 96

        I. Verhältnis von nationalem Recht und Verordnung auf EU-Ebene ........ 97

        II. Verhältnis von Art. 15 DS-GVO zu § 810 BGB und § 242 BGB ......... 98

        III. Verhältnis von Art. 15 DS-GVO zum nationalen Datenschutzrecht ....... 98

    B. Voraussetzungen des Informationsanspruchs aus Art. 15 DS-GVO ........... 99

        I. Anwendungsbereich der DS-GVO im Organhaftungskontext eröffnet .... 99

        II. Verarbeitung personenbezogener Daten im Verhältnis Organ zu Gesellschaft 100

| | | |
|---|---|---|
| | 1. Der Begriff der personenbezogenen Daten | 100 |
| | a) Inhaltliche Anforderungen an die personenbezogenen Daten | 100 |
| | aa) Restriktives Verständnis | 101 |
| | bb) Extensives Verständnis | 102 |
| | cc) Bewertung der Ansichten zum Begriff der personenbezogenen Daten | 102 |
| | dd) Summa: Keine inhaltlichen Anforderungen an die Daten | 104 |
| | b) Der Personenbezug der Daten im formalen Sinne – Identifizierbarkeit | 104 |
| | 2. Organ(-mitglieder) als „Betroffene Person" – Mittelbarer „Bezug" genügt | 106 |
| | a) Personenbezogene Daten bei Einbindung juristischer Personen | 106 |
| | b) Personenbezogene Daten im beruflichen Umfeld | 107 |
| | c) Personenbezogene Daten von Funktionsträgern im öffentlichen Recht | 107 |
| | d) Zwangsoffenlegung von Vorstandsvergütungen | 108 |
| | e) Bewertung der Informationen über Organe und Organmitglieder | 108 |
| | aa) Übertragbarkeit der Grundsätze aus vergleichbaren Konstellationen | 108 |
| | (1) Übertragbarkeit der Grundsätze zu juristischen Personen | 108 |
| | (2) Übertragbarkeit der Grundsätze zum beruflichen Umfeld | 109 |
| | (3) Übertragbarkeit der Grundsätze zu Funktionsträgern im öffentlichen Recht | 110 |
| | (4) Zwischenergebnis zur Übertragbarkeit der Grundsätze | 111 |
| | bb) Unberechtigte Bedenken gegen Löschungs- und Korrekturanspruch des Geschäftsleiters | 111 |
| | cc) Einordnung als betroffene Person entspricht dem Willen der Kommission | 112 |
| | dd) Personenbezug entspricht Rechtsprechung des EuGH | 113 |
| | f) Summa: Organmitglieder sind betroffene Personen | 113 |
| | 3. Begriff der „Verarbeitung" und maßgeblicher Zeitpunkt des Datenbestands | 114 |
| | a) Anforderungen an die (teilweise) automatisierte Datenverarbeitung | 115 |
| | b) Maßgeblicher Datenbestand | 117 |
| | 4. Summa: Verarbeitung personenbezogener Daten im Organverhältnis | 117 |
| III. | Passivlegitimation: Gesellschaft als Verantwortliche der Datenverarbeitung | 118 |
| | 1. „Konfusion"? Geschäftsführungsorgan (war) zugleich Verantwortlicher und Betroffener | 119 |
| | a) Konkretisierung der Problemstellung | 119 |
| | b) Keine Konfusion im eigentlichen Sinne | 120 |

|  |  | 2. Dennoch bestehendes Störgefühl wegen (vorausgegangener) interner Verantwortlichkeit ........................................... | 121 |
|---|---|---|---|
|  |  | a) Störgefühl: Versäumnisse bei der Datenorganisation ............. | 121 |
|  |  | b) Störgefühl: Einzelne Details der Datenverarbeitung bereits bekannt | 122 |
|  | IV. | Summa: Anspruchsvoraussetzungen liegen im Organhaftungsprozess vor .. | 123 |
| C. | Rechtsfolge des Art. 15 DS-GVO ....................................... | | 123 |
|  | I. | Modalität der Anspruchserfüllung ................................ | 123 |
|  |  | 1. „Auskunft" nach Art. 15 Abs. 1 DS-GVO ........................ | 124 |
|  |  | 2. „Kopie" nach Art. 15 Abs. 3 DS-GVO .......................... | 124 |
|  |  | 3. Verhältnis von Art. 15 Abs. 1 DS-GVO zu Art. 15 Abs. 3 DS-GVO .... | 125 |
|  |  | a) Auseinandersetzung mit Argumenten für Selbstständigkeit des Anspruchs ................................................ | 127 |
|  |  | b) Bloße Ergänzung des Art. 15 Abs. 1 DS-GVO durch Art. 15 Abs. 3 DS-GVO ................................... | 128 |
|  |  | 4. Zwischenergebnis für weitere Untersuchung ..................... | 130 |
|  | II. | Inhalt des einheitlichen Anspruchs aus Art. 15 Abs. 1, 3 DS-GVO ....... | 131 |
|  |  | 1. Wortlaut des Art. 15 Abs. 1 2. Hs. DS-GVO – Sprachvergleichende Auslegung ................................................... | 132 |
|  |  | a) Umgang mit divergierendem Wortlaut in verschiedenen Sprachfassungen ................................................ | 132 |
|  |  | b) Auslegung unter Zugrundelegung des Begriffs „Zugang" ......... | 134 |
|  |  | 2. Systematik und praktische Erwägungen ........................ | 134 |
|  |  | 3. Telos – Vergegenwärtigung und Überprüfbarkeit der Datenverarbeitung | 135 |
|  |  | 4. Ergebnis der Auslegung entspricht Auffassung des Europäischen Datenschutzausschusses ........................................... | 136 |
|  |  | 5. Personenbezogenes Datum oder Dokument kopieren? – EuGH, C 487/21 | 136 |
|  | III. | Bestimmung der Erfüllungswirkung und Anwendbarkeit des § 260 BGB auf Art. 15 DS-GVO ............................................... | 139 |
|  |  | 1. Die Auffassung des BGH – Erfüllung subjektiv ................... | 140 |
|  |  | 2. Andere Stimmen – Erfüllung objektiv .......................... | 141 |
|  |  | 3. Vorfrage – Bestehende Unsicherheit über Vollständigkeit? .......... | 142 |
|  |  | a) Behördenbefugnis nach Art. 58 Abs. 1 lit. e DS-GVO ............ | 143 |
|  |  | b) Behördenbefugnis nach Art. 58 Abs. 1 lit. f DS-GVO ............ | 143 |
|  |  | c) Anspruch auf Einschreiten der Behörde nach Art. 58 DS-GVO .... | 144 |
|  |  | 4. Folge – Subjektive Feststellung der Erfüllung ..................... | 145 |
|  |  | 5. Folge: Anwendbarkeit des § 260 BGB .......................... | 146 |
|  |  | 6. Summa – Subjektive Bestimmung und § 260 BGB ................ | 149 |
|  | IV. | Eingeschränkte Verzichtsmöglichkeit ............................. | 150 |

D. Zusammenfassung bisheriger Befunde .................................. 151

## § 5 Beschränkungen des Art. 15 DS-GVO im Organhaftungsprozess ............ 154

A. Mögliche Wege der Beeinflussung des Organhaftungsprozesses ............. 155

    I. Informationsgewinn oder Geltendmachung von Folgerechten ........... 155

    II. Verwendung als Druckmittel ....................................... 155

    III. Konsequenzen der verschiedenen Möglichkeiten der Beeinflussung ..... 156

B. Auslegungsmaßstab: Verträglichkeit von Art. 15 DS-GVO mit nationalem Prozessrecht .................................................................. 156

    I. Annäherung an die Pre-Trial Discovery durch Art. 15 DS-GVO ......... 158

        1. Die angloamerikanische Pre-Trial Discovery .................... 159

        2. Gemeinsamkeiten und Unterschiede von Pre-Trial Discovery und Art. 15 DS-GVO ................................................. 160

    II. Verträglichkeit von Art. 15 DS-GVO mit dem nationalen Prozessrecht .... 163

        1. Umrisse des Ausforschungsverbots ............................ 163

        2. Geringe Kollision von Art. 15 DS-GVO und Ausforschungsverbot .... 164

    III. Lösung der Kollision durch den Anwendungsvorrang des Unionsrechts ... 166

        1. BFH: Anwendungsvorrang des Prozessrechts vor dem Datenschutzrecht 166

        2. Der Anwendungsvorrang des EU-Rechts – Prinzip der begrenzten Einzelermächtigung ............................................. 167

        3. Kompetenzen der Union zur Regelung des Prozessrechts ........... 167

            a) Keine selbstständige Kompetenz zur Regelung des Prozessrechts .. 168

            b) Umfassende Supranationalisierungskompetenz im Bereich Datenschutz ...................................................... 168

                aa) Zulässige Kompetenzausübung vs. unzulässige „Ad-hoc-Vertragsmodifizierung" .................................... 169

                bb) Art. 15 DS-GVO als zulässige Kompetenzausübung ......... 170

            c) Rechtspolitische Diskussion rund um eine Ausforschung ......... 172

        4. Summa – Kein unionales Kompetenzdefizit ..................... 173

    IV. Verantwortung bei nationalem Gesetzgeber, Art. 23 Abs. 1 DS-GVO ..... 173

    V. Kollision in den übrigen Mitgliedstaaten der Union ................... 174

C. Beschränkungen des Art. 15 DS-GVO nach Art. 15 Abs. 3, 4 DS-GVO ........ 174

    I. Art. 15 Abs. 3 S. 2 DS-GVO als Beschränkung des Rechts auf Kopie ..... 175

    II. Art. 15 Abs. 4 DS-GVO – Rechte und Freiheiten anderer Personen ...... 175

        1. Terminologie der „Rechte und Freiheiten anderer Personen" – auch Verantwortlicher erfasst ......................................... 176

        2. Anforderungen an die Darlegung im Rahmen von Art. 15 Abs. 4 DS-GVO 178

3. Kein vollständiger Ausschluss des Zugangs auf Grundlage des Art. 15 Abs. 4 DS-GVO ........ 180
4. Mögliche Nachteile für Verarbeitenden durch erhöhten Prüfungsaufwand ........ 181
5. Sonderfall: Verweigerung des Zugangs zur Prozessstrategie im parallelen Haftungsprozess ........ 182
6. Sonderfall: Laufende Ermittlungen als Verweigerungsgrund ........ 184
7. Sonderfall: Hinweisgeberschutz – Organhaftung infolge von Whistleblowing ........ 185
8. Zwischenbilanz zu Art. 15 Abs. 4 DS-GVO im Organhaftungsprozess .. 187

D. Beschränkungen des Art. 15 DS-GVO wegen des „Aufwands" für den Verantwortlichen ........ 188

  I. Keine Konkretisierungspflicht und keine abgestufte Erfüllungslast ...... 189
   1. Die „abgestufte Erfüllungslast" als Konzept der Rechtsprechung ..... 192
   2. Kritik an der „abgestuften Erfüllungslast" ........ 192
   3. Keine Konstruktion einer Konkretisierungsobliegenheit über eine Treuepflicht auf nationaler Ebene ........ 194
   4. Vorzugswürdige Behandlung der unterlassenen Konkretisierung ...... 195

  II. Grenze des Art. 12 Abs. 5 DS-GVO im Exzess ........ 196
   1. Der Begriff „Exzessiv" ........ 196
   2. Einzelne, umfangreiche Anfrage als Exzess? ........ 197

  III. Art. 12 Abs. 5 S. 2 DS-GVO vs. Art. 15 Abs. 4 DS-GVO im Falle des hohen Aufwands ........ 198
   1. Wenig überzeugende Anknüpfung an Art. 12 Abs. 5 S. 2 DS-GVO .... 198
   2. Überzeugende Anknüpfung an Art. 15 Abs. 4 DS-GVO ............. 200

  IV. Eingeschränkte Relevanz des Streits um die dogmatische Anknüpfung ... 201
   1. Keine abweichende Lösung wegen echtem Wahlrecht bei Art. 12 Abs. 5 S. 2 DS-GVO ........ 202
   2. Keine abweichende Lösung wegen Art. 12 Abs. 5 S. 3 DS-GVO ...... 203
   3. Summa: Keine Entscheidung notwendig ........ 204

  V. Abweichende Lösungsvorschläge bei hohem Aufwand in der Literatur ... 204

  VI. Art. 15 Abs. 4 DS-GVO und der hohe Aufwand im Kontext der Organhaftung ........ 206
   1. Abwägungsmaßstäbe für die vorzunehmende Abwägung ........... 207
    a) Restriktives Verständnis von Ausnahmen und Beschränkungen .... 207
    b) Gewicht des Datenschutzes – Art. 15 DS-GVO als Magna-Charta .. 208
    c) Paradoxe Verschiebung der Schutzwürdigkeit bei großer Datenmenge ........ 209
    d) Möglichkeit zur Fristverlängerung nach Art. 12 Abs. 3 S. 2 DS-GVO 210

|   |   | e) Keine Anwendung der Grundsätze des BGH zur „Zumutbarkeit" bei § 242 BGB .................................................. | 211 |
|---|---|---|---|
|   | 2. | Abwägungskriterien im Rahmen der vorzunehmenden Abwägung .... | 212 |
|   |   | a) Offensichtliches Kriterium und Ausgangspunkt der Überlegungen: Der Aufwand ............................................. | 212 |
|   |   | b) Inhalt der Daten .......................................... | 213 |
|   |   | c) Motive zur Verarbeitung der Daten ........................ | 214 |
|   |   | d) Wirtschaftliches Interesse des Organmitglieds ............... | 214 |
|   |   | e) Ergreifen zumutbarer Maßnahmen zur Reduzierung des Aufwands | 215 |
|   |   | f) Versäumnisse in der Datenverarbeitung als aktives Organmitglied .. | 216 |
|   | 3. | Zusammenfassung der Abwägungsmaßstäbe und Abwägungskriterien | 216 |
| VII. | Möglichkeiten der Aufwandsreduzierung ........................... | | 217 |
|   | 1. | Reduzierung des Aufwands durch kautelarjuristische Mittel ......... | 217 |
|   | 2. | Reduzierung des Aufwands mittels § 242 BGB i.V.m. nachwirkender Treuepflicht .................................................. | 219 |
|   | 3. | Reduzierung des Aufwands durch Konkretisierung des Anspruchs .... | 220 |
|   | 4. | Präventive Aufwandsvermeidung durch entsprechende organisatorische Maßnahmen .................................................. | 221 |
|   | 5. | Reduzierung des Aufwands durch rechtzeitigen „Legal Hold"/„Litigation Hold" .................................................... | 223 |
|   | 6. | Reduzierung des Aufwands durch Bereitstellung der Daten in virtuellem Datenraum .................................................. | 224 |
|   |   | a) Anforderungen an den virtuellen Datenraum ................. | 225 |
|   |   | b) Geringe Unterschiede zwischen „Due Dilligence" und „Zugangsgewährung" .............................................. | 226 |
|   |   | c) Fazit zum virtuellen Datenraum als Erfüllungsmodalität ........ | 226 |
|   | 7. | Pseudonymisierung mittels künstlicher Intelligenz ................. | 227 |
|   |   | a) Bisherige Nicht-Berücksichtigung seitens der Gerichte und Literatur | 228 |
|   |   | b) Künstliche Intelligenz zur Schwärzung personenbezogener Daten .. | 229 |
|   |   | c) Erfahrungsberichte zur Anwendung von künstlicher Intelligenz aus der Praxis ............................................... | 230 |
|   |   | d) Zulässigkeit der Anwendung von künstlicher Intelligenz auf personenbezogene Daten ........................................ | 231 |
|   |   | e) Ungerechtfertigte Schwärzungen als (vermeintliches) Problem .... | 232 |
|   |   | aa) Rechtsfolgen bei zu Unrecht vorgenommenen „Zuviel-Schwärzungen" ............................................. | 232 |
|   |   | bb) Ermöglichung des Zugangs durch übermäßige Schwärzungen .. | 233 |
|   |   | f) (Un-)zuverlässigkeit künstlicher Intelligenz ................... | 234 |
|   |   | g) Fazit zu künstlicher Intelligenz zwecks Reduzierung des Erfüllungsaufwands ................................................ | 235 |

8. Fazit zu Möglichkeiten der Aufwandsreduzierung ................ 236
VIII. Vergleich: Aufwandsbewältigung bei der Pre-Trial Discovery .......... 236
IX. Ergebnis – Verteidigungsmöglichkeiten der Gesellschaft bei großem Aufwand .................................................... 237
E. Beschränkung des Art. 15 DS-GVO bei „Verfolgung datenschutzfremder Zwecke" 238
    I. Problematische Fallgruppen – Anknüpfungspunkte für Anspruchsausschluss 239
        1. Organmitglied hat Informationsinteresse ....................... 239
        2. Organmitglied hat kein Informationsinteresse ................... 240
        3. Keine Differenzierung nach dem Zeitpunkt der Geltendmachung ..... 240
    II. Stand der Diskussion bei Verfolgung datenschutzfremder Zwecke ....... 241
        1. Urteil des EuGH und Schlussanträge in der Rechtssache C 307/22 .... 241
        2. Europäischer Datenschutzausschuss ........................... 243
        3. Mitgliedstaatliche Rechtsprechung zur Verfolgung „datenschutzfremder Zwecke" ................................................. 244
            a) Rechtsprechung in Fällen mit Informationsinteresse ............ 244
                aa) Restriktive Rechtsprechung ........................... 244
                bb) Betroffenenfreundliche Rechtsprechung ................... 247
            b) Rechtsprechung bei fehlendem Informationsinteresse .......... 250
        4. Literatur zum Rechtsmissbrauch bei Art. 15 DS-GVO ............. 251
            a) Literatur in Fällen mit Informationsinteresse .................. 251
                aa) Restriktive Literatur ................................. 251
                bb) Betroffenenfreundliche Literatur ........................ 253
            b) Literatur in Fällen fehlenden Informationsinteresses ............. 256
        5. Keine Entscheidung der Problematik durch den EuGH zu Art. 12 DSRL 257
    III. Zusammenfassung der Diskussion um die „Verfolgung datenschutzfremder Zwecke" ................................................... 258
        1. Nicht diskussionsbedürftige Gemeinsamkeiten .................. 258
        2. Diskussionsbedürftige Unterschiede ........................... 258
    IV. Abwägung der Argumente im Fall der Verfolgung „datenschutzfremder Zwecke" ................................................... 259
        1. Selbststand des Zugangs neben instrumentellem Verständnis ........ 260
        2. Verteidigungsinstrument: Prüfung der Artt. 16, 17 DS-GVO ......... 263
        3. Vorgeschaltete Verfolgung „datenschutzkonformer" Zwecke ......... 264
        4. Untaugliches Argument des Widerspruchs zu nationalem Prozessrecht 265
        5. (Keine) Überzeugende dogmatische Anknüpfung ................. 265
            a) Keine Anknüpfung an § 242 BGB .......................... 265
            b) Anknüpfung an Art. 12 Abs. 5 S. 2 DS-GVO nur bei Schikane ..... 266
            c) Keine teleologische Reduktion ............................ 267

aa) Keine teleologische Reduktion in „Organhaftungskonstellation" 268
bb) Keine teleologische Reduktion wegen „datenschutzfremder Zwecke" ........................................... 269
d) Unionsrechtliche Rechtsmissbrauchslehre .................... 270
aa) Kein Rechtsmissbrauch bei Bestehen eines Informationsinteresses 271
bb) Rechtsmissbrauch oder Schikane bei Geltendmachung ohne Informationsinteresse ................................. 272
V. Summa – Differenzierung im Fall der Verfolgung „datenschutzfremder Zwecke" .................................................... 273
VI. Folgeproblem: Beweislast für Ausschlussgrund bei Verantwortlichem .... 274
F. Sonstige Beschränkungen durch geschriebenes, nationales, materielles Recht .. 277
I. Art. 23 DS-GVO als Eingangskontrolle nationalen Rechts ............. 278
1. Einerseits: Restriktives Verständnis des Art. 23 DS-GVO ........... 278
2. Andererseits: Extensives Verständnis des Art. 23 DS-GVO .......... 279
3. Vereinbarkeit des restriktiven und extensiven Verständnisses ......... 280
4. Anforderungen der Öffnungsklausel des Art. 23 DS-GVO ........... 280
II. Beschränkungen durch das nationale Datenschutzrecht des BDSG ....... 282
III. Einzelne nationale (potenziell) beschränkende Normen ............. 283
G. Summa – Keine erheblichen Beschränkungen des Art. 15 DS-GVO .......... 284

**§ 6 Vergleich von Art. 15 DS-GVO und §§ 810, 242 BGB** ...................... 286

A. Vergleich der „Voraussetzungen" – Insbesondere Konkretisierungsanforderungen 286
I. Vergleich der notwendigen Konkretisierung ........................ 286
1. Konkretisierung bei § 810 BGB und § 242 BGB – Hohe Anforderungen 287
2. Konkretisierung bei Art. 15 DS-GVO – Geringe Anforderungen ...... 287
3. Prozessrechtliche Konkretisierung nach § 253 Abs. 2 Nr. 2 ZPO ...... 288
a) § 253 Abs. 2 Nr. 2 ZPO bei § 810 BGB und § 242 BGB .......... 288
b) § 253 Abs. 2 Nr. 2 ZPO bei Art. 15 DS-GVO ................. 288
II. Zusammenfassung der Unterschiede und Auswirkungen der Konkretisierungsanforderungen auf den Organhaftungsprozess .................. 291
B. Umfang: Welche Informationen sind jeweils zugänglich? ..................... 292
I. Mittels Art. 15 DS-GVO zugängliche Informationen .................. 292
II. Mittels §§ 810, 242 BGB zugängliche Informationen .................. 293
III. Zusammenfassung der Unterschiede betreffend den Umfang ........... 293
C. Erfüllungsmodalitäten – Tauglichkeit zur Generierung von Beweisnähe ....... 294
D. Vergleich der Sanktionen bei Schlechterfüllung und Nichterfüllung .......... 295

## Inhaltsverzeichnis

I. „Public-Enforcement" des Art. 15 DS-GVO .................. 296
   1. Public-Enforcement mittels Bußgeld nach Art. 83 DS-GVO ......... 296
   2. Public-Enforcement mittels mittelbarer strafrechtlicher Sanktionierung 298

II. „Private-Enforcement" des Art. 15 DS-GVO mittels Schadensersatz nach Art. 82 DS-GVO .................................................. 298

III. Rechtsfolgen unzureichender Auskunftserteilung bei §§ 810, 242 BGB ... 301

IV. Zusammenfassung der Unterschiede bei den Sanktionen .............. 302

E. Summa – Art. 15 DS-GVO stärker als §§ 810, 242 BGB .................... 302

## § 7 (Vor-)Prozessuale Durchsetzbarkeit des Art. 15 DS-GVO in der Organhaftung 305

A. Allgemein: Zuständiges Gericht für eine Klage auf Datenzugang ............ 305

B. Verschiedene (außer-)prozessuale Konstellationen ........................ 307

  I. Isolierte prozessuale Geltendmachung ............................ 307

  II. Rechtliche Verknüpfung mittels Widerklage nach § 33 ZPO ............ 308
      1. Kongruente gerichtliche Zuständigkeit ........................ 308
      2. Keine Vorrangigkeit der §§ 421 ff. ZPO ........................ 309
         a) Begründung des Vorrangs bei § 810 BGB .................... 310
         b) Kein Vorrang im Verhältnis zu Art. 15 DS-GVO ................ 311
      3. Konnexität im Sinne des § 33 Abs. 1 ZPO ...................... 312
         a) Anforderungen der Konnexität ............................ 313
         b) Konnexität zwischen Zugangsverlangen und Organhaftung ....... 314
            aa) Keine Übertragbarkeit der Argumente bezüglich Unzulässigkeit der Stufenklage ...................................... 314
            bb) Datenschutz und Organhaftung als verschiedene Regelungsmaterien .......................................... 315
            cc) Parallelen zu § 273 BGB – Einheitlicher Lebenssachverhalt ... 315
            dd) Ausforschungsverbot *versus* Prozessökonomie und Art. 19 Abs. 4 GG .................................... 317
            ee) Konnexität trotz Selbststand des Art. 15 DS-GVO ........... 318
         c) Abwägung der Argumente – Zugangsverlangen und Organhaftung sind konnex .......................................... 319
      4. Kein Ausschluss der Widerklage wegen Rechtsmissbrauchs ......... 319
      5. Keine Schwäche der Widerklage wegen fehlender Abstimmung der Verfahren ................................................ 320

  III. Isolierte außerprozessuale Geltendmachung ........................ 321

  IV. Tatsächlich verknüpfte (außer)prozessuale Geltendmachung ............ 321

  V. Anspruchsdurchsetzung unter Einbindung der Datenschutzbehörde ...... 322

C. Summa – Ausschließlich prozessuale Verknüpfung der Verfahren . . . . . . . . . . . . 322

D. (Wahrscheinliche) Praktische Szenarien des Organhaftungsprozesses . . . . . . . . . 323

    I. Erfüllung des Zugangsanspruchs ohne Notwendigkeit einer Klage . . . . . . . 323

    II. Notwendigkeit einer Klage auf Erfüllung des Zugangsanspruchs . . . . . . . . 323

        1. Kürzere Verfahrensdauer im datenschutzrechtlichen Verfahren . . . . . . . 324

        2. Einstweilige Verfügung nach § 935 ZPO . . . . . . . . . . . . . . . . . . . . . . . . 325

        3. Anreiz zur zeitnahen Zugangsgewährung dank doppeltem Enforcement 326

        4. Keine Aussetzung des Organhaftungsprozesses nach gerichtlichem Ermessen . . . . . . . . . . . . . . . . . . . . . . . . . . . . . . . . . . . . . . . . . . . . . . . 327

        5. Keine „Aussetzung" auf anderem Wege wegen Kooperationsbereitschaft 328

        6. Notanker: Nachschieben eines Informationsgewinns mittels Berufung 329

        7. Summa – Keine Möglichkeit der zeitlichen Abstimmung der Verfahren 330

E. Ergebnis: Prozessuale Integration des Art. 15 DS-GVO . . . . . . . . . . . . . . . . . . . . 330

**§ 8 Thesenartige Zusammenfassung** . . . . . . . . . . . . . . . . . . . . . . . . . . . . . . . . . . . . . . 331

A. Informationsdefizite in der Organhaftung . . . . . . . . . . . . . . . . . . . . . . . . . . . . . . 331

B. Anwendbarkeit des Art. 15 DS-GVO in der Organhaftung . . . . . . . . . . . . . . . . . . 332

C. Beschränkungen des Art. 15 DS-GVO in der Organhaftung . . . . . . . . . . . . . . . . 333

D. Vergleich von §§ 810, 242 BGB und Art. 15 DS-GVO . . . . . . . . . . . . . . . . . . . . . 338

E. Prozessuale Integration des Art. 15 DS-GVO in den Organhaftungsprozess . . . . . 339

F. Fazit zu Art. 15 DS-GVO in der Organhaftung . . . . . . . . . . . . . . . . . . . . . . . . . . 340

**Literaturverzeichnis** . . . . . . . . . . . . . . . . . . . . . . . . . . . . . . . . . . . . . . . . . . . . . . . . . . . 341

**Sachwortverzeichnis** . . . . . . . . . . . . . . . . . . . . . . . . . . . . . . . . . . . . . . . . . . . . . . . . . . 364

# § 1 Einführung

## A. Einleitung in die Thematik

Nimmt eine Kapitalgesellschaft ein (ehemaliges) Organmitglied im Wege der Organhaftung persönlich in Anspruch, so geht es dabei – insbesondere bei Inanspruchnahme von Geschäftsleitungsorganen – nicht selten um hohe Schadenssummen. Ausgeschiedene Organmitglieder trifft das angesichts der gesetzlichen Ausgestaltung der Organhaftung besonders hart. Gemäß § 93 Abs. 2 S. 6 AktG (analog) beträgt die Verjährungsfrist des Organhaftungsanspruchs im äußersten Fall zehn Jahre.[1] Dabei trägt das Organmitglied gemäß § 93 Abs. 2 S. 2 die Darlegungs- und Beweislast dafür, dass sein Verhalten weder pflichtwidrig noch schuldhaft war. Das Organmitglied muss beim Ausscheiden aus der Gesellschaft jedoch alle während der Tätigkeit erlangten Unterlagen zurück an die Gesellschaft geben. Das ausgeschiedene Organmitglied befindet sich damit aufgrund einer „Diskrepanz zwischen abstrakter Beweislastregelung und konkretem Behauptungs- und Beweisführungsvermögen"[2] bei der Verteidigung gegen die Organhaftung in einer ausgeprägten Darlegungs- und Beweisnot.[3] 43 % der Geschäftsleiter fürchten allein deshalb verurteilt zu werden, weil sie in eine entsprechende Darlegungs- und Beweisnot geraten.[4] Laut Statistik des Gesamtverbands der Versicherer (GDV) zur D&O-Versicherung[5] erweisen sich ein Großteil der Forderungen aus Organhaftung tatsächlich als unbegründet. Noch seltener muss im Ergebnis in voller Höhe geleistet werden.[6] Um ihre Erinnerungen wieder aufzufrischen und entlastende Beweise zu erlangen, werden sich die Organmitglieder bei ihren Rechtsberatern erkundigen, auf welchem Wege sie an relevante Unterlagen wie interne Memoranden, Vertragsunterlagen oder Protokolle von Gremiensitzungen gelangen können.[7] Der Informationsanspruch aus § 810 BGB, unter Umständen ergänzt durch § 242 BGB, genügt dabei wegen seiner restriktiven Handhabung nicht, um dieser

---

[1] Zu einer möglichen Verschärfung durch Verjährungsverzichtsvereinbarungen, *Wilsing*, in: FS M. Henssler 2023, S. 1333 (1333 f.).

[2] *Lüderitz*, Recht und Staat in Geschichte und Gegenwart, Heft 319/320, S. 5 (26) in abweichendem Kontext.

[3] Exemplarisch *Bachmann*, Gutachten E zum 70. Deutschen Juristentag, 2014, E 32 ff.; *Scholz*, ZZP 2020, 491 (520): „Dilemma".

[4] *Bachmann*, Gutachten E zum 70. Deutschen Juristentag, 2014, E 18, 33.

[5] Siehe zu diesem Begriff unten § 2 E.

[6] GDV, 2022, https://www.gdv.de/gdv/medien/medieninformationen/gdv-korrigiert-d-o-statistik-schadenquote-sinkt-2021-deutlich--105184 (zuletzt abgerufen am 24.11.2024): Im Durchschnitt mussten die Forderungen lediglich zu 2 % beglichen werden.

[7] Vgl. *Hirschfeld/Gerhold*, ZIP 2021, 394 (394).

Not entgegenzuwirken.⁸ Angesichts dessen besteht aus der Perspektive der Organmitglieder ein praktisches Bedürfnis an der Ausweitung der Informationsrechte.⁹ Wegen der persönlichen Haftung und der hohen Schadenssummen können Organhaftungsprozesse schnell ein existenzbedrohendes Ausmaß annehmen.¹⁰ Dieses Risiko besteht trotz weitverbreiteter D&O-Versicherungen.¹¹

In der Literatur wird vereinzelt angeregt, als Organmitglied auf den datenschutzrechtlichen Informationsanspruch aus Art. 15 DS-GVO zurückzugreifen, wodurch sich die Situation im Organhaftungsprozess maßgeblich verändere.¹² Von einem „DS-GVO-Joker"¹³ im Organhaftungsprozess ist die Rede. Andere in der Literatur verneinen eine entscheidende Einflussnahme des Art. 15 DS-GVO auf den Organhaftungsprozess.¹⁴ Das LAG Baden-Württemberg beobachtet eine gewisse Regelmäßigkeit der Geltendmachung des datenschutzrechtlichen Informationsanspruchs ergänzend zu anderen Streitgegenständen.¹⁵ In Kündigungsschutzprozessen wird seine Geltendmachung als „Modeerscheinung"¹⁶ und „Albtraum für Arbeitgeber"¹⁷ bezeichnet.

---

⁸ Siehe dazu § 3.

⁹ *Bachmann*, Gutachten E zum 70. Deutschen Juristentag, 2014, E 37; *Hopt*, ZIP 2013, 1793 (1803); *Jena*, Die Business Judgment Rule im Prozess, S. 340.

¹⁰ *Scholz*, Die existenzvernichtende Haftung von Vorstandsmitgliedern in der Aktiengesellschaft, passim.; *Fischer*, Die existenzvernichtende Vorstandshaftung und ihre Begrenzung durch Satzungsbestimmung (de lege lata), S. 28 ff., 107 zu rechtsformtypisch hohen Schäden in der Aktiengesellschaft; *Koch*, AG 2012, 429 (429 f.); *Fleischer*, in: BeckOGK AktG, Stand: 01.02.2024, § 93 Rn. 12; *Gaul*, AG 2015, 109 (109 f.) der von einem exorbitantem Umfang der Forderungen spricht; *Ihlas*, in: D&O, S. 621 demzufolge es häufig den Ruin bedeute; *Löbbe*, in: FS Marsch-Barner 2018, S. 317 (320); *Freund*, GmbHR 2013, 785 (785): „schwindelerregende Haftungssummen"; *Guntermann/Noack*, in: FS Grunewald 2021, S. 253 (253); vgl. *Wagner*, ZHR 2014, 227 (247 ff.); zu steigenden Summen des einzelnen Haftungsfalles GDV, https://www.gdv.de/gdv/medien/medieninformationen/gdv-korrigiert-d-o-statistik-schadenquote-sinkt-2021-deutlich--105184 (zuletzt abgerufen am 24.11.2024).

¹¹ Dazu siehe ausführlich unten § 2 E.

¹² *Korch/Chatard*, NZG 2020, 893 (893 ff.); *Ruckteschler/Wendelstein*, FAZ online vom 25.06.2019, https://www.faz.net/-gqe-9odl4 (zuletzt abgerufen am 24.11.2024): „Die DS-GVO wird die Spielregeln in Geschäftsführerhaftungsfällen somit deutlich verändern."; den Einsatz des Datenschutzes thematisierend, aber ohne abschließende Beurteilung *Koch*, AktG, § 93 Rn. 115; einen Einfluss andeutend *Winnenburg*, Anm. zu EuGH, Urt. v. 26. Oktober 2023 – C 307/22, ZD 2024, 22 (28).

¹³ *Korch/Chatard*, NZG 2020, 893 (894).

¹⁴ *Reichert/Groh*, NZG 2021, 1381 (1381 ff.); *Hirschfeld/Gerhold*, ZIP 2021, 394 (394 ff.); *Seyfarth*, Vorstandsrecht, § 23 Rn. 53; *Spindler*, in: MüKo AktG, § 93 Rn. 236; *Cahn*, in: Kölner-Komm AktG, § 93 Rn. 165.

¹⁵ LAG Baden-Württemberg, Beschl. v. 11. Juli 2022, 1 Sa 39/21, ZD 2023, 112–114, Rn. 14; ebenso *Werry*, FAZ vom 28. Juli 2021, Nr. 172 S. 20.

¹⁶ LAG Baden-Württemberg, Beschl. v. 11. Juli 2022, 1 Sa 39/21, ZD 2023, 112–114, Rn. 14; *Lembke/Fischels*, NZA 2022, 513 (514); *Klachin*, ZD 2021, 663 (663).

¹⁷ *Schulte/Welge*, NZA 2019, 1110 (1110).

Das Zusammenspiel aus dem gleichermaßen praktisch bedeutsamen Organhaftungsprozess[18] und dem Anspruch des Art. 15 DS-GVO bedarf einer detaillierten Analyse. Art. 15 DS-GVO ist ein zentrales Recht der DS-GVO und ermöglicht dem von einer Datenverarbeitung Betroffenen einen umfassenden und grundsätzlich vollständigen Einblick in die über ihn verarbeiteten Daten. Die DS-GVO erlangt nicht zuletzt durch ein doppeltes Enforcement der Betroffenenrechte erhebliche Bedeutung: Art. 83 Abs. 5 lit. b DS-GVO sieht ein hohes Bußgeld vor, das bis zu EUR 20 Mio. oder 4 % des gesamten weltweit erzielten Jahresumsatzes des vorherigen Geschäftsjahres des Verarbeitenden erreichen kann. Zudem kann der Betroffene „[...] wegen eines Verstoßes gegen die Verordnung [...]" Schadensersatz nach Art. 82 Abs. 1 DS-GVO fordern.

Die Diskussion um den Einfluss des Datenschutzrechts auf den Organhaftungsprozess und im Allgemeinen auf andere Streitgegenstände befindet sich noch in einem jungen Stadium. Ziel dieser Arbeit ist es, die Einflussnahme des Informationsanspruchs aus Art. 15 DS-GVO auf den Organhaftungsprozess zu analysieren. Ist dieser Anspruch tatsächlich geeignet, den Organhaftungsprozess „auf den Kopf zu stellen" oder entpuppt sich der *prima facie* starke Anspruch in diesem gesellschaftsrechtlichen Kontext vielmehr als „Scheinriese"? Im Rahmen der Untersuchung ergeben sich nicht zuletzt auch wegen der unionsrechtlichen Natur des Anspruchs verschiedenste Fragen sowohl im materiellen Recht als auch im Prozessrecht. Um eine fundierte Bewertung der übergeordneten Frage des Einflusses von Art. 15 DS-GVO auf die Organhaftung vornehmen zu können, ist die Beantwortung dieser einzelnen Fragen von essenzieller Bedeutung.

## B. Gang der Untersuchung

Zum Zwecke der Untersuchung der Frage, ob Art. 15 DS-GVO geeignet ist, den Organhaftungsprozess zu revolutionieren, gilt es zunächst ein Bild der Organhaftung zu gewinnen. Zunächst wird dazu die Organhaftung *de lege lata* unter Ausklammerung der DS-GVO dargelegt (siehe unten § 2). Im Rahmen dieser Ausführungen werden Gesellschaftsformen sowie Organe herausgearbeitet, für die die in dieser Arbeit behandelte Frage relevant ist oder relevant werden kann. Im Anschluss sollen verschiedene Faktoren wie die sekundäre Darlegungslast oder

---

[18] Seit der aufsehenerregenden ARAG/Garmenbeck Entscheidung und der damit einhergehenden Regelverfolgungspflicht des Aufsichtsrats, BGH, Urt. v. 21. April 1997 – II ZR 175/95, BGHZ 135, 244–257, juris Rn. 20, haben alle Fragen rund um die Organhaftung an praktischer Bedeutung gewonnen; *Bachmann*, Gutachten E zum 70. DJT, S. E12 ff. zum großen Dunkelfeld der Organhaftungsfälle; *Hopt*, ZIP 2013, 1793 (1794): „Anhaltende Klagewelle"; *Löbbe*, in: FS Marsch-Barner 2018, S. 317 (317); *Freund*, NZG 2015, 1419 (1419): „Die Organhaftung hält das Gesellschaftsrecht in Atem"; vgl. *Goette*, in: FS M. Henssler 2023, S. 869 (869); *Jena*, Die Business Judgment Rule im Prozess, S. 35 m. w. N.; *Reichert*, in: FS Hommelhoff 2012, S. 907 (910); *Olbrich*, Die D&O-Versicherung, S. 10 ff. zur steigenden Anzahl von Inanspruchnahmen.

der Direktprozess gegen eine D&O-Versicherung hinsichtlich ihres Einflusses auf die praktische Relevanz der Problematik untersucht werden (siehe unten § 2 D. bis § 2 H.). Daran schließt sich eine Bestandsaufnahme der *bis dato* schwerpunktmäßig diskutierten Informationsansprüche von Organmitgliedern gegenüber der Gesellschaft an (siehe unten § 3). Es folgt die Untersuchung des Art. 15 DS-GVO im Kontext der Organhaftung (siehe unten § 4 ff.) Zu diesem Zweck werden die Voraussetzungen des Informationsanspruchs dargestellt, wobei insbesondere problematisiert wird, ob ein (ehemaliges) Organmitglied Betroffener im Sinne der Norm sein kann (siehe unten § 4 B. II. 2.). Auch wird problematisiert, ob der Anspruch nicht schon deshalb entfällt, weil das Organmitglied selbst für die Verarbeitung der Daten verantwortlich ist oder gewesen ist (siehe unten § 4 B. III. 1.). Daran anknüpfend werden die Rechtsfolgen des Art. 15 DS-GVO herausgearbeitet, wobei speziell das Verhältnis von Abs. 1 zu Abs. 3 sowie die Anwendbarkeit des § 260 BGB auf den Anspruch untersucht wird (siehe unten § 4 C.). Der Verfasser zeigt, weshalb es sich terminologisch eigentlich um einen *Zugangsanspruch* und nicht um einen *Auskunftsanspruch* handelt und weshalb diese Erkenntnis relevant für die Auslegung und somit für das Verständnis der Norm ist (siehe unten § 4 C. II. 1. ff.).

Es folgt eine Untersuchung der Beschränkungen des Art. 15 DS-GVO mit Blick auf die Organhaftungskonstellation (siehe unten § 5). Die Untersuchung der Grenzen im Einzelnen wird eingeleitet mit einer Darstellung verschiedener Beeinflussungsmöglichkeiten des Organhaftungsprozesses mittels Art. 15 DS-GVO (siehe unten § 5 A.). Es folgt eine Analyse der Verträglichkeit von Art. 15 DS-GVO mit dem nationalen Prozessrecht (siehe unten § 5 B.). Denn aus einer solchen Analyse können sich Leitlinien für die dann folgende Auslegung der Beschränkungen des Art. 15 DS-GVO ergeben. Die Untersuchung der Grenzen des Zugangsanspruchs gliedert sich nach verschiedenen Ansatzpunkten. Zunächst werden „Rechte anderer" als beschränkender Faktor des Informationsanspruchs thematisiert (siehe unten § 5 C. II.). Sodann werden Bedenken wegen eines hohen Aufwands aufseiten des Verantwortlichen bei der Zugangsgewährung aufgegriffen und dogmatisch verortet (siehe unten § 5 D.). Dies wird mit Vorschlägen zur präventiven sowie kurativen Aufwandsreduzierung verknüpft, wobei ein besonderes Augenmerk auf dem Hilfsmittel der künstlichen Intelligenz liegen wird und Parallelen zur Bewältigung des Aufwands bei der angloamerikanischen Pre-Trial Discovery gezogen werden. Anschließend wird diskutiert, inwieweit der datenschutzrechtliche Informationsanspruch zu „datenschutzfremden Zwecken", insbesondere der Prozessvorbereitung, verwendet werden darf (siehe unten § 5 E.). In gebotener Kürze folgen Ausführungen, die zeigen, dass Beschränkungen im nationalen Recht für Art. 15 DS-GVO für den Organhaftungskontext keine Bedeutung haben (siehe unten § 5 F.).

Nachdem die anerkannten Informationsansprüche umrissen wurden und der datenschutzrechtliche Informationsanspruch des Art. 15 DS-GVO samt seiner in der Organhaftungskonstellation relevanten Beschränkungen analysiert wurde, sollen die nationalen Informationsansprüche mit diesem unionsrechtlichen Anspruch verglichen werden (siehe unten § 6). Dieser Vergleich zeigt die Schwächen und Stärken der anerkannten Informationsansprüche sowie des Art. 15 DS-GVO. Ob sich die aus der Untersuchung des materiellen Rechts ergebenden Stärken des Art. 15 DS-GVO auch prozessual verwirklichen lassen, zeigt die dann folgende Analyse der außergerichtlichen und gerichtlichen Durchsetzbarkeit des Anspruchs aus Art. 15 DS-GVO (siehe unten § 7). Besonderes Gewicht liegt dabei auf der Darstellung von Möglichkeiten der prozessualen Integration des Art. 15 DS-GVO in den Organhaftungsprozess. Abschließend folgt eine thesenartige Zusammenfassung der Untersuchungsergebnisse (siehe unten § 8).

# § 2 Der Organhaftungsprozess

Gegenstand der Untersuchung ist die *Organhaftung*. Das meint für den Zweck dieser Arbeit die Haftung im Innenverhältnis zwischen Kapitalgesellschaft und (ehemaligem) Organmitglied. Der Begriff des Organmitglieds soll zum Zweck dieser Arbeit sowohl Mitglieder eines Geschäftsleitungsorgans als auch Mitglieder von Überwachungsorganen wie dem Aufsichtsrat oder beratender Organe wie dem Beirat erfassen. Hingegen nicht erfasst vom Begriff des Organmitglieds sind Mitglieder der Gesellschafterversammlung. Anlass der Arbeit ist die sich im Organhaftungsprozess ergebende Darlegungs- und Beweisnot des (ehemaligen) Organmitglieds. Eine solche besteht wegen des Zusammentreffens von dreierlei begünstigenden Faktoren: der persönlichen Haftung des (ehemaligen) Organmitglieds, der Darlegungs- und Beweislast sowie dem erschwerten Zugang zu Sachkenntnis und Beweisen über die anspruchsbegründenden und entlastenden Tatsachen. Diese Faktoren sind nicht abschließend. Sie müssen auch nicht kumulativ allesamt vorliegen, damit eine Darlegungs- und Beweisnot besteht und die Frage des Einflusses des Art. 15 DS-GVO Relevanz entfaltet. In gesonderten Einzelfällen kann auch bei Vorliegen aller drei Faktoren ein Interesse an einem Informationsanspruch verneint werden oder umgekehrt trotz fehlender Ausprägung des einen oder anderen Faktors bejaht werden.

Entsprechend dieser drei Faktoren sollen in diesem Kapitel zunächst diejenigen Gesellschaftsformen und Organe dargestellt werden, für die eine persönliche Haftung des Organmitglieds normiert ist (siehe unten § 2 A.). Sodann soll die Verteilung der Darlegungs- und Beweislast für die bestehenden Anspruchsgrundlagen beschrieben werden (siehe unten § 2 B.). Daran schließt sich eine kurze Darstellung an, inwiefern der Informationszugang für das Organmitglied typischerweise erschwert ist (siehe unten § 2 C.). Zuletzt werden Faktoren untersucht, die im Einzelfall Einfluss auf die Darlegungs- und Beweisnot und damit einhergehend das Interesse des Organmitglieds an einem Informationsanspruch haben könnten (siehe unten § 2 D. bis § 2 H.).

## A. Persönliche Haftung eines Organmitglieds

Es gilt bei der Betrachtung der Organhaftung nicht nur aktive Organmitglieder in den Blick zu nehmen, sondern insbesondere auch die Möglichkeit der Inanspruchnahme von Organmitgliedern nach dem Ausscheiden aus der Gesellschaft und die Möglichkeit der Inanspruchnahme der Rechtsnachfolger zu berücksichtigen. Denn gerade bereits ausgeschiedene Organmitglieder sowie die Rechtsnachfolger verstorbener Organmitglieder werden große Erinnerungslücken haben oder nie über Sachkenntnis verfügt haben, sodass sie der Gefahr einer Darlegungs- und Beweisnot umso eher ausgesetzt sind.

## I. Haftung im Anstellungsverhältnis, § 280 Abs. 1 S. 1 BGB

Unabhängig von der Gesellschaftsform haften Organmitglieder bei Bestehen eines Anstellungsverhältnisses jedenfalls für solche Handlungen oder Unterlassungen, die eine Pflichtverletzung im Anstellungsverhältnis darstellen. Anspruchsgrundlage ist dann § 280 Abs. 1 S. 1 BGB aus dem allgemeinen Schuldrecht. Streng genommen handelt es sich dabei nicht um eine Organhaftung, da die Haftungsnorm nicht aus dem Organverhältnis herrührt, sondern aus dem vertraglich begründeten Anstellungsverhältnis. Diese schuldrechtliche Ebene des Anstellungsverhältnisses und das korporationsrechtliche Organverhältnis sind streng zu unterscheiden.[19] Da die schuldrechtliche Ebene hinter der korporationsrechtlichen Ebene zurücktritt,[20] soll erstere für die weitere Untersuchung außer Betracht bleiben.

## II. Haftung im Organverhältnis

In der AG, KGaA, GmbH, UG, eG und SE haftet das Organmitglied neben diesem Anstellungsverhältnis auch aus seinem organschaftlichen Verhältnis. Die Anspruchsgrundlagen unterscheiden sich dabei je nach Organ und Gesellschaftsform voneinander.

---

[19] BGH, Urt. v. 14. November 1983 – II ZR 33/83, BGHZ 89, 48–50, juris Rn. 9; BGH, Urt. v. 24. November 1980 – II ZR 182/79 – BGHZ 79, 38–44, juris Rn. 19; BSG, Urt. v. 3. November 2021 – B 11 AL 4/20 R, BSGE 133, 76–84, juris Rn. 23; *Koch*, AktG, § 84 Rn. 2; *Spindler*, in: MüKo AktG, § 84 Rn. 10; *Seyfarth*, in: Krieger/Schneider, Hdb Managerhaftung, § 10 Rn. 10.2; *Wentrup*, in: BeckFormB BHW, Form. IX. 48, Anm. 1.
[20] *Cahn*, in: KölnerKomm AktG, § 93 Rn. 4: „[…] § 93 AktG sanktioniert […] auch die anstellungsvertraglichen Pflichten […]"; *Schmidt*, in: Heidel AktG und KapMR, § 93 AktG, Rn. 160; *Seyfarth*, Vorstandsrecht, § 23 Rn. 1; *Hölters*, in: Hölters/Weber AktG, § 93 Rn. 337; *Hoffmann-Becking*, in: MHdb GesR, Bd. 4, § 26 Rn. 7; vgl. *Koch*, AktG, § 93 Rn. 71.

### 1. Haftung geschäftsführender Organe während der Organtätigkeit

Innerhalb der Aktiengesellschaft haftet ein Vorstandsmitglied[21] für Pflichtverletzungen gegenüber der Gesellschaft nach § 93 Abs. 2 S. 1 AktG. Für die KGaA ergibt sich diese Haftung aus einem Verweis in § 283 Nr. 3 AktG.[22] Verfügt die KGaA über eine Komplementärgesellschaft – handelt es sich also um eine GmbH & KGaA oder AG & KGaA – herrscht nahezu Einigkeit darüber, dass ein Direktanspruch der KGaA gegen das Geschäftsführungsorgan der Komplementärgesellschaft besteht.[23] In einer GmbH haftet der Geschäftsführer nach § 43 Abs. 2 GmbHG persönlich gegenüber der Gesellschaft. Gleiches gilt mangels abweichender Regelung in § 5a GmbHG für die Unternehmergesellschaft. In der SE kommen je nachdem, ob es sich um eine monistisch oder dualistisch[24] ausgestaltete Gesellschaft handelt, unterschiedliche Adressaten der Innenhaftung in Betracht. Beim dualistischen Modell haftet der Vorstand über den Verweis des Art. 51 der SE-VO[25] nach der mitgliedstaatlichen Norm des § 93 AktG.[26] In der monistischen SE, die im Aufbau dem angelsächsischen Board-Modell gleicht,[27] gilt über die Verweise in §§ 39, 40 Abs. 9 SEAG[28] ebenfalls die Norm des § 93 AktG, sowohl für den Verwaltungsrat als auch für die geschäftsführenden Direktoren.

Die Genossenschaft ist zwar keine Kapitalgesellschaft im eigentlichen Sinne, ähnelt aber der Aktiengesellschaft in ihrer organschaftlichen Organisation.[29] Kon-

---

[21] Nach überwiegender Ansicht kommt dem einzelnen Vorstandsmitglied Organqualität zu: *Koch*, AktG, § 76 Rn. 9; *Cahn*, in: KölnerKomm AktG, § 76 Rn. 89; a.A. *Weber*, in: Hölters/Weber AktG, § 76 Rn. 5. Dennoch werden (ehemalige) Vorstandsmitglieder für den Zweck dieser Arbeit und der besseren Lesbarkeit halber als „Organmitglieder" betitelt.

[22] OLG München, Urt. v. 17. September 1999 – 23 U 1514/98, AG 2000, 426–428, juris Rn. 3; *Koch*, AktG, § 278 Rn. 13; *Bachmann*, in: BeckOGK AktG, Stand: 01.06.2024, § 283 Rn. 10ff.; *Wellhöfer*, in: Wellhöfer/Peltzer/Müller, § 1 Rn. 39; *Hoffmann-Becking*, in: MHdb GesR, Bd. 4, § 75 Rn. 19; *Kessler*, Die rechtlichen Möglichkeiten der Kommanditaktionäre einer GmbH & Co. KGaA zur Einwirkung auf die Geschäftsführung, S. 245 m.w.N.

[23] *Servatius*, in: Grigoleit AktG, § 283 Rn. 16; *Bachmann*, in: BeckOGK AktG, Stand: 01.06.2024, § 283 Rn. 13; zurückhaltender *Fett/Stütz*, NZG 2017, 1121 (1126), der nur dann einen Direktanspruch annimmt, „[...] wenn die alleinige oder wesentliche Aufgabe der Komplementärgesellschaft in der Führung der Geschäfte der Kapitalgesellschaft & Co. KGaA besteht [...]".

[24] Bezüglich des Systems kommt den Gründern der SE ein Wahlrecht zugute, vgl. Abs. 38 lit. b 2. Alt. Verordnung (EG) Nr. 2157/2001 des Rates vom 8. Oktober 2001.

[25] Verordnung (EG) Nr. 2157/2001 des Rates vom 8. Oktober 2001.

[26] *Reichert/Brandes*, in: MüKo AktG, Art. 51 SE-VO Rn. 10; *Eberspächer*, in: BeckOGK SE, Stand: 01.02.2024, Art. 51 SE-VO Rn. 2; *Drinhausen*, in: Habersack/Drinhausen SE, Art. 51 SE-VO Rn. 7.

[27] *Servatius*, in: Henssler/Strohn Gesellschaftsrecht, Internationales Gesellschaftsrecht Rn. 284; *Binz/Sorg*, in: Binz/Sorg Die GmbH & Co. KG, § 22 Rn. 7.

[28] Gesetz zur Ausführung der Verordnung (EG) Nr. 2157/2001 des Rates vom 8. Oktober 2001.

[29] Vgl. *Geibel*, in: Henssler/Strohn Gesellschaftsrecht, § 1 GenG Rn. 2.

sequent ist mithin die in § 34 Abs. 2 S. 1 GenG normierte und dem § 93 Abs. 2 S. 1 AktG im Wortlaut gleichende Haftung des Vorstandsmitglieds gegenüber der Genossenschaft. Der eingetragene Verein ist zwar ebenfalls keine Kapitalgesellschaft. Er ist aber, wie auch die Genossenschaft, der Kapitalgesellschaft vergleichbar, nämlich körperschaftlich, strukturiert. So muss auch der Verein nach § 26 Abs. 1 S. 1 BGB einen Vorstand haben. Das „Ob" der Haftung des nach § 26 Abs. 1 S. 1 BGB obligatorischen Vereinsvorstands ist anders als bei den bisher beschriebenen Gesellschaftsformen nicht ausdrücklich im Vereinsrecht normiert. Vielmehr sind hierfür die Vorschriften über das Auftragsrecht heranzuziehen, womit das Vorstandsmitglied aus §§ 27 Abs. 3, 664ff., 280 Abs. 1 BGB haftet.[30] Diese originär schuldrechtlichen Normen fungieren im Verein als Grundlage der Organhaftung, obwohl es sich bei ihnen streng genommen nicht um korporationsrechtliche Bestimmungen handelt.[31]

Wenn Stiftungen in der juristischen Ausbildung erheblich weniger Aufmerksamkeit erfahren als etwa die Aktiengesellschaft, täuscht dies über die empirischen Befunde zur Häufigkeit dieser Rechtsformen und damit der praktischen Bedeutung hinweg.[32] Demnach lohnt sich auch ein Blick auf die Haftungsverfassung von rechtsfähigen Stiftungen in Deutschland. Mitglieder des Stiftungsvorstands haften nach § 280 Abs. 1 BGB, was auch im Rahmen der Stiftungsrechtsreform trotz zwischenzeitig anderslautender Überlegungen im Referentenentwurf[33] beibehalten wurde.[34] Von der Normierung einer besonderen Anspruchsgrundlage wie im Recht der Kapitalgesellschaften wurde abgesehen. Mangels einer solchen speziellen korporationsrechtlichen Regelung für eine Haftung aus der Organstellung, wird auch hier die Bestimmung des Allgemeinen Teils des Schuldrechts herangezogen.[35]

### 2. Haftung von Aufsichtsorganen während der Organtätigkeit

Das Aufsichtsratsmitglied einer AG kann gemäß § 116 AktG i.V.m. § 93 Abs. 2 S. 1 AktG in Anspruch genommen werden. Auch das gegebenenfalls vorhandene Aufsichtsratsmitglied einer GmbH haftet nach § 52 Abs. 1 GmbHG oder § 1 Abs. 1 Nr. 3 DrittelbG oder § 25 Abs. 1 S. 1 Nr. 2 MitbestG i.V.m. §§ 116 S. 1, 93 Abs. 3

---

[30] *Leuering/Keßler*, NJW-Spezial 2017, 335 (335); *Burgard/Heimann*, in: Krieger/Schneider, Hdb Managerhaftung, § 7 Rn. 7.7.
[31] Siehe oben § 2 A. I.
[32] In Deutschland gab es im Jahr 2020 knapp 24.000 rechtsfähige Stiftungen: Bundesverband Deutscher Stiftungen – Zahlen, Daten, Fakten 2021, S. 13. Das sind fast doppelt so viele wie es 2012 Aktiengesellschaften gab: Deutsches Aktieninstitut, 2013, https://de.statista.com/statistik/daten/studie/6917/umfrage/anzahl-der-aktiengesellschaften-von-1960-bis-2008/ (zuletzt abgerufen am 24.11.2024).
[33] Dort war eine gesondert normierte Anspruchsgrundlage in Form eines § 84a Abs. 3 BGB vorgesehen, vgl. RefE des BMJV zur Vereinheitlichung des Stiftungsrechts, S. 7.
[34] BTDrucks. 19/28173, S. 61.
[35] Siehe oben § 2 A. I.

S. 1 AktG persönlich. Weiterhin können Mitglieder eines eventuell bestehenden Beirates in der GmbH persönlich haften, wobei mangels ausdrücklicher Anspruchsgrundlage § 93 AktG, § 116 AktG und § 34 GenG im Wege einer Gesamtanalogie herangezogen werden.[36] Neben den geschäftsführenden Komplementären gibt es auch in der KGaA einen Aufsichtsrat, dessen Mitglieder nach § 278 Abs. 3 AktG i. V. m. § 116 S. 1, § 93 Abs. 2 S. 1 AktG haften.[37] Für Mitglieder eines eventuell bestehenden Beirats einer KGaA ergibt sich eine persönliche Haftung aus § 278 Abs. 3 i. V. m. §§ 93, 116 AktG analog.[38]

Der Aufsichtsrat einer dualistischen SE haftet über den Verweis in Art. 51 SE-VO ebenso wie der Aufsichtsrat einer AG nach §§ 116, 93 AktG.[39] Über § 41 GenG haftet auch der Aufsichtsrat der Genossenschaft wie der Vorstand derselben. Der Anwendungsbereich des § 41 GenG erstreckt sich über seinen Wortlaut hinaus auch auf die Generalversammlung, sofern die Generalversammlung nach § 9 Abs. 1 S. 3 GenG die Aufgaben des Aufsichtsrats in Ermangelung eines solchen wahrnimmt.[40] Im Verein existieren neben dem Vorstand und der Mitgliederversammlung keine weiteren obligatorischen Organe. Solche können im Rahmen der Privatautonomie aber beliebig vorgesehen werden.[41] Unter anderem kann zur Kontrolle des Vorstands ein Aufsichtsrat eingerichtet werden, was in der Praxis häufig geschieht.[42] Auch die Mitglieder eines solchen Organs unterliegen einer verschuldensabhängigen Haftung, die sich aus § 280 Abs. 1 BGB in Verbindung mit dem Anstellungsverhältnis ergibt.[43]

### 3. Haftung der Organmitglieder nach dem Ausscheiden

Eine Inanspruchnahme des ausgeschiedenen Organmitglieds bleibt für Pflichtverletzungen, die während der vorausgegangenen Tätigkeit als Organmitglied erfolgten, bis zur Grenze der Verjährung möglich. Die Verjährung des Anspruchs aus § 93 Abs. 2 S. 1 AktG tritt nach § 93 Abs. 6 2. Alt. AktG grundsätzlich nach fünf Jahren ein. Bei im Zeitpunkt der Pflichtverletzung börsennotierten Aktien-

---

[36] *Spindler*, in: MüKo GmbHG, § 52 Rn. 823; *Altmeppen*, in: Altmeppen GmbHG, § 52 Rn. 94.

[37] *Bachmann*, in: BeckOGK AktG, Stand: 01.06.2024, § 287 Rn. 30; *Mertens/Cahn*, in: KölnerKomm AktG, § 287 Rn. 27.

[38] *Perlitt*, in: MüKo AktG, § 287 Rn. 107 Fn. 136; *Schnorbus/Ganzer*, BB 2017, 1795 (1795).

[39] *Reichert/Brandes*, in: MüKo AktG, Art. 51 SE-VO Rn. 10; *Eberspächer*, in: BeckOGK SE, Stand: 01.02.2024, Art. 51 SE-VO Rn. 2; *Drinhausen*, in: Habersack/Drinhausen SE, Art. 51 SE-VO Rn. 7.

[40] Vgl. BTDrucks. 16/1025, S. 85; *Geibel*, in: Henssler/Strohn Gesellschaftsrecht, § 41 GenG Rn. 1.

[41] *Neudert/Waldner*, in: Sauter/Schweyer/Waldner e. V., Rn. 308 ff.

[42] Vgl. *Schneider*, in: Jakob/Orth/Stopper Praxishandbuch Vereins- und Verbandsrecht, § 2 Rn. 544 f.

[43] *Burgard/Heimann*, in: Krieger/Schneider Hdb Managerhaftung, § 7 Rn. 7.108.

gesellschaften wird die Verjährung durch § 93 Abs. 6 1. Alt. AktG auf zehn Jahre erweitert. Diese Verjährungsfristen gelten über den umfassenden Verweis in § 116 S. 1 AktG auch für die Mitglieder des Aufsichtsrates.[44] Mithin kann ein ausgeschiedenes Organmitglied des Vorstands oder Aufsichtsrats einer Aktiengesellschaft noch viele Jahre nach der Pflichtverletzung in Anspruch genommen werden.[45] In der Praxis stellt die Inanspruchnahme von bereits ausgeschiedenen Organmitgliedern den häufigsten Fall der Organhaftung dar.[46] Entsprechend soll der Fokus dieser Arbeit hierauf gerichtet werden. Die Verjährungsregelung des § 93 Abs. 6 AktG ist nicht dispositiv, womit eine Verkürzung dieser Verjährung in der Satzung oder im Anstellungsvertrag nicht in Betracht kommt. Der Gefahr einer Inanspruchnahme viele Jahre nach dem Ausscheiden kann daher in der Rechtsform der AG nicht kautelarjuristisch begegnet werden.[47]

Auch für Geschäftsführer einer GmbH und UG kommt eine Inanspruchnahme nach dem Ausscheiden in den Grenzen der Verjährungsfrist des § 43 Abs. 4 GmbHG von fünf Jahren in Betracht. Über den Verweis des § 283 Nr. 3 AktG befindet sich in der KGaA auch der ausgeschiedene Komplementär oder Geschäftsleiter einer Komplementär-Gesellschaft in der gleichen Situation wie das ausgeschiedene Vorstands- oder Aufsichtsratsmitglied der Aktiengesellschaft.[48] Wegen des umfangreichen Verweises des Art. 51 SE-VO und der §§ 39, 40 Abs. 9 SEAG gilt für ausgeschiedene Organmitglieder der SE das zu der Aktiengesellschaft Gesagte. Bei der Genossenschaft verjähren die Ansprüche gemäß § 34 Abs. 6 GenG innerhalb von fünf Jahren.

### 4. Haftung von Rechtsnachfolgern des Organmitglieds

Angesichts der Tatsache, dass es sich bei dem Verhalten, an welches der Schadensersatzanspruch geknüpft wird, häufig um unternehmerische und damit häufig prognostische Entscheidungen handelt, wird sich der Schaden bei der Gesellschaft nicht schon im Zeitpunkt der Pflichtverletzung zeigen, sondern erst im Laufe der

---

[44] *Spindler/Veil*, in: BeckOGK AktG, Stand: 01.06.2024, § 116 Rn. 191.
[45] Zu einer faktischen Verjährung von 15 beziehungsweise 20 Jahren bei sekundären Pflichtverletzungen *Cahn*, ZHR 2020, 297 (321); *Spindler/Veil*, in: BeckOGK AktG, Stand: 01.06.2024, § 116 Rn. 192 ff.
[46] *Krieger*, in: FS U.H. Schneider 2011, S. 717 (719); *Rieger*, in: FS Peltzer, S. 339 (351); *Foerster*, ZHR 2012, 221 (223 f.); *Freund*, NZG 2015, 1419 (1419); *Richter*, Informationsrechte im Organhaftungsprozess, S. 59.
[47] So die h.M.: *Cahn*, in: KölnerKomm AktG, § 93 Rn. 222; *Spindler/Veil*, in: BeckOGK AktG, Stand: 01.06.2024, § 116 Rn. 195; *Hopt/Roth*, in: Hirte/Mülbert/Roth Großkommentar AktG, § 93 Rn. 585; abweichend in der GmbH: BGH, Urt. v. 16. September 2002 – II ZR 107/01, ZIP 2002, 2128–2131, juris Rn. 18 ff.
[48] Vgl. OLG München, Urt. v. 17. September 1999 – 23 U 1514/98, AG 2000, 426–428, juris Rn. 3 f.; *Servatius*, in: Grigoleit AktG, § 283 Rn. 14; *Arnold*, in: Henssler/Strohn Gesellschaftsrecht, § 283 AktG Rn. 2.

Zeit allmählich zutage treten. Nicht zuletzt wegen der langen Verjährungsfrist des Organhaftungsanspruchs von fünf bis zehn Jahren kann es vorkommen, dass das Organmitglied im Zeitpunkt der Feststellung des Schadens durch die Gesellschaft schon verstorben ist, sodass die Gesellschaft dessen Rechtsnachfolger in Anspruch nehmen möchte. Die Haftung des verstorbenen Organmitglieds aus den dargestellten Anspruchsgrundlagen kann im Wege der Rechtsnachfolge auf einen solchen Rechtsnachfolger übergehen,[49] sodass auch diese von einer Inanspruchnahme bedroht ist, solang die Ansprüche nicht verjährt sind. In einem 2019 vom OLG Köln entschiedenen Sachverhalt war im Wege der Rechtsnachfolge das Land Nordrhein-Westfalen nach § 1936 BGB in die Haftung eines verstorbenen Alleinvorstands eingetreten.[50]

Eine Beeinflussung des Organhaftungsprozesses mittels Art. 15 DS-GVO scheitert bei einer Inanspruchnahme des Rechtsnachfolgers jedoch bereits daran, dass ein Rechtsnachfolger nicht Inhaber der Betroffenenrechte aus der DS-GVO und damit nicht Inhaber des Anspruchs aus Art. 15 DS-GVO sein kann.[51] Folglich entfällt mit dem Tode des Erblassers die Möglichkeit der Einflussnahme des Art. 15 DS-GVO auf den Organhaftungsprozess. Diese Fallkonstellation soll daher im Folgenden außer Betracht bleiben.

### III. Summa – Persönlich haftende (ehemalige) Organmitglieder

In allen Rechtsformen deutscher Kapitalgesellschaften kann es den Ausführungen zufolge unter gewissen Voraussetzungen zu einer *persönlichen Haftung* des Organmitglieds kommen. Die entsprechende Haftung trifft dabei jeweils auch das ausgeschiedene Organmitglied. Unterschiede zwischen den einzelnen Gesellschaftsformen bestehen dabei hinsichtlich der Verjährungsfrist, die zwischen fünf und zehn Jahren variiert. Unter der Annahme, dass die Erinnerungen eines Organmitglieds proportional zur voranschreitenden Zeit nach der Pflichtverletzung schwinden,[52] geht mit einer verlängerten Verjährungsfrist auch eine höhere Relevanz der hier behandelten Problematik einher. Ob jedoch nach zehn Jahren wesentlich mehr Erinnerungslücken existieren als dies nach fünf Jahren der Fall ist, darf bezweifelt werden.

---

[49] Vgl. OLG Köln, Urt. v. 1. Oktober 2019 – I-18 U 34/18, ZIP 2020, 210–215.
[50] OLG Köln, Urt. v. 1. Oktober 2019 – I-18 U 34/18, ZIP 2020, 210–215, juris Rn. 1. Das Urteil beschäftigt sich schwerpunktmäßig mit der Beweis- und Darlegungslast in einem solchen Fall.
[51] BVerwG, Urt. v. 16. September 2020 – 6 C 10/19, ZIP 2020, 2585–2590, Rn. 23; OVG Bremen, Beschl. v. 10. Januar 2023 – 1 LA 420/21, NZI 2023, 292–296, Rn. 12; *Paal/Kritzer*, NJW 2022, 2433 (2437); *Franck*, in: Gola/Heckmann DS-GVO/BDSG, Art. 15 DS-GVO Rn. 28 für den Fall der rechtsgeschäftlichen Abtretung.
[52] Vgl. *Schmidt*, in: FS Heidel 2021, S. 733 (734), der die Situation so beschreibt, dass die Kenntnis mit zunehmendem Abstand zur Gesellschaft immer problematischer wird; etwas differenzierter *Flashoff*, Die Beweislastverteilung bei der Organhaftung, S. 362 f.

## B. Darlegungs- und Beweislastumkehr zulasten des Organmitglieds

Gemäß § 93 Abs. 2 S. 2 AktG sowie nach § 43 Abs. 2 S. 2 GenG tragen die Geschäftsleitungsorgane die Beweislast dafür, dass „[...] sie die Sorgfalt eines ordentlichen und gewissenhaften Geschäftsleiters angewandt haben [...]". Wegen der hinreichenden literarischen Auseinandersetzung[53] soll hier nur in aller Kürze auf die Darlegungs- und Beweislast im Organhaftungsprozess eingegangen werden. Sinnbildlich für die fundamentale Bedeutung der Beweislastverteilung gerade auch in Bezug auf die Organhaftung betont Hopt:

> „In vielen Fällen ist die Regelung der Beweislast fast noch wichtiger als die zugrundeliegende materielle Regelung. Das ist auch bei der Organhaftung so."[54]

Dabei ist ihm beizupflichten. Die Darlegungs- und Beweislast entscheidet häufig über den Erfolg einer Klage.[55] Einer Umverteilung der Darlegungs- und Beweislast wohnt die Gefahr inne, den materiellen Gehalt der Haftungsbestimmungen zu überwiegen. Die materiell bestehende Möglichkeit der Exkulpation nützt einem Organmitglied wenig, wenn es diese nicht prozessual durchsetzen kann. So ist die prozessuale Ebene zwar nicht wichtiger als die materielle Regelung, die den Maßstab einer solchen Exkulpation festlegen muss. Die prozessuale Ebene ist aber ebenso wichtig, da die materiell bestehende Möglichkeit einer Exkulpation ohne prozessuale Umsetzungsmöglichkeit wertlos ist.

### I. Begrifflichkeiten: Beweislast und (sekundäre) Darlegungslast

Grundsätzlich hat im Zivilprozess jede Partei die Voraussetzungen des für sie günstigen Rechtssatzes darzulegen und zu beweisen.[56] Die Begrifflichkeiten sollen kurz dargelegt werden. Die Darlegung ist von dem Beweis zu trennen.

---

[53] *Flasshoff*, Die Beweislastverteilung bei der Organhaftung, passim.; *Danninger*, Organhaftung und Beweislast, passim; *Jena*, Die Business Judgment Rule im Prozess, passim.; *Meckbach*, NZG 2015, 580–585; *Scholz*, ZZP 2020, 491–529; *Paefgen*, NZG 2009, 891–896; *Foerster*, ZHR 2012, 221–249.
[54] *Hopt*, in: FS Roth 2015, S. 225 (232).
[55] *Strohn*, CCZ 2013, 177 (177); vgl. *Bachmann*, in: FS Thümmel 2020, S. 27 (27) demzufolge nicht Rechtsfragen, sondern häufig Tatsachenfragen über den Prozesserfolg entscheiden.
[56] *Nober*, in: Anders/Gehle ZPO, § 286 Rn. 69; *Prütting*, in: MüKo ZPO, § 286 Rn. 114; *Thole*, in: Stein/Jonas ZPO, § 286 Rn. 106.

### 1. Darlegungslast, Behauptungslast, Substantiierungslast

Die Darlegungslast ist der Beweislast vorgelagert. Sie beschreibt die Obliegenheit jeder Prozesspartei, diejenigen Tatsachen vorzutragen, welche für sie günstig sind.[57] Das sind aufseiten des Organmitglieds, also des Anspruchsgegners, die rechtshindernden, rechtshemmenden oder rechtsvernichtenden Tatsachen.[58] Genügt die darlegungsbelastete Partei der Darlegungslast und wird die Darlegung vom Klagegegner nicht bestritten oder eine Absicht zum Bestreiten dieser nicht wenigstens deutlich, so gilt das Dargelegte nach § 138 Abs. 3 ZPO als zugestanden.[59] Folge dessen ist nach § 288 Abs. 1 ZPO, dass bezüglich dieser Tatsache kein Beweis erhoben werden muss. Im Umkehrschluss ist eine dargelegte Tatsache beweisbedürftig, wenn sie bestritten wird. Das erforderliche Maß des Bestreitens richtet sich maßgeblich danach, in welchem Maße der Anspruchsteller seiner Darlegungslast gerecht geworden ist.[60] Je genauer der Anspruchssteller zu den anspruchsbegründenden Tatsachen vorträgt, desto höher liegt die Substantiierungslast des Anspruchsgegners für das Bestreiten.

### 2. Subjektive und objektive Beweislast

Die Beweislast betrifft die Frage, wer für die im Rahmen der Darlegungslast dargelegte Tatsache einen Beweis anzubieten und vorzubringen hat.[61] Zu unterscheiden ist zwischen der subjektiven Beweisführungslast und objektiven Beweiserbringungslast. Erstere ist der objektiven Beweislast vorgelagert und entscheidet darüber, wer den Beweis zu erbringen hat.[62] Es kommt nur dann zu einer Beweisaufnahme, wenn die subjektiv beweisbelastete Partei einen Beweis angeboten hat.[63] Wer die objektive Beweislast trägt, trägt das Risiko, einen Umstand nicht beweisen zu können (sog. *non liquet*).[64] In der Regel korrespondiert mit der Darlegungslast auch die Beweislast.[65] Anders ist dies im Falle der sekundären Darlegungslast.[66]

---

[57] *Schmidt*, in: FS Heidel 2021, S. 733 (735).
[58] *Schmidt*, in: FS Heidel 2021, S. 733 (735); *Anders*, in: Anders/Gehle ZPO, § 138 Rn. 25.
[59] *Anders*, in: Anders/Gehle ZPO, § 138 Rn. 47; *Stadler*, in: Musielak/Voit ZPO, § 138 Rn. 15; für den Fall des verspäteten Bestreitens BGH, Urt. v. 30. September 1986 – X ZR 2/86, NJW 1987, 499–500, juris Rn. 15.
[60] BGH, Beschl. v. 19. März 2019 – XI ZR 9/18, NJW 2019, 2080–2082, Rn. 22; BGH, Urt. v. 13. Januar 2011 – III ZR 146/10, NJW 2011, 1509–1513, Rn. 20 m. w. N.; *Stadler*, in: Musielak/Voit ZPO, § 138 Rn. 10, 13.
[61] Vgl. *Prütting*, in: MüKo ZPO, § 286 Rn. 52 ff.; *Thole*, in: Stein/Jonas ZPO, § 286 Rn. 98.
[62] *Prütting*, in: MüKo ZPO, § 286 Rn. 100; *Saenger*, in: Saenger ZPO, § 286 Rn. 54; *Foerste*, in: Musielak/Voit ZPO, § 286 Rn. 33.
[63] *Schmidt*, in: FS Heidel 2021, S. 733 (736).
[64] *Schmidt*, in: FS Heidel 2021, S. 733 (736); *Prütting*, in: MüKo ZPO, § 286 Rn. 103; *Saenger*, in: Saenger ZPO, § 286 Rn. 53; *Foerste*, in: Musielak/Voit ZPO, § 286 Rn. 32.
[65] *Anders*, in: Anders/Gehle ZPO, § 138 Rn. 25.
[66] Siehe zu dieser unten § 2 B. I. 3. a).

Diese korrespondiert nicht weiter mit der Beweislast,[67] da es keine „sekundäre Beweislast" gibt.[68] Die Beweislastverteilung bleibt von der Modifizierung der Darlegungslast unberührt.[69]

### 3. Abhilfe bei Darlegungs- und Beweisnot

In bestimmten Situationen kann es für die darlegungs- oder beweisbelastete Partei schwierig sein, der Darlegungs- und Beweislast gerecht zu werden. Damit droht gegebenenfalls trotz materieller Berechtigung der Verlust des Prozesses, was gerade im Organhaftungsprozess, in dem es häufig um hohe Schadenssummen geht,[70] eine folgenreiche Gefahr darstellt. Um einem solchen Ausgang wegen Schwierigkeiten auf der Darlegungs- und Beweisebene vorzubeugen, hat die Rechtsprechung zugunsten des Belasteten auf beiden Ebenen je ein Rechtsinstitut entwickelt, das Abhilfe schaffen soll.

#### a) Sekundäre Darlegungslast – Abhilfe bei „Darlegungsnot"

Auf der Ebene der Darlegungslast ist dies die sogenannte sekundäre Darlegungslast. Die sekundäre Darlegungslast modifiziert die primäre Darlegungslastverteilung.[71] Im Rahmen der sekundären Darlegungslast geht die Darlegungslast auf die Gegenpartei der primär belasteten Partei über,[72] indem die Anforderungen an die primäre Darlegungslast so weit reduziert werden, dass ein pauschaler Tatsachen-

---

[67] *Fritsche*, in: MüKo ZPO, § 138 Rn. 24.
[68] BGH, Urt. v. 25. Mai 2020 – VI ZR 252/19, BGHZ 225, 316–352, juris Rn. 37; BGH, Urt. v. 27. Juli 2017 – I ZR 68/16, NJW 2018, 68–70, Rn. 13; *Fritsche*, in: MüKo ZPO, § 138 Rn. 24; vgl. *Schmidt*, in: FS Heidel 2021, S. 733 (736); *Jäckel*, Das Beweisrecht der ZPO, Rn. 36.
[69] BGH, Urt. v. 25. Mai 2020 – VI ZR 252/19, BGHZ 225, 316–352, juris Rn. 37; BGH, Urt. v. 27. Juli 2017 – I ZR 68/16, NJW 2018, 68–70, Rn. 13; *Fritsche*, in: MüKo ZPO, § 138 Rn. 24; vgl. *Schmidt*, in: FS Heidel 2021, S. 733 (736); *Jäckel*, Das Beweisrecht der ZPO, Rn. 36.
[70] *Scholz*, Die existenzvernichtende Haftung von Vorstandsmitgliedern in der Aktiengesellschaft, passim.; *Fischer*, Die existenzvernichtende Vorstandshaftung und ihre Begrenzung durch Satzungsbestimmung (de lege lata), S. 28 ff., 107 zu rechtsformtypisch hohen Schäden in der Aktiengesellschaft; *Koch*, AG 2012, 429 (429 f.); *Fleischer*, in: BeckOGK AktG, Stand: 01.02.2024, § 93 Rn. 12; *Gaul*, AG 2015, 109 (109 f.) der von einem exorbitantem Umfang der Forderungen spricht; *Ihlas*, in: D&O, S. 621 demzufolge es häufig den Ruin bedeute; *Löbbe*, in: FS Marsch-Barner 2018, S. 317 (320); *Freund*, GmbHR 2013, 785 (785): „schwindelerregende Haftungssummen"; *Guntermann/Noack*, in: FS Grunewald 2021, S. 253 (253); vgl. *Wagner*, ZHR 2014, 227 (247 ff.); zu steigenden Summen des einzelnen Haftungsfalles GDV, https://www.gdv.de/gdv/medien/medieninformationen/gdv-korrigiert-d-o-statistik-schadenquote-sinkt-2021-deutlich--105184 (zuletzt abgerufen am 24.11.2024).
[71] *Schmidt*, in: FS Heidel 2021, S. 733 (735).
[72] BGH, Urt. v. 25. Mai 2020 – VI ZR 252/19, BGHZ 225, 316–352, juris Rn. 37.

vortrag genügt.[73] Damit Treu und Glauben[74] eine solche „Umverteilung" gebieten, müssen verschiedene Voraussetzungen erfüllt sein. Die Voraussetzungen lauten im Einzelnen: (1) Die eigentlich mit der Darlegungslast belastete Partei kann der Last wegen fehlender Kenntnis von den entsprechenden Tatsachen nicht nachkommen und (2) kann sich die notwendige Kenntnis auch nicht auf zumutbare Art und Weise beschaffen, während (3) die andere Partei – die nun die sekundäre Darlegungslast treffen soll – alle wesentlichen Tatsachen kennt oder sich die Kenntnis unschwer beschaffen kann.[75] Genügt die mit der sekundären Darlegungslast belastete Partei dieser Last nicht, so gilt die Behauptung des primär Belasteten im Rahmen des pauschalen Vortrags nach § 138 Abs. 3 ZPO als zugestanden,[76] womit die Tatsache nach § 288 Abs. 1 ZPO nicht beweisbedürftig ist. Wenn aber die mit der sekundären Darlegungslast belastete Partei dieser Last genügt, indem sie das pauschale Vortragen des primär Belasteten substantiiert bestreitet, so verlagert sich die Problematik der Darlegungslast auf die Ebene der Beweislast.[77] Das bedeutet im Detail, dass die primär darlegungsbelastete Partei beweisbelastet bleibt.[78] Eine sekundäre Beweislast gibt es nicht.[79] Denn eine Entscheidung auf Beweisebene soll durch die sekundäre Darlegungslast gerade vermieden werden.[80]

*b) Anscheinsbeweis/Prima-Facie-Beweis – Abhilfe bei „Beweisnot"*

Der beweisbelasteten Partei kommt unter besonderen Voraussetzungen auch auf der Beweisebene eine Erleichterung zugute. Im Rahmen des sogenannten Anscheinsbeweises schließt das Gericht von feststehenden Tatsachen auf nicht bewiesene Tatsachen, die sich nach allgemeiner Lebenserfahrung aus den feststehenden

---

[73] *Schmidt*, in: FS Heidel 2021, S. 733 (735).

[74] So die überwiegende dogmatische Herleitung der sekundären Darlegungslast: BGH, Urt. v. 29. Juli 2009 – I ZR 212/06, NJW-RR 2009, 1482–1486, Rn. 31 ff.; *Prütting*, in: Prütting/Gehrlein ZPO, § 138 Rn. 11; *Looschelders/Olzen*, in: Staudinger BGB, § 242 Rn. 1115; für eine Ableitung aus § 138 Abs. 2 ZPO: BGH, Urt. v. 5. Oktober 2004 – XI ZR 210/03, BGHZ 160, 308–321, juris Rn. 36.

[75] St. Rspr.: BGH, Urt. v. 25. Mai 2020 – VI ZR 252/19, BGHZ 225, 316–352, juris Rn. 37; BGH, Urt. v. 10. Februar 2015 – VI ZR 343/13, ZIP 2015, 790–791, Rn. 11; BGH, Urt. v. 3. Juni 2014 – VI ZR 394/13, NJW 2014, 2797–2798, Rn. 20; BGH, Urt. v. 18. Januar 2018 – I ZR 150/15, NJW 2018, 2412–2416, Rn. 30; *Krieger*, in: FS U.H. Schneider 2011, S. 717 (721).

[76] St. Rspr.: BGH, Urt. v. 25. Mai 2020 – VI ZR 252/19, BGHZ 225, 316–352, juris Rn. 37; BGH, Urt. v. 18. Januar 2018 – I ZR 150/15, NJW 2018, 2412–2416, Rn. 30.

[77] *Schmidt*, in: FS Heidel 2021, S. 733 (736).

[78] *Greger*, in: Zöller ZPO, Vorb. § 284 Rn. 34 f.; vgl. *Buck-Heeb/Lang*, in: BeckOGK BGB, Stand: 01.08.2024, § 675 Rn. 660 im speziellen Anwendungsfall des Auftragsrechts; *Münch*, in: MüKo BGB, § 1408 Rn. 77 im speziellen Anwendungsfall des Ehevertrages.

[79] BGH, Urt. v. 25. Mai 2020 – VI ZR 252/19, BGHZ 225, 316–352, juris Rn. 37; BGH, Urt. v. 27. Juli 2017 – I ZR 68/16, NJW 2018, 68–70, Rn. 13; *Fritsche*, in: MüKo ZPO, § 138 Rn. 24; vgl. *Schmidt*, in: FS Heidel 2021, S. 733 (736); *Jäckel*, Das Beweisrecht der ZPO, Rn. 36.

[80] *Greger*, in: Zöller ZPO, Vorb. § 284 Rn. 34.

Tatsachen und einem sogenannten „typischen Geschehensablauf" ergeben.[81] Eine Verteidigung gegen den Anscheinsbeweis ist mittels Gegenbeweis möglich und erforderlich.[82] Der Beweisbelastete genügt seiner Beweislast in einem solchen Fall immer schon dann, wenn er die Ursprungstatsache eines „typischen Geschehensablaufs" beweisen kann.[83]

## II. Darlegungslastverteilung und Beweislastverteilungen in Organhaftungsprozessen

Nach den dargestellten allgemeinen Grundsätzen hätte die Gesellschaft bei der Organinnenhaftung darzulegen und, wenn das Organmitglied die Darlegung bestreitet, zu beweisen, dass das Organmitglied die Voraussetzungen der Haftungsnorm erfüllt. Zu diesen seitens der Gesellschaft darzulegenden und zu beweisenden Voraussetzungen würde nach den allgemeinen Maßstäben insbesondere auch die objektive und subjektive Pflichtverletzung zählen.

### 1. Umkehr des § 93 Abs. 2 S. 2 AktG

Abweichend von dieser allgemeinen zivilprozessualen Verteilung der Darlegungs- und Beweislast, normiert § 93 Abs. 2 S. 2 AktG eine Umkehr dieser Lasten für die Organhaftung in der AG:

> „Ist streitig, ob [die Vorstandsmitglieder] die Sorgfalt eines ordentlichen und gewissenhaften Geschäftsleiters angewandt haben, so trifft sie die Beweislast."

Ausdrücklich bezieht sich die Norm dabei lediglich auf die *Beweis*last. Einhelliger Ansicht zufolge kehrt der § 93 Abs. 2 S. 2 AktG aber die Beweis- *und* Darlegungslast zulasten des Organmitglieds um.[84] Die gleiche Umkehr gilt über entsprechende Verweise und Analogien im Übrigen für sämtliche Organmitglieder der GmbH,[85]

---

[81] BGH, Urt. v. 11. Dezember 2018 – KZR 26/17, EuZW 2019, 200–208, Rn. 50; *Prütting*, in: MüKo ZPO, § 286 Rn. 50; *Foerste*, in: Musielak/Voit ZPO, § 286 Rn. 23; *Saenger*, in: Saenger ZPO, § 286 Rn. 38.

[82] *Prütting*, in: MüKo ZPO, § 286 Rn. 67; *Thole*, in: Stein/Jonas ZPO, § 286 Rn. 226; *Nober*, in: Anders/Gehle ZPO, § 286 Rn. 77 f.

[83] Vgl. nur BGH, Urt. v. 13. Dezember 2016 – VI ZR 32/16, NJW 2017, 1177–1178, Rn. 10; BGH, Urt. v. 13. Dezember 2011 – VI ZR 177/10, BGHZ 192, 84–90, juris Rn. 7.

[84] Vgl. *Fleischer*, in: BeckOGK AktG, Stand: 01.02.2024, § 93 Rn. 276; *Grigoleit/Tomasic*, in: Grigoleit AktG, § 93 Rn. 113; *Dauner-Lieb*, in: Henssler/Strohn Gesellschaftsrecht, § 93 AktG Rn. 36; *Spindler*, in: MüKo AktG, § 93 Rn. 231; *Schmidt*, in: FS Heidel 2021, S. 733 (736 f.).

[85] Nach herrschender Ansicht analoge Anwendung: BGH, Urt. v. 4. November 2002 – II ZR 224/00, BGHZ 152, 280–290, juris Rn. 6; BGH, Beschl. v. 26. November 2007 – II ZR 161/06, ZIP 2008, 117–118, Rn. 4; BGH, Beschl. v. 18. Februar 2008 – II ZR 62/07, ZIP 2008, 736–738, Rn. 5; *Altmeppen*, in: Altmeppen GmbHG, § 43 Rn. 112; *Fleischer*, in:

UG, KGaA[86] und SE[87]. Für die eG findet sich eine dem § 93 Abs. 2 S. 2 AktG wortlautgleiche Regelung in § 34 Abs. 2 S. 2 GenG. Über den Verweis des § 116 S. 1 AktG gilt die Umkehr der Darlegungs- und Beweislast auch für Aufsichtsratsmitglieder der Aktiengesellschaft.[88]

Das Organmitglied trägt bei Inanspruchnahme durch die Gesellschaft die Last, darzulegen und gegebenenfalls zu beweisen, dass das von der Gesellschaft benannte „möglicherweise pflichtwidrige Verhalten" nicht objektiv pflichtwidrig und/oder nicht subjektiv pflichtwidrig erfolgte.[89] Für die Gesellschaft verbleibt damit im Ergebnis nur darzulegen und gegebenenfalls zu beweisen, dass das Verhalten des Vorstandsmitglieds *möglicherweise* pflichtwidrig war und dies zu einem kausalen Schaden in einer bestimmten Höhe geführt hat.[90] Bezüglich des Schadens kommt der Gesellschaft dabei eine Erleichterung der Substantiierungslast zugute, sodass sie nur dasjenige darlegen und gegebenenfalls beweisen muss, was für eine Schadensschätzung nach § 287 ZPO erforderlich ist.[91]

---

MüKo GmbHG, § 43 Rn. 336 m.w.N.; *Patzina*, in: Patzina/Bank/Schimmer/Simon-Widmann Haftung von Unternehmensorganen, Kap. 5 Rn. 1. Zur Anwendung auf den Aufsichtsrat und Beirat der GmbH: *Jaeger*, in: BeckOK GmbHG, Stand: 01.08.2024, § 52 Rn. 77; vgl. *Altmeppen*, in: Altmeppen GmbHG, § 52 Rn. 94.

[86] *Kessler*, Die rechtlichen Möglichkeiten der Kommanditaktionäre einer GmbH & Co. KGaA zur Einwirkung auf die Geschäftsführung, S. 251; zum Beirat: *Schnorbus/Ganzer*, BB 2017, 1795 (1797).

[87] Über den Verweis in Art. 51 SE-VO: *Reichert/Brandes*, in: MüKo AktG, Art. 51 SE-VO Rn. 10; vgl. *Frodermann*, in: Jannot/Frodermann Hdb SE, Rn. 298 ff.; *Schwarz*, in: Schwarz SE-VO, Art. 51 Rn. 20; über einen Verweis in § 39 SEAG für den Verwaltungsrat der monistischen SE: *Eberspächer*, in: BeckOGK SE, Stand: 01.02.2024, Art. 51 SE-VO Rn. 5; *Reichert/Brandes*, in: MüKo AktG, Art. 51 SE-VO Rn. 11; über einen Verweis in § 40 Abs. 9 SEAG für die Haftung der geschäftsführenden Direktoren; vgl. *Frodermann*, in: Jannot/Frodermann Hdb SE, Rn. 298 ff.

[88] BGH, Urt. v. 16. März 2009 – II ZR 280/07, ZIP 2009, 860–863, Rn. 16; BGH, Urt. v. 1. Dezember 2008 – II ZR 102/07, BGHZ 179, 71–84, juris Rn. 20; *Henssler*, in: Henssler/Strohn Gesellschaftsrecht, § 116 AktG Rn. 14; *Oetker*, in: ErfK ArbR, § 116 AktG Rn. 8; *Flasshoff*, Die Beweislastverteilung bei der Organhaftung, S. 10. Für die Aufsichtsratsmitglieder einer eG gilt entsprechendes über § 41 GenG: *Fandrich*, in: Pöhlmann/Fandrich/Bloehs GenG, § 41 Rn. 14.

[89] BGH, Urt. v. 8. Juli 2014 – II ZR 174/13, BGHZ 202, 26–39, juris Rn. 33; BGH, Urt. v. 22. Februar 2011 – II ZR 146/09, ZIP 2011, 766–768, Rn. 17; *Krieger*, in: FS U.H. Schneider 2011, S. 717 (721); *Ruckteschler/Grillitsch*, in: FS Elsing 2015, S. 1129 (1129); *Fleischer*, in: BeckOGK AktG, Stand: 01.02.2024, § 93 Rn. 276; *Seyfarth*, Vorstandsrecht, § 23 Rn. 46; *Sailer-Coceani*, in: Schmidt/Lutter AktG, § 93 Rn. 41; *Koch*, AktG, § 93 Rn. 103; *Spindler*, in: MüKo AktG, § 93 Rn. 231; *Bachmann*, Gutachten E zum 70. DJT, S. E32; *Fest*, NZG 2011, 540 (541); *Jena*, Die Business Judgment Rule im Prozess, S. 221; BGH, Urt. v. 4. November 2002 – II ZR 224/00, BGHZ 152, 280–290, juris Rn. 6 für den Geschäftsführer der GmbH; *Werner*, GmbHR 2013, 68 (68) ebenfalls für die GmbH.

[90] *Fleischer*, in: BeckOGK AktG, Stand: 01.02.2024, § 93 Rn. 275; *Wilsing*, in: FS M. Henssler 2023, S. 1333 (1335).

[91] *Fleischer*, in: BeckOGK AktG, Stand: 01.02.2024, § 93 Rn. 275; *Wilsing*, in: FS M. Henssler 2023, S. 1333 (1335).

## 2. Umkehr des § 280 Abs. 1 S. 2 BGB

Auch für die hinter die Organhaftung zurücktretende Haftungsgrundlage des § 280 Abs. 1 S. 1 BGB[92] gilt eine in § 280 Abs. 1 S. 2 BGB normierte Darlegungs- und Beweislastumkehr. Diese bezieht sich lediglich auf das Verschulden und nicht auch auf die objektive Pflichtverletzung,[93] womit sie sich von der Beweislastumkehr der § 93 Abs. 2 S. 2 BGB, § 34 Abs. 2 S. 2 GenG und § 117 Abs. 2 S. 2 AktG unterscheidet. Denn diese kehren nach ganz herrschender Ansicht zusätzlich die Darlegungs- und Beweislast für die objektive Pflichtverletzung um.[94] Die Organe des Vereins und der Stiftung haften wie gezeigt nach § 280 Abs. 1 BGB,[95] sodass Ihnen die Darlegungs- und Beweislast zumindest für die subjektive Pflichtverletzung obliegt. Für das nicht ehrenamtliche Organmitglied gilt darüber hinaus auch die Bestimmung des § 93 Abs. 2 S. 2 AktG.[96] Für die Stiftung gilt über den Verweis des § 84a Abs. 3 S. 1 BGB das zum Verein Gesagte, sodass auch dort eine entsprechende Analogie in Betracht kommt.[97] Mithin unterscheidet sich die Situation des nicht ehrenamtlichen Vereins- beziehungsweise Stiftungsvorstands nicht wesentlich von derjenigen des Vorstands einer Aktiengesellschaft oder des Geschäftsführers einer GmbH.

Die Darlegungs- und Beweislastumkehr bezüglich der subjektiven Pflichtverletzung in § 280 Abs. 1 BGB bietet Potenzial zur Ausweitung des Dissertationsthemas auf das gesamte schuldrechtliche Schadensersatzrecht. Denn hinsichtlich der subjektiven Pflichtverletzung könnte im Einzelfall auch eine Darlegungs- und Beweisnot drohen, sodass ein Informationsinteresse des Anspruchsstellers bestehen würde. Die Eigenheiten des Organhaftungsprozesses steigern das Interesse an einem Informationsanspruch aber erheblich, sodass eine isolierte Betrachtung des Organhaftungsprozesses gerechtfertigt ist. Auch zeigen sich im Kontext der Organhaftung weitere Problemfelder, die eine Untersuchung für das allgemeine

---

[92] Siehe zu dem Verhältnis oben § 2 A. I.

[93] *Dauner-Lieb*, in: Dauner-Lieb/Langen BGB, § 280 Rn. 40; *Ernst*, in: MüKo BGB, § 280 Rn. 150 ff.; *Lorenz*, in: BeckOK BGB, Stand: 01.08.2024, § 280 Rn. 78; *Ulber*, in: Erman BGB, § 280 Rn. 115 ff.; *Schwarze*, in: Staudinger BGB, § 280 Rn. F2, der S. 2 aber nicht als Darlegungs- und Beweislastverteilung sieht, sondern das Vertretenmüssen als Einwendung einordnet.

[94] Zum Vergleich der Vorschriften auch *Flasshoff*, Die Beweislastverteilung bei der Organhaftung, S. 131; *Schmidt*, in: FS Heidel 2021, S. 733 (733).

[95] Dazu siehe oben § 2 A. II. 1.

[96] So die h. M.: *Burgard/Heimann*, in: Krieger/Schneider Hdb Managerhaftung, § 7 Rn. 7.44; *Bayer/Scholz*, in: Melot de Beauregard/Lieder/Liersch Managerhaftung, § 3 Rn. 1466; *Scholz*, ZZP 2020, 491 (493); *Leuschner*, in: MüKo BGB, § 27 Rn. 81. Für das ehrenamtliche Vorstandsmitglied des Vereins ist diese Analogie nach richtiger Ansicht wegen des spezielleren § 31a Abs. 1 S. 3 BGB gesperrt: *Burgard/Heimann*, in: Krieger/Schneider Hdb Managerhaftung, § 7 Rn. 7.44; *Bayer/Scholz*, in: Melot de Beauregard/Lieder/Liersch Managerhaftung, § 3 Rn. 1466; vgl. *Leuering/Keßler*, NJW-Spezial 2017, 335 (335f.).

[97] Für den nicht ehrenamtlichen Vorstand kommt auch hier eine analoge Anwendung des § 93 Abs. 2 S. 2 AktG in Betracht: *Scholz*, npoR 2022, 50 (53).

Schuldrecht nicht ermöglichen würde. Daher behandelt diese Arbeit die Problematik mit besonderem Blick auf die Organhaftung.

### III. Beweislastverteilung bei ausgeschiedenen Organmitgliedern

Der Wortlaut der Normen, die die Umkehr der Darlegungs- und Beweislast beinhalten, gibt keinen eindeutigen Aufschluss darüber, wie mit diesen Lasten bei ausgeschiedenen Organmitgliedern umzugehen ist. Der praktisch häufigste Anwendungsfall betrifft jedoch wie erwähnt solch ausgeschiedene Organmitglieder.[98] Die Grundsätze der ARAG-Garmenbeck Entscheidung[99] mögen zwar zu einer gestiegenen Bedeutung der Inanspruchnahme aktiver Organmitglieder geführt haben. Dies bedeutet jedoch nicht, dass die Inanspruchnahme aktiver Organmitglieder praktisch auch nur annähernd vergleichbar bedeutsam geworden ist. Nach wie vor wird das Interesse der Gesellschaft, ausgeschiedene Organmitglieder in Anspruch zu nehmen, größer sein als das Interesse, aktive Organmitglieder in Anspruch zu nehmen.[100] Häufig wird eine Inanspruchnahme wegen ihrer Öffentlichkeitswirksamkeit zudem mit einem Ausscheiden des Organmitglieds einhergehen, um sich bei publik werden der Pflichtverletzung von diesem zu distanzieren und so Schäden durch eine negative Reputation von der Gesellschaft und dem Nachfolger des Organmitglieds abzuwenden.[101]

Angesichts einschlägiger höchstrichterlicher Entscheidungen,[102] welche die Beweislastumkehr nach Art. 93 Abs. 2 S. 2 AktG auch im Zeitraum nach dem Ausscheiden anwenden, sowie der zahlreichen und namhaften Unterstützung aus der Literatur,[103] ist die Geltung der Beweislastumkehr auch für das ausgeschiedene Organmitglied zu unterstellen.

---

[98] *Krieger*, in: FS U.H. Schneider 2011, S. 717 (719); *Rieger*, in: FS Peltzer, S. 339 (351); *Foerster*, ZHR 2012, 221 (223 f.); *Freund*, NZG 2015, 1419 (1419); *Richter*, Informationsrechte im Organhaftungsprozess, S. 59.
[99] Grundsätzliche Verpflichtung des Aufsichtsrates, durchsetzbare Ansprüche gegen Vorstandsmitgliedern geltend zu machen, BGH, Urt. v. 21. April 1997 – II ZR 175/95, BGHZ 135, 244–257, juris Rn. 20 ff.
[100] Vgl. *Rieger*, in: FS Peltzer, S. 339 (351).
[101] *Bachmann*, Gutachten E zum 70. DJT, S. E19.
[102] BGH, Urt. v. 4. November 2002 – II ZR 224/00, BGHZ 152, 280–290, juris Rn. 9 zur GmbH; BGH, Urt. v. 8. Juli 2014 – II ZR 174/13, BGHZ 202, 26–39, juris Rn. 33; BGH, Urt. v. 4. November 2002 – II ZR 224/00, BGHZ 152, 280–290, juris Rn. 9; OLG Stuttgart, Urt. v. 25. November 2009 – 20 U 5/09, ZIP 2009, 2386–2391, juris Rn. 19; als selbstverständlich zu Grunde gelegt im Siemens-Neubürger-Fall, LG München I, Urt. v. 10. Dezember 2013 – 5 HKO 1387/10, ZIP 2014, 570–583, juris Rn. 91.
[103] *Koch*, AktG, § 93 Rn. 108; *Grigoleit/Tomasic*, in: Grigoleit AktG, § 93 Rn. 112; *Krieger*, in: FS U.H. Schneider 2011, S. 717 (719); *Spindler*, in: MüKo AktG, § 93 Rn. 235; *Schmidt*, in: FS Heidel 2021, S. 733 (739); *Hölters*, in: Hölters/Weber AktG, § 93 Rn. 259; *Born*, in: Krieger/

## IV. Organhaftung in Kapitalgesellschaften des EU-Auslands

Aufgrund der Tatsache, dass es sich bei der DS-GVO um einen unionsrechtlichen Sekundärrechtsakt im Sinne des Art. 288 UAbs. 2 AEUV handelt, sei darauf verwiesen, dass sich die in dieser Arbeit gegenständliche Problematik auch in anderen Mitgliedstaaten der Europäischen Union stellen kann. Beispielsweise haftet nach Art. L.223–22 Abs. 1 CCOM auch der Geschäftsleiter der französischen SARL (Société à Responsabilité Limitée) der Gesellschaft (und unter Umständen auch Dritten) gegenüber persönlich.[104] Hinsichtlich der Darlegungs- und Beweislast unterscheidet das französische Haftungsrecht zwischen sogenannten *obligations de moyens*, also bloßen Verhaltenspflichten, bei denen bestmögliches Bemühen und sogenannten *obligations de résultat*, also erfolgsorientierten Pflichten, bei denen ein Erfolg geschuldet ist, insbesondere also Legalitätspflichten.[105] Bei Legalitätspflichten wird die Pflichtverletzung des Organmitglieds vermutet, sofern der Eintritt des Schadens beziehungsweise die Nichterreichung des Erfolgs vom Gläubiger dargelegt wird. Damit liegt die Darlegungs- und Beweislast dann beim Organmitglied.[106] Das Organmitglied hat folglich ein Interesse an einem Informationsanspruch gegen die Gesellschaft, wenn er wegen der Verletzung von *obligations de résultat* in Anspruch genommen wird. Denn sodann obliegt ihm nach dem Gesagten die Darlegungs- und Beweislast für die Aufbringung des Bemühens.

Die Darlegungs- und Beweislastverteilung des österreichischen Aktiengesetzes entspricht der deutschen Verteilung. Nach § 84 Abs. 2 S. 2 öAktG trägt das Organmitglied die Beweislast dafür, dass es die Sorgfalt eines ordentlichen und gewissenhaften Geschäftsleiters gewahrt hat.[107] Die Beweislastumkehr des § 84 Abs. 2 S. 2 öAktG wird analog auf die öGmbH angewendet.[108] Somit könnte Art. 15 DS-GVO

---

Schneider, Hdb Managerhaftung, § 16 Rn. 16.34 ff.; *Fleischer*, in: BeckOGK AktG, Stand: 01.02.2024, § 93 Rn. 279; *Fleischer*, NZG 2010, 121 (122); *Groh*, ZIP 2021, 724 (726); *Born*, in: FS Bergmann 2018, S. 79 (82); *Bachmann*, in: FS Thümmel 2020, S. 27 (37); *Wilsing*, in: FS M. Henssler 2023, S. 1333 (1335); *Scholz*, ZZP 2020, 491 (521).

[104] *Pfeifer*, GmbHR 2007, 1208 (1210 f.).

[105] *Hübner*, in: FS Baumgärtel 1990, S. 151 (152 f.); *Sonnenberger*, in: FS Medicus 1999, S. 621 (628); *Danninger*, Organhaftung und Beweislast, S. 168 f.; *Ernst*, in: MüKo BGB, § 280 Rn. 148; *Hils*, Die Unterscheidung zwischen der obligation de résultat und der obligation de moyens und ihre Auswirkungen auf die Verteilung der Beweislast hinsichtlich der faute bei vertraglichen Schadenersatzansprüchen wegen exécution défectueuse im französischen Recht, S. 58 ff.

[106] *Danninger*, Organhaftung und Beweislast, S. 169.

[107] Schaut man auf den Wortlaut des Art. 84 Abs. 2 S. 2 öAktG, so liegt die Annahme einer Beweislast zulasten des Organmitglieds fern. Denn danach hat das Organmitglied den „Gegenbeweis" zu erbringen, sodass die ursprüngliche Beweislast aufseiten der Gesellschaft zu liegen scheint. Der Wortlaut „Gegenbeweis" meint aber wohl schlicht den „Beweis", der sich gegen die Behauptungen und nicht gegen einen „Beweis" der Gegenseite richtet. Vgl. dazu *Danninger*, Organhaftung und Beweislast, S. 144.

[108] OGH Österreich, Urt. v. 9. Januar 1985 – 3 Ob 521/84, RS0049076; OGH Österreich, Urt. v. 10. Mai 1984 – 7Ob 565/84, RS0023854.

auch für österreichische Organmitglieder von (existenzieller) Bedeutung sein. Die Situation stellt sich im Ergebnis wie hierzulande dar.[109]

In Spanien normiert Art. 236.1 UAbs. 2 LSC ausdrücklich eine Beweislast zulasten des Organmitglieds. Dem Organmitglied obliegt danach der Beweis, dass er eine Legalitätspflichtverletzung nicht zu vertreten hat. Bei Verstößen gegen die allgemeine Sorgfaltspflicht des Geschäftsführers verbleibt die Beweislast bei der Gesellschaft.[110] Die spanische Lösung ähnelt damit dem französischen Weg der Differenzierung zwischen Verhaltens- und Erfolgspflichten. Ein Anspruch aus Art. 15 DS-GVO ist daher auch für Geschäftsführer einer spanischen SRL interessant. Dies gilt insbesondere dann, wenn es sich um eine Legalitätspflichtverletzung handelt. Für die spanische Aktiengesellschaft, die *sociedad Anónima* (SA), gilt das zum Geschäftsführer der spanischen SRL Gesagte entsprechend,[111] sodass auch für diese das gegenständliche Thema bedeutsam sein kann.

In Schweden wurde eine Beweislastumkehr zulasten des Organs im Jahr 1941 als dem schwedischen Recht fremd verworfen, während die allgemeine Verteilung der Darlegungs- und Beweislast befürwortet und beibehalten wurde.[112] Im Jahr 1995 scheiterte der Versuch, eine Beweislastumkehr zumindest für Legalitätspflichtverletzungen vorzusehen.[113] Eine Beweislastumkehr in Organhaftungsprozessen ist dem schwedischen Recht also grundsätzlich – in Abweichung zum deutschen Recht – fremd. Allerdings wird das Verschulden in Schweden in Fällen von Lega-

---

[109] Diese Ähnlichkeit betont auch *Bachmann*, Gutachten E zum 70. DJT, S. E25.
[110] *Danninger*, Organhaftung und Beweislast, S. 149 m. w. N. auf spanische Literatur.
[111] *Fischer/Grupp/Baumeister*, in: GesR des Auslands, Spanien, Rn. 169.
[112] SOU 1941:9, S. 650, ins Deutsche übersetzt: „Einer solchen Person – wie manchmal in ausländischen Rechtsvorschriften – in gewissem Umfang die Pflicht aufzuerlegen, sich durch den Nachweis zu entlasten, dass sie die Sorgfalt eines ordentlichen und gewissenhaften Geschäftsmannes angewandt hat (Entlastungsbeweis), ist in dem hier angesprochenen Rechtsverhältnis dem schwedischen Rechtsverständnis fremd erschienen. Eine Verteilung der Darlegungs- und Beweislast sollte nach den allgemeinen Regeln des Verfahrensrechts möglich sein."; *Danninger*, Organhaftung und Beweislast, S. 150 f.
[113] SOU 1995:44, S. 244, ins Deutsche übersetzt: „Die Einführung einer Vorschrift, wonach das Vorstandsmitglied nachweisen muss, dass es die gebotene Sorgfalt beachtet hat, ist [...] eine Lösung, die vom schwedischen Gesetzgeber bisher als dem schwedischen Recht fremd abgelehnt wurde. [...] In Fällen, in denen der Schaden durch einen Verstoß gegen das Gesellschaftsgesetz oder die Satzung verursacht wurde, ist [...] häufig von einem Verschulden auszugehen. Es obliegt dem Schädiger zu beweisen, dass er nicht fahrlässig gehandelt hat. In Anbetracht der obigen Ausführungen scheint es wahrscheinlicher, dass die Lösung der Beweisprobleme durch die Anwendung allgemeiner Verfahrensregeln den Gerichten überlassen wird, als dass eine Regel zur Umkehr der Beweislast eingeführt wird, die dazu führen könnte, dass sorgfältige Personen aufgrund von reinen Beweisschwierigkeiten möglicherweise erhebliche Schadensersatzbeträge zahlen müssen. Zusammenfassend hat der Ausschuss keine Veranlassung gesehen, von den Grundsätzen der Haftung von Vorständen und Geschäftsführern gegenüber der Gesellschaft, auf denen das geltende Recht beruht, abzuweichen. Der Ausschuss ist der Ansicht, dass es nicht möglich ist, die Haftung von Direktoren oder Geschäftsführern in dieser Hinsicht anders als nach dem geltenden Recht zu bestimmen."

litätspflichtverletzungen häufig vermutet,[114] was zur Folge hat, dass dem Organmitglied sodann im Prozess praktisch dennoch eine Darlegungs- und Beweislast aufgebürdet wird. In diesem Fall kann dann auch das Mitglied eines geschäftsführenden Organs der schwedischen AB an einem Informationsanspruch wie Art. 15 DS-GVO interessiert sein.

Die exemplarische Darstellung der Organhaftung in anderen Mitgliedstaaten der Europäischen Union zeigt, dass die in dieser Arbeit behandelte Thematik auch über die nationalen Grenzen hinaus relevant ist. Wenn auch die Einzelheiten der Lastenverteilung verschieden sind, bieten sich auch in den anderen Rechtsordnungen Anknüpfungspunkte für eine Einflussnahme des Art. 15 DS-GVO auf den Organhaftungsprozess.

## V. Zwischenergebnis – Darlegungs- und Beweislast im Organhaftungsprozess

Zusammenfassend gestaltet sich die Verteilung der Darlegungs- und Beweislast wie folgt: Die Organmitglieder von Geschäftsführungs- und Überwachungsorganen sowie beratenden Organen der AG, GmbH, eG, SE und KGaA tragen die Darlegungs- und Beweislast für das Fehlen einer subjektiven und objektiven Pflichtverletzung. Das gilt auch für bereits ausgeschiedene Organmitglieder. Auch auf Organmitglieder eines Vereins oder einer Stiftung, die nach § 280 Abs. 1 S. 1 BGB haften, wird die Darlegungs- und Beweislastumkehr entsprechend angewendet, sofern sie nicht ehrenamtlich agieren.

Die Auswirkungen der Darlegungs- und Beweislastumkehr bedeuten für das (ausgeschiedene) Organmitglied im Einzelnen ein erhöhtes Interesse an dem Gewinn von Sachkenntnis und Beweisen. Dieses gesteigerte Interesse ergibt sich insbesondere in drei Konstellationen: (1) Wenn das Organmitglied seiner Darlegungslast zunächst nachkommt, die Gesellschaft die Darlegung aber substantiiert bestreitet und das Organmitglied sodann einen Beweis erbringen muss; (2) wenn das Organmitglied seiner Darlegungslast nur deshalb genügt, weil es wegen der Rechtsfigur der sekundären Darlegungslast zu herabgesetzten Anforderungen hieran kommt, die Gesellschaft der sekundären Darlegungslast aber gerecht wird und sodann das Organmitglied einen Beweis erbringen muss; (3) wenn die Voraussetzungen der sekundären Darlegungslast nicht vorliegen und sodann bei unzureichender Darlegung durch das Organmitglied bereits auf Ebene der Darlegungslast zulasten des Organmitglieds entschieden würde. Folgende Abbildung verdeutlicht diese Zusammenhänge. Besondere Aufmerksamkeit sei den grau hinterlegten Textfeldern gewidmet, welche die Fälle des gesteigerten Informationsinteresses hervorheben:

---

[114] SOU 1995:44, S. 244, zur Übersetzung ins deutsche siehe oben Fn. 113.

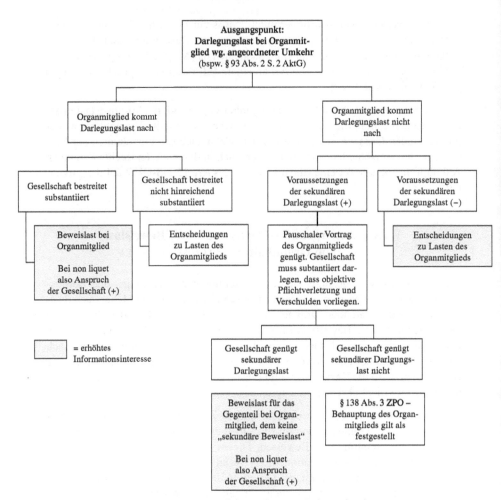

Abb. 1: Visualisierung der Erkenntnisse zum Informationsinteresse in Gestalt eines Entscheidungsbaumes

## C. Fehlende Sachkenntnis und mangelnde Beweisnähe

Als weiterer begünstigender Faktor einer Darlegungs- und Beweisnot wurde eingangs die fehlende Sachkenntnis und fehlende Beweisnähe genannt. Die Ursachen für eine solche Sachferne beziehungsweise Beweisferne können beliebiger Natur sein, wobei im Rahmen der Organhaftung bestimmte Umstände für eine starke Ausprägung dieses Faktors sorgen. Neuerlich sei darauf hingewiesen, dass sich insbesondere das ausgeschiedene Organmitglied bei Inanspruchnahme durch die Gesellschaft in dieser misslichen Situation befindet, da es auf seinen „Arbeitsplatz" und damit auf notwendige Unterlagen zur Verteidigung keinen Zugriff mehr hat.

## I. Intensivierung durch Rückgabeanspruch der Gesellschaft gegen das Organmitglied

Die mit der Zeit schwindenden Erinnerung an die aktive Tätigkeit für die Gesellschaft werden durch einen umfangreichen Rückgabeanspruch der Gesellschaft gegen das Organmitglied verschärft. Der höchstrichterlichen Rechtsprechung und der weit überwiegenden Literatur zufolge muss das Organmitglied beim Ausscheiden aus der Gesellschaft nach §§ 675, 666, 667 BGB über sämtliche Unterlagen und Daten, die es während seiner Tätigkeit erlangt hat, aufklären und diese zurückgeben.[115] Ein entsprechender Anspruch kann gegebenenfalls auch auf Regelungen im Anstellungsvertrag oder auf eine Regelung in der Satzung der Gesellschaft beziehungsweise der Geschäftsordnung des Organs gestützt werden.[116] Neben dem Vorstand und dem Aufsichtsrat gilt der Rückgabeanspruch auch Beiratsmitgliedern gegenüber entsprechend.[117] Der Umfang der Rückgabeverpflichtung erstreckt sich nicht nur auf geheimhaltungsbedürftige Unterlagen und Daten, sondern auch auf alle sonstigen Unterlagen, die „[…] einzeln oder zusammen noch nicht abzuschätzende Bedeutung erlangen können […]".[118] Im Interesse der Vermeidung eines zu hohen Aufwands zwecks Ermittlung, welche Unterlagen von dem Anspruch erfasst sein sollen, spricht sich der BGH für einen weit gefassten Anspruch aus, sodass Unterlagen im Zweifel von der Rückgabeverpflichtung erfasst sind.[119] Auch erstreckt sich der Rückgabeanspruch auf Kopien der Unterlagen.[120]

---

[115] BGH, Urt. v. 3. Dezember 1962 – II ZR 63/60, WM 1963, 161 (161 f.) betreffend Geschäftsführer einer GmbH, was nach BGH, Beschl. v. 7. Juli 2008 – II ZR 71/07, ZIP 2008, 1821–1823, Rn. 2 ff. entsprechend für den Vorstand und den Aufsichtsrat einer AG gelten muss; *Spindler*, in: MüKo AktG, § 84 Rn. 121; *Fleischer*, in: BeckOGK AktG, Stand: 01.02.2024, § 84 Rn. 86 f.; *Freund*, NZG 2015, 1419 (1419 ff.); *Wilsing*, in: FS M. Henssler 2023, S. 1333 (1335 f.); *Flasshoff*, Die Beweislastverteilung bei der Organhaftung, S. 376; *Danninger*, Organhaftung und Beweislast, S. 90 ff.; kritisch bezüglich eines solchen Rückgabeanspruchs *Vetter*, in: Gesellschaftsrecht in der Diskussion 2013, S. 102.

[116] Angedeutet für eine Regelung in der Geschäftsordnung des Aufsichtsrates in BGH, Beschl. v. 7. Juli 2008 – II ZR 71/07, ZIP 2008, 1821–1823, 2. Ls.; *Hirschfeld/Gerhold*, ZIP 2021, 394 (396); *Kort*, in: Hirte/Mülbert/Roth Großkommentar AktG, § 84 Rn. 433; kritisch bezüglich der Wirksamkeit anstellungsvertraglicher Regelungen, soweit diese als AGB zu qualifizieren sind *Freund*, NZG 2015, 1419 (1420).

[117] *Deilmann/Otte*, BB 2011, 1291 (1292); *Huber*, Anm. zu BGH, Beschl. v. 7. Juli 2008 – II ZR 71/07, GmbHR 2008, 1214 (1216); *Ziemons*, Anm. zu BGH, Beschl. v. 7. Juli 2008 – II ZR 71/07, FD-HGR 2008, 267873.

[118] BGH, Beschl. v. 7. Juli 2008 – II ZR 71/07, ZIP 2008, 1821–1823, Rn. 3.

[119] BGH, Beschl. v. 7. Juli 2008 – II ZR 71/07, ZIP 2008, 1821–1823, Rn. 3.

[120] BGH, Beschl. v. 7. Juli 2008 – II ZR 71/07, ZIP 2008, 1821–1823, Rn. 9; dazu *Paul*, EWiR 2008, 737 (738); *Hirschfeld/Gerhold*, ZIP 2021, 394 (396); mit einem Vorschlag zum Behaltendürfen von erforderlichen Kopien de lege ferenda *Bachmann*, Gutachten E zum 70. DJT, S. E37.

Dem Organmitglied steht gegen diesen Rückgabeanspruch grundsätzlich auch kein Zurückbehaltungsrecht zu.[121] Allenfalls kann es nach § 242 BGB den *dolo agit* Einwand geltend machen, sofern es selbst über einen Anspruch verfügt, der auf Herausgabe dieser Unterlagen gerichtet ist.[122] Die Voraussetzungen dieses *dolo agit* Einwands wären insbesondere dann gegeben, wenn das Organmitglied beim Ausscheiden bereits auf Organhaftung in Anspruch genommen wird und dementsprechend im gleichen Zuge die Informationsansprüche der §§ 810, 242 BGB geltend macht.[123] Der *dolo-agit* Einwand hilft dem Organmitglied in diesem begrenzten Anwendungsfall zwar Informationen zu behalten, ermöglicht aber keinen darüber hinausgehenden Erkenntnisgewinn durch Unterlagen, die sich ausschließlich im Besitz der Gesellschaft befinden.

## II. Intensivierung durch kurze Aufbewahrungsfristen

Zusätzliche Beweislücken ergeben sich gegebenenfalls auch aus den im Vergleich zur Verjährung der Organhaftung kurzen Aufbewahrungsfristen in § 257 Abs. 4 2. Hs. HGB und § 147 Abs. 3 AO.[124] Bis auf den Verein und die Stiftung sind alle hier thematisierten juristischen Personen kraft ihrer Rechtsform Formkaufleute und unterfallen damit nach § 6 Abs. 1 HGB den Regelungen zur Aufbewahrungsfrist.[125] Gemäß § 257 Abs. 4 HGB haben sie die in § 257 Abs. 1 HGB genannten Unterlagen, für eine Zeit von sechs bis zehn Jahren aufzubewahren. Die Aufbewahrungsfrist von sechs Jahren gemäß § 257 Abs. 4 2. Hs. HGB bezieht sich

---

[121] BGH, Urt. v. 11. Juli 1968 – II ZR 108/67, WM 1968, 1325–1328, juris Rn. 61; *Fleischer*, in: BeckOGK AktG, Stand: 01.02.2024, § 84 Rn. 87; *Wilsing*, in: FS M. Henssler 2023, S. 1333 (1336); *Kort*, in: Hirte/Mülbert/Roth Großkommentar AktG, § 84 Rn. 433; *Freund*, NZG 2015, 1419 (1420); *Doralt/Doralt*, in: Arbeitshandbuch für Aufsichtsratsmitglieder, § 16 Rn. 196.

[122] Vgl. *Kort*, in: Hirte/Mülbert/Roth Großkommentar AktG, § 84 Rn. 433; *Spindler*, in: MüKo AktG, § 84 Rn. 121; *Wilsing*, in: FS M. Henssler 2023, S. 1333 (1336); *Deilmann/Otte*, BB 2011, 1291 (1292); *Finkel/Ruchatz*, BB 2017, 519 (520); *Freund*, NZG 2015, 1419 (1420); bei anhängigem Prozess gegen ehemaligen Geschäftsführer und betreffend Unterlagen, auf die dieser in dem Prozess zur Beweisführung angewiesen ist BGH, Urt. v. 21. Dezember 1989 – X ZR 30/89, BGHZ 110, 30–35, juris Rn. 20.

[123] *Deilmann/Otte*, BB 2011, 1291 (1292); *Paul*, EWiR 2008, 737 (738); etwas großzügiger *Finkel/Ruchatz*, BB 2017, 519 (520), der es genügen lässt, wenn beim Ausscheiden bereits ein konkreter Vorwurf besteht oder ein dem Organmitglied bekanntes Prüfungsverfahren eingeleitet ist; vgl. BGH, Urt. v. 21. Dezember 1989 – X ZR 30/89, BGHZ 110, 30–35, juris Rn. 20.

[124] Zu dem Zusammenspiel von Aufbewahrungsfrist und der zehnjährigen Verjährungsfrist der Organhaftung bei börsennotierten Aktiengesellschaften äußert sich der Finanzausschuss: BTDrucks. 17/3547 S. 12.

[125] GmbH nach § 13 Abs. 3 GmbHG; AG nach § 3 AktG; KGaA nach § 278 Abs. 3 i.V.m. § 3 AktG; SE nach Art. 3 Abs. 1 SE-VO i.V.m. § 3 AktG; eG nach § 17 Abs. 2 GenG. Die Kaufmannseigenschaft von Verein und Stiftung richten sich nach den allgemeinen Vorschriften der §§ 1 ff. HGB.

auf die gesamte Handelskorrespondenz des Unternehmens.[126] Es kann in besonders gelagerten Fällen vorkommen, dass ein Interesse des ehemaligen Organmitglieds an entsprechenden Unterlagen erst dann besteht, wenn auch die Gesellschaft nicht mehr über diese verfügt, da sie zur Aufbewahrung nicht mehr verpflichtet gewesen ist und diese demzufolge vernichtet hat.

Der Finanzausschuss des Deutschen Bundestages erkennt die geschilderten Bedenken, betont aber, dass die Vernichtung der Unterlagen sich nicht zulasten des Organs auswirken dürfe.[127] Der Finanzausschuss befürwortet eine teleologische Reduktion der Beweislastumkehr des § 93 Abs. 2 S. 2 AktG[128] dahingehend, dass eine Entscheidung zugunsten eines Schadensersatzanspruchs im Wege einer Beweislastentscheidung nicht in Betracht komme, wenn die Unterlagen vor dem Prozess bereits vernichtet worden sind.[129] Rechtsklarheit schafft der Finanzausschuss aber nicht, überlässt er doch unter Verweis auf den Rechtsausschuss der Rechtsprechung die Schaffung von fairen und flexiblen Lösungen.[130] Potenziell sind die kurzen Aufbewahrungsfristen jedenfalls geeignet, die Situation des darlegungs- und beweispflichtigen Organmitglieds weiter zu verschärfen, indem Informationsansprüche mangels vorhandener Unterlagen nicht weiterhelfen können. Das gilt dann für alle Informationsansprüche gleichermaßen, sodass hier auch Art. 15 DS-GVO nicht weiterhelfen kann.

## D. Darlegungs- und Beweisnot trotz sekundärer Darlegungslast

Führt man sich die Funktionsweise der sekundären Darlegungslast vor Augen,[131] könnte man meinen, diese schaffe der Darlegungs- und Beweisnot des Organmitglieds Abhilfe. Liegen die Voraussetzungen der sekundären Darlegungslast vor, was bei der Organhaftung auf einen ersten Blick der Fall ist, würde seitens des Organmitglieds zunächst die Behauptung genügen, dass keine zu vertretene Pflichtverletzung vorliege. Nach der Funktionsweise der sekundären Darlegungslast obläge es der Gesellschaft, substantiiert darzulegen, dass das Leitungsorgan doch in schuldhafter Weise gegen die ihm obliegenden Sorgfaltspflichten verstoßen hat. Auf der Darlegungsebene wäre dem Organmitglied mit dem Instrument der sekundären Darlegungslast geholfen, sodass auf dieser Ebene keine Entscheidung zu seinen Lasten ergehen würde. Die Darlegungslast würde aufseiten des Organmitglieds so weit gesenkt, dass sie in Form der sekundären Darlegungslast

---

[126] *Traut*, in: BeckOGK HGB, Stand: 01.10.2023, § 257 Rn. 20.
[127] BTDrucks. 17/3547 S. 12.
[128] Fälschlicherweise spricht der Finanzausschuss von einer Beweislastumkehr in § 93 Abs. 2 S. 3 AktG, BTDrucks. 17/3547 S. 12.
[129] BTDrucks. 17/3547 S. 12.
[130] Siehe oben Fn. 129.
[131] Siehe oben § 2 B. I. 3. a).

der Gesellschaft zufällt. Ein vertiefter Blick auf die Situation zeigt aber, dass die sekundäre Darlegungslast nicht geeignet ist, das scharfe Schwert der Darlegungs- und Beweislastumkehr zu entschärfen:

## I. Voraussetzungen der sekundären Darlegungslast – Zirkelschluss

Voraussetzung der Anwendung der sekundären Darlegungslast ist unter anderem, dass die primär darlegungsbelastete Partei über die zur Verteidigung notwendigen Informationen nicht verfügt und diese auch nicht auf zumutbare Art und Weise zu beschaffen sind.[132] Die Frage nach der Beschaffbarkeit von Informationen ist jedoch das zentrale Element dieser Arbeit und zugleich diejenige Frage, die der Beantwortung der Frage, ob die sekundäre Darlegungslast einschlägig ist, vorausgehen muss.[133] Insbesondere das ausgeschiedene Organmitglied ist wegen der Rückgabeverpflichtung bezüglich der Unterlagen beim Ausscheiden aus der Gesellschaft auf Informationsansprüche angewiesen, um notwendige Informationen *auf zumutbare Art und Weise* zu beschaffen. Wenn man dem Organmitglied effektive und vollumfängliche Informationsansprüche zubilligt, so ist der Zugang zu den Informationen dann regelmäßig zumutbar, was die Anwendung der Rechtsfigur der sekundären Darlegungslast ausschließt. Es lässt sich daher nicht argumentieren, dass *aufgrund* der sekundären Darlegungslast kein Bedarf für Informationsansprüche wie Art. 15 DS-GVO bestehe. Dieses Argument würde den Zusammenhang von Informationsansprüchen und sekundärer Darlegungslast verkehren.[134] Dies gilt umso mehr aus dem Grund, dass ein Anwendungsvorrang des europäischen Rechts, also des Art. 15 DS-GVO vor dem deutschen Recht besteht.[135] Demnach kann allenfalls Art. 15 DS-GVO die sekundäre Darlegungslast beeinflussen, nicht aber umgekehrt.

Nahm der BGH 2002 noch an, dass die Voraussetzungen der sekundären Darlegungslast für den ausgeschiedenen Geschäftsführer in der Organhaftung vorliegen,[136] so zeigt das allenfalls, dass die dem Organmitglied zum damaligen Zeitpunkt zugestandenen Informationsansprüche nicht dazu geeignet waren, sich die notwendigen Informationen zumutbar zu beschaffen. Die sekundäre Darlegungs-

---

[132] Siehe oben Fn. 75.
[133] Vgl. *Schmidt*, in: FS Heidel 2021, S. 733 (737 f.): „Diese Möglichkeit besteht aber, wenn das frühere Vorstandsmitglied Zugang zu den Gesellschaftsunterlagen erhält."; vgl. *Foerster*, ZHR 2012, 221 (231 f.), der die sekundäre Darlegungslast bei Erfüllung der Informationsansprüche verneinen möchte.
[134] Den hier angenommenen Zusammenhang deutet auch *Schmidt*, in: FS Heidel 2021, S. 733 (738) an.
[135] Zum Anwendungsvorrang siehe unten § 4 A. I.
[136] BGH, Urt. v. 4. November 2002 – II ZR 224/00, BGHZ 152, 280–290, juris Rn. 9; a.A. *Scholz*, ZZP 2020, 491 (521).

last ist nicht geeignet, dem Informationsbedürfnis des Organmitglieds grundsätzlich abzuhelfen.

## II. Beschränkter Anwendungsbereich der sekundären Darlegungslast

Auch hilft die sekundäre Darlegungslast dem Organmitglied allenfalls nach Klageerhebung[137] durch die Gesellschaft. Im Vorfeld des gerichtlichen Prozesses stellt sie keinesfalls eine Unterstützung für das in Haftung genommene Organmitglied dar. Eine mögliche Hilfe durch die sekundäre Darlegungslast beschränkt sich auf die Konstellation, in der die Gesellschaft den Informationsansprüchen des Organmitglieds vor der Klage auf Schadensersatz nicht nachkommt.

## III. Absolute Grenze: Allgemeine prozessuale Aufklärungspflicht

Des Weiteren wird die sekundäre Darlegungslast dann begrenzt, wenn ihre Anwendung dazu zu führen droht, dem nicht darlegungs- und beweispflichtigen Prozessgegner eine allgemeine prozessuale Aufklärungspflicht aufzuerlegen.[138] Eine solche lehnt die Rechtsprechung ab.[139] Es herrscht der Grundsatz, dass keine Partei

„[…] gehalten ist, dem Gegner für seinen Prozesssieg das Material zu verschaffen, über das er nicht schon von sich aus verfügt."[140]

Ein Informationsanspruch existiert auf prozessrechtlicher Ebene gerade nicht.[141] Nach diesen Grundsätzen ist im Rahmen der sekundären Darlegungslast Zurückhaltung geboten. Die Gesellschaft ist in prozessualer Hinsicht nicht dazu verpflichtet, dem Organmitglied die Gründe beziehungsweise Beweise für eine Entlastung zu liefern.

---

[137] *Krieger*, in: FS U. H. Schneider 2011, S. 717 (722); *Richter*, Informationsrechte im Organhaftungsprozess, S. 70.
[138] *Krieger*, in: FS U. H. Schneider 2011, S. 717 (722); *Richter*, Informationsrechte im Organhaftungsprozess, S. 70; vgl. *Fritsche*, in: MüKo ZPO, § 138 Rn. 25.
[139] BGH, Urt. v. 11. Juni 1990 – II ZR 159/89, WM 1990, 1844–1847, juris Rn. 9; BGH, Urt. v. 12. November 1991 – KZR 18/90, BGHZ 116, 47–60, juris Rn. 28; dazu *Kürschner*, NJW 1992, 1804 (1805); *Anders*, in: Anders/Gehle ZPO, § 138 Rn. 34; vgl. BTDrucks. 14/6036, S. 120 wonach es sich bei dem Discovery-Verfahren um eine dem deutschen Recht fremde Ausforschung handle; Zustimmung aus der Literatur exemplarisch *Prütting*, in: FS Krüger 2017, S. 433 (437); a.A. *Stadler*, in: Musielak/Voit ZPO, § 138 Rn. 6, der seiner Meinung entsprechende Literatur von 1966–1993 als „neure Lit." einordnet und damit wohl ein Umdenken andeuten möchte, welches tatsächlich aber nicht erkennbar ist.
[140] BGH, Urt. v. 11. Juni 1990 – II ZR 159/89, WM 1990, 1844–1847, juris Rn. 9.
[141] *Krieger*, in: FS U. H. Schneider 2011, S. 717 (722); *Richter*, Informationsrechte im Organhaftungsprozess, S. 70.

## IV. Keine Auswirkungen der sekundären Darlegungslast auf die Beweisebene

Das Organmitglied bleibt überdies, selbst bei Vorliegen der Voraussetzungen der sekundären Darlegungslast, mangels einer der sekundären Darlegungslast entsprechenden sekundären Beweislast,[142] voll beweispflichtig. Dementsprechend besteht auch dann noch ein Interesse an einem auf die Erlangung von Beweisen gerichteten materiell-rechtlichen Anspruch. Denn aus rein tatsächlicher Sicht wird die Gesellschaft mangels prozessualer Pflicht zur Aufklärung,[143] die Beweise im Rahmen der sekundären Darlegungslast nicht liefern.[144] Dementsprechend ist die sekundäre Darlegungslast nicht geeignet, dem Organmitglied auf der Beweisebene zu helfen. Die Sachverhaltsschilderungen der sekundär darlegungsbelasteten Gesellschaft können dem Organmitglied aber immerhin bei der Erinnerung an Tatsachen helfen, die gegebenenfalls das gezieltere Nachfragen nach Beweisen oder die Benennung von Zeugen ermöglichen.

## V. Zwischenergebnis – Keine Abhilfe durch sekundäre Darlegungslast

Im Ergebnis zeigen sich einige Gesichtspunkte, die einer verlässlichen Abhilfe aus der Darlegungs- und Beweislast durch die sekundäre Darlegungslast entgegenstehen.[145] Zudem hängt das Rechtsinstitut der sekundären Darlegungslast maßgeblich von der Effektivität der Informationsansprüche des Organmitglieds ab. Ein Interesse an einem wirksamen Informationsanspruch besteht damit schon unabhängig vom Rechtsinstitut der sekundären Darlegungslast.

---

[142] BGH, Urt. v. 25. Mai 2020 – VI ZR 252/19, BGHZ 225, 316–352, juris Rn. 37; BGH, Urt. v. 27. Juli 2017 – I ZR 68/16, NJW 2018, 68–70, Rn. 13; *Fritsche*, in: MüKo ZPO, § 138 Rn. 24; vgl. *Schmidt*, in: FS Heidel 2021, S. 733 (736); *Jäckel*, Das Beweisrecht der ZPO, Rn. 36; Eingehend *Prütting*, in: FS Krüger 2017, S. 433 (436 f.); vgl. *Wilsing*, in: FS M. Henssler 2023, S. 1333 (1338).

[143] Zum Ausforschungsverbot siehe unten § 5 B. II. 1.

[144] Vgl. *Jena*, Die Business Judgment Rule im Prozess, S. 233.

[145] *Foerster*, ZHR 2012, 221 (231) „[…] Dilemma ehemaliger Organmitglieder allein mit der sekundären Darlegungslast der Gesellschaft nicht aufgelöst […].''; ähnlich im Ergebnis *Jena*, Die Business Judgment Rule im Prozess, S. 233; *Richter*, Informationsrechte im Organhaftungsprozess, S. 70.

# E. Darlegungs- und Beweisnot trotz D&O-Versicherung

Das System der Organhaftung wird in der Praxis maßgeblich durch weitverbreitete D&O-Versicherungen (*Directors' and Officers' Liability Insurance*) beeinflusst.[146] Soweit ersichtlich, gerät die Diskussion über die Auswirkungen dieser auf die Darlegungs- und Beweisnot der Organmitglieder in der Literatur zu kurz. Es handelt sich bei der D&O-Versicherung um eine Versicherung, die die Gesellschaft zugunsten eines Organmitglieds abschließt, um das eigene Vermögen gegen die aus den Handlungen des Organmitglieds erwachsenden Risiken abzusichern.[147] Versicherte Person ist das Organmitglied, welches einen Deckungsanspruch gegen den Versicherer geltend machen kann, sofern es selbst von der Gesellschaft in Anspruch genommen wird.[148] Versicherungsnehmerin ist die Gesellschaft.[149] Insofern weicht die D&O-Versicherung von einer normalen Haftpflichtversicherung ab, bei der Versicherungsnehmer und Versicherter personenidentisch sind. Sofern das Organmitglied bei Inanspruchnahme durch die Gesellschaft über eine solche D&O-Versicherung verfügt, könnte man meinen, dass die für das ausgeschiedene Organmitglied besonders missliche Lage, die insbesondere durch die missliche Verteilung der Darlegungs- und Beweislast begründet wird, derart entschärft ist, dass die hier behandelte Thematik in der Praxis aus Sicht des Organmitglieds nicht mehr relevant wäre. Schließlich könnte man denken, das Organmitglied müsse nur auf die Versicherung verweisen, womit das Interesse an einem Informationsanspruch nach Art. 15 DS-GVO entfalle, da eine persönliche Haftung nicht mehr drohe. Eine solche Bewertung der Situation wäre aber aus verschiedenen Gründen verfehlt.

## I. Fehlende Abhilfe bei vorsätzlichem und operativem Handeln

Gegen eine vollständige Abhilfe durch D&O-Versicherungen spricht zum einen, dass diese nicht bei vorsätzlichen Pflichtverletzungen des Vorstandsmitglieds greifen.[150] Die genaue Ausgestaltung des Deckungsausschlusses wegen Vorsatzes

---

[146] *Ihlas*, D&O Directors & Officers Liability, S. 168 ff. zur Verbreitung nach Gesellschaftsform, Bilanzsumme, Branche, Auslandstätigkeiten, Börsennotierung; *Hemeling* in: FS Hoffmann-Becking, S. 491 (491); *Olbrich*, Die D&O-Versicherung, S. 5 ff. zum Anstieg von Angebot und Nachfrage bezüglich einer solchen Versicherung.
[147] Statt vieler *Seyfarth*, Vorstandsrecht, § 25 Rn. 1; *Langheid*, in: MüKo VVG, § 44 Rn. 22; *Grigoleit/Tomasic*, in: Grigoleit AktG, § 93 Rn. 182; *Spindler*, in: MüKo AktG, § 93 Rn. 245.
[148] Vgl. *Seyfarth*, Vorstandsrecht, § 25 Rn. 61; *Langheid*, in: MüKo VVG, § 44 Rn. 23.
[149] *Seyfarth*, Vorstandsrecht, § 25 Rn. 1; *Hemeling* in: FS Hoffmann-Becking, S. 491 (493); *Langheid*, in: MüKo VVG, § 44 Rn. 21; *Grigoleit/Tomasic*, in: Grigoleit AktG, § 93 Rn. 182; *Spindler*, in: MüKo AktG, § 93 Rn. 246; *Drescher*, Die Haftung des GmbH-Geschäftsführers, Rn. 471; *Olbrich*, Die D&O-Versicherung, S. 53; *Dose*, Aktionärsklage, D&O-Versicherung und Vorstandshandeln, S. 115.
[150] *Dreher*, VersR 2015, 781 (783); *Seitz*, VersR 2007, 1476 (1476 ff.); *Lattwein/Krüger*, NVersZ 2000, 365 (366); *Ulmer*, in: FS Canaris 2007 2007, S 451 (457); *Spindler*, in: MüKo

ist dabei unterschiedlich. Teilweise ist die Deckung nach der Police schon für den Fall der wissentlichen Abweichung von Gesetz oder Rechtsvorschriften vorgesehen.[151] Sodann ist nicht einmal mehr das voluntative Element des Vorsatzes in Form des „Wollens" erforderlich, damit es zum Ausschluss des Versicherungsschutzes kommt.[152] Es genügt dann, wenn eine wissentliche Pflichtverletzung vorliegt, das Organmitglied sich der Pflicht sowie der Verletzung dieser im Zeitpunkt der Pflichtverletzung also bewusst gewesen ist.[153] Das Organmitglied befindet sich bei Ausschluss des Versicherungsschutzes wegen Vorsatz in derselben Situation wie ohne D&O-Versicherung. Es ist voll darlegungs- und beweisbelastet und hat dementsprechend dieselben Interessen an einem Informationsanspruch, wie auch ein nicht versichertes Organmitglied.

Manche Versicherungen nehmen darüber hinaus durch operatives Handeln entstandene Schäden von der Deckung aus.[154] Die Versicherung deckt dann nur Schäden durch Pflichtverletzungen im Rahmen der unternehmerischen Tätigkeit des Organmitglieds ab. Angesichts der Tatsache, dass selbst DAX-Vorstände in bestimmten Konstellationen operative Tätigkeiten ausüben, bestehen durch diesen Ausschluss „[...] gewaltige Lücken im Versicherungsschutz."[155]

## II. Fehlende Abhilfe wegen Deckungshöchstgrenze

Für ein unbegrenztes Risiko kann es keine Versicherung zu wirtschaftlich vertretbaren Preisen geben.[156] Deshalb sind D&O-Versicherungen ihrem Umfang nach auf einen Deckungsbetrag begrenzt.[157] Dieser sollte einen Schaden im Regelfall

---

AktG, § 93 Rn. 247; *Grigoleit/Tomasic*, in: Grigoleit AktG, § 93 Rn. 190; *Drescher*, Die Haftung des GmbH-Geschäftsführers, Rn. 496 f.; *Lange*, D&O-Versicherung und Managerhaftung, § 11 Rn. 13 ff.: „Wissentlichkeitsausschluss"; *Olbrich*, Die D&O-Versicherung, S. 178 f.; *Dose*, Aktionärsklage, D&O-Versicherung und Vorstandshandeln, S. 124; OLG Frankfurt, Urt. v. 6. Juli 2022 – 7 U 147/20, WM 2022, 1935–1936, Rn. 40 ff.: Verletzung beruflicher Kardinalpflichten genügt für Annahme des Vorsatzes; siehe im Detail *Schweitzer*, Zulässigkeit der Ausschlussklauseln für Vorsatz und wissentliches Handeln in der D&O-Versicherung, passim.

[151] *Lange*, D&O-Versicherung und Managerhaftung, § 11 Rn. 13 ff.: „Wissentlichkeitsausschluss"; *Kolde*, in: Beck'sches Mandats Hdb. – Vorstand der AG, § 8 Rn. 57.

[152] *Kolde*, in: Beck'sches Mandats Hdb. – Vorstand der AG, § 8 Rn. 57, ähnlich OLG Frankfurt, Urt. v. 6. Juli 2022 – 7 U 147/20, WM 2022, 1935–1936, Rn. 40 ff., das Verletzung gegen Kardinalpflichten genügen lässt.

[153] Zum Bewusstseinserfordernis BGH, Urt. v. 17. Dezember 1986 – IV a ZR 166/85, VersR 1987, 174–176; *Kolde*, in: Beck'sches Mandats Hdb. – Vorstand der AG, § 8 Rn. 57.

[154] *Petersen*, in: van Kann, Vorstand der AG, Kap. 3 Rn. 23; *Olbrich*, Die D&O-Versicherung, S. 118 f.; kritisch bezüglich der Wirksamkeit eines solchen Ausschlusses *Ihlas*, in: MüKo VVG, Nr. 320 Rn. 233.

[155] *Petersen*, in: van Kann, Vorstand der AG, Kap. 3 Rn. 23.

[156] *Hemeling* in: FS Hoffmann-Becking, S. 491 (508).

[157] *Seyfarth*, Vorstandsrecht, § 25 Rn. 37, der zusätzlich auf sog. Sublimits in Einzelfällen hinweist; *Ihlas*, D&O Directors & Officers Liability, S. 428 ff.; *Olbrich*, Die D&O-Versicherung, S. 167 f.; *Lange*, D&O-Versicherung und Managerhaftung, § 15 Rn. 1 ff.

zwar decken, bietet bei außergewöhnlich hohen Schadenssummen, die hierüber hinausgehen, jedoch keinen Schutz mehr. Die vereinbarte Deckungshöchstgrenze kann zudem bereits durch die vermehrte oder parallele Inanspruchnahme mehrerer haftender Organmitglieder aufgezehrt sein, sodass die Versicherung auch deshalb keinen Schutz mehr bietet.[158] Der Deckungsbetrag gilt in der Regel nämlich nicht für den einzelnen Haftungsfall, sondern für einen bestimmten Zeitraum[159] und in der Regel für die Gesamtheit der Organmitglieder.[160] Ein zusätzlich begrenzendes Gewicht erfährt der Deckungsbetrag dadurch, dass in der Regel Verteidigungskosten auf diesen angerechnet werden.[161] Daraus ergibt sich die Gefahr der Aufzehrung des Deckungsbetrags durch die Verteidigung gegen den geltend gemachten Anspruch.[162] Insofern verkommt die D&O-Versicherung im äußersten Fall zu einer bloßen Rechtsschutzversicherung.[163] Durch verschiedene (unberechtigte) Schadensersatzverlangen, die eine Verteidigung unter hohem Kostenaufwand erfordern, kann der Deckungsbetrag bereits ohne Pflichtverletzungen des Organmitglieds aufgezehrt werden.[164] Infolge des VW-Dieselskandals könnte die Bereitschaft der Versicherungen zum Abschluss von Policen mit hohen Deckungsbeträgen zudem sinken, was die Situation zusätzlich verschärft.[165]

---

[158] Vgl. *Dose*, Aktionärsklage, D&O-Versicherung und Vorstandshandeln, S. 123.

[159] *Olbrich*, Die D&O-Versicherung, S. 167; *Lange*, D&O-Versicherung und Managerhaftung, § 15 Rn. 3; vgl. *Scholz*, Die existenzvernichtende Haftung von Vorstandsmitgliedern in der Aktiengesellschaft, S. 213; *Dose*, Aktionärsklage, D&O-Versicherung und Vorstandshandeln, S. 123; *Thümmel/Sparberg*, DB 1995, 1013 (1017).

[160] *Lattwein/Krüger*, NVersZ 2000, 365 (367): „Singularpolicen sind nicht bekannt"; *Hemeling*, in: FS Hoffmann-Becking, S. 491 (508); *Hopt*, ZIP 2013, 1793 (1800): „Manchmal sind 150 bis 200 Personen mitversichert."; *Olbrich*, Die D&O-Versicherung, S. 54; *Dose*, Aktionärsklage, D&O-Versicherung und Vorstandshandeln, S. 123.

[161] *Lange*, D&O-Versicherung und Managerhaftung, § 15 Rn. 24: „Kostenanrechnungsklausel"; *Hemeling*, in: FS Hoffmann-Becking, S. 491 (502); zum Meinungsspektrum bezüglich solcher Kostenanrechnungsklauseln *Armbrüster*, VW 2016, 54 (54 ff.); GDV, Allgemeine Versicherungsbedingungen für die Vermögensschaden-Haftpflichtversicherung von Aufsichtsräten, Vorständen und Geschäftsführern (AVB D&O), Stand Mai 2020, vgl. A-6.4.

[162] *Scholz*, Die existenzvernichtende Haftung von Vorstandsmitgliedern in der Aktiengesellschaft, S. 210 f., der die Aufzehrung sogar als überwiegend wahrscheinlich erachtet; *Ihlas*, D&O Directors & Officers Liability, S. 437.

[163] Vgl. *Ihlas*, D&O Directors & Officers Liability, S. 437.

[164] *Scholz*, Die existenzvernichtende Haftung von Vorstandsmitgliedern in der Aktiengesellschaft, S. 213; *Bachmann*, Gutachten E zum 70. DJT, S. E23; *Dose*, Aktionärsklage, D&O-Versicherung und Vorstandshandeln, S. 128.

[165] Zu den genauen Auswirkungen des Dieselskandals siehe unten § 2 E. V.

### III. Fehlende Abhilfe wegen (verpflichtendem) Selbstbehalt

Auch verpflichtet der äußerst unglücklich formulierte[166] § 93 Abs. 2 S. 3 AktG beim Abschluss einer D&O-Versicherung zur Vereinbarung eines Selbstbehalts des Vorstandsmitglieds

> „[…] von mindestens 10 Prozent des Schadens bis mindestens zur Höhe des Eineinhalbfachen der festen jährlichen Vergütung des Vorstandsmitglieds […]."

Es sind demnach zwei Werte von Belang: Das Vorstandsmitglied hat, den einzelnen Schadensfall betrachtet, mindestens 10 % des Schadens persönlich zu tragen. Eine solche Regelung ist in der Aktiengesellschaft verpflichtend. Auf das ganze Jahr[167] bezogen kann aber eine maximale Summe festgelegt werden, über die hinaus das Vorstandsmitglied nicht persönlich zur Haftung gezogen werden darf. Dies dient dazu, das Ausfallrisiko der Gesellschaft zu vermindern, indem die zahlungskräftige Versicherung ab einer bestimmten Summe allein für den Schaden einzustehen hat.[168] Diese Obergrenze der persönlichen Haftung des Organmitglieds muss mindestens 150 % der jährlichen Vergütung betragen.[169] Auf eine solche Deckelung kann aber auch verzichtet werden.[170]

Die Regelung des § 93 Abs. 2 S. 3 AktG gilt in direkter Anwendung für Vorstandsmitglieder einer Aktiengesellschaft. Bis zum Jahr 2020 empfahl Ziffer 3.8 Abs. 2 des Deutschen Corporate Governance Kodex (DCGK) den Selbstbehalt auch für Aufsichtsräte einer AG, obwohl das Gesetz den Aufsichtsrat hiervon eigentlich nach § 116 S. 1 AktG befreit. Heute gilt nur noch die Befreiung des § 116 S. 1 AktG. Freiwillig kann ein Selbstbehalt dennoch weiter vorgesehen werden. Dies wird in der Praxis mit steigender Tendenz getan.[171] Nach überwiegender Ansicht erstreckt sich auch der Verweis des § 39 SEAG auf § 93 Abs. 2 S. 3 AktG, sodass auch bezüglich des Verwaltungsrates der SE eine Verpflichtung zur Vereinbarung eines Selbstbehalts besteht.[172] Die Verpflichtung gilt auch zulasten geschäftsführender Direktoren.[173] In der Rechtsform der KGaA muss für die geschäftsführenden Organe ebenfalls ein solcher Selbstbehalt vereinbart werden.[174] Für den Vereinsvor-

---

[166] Vgl. *Dauner-Lieb/Tettinger*, ZIP 2009, 1555 (1555).
[167] BTDrucks. 16/13433, S. 11; *Dauner-Lieb/Tettinger*, ZIP 2009, 1555 (1556); *Albers*, CCZ 2009, 222 (223); *Schmidt*, in: Heidel AktG und KapMR, § 93 AktG Rn. 194; *Dose*, Aktionärsklage, D&O-Versicherung und Vorstandshandeln, S. 129.
[168] BTDrucks. 16/13433, S. 11; *Dauner-Lieb/Tettinger*, ZIP 2009, 1555 (1556).
[169] BTDrucks. 16/13433, S. 11.
[170] *Dauner-Lieb/Tettinger*, ZIP 2009, 1555 (1556).
[171] Vgl. *Dose*, Aktionärsklage, D&O-Versicherung und Vorstandshandeln, S. 128.
[172] *Eberspächer*, in: BeckOGK SE, Stand: 01.02.2024, Art. 51 SE-VO Rn. 9; *Reichert/Brandes*, in: MüKo AktG, Art. 51 SE-VO Rn. 7; *Koch*, AG 2009, 637 (640); *Kerst*, WM 2010, 594 (598); *Franz*, DB 2009, 2764 (2766); *Albers*, CCZ 2009, 222 (223).
[173] *Franz*, DB 2009, 2764 (2766).
[174] *Fleischer*, in: BeckOGK AktG, Stand: 01.02.2024, § 93 Rn. 300; *Albers*, CCZ 2009, 222 (223); einschränkend *Franz*, DB 2009, 2764 (2766); ebenfalls einschränkend *Kerst*, WM 2010, 594 (598).

stand gilt die Norm des § 93 Abs. 2 S. 3 AktG nicht.[175] Auch der Stiftungsvorstand unterfällt einer solchen Verpflichtung damit konsequenterweise nicht.[176] Ebenfalls gilt sie nicht für den Geschäftsführer einer GmbH sowie für geschäftsführende Organe einer Genossenschaft.[177] Dennoch empfiehlt sich aus Sicht der Gesellschaft die Vereinbarung eines Selbstbehalts zwecks Verhaltenssteuerung auch überall dort, wo sie nicht verpflichtend ist.[178]

Bei großen Schadenssummen kann schon der Selbstbehalt eine existenzvernichtende Gefährdung für das Organmitglied darstellen.[179] Es bleibt den Organmitgliedern, zu deren Lasten ein (obligatorischer) Selbstbehalt vereinbart ist, unbenommen, sich auf eigene Kosten gegen den Selbstbehalt zu versichern.[180] Aus dem Informationsblatt der Allianz – der nach Beitragseinnahmen mit Abstand größten deutschen Versicherungsgesellschaft[181] – für eine Selbstbehaltsversicherung wird erkennbar, was sich schon terminologisch folgern lässt: Die Selbstbehaltsversicherung greift, wenn ein Selbstbehalt zu leisten ist.[182] Ein Selbstbehalt in diesem Sinne setzt voraus, dass die D&O-Versicherung einer festgestellten Deckungspflicht nachkommt. Greift die D&O-Versicherung im Einzelfall nicht, so schafft auch die Selbstbehaltsversicherung damit keinen Schutz. Man kann resümieren: Die Selbstbehaltsversicherung ist akzessorisch zur D&O-Versicherung.

---

[175] *Segna*, in: BeckOGK BGB, Stand: 01.04.2024, § 27 Rn. 129; *Leuschner*, in: MüKo BGB, § 27 Rn. 91; *Dreher/Fritz*, npoR 2020, 171 (176f.).
[176] *Melot de Beauregard*, ZStV 2015, 143 (146).
[177] *Drescher*, Die Haftung des GmbH-Geschäftsführers, Rn. 478 ff.; *Fleischer*, in: BeckOGK AktG, Stand: 01.02.2024, § 93 Rn. 300; *Hopt/Roth*, in: Hirte/Mülbert/Roth Großkommentar AktG, § 93 Rn. 456; *Franz*, DB 2009, 2764 (2766); *Kerst*, WM 2010, 594 (598); *van Kann*, NZG 2009, 1010 (1011); *Albers*, CCZ 2009, 222 (223); tendenziell offen für eine Anwendung auf die GmbH *Koch*, AG 2009, 637 (643).
[178] Vgl. *Melot de Beauregard*, ZStV 2015, 143 (146); *Segna*, in: BeckOGK BGB, Stand: 01.04.2024, § 27 Rn. 129.
[179] *Scholz*, Die existenzvernichtende Haftung von Vorstandsmitgliedern in der Aktiengesellschaft, S. 209.
[180] *Bachmann*, Gutachten E zum 70. DJT, S. E40; *Lange*, D&O-Versicherung und Managerhaftung, § 17 Rn. 4 f.; *Albers*, CCZ 2009, 222 (225 f.); *Koch*, AG 2009, 637 (645 f.), der darin eine Gesetzesumgehung sieht, die aber rechtlich ohne Konsequenz bleibt; *Thüsing/Traut*, NZA 2010, 140 (142 f.); *Fleischer*, in: BeckOGK AktG, Stand: 01.02.2024, § 93 Rn. 312; *Hopt/Roth*, in: Hirte/Mülbert/Roth Großkommentar AktG, § 93 Rn. 456; *Kerst*, WM 2010. 594 (602); *Fromme*, Versicherungsfall Dieselbetrug, in Süddeutsche Zeitung v. 18. Oktober 2015, https://www.sueddeutsche.de/wirtschaft/haftung-versicherungsfall-dieselbetrug-1.2696927 (zuletzt abgerufen am 24.11.2024); die Selbstbehaltsversicherung ist aber nicht ohne Kritik geblieben: *Wagner*, ZHR 2014, 227 (247).
[181] FAZ, Heftbeilage „Die 100 Größten", https://www.faz.net/aktuell/wirtschaft/unternehmen/die-100-groessten-unternehmen-der-deutschen-wirtschaft-16850144.html (zuletzt abgerufen am 24.11.2024).
[182] Vgl. Informationsblatt D&O Selbstbehalt Versicherung, https://www.agcs.allianz.com/content/dam/onemarketing/agcs/agcs/ipid/cee/AGCS-IPID-Germany-DO-Selbstbehalt.pdf (zuletzt abgerufen am 24.11.2024).

Im Ergebnis entkräftet ein hoher Selbstbehalt eine D&O-Versicherung. Bei Vorliegen einer Selbstbehaltsversicherung wird das zwar grundsätzlich kompensiert. Das gilt jedoch dann nicht, wenn andere konzeptionelle Schwächen der D&O-Versicherung zum Ausschluss der Deckung der D&O-Versicherung führen. Wegen der Akzessorietät zur D&O-Versicherung greift dann auch der Versicherungsschutz hinsichtlich des Selbstbehalts nicht. Das Organmitglied haftet persönlich und in voller Höhe.

### IV. Fehlende Abhilfe wegen Eigenschadensklausel

Die Allgemeinen Versicherungsbedingungen für D&O-Versicherungen, die vom Gesamtverband der Versicherer herausgegeben werden,[183] beinhalten unter A-6.3 eine Begrenzung der Deckung für den Fall der Kapitalbeteiligung des versicherten Organmitglieds am Versicherungsnehmer. Nach dieser sogenannten Eigenschadensklausel ist die Ersatzverpflichtung der Versicherung um diejenige Quote zu mindern, die der Kapitalbeteiligung des versicherten Organmitglieds am Versicherungsnehmer entspricht.[184] Angerechnet werden dabei nach dem Wortlaut der Allgemeinen Versicherungsbedingungen auch mittelbare Kapitalbeteiligungen und solche von Angehörigen des versicherten Organmitglieds. Wird in den Versicherungsbedingungen eine solche Klausel vorgesehen, so steigt der vom Organmitglied zu tragende Schadensanteil um die Quote seiner Kapitalbeteiligung an der Gesellschaft. Auch die Eigenschadensklausel kann demnach zu einer Verminderung des Versicherungsschutzes führen. Bei umfangreichen Kapitalbeteiligungen des Organmitglieds, die auf Stimmrechtsebene sogar eine Kontrolle über die Gesellschaft ermöglichen, kann das Organmitglied die missliche Situation der Organhaftung aber vorbehaltlich etwaiger Minderheitenschutzrechte schon abwenden. Vorsicht ist aber geboten, sofern eine Insolvenz eintritt und der Anspruch durch den Insolvenzverwalter geltend gemacht wird. Dann befindet sich das Organmitglied möglicherweise wiederum in der misslichen Lage einer ungünstigen Darlegungs- und Beweislast sowie einer hohen Eigenbeteiligung bei vertraglicher Eigenschadensklausel. Der Insolvenzverwalter ist nach empirischen Untersuchungen der häufigste Kläger in Organhaftungsfällen,[185] sodass diese Gefahr als realistisch bezeichnet werden kann. Auch die Eigenschadensklausel stellt folglich eine erhebliche Schwäche des D&O-Versicherungsschutzes dar.

---

[183] GDV, Allgemeine Versicherungsbedingungen für die Vermögensschaden-Haftpflichtversicherung von Aufsichtsräten, Vorständen und Geschäftsführern (AVB D&O), Stand Mai 2020, vgl. A-6.4.
[184] *Ulmer*, in: FS Canaris 2007 2007, S. 451 (457); *Drescher*, Die Haftung des GmbH-Geschäftsführers, Rn. 474.
[185] *Bachmann*, Gutachten E zum 70. DJT, S. E14.

## V. Dieselskandal und dessen Auswirkungen auf den D&O-Markt

Im Fall des Dieselbetrugs durch den Volkswagen-Konzern (VW) hat die Konzernmutter rund eine halbe Milliarde Euro aus der D&O-Versicherung beansprucht, die sie zugunsten der Manager abgeschlossen hatte.[186] Das Ersatzbegehren wurde mit einem Vergleich erledigt, kraft dessen das Versicherungskonsortium rund 270 Millionen Euro zahlte. Dies stellte den größten D&O-Fall in der Geschichte der Bundesrepublik Deutschland dar.[187] Vergegenwärtigt man sich, dass die Gesamtjahresprämien für D&O-Versicherungen zwar unterschiedlich, jedenfalls aber erheblich unter einer Milliarde Euro geschätzt werden,[188] so wird der erhebliche Anteil der Zahlungsverpflichtung im Fall VW an dieser Gesamtprämie offenbar. Überträgt man das Verhältnis von Gesamtprämie zu Schadensfall auf die KfZ-Versicherungen in Deutschland, so hätte ein einzelner KfZ-Unfall die Versicherungen bereits ca. 14 Milliarden Euro gekostet.[189] Das zeigt, in welchem Maße der Schaden im Fall VW die Kalkulationen der Versicherer überstieg. Augenscheinlich kann ein solches Missverhältnis nicht ohne Konsequenzen für den Markt der D&O-Versicherungen bleiben. Die Folge sind höhere Versicherungsprämien und strengere Policen mit geminderten Deckungssummen.[190] Die durch D&O-Versicherungen (vermeintlich) erlangte Sicherheit wird zum einen kostenaufwendiger und zum anderen weniger umfassend sein.[191] Es drohen deutliche Preissteigerungen bei gleichzeitig steigenden Haftungsrisiken der

---

[186] *Fromme*, Versicherungsfall Dieselbetrug, in Süddeutsche Zeitung v. 18. Oktober 2015, https://www.sueddeutsche.de/wirtschaft/haftung-versicherungsfall-dieselbetrug-1.2696927 (zuletzt abgerufen am 24.11.2024).
[187] *Kullrich*, Fall VW alarmiert den Markt für D&O-Versicherungen, Börsen-Zeitung vom 16. Juni 2021, https://www.boersen-zeitung.de/fall-vw-alarmiert-den-markt-fuer-do-versicherung-f04cadd8-ce94-11eb-a739-6b4c0019618e (zuletzt abgerufen am 24.11.2024); *Ihlas*, D&O Directors & Officers Liability, S. 159 ff. mit einer Übersicht zu den höchsten Forderungen gegen D&O Versicherer.
[188] Vgl. *Ihlas*, D&O Directors & Officers Liability, S. 126 f. zu Schwierigkeiten bei der Ermittlung.
[189] *Kullrich*, Fall VW alarmiert den Markt für D&O-Versicherungen, Börsen-Zeitung vom 16. Juni 2021, https://www.boersen-zeitung.de/fall-vw-alarmiert-den-markt-fuer-do-versicherung-f04cadd8-ce94-11eb-a739-6b4c0019618e (zuletzt abgerufen am 24.11.2024).
[190] *Bachmann*, Gutachten E zum 70. DJT, S. E14; vgl. *Guntermann/Noack*, in: FS Grunewald 2021, S. 253 (255).
[191] *Kullrich*, Fall VW alarmiert den Markt für D&O-Versicherungen, Börsen-Zeitung vom 16. Juni 2021, https://www.boersen-zeitung.de/fall-vw-alarmiert-den-markt-fuer-do-versicherung-f04cadd8-ce94-11eb-a739-6b4c0019618e (zuletzt abgerufen am 24.11.2024); *Kremer/Prochazka*, Versicherungswirtschaft-Heute vom 6. September 2021; https://versicherungswirtschaft-heute.de/schlaglicht/2021-09-06/harter-do-markt-dem-mittelstand-drohen-deutliche-preissteigerungen-bei-steigenden-risiken/ (zuletzt abgerufen am 24.11.2024); *Tödtmann*, Wirtschaftswoche Management-Blog, 27. September 2021, https://blog.wiwo.de/management/2021/09/27/do-versicherungen-sechs-fragen-an-managerhaftungsexperte-michael-hendricks-zu-den-exorbitanten-preiserhoehungen-der-versicherer-und-dass-sich-top-manager-genau-ansehen-sollten-wogegen-sie-nicht-mehr-v/ (zuletzt abgerufen am 24.11.2024).

Manager.[192] Erste Großkonzerne klagen bereits über Schwierigkeiten bei der Zusammenstellung einer D&O-Versicherung in gewünschter Höhe.[193] Insofern ist der Fall VW geeignet, die durch D&O-Versicherungen gewährte, ohnehin begrenzte, Sicherheit in Zukunft weiter einzuschränken.

## VI. Zwischenergebnis – Kein geringeres Informationsinteresse durch D&O-Versicherungen

Eine D&O-Versicherung bietet nach alledem keine umfassende Sicherheit für das Organmitglied und die Gesellschaft. Dies gilt selbst dann, wenn die Versicherung im Einzelfall greift, was nach einer Untersuchung aus dem Jahr 2007 in 48 % der Haftungsfälle der Fall war.[194] Die strukturellen Schwächen der D&O-Versicherung[195] stehen einer solchen Sicherheit vor existenzvernichtender Haftung im Wege. Begehrt man die D&O-Versicherung in Anspruch zu nehmen, wird man schnell realisieren müssen, dass es sich bei ihr nicht um einen Partner handelt, sondern sie vielmehr bestrebt ist, selbst keinen Schadensersatz leisten zu müssen. Im Haftungsfall wird die Versicherung damit zum Gegner des Versicherungsnehmers und des Versicherten.[196] Die genannte Studie aus dem Jahr 2007 ergab, dass sich die Versicherungen in 38 % der Haftungsfälle auf einen Deckungsausschluss berufen wollten und/oder sich gegen eine schnelle Abwicklung sperrten.[197]

---

[192] *Kremer/Prochazka*, Versicherungswirtschaft-Heute vom 6. September 2021; https://versicherungswirtschaft-heute.de/schlaglicht/2021-09-06/harter-do-markt-dem-mittelstand-drohen-deutliche-preissteigerungen-bei-steigenden-risiken/ (zuletzt abgerufen am 24.11.2024); *Tödtmann*, Wirtschaftswoche Management-Blog, 27. September 2021, https://blog.wiwo.de/management/2021/09/27/do-versicherungen-sechs-fragen-an-managerhaftungsexperte-michael-hendricks-zu-den-exorbitanten-preiserhoehungen-der-versicherer-und-dass-sich-top-manager-genau-ansehen-sollten-wogegen-sie-nicht-mehr-v/ (zuletzt abgerufen am 24.11.2024).

[193] *Kullrich*, Fall VW alarmiert den Markt für D&O-Versicherungen, Börsen-Zeitung vom 16. Juni 2021, https://www.boersen-zeitung.de/fall-vw-alarmiert-den-markt-fuer-do-versicherung-f04cadd8-ce94-11eb-a739-6b4c0019618e (zuletzt abgerufen am 24.11.2024).

[194] *Bachmann*, Gutachten E zum 70. DJT, S. E15; *Dose*, Aktionärsklage, D&O-Versicherung und Vorstandshandeln, S. 125.

[195] Terminus sowie ausführlich und in Übereinstimmung mit den hiesigen Ausführungen *Scholz*, Die existenzvernichtende Haftung von Vorstandsmitgliedern in der Aktiengesellschaft, S. 208 ff.; *Hemeling* in: FS Hoffmann-Becking, S. 491 (508): „Die D&O-Versicherung bleibt aus Sicht der versicherten Person mit zahlreichen Unbekannten und Unsicherheiten behaftet."; *Dose*, Aktionärsklage, D&O-Versicherung und Vorstandshandeln, S. 125: „[…] Ausführungen verdeutlichen, dass der D&O-Versicherungsschutz […] keineswegs einen vollumfänglichen Schutz bietet."; *Grigoleit/Tomasic*, in: Grigoleit AktG, § 93 Rn. 189: „Die Inanspruchnahme der Versicherung wird nicht selten durch Deckungslücken erschwert […]."

[196] Vgl. *Fromme*, Versicherungsfall Dieselbetrug, in Süddeutsche Zeitung v. 18. Oktober 2015, https://www.sueddeutsche.de/wirtschaft/haftung-versicherungsfall-dieselbetrug-1.2696927 (zuletzt abgerufen am 24.11.2024).

[197] *Bachmann*, Gutachten E zum 70. DJT, S. E15.

Die Versicherung kann sich darüber hinaus sogar als Gefahr für das Organmitglied entpuppen, wenn dieses nur wegen des Bestehens einer D&O-Versicherung überhaupt in Anspruch genommen wird – Denn: Deckung schafft Haftung[198] – und die D&O-Versicherung sich sodann erfolgreich gegen ihre Haftung verteidigt. In einem solchen Fall haftet das Organmitglied allein für einen Anspruch, der ohne Bestehen einer Versicherung möglicherweise niemals geltend gemacht worden wäre. In diesem Fall steigert die D&O-Versicherung die Relevanz der in dieser Arbeit behandelten Fragen sogar.

## VII. Direktprozess gegen die D&O-Versicherung nach BGH

Einer Grundsatzentscheidung des BGH zufolge kann der Haftungsgläubiger auch einen Direktprozess gegen die D&O-Versicherung führen, ohne das die Haftung auslösende Organmitglied unmittelbar zu involvieren.[199] In dem zu entscheidenden Fall hatte sich eine GmbH den Deckungsanspruch des Organmitglieds gegen die Versicherung abtreten lassen und diesen sodann selbst gegenüber dem Versicherer geltend gemacht. Die klassische Vorgehensweise wäre diejenige, dass die Gesellschaft das Organmitglied in Anspruch nimmt, woraufhin dieses seinen Deckungsanspruch gegen den Versicherer geltend macht. In dem Verhältnis zwischen Organmitglied und Versicherer entfaltet das Ergebnis des Haftungsprozesses aus dem Verhältnis zwischen Gesellschaft und Organmitglied nach § 106 Versicherungsvertragsgesetz (VVG) grundsätzlich Bindungswirkung.[200] Der BGH subsumiert den Versicherungsnehmer, also die Gesellschaft, trotz Eigenschaft als Vertragspartei unter den Begriff des „Dritten" im Sinne des § 108 Abs. 2 VVG, womit ein gesetzliches Verbot besteht, die Abtretung an den Versicherungsnehmer in allgemeinen Versicherungsbedingungen auszuschließen.[201] Zu erörtern ist, welche Besonderheiten sich bezüglich der Interessenlage des Organmitglieds im Direktprozess ergeben, wenn nur im Verhältnis von Versicherungsnehmer und Versicherer gestritten wird. Mangels unmittelbarer Involvierung des Organmitglieds könnte man meinen, dass dieses dann kein Informationsinteresse mehr hat.

---

[198] *Seyfarth*, Börsen-Zeitung, 140. Ausgabe 2016, S. 9; *Richter*, Informationsrechte im Organhaftungsprozess, S. 59 f.; *Bachmann*, Gutachten E zum 70. DJT, S. E20; *Ihlas*, in: D&O, S. 620; *Hoffmann-Becking*, ZHR 2017, 737 (744); *Habersack*, ZHR 2013, 782 (796).
[199] BGH, Urt. v. 13. April 2016 – IV ZR 304/13, BGHZ 209, 373–387, juris Rn. 23 ff.; anders noch das OLG Düsseldorf in der Vorinstanz: OLG Düsseldorf, Urt. v. 12. Juli 2013 – I-4 U 149/11, BB 2013, 2895–2897.
[200] *Danninger*, Organhaftung und Beweislast, S. 121 m. w. N.
[201] BGH, Urt. v. 13. April 2016 – IV ZR 304/13, BGHZ 209, 373–387, juris Rn. 19 ff.; *Löbbe*, in: FS Marsch-Barner 2018, S. 317 (321 f.); schon vor dem richtungsweisenden BGH-Urteil *Hemeling* in: FS Hoffmann-Becking, S. 491 (496).

## 1. Darlegungs- und Beweislastverteilung im Direktprozess

Im Direktprozess wird darum gestritten, wie die Darlegungs- und Beweislast verteilt ist.[202] Wegen der engen Verknüpfung des materiellen Anspruchs aus § 93 Abs. 2 S. 1 AktG und der Beweislastregelung aus § 93 Abs. 2 S. 2 AktG, ist im Ausgangspunkt davon auszugehen, dass die Darlegungs- und Beweislastumkehr des S. 2 bei einer Inzidentprüfung des § 93 Abs. 2 S. 1 AktG im Direktprozess ebenfalls greift. In einem zweiten Schritt ist dann aber zu fragen, ob die Darlegungs- und Beweislastumkehr des § 93 Abs. 2 S. 2 AktG oder § 34 Abs. 2 S. 2 GenG im Direktprozess teleologisch reduziert werden muss.[203] Ein Teil der Literatur nimmt eine solche teleologische Reduktion an und meint, dass die Darlegungs- und Beweislast dann nach allgemeinen zivilprozessualen Maßstäben aufseiten der Gesellschaft liegt.[204] Eine teleologische Reduktion des § 93 Abs. 2 S. 2 AktG wäre für die Gesellschaft im Vergleich zur traditionellen Vorgehensweise ohne Abtretung ein erheblicher Nachteil des Direktprozesses.[205] Die Gesellschaft wäre zu einem Direktprozess demnach regelmäßig nur bereit, wenn mit der Versicherung vertraglich vereinbart wurde, dass die Darlegungs- und Beweislastumkehr auch im Direktprozess gilt.[206] Das Ergebnis einer teleologischen Reduktion entspräche dem abschließenden Hinweis des BGH in seinem Urteil vom 13. April 2016, in welchem das Gericht ausführt:

„[Es] wird in der neuen Berufungsverhandlung zunächst der Klägerin [, also der Gesellschaft,] Gelegenheit zu geben sein, das Vorliegen der Voraussetzungen ihres geltend gemachten Schadensersatzanspruchs darzulegen und gegebenenfalls zu beweisen."[207]

Allerdings darf diesem knappen Vermerk am Ende des Urteils ohne nähere Ausführungen nicht zu viel Bedeutung beigemessen werden.[208] Es gibt zahlreiche Stimmen, die eine abweichende Lösung der Problematik, also die Ablehnung einer teleologischen Reduktion beziehungsweise die Befürwortung einer Analogie des § 93 Abs. 2 S. 2 AktG als vorzugswürdig erachten.[209] Zudem äußern sich zwei BGH-Richter mit einer erkennbaren Tendenz zur Anwendung der Beweislastum-

---

[202] Ausführlich dazu mit diversen Nachweisen auf verschiedene Ansichten *Danninger*, Organhaftung und Beweislast, S. 126 ff.; ebenfalls ausführlich *Lange*, D&O-Versicherung und Managerhaftung, § 21 Rn. 40 ff.

[203] So im Ausgangspunkt auch *Danninger*, Organhaftung und Beweislast, S. 127; *Schmidt*, in: FS Heidel 2021, S. 733 (747); *Baur/Holle*, AG 2017, 141 (145); a.A. *Brinkmann*, ZIP 2017, 301 (307), der eine Analogie für erforderlich hält, damit § 93 Abs. 2 S. 2 AktG überhaupt Anwendung finden kann, verneint diese aber.

[204] *Brinkmann*, ZIP 2017, 301 (306 ff.); *Spindler*, in: MüKo AktG, § 93 Rn. 239; *Grooterhorst/Loomann*, NZG 2015, 215 (217 f.); *Danninger*, Organhaftung und Beweislast, S. 121 ff., 126 ff.; *Armbrüster*, NJW 2016, 2155 (2157); *Böttcher*, NZG 2008, 645 (648 f.).

[205] Das erkennend auch *Schmidt*, in: FS Heidel 2021, S. 733 (747).

[206] *Schumacher*, NZG 2016, 969 (974); vgl. *Grooterhorst/Loomann*, NZG 2015, 215 (218 f.).

[207] BGH, Urt. v. 13. April 2016 – IV ZR 304/13, BGHZ 209, 373–387, juris Rn. 37.

[208] Vgl. *Danninger*, Organhaftung und Beweislast, S. 126.

[209] *Schmidt*, in: FS Heidel 2021, S. 733 (748); *Grigoleit/Tomasic*, in: Grigoleit AktG, § 93 Rn. 187; *Born*, in: Krieger/Schneider Hdb Managerhaftung, § 16 Rn. 16.44; *Baur/Holle*,

kehr im Direktprozess.[210] Eine Entscheidung des Streits ist für die in dieser Arbeit gegenständliche Untersuchung deshalb nicht erforderlich, weil – wie zu zeigen sein wird – in beiden Konstellationen weiterhin ein Interesse des Organmitglieds an einem umfangreichen Informationsanspruch gegen die Gesellschaft besteht.

### a) Informationsinteresse trotz Darlegungs- und Beweislast bei der Gesellschaft

Nimmt man an, dass die Darlegungs- und Beweislast im Direktprozess aufseiten der Gesellschaft liegt, besteht auf den ersten Blick keinerlei Interesse des nicht direkt beteiligten Organmitglieds an einem Informationsanspruch gegen die Gesellschaft. Bei genauer Betrachtung der Situation lässt sich aber doch ein erhebliches Interesse des Organmitglieds an einem Informationsanspruch identifizieren. Wie obenstehend beschrieben, weisen D&O-Versicherungen strukturelle Schwächen auf, die einigen Raum für eine persönliche Haftung des Organmitglieds aus eigenem Vermögen lassen.[211] Diese Möglichkeiten, der persönlichen Haftung wegen zu geringen Deckungsbetrags, Selbstbehalts, Eigenschadensklausel oder Vorsatzhaftung, werden durch den Direktprozess nicht beschränkt oder gar ausgeschlossen. Der Deckungsumfang der Versicherung bleibt im Direktprozess identisch mit demjenigen bei klassischer Vorgehensweise. Die prozessuale Abweichung vom „Normalfall" tangiert das materielle Recht beziehungsweise die Versicherungspolice nicht. Somit bleibt es auch in dieser Konstellation wegen der drohenden persönlichen Haftung bei dem identifizierten Interesse des Organmitglieds an einem Informationsanspruch. Dies gilt erst recht, wenn sich die Gesellschaft bezüglich des Selbstbehalts, der sich aus der Eigenschadensklausel ergebenden Quote oder der den Deckungsbetrag übersteigenden Summe, direkt an das Organmitglied wendet.

Auch andere Gründe sprechen für ein Informationsinteresse des Organmitglieds. So mag es insbesondere emotional am Streit beteiligt sein. Das Organmitglied kann ein Interesse daran haben, seine Reputation[212] durch aufgefrischte Sachkenntnis und Beweise retten oder wiederherstellen zu wollen. Denn nach dem Ausscheiden aus der Gesellschaft wird die Reputation für die weitere berufliche Karriere des Organmitglieds von zentraler Bedeutung sein,[213] wodurch ihr mittelbar ein beträchtlicher wirtschaftlicher Wert zukommen kann. Auch kann das Organmitglied versuchen, die D&O-Versicherung im Verfahren zu unterstützen, indem es dieser Hauptpartei

---

AG 2017, 141 (143 ff.); *Seyfarth*, Vorstandsrecht, § 25 Rn. 65; *Harzenetter*, NZG 2016, 728 (732); *Löbbe*, in: FS Marsch-Barner 2018, S. 317 (331 ff.); *Lange*, D&O-Versicherung und Managerhaftung, § 21 Rn. 42.
[210] *Drescher*, Die Haftung des GmbH-Geschäftsführers, Rn. 488; offen auch *Lehmann*, r+s 2018, 6 (14).
[211] Siehe oben § 2 E.
[212] *Löbbe*, in: FS Marsch-Barner 2018, S. 317 (320): „erhebliche Reputationsrisiken".
[213] *Löbbe*, in: FS Marsch-Barner 2018, S. 317 (320).

nach § 67 Abs. 1 ZPO als Nebenintervenient beitritt. Zu beiden Zwecken, Nebenintervention und Reputationsmanagement, können ihm Informationsansprüche eine große Hilfestellung bereiten.

### b) Informationsinteresse trotz Darlegungs- und Beweislast bei D&O-Versicherung

Ohne teleologische Reduktion des § 93 Abs. 2 S. 2 AktG trüge die D&O-Versicherung die Darlegungs- und Beweislast für die Pflichtverletzung und das Vertretenmüssen dieser. Wegen fehlender Sach- und Beweisnähe ist sie dabei auf die Unterstützung des Organmitglieds und/oder der Gesellschaft angewiesen. Das Interesse des Organmitglieds an Informationsansprüchen hängt maßgeblich davon ab, wer in dieser Konstellation wem gegenüber zur Erteilung von Informationen verpflichtet ist.

Aus § 31 Abs. 1 S. 1 VVG ergibt sich im Schadensfall eine Auskunftspflicht des Versicherungsnehmers gegenüber der Versicherung. Für den D&O-Versicherer bedeutet das in einem ersten Zugriff, dass ihm die Gesellschaft als Versicherungsnehmerin zur Auskunft verpflichtet ist. § 31 Abs. 2 VVG erstreckt diese Verpflichtung auf solche Dritte, denen der Anspruch auf die vertragliche Leistung des Versicherers zusteht. Ein solcher Dritter ist im Falle der D&O-Versicherung das versicherte Organmitglied, das den Deckungsanspruch gegen die Versicherung grundsätzlich innehat. Damit wäre das Organmitglied der Versicherung gegenüber also nach § 31 Abs. 2 VVG zur Auskunft verpflichtet. Tritt es diesen Deckungsanspruch an die Gesellschaft ab, so drängt sich die Frage auf, ob das Organmitglied die Eigenschaft als begünstigter Dritter dadurch verliert und mithin nicht mehr zur Auskunft verpflichtet wäre. Das anzunehmen, wäre aber verfehlt. Zum einen ist es nach wie vor das Organmitglied, welches wirtschaftlich im Ergebnis von dem Deckungsanspruch profitiert und zum anderen bezweckt der § 31 Abs. 2 VVG den Schutz des Versicherers.[214] Dieser Schutz darf nicht zur Disposition von Versichertem und Versicherungsnehmer stehen. Das wäre aber der Fall, wenn der Schutz durch eine Abtretung zwischen Versichertem und Versicherungsnehmer negativ beeinflusst würde, indem der Versicherung dadurch ein Auskunftsverpflichteter entzogen würde. Das widerspräche auch dem Gedanken der auf Treu und Glauben basierenden kooperativen Regulierung des Versicherungsfalls.[215] § 31 Abs. 2 VVG muss folglich dahingehend ausgelegt werden, dass der wirtschaftlich Begünstigte von der Auskunftspflicht erfasst ist und nicht in einer isoliert rechtlichen Betrachtung auf den Anspruchsinhaber, also hier den Zessionar, abzustellen ist. Die Erweiterung in Abs. 2 lässt gerade erkennen, dass der Gesetzgeber diesen wirtschaft-

---

[214] Zu diesem Schutzzweck vgl. *Piontek*, in: BeckOK VVG, Stand: 01.08.2024, § 31 Rn. 1 ff., 32.1.
[215] BGH, Urt. v. 22. Februar 2017 – IV ZR 289/14, BGHZ 214, 127–146, juris Rn. 31; *Piontek*, in: BeckOK VVG, Stand: 01.08.2024, § 31 Rn. 2; *Wandt*, in: MüKo VVG, § 31 Rn. 6.

lich Begünstigten erfassen wollte. Auf eine rechtliche Verbindung zum Versicherer stellt er nicht ab. Die Problematik wird in ihrer Bedeutung reduziert, sofern die Versicherungspolice eine der B3–3.2 der allgemeinen Versicherungsbedingungen des GDV[216] entsprechenden Klausel Gebrauch macht. Denn dieser entspricht der Vorschrift des § 31 VVG im Wesentlichen, erstreckt die Auskunftspflicht aber im Gegensatz zu § 31 VVG nicht auf denjenigen, dem der Anspruch auf die vertragliche Leistung des Versicherers zusteht, sondern auf die „versicherte Person". Die „Versicherte Person" bleibt das Organmitglied unzweifelhaft auch dann, wenn es den Deckungsanspruch abtritt.[217]

Anders als der Deckungsanspruch ist der Informationsanspruch des Art. 15 DS-GVO nicht abtretbar.[218] Das Organmitglied kann sich seiner Pflicht aus § 31 Abs. 2 VVG mithin nicht mittels einer Abtretung des Art. 15 DS-GVO entledigen. Damit aufseiten des Organmitglieds ein Anreiz zur Erfüllung der Auskunftspflicht besteht, müsste die Nichtbefolgung sanktioniert werden. Ein Schadensersatzanspruch gegen das Organmitglied kommt bei Verletzung des § 31 Abs. 2 VVG nach den allgemeinen Vorschriften in Betracht.[219] Auch wird die Fälligkeit der Versicherungsleistung nach § 14 Abs. 1 VVG gehemmt.[220] B3 3.3 der allgemeinen Versicherungsbedingungen des GDV[221] sieht als Rechtsfolge des Verstoßes gegen die privatautonom vereinbarte Auskunftspflicht unter Umständen eine vollständige Leistungsbefreiung des Versicherers vor.

Das Organmitglied ist damit gesetzlich und in der Regel vertraglich zur Unterstützung des Versicherers mittels Auskunft verpflichtet. Kommt er dem nicht nach, so droht eine Leistungsbefreiung der Versicherung sowie eine Verpflichtung zum Schadensersatz. Mithin muss das Organmitglied seine Möglichkeiten ausschöpfen, die Versicherung mit Informationen zu unterstützen. Aus diesem Gefüge folgt ein Interesse des Organmitglieds an Informationsansprüchen gegen die Gesellschaft, um eigenen Auskunftspflichten gerecht zu werden. Im Übrigen gibt es keine Versicherung gegen Reputationsschäden, sodass auch zur Bekämpfung solcher schon ein Informationsinteresse besteht.

---

[216] GDV, Allgemeine Versicherungsbedingungen für die Vermögensschaden-Haftpflichtversicherung von Aufsichtsräten, Vorständen und Geschäftsführern (AVB D&O), Stand Mai 2020, vgl. B3–3.2.
[217] Vgl. *Armbrüster*, NJW 2016, 2155 (2157).
[218] BVerwG, Urt. v. 16. September 2020 – 6 C 10/19, ZIP 2020, 2585–2590, Rn. 23; OVG Bremen, Beschl. v. 10. Januar 2023 – 1 LA 420/21, NZI 2023, 292–296, Rn. 12; *Paal/Kritzer*, NJW 2022, 2433 (2437); *Franck*, in: Gola/Heckmann DS-GVO/BDSG, Art. 15 DS-GVO Rn. 28 für den Fall der rechtsgeschäftlichen Abtretung.
[219] So der Wille des Gesetzgebers Begr. RegE BTDrucks. 16/3945, S. 70; *Jungermann*, r+s 2018, 356 (357); *Armbrüster*, in: Prölls/Martin VVG, § 31 Rn. 47.
[220] Ausführlich *Jungermann*, r+s 2018, 356 (358).
[221] GDV, Allgemeine Versicherungsbedingungen für die Vermögensschaden-Haftpflichtversicherung von Aufsichtsräten, Vorständen und Geschäftsführern (AVB D&O), Stand Mai 2020, vgl. B3–3.3.

## 2. Summa: Auswirkungen des Direktprozesses auf Relevanz der Thematik

Es ist zu konstatieren, dass ein Interesse des Organmitglieds an Informationsansprüchen auch dann besteht, wenn sich die Parteien für einen Direktprozess gegen den Versicherer entscheiden. Das gilt unabhängig von der Verteilung der Darlegungs- und Beweislast im Direktprozess. Da sich das Organmitglied mittels der Abtretung des Versicherungsschutzes entkleidet, sollte es sich am Verfahren zwischen Versicherung und Gesellschaft beteiligen, um eine Inanspruchnahme seiner Person abzuwenden.[222] Das kann es im Wege der Nebenintervention oder auch im Wege der Erfüllung seiner Auskunftspflichten nach § 31 Abs. 2 VVG tun.

Es hilft dem Organmitglied nicht, dass der Versicherung nach § 31 Abs. 1 VVG ein Auskunftsanspruch gegenüber der Gesellschaft zusteht. Denn die Versicherung ist gegebenenfalls an anderen Informationen interessiert als das Organmitglied selbst. Dies können solche Informationen sein, die die Versicherung selbst von der Zahlungspflicht befreien, was sich zulasten des dann möglicherweise selbst verpflichteten Organmitglieds auswirken kann. Der Informationsanspruch des § 31 VVG ist danach kaum geeignet, das Informationsinteresse des Organmitglieds zu mindern. Die Vorschrift ist vielmehr ein Instrument, das zugunsten des Versicherers wirkt. Es kann sich nur durch glückliche Fügungen im Einzelfall auch zugunsten des Organmitglieds auswirken. Ebenso kann es sich aber zulasten des Organmitglieds auswirken, wenn der Versicherung hierdurch Informationen bekannt werden, die diese zur Argumentation für einen Leistungsausschluss anregen.

## VIII. Summa: Auswirkungen D&O-Versicherung auf die Thematik

Das Institut der D&O-Versicherung nimmt der Frage nach den Auswirkungen des Art. 15 DS-GVO auf die Organhaftung nicht ihre Bedeutung.[223] Denn ein Informationsinteresse besteht zumindest immer dann, wenn aufgrund der Deckungsausschlüsse eine persönliche Haftung des Organmitglieds droht:

> „Das Risiko existenzvernichtender Haftungsansprüche ist de facto nicht versicherbar [...]. Auch die gesellschaftsfinanzierte D&O-Versicherung vermag auf Grund ihrer strukturellen Besonderheiten [...] keinen hinreichenden Schutz gegen derartige Risiken gewährleisten."[224]

---

[222] Vgl. *Löbbe*, in: FS Marsch-Barner 2018, S. 317 (321).
[223] Vgl. *Guntermann/Noack*, in: FS Grunewald 2021, S. 253 (255) zur Virulenz von Fragen des Gesamtschuldnerregresses trotz D&O-Versicherung.
[224] *Scholz*, Die existenzvernichtende Haftung von Vorstandsmitgliedern in der Aktiengesellschaft, S. 224.

Besteht im Einzelfall sowohl eine D&O-Versicherung als auch eine Selbstbehaltsversicherung und greifen beide, so bleibt kein Raum für eine persönliche Haftung des Organmitglieds und es besteht allenfalls ein Interesse an einem Informationsanspruch zur Bekämpfung von Reputationsschäden. Besteht eine D&O-Versicherung ohne Selbstbehaltsversicherung, so steigert dies das Interesse im Vergleich zur Konstellation mit Selbstbehaltsversicherung. Greift eine Eigenschadensklausel oder ist der Deckungshöchstbetrag aufgezehrt, handelt es sich dabei aufseiten des Organmitglieds ebenfalls um einen interessenfördernden Faktor. Ein erhebliches Informationsinteresse besteht dann, wenn eine Haftung wegen Vorsatzes im Sinne der Versicherungspolice und damit ein vollständiger Leistungsausschluss der D&O-Versicherung droht. Das größte Interesse besteht aber weiter dann, wenn gar keine D&O-Versicherung existiert oder der jährliche Deckungsbetrag schon vor der Inanspruchnahme vollständig aufgezehrt ist, was angesichts der Auswirkungen des „VW-Falles" und damit steigender Prämien sowie sinkender Bereitschaft zum Angebot hoher Deckungsbeträge zukünftig häufiger der Fall sein dürfte. Wird bereits im Anstellungsvertrag eine Abtretung des Deckungsanspruchs gegen die Versicherung an die Gesellschaft vereinbart, so ist der Weg eines Direktprozesses vorgezeichnet. Auch ein solcher kann das Informationsinteresse des Organmitglieds bei genauerer Betrachtung aber wie dargestellt nicht erheblich mindern. Diese Befunde soll folgende Grafik visualisieren. Die Kategorisierung ist dabei nicht streng zu verstehen und die Grenzen sind fließend. Im Einzelfall kann die Bemühung um die Reputation beispielsweise ein höheres oder aber deutlich geringeres Informationsinteresse begründen.

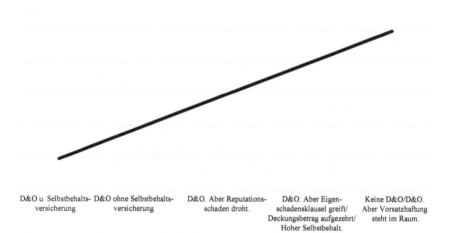

Abb. 2: Graphische Darstellung des Einflusses verschiedener Konstellationen der D&O-Versicherung auf das Informationsinteresse.

## F. Darlegungs- und Beweisnot
## trotz Abgeltungsvereinbarungen bei Ausscheiden

In der Praxis ist zu beobachten, dass Gesellschaften mit ausscheidenden Organen im Aufhebungsvertrag häufig sogenannte Abgeltungsvereinbarungen oder Abfindungsvereinbarungen treffen,[225] welche Ansprüche der Gesellschaft gegen das Organmitglied nach dessen Ausscheiden ausschließen sollen. Könnten diese Vereinbarungen beliebig abgeschlossen werden und würden sie effektiv gegen eine Inanspruchnahme des Organmitglieds durch die Gesellschaft schützen, so würden solche Vereinbarungen das Informationsinteresse des Organmitglieds ganz erheblich reduzieren. Ohne Inanspruchnahme bestünde auch kein Bedürfnis einer Verteidigung und damit in der Regel kein Informationsinteresse. Dieser Idealfall dürfte aus verschiedenen Gründen aber selten vorliegen.

### I. Fehlende Rahmenbedingungen
### für eine Abgeltungsvereinbarung

Die Vereinbarung einer Abgeltungsvereinbarung setzt rein tatsächlich in den meisten Fällen voraus, dass das Organmitglied vor Kenntniserlangung der Gesellschaft von einer konkreten Pflichtverletzung einvernehmlich aus der Gesellschaft ausscheidet. Erlangt die Gesellschaft bereits vor dem Ausscheiden des Organmitglieds Kenntnis – häufig wird das Organmitglied gerade wegen und damit nach Bekanntwerden der Pflichtverletzung ausscheiden – so wird die Gesellschaft nur selten zum Abschluss einer Abgeltungsvereinbarung bereit sein. Das dürfte allenfalls bei kleineren Schäden oder dann der Fall sein, wenn der monetäre Verlust in keinem Verhältnis zu den Kosten der Verurteilung in der Öffentlichkeit steht,[226] die mit einer Inanspruchnahme des Organmitglieds möglicherweise einher gehen würden. In Fällen, in denen das Organmitglied noch vor dem Ausscheiden in Anspruch genommen wird, bestand zuvor regelmäßig keine Gelegenheit zur Verhandlung einer Abgeltungsvereinbarung.

### II. Voraussetzungen des Abschlusses
### einer Abgeltungsvereinbarung in der AG

Abgeltungsvereinbarungen können zudem nicht willkürlich abgeschlossen werden. So wird eine Abgeltungsvereinbarung bei einer Aktiengesellschaft nach herrschender und richtiger Ansicht wegen wirtschaftlicher Vergleichbarkeit den ein-

---

[225] *Stephan/Tieves/Jaeger/Steinbrück*, in: MüKo GmbHG, § 35 Rn. 468 ff.; *Weller/Rahlmeyer*, GWR 2014, 167 (167): „regelmäßig"; *Bachmann*, Gutachten E zum 70. DJT, S. E12.
[226] Vgl. *Bachmann*, Gutachten E zum 70. DJT, S. E23.

## F. Darlegungs- und Beweisnot trotz Abgeltungsvereinbarungen bei Ausscheiden

schränkenden Regelungen zum Vergleich und Verzicht in § 93 Abs. 4 S. 3 AktG unterworfen.[227] Danach kann eine Abgeltungsvereinbarung in einer AG nur unter folgenden entsprechend anzuwendenden Voraussetzungen des § 93 Abs. 4 S. 3 AktG vor einer Inanspruchnahme schützen:

> „Die Gesellschaft kann erst drei Jahre nach der Entstehung des Anspruchs und nur dann auf Ersatzansprüche verzichten oder sich über sie vergleichen, wenn die Hauptversammlung zustimmt und nicht eine Minderheit, deren Anteile zusammen den zehnten Teil des Grundkapitals erreichen, zur Niederschrift Widerspruch erhebt."

Dementsprechend ist eine Wartefrist von drei Jahren nach der Entstehung des Anspruchs einzuhalten. Zudem ist ein zustimmender Beschluss der Hauptversammlung erforderlich und es darf kein Widerspruch von Aktionären vorliegen, die gemeinsam mindestens 10 % des Grundkapitals ausmachen. Abweichungen hiervon kann es gemäß § 93 Abs. 4 S. 4 AktG allenfalls im Insolvenzverfahren geben. Werden die Anforderungen des § 93 Abs. 4 S. 3 AktG missachtet, so ist die Abgeltungsvereinbarung nichtig.[228] Pauschale Abgeltungsklauseln in einem Aufhebungsvertrag müssen Organhaftungsansprüche nach § 93 Abs. 2 S. 1 AktG ausklammern, um wirksam zu sein.[229] In der GmbH ergeben sich Beschränkungen beim Abschluss einer Abgeltungsvereinbarung aus § 43 Abs. 3 S. 2 GmbHG wonach die den Verzicht beschränkenden Regelungen des § 9b Abs. 1 GmbHG greifen.[230]

Eine Gefahr, die den Bestand einer Abgeltungsvereinbarung nachträglich berührt, birgt eine eintretende Insolvenz der Gesellschaft, die dazu führt, dass die getroffene Abgeltungsvereinbarung nach §§ 129 ff. InsO beziehungsweise §§ 3 ff. AnfG anfechtbar sein kann.[231] Eine solche Anfechtung würde die durch die Abgeltungsvereinbarung erzielte vermeintliche Sicherheit beseitigen. Ferner besteht selbstredend die Möglichkeit, in der Abgeltungsvereinbarung Regelungen darüber zu treffen, dass bestimmte Ansprüche exkludiert werden. Wie erwähnt, ist dies in Bezug auf eine pauschale Abgeltung von Schadensersatzansprüchen nach § 93 AktG erforderlich, damit die Klausel nicht im Ganzen nichtig ist.[232]

---

[227] *Fleischer*, in: Hdb des Vorstandsrechts, § 11 Rn. 105; *Cahn*, in: KölnerKomm AktG, § 93 Rn. 190; *Hopt/Roth*, in: Hirte/Mülbert/Roth Großkommentar AktG, § 93 Rn. 527; *Petersen*, in: van Kann, Vorstand der AG, Kap. 3 Rn. 65; *Hoffmann-Becking*, in: MHdb GesR, Bd. 4, § 26 Rn. 38; *Koch*, AktG, § 93 Rn. 162; *Weller/Rahlmeyer*, GWR 2014, 167 (168).
[228] *Hoffmann-Becking*, in: MHdb GesR, Bd. 4, § 26 Rn. 42.
[229] *Hoffmann-Becking/Austmann*, in: BeckFormB BHW, Form X. 14, Anm. 11; *Weller/Rahlmeyer*, GWR 2014, 167 (167 f.).
[230] *Altmeppen*, in: Altmeppen GmbHG, § 43 Rn. 122.
[231] Vgl. zur Anfechtbarkeit eines Verzichts in der Insolvenz *Beurskens*, in: Noack/Servatius/Haas GmbHG, § 43 Rn. 66 m. w. N.; *Haas*, in: Krieger/Schneider Hdb Managerhaftung, § 19 Rn. 19.39 ff.
[232] Siehe oben Fn. 229.

### III. Verhinderung der Berufung auf eine Abgeltungsvereinbarung

Neben den Hürden für den Abschluss einer Abgeltungsvereinbarung gibt es auch solche Hürden, die dem Verweis auf eine solche Vereinbarung durch das Organmitglied entgegenstehen können. Sodann führt auch eine grundsätzlich wirksame Vereinbarung nicht zum Ausschluss des Anspruchs. Dabei bilden Treu und Glauben eine wichtige Grenze: Der Rechtsprechung zufolge kann sich auf die Abgeltungsvereinbarung nicht berufen, wer die Pflichtverletzung bei Vereinbarung der Klausel arglistig verschwiegen hat.[233]

### IV. Summa – Relevanz der Thematik trotz Abgeltungsvereinbarungen

Nach dem Gesagten können Abgeltungsvereinbarungen nur selten Rechtssicherheit dahingehend gewährleisten, dass eine Haftung des Organmitglieds gegenüber der Gesellschaft abbedungen wird. Eine Abgeltung kommt in der AG wegen § 93 Abs. 4 S. 2 AktG überhaupt nur dann in Betracht, wenn die Pflichtverletzung der Gesellschaft bekannt ist und eine dreijährige Wartefrist verstrichen ist. Schon das verringert den praktischen Anwendungsbereich im Hinblick auf die Organhaftung erheblich.

## G. Darlegungs- und Beweisnot bei Regressprozessen der Organmitglieder untereinander

Klärungsbedürftig ist weiterhin, inwiefern sich ein Interesse des Organmitglieds an einem Informationsanspruch gegenüber der Gesellschaft auch im Rahmen des Regresses der Organmitglieder untereinander ergeben kann. Die Organhaftung verlagert sich bei einem Regress in das Verhältnis zwischen den Organmitgliedern. Entscheidend für die Beantwortung der aufgeworfenen Frage ist insbesondere die Darlegungs- und Beweislastverteilung im Rahmen des Regressanspruchs: Liegt diese aufseiten des in Regress genommenen Organmitglieds, so wird dieses zum Zweck effektiver Verteidigung ein Informationsinteresse haben. Liegt die Darlegungs- und Beweislast bei dem den Regress beanspruchenden Organmitglied, so kann stattdessen dieses zum Zweck der Inanspruchnahme ein Informationsinteresse haben. Der Regress kann auf zwei verschiedene Anspruchsgrundlagen

---

[233] BGH, Urt. v. 24. März 1960 – II ZR 175/59, WM 1960, 805–807, juris Rn. 18; BAG, Urt. v. 17. Februar 1961 – 1 AZR 436/59, SAE 1962, 2, juris Rn. 19; OLG München, Urt. v. 16. Mai 2018 – 7 U 3130/17, GmbHR 2018, 733–737, juris Rn. 30; *Beurskens*, in: Noack/Servatius/Haas GmbHG, § 43 Rn. 66.

gestützt werden: Eine Möglichkeit besteht darin, den selbstständigen Anspruch des § 426 Abs. 1 S. 1 BGB geltend zu machen.[234] Abweichend davon kann auch der nach der *cessio legis* des § 426 Abs. 2 S. 1 BGB auf das primär in Anspruch genommene Organmitglied übergegangene Anspruch der Gesellschaft gegen das andere Organmitglied geltend gemacht werden.[235] Relevant ist die Frage der Verteilung der Darlegungs- und Beweislast vordergründig dann, wenn das primär in Anspruch genommene Organmitglied schon außergerichtlich erfolgreich in Anspruch genommen wurde.[236] Bei erstmaliger erfolgreicher Inanspruchnahme im gerichtlichen Verfahren wird auch die Pflichtverletzung des in Regress genommenen Organmitglieds regelmäßig bereits feststehen, sodass die Frage der Darlegungs- und Beweislast bei Geltendmachung des Regressanspruchs weniger relevant ist.

## I. Unterschiedliche Verortung der Problematik der Darlegungs- und Beweislastverteilung

Die unterschiedlichen Möglichkeiten der Anspruchsgeltendmachung bieten auch die Möglichkeit verschiedener Verortungen der Problematik der Darlegungs- und Beweislastverteilung. Teils wird vertreten, dass die Darlegungs- und Beweislast im Rahmen des § 426 Abs. 1 S. 1 BGB mangels spezieller Regelung beim Anspruchsteller liegt, während im Rahmen der *cessio legis* nach § 426 Abs. 2 S. 1 BGB die Frage der teleologischen Reduktion des mit übergehenden § 93 Abs. 2 S. 2 AktG gestellt werden muss.[237] Die Problematik zeigt sich dann nur bei § 426 Abs. 2 S. 1 BGB und müsste dort gelöst werden. Andere möchten die Lösung der Problematik, wegen des bloß unterstützenden Charakters des § 426 Abs. 2 S. 1 BGB, allein im Rahmen des § 426 Abs. 1 S. 1 BGB suchen und dementsprechend fragen, ob die Umkehr auch bei der dort erfolgenden inzidenten Prüfung des § 93 Abs. 2 S. 1 AktG greift.[238] Das dafür gefundene Ergebnis soll sodann auf den § 426 Abs. 2 S. 1 AktG erstreckt werden.[239]

---

[234] *Guntermann*, AG 2017, 606 (606); *Freund*, GmbHR 2013, 785 (787); *Habersack*, in: MüKo AktG, § 116 Rn. 78; *Danninger*, Organhaftung und Beweislast, S. 124; *Hopt/Roth*, in: Hirte/Mülbert/Roth Großkommentar AktG, § 93 Rn. 464.
[235] Siehe oben Fn. 234.
[236] Vgl. *Guntermann*, AG 2017, 606 (608).
[237] Vgl. zu diesem Ansatz *Schmidt*, in: FS Heidel 2021, S. 733 (744 f.).
[238] Vgl. zu diesem Ansatz *Danninger*, Organhaftung und Beweislast, S. 128 f.; kritisch zu diesem Ansatz wegen der Selbstständigkeit des § 426 Abs. 1 S. 1 BGB und Vollumfänglichkeit der cessio legis *Guntermann*, AG 2017, 606 (608 f.).
[239] *Danninger*, Organhaftung und Beweislast, S. 128 f.

## II. Teleologische Reduktion des § 93 Abs. 2 S. 2 AktG

So verschieden diese Ansätze zur Problemlösung im Ausgangspunkt sein mögen, so einig sind sie sich darin, dass § 93 Abs. 2 S. 2 AktG derart eng mit § 93 Abs. 2 S. 1 AktG verknüpft ist, dass die Beweislastregelung der Haftungsregelung grundsätzlich folgt und damit in einem zweiten Schritt eine teleologische Reduktion der Umkehr zu prüfen ist.[240] Dieser Ansatz ähnelt dem in dieser Arbeit vertretenen Ansatz zur Problematik der Darlegungs- und Beweislastverteilung im Direktprozess der Gesellschaft gegen den Versicherer.[241] Auch dort folgt die Beweislastregelung der Haftung grundsätzlich, sodass eine teleologische Reduktion geprüft werden muss. Schon deshalb muss das hier konsequenterweise ebenso erfolgen.

Die Frage nach dem „ob" der teleologischen Reduktion wird uneinheitlich beantwortet. Ein Teil der Literatur nimmt eine solche teleologische Reduktion vor.[242] Andere in der Literatur lehnen eine solche teleologische Reduktion ab und weisen die Darlegungs- und Beweislast dem im Wege des Regresses in Anspruch genommen Organmitglied zu.[243] Das pauschale Argument eines fehlenden Informationsgefälles und damit des Fehlens einer die Beweislastumkehr tragenden Grundlage, wie es von der die teleologische Reduktion befürwortenden Ansicht angebracht wird,[244] widerlegt Schmidt durch Schilderung einer besonderen Haftungskonstellation im Regressfall:

„Insbesondere größere Vorstände arbeiten nach dem Prinzip der Ressortzuständigkeit. Die Verantwortlichkeit der nicht für das jeweilige Ressort zuständigen Vorstandsmitglieder entfällt dann zwar nicht, beschränkt sich aber auf die Überwachung des für den jeweiligen Geschäftsbereich zuständigen Vorstands. Wird von der AG primär ein solches Vorstandsmitglied wegen Vernachlässigung seiner Überwachungspflicht in Anspruch genommen, besteht im Regressprozess gegen das in erster Linie verantwortliche Vorstandsmitglied durchaus ein relevantes Informationsgefälle."[245]

Das angesprochene Informationsgefälle ergibt sich also daraus, dass das für das jeweilige Ressort zuständige Organmitglied der Pflichtverletzung erheblich nähersteht.[246] Besonders bedeutsam ist der Regressanspruch in diesem Einzelfall deshalb,

---

[240] *Danninger*, Organhaftung und Beweislast, S. 129 ff., die es als Grundsatz der Einheit von Haftungs- und Beweislastregelung betitelt; *Schmidt*, in: FS Heidel 2021, S. 733 (744).

[241] So der überzeugendere Ansatz, siehe oben § 2 E. VII. 1.

[242] Wenn auch nicht ausdrücklich als teleologische Reduktion bezeichnend, aber dennoch eine Beweislastumkehr ablehnend *Spindler*, in: MüKo AktG, § 93 Rn. 232 f.; *Bürgers*, in: Bürgers/Körber/Lieder AktG, § 93 Rn. 31; *Hopt/Roth*, in: Hirte/Mülbert/Roth Großkommentar AktG, § 93 Rn. 467 f.

[243] *Schmidt*, in: FS Heidel 2021, S. 733 (745); *Cahn*, in: KölnerKomm AktG, § 93 Rn. 20, 156.

[244] *Spindler*, in: MüKo AktG, § 93 Rn. 232; *Bürgers*, in: Bürgers/Körber/Lieder AktG, § 93 Rn. 31; *Hopt/Roth*, in: Hirte/Mülbert/Roth Großkommentar AktG, § 93 Rn. 467 f.

[245] *Schmidt*, in: FS Heidel 2021, S. 733 (744 f.); ähnlich: *Danninger*, Organhaftung und Beweislast, S. 134.

[246] *Danninger*, Organhaftung und Beweislast, S. 133.

weil der Handlungsverantwortliche dem Überwachungsverantwortlichen gegenüber nach materiellem Recht gegebenenfalls allein haftet.[247] Wegen der sich daraus ergebenden Möglichkeit des vollständigen Regresses, hat der Regress aus der Sicht des anspruchsstellenden Organmitglieds naturgemäß einen besonderen Reiz. Allerdings dürften Fälle, wie der von Schmidt beschriebene, in der Praxis selten sein.

Gegen eine teleologische Reduktion spricht aber des Weiteren, dass andernfalls der Umstand, welches Organmitglied zuerst in Anspruch genommen wird, zu großes Gewicht erfährt. So würde die Haftung möglicherweise allein von diesem Zufallselement abhängen, wenn man die Darlegungs- und Beweislastumkehr zwar zulasten des primär in Anspruch genommenen Organmitglieds anwendet und sie dann aber gegenüber dem in Regress genommenen Organmitglied teleologisch reduziert und erneut bei dem primär in Anspruch genommenen Organmitglied belässt.[248]

Im Ergebnis ist es erforderlich, einen Weg zu wählen, bei dem sich die Situation des in Regress genommenen Organmitglieds nicht besser darstellt als die derjenigen Organmitglieder, die von der Gesellschaft primär in Anspruch genommen wurden.[249] Der Regress darf gegenüber der primären Inanspruchnahme nicht privilegiert werden. Umgekehrt darf der Regressgläubiger nicht schlechter stehen als die primär anspruchsstellende Gesellschaft.[250] Diese Wertungen werden dann verwirklicht, wenn die Darlegungs- und Beweislastverteilung schlicht konsequent angewendet wird. Andernfalls wäre das Risiko zu hoch, ein erfolgreich wegen Verletzung der Überwachungspflicht in Haftung genommenes Organmitglied wegen Darlegungs- und Beweisschwierigkeiten mit der Haftung allein zu belasten, obwohl das gegenteilige Ergebnis vom materiellen Recht angestrebt wird.[251] Das primär in Anspruch genommene Organmitglied muss damit in eine Lage versetzt werden, genauer gesagt durch Verneinung einer teleologischen Reduktion in einer Lage belassen werden, in der es die Darlegungs- und Beweislastumkehr, unter der es selbst „gelitten" hat, „weiterreichen" kann. Es ist eher dem Regressschuldner zumutbar, die Konsequenzen eines *non liquet* zu tragen, als dem anspruchsstellenden Organmitglied.[252] Diese Wertungen gelten unabhängig von der Verortung der Problematik in § 426 Abs. 1 S. 1 BGB oder § 426 Abs. 2 S. 1 BGB.

---

[247] *Guntermann/Noack*, in: FS Grunewald 2021, S. 253 (256f.); *Guntermann*, AG 2017, 606 (607); *Freund*, GmbHR 2013, 785 (787); *Bürgers*, in: Bürgers/Körber/Lieder AktG, § 93 Rn. 31; *Hopt/Roth*, in: Hirte/Mülbert/Roth Großkommentar AktG, § 93 Rn. 465; *Cahn*, in: KölnerKomm AktG, § 93 Rn. 20.
[248] *Schmidt*, in: FS Heidel 2021, S. 733 (745).
[249] *Cahn*, in: KölnerKomm AktG, § 93 Rn. 20.
[250] Siehe oben Fn. 249.
[251] Zur grundsätzlich alleinigen Haftung des Handlungsverantwortlichen vor dem Überwachungsverantwortlichen vgl. Fn. 247.
[252] *Schmidt*, in: FS Heidel 2021, S. 733 (745).

### III. Zwischenergebnis –
### Interesse an Informationsanspruch im Innenregress

Da das in Regress genommene Organmitglied der hier vertretenen Auffassung zufolge die Darlegungs- und Beweislast trägt, besteht für dieses bei Vorliegen etwaiger Erinnerungslücken ein ebenso großes Interesse an einem Informationsanspruch wie für das primär in Anspruch genommene Organmitglied. Die missliche Lage des in Anspruch genommenen Organmitglieds wird also nur „weitergereicht". Ob die Problematik der Lastenverteilung beim Innenregress bei § 426 Abs. 1 S. 1 BGB oder § 426 Abs. 2 S. 1 BGB verortet wird, ist für das Interesse des Organmitglieds an dem Informationsanspruch irrelevant. Würde man das Problem im Rahmen des § 426 Abs. 1 S. 1 BGB verorten, so würde man das gefundene Ergebnis auf § 426 Abs. 2 S. 1 BGB übertragen und müsste damit bei beiden Anspruchsgrundlagen ein Interesse des Organmitglieds an einem Informationsanspruch annehmen. Verortet man das Problem hingegen im Rahmen des § 426 Abs. 2 S. 1 BGB, so trägt das in Regress genommene Organmitglied nur hier die Darlegungs- und Beweislast. Vernünftigerweise wird das anspruchstellende Organmitglied seinen Regressanspruch sodann aber auf ebendiese Anspruchsgrundlage stützen.

Die Gesellschaft sollte sich bei der Inanspruchnahme der Organmitglieder sorgfältig überlegen, ob es primär ein Organmitglied wegen eines Überwachungsverschuldens in Anspruch nimmt. Denn tut sie das, so schafft sie sowohl für dieses primär in Anspruch genommene Organmitglied als auch für das durch dieses in Regress genommene Organmitglied einen Anreiz zur Geltendmachung des Art. 15 DS-GVO.[253] Damit belastet sich die Gesellschaft im Ergebnis selbst und leidet womöglich unter einem noch größeren Erfüllungsaufwand.

## H. Darlegungs- und Beweisnot im Schiedsverfahren

Wegen der Scheu vor der Öffentlichkeit und aus Reputationsschäden resultierender negativer Auswirkungen wird in der Organhaftung nur in relativ seltenen Fällen Klage vor den staatlichen Gerichten erhoben.[254] Eine große Anzahl von Organhaftungsstreitigkeiten wird stattdessen vor Schiedsgerichten geführt. Diese bieten den Vorteil des Ausschlusses der Öffentlichkeit.[255] Neben den Abgeltungsvereinbarungen in Aufhebungsverträgen ist dies ein beliebter Weg, Streitigkeiten

---

[253] Entsprechend zu doppelter Verpflichtung bei § 810 BGB: *Cahn*, in: KölnerKomm AktG, § 93 Rn. 20.

[254] *Bachmann*, Gutachten E zum 70. DJT, S. E12.

[255] *Schumacher*, NZG 2016, 969 (969), der auch die Auswirkungen einer D&O-Versicherung auf das Schiedsverfahren untersucht; *Bachmann*, Gutachten E zum 70. DJT, S. E12; *Leuering*, NJW 2014, 657 (657); skeptischer hinsichtlich dieses Mehrwerts *Löbbe*, in: FS Marsch-Barner 2018, S. 317 (320); *Haas*, in: Krieger/Schneider Hdb Managerhaftung, § 20 Rn. 20.1 zu weiteren Vorteilen.

diskret beizulegen. Für das Organmitglied bergen diese Schiedsabreden aber die Gefahr einer leichtfertigen, also auch häufigeren, Inanspruchnahme, da dem öffentlichkeitswirksamen Gerichtsprozess entgangen werden kann.[256] Mithin stellt sich die Frage, ob auch im Schiedsverfahren ein Informationsinteresse des Organmitglieds besteht.

Im Schiedsverfahren besteht nach § 1042 Abs. 3 ZPO die Möglichkeit, die Ordnung des Verfahrens autonom zu regeln. Damit kann die durch die Darlegungs- und Beweislastumkehr maßgeblich generierte Darlegungs- und Beweisnot durch Umgestaltung des Verfahrens abgemildert werden, indem der Zugang zu Beweismitteln erleichtert wird.[257] Die Gesellschaft könnte dazu verpflichtet werden, sämtliche im Kontext des Haftungsfalls stehende Unterlagen offenzulegen.[258] Eine solche Konstruktion könnte das Interesse an einem datenschutzrechtlichen Informationsanspruch tatsächlich abmildern. Dennoch verbleibt der Gesellschaft im Wege eines abredewidrigen Verhaltens eine gewisse Kontrolle, welche Unterlagen tatsächlich offengelegt werden. Insofern kann ein gewisses Restinteresse des Organmitglieds an einem effektiven und bei Nicht- beziehungsweise Schlechterfüllung sanktionierten Informationsanspruch auch dann nicht geleugnet werden.

Im Direktprozess gegen eine D&O-Versicherung vor dem Schiedsgericht wird die Versicherung ein großes Interesse an der Unterstützung durch das Organmitglied haben, sodass es sich diese vertraglich zusichern lassen wird.[259] Um hierbei entsprechend zu unterstützen und eine persönliche Inanspruchnahme gegebenenfalls zu verhindern, wird das Organmitglied an einem Informationsanspruch interessiert sein.

Im Ergebnis mildert die Durchsetzung des Organhaftungsanspruchs im Schiedsverfahren das Interesse an einem Informationsanspruch dann, wenn die Verfahrensordnung für das Organmitglied besonders beweisfreundlich ausgestaltet ist. Ansonsten verbleibt es bei der Ausgangslage, die auch für das ordentliche Gerichtsverfahren festgestellt wurde.

# I. Summa: Darlegungs- und Beweisnot

Die Ausführungen haben gezeigt, dass die grundsätzlich bestehende Darlegungs- und Beweisnot des Organmitglieds in der Organhaftung auch trotz verschiedener beeinflussender Faktoren nicht rechtssicher und endgültig beseitigt wird. Die dargelegten Faktoren haben lediglich Auswirkungen auf das Maß des im Einzelfall bestehenden Informationsinteresses aufseiten des Organmitglieds. Es bleibt jedoch in der Regel dabei, dass das Organmitglied ein erhebliches Inte-

---

[256] *Löbbe*, in: FS Marsch-Barner 2018, S. 317 (321).
[257] *Leuering*, NJW 2014, 657 (659 ff.).
[258] *Leuering*, NJW 2014, 657 (660).
[259] *Schumacher*, NZG 2016, 969 (974).

resse an einem Informationsanspruch gegen die Gesellschaft hat, um Sachkenntnis und Beweise zu erlangen, die ihm eine sachgerechte Verteidigung gegen die Inanspruchnahme ermöglichen können.

## J. Welche Unterlagen schaffen Abhilfe in der Not?

Das Organmitglied hat nach alledem ein erhebliches Interesse an der (Erhaltung oder) Erlangung von Sachkenntnis für die Darlegungsebene sowie an der (Erhaltung oder) Erlangung von Beweisen für die Beweisebene. Losgelöst von möglichen Anspruchsgrundlagen stellt sich die Frage, welche Informationen und Unterlagen dem Organmitglied bei der Verteidigung überhaupt helfen können, der fehlenden Sach- und Beweisnähe also Abhilfe schaffen würden. Nur ausgehend von dieser Kenntnis, was das Organmitglied erhalten möchte, kann bestimmt werden, wie hilfreich die Informationsansprüche des Organmitglieds im Einzelfall sind. Dazu gehören potenziell: E-Mail-Verkehr (intern und extern, beispielsweise mit (Rechts-)Beratern), Sitzungsprotokolle eines Kollegialorgans oder von Gremien/Ausschüssen, Notizen, die zur Entscheidungsfindung (insbesondere mit Blick auf die Business Judgment-Rule) beigetragen haben, vorbereitende Vermerke/Berichte, (Haftungs-)Gutachten, andere Unterlagen interner Prüfungen des Haftungsfalles, Buchführung der Gesellschaft, Protokolle von Vertragsverhandlungen, Berichte des Abschlussprüfers, Ton- oder Bildaufnahmen sowie sonstiger Schriftverkehr.[260]

All diese Dokumente – und noch viele mehr – können je nach Einzelfall wertvolle Informationen für die Rechtsverteidigung des Organmitglieds beinhalten. So könnte der ausgiebige E-Mail-Verkehr mit externen Beratern dabei helfen, die Einhaltung der Grundsätze der Business Judgment-Rule nachzuweisen. Sitzungsprotokolle eines Kollegialorgans könnten Vermerke beinhalten, wonach das in Anspruch genommene Organmitglied gegen eine die Pflichtverletzung begründende Entscheidung gestimmt hat. Eigenhändige Notizen könnten dazu dienen, darzulegen und zu beweisen, dass bestimmte Aspekte entgegen der Behauptung der Gesellschaft Eingang in die Entscheidungsfindung gefunden haben. Welche Informationen mittels welcher Anspruchsgrundlagen zu erlangen sind, wird im Folgenden erörtert. Dabei soll vor der eigentlichen Untersuchung des Art. 15 DS-GVO auf die bisher verbreiteten Ansprüche eingegangen werden, um mittels dieses *status quo*[261] eine Beurteilung der Einflussnahme des Art. 15 DS-GVO hierauf zu ermöglichen.

---

[260] Vgl. *Hirschfeld/Gerhold*, ZIP 2021, 394 (394); *Wilsing*, in: FS M. Henssler 2023, S. 1333 (1333).

[261] Der „status quo" beinhaltet auch den Art. 15 DS-GVO, der seit dem 25. Mai 2018 bereits gilt. „Status quo" bezieht sich hier vielmehr auf den „status quo der Diskussion" und die „aktuelle Aufmerksamkeit" im Zusammenhang mit Organhaftungsprozessen, die den Art. 15 DS-GVO nur unzulänglich berücksichtigt.

# § 3 Anerkannte Möglichkeiten der Beweiserlangung im Organhaftungsprozess

Die Literatur zu Informationsansprüchen des Organmitglieds gegen die Gesellschaft ist breit. Es existieren bereits Dissertationen sowie zahlreiche anderweitige Literatur.[262] Dennoch oder gerade deswegen sind die Informationsansprüche im Detail aber äußerst umstritten.[263] Der *status quo*[264] der Diskussion muss hier zumindest knapp dargestellt werden, da nur ausgehend vom derzeitigen Stand der Informationsansprüche eine Aussage über den Einfluss des Art. 15 DS-GVO auf den Organhaftungsprozess getroffen werden kann.[265] Ohne Darstellung des *status quo* würde es an einer Referenz für die Situation unter Einbeziehung des Art. 15 DS-GVO fehlen. Relevant sind in der „aktuellen" Diskussion die Anspruchsgrundlagen des § 810 BGB (analog) sowie § 242 BGB in Verbindung mit der gesellschaftsrechtlichen (nachvertraglichen) Treuepflicht.[266] Im Anschluss an die Darstellung dieser Anspruchsgrundlagen und der bestehenden Uneinigkeiten wird zu zeigen sein, dass trotz existierender Informationsansprüche noch ein Informationsdefizit des Organmitglieds verbleibt,[267] welches Raum für die zentrale Frage des Einflusses des Art. 15 DS-GVO auf den Organhaftungsprozess eröffnet.

## A. § 810 BGB (analog) für beweisrelevante Urkunden

Nach § 810 BGB kann derjenige, der „ein rechtliches Interesse daran hat", eine im fremden Besitz befindliche Urkunde einsehen, sofern die weiteren normierten Voraussetzungen vorliegen. Schon das Reichsgericht hat ein Einsichtsrecht des aus-

---

[262] Statt vieler: *Richter*, Informationsrechte im Organhaftungsprozess, passim.; *Jena*, Die Business Judgment Rule im Prozess, S. 244 ff.; *Krieger*, in: FS U. H. Schneider 2011, S. 717 (717 ff.); *Deilmann/Otte*, BB 2011, 1291 (1291 ff.); *Groh*, ZIP 2021, 724 (724 ff.); *Schmidt*, in: FS Heidel 2021, S. 733 (737 ff.); *Grooterhorst*, AG 2011, 389 (389 ff.); *Foerster*, ZHR 2012, 221 (232 ff.).
[263] Vgl. *Richter*, Informationsrechte im Organhaftungsprozess, S. 72, 74; *Koch*, AktG, § 93 Rn. 110; *Jena*, Die Business Judgment Rule im Prozess, S. 252: „Trotz gut hundertjährigen Bestehens [...]".
[264] Siehe oben Fn. 261 zum Verständnis des Terminus „status quo".
[265] Zu möglichen Ausprägungen des Einflusses siehe unten § 5 A.
[266] Vgl. statt vieler *Hirschfeld/Gerhold*, ZIP 2021, 394 (396); *Koch*, AktG, § 93 Rn. 110; *Spindler*, in: MüKo AktG, § 93 Rn. 235; *Fleischer*, in: BeckOGK AktG, Stand: 01.02.2024, § 93 Rn. 279; *Grooterhorst*, AG 2011, 389 (395); *Krieger*, in: FS U. H. Schneider 2011, S. 717 (724); *Freund*, NZG 2015, 1419 (1420).
[267] Siehe unten § 3 E.

geschiedenen Vorstandsmitglieds gegenüber der Gesellschaft auf Grundlage des § 810 BGB angenommen.[268] Ein Urteil des OLG Frankfurt a. M. erweiterte diese Rechtsprechung gut 70 Jahre später auf Mitglieder des Aufsichtsrats einer KG.[269] Nochmals zehn Jahre später äußerte sich der BGH im sachlichen Zusammenhang mit einem ausgeschiedenen Kommanditisten zu § 810 BGB und benannte diesen ausdrücklich als Anspruchsgrundlage des ausgeschiedenen Organmitglieds zur Einsicht in Unterlagen der Gesellschaft.[270] Inhaltlich ging es dabei nicht um die Verteidigung gegen einen Schadensersatzanspruch, sondern vielmehr um die Geltendmachung eines Abfindungsanspruchs.[271] Im Jahr 2002 äußerte sich der BGH zu einem Einsichtsrecht eines ausgeschiedenen GmbH-Geschäftsführers, ohne jedoch § 810 BGB zu erwähnen.[272] Später entschied der BGH zugunsten eines Einsichtsrechts eines ausgeschiedenen Aufsichtsratsmitglieds, nannte aber wieder keine Anspruchsgrundlage.[273] Der Blick auf die Rechtsprechung zeigt, dass es in jüngerer höchstrichterlicher Rechtsprechung in Konstellationen der Verteidigung gegen einen Schadensersatzanspruch an einer eindeutigen Subsumtion unter eine bestimmte Anspruchsgrundlage fehlt. Im Schrifttum[274] kristallisiert sich diese Norm wie auch in älterer Rechtsprechung[275] als Anspruchsgrundlage eines Einsichtsrechts des ausgeschiedenen Organmitglieds aber deutlich heraus. Streitig ist, ob der Anspruch auf eine direkte oder analoge[276] Anwendung des § 810 BGB gestützt wird. Das kann mangels Relevanz für die Praxis und den Gegenstand dieser Arbeit aber dahinstehen. Zusätzlich zu § 810 BGB wird häufig (zumindest

---

[268] RG, Urt. v. 8. April 1908 – I 599/07, RG Warneyer 1908, S. 357, Nr. 465; *Krieger*, in: FS U. H. Schneider 2011, S. 717 (719); *Richter*, Informationsrechte im Organhaftungsprozess, S. 72 f.
[269] OLG Frankfurt a. M., Urt. v. 25. September 1979 – 5 U 210/78, DB 1979, 2476–2477, juris Rn. 22.
[270] BGH, Urt. v. 17. April 1989 – II ZR 258/88, ZIP 1989, 768–770, juris Rn. 16.
[271] Vgl. BGH, Urt. v. 17. April 1989 – II ZR 258/88, ZIP 1989, 768–770.
[272] BGH, Urt. v. 4. November 2002 – II ZR 224/00, BGHZ 152, 280–290, juris Rn. 9.
[273] BGH, Urt. v. 7. Juli 2008 – II ZR 71/07, ZIP 2008, 1821–1823, Rn. 5.
[274] *Hopt/Roth*, in: Hirte/Mülbert/Roth Großkommentar AktG, § 93 Rn. 448; *Spindler*, in: MüKo AktG, § 93 Rn. 235; *Fleischer*, in: BeckOGK AktG, Stand: 01.02.2024, § 93 Rn. 279; *Cahn*, in: KölnerKomm AktG, § 93 Rn. 164; *Krieger*, in: Krieger/Schneider Hdb Managerhaftung, § 4 Rn. 4.40; *Fleischer*, in: Hdb des Vorstandsrechts, § 11 Rn. 73; *Wilsing*, in: FS M. Henssler 2023, S. 1333 (1336); vgl. *Richter*, Informationsrechte im Organhaftungsprozess, S. 75; *Foerster*, ZHR 2012, 221 (233); *Deilmann/Otte*, BB 2011, 1291 (1292); *Grooterhorst*, AG 2011, 389 (393).
[275] RG, Urt. v. 8. April 1908 – I 599/07, RG Warneyer 1908, S. 357, Nr. 465; OLG Frankfurt a. M., Urt. v. 25. September 1979 – 5 U 210/78, DB 1979, 2476–2477, juris Rn. 22; BGH, Urt. v. 17. April 1989 – II ZR 258/88, ZIP 1989, 768–770, juris Rn. 16; Einsichtsrecht bejahend aber ohne Nennung einer konkreten Anspruchsgrundlage BGH, Urt. v. 4. November 2002 – II ZR 224/00, BGHZ 152, 280–290, juris Rn. 9; auch ohne Anspruchsgrundlage BGH, Urt. v. 7. Juli 2008 – II ZR 71/07, ZIP 2008, 1821–1823, Rn. 5.
[276] *Koch*, AktG, § 93 Rn. 110; *Freund*, NZG 2015, 1419 (1420); *Richter*, Informationsrechte im Organhaftungsprozess, S. 80; *Bachmann*, Gutachten E zum 70. DJT, S. E36 mit fragwürdiger Begründung.

ergänzend) auf die Treuepflicht der Gesellschaft gegenüber dem Organmitglied verwiesen.[277]

## I. Tatbestandsvoraussetzungen des § 810 BGB

Dem Wortlaut des § 810 BGB zufolge muss der die Einsicht Begehrende zunächst ein entsprechendes „rechtliches Interesse" innehaben, um zur Einsicht berechtigt zu sein. Weiterhin fordert § 810 BGB, dass die Urkunde im Interesse des die Einsicht Begehrenden errichtet wurde (1. Alt.), die Urkunde ein zwischen ihm und dem anderen bestehendes Rechtsverhältnis beurkundet (2. Alt.) oder die Urkunde Verhandlungen über ein Rechtsgeschäft enthält, an dem er selbst mindestens mittelbar beteiligt ist (3. Alt.). Der Anspruch beschränkt sich folglich auf einen bestimmten Kreis von drei alternativen Arten von Urkunden, an denen zusätzlich ein rechtliches Interesse bestehen muss. Es herrscht – das hat das Reichsgericht bereits vorgeebnet[278] – weitestgehend Einigkeit darüber, dass die Norm des § 810 BGB weit auszulegen ist.[279]

### 1. Tatbestandsalternativen des § 810 BGB

Eine Urkunde ist dann im Interesse des Organmitglieds errichtet, wenn sie diesem zumindest auch als Beweismittel dienen soll.[280] Darunter fallen insbesondere Vorstandsprotokolle und ähnliche interne Aufzeichnungen, die auch dem Zweck dienen, im Hinblick auf die Business-Judgment Rule getroffene Erwägungen zu dokumentieren.[281] Praktisch wird diese Alternative des § 810 BGB die bedeutsamste für das Organmitglied sein.[282]

Die zweite Alternative der Urkunden über Rechtsverhältnisse zwischen dem Organmitglied und Dritten bezieht insbesondere Verträge in die Anspruchsgrundlage des § 810 BGB ein, an denen das Organmitglied beteiligt ist, was vornehmlich

---

[277] *Fleischer*, in: BeckOGK AktG, Stand: 01.02.2024, § 93 Rn. 279; *Spindler*, in: MüKo AktG, § 93 Rn. 235; *Hopt/Roth*, in: Hirte/Mülbert/Roth Großkommentar AktG, § 93 Rn. 448; *Krieger*, in: Krieger/Schneider Hdb Managerhaftung, § 4 Rn. 4.40; vgl. *Richter*, Informationsrechte im Organhaftungsprozess, S. 75; dazu siehe unten § 3 B.
[278] RG, Urt. v. 8. April 1908 – I 599/07, RG Warneyer 1908, S. 357, Nr. 465.
[279] BGH, Urt. v. 20. Januar 1971 – VIII ZR 251/69, BGHZ 55, 201–207, juris Rn. 8; RG, Urt. v. 28. Juni 1927 – II 464/26, RGZ 117, 332 (333); *Seyfarth*, Vorstandsrecht, § 23 Rn. 53; *Habersack*, in: MüKo BGB, § 810 Rn. 7; *Krieger*, in: FS U. H. Schneider 2011, S. 717 (723).
[280] BGH, Urt. v. 31. März 1971 – VIII ZR 198/69, WM 1971, 565–567, juris Rn. 9; *Sprau*, in: Grüneberg, § 810 Rn. 3; *Schmidt*, in: FS Heidel 2021, S. 733 (738); *Habersack*, in: MüKo BGB, § 810 Rn. 5.
[281] *Krieger*, in: FS U. H. Schneider 2011, S. 717 (723); *Schmidt*, in: FS Heidel 2021, S. 733 (738).
[282] *Krieger*, in: FS U. H. Schneider 2011, S. 717 (723); a. A. *Grooterhorst*, AG 2011, 389 (393), der den erforderlichen Zweck selten erfüllt sieht, da die interne Dokumentation in der Regel nur der Abwicklung eines Geschäftsvorgangs diene.

dessen Dienstvertrag sein wird.²⁸³ Nach Auffassung des Reichsgerichts, welche in der Literatur geteilt wird, erfasst § 810 2. Alt. BGB im Wege einer korporationsrechtlichen Auslegung dazu sämtliche Urkunden betreffend das Verhältnis von Organ zu Gesellschaft.²⁸⁴ Das meint sämtliche Geschäftsunterlagen, in denen sich die Leitungsaufgabe niederschlägt.²⁸⁵

Die dritte Alternative der Urkunde über Verhandlungen eines Rechtsverhältnisses hat im Zusammenhang mit Organhaftungsansprüchen kaum Bedeutung.²⁸⁶ Das ergibt sich aus dem Umstand, dass das Organmitglied solche Verhandlungen in der Regel nur als Stellvertreter für die Gesellschaft führen wird. Anspruchsinhaber sind die Parteien der Verhandlung, nicht aber deren jeweilige Stellvertreter.²⁸⁷ Von dieser Alternative sind zudem nur Urkunden über Verhandlungen mit dem Vertragspartner, also keine rein internen Aufzeichnungen oder Notizen erfasst.²⁸⁸

Für den Urkundenbegriff ist bei allen Alternativen des § 810 BGB auf den zivilprozessualen Begriff der Urkunde aus §§ 422, 429 ZPO zurückzugreifen.²⁸⁹ Danach muss es sich um eine Niederschrift einer verkörperten Gedankenerklärung handeln, die Aussagen über Rechtsgeschäfte oder Rechtsverhältnisse trifft.²⁹⁰

## 2. Schutzwürdiges „Rechtliches Interesse"

Das „rechtliche Interesse" erfordert dem BGH zufolge, dass die Einsicht zwecks Förderung, Erhaltung oder Verteidigung rechtlich geschützter Interessen begehrt wird.²⁹¹ Diese Voraussetzung wird bei demjenigen Organmitglied, das sich gegen eine persönliche Inanspruchnahme wehrt, dem Grundsatz nach häufig gegeben sein.²⁹² Ausgeschlossen ist die im Übrigen erforderliche Schutzwürdigkeit des In-

---

²⁸³ *Krieger*, in: FS U. H. Schneider 2011, S. 717 (723).
²⁸⁴ RG, Urt. v. 8. April 1908 – I 599/07, RG Warneyer 1908, S. 357, Nr. 465; *Foerster*, ZHR 2012, 221 (235); *Jena*, Die Business Judgment Rule im Prozess, S. 245 f.; *Gehrlein*, in: BeckOK BGB, Stand: 01.08.2024, § 810 Rn. 3; *Fest*, in: Staudinger BGB, § 810 Rn. 196; vgl. *Habersack*, in: MüKo BGB, § 810 Rn. 7 f.; etwas restriktiver *Grooterhorst*, AG 2011, 389 (394).
²⁸⁵ *Jena*, Die Business Judgment Rule im Prozess, S. 245 f.
²⁸⁶ *Krieger*, in: FS U. H. Schneider 2011, S. 717 (723).
²⁸⁷ *Habersack*, in: MüKo BGB, § 810, Rn. 9.
²⁸⁸ *Fest*, in: Staudinger BGB, § 810 Rn. 221 f.; *Grooterhorst*, AG 2011, 389 (395).
²⁸⁹ BGH, Urt. v. 27. Mai 2014 – XI ZR 264/13, ZIP 2014, 1472–1475, Rn. 22; *Habersack*, in: MüKo BGB, § 810 Rn. 3; *Hoffmann*, in: BeckOGK BGB, Stand: 01.07.2024, § 810 Rn. 5.
²⁹⁰ BGH, Urt. v. 27. Mai 2014 – XI ZR 264/13, ZIP 2014, 1472–1475, Rn. 22; zu elektronisch gespeicherten Informationen siehe unten § 3 A. II. 3. sowie bei § 242 BGB § 3 B. II.
²⁹¹ BGH, Urt. v. 31. März 1971 – VIII ZR 198/69, WM 1971, 565–567, juris Rn. 11; BGH, Urt. v. 27. Mai 2014 – XI ZR 264/13, ZIP 2014, 1472–1475, Rn. 21; *Sprau*, in: Grüneberg, § 810 Rn. 2; *Fest*, in: Staudinger BGB, § 810 Rn. 230.
²⁹² *Foerster*, ZHR 2012, 221 (233) möchte das im Organhaftungsprozess immer annehmen, da § 810 gerade dazu diene die Beweislastumkehr aufrecht zu erhalten, womit dessen Voraussetzungen vorliegen müssten. Dazu kritisch *Richter*, Informationsrechte im Organhaftungsprozess, S. 78 wegen der berechtigt angemerkten Gefahr eines Zirkelschlusses; ebenfalls vorsichtiger *Grooterhorst*, AG 2011, 389 (393).

teresses aber dann, wenn die Einsicht der *Ausforschung* des Anspruchsgegners dienen soll.[293] Die Grenze des Ausforschungsverbots ist der Rechtsprechung zufolge dann erreicht, wenn bloß vage Vermutungen über den Inhalt der Urkunde bestehen und konkrete Anhaltspunkte erst durch die Einsicht erlangt werden sollen.[294] Im Rahmen des § 810 BGB sind also das schutzwürdige Interesse des Organmitglieds und das Ausforschungsverbot in Einklang zu bringen.[295] Die Rechtsprechung versucht das mittels des Kriteriums der „Erforderlichkeit" der Information zur Rechtsverteidigung zu bewältigen.[296] Gewichtige und überwiegende Stimmen verneinen daher die Erstreckung des Anspruchs auf solche Informationen, hinsichtlich derer das Organmitglied nicht die Darlegungs- und Beweislast trägt.[297]

## II. Reichweite des § 810 BGB auf Rechtsfolgenseite

Um einen Vergleich des *status quo* mit Art. 15 DS-GVO zu ermöglichen, wird auch die Rechtsfolgenseite des § 810 BGB kurz dargestellt.

### 1. Grundsätzlich keine Kopien nach § 810 BGB

Im Grundsatz erstreckt sich das Einsichtsrecht des § 810 BGB nur auf die Einsicht in die Originalurkunde und nicht auf eine Kopie dergleichen.[298] Nur ausnahmsweise sind Kopien von dem Anspruch erfasst, soweit aufgrund besonderer Umstände (beispielsweise Verlust des Originals) ein Interesse gerade an diesen besteht.[299] Der Anfertigung einer Kopie der Originalurkunde durch das ausgeschie-

---

[293] BGH, Urt. v. 31. März 1971 – VIII ZR 198/69, WM 1971, 565–567, juris Rn. 11; BGH, Urt. v. 27. Mai 2014 – XI ZR 264/13, ZIP 2014, 1472–1475, Rn. 24; *Richter*, Informationsrechte im Organhaftungsprozess, S. 85; *Fest*, in: Staudinger BGB, § 810 Rn. 247 m. w. N.; *Habersack*, in: MüKo BGB, § 810 Rn. 11.
[294] BGH, Urt. v. 27. Mai 2014 – XI ZR 264/13, ZIP 2014, 1472–1475, Rn. 24.
[295] *Richter*, Informationsrechte im Organhaftungsprozess, S. 99.
[296] BGH, Urt. v. 4. November 2002 – II ZR 224/00, BGHZ 152, 280–290, juris Rn. 9; vgl. BGH, Beschl. v. 7. Juli 2008 – II ZR 71/07, ZIP 2008, 1821–1823, Rn. 5; *Richter*, Informationsrechte im Organhaftungsprozess, S. 99. Zu daraus erwachsenden Konkretisierungspflichten bei der Geltendmachung des § 810 BGB siehe unten § 3 C.
[297] *Krieger*, in: FS U. H. Schneider 2011, S. 717 (726, 735); *Sailer-Coceani*, in: Schmidt/Lutter AktG, § 93 Rn. 44; vgl. *Krieger*, in: Krieger/Schneider Hdb Managerhaftung, § 4 Rn. 4.40; *Richter*, Informationsrechte im Organhaftungsprozess, S. 121; *Spindler*, in: MüKo AktG, § 93 Rn. 235; a. A. *Koch*, AktG, § 93 Rn. 111; *Bachmann*, in: FS Thümmel 2020, S. 27 (34); *Richter*, Informationsrechte im Organhaftungsprozess, S. 294, die für eine Abgrenzung in zeitlicher Hinsicht plädiert.
[298] *Krieger*, in: FS U. H. Schneider 2011, S. 717 (723); *Grooterhorst*, AG 2011, 389 (393); *Richter*, Informationsrechte im Organhaftungsprozess, S. 103 f.; zum Urkundenbegriff siehe Fn. 289.
[299] *Sprau*, in: Grüneberg, § 810 Rn. 1; *Habersack*, in: MüKo BGB, § 810 Rn. 3; *Fest*, in: Staudinger BGB, § 810 Rn. 259; *Wilhelmi*, in: Erman BGB, § 810 Rn. 2; *Grooterhorst*, AG 2011, 389 (393); *Werner*, GmbHR 2013, 68 (70).

dene Organmitglied selbst oder dessen Hilfspersonen steht grundsätzlich nichts im Wege.[300] Das gilt insbesondere bei großen Datenmengen.[301]

### 2. Sekundärunterlagen

Ob Unterlagen, die die „[…] Gesellschaft im Zusammenhang mit der internen Aufarbeitung eines potenziellen Haftungsfalls erstellt […], also insbesondere interne oder externe Haftungsgutachten […]",[302] sogenannte „Sekundärgrundlagen",[303] auch vom Informationsanspruch des Organmitglieds erfasst sind, ist streitig.[304] Die überwiegende Literatur hält diese nicht für erfasst, da das ausgeschiedene Organmitglied solche auch dann nicht zur Hand gehabt hätte, wenn es sich noch im Amt befinden würde.[305] Eine Erstreckung des Informationsanspruchs aus § 810 BGB auf solche Unterlagen widerspräche damit der Idee, das Organmitglied mittels dieses Informationsanspruchs in eine Situation zu versetzen, die bestehen würde, wenn das Organmitglied noch in der Gesellschaft wäre.[306] Betreffend Sekundärunterlagen gehe der Grundsatz vor, dass keine Partei der anderen Partei das Material für den Prozesssieg verschaffen muss.[307] Das Ausforschungsverbot setzt sich an dieser Stelle folglich durch. Entsprechend der herrschenden Ansicht ist für die weitere Untersuchung davon auszugehen, dass § 810 BGB auf Rechtsfolgenseite keine Sekundärunterlagen erfasst.

---

[300] *Grooterhorst*, AG 2011, 389 (397) mit detaillierten Ausführungen auch zur Beschaffung von Kopierern und Scannern in den Räumlichkeiten des Auskunftsverpflichteten im Zusammenhang mit § 242 BGB; *Sprau*, in: Grüneberg, § 810 Rn. 1; *Fest*, in: Staudinger BGB, § 810 Rn. 259 „[…] bei umfangreichen Gesamturkunden […]"; vgl. *Buck-Heeb*, in: Prütting/Wegen/Weinreich BGB, § 810 Rn. 13; differenzierter und am Einzelfall orientiert *Habersack*, in: MüKo BGB, § 810 Rn. 13.
[301] *Hirschfeld/Gerhold*, ZIP 2021, 394 (397).
[302] *Reichert/Groh*, NZG 2021, 1381 (1382).
[303] *Reichert/Groh*, NZG 2021, 1381 (1382); *Groh*, ZIP 2021, 724 (728); *Koch*, AktG, § 93 Rn. 111.
[304] *Koch*, AktG, § 93 Rn. 111.
[305] *Sailer-Coceani*, in: Schmidt/Lutter AktG, § 93 Rn. 44; *Krieger*, in: FS U.H. Schneider 2011, S. 717 (727 f.); *Foerster*, ZHR 2012, 221 (236 f.); *Scholz*, ZZP 2020, 491 (523); *Koch*, AktG, § 93 Rn. 111; *Ruckteschler/Grillitsch*, in: FS Elsing 2015, S. 1129 (1137); *Groh*, ZIP 2021, 724 (728 f.); *Deilmann/Otte*, BB 2011, 1291 (1293); a.A. wohl *Bachmann*, in: FS Thümmel 2020, S. 27 (35).
[306] Vgl. *Scholz*, ZZP 2020, 491 (523); zu dieser Gleichstellungsthese *Foerster*, ZHR 2012, 221 (235).
[307] *Krieger*, in: FS U.H. Schneider 2011, S. 717 (727). Zu diesem Grundsatz siehe ausführlich unten § 5 B. II. 1.

### 3. Elektronische Dokumente

Mit einer Urkunde assoziiert man im allgemeinen Sprachgebrauch eine verschriftliche Erklärung auf Papier. Juristisch ist eine Urkunde eine schriftlich verkörperte Gedankenerklärung.[308] Wegen der weiten Verbreitung heutzutage dürften aber solche Gedankenerklärungen praktisch viel bedeutsamer sein, die elektronisch gespeichert werden. Im alltäglichen Geschäftsablauf wird mehr und mehr auf die körperliche Speicherung von Informationen verzichtet. Auch die praktische Relevanz von technischen Aufzeichnungen wie Tonaufnahmen oder Videoaufnahmen ist erheblich.[309] Es stellt sich damit die Frage, ob solche rein digitalen, also elektronisch, gespeicherten Informationen von der Anspruchsgrundlage des § 810 BGB erfasst sind. Der Begriff der Urkunde – orientiert am allgemeinen Sprachgebrauch – würde diese Informationen jedenfalls nicht erfassen, sodass allenfalls eine analoge Anwendung des § 810 BGB auf solche Informationen in Betracht käme. Eine solche wird von manchen Autoren befürwortet,[310] von anderen abgelehnt[311] und von manch anderen offengelassen.[312] Teilweise wird die Einsicht in technische Aufzeichnungen auch auf § 809 BGB gestützt.[313] Der Streit ist aus praktischer Perspektive nicht von großer Bedeutung. Sollte man eine analoge Anwendung des § 810 BGB auf solche elektronisch gespeicherten Informationen vertretbar ablehnen, wird man solche Informationen als von § 242 BGB erfasst ansehen.[314]

---

[308] Zum Urkundenbegriff des § 810 BGB Fn. 289; BGH, Urt. v. 28. November 1975 – V ZR 127/74, BGHZ 65, 300–304, juris Rn. 6; *Sprau*, in: Grüneberg, § 810 Rn. 1 „bleibende Zeichen"; *Habersack*, in: MüKo BGB, § 810 Rn. 3.

[309] *Jena*, Die Business Judgment Rule im Prozess, S. 246: „[...] ein Großteil der die Geschäftsvorgänge betreffenden Informationen [...]" existiere nur in elektronischer Form.

[310] *Martinek/Heine*, in: juris-PK BGB, Stand: 01.02.2023, § 810 Rn. 31; ähnlich *Wilhelmi*, in: Erman BGB, § 810 Rn. 2; *Buck-Heeb*, in: Prütting/Wegen/Weinreich BGB, § 810 Rn. 3; *Richter*, Informationsrechte im Organhaftungsprozess, S. 81.

[311] Tendenziell OLG Karlsruhe, Urt. v. 16. November 2000 – 19 U 34/99, NZG 2001, 654–656, juris Rn. 59, das für elektronische Datenträger auf §§ 810, 242 BGB verweist; *Fest*, in: Staudinger BGB, § 810 Rn. 125 für Subsumtion unter § 809 BGB.

[312] *Hadding*, in: Soergel BGB, § 810 Rn. 3; BGH, Urt. v. 19. September 1994 – II ZR 248/92, BGHZ 127, 107–120, juris Rn. 8 f.

[313] *Hadding*, in: Soergel BGB, § 810 Rn. 3; *Sprau*, in: Grüneberg, § 810 Rn. 1; *Richter*, Informationsrechte im Organhaftungsprozess, S. 118.

[314] *Krieger*, in: FS U. H. Schneider 2011, S. 717 (725); *Werner*, GmbHR 2013, 68 (71); siehe dazu unten § 3 B. II.

## B. Auskunftsanspruch (und Einsichtsrecht) nach § 242 BGB i. V. m. (nachwirkender) gesellschaftsrechtlicher Treuepflicht

Denn reicht der Anspruch aus § 810 BGB auf Tatbestands- oder Rechtsfolgenseite nicht weit genug, kommt dem ausgeschiedenen Organmitglied nach der herrschenden Ansicht § 242 BGB in Verbindung mit der nachwirkenden gesellschaftsrechtlichen Treuepflicht[315] als weitere Anspruchsgrundlage, beziehungsweise als Ergänzung des § 810 BGB zugute.[316] Auf Grundlage dieser Norm kann Auskunft und unter bestimmten Umständen auch eine weitergehende Einsicht beansprucht werden.[317] Das Recht gründet auf der Sonderrechtsbeziehung zwischen Organmitglied und Gesellschaft, aus der eine gegenseitige Treuepflicht erwächst.[318]

### I. Voraussetzungen des Informationsanspruchs aus § 242 BGB

Nach ständiger höchstrichterlicher Rechtsprechung setzt der Anspruch aus § 242 BGB voraus, dass der Berechtigte – also das Organmitglied – in entschuldbarer Weise über das Bestehen und den Umfang seines Rechts – also seiner Einreden und Einwendungen – im Ungewissen ist und der Verpflichtete – also die Gesellschaft – die Auskunft unschwer erteilen kann.[319] Diese von der Rechtsprechung genannten Voraussetzungen erinnern an diejenigen der sekundären Darlegungslast[320] und sind mittlerweile gewohnheitsrechtlich anerkannt.[321] Regelmäßig wird das Organmitglied unverschuldet nicht mehr in Kenntnis von den für die Einreden und Einwendungen maßgeblichen Umständen sein. Wie ausgeführt ist es zur

---

[315] Zu dieser nachwirkenden Treuepflicht: OLG Düsseldorf, Urt. v. 17. November 2003 – I-15 U 225/02, ZIP 2004, 1850–1855, juris Rn. 35; *Cahn*, in: KölnerKomm AktG, § 93 Rn. 112; *Raiser*, in: Habersack/Casper/Löbbe GmbHG, § 14 Rn. 77 für die GmbH; *Schäfer*, in: MüKo BGB, § 705 Rn. 273 ff. für das Personengesellschaftsrecht; *Werner*, GmbHR 2013, 68 (71).
[316] *Krieger*, in: FS U. H. Schneider 2011, S. 717 (724); *Spindler*, in: MüKo AktG, § 93 Rn. 235; *Koch*, in: MHdb GesR, Bd. 7, § 30 Rn. 30; *Grooterhorst*, AG 2011, 389 (395); *Ruckteschler/Grillitsch*, in: FS Elsing 2015, S. 1129 (1131 ff.).
[317] *Krieger*, in: FS U.H. Schneider 2011, S. 717 (724); BGH, Urt. v. 31. März 1971 – VIII ZR 198/69, WM 1971, 565–567, Rn. 10; allgemein BGH, Urt. v. 5. Juni 1985 – I ZR 53/83, BGHZ 95, 274–284, juris Rn. 34.
[318] Statt vieler OLG Frankfurt a. M., Urt. v. 25. September 1979 – 5 U 210/78, DB 1979, 2476–2477, juris Rn. 22; *Ruckteschler/Grillitsch*, in: FS Elsing 2015, S. 1129 (1131); ausführlich zu den unterschiedlichen Begründungen dieses Informationsanspruches *Richter*, Informationsrechte im Organhaftungsprozess, S. 90 ff.
[319] St. Rspr.: BGH, Urt. v. 6. Februar 2007 – X ZR 117/04, WM 2007, 1097–1100, juris Rn. 13; BGH, Urt. v. 28. Oktober 1953 – II ZR 149/52, BGHZ 10, 385–389, juris Rn. 23; BGH, Urt. v. 5. November 2002 – XI ZR 381/01, BGHZ 152, 307–317, juris Rn. 28; BGH, Urt v. 1. August 2013 – VII ZR 268/11, NJW 2014, 155–157, Rn. 20; *Krieger*, in: FS U.H. Schneider 2011, S. 717 (724); *Krüger*, in: MüKo BGB, § 260 Rn. 12.
[320] Siehe zur sekundären Darlegungslast oben § 2 D. I.
[321] *Krüger*, in: MüKo BGB, § 260 Rn. 12; *Grüneberg*, in: Grüneberg, § 260 Rn. 4.

Rückgabe der maßgeblichen Unterlagen nämlich gesetzlich verpflichtet und verfügt dabei nur über ein sehr beschränktes Zurückbehaltungsrecht.³²² Dass über die Zeit zusätzlich Erinnerungen schwinden, ist dem Organmitglied nicht vorwerfbar.

Über diese Voraussetzung hinaus ist dem BGH zufolge ein schutzwürdiges Interesse aufseiten des Anspruchstellers zu fordern, welches aber mit dem Begriff des „rechtlichen Interesses" aus § 810 BGB³²³ gleichzusetzen ist.³²⁴ Scheitert ein Anspruch aus § 810 BGB bereits am fehlenden „rechtlichen Interesse", so scheitert dementsprechend auch ein Anspruch aus § 242 BGB an einem fehlenden schutzwürdigen Interesse.³²⁵ In dieser Hinsicht geht § 242 BGB nicht über § 810 BGB hinaus, sodass sich konsequenterweise auch § 242 BGB nur auf solche Informationen erstreckt, die sich inhaltlich auf das Verschulden und die Pflichtwidrigkeit, also diejenigen Tatbestandsmerkmale beziehen, bezüglich derer das Organmitglied die Darlegungs- und Beweislast trägt. Auch für § 242 BGB gelten die sich aus dem Ausforschungsverbot ergebenden Grenzen. Die genauen Anforderungen, die sich daraus an die Konkretisierung bei Geltendmachung des Anspruchs ergeben, werden an späterer Stelle gemeinsam und einheitlich mit denjenigen des § 810 BGB bestimmt.³²⁶

## II. Rechtsfolge des § 242 BGB

§ 242 BGB entfaltet insbesondere als Ergänzung des § 810 BGB Bedeutung, wenn das Organmitglied an elektronisch gespeicherten Informationen interessiert ist. Eine Problematik hinsichtlich der Erstreckung hierauf ergibt sich in dieser Hinsicht, anders als bei § 810 BGB, nicht. Insofern ist inhaltlich von § 242 BGB insbesondere dasjenige erfasst, was von § 810 BGB nicht mehr erfasst ist.³²⁷ Das gilt aber nicht für Sekundärunterlagen. Diesbezüglich gelten die zu § 810 BGB genannten Erwägungen entsprechend.³²⁸ § 242 BGB stellt in diesem Zusammenhang als Informationsanspruch grundsätzlich einen Auskunftsanspruch und in Abgrenzung dazu kein Einsichtsrecht dar.³²⁹ Eine Ausnahme davon ist dem BGH zufolge aber dann zu machen, wenn die Auskunft nicht geeignet ist, die notwen-

---

³²² Siehe dazu oben § 2 C. I.
³²³ Zu diesem Begriff siehe oben § 3 A. I. 2.
³²⁴ BGH, Urt. v. 31. März 1971 – VIII ZR 198/69, WM 1971, 565–567, juris Rn. 11; *Richter*, Informationsrechte im Organhaftungsprozess, S. 78, 100.
³²⁵ *Richter*, Informationsrechte im Organhaftungsprozess, S. 79.
³²⁶ Siehe zu den Konkretisierungsanforderungen unten § 3 C.
³²⁷ *Krieger*, in: FS U. H. Schneider 2011, S. 717 (724); *Werner*, GmbHR 2013, 68 (71); vgl. *Groh*, ZIP 2021, 724 (727); *Richter*, Informationsrechte im Organhaftungsprozess, S. 120 f.
³²⁸ Siehe zu Sekundärunterlagen im Rahmen des § 810 BGB oben § 3 A. II. 2.
³²⁹ BGH, Urt. v. 31. März 1971 – VIII ZR 198/69, WM 1971, 565–567, juris Rn. 10; *Grooterhorst*, AG 2011, 389 (396); *Fest*, in: Staudinger BGB, § 810 Rn. 85, *Krieger*, in: FS U. H. Schneider 2011, S. 717 (724); *Werner*, GmbHR 2013, 68 (71).

dige Klarheit zu verschaffen,[330] sondern darüber hinausgehend der eigene Einblick in die Unterlagen erforderlich ist. Dann kann es sich bei § 242 BGB auch um ein Einsichtsrecht handeln.

## C. Konkretisierungserfordernis bei § 810 BGB und § 242 BGB

Aus dem zivilprozessualen Ausforschungsverbot ergibt sich, wie bereits angeklungen, die Notwendigkeit einer Konkretisierung des Einsichts- beziehungsweise Auskunftsverlangens.[331] Die genauen Anforderungen an die Substanz der Darlegung sind umstritten. Die vertretenen Meinungen können in vier Abstufungen unterteilt werden, wobei die Grenzen zwischen den einzelnen Ansichten fließend sind. Die Problematik stellt sich bei § 810 BGB und § 242 BGB gleichermaßen, sodass sich eine gemeinsame Behandlung anbietet. Das ist auch deshalb angebracht, weil § 242 BGB als Ergänzung des § 810 BGB fungiert.

### I. Sehr weite Ansicht – keine Konkretisierung erforderlich

Die großzügigste Ansicht hält *prima facie* auf der Rechtsfolgenseite alle Unterlagen für erfasst, in der sich die Handlungen des Organs widerspiegeln, wobei es einer Konkretisierung bei der Geltendmachung des Anspruchs gar nicht bedarf.[332] Nur auf diese Art und Weise sei eine Gleichstellung des ausgeschiedenen Organmitglieds mit dem nicht ausgeschiedenen Organmitglied gewährleistet.[333] Eine Bezeichnung der Schriftstücke habe demnach nicht zu erfolgen.[334] Die Gesellschaft müsse umgekehrt vielmehr darlegen, warum bestimmte Schriftstücke für das Organmitglied im Prozess nicht erforderlich seien.[335]

---

[330] BGH, Urt. v. 31. März 1971 – VIII ZR 198/69, WM 1971, 565–567, juris Rn. 10; *Richter*, Informationsrechte im Organhaftungsprozess, S. 78, *Krieger*, in: FS U. H. Schneider 2011, S. 717 (724).

[331] *Krieger*, in: FS U. H. Schneider 2011, S. 717 (725 f.).

[332] *Foerster*, ZHR 2012, 221 (235); vgl. RG, Urt. v. 8. April 1908 – I 599/07, RG Warneyer 1908, S. 357, Nr. 465; *Bachmann*, in: FS Thümmel 2020, S. 27 (34 f.) der die „Gewichtung [zulasten der Gesellschaft] verkehren" möchte.

[333] *Foerster*, ZHR 2012, 221 (235); *Bachmann*, in: FS Thümmel 2020, S. 27 (34 f.).

[334] *Foerster*, ZHR 2012, 221 (238).

[335] *Bachmann*, in: FS Thümmel 2020, S. 27 (34 f.).

## II. Weite Ansicht – Ungefähre Bestimmung genügt

Einer anderen Ansicht zufolge genüge eine „ungefähre Bestimmung" der Unterlagen.[336] Es müsse nur ein Zusammenhang zwischen den verlangten Unterlagen und dem streitigen Sachverhalt dargelegt werden.[337]

## III. Engere Ansicht – nachvollziehbare Darlegung

Eine andere Ansicht in der Literatur geht davon aus, dass grundsätzlich eine Konkretisierung der Unterlagen zu fordern sei, was sich zumindest bei prozessualer Durchsetzung des Anspruchs schon aus §§ 422 ff. ZPO ergebe.[338] Das Organmitglied habe nachvollziehbar darzulegen, welche Unterlagen es einsehen möchte und warum es hieraus möglicherweise nützliche Informationen gewinnen kann.[339] Dabei genüge eine gewisse Konkretisierung in Form einer Plausibilisierung, dass solche Informationen in der geforderten Unterlage enthalten sind.[340]

## IV. Strenge Ansicht – Genaue Bezeichnung erforderlich

Eine strengere Handhabung wird unter anderem in der Rechtsprechung des BGH angedeutet.[341] Dieser stellte im Fall eines sich gegen eine Inanspruchnahme wehrenden Bürgen strenge Anforderungen an die Darlegung und Konkretisierung des rechtlichen Interesses im Rahmen des § 810 BGB: Der die Einsicht Begehrende müsse (1) die Urkunde, (2) den objektiven Zusammenhang von Urkunde und streitigem Rechtsverhältnis und sogar (3) den angeblichen Inhalt der Urkunde genau bezeichnen.[342] Eine solch konkrete Bezeichnung der Unterlagen und Teilen des

---

[336] *Deilmann/Otte*, BB 2011, 1291 (1293) „zumindest eine ungefähre Bestimmung"; in diese Richtung im Zusammenhang mit § 242 als Anspruchsgrundlage auch *Grooterhorst*, AG 2011, 389 (396); vgl. *Seyfarth*, Vorstandsrecht, § 23 Rn. 55: „Alle Vorstands- und Aufsichtsratsvorlagen zu dem Komplex XY im Zeitraum von XY bis XY." sei ausreichend.
[337] *Grooterhorst*, AG 2011, 389 (393); *Spindler*, in: MüKo AktG, § 93 Rn. 235.
[338] *Hirschfeld/Gerhold*, ZIP 2021, 394 (397 f.); vgl. OLG Frankfurt a. M., Urt. v. 25. September 1979 – 5 U 210/78, DB 1979, 2476–2477, Rn. 24.
[339] *Sailer-Coceani*, in: Schmidt/Lutter AktG, § 93 Rn. 44; *Schnorbus*, in: Rowedder/Pentz GmbHG, § 43 Rn. 88; *Krieger*, in: Krieger/Schneider Hdb Managerhaftung, § 4 Rn. 4.40; *Ruckteschler/Grillitsch*, in: FS Elsing 2015, S. 1129 (1143); *Werner*, GmbHR 2013, 68 (71).
[340] *Ruckteschler/Grillitsch*, in: FS Elsing 2015, S. 1129 (1143); *Werner*, GmbHR 2013, 68 (71); so darf wohl OLG Frankfurt, Urt. v. 21. Juni 2012 – 22 U 89/10, MPR 2012, 169–173, juris Rn. 42 verstanden werden, wenn „genügend konkrete Angaben" gefordert werden.
[341] Insb. BGH, Urt. v. 27. Mai 2014 – XI ZR 264/13, ZIP 2014, 1472–1475, Rn. 23 ff.; etwas geringere Anforderungen scheint der BGH hingegen in BGH, Urt. v. 17. April 1989 – II ZR 258/88, ZIP 1989, 768–770, juris Rn. 16 zu stellen wonach das Einsichtsrecht des ausgeschiedenen Kommanditisten gerade auch zur Informationsgewinnung dienen soll, womit folgerichtig keine strenge Konkretisierung verlangt werden könne.
[342] BGH, Urt. v. 27. Mai 2014 – XI ZR 264/13, ZIP 2014, 1472–1475, Rn. 25.

Inhalts wird auch in der Literatur vielfach für erforderlich gehalten.[343] Die Benennung einer Urkundensammlung genüge diesen Anforderungen nicht.[344] Diese Ansicht stünde im Einklang mit den prozessualen Vorlagepflichten aus §§ 422 f., die nach § 424 Nr. 1–3 ZPO ausdrücklich eine solche Konkretisierung des Antrags zur Vorlage fordern würden.[345]

### V. Überzeugende Lösung – Strenge Anforderungen

Es besteht Uneinigkeit über die notwendige Konkretisierung und einige Fragen sind trotz oder gerade wegen der vielen Literatur offengeblieben.[346] Das Meinungsspektrum reicht von der Notwendigkeit einer Konkretisierung der Unterlagen, einschließlich der Darstellung des Inhalts der Unterlagen bis hin zur Obsoleszenz jeglicher Konkretisierung. Nach allgemeinen prozessrechtlichen Überlegungen, wonach derjenige dasjenige darlegen und beweisen muss, was für ihn günstig ist, kann nur die Ansicht überzeugen, die dem Anspruchsteller – hier also dem Organmitglied – die Darlegungs- und Beweislast dafür auferlegt, dass ein rechtliches Interesse seinerseits besteht, also die Einsicht in die konkrete Urkunde „erforderlich" ist.[347] Eine Abweichung von dieser, sich aus allgemeinen prozessrechtlichen Grundsätzen ergebenden Beweislastverteilung, wäre dogmatisch nicht begründbar. Sie würde eine rechtspolitisch motivierte Ausnahme zur Legitimation beziehungsweise Aufrechterhaltung der Beweislastumkehr des § 93 Abs. 2 S. 2 AktG darstellen. Im Übrigen vertritt der BGH diese strenge Ansicht, sodass sie schon deshalb den weiteren Ausführungen zugrunde zu legen ist.

Das angenommene Erfordernis der genauen Bezeichnung der Unterlagen führt das Organmitglied in ein Dilemma, wenn es unter Erinnerungslücken über die gegebenenfalls viele Jahre andauernde Tätigkeit leidet und einzelne Urkunden deshalb nicht als solche, geschweige denn deren Inhalt, bezeichnen kann.[348] Das Einsichts- beziehungsweise Auskunftsrecht hilft dem Organmitglied dann nicht, wenn es sich nicht mehr an konkrete Unterlagen erinnert.[349] Diese Schwierigkeit

---

[343] *Hadding*, in: Soergel BGB, § 810 Rn. 18; *Hoffmann*, in: BeckOGK BGB, Stand: 01.07.2024, § 810 Rn. 15; *Habersack*, in: MüKo BGB, § 810 Rn. 19; *Gehrlein*, in: BeckOK BGB, Stand: 01.08.2024, § 810 Rn. 5; *Richter*, Informationsrechte im Organhaftungsprozess, S. 155 f.
[344] BGH, Urt. v. 27. Mai 2014 – XI ZR 264/13, ZIP 2014, 1472–1475, Rn. 25, *Hövermann*, in: Baumgärtel/Laumen/Prütting Handbuch der Beweislast, § 810 Rn. 1.
[345] *Richter*, Informationsrechte im Organhaftungsprozess, S. 155 f.
[346] Derart resümierend auch *Koch*, AktG, § 93 Rn. 110: „Inhaltliche Konturen sind aber noch unscharf".
[347] *Habersack*, in: MüKo BGB, § 810 Rn. 19 ohne den Kontext der Organhaftung mit Verweis auf BGH, Urt. v. 27. Mai 2014 – XI ZR 264/13, ZIP 2014, 1472–1475, Rn. 25.
[348] Insb. *Reuter*, ZIP 2016, 597 (598 f.); *Deilmann/Otte*, BB 2011, 1291 (1293).
[349] *Bachmann*, Gutachten E zum 70. DJT, S. 37; aus diesem Grunde kritisch bezüglich der Übertragbarkeit von BGH, Urt. v. 27. Mai 2014 – XI ZR 264/13, ZIP 2014, 1472–1475, auf die Konstellation der Organhaftung: *Richter*, Informationsrechte im Organhaftungsprozess, S. 103 f.

## C. Konkretisierungserfordernis bei § 810 BGB und § 242 BGB

dürfte sich besonders wegen der häufig vielfältig verzweigten unternehmerischen Entscheidungen ergeben,[350] die im Zweifel das Ergebnis einer Vielzahl dokumentierter Erwägungen sind. Das Organmitglied wird einen Informationsanspruch aber insbesondere auch deshalb geltend machen wollen, weil es sich an die Abläufe und damit auch an die Unterlagen erinnern möchte.[351] Gerade das ist aber von § 810 BGB nicht erfasst:

> „Ein [...] Recht auf Einsicht in alle Unterlagen, die man einsehen möchte, um auszuforschen, ob sich aus ihnen irgendetwas für die Rechtsverteidigung nützliches ergibt, besteht [...] nicht."[352] „Die Vorlage der Urkunde soll quasi [nur] die letzte Klarheit über einen wahrscheinlichen Anspruch schaffen."[353]

Richtig ist, dass die Benennung konkreter Unterlagen sowie, unter Zugeständnis einer Einschätzungsprärogative, die Darlegung des rechtlichen Interesses, also der Erforderlichkeit der Einsicht zur Rechtsverfolgung, zu verlangen ist. Eine solche Einschätzungsprärogative hinsichtlich der Erforderlichkeit zur Rechtsverfolgung ist dem Organmitglied deshalb zuzugestehen, da nur es selbst beurteilen kann, ob die Unterlage für seine Verteidigungsstrategie erforderlich ist. Das folgende Zitat des BGH fasst die Konkretisierungsanforderungen im Rahmen des § 810 BGB zusammen:

> „Die Vorschrift des § 810 BGB gewährt keinen Anspruch auf Einsicht in komplette Akten, Urkundensammlungen oder in sämtliche, einen bestimmten Vertrag betreffende Schriftstücke. Der für die Voraussetzungen einer Einsichtsgewährung nach § 810 BGB darlegungs- und beweispflichtige Anspruchsteller muss die konkrete Urkunde und deren angeblichen Inhalt genau bezeichnen."[354]

Die Ausführungen geltend wegen des auch dort zu berücksichtigenden Ausforschungsverbots gleichermaßen für § 242 BGB. Diese Anforderungen setzen eine gewisse Sachverhaltskenntnis aufseiten des Organmitglieds unweigerlich voraus. Noch darüber hinaus genügen pauschale Erinnerungen nicht, sondern es muss Gewissheit über bestimmte Dokumente bestehen.

---

[350] *Reuter*, ZIP 2016, 597 (598 f.).

[351] Im Hinblick auf die datenschutzrechtlichen Anspruchsgrundlagen des Art. 15 DS-GVO so argumentierend auch BAG, Urt. v. 16. Dezember 2021 – 2 AZR 235/21, NZA 2022, 362–366, Rn. 26.

[352] *Krieger*, in: FS U. H. Schneider 2011, S. 717 (735).

[353] *Martinek/Heine*, in: juris-PK BGB, Stand: 01.02.2023, § 810 Rn. 22; vgl. auch BGH, Urt. v. 8. Januar 1985 – X ZR 18/84, BGHZ 93, 191–213, juris Rn. 40, der entsprechendes zu § 809 BGB ausführt; ebenso zu § 809 BGB OLG Hamm, Beschl. v. 2. Februar 1987 – 11 W 19/86, WM 1987, 1297–1298, juris Rn. 22; *Sprau*, in: Grüneberg, § 810 Rn. 2.

[354] BGH, Urt. v. 27. Mai 2014 – XI ZR 264/13, ZIP 2014, 1472–1475, Ls. 2.

## D. Kein zusätzlicher Informationsgewinn durch §§ 142, 421 ff. ZPO

Die prozessualen Vorschriften der §§ 142, 421 ff. ZPO ermöglichen dem Organmitglied keinen über § 810 BGB und § 242 BGB hinausgehenden Erkenntnisgewinn. § 422 ZPO verpflichtet den Prozessgegner zur Vorlage von Urkunden, sofern auf diese Vorlage nach dem materiellen Recht ein Anspruch besteht. § 810 BGB genügt als solcher, um diese Vorlagepflicht des § 422 ZPO im Prozess zu begründen.[355] § 422 ZPO setzt das Bestehen des materiell-rechtlichen Anspruchs also zwingend voraus, wobei inhaltlich mittels § 422 ZPO keine über § 810 BGB (und § 242 BGB) hinausgehenden Informationen zu erlangen sind. Der Anspruch dient vielmehr dazu, die durch den Informationsanspruch gewonnene Sachkenntnis auch auf der Beweisebene zu verwerten.[356]

Die Einsicht in Urkunden im Sinne des § 810 BGB richtet sich im Prozess nach den prozessualen Vorschriften der §§ 142, 421 ff. ZPO, die diesen materiellen Anspruch also gewissermaßen ablösen, sofern er in einem anderen Prozess geltend gemacht wird.[357] Das bedeutet: § 810 BGB ist zwar selbstständig einklagbar, wird aber in einem anderen Prozess durch die prozessualen Vorlagepflichten abgelöst. Dementsprechend wird auch eine Widerklage mittels § 810 BGB gegen den (Organ) haftungsanspruch nach richtiger Ansicht für unzulässig erachtet.[358] Die §§ 142, 421 ff. ZPO sind dann vorrangig.

Eine weitere prozessuale Vorlagepflicht des Prozessgegners beinhaltet § 423 ZPO. Danach müssen die sich im Besitz des Prozessgegners befindlichen Urkunden durch diesen vorgelegt werden, sofern er selbst im Prozess auf diese Bezug genommen hat. Der Anwendungsbereich ist denkbar eng: Die Norm gilt nämlich wegen eines Umkehrschlusses zu § 142 ZPO nur für Urkunden und nicht auch für sonstige Unterlagen, die in § 423 ZPO nämlich anders als in § 142 ZPO nicht genannt werden.[359] Auch müsste die Gesellschaft nach dem Wortlaut der Norm selbst

---

[355] BGH, Beschl. v. 11. Februar 2008 – II ZR 277/06, juris Rn. 6; BGH, Urt. v. 20. Juni 2002 – IX ZR 177/99, ZIP 2002, 1408–1412, juris Rn. 16; *Meckbach*, NZG 2015, 580 (582); *Gehle*, in: Anders/Gehle ZPO, § 422 Rn. 5.

[356] *Ruckteschler/Grillitsch*, in: FS Elsing 2015, S. 1129 (1130). „[Die Ansprüche sind] auf die Vorlage von Unterlagen zu Beweiszwecken zugeschnitten, nicht aber auf die Einsichtnahme in Unterlagen, die zur Sachverhaltsaufklärung im Rahmen der Verteidigung gegen Ansprüche benötigt werden."; vgl. *Grooterhorst*, AG 2011, 389 (391) im Kontext von § 142 ZPO; *Jena*, Die Business Judgment Rule im Prozess, S. 251 ff.

[357] OLG Frankfurt a. M., Urt. v. 25. September 1979 – 5 U 210/78, DB 1979, 2476–2477, juris Rn. 20; *Werner*, GmbHR 2013, 68 (73); *Foerster*, ZHR 2012, 221 (237 f.); *Fest*, in: Staudinger BGB, § 810 Rn. 288; *Jena*, Die Business Judgment Rule im Prozess, S. 250 f.; kritisch insb. *Ruckteschler/Grillitsch*, in: FS Elsing 2015, S. 1129 (1141); ebenfalls kritisch *Grooterhorst*, AG 2011, 389 (397); vgl. *Sprau*, in: Grüneberg, § 809 BGB Rn. 13; *Buck-Heeb*, in: Prütting/Wegen/Weinreich BGB, § 810 Rn. 14.

[358] Zu dieser fehlenden Möglichkeit der Widerklage mit § 810 BGB siehe unten § 7 B. II. 2. a).

[359] *Grooterhorst*, AG 2011, 389 (391).

Bezug auf diese Urkunde genommen haben. Damit kann diese Vorlagepflicht dem Informationsbedürfnis des Organmitglieds nur im Einzelfall bezüglich der von ihm darzulegenden und zu beweisenden Voraussetzungen abhelfen. Die Gesellschaft wird – in den Grenzen der prozessualen Wahrheitspflicht – regelmäßig nur auf solche Urkunden Bezug nehmen, die ihre Position stärken.

Nach dem Wortlaut des § 142 ZPO kann das Gericht anordnen, dass eine Urkunde oder sonstige Unterlage vorgelegt wird, auf die sich eine Partei bezogen hat. § 142 ZPO ist dabei nach höchstrichterlicher Rechtsprechung immer dann ausgeschlossen, wenn die Einsicht der Gewinnung von Sachverhaltskenntnis dienen soll. Es handelt sich vielmehr um ein Recht, das der Beweisgewinnung dienen soll, wobei es eine gerichtliche Ausforschung mittels § 142 ZPO zu vermeiden gilt.[360] Auch § 142 ZPO hilft folglich nicht dabei, eine über den dem Organmitglied möglichen Tatsachenvortrag hinausgehende Sachverhaltskenntnis zu gewinnen:

> „Für das ausgeschiedene Vorstandsmitglied bedeutet dies allerdings, dass seine Chancen, eine Urkundenvorlage während eines Organhaftungsprozesses zu erreichen, mit zunehmendem zeitlichen Abstand zwischen Ausscheiden und Haftungsinanspruchnahme schwinden, da es ihm mit fortschreitendem Zeitablauf schwerer fallen dürfte, sich an die maßgeblichen Unterlagen zu erinnern, die es für entlastend hält."[361]

# E. Summa: Beweisnot trotz anerkannter Informationsansprüche

Die Darstellung der in der bisherigen Diskussion präsenten Informationsansprüche sowie die Erörterung der Konkretisierungsanforderungen, die bei Geltendmachung dieser gestellt werden, zeigen bereits, dass sie keinen zufriedenstellenden Ausgleich für die Darlegungs- und Beweislast aufseiten des ausgeschiedenen Organmitglieds darstellen. Wegen der Schwächen der Ansprüche, genügen diese nicht, um dem Organmitglied aus der Darlegungs- und Beweisnot zu helfen.

## I. Schwäche der §§ 810, 242 BGB

Insbesondere helfen die Ansprüche aus §§ 810, 242 BGB nämlich dann nicht, wenn das Organmitglied sie am dringendsten benötigt. Das ist der Fall, wenn erhebliche Erinnerungslücken bestehen und das Organmitglied die nach der überwiegenden Ansicht an §§ 810, 242 BGB gestellten Konkretisierungsanforderung[362] in

---

[360] BGH, Beschl. v. 14. Juni 2007 – VII ZR 230/06, MDR 2007, 1188, juris Rn. 10, BGH, Beschl. v. 25. Februar 2008 – II ZB 9/07, ZIP 2008, 639–643, Rn. 30; BGH, Urt. v. 26. Juni 2007 – XI ZR 277/05, BGHZ 173, 23–32, juris Rn. 20; BGH, Beschl. v. 15. Juni 2010 – XI ZR 318/09, WM 2010, 1448–1451, Rn. 25; *Werner*, GmbHR 2013, 68 (70).
[361] *Richter*, Informationsrechte im Organhaftungsprozess, S. 164.
[362] Siehe zu diesen Konkretisierungsanforderungen bei §§ 810, 242 oben § 3 C.

Form der konkreten Bezeichnung der Unterlagen samt Inhalt damit nicht erfüllen kann.[363] Da eine gewisse Sachkenntnis zur Durchsetzung der Ansprüche bereits erforderlich ist und die Ansprüche gerade nicht dem Zweck des Erkenntnisgewinns dienen, sondern vielmehr den Zweck der „letzten Bestätigung" von eigentlich bekanntem haben, helfen sie dem ausgeschiedenen Organmitglied ohne Erinnerungen nicht. Zusätzlich zu möglicherweise schwindenden Erinnerungen kann es bezüglich vereinzelter Dokumente sein, dass ein Bewusstsein für deren Existenz nie bestand.[364] Erheblich geschwächt werden diese Ansprüche zudem durch den Umstand, dass die §§ 142, 421 ff. ZPO ab Rechtshängigkeit der Organhaftungsklage als vorrangig angesehen werden.

## II. Schwäche der prozessrechtlichen Ansprüche

Die Schwäche der prozessrechtlichen Ansprüche liegt insbesondere darin, dass sie nicht auf der Darlegungsebene, sondern erst auf der Beweisebene geeignet sind zu helfen.[365] Diese Ebene ist aber erst dann entscheidend, wenn das Organmitglied den Anforderungen auf der Darlegungsebene gerecht werden konnte. Ansonsten wird unter Umständen schon auf der Ebene der Darlegungslast eine Entscheidung zulasten des Organmitglieds getroffen. Mithin setzen diese Ansprüche „zu spät" an. Eine weitere erhebliche Schwäche stellen wie auch bei §§ 810, 242 BGB die Konkretisierungsanforderungen dar, die nur sehr schwierig zu erfüllen sein werden:

> „Eine konkrete Bezeichnung der jeweiligen Unterlagen, inklusive Inhalt und Beweiswert, ist aus der bloßen Erinnerung heraus [...] nahezu unmöglich."[366]

## III. Bilanz – Darlegungs- und Beweisnot

Wie Krieger zutreffend feststellt, bestehen „[...] klare Grenzen [...]"[367] dieser Ansprüche. Sie sind nach der vorstehenden Untersuchung und weit überwiegenden Ansicht im Schrifttum derart eng, dass weitergehende Ansprüche erforderlich sind, die einen Zugang zu haftungsrelevanten Unterlagen garantieren.[368] Zu einem solchen Ergebnis gelangt auch das Gutachten Bachmanns zum 70. Deutschen-Juristentag:

---

[363] *Bachmann*, Gutachten E zum 70. DJT, S. E37; vgl. *Wilsing*, in: FS M. Henssler 2023, S. 1333 (1336).
[364] *Wilsing*, in: FS M. Henssler 2023, S. 1333 (1337).
[365] Siehe oben Fn. 356.
[366] *Jena*, Die Business Judgment Rule im Prozess, S. 253.
[367] *Krieger*, in: FS U. H. Schneider 2011, S. 717 (722); ähnlich *Werner*, GmbHR 2013, 68 (69): „Dieses Recht ist jedoch seinem Inhalt nach begrenzt."
[368] *Bachmann*, Gutachten E zum 70. DJT, S. E37; *Rieger*, in: FS Peltzer, S. 339 (351 f.); vgl. *Weller*, LMK 2005, 271637; vgl. *Hopt*, ZIP 2013, 1793 (1803), der in einer Zeit vor Geltung der

"[Es] ist ein Ausbau des Einsichtsrechts vorzuschlagen. In seiner gegenwärtigen Gestalt ist es nicht nur mühsam durchzusetzen, sondern hilft dem Ausgeschiedenen dann nicht, wenn er sich nicht mehr an konkrete Unterlagen erinnert oder diese (angeblich) nicht mehr auffindbar sind. [...] Erwägenswert ist daher eine gesetzliche Regel, die dem Organmitglied entweder das Einbehalten von Kopien aller ihn betreffender Vorgänge bis zum Ablauf der Verjährungsfrist gestattet oder ihm den Zugang zu diesen garantiert."[369]

Empirische Befunde zeigen, dass dieses Verlangen nach einem tauglichen Instrument zur Reduzierung der Schärfe der Organhaftung in der Praxis ebenso verbreitet ist: 48 % der Vorstands- und Aufsichtsratsvorsitzenden von 300 börsennotierten deutschen Aktiengesellschaften wünschen sich, die existenzgefährdende Haftung durch geeignete Instrumente zu begrenzen.[370] Das wird nicht zuletzt deshalb der Fall sein, weil auch 43 % derselben Personengruppe befürchten, den Entlastungsbeweis nicht erbringen zu können.[371]

Die Problematik der Unzulänglichkeit der Ansprüche aus §§ 810, 242 BGB und der prozessrechtlichen Vorlageansprüche lässt sich auf im Wesentlichen einen Aspekt reduzieren: Die Anspruchsgrundlagen setzen zur Geltendmachung jeweils eine nicht unerhebliche Wissensgrundlage voraus. Mit ihnen können nur vereinzelt Erinnerungslücken gefüllt werden, die sich auf Detailfragen beziehen werden. Aus den Besonderheiten der Organhaftung ergibt es sich aber, dass beim ausgeschiedenen Organmitglied häufig gerade erst diese notwendige Wissensgrundlage geschaffen werden muss.[372] Schon auf dieser vorgelagerten Ebene ist das Organmitglied auf Informationsansprüche besonders angewiesen. Nun versagen aber hier die anerkannten Informationsansprüche.

Nach alledem befindet sich das Organmitglied bei Inanspruchnahme durch die Gesellschaft in einer ausgeprägten Darlegungs- und Beweisnot. Zu dem derzeitigen System der Organhaftung findet sich in quantitativer und qualitativer Hinsicht erhebliche Kritik im Schrifttum.[373] Streng genommen handelt es sich bei der in

---

DS-GVO eine extensive Handhabung der bisher diskutierten Ansprüche für erforderlich hält; a.A. wohl *Krieger*, in: FS U.H. Schneider 2011, S. 717 (734 f.), der geringe Anforderungen an §§ 810, 242 BGB stellt und diese dann trotz der „klaren Grenzen" für ausreichende erachtet; *Jena*, Die Business Judgment Rule im Prozess, S. 316, 326; *Wilsing*, in: FS M. Henssler 2023, S. 1333 (1333 ff.) erkennt das Problem und versucht eine Lösung auf prozessrechtlicher Ebene zu entwickeln; *Spindler*, in: MüKo AktG, § 93 Rn. 351: „Zwar wird der mangelnde Zugriff auf notwendige Unterlagen von einem Einsichtsrecht abgefedert, jedoch ist dies nur eine schwache Hilfestellung für das Vorstandsmitglied, das sich mit den Jahren immer weniger an den maßgeblichen Zeitpunkt zu erinnern vermag."; vgl. *Baums*, ZHR 2010, 593 (607 f.).
[369] *Bachmann*, Gutachten E zum 70. DJT, S. E37.
[370] *Bachmann*, Gutachten E zum 70. DJT, S. E18.
[371] Siehe oben Fn. 370.
[372] Zu den Besonderheiten der Organhaftung siehe oben § 2.
[373] Statt vieler: *Falkenhausen*, NZG 2012, 644 (651); *Reichert*, AG 2016, 677 (683); mit besonderem Augenmerk auf ausgeschiedene Organmitglieder *Hopt*, in: FS Roth 2015, S. 225 (233); *Habersack*, ZHR 2013, 782 (805); *Paefgen*, AG 2004, 245 (256 ff.) jeweils m.w.N.; *Ruckteschler/Grillitsch*, in: FS Elsing 2015, S. 1129 (1140); *Meckbach*, NZG 2015, 580 (583 f.); *Jena*, Die Business Judgment Rule im Prozess, S. 316.

dieser Arbeit vorgenommenen Untersuchung nicht um den Versuch einer Erweiterung des Einsichtsrechts des Organmitglieds, wie sie oft gefordert wird,[374] sondern vielmehr um eine Untersuchung, wie umfangreich die Möglichkeiten zum Erkenntnisgewinn *de lege lata* bereits sind. Die Diskussion um Art. 15 DS-GVO gerät bislang zu knapp.

---

[374] Siehe oben Fn. 368.

# § 4 Voraussetzungen und Rechtsfolgen des Art. 15 DS-GVO in der Organhaftung

Mangels Auflösung des Dilemmas aufseiten des ausgeschiedenen Organmitglieds durch die in der bisherigen Diskussion im Vordergrund stehenden Informations- und Vorlageansprüche mehrt sich allmählich aber in der Breite der Bedeutung nicht gerecht werdend die Frage nach dem Einfluss des Informationsanspruchs aus Art. 15 DS-GVO auf den Organhaftungsprozess.[375] Die Frage wird in der Literatur vereinzelt angesprochen, aber nicht über den Umfang dreier Aufsätze hinaus untersucht.[376] Die einen sehen durch diese Anspruchsgrundlage eine maßgebliche Veränderung der Organhaftung verursacht.[377] Andere sind hinsichtlich eines Einflusses auf den Organhaftungsstreit eher zurückhaltend und sehen schon die Anwendbarkeit der Norm auf Organmitglieder kritisch.[378] Versucht man den Anspruch des Art. 15 DS-GVO in der Situation des ausgeschiedenen Organmitglieds anzuwenden, stößt man auf zahlreiche Problematiken und ungeklärte Rechtsfragen. All diese Fragen sollen hier einer Lösung zugeführt werden, sodass im Ergebnis der Einfluss des Art. 15 DS-GVO auf den Organhaftungsprozess differenziert beurteilt werden kann. Erschwert wird diese Untersuchung dadurch, dass auch isoliert vom Organhaftungsprozess viele Fragen zu Art. 15 DS-GVO noch ungeklärt sind.[379] So sehr, wie diese offenen Fragen die Untersuchung erschweren, so sehr veranlasst die Situation des Organhaftungsprozesses aber auch in besonderer Weise zur Darstellung und Klärung dieser Fragen.

---

[375] Tiefgehender, aber der Bedeutung der Thematik im Umfang nicht gerecht werdend *Hirschfeld/Gerhold*, ZIP 2021, 394 (394 ff.); *Korch/Chatard*, NZG 2020, 893 (893 ff.); *Reichert/Groh*, NZG 2021, 1381 (1381 f.); bloßer Hinweis auf Art. 15 DS-GVO in *Schmidt*, in: FS Heidel 2021, S. 733 (738). Sehr knapp: *Seyfarth*, Vorstandsrecht, § 23 Rn. 53; *Spindler*, in: MüKo AktG, § 93 Rn. 236; *Cahn*, in: KölnerKomm AktG, § 93 Rn. 165; etwas differenzierter *Koch*, AktG, § 93 Rn. 115.

[376] *Hirschfeld/Gerhold*, ZIP 2021, 394 (394 ff.); *Korch/Chatard*, NZG 2020, 893 (893 ff.); *Reichert/Groh*, NZG 2021, 1381 (1381 f.).

[377] *Korch/Chatard*, NZG 2020, 893 (893 ff.); *Ruckteschler/Wendelstein*, FAZ online vom 25.06.2019, https://www.faz.net/-gqe-9odl4 (zuletzt abgerufen am 24.11.2024): „Die DS-GVO wird die Spielregeln in Geschäftsführerhaftungsfällen somit deutlich verändern."; den Einsatz des Datenschutzes thematisierend, ohne abschließende Beurteilung *Koch*, AktG, § 93 Rn. 115; einen Einfluss andeutend *Winnenburg*, Anm. zu EuGH, Urt. v. 26. Oktober 2023 – C 307/22, ZD 2024, 22 (28).

[378] *Reichert/Groh*, NZG 2021, 1381 (1381 ff.); *Hirschfeld/Gerhold*, ZIP 2021, 394 (394 ff.); *Seyfarth*, Vorstandsrecht, § 23 Rn. 53; *Spindler*, in: MüKo AktG, § 93 Rn. 236; *Cahn*, in: KölnerKomm AktG, § 93 Rn. 165.

[379] *Nägele/Apel/Stolz/Drescher/Sefrin*, DB 2022, 2458 (2461) m.w.N. auf diverse Gerichtsurteile; zudem zwei Vorlageverfahren vor dem EuGH: EuGH, Vorabentscheidungsersuchen

## A. Die DS-GVO und ihre Einordnung ins Normengefüge

Die DS-GVO findet ihren primärrechtlichen Anknüpfungspunkt in Artt. 7, 8 EU-Grundrechtecharta (GRCh),[380] die vom EuGH als einheitliches Grundrecht auf Achtung des Privatlebens verstanden werden.[381] Die Verordnung versteht sich insbesondere als sekundärrechtliche Konkretisierung des in Art. 8 GRCh verankerten Grundrechts auf Schutz personenbezogener Daten.[382] Art. 8 Abs. 2 S. 2 GRCh liest sich wie ein primärrechtlicher Ausgestaltungsauftrag, demzufolge „Jede Person [das Recht hat], Auskunft über die sie betreffenden erhobenen Daten zu erhalten […]." Die DS-GVO ist legitimiert durch die Kompetenzgrundlage des Art. 16 Abs. 2 AEUV, vgl. Erwägungsgrund 12 zur DS-GVO. Art. 16 Abs. 2 AEUV zufolge haben das Europäische Parlament sowie der Rat Vorschriften „[…] über den Schutz natürlicher Personen bei der Verarbeitung personenbezogener Daten […]" zu erlassen. Als Sekundärrechtsakt ist die DS-GVO im Lichte des Primärrechts, insbesondere also im Lichte des Art. 8 GRCh und Art. 7 GRCh, aber auch im Lichte der Kompetenzgrundlage des Art. 16 Abs. 2 AEUV, auszulegen und zu prüfen.[383] In der folgenden Untersuchung wird dementsprechend wiederholt auf diese primärrechtlichen Grundlagen zu rekurrieren sein.

Auch einen völkerrechtlichen Hintergrund weist die DS-GVO auf. Bei der Auslegung von Artt. 7, 8 GRCh muss gemäß Art. 52 Abs. 3 GRCh der Art. 8 EMRK als „[…] Ausgangspunkt der Datenschutzrechtsprechung des EGMR […]"[384] berücksichtigt werden.[385]

---

des BGH v. 10. Mai 2022 – C 307/22, Celex-Nr. 62022CN0307 zur Frage, wann Art. 15 DS-GVO wegen Rechtsmissbrauchs ausgeschlossen ist; EuGH, Vorabentscheidungsersuchen des BVerwG (Österreich) v. 9. August 2021 – C 487/21, Celex-Nr. 62021CN0487 zum Begriff der Kopie aus Art. 15 Abs. 3 DS-GVO.

[380] Erwägungsgrund 1 zur DS-GVO; *Paal*, in: Paal/Pauly DS-GVO/BDSG, Art. 15 DS-GVO Rn. 6; speziell zur grundrechtlichen Anknüpfung von Art. 15 DS-GVO: *Bäcker*, in: Kühling/Buchner DS-GVO/BDSG, Art. 15 DS-GVO Rn. 5; *Bienemann*, in: Sydow/Marsch DS-GVO/BDSG, Art. 15 DS-GVO Rn. 2; diese Anknüpfung ausführlich in seinen Auswirkungen untersuchend für den Anspruch aus Art. 15 DS-GVO: *Peisker*, Der datenschutzrechtliche Auskunftsanspruch, S. 65 ff.

[381] EuGH, Urt. v. 9. November 2010 – C 92/09 und C 93/09, ECLI:EU:C:2010:662, Rn. 47 ff.; EuGH, Urt. v. 24. November 2011 – C 468/10, ECLI:EU:C:2011:777, Rn. 41 ff.; vgl. EuGH, Urt. v. 9. März 2017 – C 398/15, ECLI:EU:C:2017:197, Rn. 39 noch zur RL 95/46/EG.

[382] *Jarass*, in: Jarass GRCh, Art. 8 Rn. 5.

[383] Vgl. EuGH, Urt. v. 20. Mai 2003 – C 465/00, ECLI:EU:C:2003:294, Rn. 68 ff. noch für die RL 95/46/EG EuGH, Urt. v. 9. März 2017 – C 398/15, ECLI:EU:C:2017:197, Rn. 39 ebenfalls noch für die RL 95/46/EG; EuGH, Urt. v. 12. Januar 2023 – C 154/21, ECLI:EU:C:2023:3, Rn. 44 überträgt diese zur RL 95/46/EG gefestigte Rechtsprechung auf die DS-GVO; ebenso BGH, Urt. v. 22. Februar 2022 – VI ZR 14/21, ZD 2022, 326–328, Rn. 18; *Lindner*, NZM 2022, 633 (635).

[384] *Schneider*, in BeckOK Datenschutzrecht, Stand: 01.08.2023, Syst. B. Völker- und unionsverfassungsrechtliche Grundlagen, Rn. 6; *Kreße*, in: Specht/Mantz Hdb Datenschutzrecht, § 17 Rn. 52 demzufolge Einschränkungen der Betroffenenrechte den Wesensgehalt des Art. 8 EMRK wahren müssen.

[385] *Kingreen*, in: Calliess/Ruffert EUV/AEUV, Art. 8 GRCh Rn. 2, 5.

Schließlich sind auch die Erwägungsgründe 63 und 64 zur DS-GVO bei der Auslegung und Ermittlung des Umfangs des Art. 15 DS-GVO zu berücksichtigen. Erwägungsgründe haben zwar keinen normativen Charakter, sind aber eine Auslegungshilfe.[386] Sie beinhalten die Überlegungen des Verordnungsgebers, die zur Normierung des Verordnungstextes geführt haben. Damit sind sie insbesondere bei der Auslegung einer Norm nach dem Sinn und Zweck eine hilfreiche Orientierung.[387]

## I. Verhältnis von nationalem Recht und Verordnung auf EU-Ebene

Untersuchungsgegenstand sind die Auswirkungen der *unionsrechtlichen* DS-GVO auf den im Wesentlichen durch *nationales* Recht determinierten Organhaftungsprozess. Grundlegend für die weitere Untersuchung ist damit auch und insbesondere das Verhältnis von nationalem Recht zu einem Rechtsakt der Europäischen Union auf Verordnungsebene. Es gilt der, zumindest in Deutschland und den meisten anderen der 27 Mitgliedstaaten anerkannte[388] Anwendungsvorrang des europäischen Rechts.[389] Dem Anwendungsvorrang zufolge wird das mitgliedstaatliche Recht bei Kollision mit dem Unionsrecht unanwendbar, verliert aber nicht seine Gültigkeit.[390] Der Anwendungsvorrang gilt auch für Sekundärrechtsakte der Europäischen Union,[391] also für Verordnungen im Sinne des Art. 288 UAbs. 2 AEUV, wie es die DS-GVO ist. Demnach muss, wenn hier die Bedeutung des Art. 15 DS-GVO für den Organhaftungsprozess untersucht wird, allein das unionsrechtliche Verständnis der Norm zugrunde gelegt werden. Es gilt zu verhindern, der Normenhierarchie zuwider, aus Wertungen der deutschen Rechtsordnung auf den Inhalt und die Reichweite des Art. 15 DS-GVO zu schließen. Sollte Art. 15 DS-GVO un-

---

[386] So praktiziert es auch der EuGH, Urt. v. 12. Januar 2023 – C 154/21, ECLI:EU:C:2023:3, Rn. 33 ff.; EuGH, Urt. v. 26. Oktober 2023 – C 307/22, ECLI:EU:C:2023:811, Rn. 44; *Arning*, in: Moos/Schefzig/Arning Hdb DS-GVO/BDSG, Kap. 6 Rn. 182; *Kreße*, in: Sydow/Marsch DS-GVO/BDSG, Abs. 81 DS-GVO Rn. 5; vgl. *Riesenhuber*, in: Riesenhuber, Europäische Methodenlehre, § 10 Rn. 38.
[387] *Wünschelbaum*, BB 2019, 2102 (2104).
[388] Anderer Auffassung war das Verfassungsgericht Polens: vgl. dazu die Ausarbeitung WD 3 – 3000 – 182/21, PE 6 – 3000 – 060/21 des wissenschaftlichen Dienstes des deutschen Bundestages zu Polnisches Verfassungsgericht, Urt. v. 7. Oktober 2021 – K 3/2.
[389] Statt vieler *Ruffert*, in: Calliess/Ruffert EUV/AEUV, Art. 1 AEUV Rn. 16; *Ehlers*, in: Schulze/Janssen/Kadelbach Europarecht, § 11 Rn. 11 ff.; *Nettesheim*, in: Grabitz/Hilf/Nettesheim Das Recht der EU, Art. 288 AEUV Rn. 47 ff.; im datenschutzrechtlichen Kontext *Lauber-Rönsberg*, in: Specht/Mantz Hdb Datenschutzrecht, § 4 Rn. 3; *Böken*, in: Sydow/Marsch DS-GVO/BDSG, § 1 BDSG Rn. 45.
[390] Statt vieler *Ruffert*, in: Calliess/Ruffert EUV/AEUV, Art. 1 AEUV Rn. 18; *Streinz*, in: Streinz EUV/AEUV, Art. 4 EUV Rn. 37; *Hatje*, in: Schwarze/Becker/Hatje/Schoo EU-Kommentar, Art. 4 EUV Rn. 45; *Lauber-Rönsberg*, in: Specht/Mantz Hdb Datenschutzrecht, § 4 Rn. 3.
[391] *Ruffert*, in: Calliess/Ruffert EUV/AEUV, Art. 1 AEUV Rn. 20; vgl. *Streinz*, in: Streinz EUV/AEUV, Art. 4 EUV Rn. 39.

erwünschte Auswirkungen auf die Vorstellungen des deutschen Gesetzgebers in Bezug auf den Organhaftungsprozess haben, so muss der Gesetzgeber entweder auf europäischer Ebene Veränderungen initiieren oder von den Öffnungsklauseln der DS-GVO Gebrauch machen und im nationalen Recht entgegenwirken. Dogmatisch nicht tragbar wäre die Auslegung des europäischen Rechtsaktes allein nach Wertungen des deutschen Gesetzgebers. Das Gesagte gilt zumindest, soweit der Rechtsakt der Union das Prinzip der begrenzten Einzelermächtigung aus Art. 5 Abs. 2 EUV wahrt. Kompetenzwidrige Rechtsakte der Union müssen nicht hingenommen werden.[392] Relevanz entfalten die dargestellten Grundsätze insbesondere bei Fragen der Auswirkungen des Art. 15 DS-GVO auf das nationale Prozessrecht. An entsprechender Stelle werden sie daher genauer ausgeführt.[393]

## II. Verhältnis von Art. 15 DS-GVO zu § 810 BGB und § 242 BGB

Entsprechend des abstrakt dargelegten Verhältnisses von Unionsrecht zu nationalem Recht, kann auf einer konkreten Ebene das Verhältnis der relevanten nationalen Informationsansprüche zu Art. 15 DS-GVO bestimmt werden. Sowohl § 242 BGB als auch § 810 BGB widersprechen der ranghöheren Norm des Art. 15 DS-GVO nicht. Die Ansprüche können nebeneinanderstehen und sich ergänzen.[394] Schon wegen der datenschutzspezifischen Zielsetzung ersetzt Art. 15 DS-GVO keine vom Datenschutz völlig unabhängigen Informationsansprüche des nationalen Rechts.[395]

## III. Verhältnis von Art. 15 DS-GVO zum nationalen Datenschutzrecht

Auch der nationale Gesetzgeber hat mit dem Bundesdatenschutzgesetz (BDSG) eine Regulierung zum Datenschutz getroffen. Das BDSG dient insbesondere der Ausfüllung der insgesamt 69 Öffnungsklauseln und Regelungsaufträge der DS-GVO.[396] Nach § 1 Abs. 5 BDSG ist das BDSG subsidiär zur DS-GVO. Die Normen

---

[392] Exemplarisch *Nettesheim*, in: Grabitz/Hilf/Nettesheim Das Recht der EU, Art. 1 AEUV Rn. 9f.

[393] Siehe unten im Detail § 5 B. III. 2.

[394] *Fest*, in: Staudinger BGB, § 810 Rn. 85; *Wünschelbaum*, BB 2019, 2102 (2103); *Lentz*, ArbRB 2019, 150 (151); zu § 242 BGB *Bienemann*, in: Sydow/Marsch DS-GVO/BDSG, Art. 15 DS-GVO Rn. 91; *Habersack*, in: MüKo BGB, § 810 Rn. 2; a. A. tendenziell, sofern es um personenbezogene Daten geht *Riemer*, Anm. zu LG Köln, Urt. v. 19. Juni 2019 – 26 S 13/18, ZD 2019, 413 (415).

[395] *Wünschelbaum*, BB 2019, 2102 (2103).

[396] *Specht/Mantz*, in: Specht/Mantz Hdb Datenschutzrecht, § 1 Rn. 5; *Hackenberg*, in: Hoeren/Sieber/Holznagel Hdb Multimediarecht, Teil 15.2 Rn. 16.

des BDSG gelten folglich nicht, wenn die DS-GVO selbst unmittelbar gilt. Das ergibt sich bereits aus dem Anwendungsvorrang des EU-Rechts, sodass § 1 Abs. 5 BDSG allein eine klarstellende Funktion zukommt.[397] Die nationalen Normen des Datenschutzrechts sind jeweils auf ihre Vereinbarkeit mit den Öffnungsklauseln der DS-GVO zu prüfen.

## B. Voraussetzungen des Informationsanspruchs aus Art. 15 DS-GVO

Eine Beeinflussung der Organhaftung durch Art. 15 DS-GVO erfordert zuallererst, dass die Voraussetzungen dieses datenschutzrechtlichen Informationsanspruchs vorliegen. In dieser Hinsicht zeigen sich erste Probleme, die insbesondere den Personenbezug der Daten betreffen.

### I. Anwendungsbereich der DS-GVO im Organhaftungskontext eröffnet

In zeitlicher und örtlicher Hinsicht werden hierzulande aktuelle Organhaftungsprozesse in den zeitlichen und räumlichen Anwendungsbereich der DS-GVO fallen. Art. 99 Abs. 2 DS-GVO zufolge gilt die DS-GVO seit dem 25. Mai 2018 verbindlich in allen Mitgliedstaaten der Europäischen Union. Die Erstveröffentlichung der DS-GVO lag zu dem Zeitpunkt schon gut zwei Jahre zurück.[398] Den unter der DS-GVO Verpflichteten wurde demnach eine Vorbereitungszeit von über zwei Jahren gewährt, um ihre Datenverarbeitung an den neuen Maßstäben auszurichten. Nach Art. 3 Abs. 1 DS-GVO ist die DS-GVO anzuwenden, wenn die Verarbeitung der personenbezogenen Daten im Rahmen der Tätigkeit einer Niederlassung des Verantwortlichen in der Union erfolgt (sog. Niederlassungsprinzip).[399] Der räumliche und zeitliche Anwendungsbereich der DS-GVO wirft im Kontext von in Deutschland ausgetragenen Organhaftungsstreitigkeiten keine Probleme auf und soll hier daher keine weitere Aufmerksamkeit erfahren.

---

[397] *Böken*, in: Sydow/Marsch DS-GVO/BDSG, § 1 BDSG Rn. 45.
[398] Die Erstveröffentlichung erfolgte am 27. April 2016, Amtsblatt der Europäischen Union, L 119/1.
[399] *Arning/Rothkegel*, in: Taeger/Gabel DS-GVO/BDSG/TTDSG, Abs. 4 DS-GVO Rn. 58; *Ernst*, in: Paal/Pauly DS-GVO/BDSG, Art. 3 DS-GVO Rn. 5 ff.; *Ennöckl*, in: Sydow/Marsch DS-GVO/BDSG, Art. 3 DS-GVO Rn. 4.

## II. Verarbeitung personenbezogener Daten im Verhältnis Organ zu Gesellschaft

Voraussetzung für den Anspruch aus Art. 15 Abs. 1 2. Hs. DS-GVO ist die Verarbeitung personenbezogener Daten. Zugleich bestimmt dieser Begriff der personenbezogenen Daten auch einen den grundsätzlichen Umfang des Art. 15 DS-GVO: Werden personenbezogene Daten verarbeitet (Voraussetzung), so hat der Betroffene Zugang zu den personenbezogenen Daten (Rechtsfolge und deren Umfang). Eine Auslegung, was unter diesen personenbezogenen Daten zu verstehen ist, ist für Rechtsfolgenseite mithin gleichermaßen relevant wie für die Feststellung des Bestehens des Anspruchs. Es handelt sich bei der Feststellung des Personenbezugs um die „Kardinalfrage"[400] des datenschutzrechtlichen Informationsanspruchs.

### 1. Der Begriff der personenbezogenen Daten

Erster Anhaltspunkt für eine Ausfüllung des Begriffs der personenbezogenen Daten ist Art. 4 Nr. 1 DS-GVO, der ihn definiert als

> „[…] alle Informationen, die sich auf eine identifizierte oder identifizierbare natürliche Person (im Folgenden ‚betroffene Person') beziehen; als identifizierbar wird eine natürliche Person angesehen, die direkt oder indirekt, insbesondere mittels Zuordnung zu einer Kennung wie einem Namen, zu einer Kennnummer, zu Standortdaten, zu einer Online-Kennung oder zu einem oder mehreren besonderen Merkmalen, die Ausdruck der physischen, physiologischen, genetischen, psychischen, wirtschaftlichen, kulturellen oder sozialen Identität dieser natürlichen Person sind, identifiziert werden kann […]"

Das Verständnis des Begriffs der personenbezogenen Daten ist trotz der vermeintlich eindeutigen Definition in Art. 4 Nr. 1 DS-GVO nicht einheitlich. Das liegt daran, dass zum einen genauere Anforderungen an das Kriterium des Personenbezugs hinsichtlich der Identifizierbarkeit, also in formaler Hinsicht offenbleiben und zudem offenbleibt, ob sich aus dem Erfordernis des Personenbezugs auch irgendwie geartete inhaltliche Anforderungen an die Daten ergeben.

*a) Inhaltliche Anforderungen an die personenbezogenen Daten*

Zum Zweck der Beurteilung, ob an das personenbezogene Datum etwaige inhaltliche Anforderungen zu stellen sind, bieten sich zweierlei Betrachtungsweisen an: Eine restriktive und eine extensive.

---

[400] *Kühling/Schildbach*, NJW 2020, 1545 (1546).

### aa) Restriktives Verständnis

Man könnte den Anspruch restriktiv auf sensible, private Informationen oder bestimmte Kategorien personenbezogener Daten beschränken.[401] Dogmatisch wird hierzu in der Literatur und Rechtsprechung meist der Weg einer teleologischen Reduktion des Art. 15 Abs. 1 DS-GVO beschritten.[402] Sogar eine Beschränkung des Begriffs der personenbezogenen Daten auf die Metainformationen des Art. 15 Abs. 1 2. Hs. lit. a–h DS-GVO wird vorgeschlagen.[403] Der England and Wales Court of Appeal hat zur Eingrenzung des Begriffs der personenbezogenen Daten zwei Kriterien entwickelt: Danach müssten zum einen signifikante biographische Informationen vorliegen und diese Information müssen bezüglich dieser Person zum zweiten auch im Vordergrund stehen.[404] Die bloße Erwähnung des Namens genüge für den Personenbezug dabei nicht:[405]

„[…] not all information retrieved from a computer search against an individual's name or unique identifier is personal data within the Act."[406]

---

[401] OLG Köln, Beschl. v. 14. Januar 2022 – 7 VA 20/21, CR 2023, 185–186, juris Rn. 11, allerdings widersprüchlich zu vorheriger Rechtsprechung des OLG Köln, Urt. v. 26. Juli 2019 – 20 U 75/18, ZD 2019, 462–463, juris Rn. 302 ff., in der es noch betonte, dass eine Beschränkung auf Stammdaten nicht erfolgt; LG Köln, Urt. v. 18. März 2019 – 26 O 25/18, ZD 2019, 313–314, Rn. 15; AG München, Urt. v. 4. September 2019 – 155 C 1510/18, ZD 2019, 569–570, juris Rn. 55; *Härting*, CR 2019, 219 (224); *Krämer/Burghoff*, ZD 2022, 428 (430) ebenfalls kritisch bezüglich eines extensiven Verständnisses aber erkennend, dass die aktuelle Gesetzeslage nur ein solches Verständnis hergibt; *Grau/Seidensticker*, Anm. zu LAG Baden-Württemberg, Urt. v. 20. Dezember 2018 – 17 Sa 11/18, EWiR 2019, 443 (444); *Klinger*, Anm. zu LG Köln, Urt. v. 18. März 2019 – 26 O 25/18, jurisPR-ITR 14/2019, Anm. 5; *Zikesch/Sörup*, ZD 2019, 239 (243f.); *Wybitul/Baus*, CR 2019, 494 (498); zu den verschiedenen Erscheinungsformen eines restriktiven Verständnisses siehe ausführlich *Peisker*, Der datenschutzrechtliche Auskunftsanspruch, S. 185 ff.
[402] Ohne, dass sie als solche ausdrücklich bezeichnet werden wohl dennoch LG Köln, Urt. v. 18. März 2019 – 26 O 25/18, ZD 2019, 313–314, Rn. 19; *Härting*, CR 2019, 219 (224); *Britz/Beyer*, VersR 2020, 65 (73); *Zikesch/Sörup*, ZD 2019, 239 (243f.); *Klinger*, Anm. zu LG Köln, Urt. v. 18. März 2019 – 26 O 25/18, jurisPR-ITR 14/2019, Anm. 5.
[403] So tendenziell *Wybitul*, NZA 2019, 672 (674ff.).
[404] Durant v. Financial Services Authority, England and Wales Court of Appeal (Civil Division), Urt. v. 8. Dezember 2003, Case No: B2/2002/2636, Rn. 28.
[405] Vgl. Durant v. Financial Services Authority, England and Wales Court of Appeal (Civil Division), Urt. v. 8. Dezember 2003, Case No: B2/2002/2636, Rn. 28; unter Bezugnahme auf dieses Urteil auf gleicher Linie in Ittihadieh v 5–11 Cheyne Gardens RTM Company Ltd, England and Wales Court of Appeal (Civil Division), Urt. v. 3. März 2017, Case-No: A2/2015/1599, Rn. 63.
[406] Durant v. Financial Services Authority, England and Wales Court of Appeal (Civil Division), Urt. v. 8. Dezember 2003, Case No: B2/2002/2636, Rn. 28.

### bb) Extensives Verständnis

Nach überwiegender, auch in nationaler und europäischer höchstrichterlicher Rechtsprechung[407] vertretener Ansicht, umfasst der Anspruch des Art. 15 DS-GVO hingegen *alle* verarbeiteten Daten, die den sogleich untersuchten, „formalen" Anforderungen an den Personenbezug gerecht werden.[408] Einschränkungen in inhaltlicher Hinsicht sieht diese Ansicht nicht vor. EuGH und EuG führen dazu aus:

> „[Der Begriff der ‚personenbezogenen Daten'] ist nicht auf sensible oder private Informationen beschränkt, sondern umfasst potenziell alle Arten von Informationen sowohl objektiver als auch subjektiver Natur in Form von Stellungnahmen oder Beurteilungen, unter der Voraussetzung, dass es sich um Informationen ‚über' die in Rede stehende Person handelt."[409]

Diese Ansicht wird auch vom Europäischen Datenschutzausschuss vertreten: Der Anspruch des Art. 15 DS-GVO bestehe unabhängig von der Art der Daten.[410]

### cc) Bewertung der Ansichten zum Begriff der personenbezogenen Daten

Der Wortlaut der Artt. 4, 15 DS-GVO sieht keine Beschränkungen des Anspruchs anhand des Begriffs der personenbezogenen Daten vor. Kritiker der extensiven Ansicht geben zu bedenken, dass ein solch extensives Verständnis dem Verantwortlichen zu viel Aufwand bei der Erfüllung des Anspruchs aufbürden

---

[407] EuGH, Urt. v. 22. Juni 2023 – C 579/21, ECLI:EU:C:2023:501, Rn. 42, 49, 59; vgl. EuGH, Urt. v. 4. Mai 2023 – C 487/21, ECLI:EU:C:2022:1000, Rn. 23 ff.; vgl. auch Generalanwalt *Giovanni Pitruzzella*, Schlussanträge vom 15. Dezember 2022 – C 487/21, Rn. 33 f.; BGH, Urt. v. 15. Juni 2021 – VI ZR 576/19, DB 2021, 1803–1806, Rn. 22 ausdrücklich gegen eine teleologische Reduktion des Begriffs; EuGH, Urt. v. 17. Juli 2014 – C 141/12 und C 372/12, ECLI:EU:C:2014:2081, Rn. 33 ff. zu einem weiten Begriff der personenbezogenen Daten noch im Rahmen der RL 95/46/EG; BVerwG, Urt. v. 30. November 2022 – 6 C 10/21, NVwZ 2023, 346–351, Rn. 18; OLG Stuttgart, Urt. v. 17. Juni 2021 – 7 U 325/20, ZD 2022, 45–47, Rn. 58 f.; OLG Köln, Urt. v. 26. Juli 2019 – 20 U 75/18, ZD 2019, 462–463, juris Rn. 302 ff.; LAG Baden-Württemberg, Urt. v. 20. Dezember 2018 – 17 Sa 11/18, NZA-RR 2019, 242–252, juris Rn. 173 ff.

[408] *Schmidt-Wudy*, in: BeckOK Datenschutzrecht, Stand: 01.08.2024, Art. 15 DS-GVO Rn. 52 ff.; *Ernst*, in: Paal/Pauly DS-GVO/BDSG, Art. 4 DS-GVO Rn. 3; *Lembke/Fischels*, NZA 2022, 513 (516); *Engeler/Quiel*, NJW 2019, 2201 (2202, 2205); *Schulte/Welge*, NZA 2019, 1110 (1111); *Brink/Joos*, ZD 2019, 483 (485 ff.); *Riemer*, Anm. zu LG Köln, Urt. v. 19. Juni 2019 – 26 S 13/18, ZD 2019, 413 (414 f.); *Korch/Chatard*, CR 2020, 438 (440); *Lembke*, NJW 2020, 1841 (1844); *König*, CR 2019, 295 (300); *Hamann/Wegmann*, BB 2019, 1347 (1350); *Deutschmann*, Anm. zu OLG Köln, Beschl. v. 14. Januar 2022 – 7 VA 20/21, ZD 2022, 695 (696 f.); zu entsprechender Rechtsprechung siehe Fn. 407; zu formalen Anforderungen siehe unten § 4 B. II. 1. b).

[409] EuGH, Urt. v. 20. Dezember 2017 – C 434/16, ECLI:EU:C:2017:994, Rn 34; wortgleich EuG, Urt. v. 26. April 2023 – T 557/20, ECLI:EU:T:2023:219, Rn. 68.

[410] Edpb, Guidelines 01/2022 on data subject rights – Right of access, 28. März 2023, Rn. 19: „[…] have access to all data processed relating to them. The obligation to provide access to the data does not depend on the type or source of those data." sowie Rn. 94.

würde.⁴¹¹ Dieser Einwand kann nicht überzeugen. Eine tatbestandliche Begrenzung und damit Zersplitterung des Begriffs der personenbezogenen Daten als *den* zentralen Begriff der DS-GVO ist abzulehnen.⁴¹² Überzeugend ist es, die Lösung auf der Ebene des Ausschlusses beziehungsweise der Grenzen des Anspruchs zu suchen.⁴¹³ Korrekter Anknüpfungspunkt wegen solcher von den Kritikern geäußerter Bedenken ist Art. 15 Abs. 4 DS-GVO.⁴¹⁴ Das Ungerechtigkeits- und Störgefühl der Kritiker einer extensiven Ansicht rührt wohl aus der Reichweite des Anspruchs und der DS-GVO im Allgemeinen, die sich im Rahmen des extensiven Verständnisses von personenbezogenen Daten zeigt. Die politische Grundentscheidung besteht gerade in dieser Reichweite. Der Anspruch ist bewusst weit gefasst.⁴¹⁵ Diese politische Grundentscheidung der Europäischen Union ist zu akzeptieren und nicht durch eine teleologische Reduktion zu modifizieren, die letztlich der DS-GVO ein abweichendes Telos zugrunde legt. Art. 15 DS-GVO ist *Magna Charta*⁴¹⁶ des europäischen Datenschutzes, der wiederum das Ziel verfolgt, die Rechte des Einzelnen zu stärken.⁴¹⁷ National wird dieses extensive Verständnis gestützt durch die vom BVerfG vertretene Ansicht, dass es keine belanglosen Daten gäbe,⁴¹⁸ womit eine Differenzierung oder gar Gewichtung verschiedener Daten in inhaltlicher Hinsicht auch nicht erfolgen kann. Ein restriktives Verständnis würde dem Betroffenen nicht zuletzt auch die Möglichkeit nehmen, einen authentischen Einblick in die Datenverarbeitung zu gewinnen und würde damit den Sinn und Zweck der Norm konterkarieren.⁴¹⁹ Es würde dem Ziel der Transparenz in der Datenverarbeitung im Wege stehen.⁴²⁰

---

⁴¹¹ *Härting*, CR 2019, 219 (220); *Paal*, in: Paal/Pauly DS-GVO/BDSG, Art. 15 DS-GVO Rn. 33a; vgl. zu dieser Motivation der Begrenzung des Umfangs mittels restriktiven Verständnisses auch *Peisker*, Der datenschutzrechtliche Auskunftsanspruch, S. 185.
⁴¹² *Lembke*, NJW 2020, 1841 (1843); *Hirschfeld/Gerhold*, ZIP 2021, 394 (399); *Engeler/Quiel*, NJW 2019, 2201 (2202); *Lembke/Fischels*, NZA 2022, 513 (515).
⁴¹³ *Lembke*, NJW 2020, 184 (1843).
⁴¹⁴ Zur korrekten dogmatischen Anknüpfung siehe unten § 5 D. III.
⁴¹⁵ *Lembke*, NJW 2020, 1841 (1843); vgl. auch Mitteilung der Kommission an das Europäische Parlament und den Rat, COM (2020) 264 final, S. 10 wonach die Kommission die Ausübung der Rechte sogar noch weiter vereinfachen möchte.
⁴¹⁶ *Dix*, in: Simitis/Hornung/Spiecker gen. Döhmann Datenschutzrecht, Art. 15 DS-GVO Rn. 1; *Kühling/Martini*, EuZW 2016, 448 (449); *Wedde*, in: Roßnagel Hdb Datenschutzrecht, Kap. 4.4 Rn. 2; *Schmidt-Wudy*, in: BeckOK Datenschutzrecht, Stand: 01.08.2024, Art. 15 DS-GVO Rn. 2; *Lembke*, NJW 2020, 1841 (1846); Hessisches LAG, Urt. v. 10. Juni 2021 – 9 Sa 1431/19, GWR 2021, 459, juris Rn. 38.
⁴¹⁷ So ausdrücklich COM (2010) 609, S. 1; *Korch/Chatard*, CR 2020, 438 (440 f.).
⁴¹⁸ BVerfG, Urt. v. 15. Dezember 1983 – 1 BvR 209/83, BVerfGE 65, 1–71, juris Rn. 152; OLG Köln, Urt. v. 26. Juli 2019 – 20 U 75/18, ZD 2019, 462–463, juris Rn. 305; *Ernst*, in: Paal/Pauly DS-GVO/BDSG, Art. 4 DS-GVO Rn. 3.
⁴¹⁹ *König*, CR 2019, 295 (300).
⁴²⁰ Dieses Ziel ergibt sich aus Erwägungsgrund 39 S. 3 sowie aus Erwägungsgrund 58 zur DS-GVO.

#### dd) Summa: Keine inhaltlichen Anforderungen an die Daten

Wegen der genannten Argumente ist allein die extensive Ansicht überzeugend. Ein tatbestandlicher, den Tatbestand zersplitternder, Ausschluss erfolgt nicht. Zur abgelösten RL 95/46/EG hat auch der EuGH auf einer extensiven Linie entschieden. Er betont, dass es genügt, wenn „[…] die Information aufgrund ihres Inhalts, ihres Zwecks oder ihrer Auswirkungen mit der identifizierten Person verknüpft ist."[421] Darüber hinausgehende inhaltliche Anforderungen an die Informationen existieren nicht. Es ist nicht zu erwarten, dass der EuGH dieses bereits vor Geltung der DS-GVO erreichte Schutzniveau unter Geltung der DS-GVO abschwächen wird. Personenbezogen sind insofern in inhaltlicher Hinsicht alle Daten, die Identifikationsmerkmale, äußere Merkmale, innere Zustände oder auch sachliche Informationen in objektiver oder subjektiver Hinsicht über eine Person oder ihre Beziehung zur Umwelt beinhalten.[422]

### *b) Der Personenbezug der Daten im formalen Sinne – Identifizierbarkeit*

Gemäß Art. 4 Nr. 1 DS-GVO erfordert der Personenbezug in formaler Hinsicht, dass sich die Information auf eine identifizierte oder identifizierbare natürliche Person bezieht. Es ist demnach eine „Identifizierbarkeit" einer natürlichen Person sowie ein „Bezug" des Datums auf diese natürliche Person erforderlich. Mit Blick auf den „Bezug" ist neben den, wie festgestellt, nicht vorhandenen inhaltlichen Anforderungen zu untersuchen, ob ein „mittelbarer" Bezug zur natürlichen Person den Anforderungen des „Bezugs" genügt. In der Organhaftungskonstellation ist das deshalb problematisch, weil die Daten sich in erster Linie auf das Organ beziehen werden und die natürliche Person allenfalls mittelbar in Bezug genommen sein wird. Ausführungen zu dieser Problematik folgen mit besonderem Blick auf die Organhaftungskonstellation erfolgen. Zunächst müssen die Anforderungen an die Identifizierbarkeit des Organmitglieds herausgearbeitet werden.

Nach Erwägungsgrund 26 S. 3 zur DS-GVO sollen bei der Identifizierung „[…] alle Mittel berücksichtigt werden, die von dem Verantwortlichen oder einer anderen Person nach allgemeinem Ermessen wahrscheinlich genutzt werden, um die natürliche Person direkt oder indirekt zu identifizieren […]". Identifizierbar ist eine natürliche Person demzufolge auch dann, wenn zusätzliche Informationen, gegebenenfalls aus anderen Dokumenten, herangezogen werden müssen, um eine konkrete Person zu benennen (beispielsweise Zuordnung eines Namens zu einer Kenn-

---

[421] EuGH, Urt. v. 20. Dezember 2017 – C 434/16, ECLI:EU:C:2017:994, Rn 35.
[422] *Schild*, in: BeckOK Datenschutzrecht, Stand: 01.08.2024, Art. 4 DS-GVO Rn. 3; vgl. *Arning/Rothkegel*, in: Taeger/Gabel DS-GVO/BDSG/TTDSG, Art. 4 DS-GVO Rn. 5 f.; *Ernst*, in: Paal/Pauly DS-GVO/BDSG, Art. 4 DS-GVO Rn. 14; vgl. BGH, Urt. v. 15. Juni 2021 – VI ZR 576/19, DB 2021, 1803–1806, Rn. 22.

nummer).⁴²³ Die so identifizierte oder identifizierbare Person ist die sogenannte „Betroffene Person" und damit anspruchsberechtigt bezüglich Art. 15 DS-GVO.

Umstritten ist in formaler Hinsicht, wer die Kenntnis zur Identifizierung der betroffenen Person innehaben muss.⁴²⁴ Dabei unterscheiden sich eine relative Theorie, wonach dies der Verantwortliche selbst sein muss und eine absolute Theorie, wonach dies ein beliebiger Dritter sein kann.⁴²⁵ Der EuGH hat zur RL 95/46 EG entschieden, dass der Personenbezug nicht erfordere, dass sich „[…] alle zur Identifizierung der betroffenen Person erforderlichen Informationen in den Händen einer einzigen Person befinden."⁴²⁶ Es genügt dem EuGH zufolge für den Personenbezug, wenn die Informationen, die ein Online-Mediendienst über eine Person hat, erst mithilfe weiterer Informationen des Internetzugangsanbieters und gegebenenfalls der Mitwirkung einer Behörde einer Person zugeordnet werden können.⁴²⁷ Es sind keine Anhaltspunkte dafür ersichtlich, dass der EuGH im Rahmen der DS-GVO von diesem weiten Schutzniveau abweichen wird. Daher ist dieses absolute Verständnis des EuGH zugrunde zu legen. Im Organhaftungsprozess wird die Identifizierbarkeit des Organs oder Organmitglieds in aller Regel gesellschaftsintern, also allein durch den Verantwortlichen, gewährleistet sein. Denn entweder werden die Informationen selbst mit dem Namen der Person versehen sein, die als Organmitglied handelt oder aber die Information wird sich auf das Organ als solches beziehen und es sind andere Unterlagen der Gesellschaft heranzuziehen, aus denen die Besetzung des Organs hervorgeht. Damit ist die Information auf diese Person rückführbar. Schon deshalb wird eine relative und absolute Betrachtung im Organhaftungsprozess regelmäßig zu gleichen Ergebnissen führen. Nochmals sei darauf hingewiesen, dass hiermit nicht beantwortet ist, ob der „mittelbare Bezug" auf eine hinter dem Organ stehende natürliche Person für die Annahme eines Personenbezugs des Datums genügt. Bei der hier beantworten Frage der Identifizierbarkeit einer Person und bei der sogleich zu beantwortenden Frage der Anforderungen an den Begriff des „Bezugs", handelt es sich um zu trennende Fragen.

---

⁴²³ Statt vieler *Karg*, in: Simitis/Hornung/Spiecker gen. Döhmann Datenschutzrecht, Art. 4 Nr. 1 DS-GVO Rn. 46 f.; *Klar/Kühling*, in: Kühling/Buchner DS-GVO/BDSG, Art. 4 Nr. 1 DS-GVO Rn. 19; *Arning/Rothkegel*, in: Taeger/Gabel DS-GVO/BDSG/TTDSG, Art. 4 DS-GVO Rn. 30.
⁴²⁴ *Schmidt*, in: Taeger/Gabel DS-GVO/BDSG/TTDSG, Art. 2 DS-GVO Rn. 7.
⁴²⁵ Zu diesen Ansichten jeweils *Schmidt*, in: Taeger/Gabel DS-GVO/BDSG/TTDSG, Art. 2 DS-GVO Rn. 7; *Barlag*, in: Roßnagel DS-GVO, § 3 Rn. 8 ff.; zur Situation noch vor Geltung der DS-GVO *Bergt*, ZD 2015, 365 (365 ff.); *Brink/Eckhardt*, ZD 2015, 205 (205 ff.); *Boehme-Neßler*, DuD 2016, 419 (420); *Buchner*, DuD 2016, 155 (156); *Eckhardt/Kramer/Mester*, DuD 2013, 623 (627); *Kühling/Klar*, NJW 2013, 3611 (3614 f.).
⁴²⁶ EuGH, Urt. v. 20. Dezember 2017 – C 434/16, ECLI:EU:C:2017:994, Rn. 31 im Kontext von Korrekturanmerkungen zu einer Prüfungsleistung, die der Korrektor nicht schon selbst einer natürlichen Person zuordnen kann; EuGH, Urt. v. 19. Oktober 2016 – C 582/14, ECLI:EU:C:2016:779, Rn. 43 im Kontext dynamischer IP-Adressen.
⁴²⁷ EuGH, Urt. v. 19. Oktober 2016 – C 582/14, ECLI:EU:C:2016:779, Rn. 44 ff.

## 2. Organ(-mitglieder) als „Betroffene Person" – Mittelbarer „Bezug" genügt

Die DS-GVO umfasst nur den Schutz natürlicher Personen. Organe als solche sind keine natürlichen Personen. Damit stellt sich die mehrfach angedeutete Frage, ob Informationen, die sich (zunächst) als Informationen über das Organ darstellen, als personenbezogene Daten im Sinne des Art. 15 DS-GVO zu qualifizieren sind, wenn sie sich eigentlich auf das Organmitglied beziehen und nur mittelbar auf die das Amt bekleidende natürliche Person zurückgeführt werden können. Der Zusammenhang von Informationen über Organe, den dahinterstehenden natürlichen Personen und der DS-GVO wird in der Literatur bisher nicht ausreichend diskutiert.[428] Methodisch bietet es sich an, vergleichbare Konstellationen heranzuziehen, in denen eine natürliche Person ebenfalls nur mittelbarer Bezugspunkt einer Information ist. Die für diese Konstellationen entwickelten Grundsätze sind dann auf ihre Übertragbarkeit auf die Organkonstellation hin zu untersuchen. Diese Herangehensweise wird zeigen, dass die Organtätigkeit einer Qualifikation von Daten als „personenbezogen" nicht entgegensteht.

*a) Personenbezogene Daten bei Einbindung juristischer Personen*

Zunächst liegt es nahe, einen Vergleich zu Daten über eine, Organen institutionell nahestehende, juristische Person zu ziehen. Juristische Personen als solche fallen ebenso wenig wie Organe an sich, grundsätzlich nicht in den Anwendungsbereich der DS-GVO.[429] Jedoch inkludieren die primärrechtlichen Grundlagen der DS-GVO, also Artt. 7, 8 GRCh, juristische Personen in ihren Anwendungsbereich, wenn der Name der juristischen Person eine oder mehrere natürliche Personen benennt.[430] Konsequent ist vor diesem Hintergrund das überwiegende Verständnis zur DS-GVO, wonach Informationen, die sich formal zunächst auf eine juristische Person beziehen auch personenbezogene Daten einer natürlichen Person darstellen können, was insbesondere der Fall sei, wenn die Gesellschaft nur einen Gesellschafter habe.[431] Nach der herrschenden Ansicht genügt also ein mittelbarer Bezug

---

[428] *Korch/Chatard*, NZG 2020, 893 (893 ff.) legen die Anwendbarkeit schlicht zugrunde, ohne sie zu problematisieren; *Reichert/Groh*, NZG 2021, 1381 (1384) behandelt es knapp, wenn auch unzutreffend; *Hirschfeld/Gerhold*, ZIP 2021, 394 (399 ff.) führen es umfassender aus; knapp und bejahend *Eßer*, in: Auernhammer DS-GVO/BDSG, Art. 4 DS-GVO Rn. 12; knapp und ablehnend mit Verweis auf *Reichert/Groh* a. a. O. auch *Seyfarth*, Vorstandsrecht, § 23 Rn. 53.
[429] Siehe dazu oben § 4 B. II. 1. b).
[430] EuGH, Urt. v. 9. November 2010 – C 92/09 und C 93/09, ECLI:EU:C:2010:662, Rn. 52 ff.; *Bretthauer*, in: Specht/Mantz Hdb Datenschutzrecht, § 2 Rn. 15; *Schild*, in: BeckOK Datenschutzrecht, Stand: 01.08.2024, Art. 4 DS-GVO Rn. 7; *Kingreen*, in: Calliess/Ruffert EUV/AEUV, Art. 8 GRCh Rn. 12.
[431] *Klabunde/Horváth*, in: Ehmann/Selmayr DS-GVO, Art. 4 Rn. 14; *Ziebarth*, in: Sydow/Marsch DS-GVO/BDSG, Art. 4 DS-GVO Rn. 13; *Klar/Kühling*, in: Kühling/Buchner DS-GVO/BDSG, Art. 4 Nr. 1 DS-GVO Rn. 4; *Ernst*, in: Paal/Pauly DS-GVO/BDSG, Art. 4 DS-GVO

zur hinter der juristischen Person stehenden natürlichen Person, damit die Informationen als personenbezogene Daten letzterer angesehen werden. Voraussetzung ist lediglich die Individualisierbarkeit einer natürlichen Person trotz „Zwischenschaltung" der juristischen Person.

### b) Personenbezogene Daten im beruflichen Umfeld

Der EuGH betont, dass auch ein beruflicher Kontext die Einordnung als personenbezogenes Datum nicht ausschließe: Entstehen Daten im beruflichen Kontext, insbesondere bei der Berufsausübung, so können trotz dieses „Berufsbezugs" personenbezogene Daten vorliegen.[432] Das wird bestärkt durch Art. 8 Abs. 1 EMRK, der in seinen Schutzgehalt auch Informationen inkludiert, die im Geschäftsleben der Person wurzeln.[433] Das Verlassen des privaten Umfeldes ist dem EuGH zufolge und unter Maßgabe des Art. 8 EMRK also unschädlich für die Qualifikation der Daten als personenbezogen.

### c) Personenbezogene Daten von Funktionsträgern im öffentlichen Recht

Ein „Doppelcharakter" der Handlungen, genauer gesagt der sich darauf erstreckenden Informationen wird auch bei Funktionsträgern im öffentlichen Recht angenommen.[434] Das liege daran, dass diese Personen ihre persönliche Individualität nach außen nicht aufgeben würden.[435] So hat der EuGH entschieden, dass Aufnahmen von Polizisten während der Dienstausübung in den Anwendungsbereich der DS-GVO fallen.[436] Eine Ausnahme für Daten über Beamte sähe die DS-GVO nicht vor.[437] Eine Entsprechung findet diese Rechtsprechung auch national in § 5 Abs. 2 Informationsfreiheitsgesetz (IFG), der, wie sich aus dem Zusammenhang

---

Rn. 5; zustimmend *Hirschfeld/Gerhold*, ZIP 2021, 394 (399); Art.-29-Datenschutzgruppe, Stellungnahme 4/2007 zum Begriff „personenbezogene Daten", WP 136, 20. Juni 2007, S. 27 noch zur RL 95/46/EG.

[432] EuGH, Urt. v. 14. Februar 2019 – C 345/17, ECLI:EU:C:2019:122, Rn. 46; EuGH, Urt. v. 16. Juli 2015 – C 615–13 P, ECLI:EU:C:2015:489, Rn. 30; im Kontext der Aufzeichnung von Arbeitszeiten EuGH, Urt. v. 30. Mai 2013 – C 342/12, ECLI:EU:C:2013:355, Rn. 18 ff.

[433] EGMR, Urt. v. 12. Juni 2014 – 56030/07 – Fernández Martínez v. Spain, NZA 2015, 533–539, Rn. 110; EGMR, Urt. v. 5. September 2017 – 61496/08 – Bărbulescu v. Romania, NZA 2017, 1443–1448, Rn. 71; vgl. *Schubert*, in: EuArbRK, Art. 8 EMRK Rn. 12; *Peisker*, Der datenschutzrechtliche Auskunftsanspruch, S. 54, 79; zur Bedeutung des Art. 8 EMRK für das Verständnis der DS-GVO siehe § 4 A.

[434] *Sassenberg*, in: Specht/Mantz Hdb Datenschutzrecht, § 24 Rn. 11 ff.; *Schild*, in: BeckOK Datenschutzrecht, Stand: 01.08.2024, Art. 4 DS-GVO Rn. 13; *Ernst*, in: Paal/Pauly DS-GVO/BDSG, Art. 4 DSGVO Rn. 4.

[435] *Schild*, in: BeckOK Datenschutzrecht, Stand: 01.08.2024, Art. 4 DS-GVO Rn. 13.

[436] EuGH, Urt. v. 14. Februar 2019 – C 345/17, ECLI:EU:C:2019:122, Rn. 44 ff.

[437] EuGH, Urt. v. 14. Februar 2019 – C 345/17, ECLI:EU:C:2019:122, Rn. 45.

mit § 5 Abs. 1 IFG ergibt, Informationen aus Dienst- oder Amtsverhältnissen als personenbezogene Daten im Sinne des IFG versteht.

### d) Zwangsoffenlegung von Vorstandsvergütungen

Im Rahmen der Diskussion um die Zwangsoffenlegung von Vorstandsvergütungen hat das BVerfG betont, dass es sich bei Informationen zur Vergütung der Vorstandsmitglieder um personenbezogene Daten handelt.[438] Prüfungsmaßstab war das national verfassungsrechtlich verankerte Recht auf informationelle Selbstbestimmung, abgeleitet aus Art. 2 Abs. 1 i. V. m. Art. 1 Abs. 1 GG. Diese Rechtsprechung ist bei der Beantwortung der gegenständlichen Frage nur vorsichtig heranzuziehen, da sie allein aus nationalem Recht herrührt und das Europarecht damit nicht determinieren kann. Sie dient dem Nachweis, dass die Annahme eines Personenbezugs der Daten über Organmitglieder zumindest nicht im Widerspruch zum nationalen Recht stünde.

### e) Bewertung der Informationen über Organe und Organmitglieder

Ausgehend von diesen Maßstäben zu einem „mittelbaren" Bezug der Daten auf eine natürliche Person in anderen Konstellationen, können entsprechende Informationen über Organe nun bewertet werden.

### aa) Übertragbarkeit der Grundsätze aus vergleichbaren Konstellationen

Die dargestellten Grundsätze zu vergleichbaren Konstellationen, in denen ebenfalls nur ein mittelbarer Bezug zur natürlichen Person besteht, könnten auf die Organhaftungskonstellation übertragen werden. Das spräche dann dafür, einen Personenbezug der Daten auch bei Daten über ein Organ(mitglied) anzunehmen.

### (1) Übertragbarkeit der Grundsätze zu juristischen Personen

Zunächst können die zur juristischen Person entwickelten übertragen werden. Handelt es sich um ein monokratisches Organ, so ist das vergleichbar mit einer Ein-Personen-Gesellschaft. Die Informationen beziehen sich mittelbar auf die dahinterstehende natürliche Person, sodass sie für diese personenbezogene Daten darstellen. Dass die natürliche Person bei „Zwischenschaltung" einer juristischen

---

[438] BVerfG, Beschl. v. 25. Februar 2008 – 1 BvR 3255/07, NJW 2008, 1435–1437, Rn. 19; aus der Literatur dazu *Menke/Porsch*, BB 2004, 2533 (2533 ff.); *Hirschfeld/Gerhold*, ZIP 2021, 394 (400).

Person eigentlich in seiner Funktion als Gesellschafter und nicht als Privatperson handelt, ist dort unschädlich. Wenn selbst bei dieser „Zwischenschaltung" eines anderen Rechtssubjekts in Form der juristischen Person ein mittelbarer Bezug als ausreichend erachtet wird, dann muss das erst recht für den Fall gelten, in dem „nur" die Organfunktion „zwischengeschaltet" wird. In Kollegialorganen müsste entsprechend ermittelt werden, ob die Information auf eine natürliche Person rückführbar ist, eine solche also identifizierbar ist.[439] Die Annahme, dass ein mittelbarer Bezug der Information zum Gesellschafter genügt, spricht dafür, dass ein solcher auch hinsichtlich des Organmitglieds genügt.

*(2) Übertragbarkeit der Grundsätze zum beruflichen Umfeld*

Aus der Perspektive des Organmitglieds handelt es sich bei seinen Handlungen als Organmitglied fast ausschließlich um Handlungen im beruflichen Umfeld und nicht um private Handlungen. Damit liegt auch die Übertragung der rezipierten Rechtsprechung des EuGH zu personenbezogenen Daten im beruflichen Kontext nahe, wonach der Berufsbezug des Datums einer Qualifikation als personenbezogenes Datum nicht im Wege steht.[440] Teleologische Argumente, die eine abweichende Beurteilung beruflicher Daten gebieten würden, sobald eine Organstellung hinzutritt, sind nicht ersichtlich. Die Organstellung, die den beruflichen Kontext ergänzt, führt nicht dazu, dass die Konstellation anders bewertet werden müsste. Denn im Zentrum der DS-GVO steht die Schutzwürdigkeit der natürlichen Person. Für diese natürliche Person macht die Organstellung im Vergleich zu einem rein beruflichen Kontext ohne Organstellung hinsichtlich der über sie gespeicherten Informationen keinen Unterschied aus, der ein geringeres Schutzniveau der Daten rechtfertigen könnte.

Nicht zuletzt spricht für eine Übertragung der Rechtsprechung zum beruflichen Kontext von Daten auch der unionsrechtliche Arbeitnehmerbegriff: „Fremdgeschäftsführer einer GmbH, Fremdvorstandsmitglieder einer AG sowie geschäftsführende Direktoren einer monistisch verfassten SE, die nicht gleichzeitig Mitglied des Verwaltungsrates sind […]",[441] sind nach dem unionsrechtlichen Begriffsverständnis, anders als nach dem nationalen,[442] Arbeitnehmer.[443] Als ausreichend er-

---

[439] Dazu mit Blick auf Beschlussfassungen im Kollegialorgan *Hirschfeld/Gerhold*, ZIP 2021, 394 (399 f.).
[440] Siehe oben Fn. 432.
[441] *Pepping*, in: NK-MuSchG/Elterngeld/Elternzeit, § 1 MuSchG Rn. 21.
[442] BAG, Urt. v. 11. Juni 2020 – 2 AZR 374/19, NZA 2020, 1179–1183, Rn. 25 wonach der Geschäftsführer einer GmbH allenfalls in strengen Ausnahmefällen den Status als Arbeitnehmer innehat; BAG, Urt. v. 26. Mai 1999 – 5 AZR 664/98, NZA 1999, 987–989 zu den strengeren Anforderungen an die Weisungsbefugnis beim nationalen Arbeitnehmerbegriff; *Pepping*, in: NK-MuSchG/Elterngeld/Elternzeit, § 1 MuSchG Rn. 21.
[443] EuGH, Urt. v. 11. November 2010 – C 232/09, ECLI:EU:C:2010:674, Rn. 51, 56; EuGH, Urt. v. 9. Juli 2015 – C 229/14, ECLI:EU:C:2015:455, Rn. 37 ff.; statt vieler aus der Litera-

achtet wird im Unionsrecht nämlich schon eine „faktische Weisungsabhängigkeit" wegen jederzeitiger Abberufungsmöglichkeit.[444] Für Organmitglieder ohne Stimmenmehrheit in der Gesellschafterversammlung ist es damit kaum begründbar, sie anders zu behandeln als die übrigen Arbeitnehmer in einem rein beruflichen Kontext ohne Organstellung.[445]

Dass eine Gleichbehandlung von beruflichem Kontext und beruflichem Kontext mit Organstellung gleichbehandelt werden muss, zeigt auch der mögliche Fall der „Beförderung" vom Prokuristen zum Geschäftsführer. Die über einen Prokuristen verarbeiteten Informationen würden nach der Rechtsprechung des EuGH trotz Berufsbezugs personenbezogene Daten darstellen. Es wäre dann nicht gerechtfertigt, dieselbe natürliche Person als Geschäftsführer wegen einer hinzutretenden Organstellung anders zu behandeln und vom Schutz der DS-GVO auszuklammern. Das würde zu zufälligen Unterschieden führen, wobei es an einem sachlichen und überzeugenden Unterscheidungskriterium für eine abweichende Schutzwürdigkeit fehlen würde. Die Organstellung kann ein solches Unterscheidungskriterium bei datenschutzrechtlicher Betrachtung nicht darstellen.

*(3) Übertragbarkeit der Grundsätze zu Funktionsträgern im öffentlichen Recht*

Eine von Funktionsträgern im öffentlichen Recht abweichende Beurteilung für Organmitglieder müsste diese unterschiedliche Behandlung rechtfertigende Gründe haben, die hier nicht ersichtlich sind. Eine Doppelnatur der Daten kann bei handelnden Organmitgliedern ebenso gut bestehen wie bei handelnden Funktionsträgern des öffentlichen Rechts. Eine strikte Zurechnung des Handelns zur Gesellschaft statt zur natürlichen Person im Wege der Organtheorie, wie sie Reichert und Groh ins Feld führen,[446] verkennt in diesem Anwendungsfall, dass die persönliche Individualität auch bei Handlungen als Organ nicht vollends aufgegeben wird. Auch bei der Ausübung von Organtätigkeiten handelt letztlich eine natürliche Person, sodass die Handlungen und damit die Informationen hierüber „doppelter Natur" sind.[447]

---

tur: *Preis*, in: ErfK ArbR, § 611a BGB Rn. 19; *Röller*, in: Personalbuch, Arbeitnehmer (Begriff) Rn. 38.

[444] EuGH, Urt. v. 11. November 2010 – C 232/09, ECLI:EU:C:2010:674, Rn. 51, 56; EuGH, Urt. v. 9. Juli 2015 – C 229/14, ECLI:EU:C:2015:455, Rn. 37 ff.; *Preis*, in: ErfK ArbR, § 611a BGB Rn. 19; *Röller*, in: Personalbuch, Arbeitnehmer (Begriff) Rn. 38; *Pepping*, in: NK-MuSchG/Elterngeld/Elternzeit, § 1 MuSchG Rn. 21.

[445] Vgl. *Kania*, in: Personalbuch, Geschäftsführer Rn. 13.

[446] *Reichert/Groh*, NZG 2021, 1381 (1384).

[447] Gegebenenfalls sogar Dreifachbezug nach *Hirschfeld/Gerhold*, ZIP 2021, 394 (399).

*(4) Zwischenergebnis zur Übertragbarkeit der Grundsätze*

Bei Funktionsträgern des öffentlichen Rechts, im beruflichen Umfeld und bei „zwischengeschalteten" juristischen Personen genügt jeweils der mittelbare Bezug zur natürlichen Person. Nach all dem Gesagten scheint es sachgerecht und vorzugswürdig, Informationen über Organ(-mitglieder), die sich mittelbar auf dahinterstehende, identifizierbare natürliche Personen beziehen, als personenbezogene Daten zu qualifizieren.[448] Das Individuum geht in der Organfunktion nicht unter. Eine Einordnung der Informationen über Organe als personenbezogene Daten scheidet nur dann aus, wenn es sich um reine Sachinformationen oder Unternehmensdaten handelt, die auch mittelbar keiner natürlichen Person zugeordnet werden können.[449] Bei dem monokratischen Organ ist eine Zuordnung regelmäßig möglich. Bei Kollegialorganen muss im Einzelfall untersucht werden, ob diese einer einzelnen identifizierbaren natürlichen Person zugeordnet werden können.[450] Angesichts der Ressortverteilung in einem mehrköpfigen Vorstand wird das der Fall sein, da nur selten alle Vorstände gemeinsam handeln werden.

### bb) Unberechtigte Bedenken gegen Löschungs- und Korrekturanspruch des Geschäftsleiters

Reichert und Groh sehen Handlungen des Organs im Wege der Zurechnung als Handlungen der juristischen Person selbst an und lassen das Individuum als natürliche Person hierhinter vollends zurücktreten, womit eine Anwendung der DS-GVO auf Organmitglieder regelmäßig ausscheide.[451] Bestätigt sehen sie dies durch den systematischen Zusammenhang des Art. 15 DS-GVO mit den Ansprüchen aus Artt. 16, 17 DS-GVO. Es könnte nicht sein, dass der Geschäftsleiter die Berichtigung oder Löschung der haftungsrelevanten Informationen verlangen kann.[452]

Die von Reichert und Groh genannten Bedenken eines Korrektur- oder Löschungsanspruchs des Geschäftsleiters gegen die Gesellschaft können nicht überzeugen. Für den Anspruch auf Berichtigung aus Art. 16 DS-GVO ergibt sich das bereits daraus, dass falsche Informationen keine Schutzwürdigkeit genießen. Bedenken gegen einen Korrekturanspruch seitens des Organmitglieds sind damit selbst bei Haftungsrelevanz nicht angebracht. Der Anspruch ist dann im Sinne der „Wahrheitsfindung" vielmehr zu begrüßen, sodass dessen Existenz die Ausklamme-

---

[448] So im Ergebnis auch *Korch/Chatard*, NZG 2020, 893 (893 ff.); *Eßer*, in: Auernhammer DS-GVO/BDSG, Art. 4 DS-GVO Rn. 12; *Schneider*, Datenschutz nach der DS-GVO, S. 103; *Spindler*, in: MüKo AktG, § 93 Rn. 236, der das Organhandeln als „[…] notwendigerweise immer personenbezogen […]" bezeichnet.
[449] *Ernst*, in: Paal/Pauly DS-GVO/BDSG, Art. 4 DS-GVO Rn. 6.
[450] Vgl. *Hirschfeld/Gerhold*, ZIP 2021, 394 (399 f.).
[451] *Reichert/Groh*, NZG 2021, 1381 (1384).
[452] *Reichert/Groh*, NZG 2021, 1381 (1384).

rung von Organmitgliedern vom Informationsanspruch nicht zu begründen vermag. Auch Bedenken gegen einen Löschungsanspruch aus Art. 17 DS-GVO können nicht überzeugen. Art. 17 Abs. 3 lit. e DS-GVO normiert ausdrücklich eine Ausnahme von dem Löschungsanspruch aus Art. 17 Abs. 1 DS-GVO, wonach dieser Anspruch nicht besteht, soweit die Verarbeitung der Daten zur Geltendmachung von Rechtsansprüchen erforderlich ist. Der Ausschluss hat den Zweck, diejenige Situation, auf der die von Reichert und Groh geäußerten Bedenken fußen, zu unterbinden: Die betroffene Person soll nicht in die Lage versetzt werden, die Rechtsverfolgung zu erschweren oder unmöglich zu machen.[453] Zwar sind die genauen Anforderungen an die Wahrscheinlichkeit der Rechtsverfolgung bei Art. 17 Abs. 3 lit. e DS-GVO umstritten.[454] Jedoch ist sicher, dass die Schutzwürdigkeit der Daten wegen eventueller Rechtsverfolgungsmöglichkeiten im Rahmen des Art. 17 Abs. 3 lit. e DS-GVO zu berücksichtigen ist. Der Löschungsanspruch aus Art. 17 Abs. 1 DS-GVO taugt mithin nicht als Argument gegen die Einbeziehung von Organmitgliedern in den Anwendungsbereich des Art. 15 DS-GVO. Die Argumentation von Reichert und Groh kann somit nicht überzeugen, da sie teleologische Aspekte verkennt und Art. 17 Abs. 3 lit. e DS-GVO übersieht.

### cc) Einordnung als betroffene Person entspricht dem Willen der Kommission

Das gefundene Ergebnis entspricht im Übrigen dem Willen der Europäischen Kommission, die 2010 in einer Mitteilung über das Gesamtkonzept für den Datenschutz in der Europäischen Union das Folgende ausführte:

> „Der Begriff der ‚personenbezogenen Daten' soll sämtliche Informationen im direkten oder indirekten Zusammenhang mit einer identifizierten oder identifizierbaren natürlichen Person erfassen."[455]

Die Terminologie des „direkten oder indirekten Zusammenhangs" wird hier zusätzlich zur Terminologie der „identifizierten oder identifizierbaren natürlichen Person" verwendet. Dementsprechend muss diese Terminologie auch eine eigenständige Bedeutung haben. Das hat sie nur dann, wenn man sie dahingehend versteht, dass der „indirekte Zusammenhang" dem hier als „mittelbar" bezeichneten Bezug zur natürlichen Person entspricht und dieser mittelbare Bezug der Kommission zufolge damit genügen soll.

---

[453] Vgl. *Worms*, in: BeckOK Datenschutzrecht, Stand: 01.08.2023, Art. 17 DS-GVO Rn. 87; *Kamlah*, in: Plath DS-GVO/BDSG/TTDSG, Art. 17 Rn. 20.
[454] Zu dem Meinungsstand *Paal*, in: Paal/Pauly DS-GVO/BDSG, Art. 17 DS-GVO Rn. 46.
[455] COM (2010) 609, S. 5.

### dd) Personenbezug entspricht Rechtsprechung des EuGH

Der EuGH betont

„[...], dass es sich um eine Information über eine identifizierte oder identifizierbare natürliche Person handelt, wenn sie aufgrund ihres Inhalts, ihres Zwecks oder ihrer Auswirkungen mit einer identifizierbaren Person verknüpft ist."[456]

Eine Subsumtion von Informationen *über* ein Organmitglied unter diese vom EuGH genannte Definition bestätigt die Untersuchungsergebnisse. Die *Auswirkungen* der Informationen können die natürliche Person hinter dem Organ(-mitglied) treffen. Das zeigt insbesondere der Fall der Organhaftung, bei der es sich um eine Haftung mit dem Privatvermögen handelt. Haftungsrelevante Informationen über ein Organmitglied haben schon deshalb (zumindest wirtschaftliche) *Auswirkungen* auf die natürliche Person. Daher überzeugt es nicht, wenn Hirschfeld und Gerhold meinen, dass der Haftungsgrund in Organhaftungsfällen in der fehlerhaften Geschäftsleitung und nicht in einem persönlichen Fehlverhalten bestehe und dieses Fehlverhalten auch nicht auf eine persönliche Ebene durchschlage.[457] Dieses Argument verkennt den mittelbaren Bezug zum Organmitglied, hervorgerufen durch die Auswirkungen auf die dahinterstehende natürliche Person. Die Argumentation spricht den Informationen eine „Doppelnatur" ab, die in anderen Zusammenhängen überzeugend angenommen wird.

Im Übrigen gibt der *Inhalt* der Informationen über ein Organ(-mitglied) Aufschluss über das Denken und Handeln der dahinterstehenden natürlichen Person. Auch aufgrund des Inhalts der Informationen sind diese Daten also mit der natürlichen Person verknüpft. Entsprechend kann es bei konsequenter Anwendung der Rechtsprechung des EuGH nur überzeugen, die Qualität als personenbezogenes Datum auch bei nur mittelbarem Bezug zur natürlichen Person zu bejahen.

### f) Summa: Organmitglieder sind betroffene Personen

Die überzeugenderen Gründe sprechen dafür, die hinter den Organen stehenden, individualisierbaren natürlichen Personen in den Kreis der betroffenen Personen aufzunehmen. Dieser Auffassung scheint auch das LG Heidelberg in seinem Urteil vom 21. Februar 2020 zu sein, wenn es sich mit dem Anspruch des Art. 15 DS-GVO eines ausgeschiedenen Vorstandsmitglieds gegen die AG auseinandersetzt und diesen allein wegen der fehlenden Konkretisierung des Anspruchs schei-

---

[456] EuGH, Urt. v. 22. Juni 2023 – C 579/21, ECLI:EU:C:2023:501, Rn. 43; EuGH, Urt. v. 4. Mai 2023 – C 487/21, ECLI:EU:C:2023:369, Rn. 24; Erstmals entschieden in EuGH, Urt. v. 20. Dezember 2017 – C 434/16, EU:C:2017:994, Rn. 35.
[457] *Hirschfeld/Gerhold*, ZIP 2021, 394 (400).

tern lässt.[458] Auch Koch versteht dieses Urteil dahingehend und scheint ebenso skeptisch bezüglich eines generellen Ausschlusses des Anspruchs aus dem alleinigen Grund der Organmitgliedschaft.[459] Organmitglieder sind in ihrer Eigenschaft als natürliche Person taugliche Inhaber des Anspruchs aus Art. 15 DS-GVO.

### 3. Begriff der „Verarbeitung" und maßgeblicher Zeitpunkt des Datenbestands

Die personenbezogenen Daten des Organmitglieds müssen auch „verarbeitet" worden sein, damit der Informationsanspruch besteht. Auch hier ist erster Anhaltspunkt Art. 4 DS-GVO, der unter Nr. 2 eine Definition des Begriffs der „Verarbeitung" enthält, wonach diese

> „[...] jeden mit oder ohne Hilfe automatisierter Verfahren ausgeführten Vorgang oder jede solche Vorgangsreihe im Zusammenhang mit personenbezogenen Daten wie das Erheben, das Erfassen, die Organisation, das Ordnen, die Speicherung, die Anpassung oder Veränderung, das Auslesen, das Abfragen, die Verwendung, die Offenlegung durch Übermittlung, Verbreitung oder eine andere Form der Bereitstellung, den Abgleich oder die Verknüpfung, die Einschränkung, das Löschen oder die Vernichtung [...]"

meint. Von Bedeutung ist im Kontext des Organhaftungsprozesses insbesondere die Frage, ob die bloß automatische Speicherung von etwa E-Mails oder das bloße Abheften oder Ablegen von Unterlagen wie des Protokolls einer Vorstandssitzung eine Verarbeitung von Daten im Sinne des Art. 15 DS-GVO darstellt. Der Begriff der Verarbeitung wird mit einem aktiven Tun assoziiert.[460] Daher könnte man Zweifel daran haben, die automatische Speicherung von E-Mails als Verarbeitung zu qualifizieren, bei der es sich nach allgemeinem Verständnis eher um ein bloßes „Dulden" einer automatischen Speicherung handeln wird statt um eine aktive Vornahme einer Speicherung. Allerdings ist die bloße Speicherung dem ausdrücklichen Wortlaut des Art. 4 Nr. 2 DS-GVO zufolge ein Unterfall der Verarbeitung.[461] Zudem erwähnt Art. 4 Nr. 2 DS-GVO das automatisierte Verfahren ausdrücklich als Unterfall der Verarbeitung. Art. 2 Abs. 1 DS-GVO normiert ausdrücklich, dass die DS-GVO für die vollständige, teilweise und auch nicht automatisierte Speicherung gilt. Sogar die „aufgedrängte Speicherung", also das Empfangen einer unaufge-

---

[458] Vgl. LG Heidelberg, Urt. v. 21. Februar 2020 – 4 O 6/19, ZD 2020, 313–315, juris Rn. 32 ff., ohne aber auf die Problematik einzugehen. Ähnlich LG Berlin, Urt. v. 11. Februar 2022 – 31 O 714/21, MMR 2022, 577–582, Rn. 144 für Anwendung der DS-GVO auf den Insolvenzverwalter.
[459] *Koch*, AktG, § 93 Rn. 115.
[460] A.A. unter Anknüpfung an den Begriff des „Aufbewahrens": *Reimer*, in: Sydow/Marsch DS-GVO/BDSG, Art. 4 DS-GVO Rn. 61.
[461] Exemplarisch LAG Baden-Württemberg, Urt. v. 20. Dezember 2018 – 17 Sa 11/18, NZA-RR 2019, 242–252, juris Rn. 200; aus der Literatur statt vieler auch *Ehmann*, in: Ehmann/Selmayr DS-GVO, Art. 15 DS-GVO Rn. 28.

fordert zugesendeten E-Mail, die nach Kenntnisnahme nicht gelöscht wird, ist damit eine Verarbeitung von Daten im Sinne der Norm.[462] Der EuGH vertritt eine weite Auffassung des Begriffs der Datenverarbeitung,[463] die in der Literatur geteilt wird.[464] Jeder Vorgang, der personenbezogene Daten verwendet, auch wenn es nur die Erhebung oder Nutzung selbst ist, ist eine Verarbeitung der Daten.[465] Eine Verarbeitung ist danach im Zweifel anzunehmen.

*a) Anforderungen an die (teilweise) automatisierte Datenverarbeitung*

Dem ausdrücklichen Wortlaut des Art. 2 Abs. 1 DS-GVO zufolge gilt die DS-GVO in sachlicher Hinsicht aber nur für die „[...] ganz oder teilweise automatisierte Verarbeitung personenbezogener Daten [...]". Eine Definition des Begriffs der „automatisierten Verarbeitung" sucht man in der begriffsbestimmenden Norm des Art. 4 DS-GVO vergeblich. Nach einhelliger Ansicht ist der sachliche Anwendungsbereich in dieser Hinsicht jedoch weit zu verstehen.[466] Damit unterfällt dem Begriff der „automatisierten Verarbeitung" im Ergebnis jede Verarbeitung, die sich an einem beliebigen Punkt im Verarbeitungsprozess eines beliebigen technischen Hilfsmittels bedient.[467] „Eine Digitalisierung der verarbeiteten Daten ist hinreichende, aber nicht notwendige Bedingung der Automatisierung."[468] Aus dem Anwendungsbereich heraus fallen damit lediglich ausschließlich analog erfasste Daten wie Notizen auf einem Blatt Papier, die sodann auch nicht technisch weiterverarbeitet werden.

Art. 2 Abs. 1 2. Alt. DS-GVO erstreckt den Anwendungsbereich über die automatische Verarbeitung hinaus auf nicht automatisiert verarbeitete Daten, sofern diese in einem Dateisystem gespeichert werden oder gespeichert werden sollen.[469]

---

[462] *Ernst*, in: Paal/Pauly DS-GVO/BDSG, Art. 4 DS-GVO Rn. 25.
[463] EuGH, Urt. v. 22. Juni 2021 – C 439/19, ECLI:EU:C:2021:504, Rn. 61 „[...] die sehr weite Definition des sachlichen Anwendungsbereichs der DS-GVO [...]" ausdrücklich betonend; EuGH, Urt. v. 13. Mai 2014 – C 131/12, ECLI:EU:C:2014:317, Rn. 29 f. sieht auch die Tätigkeit einer Suchmaschine, die darin besteht von Dritten hochgeladene Daten zu finden und automatisch zu indexieren sowie zu speichern als Verarbeitung personenbezogener Daten an.
[464] *Reimer*, in: Sydow/Marsch DS-GVO/BDSG, Art. 4 DS-GVO Rn. 43; vgl. *Klabunde/Horváth*, in: Ehmann/Selmayr DS-GVO, Art. 4 DS-GVO Rn. 23; vgl. *Arning/Rothkegel*, in: Taeger/Gabel DS-GVO/BDSG/TTDSG, Art. 4 DS-GVO Rn. 56.
[465] *Klabunde/Horváth*, in: Ehmann/Selmayr DS-GVO, Art. 4 Rn. 23; vgl. *Arning/Rothkegel*, in: Taeger/Gabel DS-GVO/BDSG/TTDSG, Art. 4 DS-GVO Rn. 56.
[466] *Bäcker*, in: BeckOK Datenschutzrecht, Stand: 01.08.2023, Art. 2 DS-GVO Rn. 2; *Zerdick*, in: Ehmann/Selmayr DS-GVO, Art. 2 DS-GVO Rn. 3.
[467] *Bäcker*, in: BeckOK Datenschutzrecht, Stand: 01.08.2023, Art. 2 DS-GVO Rn. 2f.; *Kühling/Raab*, in: Kühling/Buchner DS-GVO/BDSG, Art. 2 DS-GVO Rn. 17.
[468] *Bäcker*, in: BeckOK Datenschutzrecht, Stand: 01.08.2023, Art. 2 DS-GVO Rn. 2.
[469] Es genügt, wenn erst zukünftig eine Speicherung im Dateisystem beabsichtigt wird *Kühling/Raab*, in: Kühling/Buchner DS-GVO/BDSG, Art. 2 DS-GVO Rn. 17; *Bäcker*, in: BeckOK Datenschutzrecht, Stand: 01.08.2023, Art. 2 DS-GVO Rn. 4.

Dankbarer Weise definiert Art. 4 Nr. 6 DS-GVO dieses Dateisystem. Ein Dateisystem ist danach

> „jede strukturierte Sammlung personenbezogener Daten, die nach bestimmten Kriterien zugänglich sind, unabhängig davon, ob diese Sammlung zentral, dezentral oder nach funktionalen oder geografischen Gesichtspunkten geordnet geführt wird."

Vereinfacht gesagt muss es sich also um eine organisierte Verarbeitung handeln, welche den gezielten Zugriff auf bestimmte Daten nach festgelegten Kriterien ermöglicht. Derart eng wird der Begriff der Strukturiertheit aber nicht verstanden.[470] Ein objektives Verständnis von Ordnung und Struktur gibt es auch gar nicht, weshalb der Begriff weit zu verstehen ist, sodass alle mehr oder weniger geordneten manuellen Datensammlungen erfasst sind.[471] Erwägungsgrund 15 S. 3 zur DS-GVO zufolge sollen lediglich „Akten oder Aktensammlungen sowie ihre Deckblätter, die nicht nach bestimmten Kriterien geordnet sind, [...] nicht in den Anwendungsbereich dieser Verordnung fallen."

Wegen des äußerst geringen Umfangs der mittels Art. 2 Abs. 1 DS-GVO aus dem Anwendungsbereich ausgeklammerten Daten, verlieren Streitigkeiten rund um § 26 Abs. 7 BDSG an Bedeutung. Nach dieser Norm ist bei nicht automatisiert verarbeiteten Daten unter Umständen keine Verarbeitung in einem Dateisystem erforderlich, damit die Abs. 1–6 Anwendung finden. Im Kontext dieser Norm ist dabei höchst streitig, ob sie sich auf Organmitglieder erstreckt[472] und, ob sie zweitens den Anwendungsbereich der DS-GVO als Ganzes oder nur denjenigen der Abs. 1–6 derselben Norm erweitert.[473] Wegen der geringen Bedeutung dieser Streitigkeiten für die Beantwortung der in dieser Arbeit thematisierten Fragen, des zugleich umfangreichen Aufwands der Beantwortung ebendieser Einzelfragen und der breiten Auseinandersetzung hiermit in der Literatur, soll hier auf eine Behandlung der Problemkreise rund um § 26 Abs. 7 BDSG verzichtet werden. Der Anwendungsbereich der DS-GVO wird wegen fortschreitender Digitalisierung häufig schon eröffnet sein, ohne dass festgestellt werden muss, ob es sich um ein Dateisystem im Sinne des Art. 2 Abs. 1 2. Alt. DS-GVO handelt.

---

[470] EuGH, Urt. v. 10. Juli 2018 – C 25/17, ECLI:EU:C:2018:551, Rn. 62 noch zur RL 95/46/EG. Das ist aber übertragbar auf die DS-GVO: vgl. *Peisker*, Der datenschutzrechtliche Auskunftsanspruch, S. 134 f. mit entsprechenden Nachweisen.
[471] *Bäcker*, in: BeckOK Datenschutzrecht, Stand: 01.08.2023, Art. 2 DS-GVO Rn. 4; *Kühling/Raab*, in: Kühling/Buchner DS-GVO/BDSG, Art. 2 DS-GVO Rn. 18.
[472] Für eine solche Anwendbarkeit auf Organmitglieder jedenfalls beim Fremd-GF einer GmbH *Tiedemann*, in: Sydow/Marsch DS-GVO/BDSG, § 26 BDSG Rn. 7; gegen eine Anwendbarkeit auf Organmitglieder *Maschmann*, in: Kühling/Buchner DS-GVO/BDSG, § 26 BDSG Rn. 7; jedenfalls grundsätzlich nicht erfasst nach *Gola/Plötters*, in: Gola/Heckmann DS-GVO/BDSG, § 26 BDSG Rn. 97; ohne Positionierung *Riesenhuber*, in: BeckOK Datenschutzrecht, Stand: 01.08.2024, § 26 BDSG Rn. 22.
[473] Für eine Erweiterung des Anwendungsbereichs der gesamten DS-GVO *Bäcker*, in: BeckOK Datenschutzrecht, Stand: 01.08.2023, Art. 2 DS-GVO Rn. 5; *Riesenhuber*, in: BeckOK Datenschutzrecht, Stand: 01.08.2024, § 26 BDSG Rn. 41; für eine Erweiterung nur des Anwendungsbereichs der Abs. 1–6, *Peisker*, Der datenschutzrechtliche Auskunftsanspruch, S. 137 ff.

## b) Maßgeblicher Datenbestand

Die Tatsache, dass zum Zeitpunkt des Antrags noch gespeicherte Dateien vorliegen, genügt für die Subsumtion unter die Voraussetzung der Verarbeitung. Eine darüber hinausgehende Verarbeitung im Zeitpunkt der Antragstellung ist nicht erforderlich.[474] Maßgeblich für den Gegenstand des Informationsanspruchs ist allein der Datenbestand beim Verantwortlichem im Zeitpunkt des Auskunftsverlangens,[475] sodass ein nach dem Antrag erfolgtes Löschen dem Anspruch auch nicht im Wege steht.[476] Sollte das nämlich der Fall sein, würde die DS-GVO zu einem harmlosen Instrument verkommen, dem sich der Verpflichtete durch schlichtes Löschen entledigen könnte. „Dem Auskunftsverpflichteten darf in sämtliche zeitliche Richtungen kein Einfluss auf den Umfang der Auskunft ermöglicht werden."[477] Neben diesem zeitlichen Aspekt des maßgeblichen Datenbestands ist es richtig, mit dem BGH[478] anzunehmen, dass in den zu beauskunftenden Datenbestand auch solche Daten einzubeziehen sind, die dem Betroffenen bereits bekannt sind. Es erfolgt keine Reduktion auf eine sogenannte Differenzauskunft.[479]

## 4. Summa: Verarbeitung personenbezogener Daten im Organverhältnis

Wegen des weiten Verständnisses des Begriffs der „Verarbeitung" wird hinsichtlich der für das Organmitglied interessanten Daten im Regelfall eine Verarbeitung vorliegen, sodass diese Voraussetzung der Verarbeitung von Daten neben dem Personenbezug der Daten[480] ebenfalls vorliegt. Einzig nicht elektronisch gespeicherte Unterlagen, die auch nicht geordnet abgelegt sind, könnten über den Informations-

---

[474] EuGH, Urt. v. 7. Mai 2009 – C 533/07, ECLI:EU:C:2009:257, Rn. 54; *Ehmann*, in: Ehmann/Selmayr DS-GVO, Art. 15 DS-GVO Rn. 28.

[475] Statt vieler VG Hamburg, Urt. v. 28. Juli 2022 – 21 K 1802/21, juris Rn. 84; Edpb, Guidelines 01/2022 on data subject rights – Right of access, 28. März 2023, Rn. 37; *Bienemann*, in: Sydow/Marsch DS-GVO/BDSG, Art. 15 DS-GVO Rn. 29; *Bäcker*, in: Kühling/Buchner DS-GVO/BDSG, Art. 15 DS-GVO Rn. 41a; *Arning*, in: Moos/Schefzig/Arning Hdb DS-GVO/BDSG, Kap. 6 Rn. 189; *Schaffland/Holthaus*, in: Schaffland/Wiltfang DS-GVO/BDSG, Art. 15 DS-GVO Rn. 7.

[476] *Bäcker*, in: Kühling/Buchner DS-GVO/BDSG, Art. 15 DS-GVO Rn. 41a; *Mester*, in: Taeger/Gabel DS-GVO/BDSG/TTDSG, 4. Aufl. 2022, Art. 15 DS-GVO Rn. 3.

[477] *Peisker*, Der datenschutzrechtliche Auskunftsanspruch, S. 303.

[478] BGH, Urt. v. 15. Juni 2021 – VI ZR 576/19, DB 2021, 1803–1806, Rn. 25.

[479] So auch OLG Köln, Urt. v. 13. Mai 2022 – 20 U 295/21, r+s 2022, 397–399, Rn. 45; LG Köln, Urt. v. 19. Juni 2019 – 26 S 13/18, CR 2019, 505–507, juris Rn. 36; *Bäcker*, in: Kühling/Buchner DS-GVO/BDSG, Art. 15 DS-GVO Rn. 40g; *Franck*, in: Gola/Heckmann DS-GVO/BDSG, Art. 15 DS-GVO Rn. 45; *Schmidt-Wudy*, in: BeckOK Datenschutzrecht, Stand: 01.08.2024, Art. 15 DS-GVO Rn. 52.2; *Dix*, in: Simitis/Hornung/Spiecker gen. Döhmann Datenschutzrecht, Art. 15 DS-GVO Rn. 16; *Korch/Chatard*, CR 2020, 438 (440); *Riemer*, Anm. zu LG Köln, Urt. v. 19. Juni 2019 – 26 S 13/18, ZD 2019, 413 (415); *Peisker*, Der datenschutzrechtliche Auskunftsanspruch, S. 308 ff.; a. A. *Wybitul/Baus*, CR 2019, 494 (498).

[480] Siehe dazu oben § 4 B. II. 2.

anspruch des Art. 15 DS-GVO nicht erlangt werden. Jedoch ist anzunehmen, dass sämtliche *relevante* Informationen[481] entweder digital gespeichert sind oder aber für einen jederzeitigen Zugriff „strukturiert" bereitliegen, was für die Annahme eines Dateisystems und damit für den Begriff der Verarbeitung schon als ausreichend erachtet wird.[482]

### III. Passivlegitimation: Gesellschaft als Verantwortliche der Datenverarbeitung

Entscheidend für die Beurteilung der Frage des Einflusses von Art. 15 DS-GVO auf den Organhaftungsprozess ist auch die Passivlegitimation im Rahmen des Art. 15 DS-GVO. Verantwortlicher der Datenverarbeitung und damit Anspruchsgegner des Art. 15 DS-GVO ist nach Art. 4 Nr. 7 DS-GVO

> „die natürliche oder juristische Person, Behörde, Einrichtung oder andere Stelle, die allein oder gemeinsam mit anderen über die Zwecke und Mittel der Verarbeitung von personenbezogenen Daten entscheidet […]"

Diese Definition der Verantwortlichkeit erstreckt sich auf die *externe* Verantwortlichkeit gegenüber dem Rechtsverkehr. Davon zu unterscheiden ist die gesellschaftsinterne Verantwortlichkeit für die Datenverarbeitung. Eine juristische Person selbst ist nicht handlungsfähig. Ihre Handlungsfähigkeit erhält sie erst durch ihre Organe beziehungsweise deren Mitglieder, also letztlich die natürlichen Personen.[483] Dementsprechend ist für die *Datenschutz-Compliance*, also die Gewährleistung der Ordnungsgemäßheit der Datenverarbeitung, intern das Leitungsorgan zuständig und nicht die Gesellschaft.[484]

Im Außenverhältnis ist hingegen die Anstellungsgesellschaft bezüglich der durch sie verarbeiteten Daten ausschließlicher Verantwortlicher der Datenverarbeitung.[485] Der Definition des Art. 4 Nr. 7 DS-GVO zufolge kann nämlich auch eine juristische Person Verantwortlicher der Datenverarbeitung und damit Anspruchsgegner sein.

---

[481] Siehe zu den für das Organmitglied hilfreichen Unterlagen oben § 2 J.
[482] Vgl. EuGH, Urt. v. 10. Juli 2018 – C 25/17, ECLI:EU:C:2018:551, Rn. 62.
[483] Exemplarisch *Schöpflin*, in: BeckOK BGB, Stand: 01.08.2024, § 21 Rn. 14; für die GmbH *Verse*, in: Henssler/Strohn Gesellschaftsrecht, § 13 GmbHG Rn. 9; für die AG *Heider*, in: MüKo AktG, § 1 Rn. 42.
[484] *Korch/Chatard*, AG 2019, 551 (554); *Koch*, AktG, § 76 Rn. 16 f.: „Mit Inkrafttreten der DS-GVO hat […] datenschutzrechtl. Compliance-Verantwortung weiter an Relevanz gewonnen […]"; vgl. *Spindler*, in: MüKo AktG, § 91 Rn. 54; *Behling*, ZIP 2017, 697 (697 ff.); vgl. *Löschhorn/Fuhrmann*, NZG 2019, 161 (163).
[485] Edpb, Guidelines 07/2020 on the concepts of controller and processor in the GDPR, 7. Juli 2021, Rn. 17; *Gola*, in: Gola/Heckmann DS-GVO/BDSG, Art. 4 DS-GVO Rn. 63; *Arning/Rothkegel*, in: Taeger/Gabel DS-GVO/BDSG/TTDSG, Art. 4 DS-GVO Rn. 177; *Hartung*, in: Kühling/Buchner DS-GVO/BDSG, Art. 4 Nr. 7 DS-GVO Rn. 9; *Peisker*, Der datenschutzrechtliche Auskunftsanspruch, S. 208; a.A. OLG Dresden, Urt. v. 30. November 2021 – 4 U 1158/21, ZD 2022, 159–160, Rn. 5.

Sie muss sich dabei diejenige Verarbeitung zurechnen lassen, die sie nicht selbst unmittelbar kontrolliert, die sie aber zulässt. Das meint insbesondere die Konstellation, in der Mitarbeiter oder Organmitglieder der Gesellschaft private Endgeräte für ihre Tätigkeit für die Gesellschaft nutzen und dabei Daten verarbeiten, indem sie etwa E-Mails versenden.[486] Die Zurechnung gilt so weit, wie diese „zwischengeschaltete" Person sich nicht dadurch selbst zum Verantwortlichen aufschwingt, dass sie selbst über Zwecke und Mittel der Datenverarbeitung entscheidet.[487] Sodann wäre diese Person selbst Verantwortlicher. Extern ist das Leitungsorgan – ebenso wie ein Arbeitnehmer – also erst dann verantwortlich, wenn es eigene, private Zwecke verfolgt und damit die ihm obliegende interne Verantwortlichkeit gegenüber der Gesellschaft überschreitet.[488] Intern ist aber das Organmitglied wegen der ihm obliegenden Legalitätspflicht verantwortlich. Die externe und interne Verantwortlichkeit ist strikt zu trennen.

### 1. „Konfusion"? Geschäftsführungsorgan (war) zugleich Verantwortlicher und Betroffener

Im Kontext der Inanspruchnahme eines Geschäftsleitungsorgans könnte man sich nach diesen Ausführungen wegen der gegebenenfalls bestehenden internen Verantwortlichkeit des Organmitglieds die folgende Frage stellen: Geht der Anspruch des Organmitglieds gegen die Gesellschaft aus Art. 15 DS-GVO wegen einer Art „Konfusion" unter, weil das Organmitglied einmal selbst für die Verarbeitung der angeforderten Daten zuständig war (ausgeschiedenes Organmitglied) oder noch ist (aktives Organmitglied)?

*a) Konkretisierung der Problemstellung*

Diese Frage stellt sich in besonderem Maße für Mitglieder oder ausgeschiedene Mitglieder des Geschäftsleitungsorgans, nicht aber für solche Organmitglieder, die bezüglich der Datenverarbeitung nie direkt verantwortlich waren, also Mitglieder eines Beirats oder Aufsichtsrates. Auch hinsichtlich des noch aktiven und des bereits ausgeschiedenen Organmitglieds muss differenziert werden. Beim aktiven Organmitglied, das für die Datenschutz-Compliance noch verantwortlich ist, drängt sich die Frage in höherem Maße auf als für das bereits ausgeschiedene Organmitglied, das keine Verantwortung mehr trifft. Letzteres steht der Gesellschaft nun grundsätzlich – unter Berücksichtigung sich aus der nachwirken-

---

[486] *Klabunde/Horváth*, in: Ehmann/Selmayr DS-GVO, Art. 4 DS-GVO Rn. 26; *Hartung*, in: Kühling/Buchner DS-GVO/BDSG, Art. 4 Nr. 7 DS-GVO Rn. 9; *Schantz*, in: Schantz/Wolff Das neue Datenschutzrecht, Rn. 359.
[487] *Peisker*, Der datenschutzrechtliche Auskunftsanspruch, S. 206 m. w. N.
[488] Siehe oben Fn. 487.

den Treuepflicht ergebenden Besonderheiten – wie ein Dritter gegenüber. Dabei ist zu beachten, dass ein noch aktives Geschäftsführungsorgan in praktischer Hinsicht keinen Informationsanspruch gegen die Gesellschaft geltend machen wird, da es sodann die von ihm geführte Gesellschaft und damit mittelbar sich selbst belasten würde. Zudem hat es bereits kraft seines Amtes Zugriff auf die Daten, womit es einfacher selbst Einblick in die ihn interessierenden Daten nehmen kann, ohne den Umweg über den Informationsanspruch zu wählen. Hinsichtlich des noch aktiven Geschäftsleitungsorgans handelt es sich also um eine eher theoretische Frage. Die Möglichkeit der eigenständigen Informationsbeschaffung steht dem ausgeschiedenen Organmitglied als Außenstehendem aber nicht mehr offen, weshalb das Interesse an dem Informationsanspruch überhaupt erst besteht. Zugleich fällt es nicht mehr ihm selbst zur Last, wenn der Anspruch aus Art. 15 DS-GVO geltend gemacht wird. Das ausgeschiedene Organmitglied wird daher geneigt sein, den Anspruch geltend zu machen.

### b) Keine Konfusion im eigentlichen Sinne

Eine Konfusion im eigentlichen Sinne, die zum Anspruchsuntergang führt, liegt dann vor, wenn sich Forderung und Schuldner in derselben Person vereinen.[489] Diese Konstellation liegt hier aber nicht vor. Die Eigenschaft als Schuldner ist von der internen Verantwortung für die Datenverarbeitung streng zu trennen: Die interne Zuständigkeit trifft zwar das Geschäftsleitungsorgan beziehungsweise deren Mitglieder. Verpflichteter ist im Außenverhältnis aber die Gesellschaft.[490] Das Organmitglied handelt für die Gesellschaft, ist jedoch nicht die Gesellschaft. Den Anspruch hat das (ausgeschiedene) Organmitglied zudem in seiner Funktion als natürliche Person. Nur als solche ist es auch tauglicher Inhaber des Rechts aus Art. 15 DS-GVO.[491] Forderung und Schuld fallen in persönlicher Hinsicht auseinander und eine Konfusion liegt nicht vor. Dementsprechend geht auch der Anspruch des (ausgeschiedenen) Organmitglieds gegen die Anstellungsgesellschaft nicht wegen Konfusion unter.

---

[489] *Looschelders*, in: BeckOGK BGB, Stand: 01.07.2024, § 362 Rn. 11; *Fetzer*, in: MüKo BGB, § 362 Rn. 4; *Fuchs*, in: Weber kompakt Rechtswörterbuch, Konsolidation; *Stürner*, in: Jauernig BGB, Vorb. Erlöschen der Schuldverhältnisse, Rn. 2; vgl. BGH, Urt. v. 1. Juni 1967 – II ZR 150/66, BGHZ 48, 214–221, juris Rn. 23 in erbrechtlicher Konstellation.
[490] Nur die Gesellschaft ist Verantwortlicher im Sinne der DS-GVO siehe oben Fn. 485.
[491] Zur Personenbezogenheit von Daten bei Informationen über Organe siehe oben § 4 B. II. 2.

## 2. Dennoch bestehendes Störgefühl wegen (vorausgegangener) interner Verantwortlichkeit

Trotz fehlender Konfusion ruft es ein Störgefühl hervor, dass das ausgeschiedene Organmitglied für die Datenverarbeitung, betreffend der er nun Informationen verlangt, selbst intern verantwortlich war. Insbesondere wirkt es unbillig, der Gesellschaft etwaige, möglicherweise bestehende, Defizite in der Datenorganisation zur Last zu legen, die der Anspruchsinhaber in seiner Amtszeit selbst, zumindest in rechtlicher Hinsicht, zu verantworten hatte. Nach dem Ausscheiden die Gesellschaft damit zu belasten, diese vom Anspruchsteller zuvor selbst kontrollierte Datenverarbeitung offenzulegen, wirkt zunächst eigenartig. Auch könnte man dem Organmitglied vorwerfen, dass er als Verantwortlicher der Datenverarbeitung über diese noch in Kenntnis sein müsse. Diese Störgefühle dürfen nicht deshalb ignoriert werden, weil die Voraussetzungen der Konfusion im eigentlichen Sinne nicht vorliegen. Es bieten sich nämlich andere dogmatische Anknüpfungspunkte zur Berücksichtigung der angesprochenen Störgefühle.

### a) Störgefühl: Versäumnisse bei der Datenorganisation

Das Störgefühl, welches daher rührt, dass das Organmitglied zuvor möglicherweise erfolgte Versäumnisse in der Datenorganisation zu verantworten hat, muss berücksichtigt werden, wenn sich Raum für eine Interessenabwägung öffnet. Für eine solche Interessenabwägung bietet sich als Anknüpfungspunkt insbesondere Art. 15 Abs. 4 DS-GVO, wonach das Zugangsrecht die „[…] Rechte und Freiheiten anderer Personen nicht beeinträchtigen […]" darf.[492] In einer solchen Abwägung wirken sich etwaige Versäumnisse bei der Organisation der Datenverarbeitung, die die Gewährung des Zugangs erschweren, zulasten der Schutzwürdigkeit des ausgeschiedenen Geschäftsleitungsorgans aus. Denn, wenn bei der Abwägung „[…] zu berücksichtigen [ist], inwieweit der Verantwortliche für das Leistungshindernis verantwortlich gemacht werden kann […]",[493] dann mindert es im Gegenzug dessen Verantwortlichkeit, soweit der Betroffene das Leistungshindernis – hier aus seiner vormaligen Verantwortlichkeit – zu vertreten hat. Zwar hat der EuGH betont, dass die DS-GVO aufseiten des Betroffenen nicht nach der Person oder seiner Tätigkeit unterscheidet und diese Aspekte daher in Anbetracht der Ziele der DS-GVO auch keine Auswirkung auf die Reichweite der Rechte haben könnten.[494] Jedoch beruht es hier nicht auf der vorangegangenen Tätigkeit, dass das Störgefühl berücksichtigt werden soll. Entscheidend ist vielmehr die zu dieser Tätigkeit hinzutretende (ver-

---

[492] Siehe zu dieser dogmatischen Anknüpfung ausführlich unten § 5 D.; alternativ *Korch/Chatard*, NZG 2020, 893 (897), die es im Rahmen des Exzesses von Art. 12 Abs. 5 DS-GVO verorten möchten.
[493] *Waldkirch*, r+s 2021, 317 (319).
[494] EuGH, Urt. v. 22. Juni 2023 – C 579/21, ECLI:EU:C:2023:501, Rn. 85, 88.

gangene) Verantwortlichkeit für die Datenverarbeitung und damit einhergehend der Verantwortlichkeit für die Defizite dieser Verarbeitung. Wesentlicher Unterschied zum Fall, den der EuGH zu beurteilen hatte, ist also derjenige, dass es sich dort um einen Bankangestellten handelte, den – mangels positiver Erwähnung ist hiervon auszugehen – keinerlei Verantwortung für die *Datenschutz-Compliance* der Gesellschaft traf.[495] Das vom EuGH formulierte Ergebnis kann nicht auf ein Organmitglied übertragen werden, in dessen Verantwortungsbereich die Datenverarbeitung gerade lag. Zudem spricht der EuGH davon, dass dieser Umstand der Tätigkeit sich „[…] *grundsätzlich* nicht auf die Reichweite des Rechts auswirkt […]",[496] was Ausnahmen bereits impliziert. Eine solche Ausnahme ist die Eigenschaft als ehemaliges Geschäftsleitungsorgan, das Versäumnisse in der Datenverarbeitung zu verantworten hat. Das Maß der Verantwortlichkeit – bloß rechtlich oder auch tatsächlich – muss im Rahmen einer Abwägung mit den Interessen der Gesellschaft entsprechend gewürdigt werden.[497]

### b) Störgefühl: Einzelne Details der Datenverarbeitung bereits bekannt

Ebenfalls betrachtet werden muss die Konstellation, in der das Organmitglied aus seiner aktiven Zeit noch konkrete Erinnerungen an die Verarbeitung seiner personenbezogenen Daten hat. Dass der Zweck der Betroffenenrechte, ein Bild von der Datenverarbeitung zu gewinnen, noch erreicht werden kann, ist bezüglich bekannter Informationen zweifelhaft. Man mag daher daran denken, dass der Zweck des Art. 15 DS-GVO aufseiten des ausgeschiedenen Organmitglieds nicht mehr zu verwirklichen ist, da zur Zeit der Verarbeitung völlige Transparenz bestand. Schließlich konnte das ehemalige Organmitglied die Daten jederzeit einsehen. Selbst eine Kenntnis der Daten aus einem vorherigen Zugangsverlangen, steht dem Art. 15 DS-GVO aber nicht entgegen.[498] Das folgt nicht zuletzt aus Art. 15 Abs. 3 S. 2 DS-GVO, wonach eine *weitere* Kopie der Daten verlangt werden kann, wenngleich sich der Datenbestand nicht wesentlich verändert hat.[499] Unter Zugrundelegung dieser Maßstäbe darf dem Verlangen erst recht nicht eine „zufällige" Kenntnis vereinzelter Daten aus anderen Umständen entgegenstehen. Wenn schon keine Begrenzung auf eine Differenzauskunft erfolgt, dann darf auch keine Begrenzung der Auskunft erfolgen, wenn die Informationen aus anderen, zufälligen Umständen, bereits bekannt sind oder sein mussten. Auch ist die Verantwortung des Geschäftsleitungsorgans, insbesondere in großen Gesellschaften, eher rechtlicher als tatsächlicher Natur. Praktisch wird selten das Geschäftsleitungsorgan selbst die

---

[495] Vgl. EuGH, Urt. v. 22. Juni 2023 – C 579/21, ECLI:EU:C:2023:501, Rn. 84.
[496] EuGH, Urt. v. 22. Juni 2023 – C 579/21, ECLI:EU:C:2023:501, Rn. 89 [Anm.: Hervorhebungen durch den Verfasser].
[497] Siehe dazu unten § 5 D. VII. 4.
[498] Siehe oben Fn. 479.
[499] *Korch/Chatard*, CR 2020, 438 (440).

Daten verarbeiten. Angesichts dessen bleibt das ehemalige Geschäftsleitungsorgan mangels tatsächlicher Transparenz schutzwürdig.

### IV. Summa: Anspruchsvoraussetzungen liegen im Organhaftungsprozess vor

Die Untersuchung hat gezeigt, dass die Voraussetzungen des Informationsanspruchs aus Art. 15 DS-GVO aufseiten des (ausgeschiedenen) Organmitglieds regelmäßig erfüllt sein werden. Das (ausgeschiedene) Organmitglied ist betroffene Person einer Datenverarbeitung und die Gesellschaft ist Verantwortliche dieser Verarbeitung. Eine vormalige Verantwortung des ausgeschiedenen Organmitglieds steht dem nicht *per se* entgegen. Versäumnisse bei der Datenverarbeitung, die in den Verantwortungsbereich des Organmitglieds fallen oder fielen, werden ihm aber in einer Interessenabwägung zur Last gelegt. Das entfaltet insbesondere Bedeutung, wenn dadurch ein Mehraufwand bei der Erfüllung des Zugangsanspruchs entsteht.[500]

## C. Rechtsfolge des Art. 15 DS-GVO

Nach der Untersuchung der Voraussetzungen des Anspruchs drängt sich naturgemäß die Frage nach den Rechtsfolgen des Informationsanspruchs auf. Auf Rechtsfolgenseite müssen Art. 15 Abs. 1 DS-GVO sowie Art. 15 Abs. 3 DS-GVO analysiert sowie deren Umfang und Verhältnis zueinander thematisiert werden. Die genaue Reichweite des Art. 15 DS-GVO ist in Details umstritten.[501] Sie wird in ihren Einzelheiten und für den konkreten Anwendungsfall im Organhaftungsprozess erst durch die Beschränkungen des Anspruchs aus Art. 15 DS-GVO determiniert, die unter § 5 erforscht werden. Bevor sich aber den Beschränkungen gewidmet werden kann, muss hier die „grundsätzliche" Reichweite des Anspruchs dargestellt werden. Ausgehend von dem grundsätzlichen Umfang können dann folgend auch konkrete Grenzen für den Fall der Geltendmachung des Anspruchs durch ein Organmitglied im Organhaftungsprozess untersucht werden.

### I. Modalität der Anspruchserfüllung

Art. 15 Abs. 1 1. Hs. DS-GVO zufolge kann eine „betroffene Person" von „dem Verantwortlichen" Auskunft darüber verlangen, ob „personenbezogene Daten verarbeitet werden". Nach Art. 15 Abs. 3 S. 1 DS-GVO hat der Verantwortliche eine Kopie derjenigen Daten zur Verfügung zu stellen, die Gegenstand der Verarbei-

---

[500] Siehe dazu unten § 5 D. VII. 4.
[501] Exemplarisch *Krämer/Burghoff*, ZD 2022, 428 (428); *Koreng*, NJW 2021, 2692 (2692).

tung sind. Sowohl der Inhalt dieser beiden Absätze als auch deren Verhältnis zueinander bedarf einer Erörterung

### 1. „Auskunft" nach Art. 15 Abs. 1 DS-GVO

Das „Auskunftsrecht" des Art. 15 Abs. 1 DS-GVO ist voraussetzungslos, sodass bei fehlender Datenverarbeitung auch eine Negativauskunft in dem Sinne zu erfolgen hat, dass keine Daten verarbeitet werden.[502] Nach dem darauffolgenden Halbsatz hat der Betroffene im Falle der Verarbeitung personenbezogener Daten einen Anspruch auf „Auskunft" über diese Daten. Auf den Organhaftungsprozess angewendet, bedeutet diese Systematik der Ansprüche aus Art. 15 Abs. 1 DS-GVO das Folgende: Von der Gesellschaft, die als Verantwortliche im Sinne der DS-GVO zu qualifizieren ist,[503] kann das ausgeschiedene Organmitglied, das betroffene Person im Sinne der DS-GVO ist,[504] „Auskunft" darüber verlangen, ob personenbezogene Daten verarbeitet wurden und, wenn das der Fall ist, „Auskunft" darüber verlangen, welche personenbezogenen Daten verarbeitet wurden. Weiter steht dem Organmitglied ein Anspruch über die einzelnen in Art. 15 Abs. 1 2. Hs. Var. 2 lit. a–h DS-GVO aufgeführten Metainformationen zu.[505] Beachtenswert ist, dass andere Sprachfassungen der DS-GVO, wie auch bei Art. 8 GRCh, wörtlich übersetzt anstelle einer *Auskunft* von einem *Zugang* zu den verarbeiteten Daten sprechen.[506] Auf die Folgen dieser terminologischen Abweichung wird sogleich bei der Bestimmung der inhaltlichen Reichweite des Anspruchs einzugehen sein.[507]

### 2. „Kopie" nach Art. 15 Abs. 3 DS-GVO

Der „Kopieanspruch" in Art. 15 Abs. 3 DS-GVO bezüglich derjenigen Daten, die den Gegenstand der Verarbeitung bilden, ist, zumindest bei erstmaliger Geltendmachung, kostenlos zu erfüllen.[508] Das folgt aus Art. 12 Abs. 5 S. 1 DS-GVO,

---

[502] *Mester*, in: Taeger/Gabel DS-GVO/BDSG/TTDSG, Art. 15 DS-GVO Rn. 2; *Franck*, in: Gola/Heckmann DS-GVO/BDSG, Art. 15 DS-GVO Rn. 5; *Schmidt-Wudy*, in: BeckOK Datenschutzrecht, Stand: 01.08.2024, Art. 15 DS-GVO Rn. 50; *Schwartmann/Klein/Peisker*, in: Schwartmann/Jaspers/Thüsing/Kugelmann DS-GVO/BDSG, Art. 15 DS-GVO Rn. 4.
[503] Siehe oben § 4 B. III.
[504] Siehe oben § 4 B. II. 2.
[505] Zu den einzelnen Begriffsbestimmungen siehe die Legaldefinitionen in Art. 4 DS-GVO.
[506] Exemplarisch Engl.: „Access"; Spanisch: „acceder" in Art. 8 GRCh bzw. „acceso" in Art. 15 DS-GVO; Französisch: „d'accéder" in Art. 8 GRCh bzw. „accès" in Art. 15 DS-GVO; Tschechisch: „Přístup"; Italienisch: „accedere" in Art. 8 GRCh bzw. „l'accesso" in Art. 15 DS-GVO; Portugiesisch: „aceder"; Niederländisch: „recht van inzage in" in Art. 8 GRCh bzw. „inzage te verkrijgen van" in Art. 15 DS-GVO.
[507] Siehe unten § 4 C. II.
[508] Statt vieler *Schmidt-Wudy*, in: BeckOK Datenschutzrecht, Stand: 01.08.2024, Art. 15 DS-GVO Rn. 93; *Bienemann*, in: Sydow/Marsch DS-GVO/BDSG, Art. 15 DS-GVO Rn. 53;

der eine grundsätzliche Entgeltfreiheit der Maßnahmen nach Art. 15 DS-GVO normiert sowie aus Art. 15 Abs. 3 S. 2 DS-GVO, der „weitere" Kopien einem angemessenen Entgelt unterwirft. Der Duden beschreibt eine Kopie als „Abschrift, Durchschrift oder sonstige originalgetreue Reproduktion, Doppel eines Schriftstücks o.Ä., besonders Fotokopie".[509] Dabei muss im Rahmen der DS-GVO ein modernes und dynamisches Begriffsverständnis zugrunde gelegt werden, das nicht bei der „Fotokopie oder Ablichtung eines Schriftstücks" verharrt.[510] Nach zutreffender extensiver Leseart meint die Kopie in formaler Hinsicht ein Abbild der Daten.[511] Jegliche Form eines Duplikats genügt dem Kopiebegriff im Sinne des Art. 15 Abs. 3 DS-GVO.

### 3. Verhältnis von Art. 15 Abs. 1 DS-GVO zu Art. 15 Abs. 3 DS-GVO

Aus der Lektüre des Art. 15 DS-GVO geht nicht hervor, ob Art. 15 Abs. 3 DS-GVO im Verhältnis zu Art. 15 Abs. 1 DS-GVO einen selbstständigen Anspruch darstellt[512] oder ob es sich bei der Kopie vielmehr um eine Darreichungsform beziehungsweise Rechtsfolgenorm[513] des Art. 15 Abs. 1 2. Hs. DS-GVO han-

---

*Ehmann*, in: Ehmann/Selmayr DS-GVO, Art. 15 DS-GVO Rn. 62; *Schwartmann/Klein*, in: Schwartmann/Jaspers/Thüsing/Kugelmann DS-GVO/BDSG, 2. Aufl. 2020, Art. 15 DS-GVO Rn. 43.

[509] DUDEN online, „Kopie", https://www.duden.de/node/82864/revision/1412898 (zuletzt abgerufen am 24.11.2024); vgl. *Engeler/Quiel*, NJW 2019, 2201 (2203).

[510] *Peisker*, Der datenschutzrechtliche Auskunftsanspruch, S. 289 m.w.N.

[511] FG Düsseldorf, Urt. v. 18. August 2022 – 11 K 1730/20 AO, juris Rn. 66: „Duplikat der Daten"; *Franck*, in: Gola/Heckmann DS-GVO/BDSG, Art. 15 DS-GVO Rn. 37.

[512] Dafür OLG München, Urt. v. 4. Oktober 2021 – 3 U 2906/20, ZD 2022, 39–40, juris Rn. 26 – hierauf bezugnehmend *Klein*, Die Kopie als Waffe, FAZ online vom 23.11.2021, https://www.faz.net/aktuell/wirtschaft/datenschutz-grundverordnung-die-kopie-als-waffe-17648696.html (zuletzt abgerufen am 24.11.2024); Sächsisches Landesarbeitsgericht, Urt. v. 17. Februar 2021 – 2 Sa 63/20, ZD 2022, 171–172, juris Rn. 135; *Korch/Chatard*, NZG 2020, 893 (894f.); *Schmidt-Wudy*, in: BeckOK Datenschutzrecht, Stand: 01.08.2024, Art. 15 DS-GVO Rn. 85; *Arning*, in: Moos/Schefzig/Arning Hdb DS-GVO/BDSG, Kap. 6 Rn. 183, der aber erkennt, dass die Praxis es anders handhabt; *Härting*, CR 2019, 219 (220ff.); *Brink/Joos*, ZD 2019, 483 (484f.); *Waldkirch*, r+s 2021, 317 (318); *Koreng*, NJW 2021, 2692 (2963); *Bäcker*, in: Kühling/Buchner DS-GVO/BDSG, Art. 15 DS-GVO Rn. 39, der die EuGH-Rechtsprechung nicht für überzeugend hält; *König*, CR 2019, 295 (295f.).

[513] Dafür EuGH, Urt. v. 4. Mai 2023 – C 487/21, ECLI:EU:C:2022:1000, Rn. 30; LAG Baden-Württemberg, Urt. v. 17. März 2021 – 21 Sa 43/20, NZA-RR 2021, 410–415, Rn. 47; Generalanwalt *Giovanni Pitruzzella*, Schlussanträge vom 15. Dezember 2022 – C 487/21, Rn. 49f.; BVwG Österreich, Erkenntnis v. 23. September 2020 – W256 2226269–1; *Franck*, in: Gola/Heckmann DS-GVO/BDSG, Art. 15 DS-GVO Rn. 36; ähnlich *Dix*, in: Simitis/Hornung/Spiecker gen. Döhmann Datenschutzrecht, Art. 15 DS-GVO Rn. 28; *Kamlah*, in: Plath DS-GVO/BDSG/TTDSG, Art. 15 Rn. 16; *Schwartmann/Klein/Peisker*, in: Schwartmann/Jaspers/Thüsing/Kugelmann DS-GVO/BDSG, Art. 15 Rn. 5; *Arend/Möhrke-Sobolewski*, PinG 2019, 245 (247) unter Bezugnahme auf die Entstehungsgeschichte der Norm; *Schaffland/Holthaus*, in: Schaffland/Wiltfang DS-GVO/BDSG, Art. 15 DS-GVO Rn. 44; *Zikesch/Sörup*, ZD 2019, 239 (240); *Lembke*, NJW 2020, 1841 (1842); *Lindner*, NZM 2022, 633 (635); *Thüsing/Plötters*, in:

delt.⁵¹⁴ In der Literatur wird die Frage des Verhältnisses von Art. 15 Abs. 1 DS-GVO zu Art. 15 Abs. 3 DS-GVO soweit ersichtlich durchweg gemeinsam mit der Frage des Inhalts der jeweiligen Ansprüche beantwortet.⁵¹⁵ Diese gemeinsame Behandlung der Problemkreise soll hier aufgelöst werden. Zunächst soll das Verhältnis der Normen zueinander bestimmt werden, bevor dann die inhaltliche Ebene untersucht wird. Dies ist deshalb sinnvoll, weil es, wenn es sich bei Art. 15 Abs. 3 DS-GVO um einen unselbstständigen Annex des Art. 15 Abs. 1 DS-GVO handelt, genügt, den Inhalt von Art. 15 Abs. 1 DS-GVO zu bestimmen, um den Inhalt des Art. 15 Abs. 3 DS-GVO zu erschließen.⁵¹⁶ Art. 15 Abs. 3 DS-GVO würde dann lediglich die Art und Weise regeln, in der der Inhalt des Art. 15 Abs. 1 DS-GVO darzustellen ist. Nur, wenn es sich bei Art. 15 Abs. 3 DS-GVO um einen eigenständigen Anspruch handelt, hätte eine Bestimmung des Inhalts ebenfalls eigenständig, also separat zu erfolgen. Die gemeinsame Behandlung der Problemkreise von Verhältnis und Inhalt der Absätze birgt die Gefahr der Vermengung der Probleme und damit fehlgeleiteter Argumentation. Daher bietet sich die getrennte Behandlung der Probleme an. Trotz der durch den EuGH jüngst herbeigeführten Klärung,⁵¹⁷ die die Praxis entsprechend beeinflussen wird, soll das Problem hier argumentativ der vorzugswürdigen Lösung zugeführt werden. Aus dieser Herleitung ergeben sich nämlich auch weitere, für das Verständnis des Anspruchs relevante Anhaltspunkte.

---

Beschäftigtendatenschutz und Compliance, § 18 Rn. 32; so wohl auch die Datenschutzkonferenz, die Art. 15 Abs. 3 DS-GVO unter der Überschrift „Form der Auskunftserteilung" erläutert: Datenschutzkonferenz, Kurzpapier Nr. 6 – Auskunftsrecht der betroffenen Person, Art. 15 DS-GVO; Der Hessische Beauftragte für Datenschutz und Informationssicherheit, 47. Tätigkeitsbericht zum Datenschutz und 1. Tätigkeitsbericht zur Informationssicherheit, 2018, S. 77; wohl auch LAG Niedersachsen, Urt. v. 22. Oktober 2021 – 16 Sa 761/20, CR 2022, 89–96, Rn. 214; *Peisker*, Der datenschutzrechtliche Auskunftsanspruch, S. 99 ff., der im Übrigen aber *Zikesch/Sörup*, ZD 2019, 239 (240) fälschlich als Vertreter der Ansicht eines „zusätzlichen Anspruchs" einordnet, was auf einem abweichenden Verständnis der Begrifflichkeit des „Annex" beruht, vgl. *Peisker*, Der datenschutzrechtliche Auskunftsanspruch, S. 97, 99; *Peisker*, RDV 2023, 187 (188); *Kuznik*, NVwZ 2023, 297 (298).

⁵¹⁴ Streitdarstellung in *Krämer/Burghoff*, ZD 2022, 428 (428); *Arend/Möhrke-Sobolewski*, PinG 2019, 245 (245 ff.); ausführlich in *Peisker*, Der datenschutzrechtliche Auskunftsanspruch, S. 94 ff.

⁵¹⁵ Vgl. *Schmidt-Wudy*, in: BeckOK Datenschutzrecht, Stand: 01.08.2024, Art. 15 DS-GVO Rn. 85; *Franck*, in: Gola/Heckmann DS-GVO/BDSG, Art. 15 DS-GVO Rn. 36 ff.; *Arend/ Möhrke-Sobolewski*, PinG 2019, 245 (245 ff.); *Koreng*, NJW 2021, 2692 (2693); *Arning*, in: Moos/Schefzig/Arning Hdb DS-GVO/BDSG, Kap. 6 Rn. 183 erkennt die Auswirkung der Frage des Verhältnisses der Normen auf den Inhalt hingegen als einer der wenigen zutreffend.

⁵¹⁶ Vgl. *Zikesch/Sörup*, ZD 2019, 239 (239); auch unabhängig voneinander sehen *Korch/ Chatard*, CR 2020, 438 (439) die Fragen von dogmatischer Einordnung der Ansprüche und Inhalt des Anspruchs; ebenso die Unabhängigkeit der Fragen betonend *Peisker*, Der datenschutzrechtliche Auskunftsanspruch, S. 95 f.

⁵¹⁷ EuGH, Urt. v. 4. Mai 2023 – C 487/21, ECLI:EU:C:2022:1000, Rn. 30 ff.: „Art. 15 Abs. 3 DS-GVO legt die praktischen Modalitäten für die Erfüllung der dem für die Verarbeitung Verantwortlichen obliegenden Verpflichtung fest […]."

*a) Auseinandersetzung mit Argumenten für Selbstständigkeit des Anspruchs*

Befürworter eines selbstständigen Anspruchs führen den Wortlaut sowie die Systematik der Norm ins Feld, um die Eigenständigkeit des „Kopieanspruchs" zu begründen.[518] Sie verweisen auf Art. 15 Abs. 4 DS-GVO, dessen Wortlaut von einem „Recht auf Erhalt einer Kopie gemäß Absatz 3" spricht.[519] Ein „Recht" kann insbesondere ein Anspruch sein,[520] sodass Abs. 3 der Terminologie zufolge auch ohne Abs. 1 als „Anspruch" existieren könnte, was für dessen Selbstständigkeit sprechen mag. Allerdings schließt der Begriff „Recht" in Abs. 4 nicht aus, dass dieser den Anspruch aus Abs. 1 lediglich ergänzt oder konkretisiert. Der Wortlaut des Abs. 4 ist kein durchschlagendes Argument für die Annahme eines eigenständigen Anspruchs. Weiter wird argumentiert, die Absätze würden unterschiedliche Zwecke verfolgen: Die Auskunft solle ermöglichen, die Rechtmäßigkeit der Datenverarbeitung prüfen zu können, während die Kopie den Betroffenen in die Lage versetzen solle, die Richtigkeit der Auskunft aus Art. 15 Abs. 1 DS-GVO zu prüfen und sich ein vollständiges Bild der Daten zu verschaffen.[521] Auch gegen dieses Argument bestehen aber Zweifel. Denn es ist nicht ersichtlich, weshalb ein einheitlicher Anspruch nicht mehrere Zwecke verfolgen können soll. Anders wäre das bei sich entgegenstehenden oder alternativen Zwecken. Die „unterschiedlichen" Zwecke ergänzen sich hier vielmehr zu einem einheitlichen Zweck. Der einheitliche Zweck der Absätze besteht darin, Transparenz in der Datenverarbeitung zu erzeugen, was sich nicht zuletzt aus den Erwägungsgründen 58 und 39 S. 3 zur DS-GVO ergibt.[522] Mithin sind die „unterschiedlichen" Zwecke kein überzeugendes Argument für eine Trennung in zwei Ansprüche.

Ein Argument für die Trennung der Ansprüche könnte auf einen ersten Blick der Wortlaut des Art. 12 Abs. 5 S. 1 DS-GVO sein, welcher normiert, dass die „[...] Mitteilungen und Maßnahmen gemäß den Artikeln 15 bis 22 [...] unentgeltlich zur Verfügung gestellt" werden müssen. Versteht man Art. 15 Abs. 3 DS-GVO als Annex zu Art. 15 Abs. 1 DS-GVO so könnte man meinen, Art. 12 Abs. 5 S. 1 DS-GVO sei für Art. 15 Abs. 1, 3 DS-GVO wegen der schon in Art. 15 Abs. 3 S. 2 DS-GVO angeklungenen Entgeltfreiheit eine Doppelung und mithin ohne Bedeutung. Art. 12 Abs. 5 S. 1 DS-GVO hätte für Art. 15 DS-GVO dann nur Bedeutung, wenn es sich bei Art. 15 Abs. 1 DS-GVO um einen von Abs. 3 zu trennenden Anspruch handeln würde, für den die Entgeltfreiheit durch Art. 15 Abs. 3 S. 2 DS-GVO nicht normiert würde. Für diesen Abs. 1 würde dann Art. 12 Abs. 5 S. 1 DS-GVO relevant. Jedoch

---

[518] OVG NRW, Urt. v. 8. Juni 2021 – 16 A 1582/20, ZD 2022, 174–176, juris Rn. 96; *Arning*, in: Moos/Schefzig/Arning Hdb DS-GVO/BDSG, Kap. 6 Rn. 183; *Brink/Joos*, ZD 2019, 483 (484).
[519] *Härting*, CR 2019, 219 (221); *Schantz*, in: Schantz/Wolff Das neue Datenschutzrecht, Rn. 1199.
[520] *Groh*, in: Weber kompakt Rechtswörterbuch, Recht.
[521] *Lembke*, NJW 2020, 1841 (1843); *Härting*, CR 2019, 219 (220f.); *Schantz*, in: Schantz/Wolff Das neue Datenschutzrecht, Rn. 1199.
[522] Siehe zum Zweck des Anspruchs ausführlich unten § 5 E. IV. 1.

verkennt eine solche Argumentation, die eigentliche Regelungssystematik, die Art. 15 Abs. 3 S. 2 DS-GVO und Art. 12 Abs. 5 S. 1 DS-GVO zugrunde liegt. Der Regelungsgehalt des Art. 15 Abs. 3 S. 2 DS-GVO muss dahingehend interpretiert werden, dass eine „weitere" Kopie entgeltpflichtig ist, während die Maßnahmen im Übrigen nach Art. 12 Abs. 5 S. 1 DS-GVO entgeltfrei sind. Art. 15 Abs. 3 S. 2 DS-GVO normiert also gar keine Entgeltfreiheit, sondern vielmehr eine Entgeltpflicht bei „weiterer" Kopie. Bei einer solchen Interpretation sind Art. 12 Abs. 5 S. 1 DS-GVO und Art. 15 Abs. 3 S. 2 DS-GVO vereinbar. Der Regelungsgehalt des Art. 12 Abs. 5 S. 1 DS-GVO unterscheidet sich also von demjenigen des Art. 15 Abs. 3 S. 2 DS-GVO, womit letzterer auch bei Einheitlichkeit des Abs. 1 und Abs. 3 eigenständige Bedeutung entfaltet, indem er die Entgeltpflichtigkeit des einheitlichen Anspruchs bei „weiterer" Kopie normiert.

### b) Bloße Ergänzung des Art. 15 Abs. 1 DS-GVO durch Art. 15 Abs. 3 DS-GVO

Vertreter der Ansicht eines einheitlichen Anspruchs haben seit Mai 2023 den EuGH[523] und bereits seit Januar 2022 den Europäischen Datenschutzausschuss auf ihrer Seite.[524] Die Funktion letzteren Ausschusses liegt gemäß Art. 70 Abs. 1 S. 1 DS-GVO in der Sicherung einer einheitlichen Anwendung der DS-GVO in der Europäischen Union. Er gründet auf Art. 68 DS-GVO und besitzt in den in Art. 65 DS-GVO aufgeführten Fällen sogar eine verbindliche Entscheidungskompetenz.[525] Dieser Ausschuss hat in seinen Leitlinien festgestellt, dass Art. 15 Abs. 3 DS-GVO keinen eigenständigen Anspruch darstellt, sondern die Modalität der Anspruchserfüllung des Art. 15 Abs. 1 DS-GVO normiert:

> „The obligation to provide a copy is not to be understood as an additional right of the data subject, but as a modality of providing access to the data."[526]

Die Leitlinien des Europäischen Datenschutzausschusses sind anders als seine verbindlichen Beschlüsse nach Art. 65 DS-GVO zwar nicht bindend. Dennoch kommt dem Ausschuss kraft seiner Funktion der Sicherstellung einer einheitlichen Anwendung der DS-GVO praktisch hohe Bedeutung zu. Somit lag es schon vor

---

[523] EuGH, Urt. v. 4. Mai 2023 – C 487/21, ECLI:EU:C:2022:1000, Rn. 30; er folgte damit Generalanwalt *Giovanni Pitruzzella*, Schlussanträge vom 15. Dezember 2022 – C 487/21, Rn. 49 f.

[524] Edpb, Guidelines 01/2022 on data subject rights – Right of access, 18. Januar 2022, Rn. 23. So übernommen auch in den aktualisierten Guidelines Edpb, Guidelines 01/2022 on data subject rights – Right of access, 28. März 2023, Rn. 23; abweichend eingeordnet von *Schmidt-Wudy*, in: BeckOK Datenschutzrecht, Stand: 01.08.2024, Art. 15 DS-GVO Rn. 85, der Rn. 19 der Guideline dahingehend versteht, dass Art. 15 Abs. 3 DS-GVO extensiv zu verstehen sei, wobei sich Rn. 19 aber eigentlich mit Art. 15 Abs. 1 DS-GVO befasst.

[525] Vgl. *Körffer*, in: Paal/Pauly DS-GVO/BDSG, Art. 68 DS-GVO Rn. 1 f.; vgl. *Bäcker*, in: Kühling/Buchner DS-GVO/BDSG, Art. 12 DS-GVO Rn. 1.

[526] Edpb, Guidelines 01/2022 on data subject rights – Right of access, 28. März 2023, Rn. 23.

dem klärenden Urteil des EuGH nahe, dass die Praxis sich allmählich an der Auffassung des Europäischen Datenschutzausschusses orientieren würde und mithin kein eigenständiger Kopieanspruch mehr angenommen werden würde.[527] Etwa der Hessische Beauftragte für Datenschutz und Informationssicherheit nimmt in seinem 50. Tätigkeitsbericht ausdrücklich Bezug auf die steigende Bedeutung des Europäischen Datenschutzausschusses für seine Praxis.[528]

Gewichtiges Argument für die fehlende Selbstständigkeit des Art. 15 Abs. 3 DS-GVO ist, dass dieser eher deskriptiv, hingegen nicht als Anspruch aus Tatbestand und Rechtsfolge formuliert ist.[529] Das handhabt der Normgeber an anderen Stellen der DS-GVO anders. Wenn er einen Anspruch normiert, nutzt er – auch im direkten Umfeld des Art. 15 Abs. 3 DS-GVO – einheitlich die Terminologie: „Die betroffene Person hat das Recht […]".[530] Diese Terminologie nutzt er in Art. 15 Abs. 3 DS-GVO gerade nicht. Eine ähnliche Terminologie nutzt er allein in dem „sprachlich verkümmerten Verweis"[531] in Art. 15 Abs. 4 DS-GVO. Sollte es sich in den Augen des Normgebers um einen eigenen Anspruch handeln, so hätte er den Abs. 3 auf andere Art formuliert:

„Die betroffene Person hat, ergänzend zur Auskunft nach Abs. 1, das Recht vom Verantwortlichen eine Kopie der personenbezogenen Daten zu verlangen, die Gegenstand der Verarbeitung sind."

Zwar ist der Einwand korrekt, dass eine Formulierung als „Recht" nicht zwingend ist,[532] jedoch kann das nicht über die Tatsache hinwegtäuschen, dass der Verordnungsgeber in der DS-GVO grundsätzlich derart formuliert.[533] Der deskriptive Charakter des Abs. 3 wird insbesondere auch durch S. 3 deutlich, der bei einer Anfrage in elektronischer Form die Erteilung der Auskunft in einem elektronischen Format vorschreibt. Die Formulierung erinnert an eine bloße Formvorschrift, nicht aber an eine Anspruchsgrundlage. Für eine solche fehlt es auch an eigenständigen Voraussetzungen im Vergleich zu Abs. 1.[534]

Diese Unselbstständigkeit des Anspruchs steht im Übrigen im Einklang mit dem nationalen „Zugangsanspruch" aus § 3 Umweltinformationsgesetz (UIG). Auch bei § 3 Abs. 1 UIG handelt es sich um einen voraussetzungslosen Anspruch auf Zugang

---

[527] Zu Vertretern dieser Ansicht siehe Fn. 513.
[528] Der Hessische Beauftragte für Datenschutz und Informationssicherheit, 50. Tätigkeitsbericht zum Datenschutz und 4. Tätigkeitsbericht zur Informationssicherheit, 2021, Teil I Nr. 1, 5.
[529] *Arend/Möhrke-Sobolewski*, PinG 2019, 245 (247); vgl. *Peisker*, Der datenschutzrechtliche Auskunftsanspruch, S. 100.
[530] Vgl. exemplarisch die den Art. 15 Abs. 3 DS-GVO umgebenden Betroffenenrechte aus Art. 15 Abs. 1 DS-GVO, Art. 16 DS-GVO, Art. 17 Abs. 1 DS-GVO, Art. 18 Abs. 1 DS-GVO, Art. 21 Abs. 1, 6 DS-GVO; Art. 22 Abs. 1 DS-GVO.
[531] *Peisker*, Der datenschutzrechtliche Auskunftsanspruch, S. 107.
[532] So richtig *Peisker*, Der datenschutzrechtliche Auskunftsanspruch, S. 100.
[533] Siehe oben Fn. 530.
[534] FG Berlin-Brandenburg, Urt. v. 27. Oktober 2021 – 16 K 5148/20, ZD 2022, 579–580, Rn. 53; *Härting*, CR 2019, 219 (220); vgl. *Engeler/Quiel*, NJW 2019, 2201 (2202).

zu Informationen,[535] der abweichend von Art. 15 Abs. 1 2. Hs. DS-GVO aber auch ausdrücklich vom „Zugang" spricht. Nach § 3 Abs. 2 S. 1 UIG kann dieser Zugang durch Auskunft, Akteneinsicht oder auf sonstige Weise erfolgen. Nach Art. 3 Abs. 4 der RL 2003/4/EG (Umweltinformationsrichtlinie) stellt insbesondere die Kopie der Informationen eine solche Erfüllung in einer sonstigen Weise dar. Die Gesetzesbegründung sieht in § 3 Abs. 2 UIG eine Regelung, die die Art, also die Modalität des Informationszugangs festlegt.[536] Dasselbe gilt für § 1 Abs. 2 Informationsfreiheitsgesetz (IFG), der ebenfalls diese verschiedenen Modalitäten der Zugangsgewährung normiert, ohne dass § 1 Abs. 2 IFG als eigenständiger Anspruch in Betracht gezogen wird. Als rein nationale Norm kann letztere aber nur eingeschränkt zur Auslegung des EU-Rechts herangezogen werden. Die Norm des UIG geht immerhin zurück auf eine unionsrechtliche Richtlinie. Ebenso steht die fehlende Selbstständigkeit des Abs. 3 im Einklang mit der EU-Verordnung über den Zugang der Öffentlichkeit zu Dokumenten des Europäischen Parlaments, des Rates und der Kommission.[537] Das allgemeine Zugangsrecht aus Art. 2 Abs. 1 (EG) Nr. 1049/2001 kann nach Art. 10 Abs. 1 (EG) Nr. 1049/2001 „[…] durch Einsichtnahme vor Ort oder durch Bereitstellung einer Kopie […]" erfolgen. Wie auch bei § 3 UIG und § 1 IFG ist die Kopieerteilung dabei eine Erfüllungsmodalität des Zugangs.[538]

### 4. Zwischenergebnis für weitere Untersuchung

Die „Auskunft" im Sinne des Art. 15 Abs. 1 2. Hs. DS-GVO, die eigentlich einen „Zugang" meint,[539] hat also nach überzeugender und nun auch vom EuGH vertretener Ansicht „automatisch" in Form einer Kopie zu erfolgen, ohne dass das ausgeschiedene Organmitglied diese Form explizit einfordern müsste.[540] Art. 15 Abs. 3 DS-GVO beschreibt die Darstellungsweise der Erbringung des Anspruchs aus Art. 15 Abs. 1 2. Hs. DS-GVO, gleich ob man das als unselbstständigen „Annex" oder „Rechtsfolge" betiteln mag.[541]

---

[535] Vgl. zur Voraussetzungslosigkeit BTDrucks. 15/3406, S. 15.
[536] Vgl. BTDrucks. 15/3406, S. 16.
[537] Verordnung (EG) Nr. 1049/2001 des Europäischen Parlaments und des Rates vom 30. Mai 2001.
[538] Vgl. zu alledem auch *Peisker*, Der datenschutzrechtliche Auskunftsanspruch, S. 111 ff.
[539] Siehe dazu ausführlich unten § 4 C. II. 1.
[540] *Franck*, in: Gola/Heckmann DS-GVO/BDSG, Art. 15 DS-GVO Rn. 36 mit Verweis auf Art. 15 Abs. 1b Rat-E DS-GVO, der ein Verlangen noch ausdrücklich vorsah; LAG Baden-Württemberg, Urt. v. 17. März 2021 – 21 Sa 43/20, NZA-RR 2021, 410–415, Rn. 47; a.A. *Schmidt-Wudy*, in: BeckOK Datenschutzrecht, Stand: 01.08.2024, Art. 15 DS-GVO Rn. 86; *Bäcker*, in: Kühling/Buchner DS-GVO/BDSG, Art. 15 DS-GVO Rn. 44, der das vor der EuGH-Rechtsprechung selbst dann entsprechend beurteilt hat, wenn man in Art. 15 Abs. 1 und Abs. 3 DS-GVO selbstständige Ansprüche sieht, *Bäcker*, in: Kühling/Buchner DS-GVO/BDSG, 3. Aufl. 2020, Art. 15 DS-GVO Rn. 44; ebenso *Engeler/Quiel*, NJW 2019, 2201 (2205).
[541] Begrifflichkeiten hier anders verstanden als in *Peisker*, Der datenschutzrechtliche Auskunftsanspruch, S. 94 ff.; siehe auch Hinweis in Fn. 513.

## II. Inhalt des einheitlichen Anspruchs aus Art. 15 Abs. 1, 3 DS-GVO

Nachdem ausführlich dargelegt wurde, dass es sich bei Art. 15 Abs. 1, 3 DS-GVO um einen einheitlichen Anspruch auf eine Kopie handelt, muss der Inhalt des Anspruchs determiniert werden. Wie dargelegt, erfolgt die Bestimmung des Inhalts von Art. 15 Abs. 3 DS-GVO wegen fehlender Eigenständigkeit einheitlich zu Art. 15 Abs. 1 2. Hs. DS-GVO. Der EDSA stellt in den von ihm herausgegebenen Leitlinien klar, dass der Inhalt der in der Kopie enthaltenen Informationen dem Inhalt des nach Art. 15 Abs. 1 2. Hs. DS-GVO zu gewährenden Zugangs entspricht:

> „[…] there is no additional information to be given to the data subject upon providing a copy: The scope of the information to be contained in the copy is the scope of the access to the data under 15(1) […]"[542]

Der Umfang des Anspruchs im Einzelfall ergibt sich aus der Bestimmung der Terminologie verarbeiteter personenbezogener Daten sowie den einzelnen Beschränkungen, die an späterer Stelle für den Organhaftungsprozess ausführlich untersucht werden.[543] Davon getrennt werden muss die Frage des Detaillierungsgrades der Kopie, sofern personenbezogene Daten identifiziert wurden. Dieser wird nicht einheitlich beurteilt.[544] Möglich erscheint zur Anspruchserfüllung alles zwischen der bloßen Anfertigung einer Übersicht über die Daten anhand von Oberbegriffen, ohne die Daten selbst zu nennen,[545] bis zu der Herausgabe einer Reproduktion der Daten samt Abbildung des Verarbeitungsprozesses.[546] Zwischen diesen Extremen liegt ein vermittelnder, überzeugender Weg, der die inhaltliche Übermittlung der Daten, losgelöst aus dem Verarbeitungsprozess und Datenumfeld, für erforderlich aber auch ausreichend erachtet.[547] Die Literatur und Rechtsprechung zu dieser Problematik ist breit.[548] Dass der vermittelnde Weg hier die überzeugende Lösung darstellt, zeigt die Auslegung der Norm.

---

[542] Edpb, Guidelines 01/2022 on data subject rights – Right of access, 28. März 2023, Rn. 23.
[543] Siehe unten § 5.
[544] Die Diskussion zusammenfassend *Bienemann*, in: Sydow/Marsch DS-GVO/BDSG, Art. 15 DS-GVO Rn. 30 ff.
[545] *Zikesch/Sörup*, ZD 2019, 239 (241); *Grau/Seidensticker*, Anm. zu LAG Baden-Württemberg, Urt. v. 20. Dezember 2018 – 17 Sa 11/18, EWiR 2019, 443 (444); LSG NRW, Beschl. v. 17. Juni 2021 – L 15 U 144/21 B ER, juris Rn. 31.
[546] Letzter Auffassung sind *Koreng*, NJW 2021, 2692 (2693); *Lembke*, NJW 2020, 1841 (1843); *Engeler/Quiel*, NJW 2019, 2201 (2202 f.); *Ehmann*, in: Ehmann/Selmayr DS-GVO, Art. 15 Rn. 70: „Metadaten".
[547] BGH, Urt. v. 15. Juni 2021 – VI ZR 576/19, DB 2021, 1803–1806, Rn. 17; VG Schwerin, Urt. v. 29. April 2021 – 1 A 1343/19 SN, RDV 2021, 292, Rn. 55 ff.; *Franck*, in: Gola/Heckmann DS-GVO/BDSG, Art. 15 DS-GVO Rn. 36 f.; *Kamlah*, in: Plath DS-GVO/BDSG/TTDSG, Art. 15 Rn. 16; *Kuznik*, NVwZ 2023, 297 (298); *König*, CR 2019, 295 (299); vgl. BVwG Österreich, Erkenntnis v. 23. September 2020 – W256 2226269-1.
[548] Ausführlich zu den vertretenen Meinungen *Peisker*, Der datenschutzrechtliche Auskunftsanspruch, S. 268 ff.

## 1. Wortlaut des Art. 15 Abs. 1 2. Hs. DS-GVO – Sprachvergleichende Auslegung

Die Auslegung europäischer Rechtsakte erfolgt dem Grunde nach mittels der Methodik wie die Auslegung von Rechtsakten hierzulande, womit erster Anhaltspunkt der Wortlaut ist.[549]

### a) Umgang mit divergierendem Wortlaut in verschiedenen Sprachfassungen

Von entscheidender Bedeutung für die Auslegung des Art. 15 Abs. 1 DS-GVO ist die Berücksichtigung des abweichenden Wortlauts der deutschen Sprachfassung („Auskunft") von den übrigen Sprachfassungen („Zugang"). Die deutsche Formulierung, die den Begriff der *Auskunft* verwendet, ist dabei sowohl bei Art. 15 DS-GVO als auch bei Art. 8 GRCh die Ausnahme.[550] Der Begriff der „Auskunft" verleitet den Leser zu einem falschen Verständnis der Norm. Umso bemerkenswerter ist, dass der begriffliche Unterschied von vielen in der Literatur vernachlässigt wird. Wird der begriffliche Unterschied angesprochen, so wird seine Bedeutung häufig verkannt. Die Begriffe werden dann häufig synonym verwendet,[551] was angesichts unterschiedlicher Bedeutungen[552] kritisch zu betrachten ist.

Es gilt zwar der Grundsatz der Gleichwertigkeit und Verbindlichkeit der verschiedenen Sprachfassungen des Sekundärrechts.[553] Als europäischer Rechtsakt, muss die DS-GVO in den Mitgliedstaaten aber zugleich einheitlich ausgelegt und umgesetzt werden.[554] Der Grundsatz der Gleichwertigkeit und Verbindlichkeit der einzelnen Sprachfassungen darf nicht dazu führen, dass die Auslegung uneinheit-

---

[549] Vgl. EuGH, Urt. v. 23. März 1982 – 53/81, ECLI:EU:C:1982:105, Rn. 9; *Pieper*, in: Dauses/Ludwigs Hdb EU-Wirtschaftsrecht, Kap. B. I. Rn. 7 f.; *Fetzer/Fischer*, Europarecht, S. 68 Rn. 247; *Wagener*, in: Calliess/Ruffert EUV/AEUV, Art. 19 EUV Rn. 28; *Selmayr/Ehmann*, in: Ehmann/Selmayr DS-GVO, Einleitung Rn. 99 wonach die Gewichtung der verschiedenen Methoden aber abweicht von der Gewichtung in der nationalen Auslegung; vgl. *Riesenhuber*, in: Riesenhuber Europäische Methodenlehre, § 10 Rn. 12 ff.

[550] Exemplarisch Engl.: „Access"; Spanisch: „acceder" in Art. 8 GRCh bzw. „acceso" in Art. 15 DS-GVO; Französisch: „d'accéder" in Art. 8 GRCh bzw. „accès" in Art. 15 DS-GVO; Tschechisch: „Přístup"; Italienisch: „accedere" in Art. 8 GRCh bzw. „l'accesso" in Art. 15 DS-GVO; Portugiesisch: „aceder"; Niederländisch: „recht van inzage in" in Art. 8 GRCh bzw. „inzage te verkrijgen van" in Art. 15 DS-GVO.

[551] Sogar durch den EuGH in EuGH, Urt. v. 22. Juni 2023 – C 579/21, ECLI:EU:C:2023:501, Rn. 88; *Franzen*, NZA 2020, 1593 (1593 ff.); *Peisker*, Der datenschutzrechtliche Auskunftsanspruch, S. 114.

[552] Zu diesen siehe unten § 4 C. II. 1. b).

[553] EuGH, Urt. v. 6. Oktober 1982 – C 283/81, ECLI:EU:C:1982:335, Rn. 18; *Wagener*, in: Calliess/Ruffert EUV/AEUV, Art. 19 EUV Rn. 28; *Gerrit Hornung/Indra Spiecker gen. Döhmann*, in: Simitis/Hornung/Spiecker gen. Döhmann Datenschutzrecht, Einl. Rn. 271.

[554] Ständige Rechtsprechung des EuGH: EuGH, Urt. v. 5. Dezember 1967 – C 19/67, ECLI:EU:C:1967:49, Slg. 13, 461 (473); EuGH, Urt. v. 17. Juli 1997 – C 219/95 P,

lich geschieht. Daher kann auch nicht eine einzige Sprachfassung als Auslegungsmaßstab dienen, sondern es muss vielmehr im Wege einer sprachvergleichenden Auslegung der abweichende Wortlaut identifiziert und relativiert werden.[555] Der Europäische Gerichtshof führt dazu in ständiger Rechtsprechung aus:

> „[…] die Notwendigkeit einheitlicher Auslegung der Gemeinschaftsverordnungen [schließt] eine isolierte Betrachtung der Fassung einer Vorschrift aus und gebietet, sie bei Zweifeln im Lichte der Fassungen in den anderen Sprachen auszulegen und anzuwenden."[556]

Insofern ist also die „Gesamtheit der Sprachfassungen" entscheidend,[557] was die Vollharmonisierung durch das Unionsrecht erst ermöglicht. Weil abgesehen von der deutschen Sprachfassung ausschließlich der Begriff des *Zugangs*[558] verwendet wird, ist dieser Begriff auch für die Auslegung des Art. 15 Abs. 1 DS-GVO in Deutschland zugrunde zu legen. Auch Erwägungsgrund 59 S. 1 sowie Erwägungsgrund 63 S. 4 zur DS-GVO verwenden zu Recht diese Terminologie des Zugangs.[559] Die Verwendung des Begriffs der *Auskunft* im Verordnungstext muss als Übersetzungsfehler oder Redaktionsfehler qualifiziert werden.[560] Es handelt sich bei Art. 15 Abs. 1, 3 DS-GVO um einen *Zugangsanspruch*, nicht um einen Auskunftsanspruch.

---

ECLI:EU:C:1997:375, Rn. 15; EuGH, Urt. v. 19. September 2013 – C 140/12, ECLI:EU:C:2013:565, Rn. 74; EuGH, Urt. v. 27. März 1990 – C 372/88, ECLI:EU:C:1990:140, Rn. 18 f.; *Schroeder*, in: Streinz EUV/AEUV, Abs. 288 AEUV Rn. 38; *Wagener*, in: Calliess/Ruffert EUV/AEUV, Art. 19 EUV Rn. 28; *Lutter*, JZ 1992, 593 (599) mit Bezug auf Richtlinien.

[555] Vgl. Fn. 554.
[556] EuGH, Urt. v. 27. März 1990 – C 372/88, ECLI:EU:C:1990:140, Rn. 19.
[557] Vgl. auch Generalanwalt *Giovanni Pitruzzella*, Schlussanträge vom 15. Dezember 2022 – C 487/21, Rn. 30, der bei der Auslegung des Kopiebegriffs nach dem Wortlaut zu Beginn einen Vergleich der Sprachfassungen vornimmt.
[558] Exemplarisch Engl.: „Access"; Spanisch: „acceder" in Art. 8 GRCh bzw. „acceso" in Art. 15 DS-GVO; Französisch: „d'accéder" in Art. 8 GRCh bzw. „accès" in Art. 15 DS-GVO; Tschechisch: „Přístup"; Italienisch: „accedere" in Art. 8 GRCh bzw. „l'accesso" in Art. 15 DS-GVO; Portugiesisch: „aceder"; Niederländisch: „recht van inzage in" in Art. 8 GRCh bzw. „inzage te verkrijgen van" in Art. 15 DS-GVO.
[559] Erwägungsgrund 59 S. 1 zur DS-GVO im Wortlaut: „Es sollten Modalitäten festgelegt werden, die einer betroffenen Person die Ausübung der Rechte, die ihr nach dieser Verordnung zustehen, erleichtern, darunter auch Mechanismen, die dafür sorgen, dass sie unentgeltlich insbesondere *Zugang* zu personenbezogenen Daten und deren Berichtigung oder Löschung beantragen und gegebenenfalls erhalten oder von ihrem Widerspruchsrecht Gebrauch machen kann." [Anm.: Hervorhebungen durch den Verfasser]; Erwägungsgrund 63 S. 4 zur DS-GVO im Wortlaut: „Nach Möglichkeit sollte der Verantwortliche den Fern*zugang* zu einem sicheren System bereitstellen können, der der betroffenen Person direkten *Zugang* zu ihren personenbezogenen Daten ermöglichen würde." [Anm.: Hervorhebungen durch den Verfasser].
[560] In dieser Hinsicht zurückhaltender *Peisker*, Der datenschutzrechtliche Auskunftsanspruch, S. 105 f. Im Ergebnis aber dann ähnlicher Ansicht *Peisker*, Der datenschutzrechtliche Auskunftsanspruch, S. 113.

### b) Auslegung unter Zugrundelegung des Begriffs „Zugang"

Der Begriff des *Zugangs* geht über den Begriff der bloßen *Auskunft* hinaus. Ständiger Rechtsprechung des EuGH entspricht eine Auslegung von Begriffen nach dem gewöhnlichen Sprachgebrauch.[561] Der Unterschied der Begrifflichkeiten von *Auskunft* und *Zugang* ist bereits dem allgemeinen Begriffsverständnis nach erheblich: Bedeutsam ist ganz besonders der Unterschied, dass ein *Zugang* begrifflich eine eigenständige, also unmittelbare Wahrnehmung der Daten ermöglicht.[562] Währenddessen erfolgt diese Wahrnehmung der verarbeiteten Daten bei einer *Auskunft* dem Begriffsverständnis nach, für den die Auskunft Begehrenden nur mittelbar und wird dabei durch den die Auskunft Gebenden „gefiltert". Letzterer nimmt die Daten unmittelbar wahr und gibt darüber in einer beliebigen Form Auskunft. Die *Auskunft* stellt also aus Sicht des Organmitglieds ein Minus zum *Zugang* dar.[563]

Die Tatsache, dass es sich um einen Zugangsanspruch handelt, deutet darauf hin, dass grundsätzlich eine unmittelbare Wahrnehmung der verarbeiteten personenbezogenen Daten, ermöglicht werden muss. Der vermeintliche „Auskunftsanspruch" des Art. 15 Abs. 1 DS-GVO rückt auf Grundlage der sprachvergleichenden Auslegung näher an ein Einsichtsrecht, als er einem „Auskunftsanspruch" nahesteht. Die Auslegung nach dem Wortlaut spricht wegen der im Begriff Zugang angedeuteten unmittelbaren Wahrnehmung der Daten für die Erforderlichkeit einer Kopie der personenbezogenen Daten selbst und gegen eine bloße Zusammenfassung der Daten.

### 2. Systematik und praktische Erwägungen

Art. 15 Abs. 1 2. Hs. DS-GVO differenziert in der deutschen Fassung zwischen dem Anspruch auf „[...] Auskunft über [die] personenbezogenen Daten [...]" sowie auf Auskunft über die aufgelisteten Metainformationen. Neben den Metainformationen, die alle formellen Aspekte der Verarbeitung (Zweck, Dauer, Einordnung in Kategorien, Empfänger etc.) erfassen, bleibt für den Anspruch auf „Auskunft über [die] personenbezogenen Daten" nur ein denkbarer Anspruchsinhalt bestehen. Das ist der Inhalt der Informationen selbst. Dass sich der „Auskunftsanspruch" auch auf die gespeicherten Daten selbst, also deren Inhalt beziehen muss, zeigt auch Art. 16 DS-GVO, der ein auf Art. 15 DS-GVO aufbauendes Recht der Berichtigung der Daten normiert, sofern unrichtige personenbezogene Daten verarbeitet

---

[561] Vgl. EuGH, Urt. v. 2. August 2022 – C 294/21, ECLI:EU:C:2022:608, Rn. 25; Generalanwalt *Giovanni Pitruzzella*, Schlussanträge vom 15. Dezember 2022 – C 487/21, Rn. 29.

[562] Der DUDEN spricht insoweit von einem „Weg, der in einen Raum, Ort hineinführt", vgl. DUDEN online, „Zugang", https://www.duden.de/node/211507/revision/1400176 (zuletzt abgerufen am 24.11.2024). Überträgt man dieses räumliche Begriffsverständnis auf den Zugang zu Daten, so handelt es sich bei dem Datenzugang um einen „Weg, der in die Daten hineinführt" beziehungsweise „daran heranführt".

[563] *Lembke/Fischels*, NZA 2022, 513 (515).

wurden. Eine Berichtigung von Daten kann nur bei Kenntnis der Daten selbst verlangt werden. Damit ist diejenige Ansicht, die den Inhalt des Anspruchs lediglich auf eine Zusammenfassung nach Überschriften reduzieren möchte, ohne die Daten inhaltlich zu benennen, nicht haltbar. Denn das würde keine Kontrolle der Daten ermöglichen, die dann in einer Korrektur der Daten münden könnte.[564]

Gegen die extensive Ansicht, die sogar eine Nachbildung des Verarbeitungsprozesses verlangt, spricht der von dem hier diskutierten „Auskunftsanspruch" zu trennende Anspruch auf Auskunft über die Metainformationen. Die zu erteilenden formalen Informationen sind in dem Katalog in Art. 15 Abs. 1 2. Hs. DS-GVO abschließend erfasst. Das ergibt sich aus der abschließenden und gerade nicht regelbeispielsartigen Formulierung. Der Systematik des Art. 15 Abs. 1 DS-GVO würde es widersprechen, diese formellen Informationen über den Verarbeitungsprozess auch in die „Auskunft" über die personenbezogenen Daten einzubeziehen.

### 3. Telos – Vergegenwärtigung und Überprüfbarkeit der Datenverarbeitung

Dem Erwägungsgrund 63 S. 1 zur DS-GVO nach soll das Zugangsrecht insbesondere dazu dienen, sich der Verarbeitung bewusst zu werden und deren Rechtmäßigkeit prüfen zu können.[565] Einen umfassenden und realistischen Eindruck der Datenverarbeitung kann dabei nur ein solcher Einblick gewährleisten, der es ermöglicht, die Daten selbst wahrzunehmen und nicht auf eine Zusammenfassung nach Überschriften reduziert ist oder nur die Metainformationen der lit. a–h eröffnet.[566] Daher muss es möglich sein, die Daten selbst und nicht bloß eine gefilterte Wahrnehmung des Anspruchsgegners zu erhalten. Statt der Daten selbst kann dem Zweck der Norm aber auch eine Kopie genügen, durch die die Daten „hindurchscheinen". Daher normiert der Verordnungsgeber diese Art der Anspruchserfüllung ausdrücklich. Gestützt wird diese Auslegung dadurch, dass Erwägungsgrund 63 S. 4 zur DS-GVO nach Möglichkeit ausdrücklich den „direkten" Zugang zu den personenbezogenen Daten (mittels Fernzugriff) fordert. Ein solcher kann durch Ansicht vor Ort, Einsicht im Datenraum oder eben eine Kopie gewährleistet werden. Erwägungsgrund 39 S. 3 und Erwägungsgrund 58 zur DS-GVO beschreiben das Erfordernis der Transparenz in der Datenverarbeitung. Solche Transparenz kann eher durch eine unmittelbare Wahrnehmung der Daten erreicht werden als durch eine gefilterte Wahrnehmung des Verarbeitenden.

---

[564] So auch OVG NRW, Urt. v. 8. Juni 2021 – 16 A 1582/20, ZD 2022, 174–176, juris Rn. 117.
[565] Zur Bedeutung von Erwägungsgründen für die Auslegung siehe oben § 4 A.
[566] OVG NRW, Urt. v. 8. Juni 2021 – 16 A 1582/20, ZD 2022, 174–176, juris Rn. 117; *Peisker*, Der datenschutzrechtliche Auskunftsanspruch, S. 273 f.

## 4. Ergebnis der Auslegung entspricht Auffassung des Europäischen Datenschutzausschusses

Diese Auslegung anhand des Telos steht im Einklang mit der Wortlautauslegung und der Auslegung nach der Systematik der Norm. Das gefundene Auslegungsergebnis der Erforderlichkeit einer Wahrnehmung der Daten selbst wird vom Europäischen Datenschutzausschuss geteilt. Dieser versteht Art. 15 Abs. 1 DS-GVO dahingehend, dass er einen Zugang zu den Daten selbst ermöglichen soll, der über eine bloße Zusammenfassung der Daten und damit eine mittelbare Wahrnehmung hinausgeht. Der Europäische Datenschutzausschuss führt dazu ohne nähere Begründung aus:

> „Access to personal data hereby means access to the actual personal data themselves, not only a general description of the data nor a mere reference to the categories of personal data processed by the controller. [...] 15 (1) comprises complete information on all data and cannot be understood as granting only a summary of the data."[567]

Es ist also auch dem Europäischen Datenschutzausschuss zufolge eine Wahrnehmung der Daten erforderlich, die über eine bloße Beschreibung der Daten hinausgeht.[568]

## 5. Personenbezogenes Datum oder Dokument kopieren? – EuGH, C 487/21

Viel diskutiert wurde in der Literatur und auch der Rechtsprechung die Frage, ob sich die Pflicht zur Bereitstellung einer Kopie lediglich auf die Daten an sich[569] oder auf ganze Dokumente[570] erstreckt. Diesen Streit hat der EuGH jüngst überzeugend geklärt[571] und sich dabei der Argumentation des Generalanwalts Giovanni Pitruz-

---

[567] Edpb, Guidelines 01/2022 on data subject rights – Right of access, 28. März 2023, Rn. 19, 23.
[568] Dies resümierend auch *Engeler/Quiel*, NJW 2019, 2201 (2203).
[569] Exemplarisch LAG Niedersachsen, Urt. v. 9. Juni 2020 – 9 Sa 608/19, ZD 2021, 107–109, juris Rn. 66; LAG Niedersachsen, Urt. v. 22. Oktober 2021 – 16 Sa 761/20, CR 2022, 89–96, Rn. 214; LAG Baden-Württemberg, Urt. v. 17. März 2021 – 21 Sa 43/20, NZA-RR 2021, 410–415, Rn. 30; OLG Köln, Beschl. v. 14. Januar 2022 – 7 VA 20/21, CR 2023, 185–186, juris Rn. 11; Edpb, Guidelines 01/2022 on data subject rights – Right of access, 28. März 2023, Rn. 152; *Franck*, in: Gola/Heckmann DS-GVO/BDSG, Art. 15 DS-GVO Rn. 39; *Waldkirch*, r+s 2021, 317 (318).
[570] Exemplarisch OLG München, 4. Oktober 2021 – 3 U 2906/20, ZD 2022, 39–40, juris Rn. 27; OLG Köln, Urt. v. 13. Mai 2022 – 20 U 295/21, r+s 2022, 397–399, Rn. 47: „Rohfassung"; ebenso „Rohform" bei *Bäcker*, in: Kühling/Buchner DS-GVO/BDSG, Art. 15 DS-GVO Rn. 32; *Koreng*, NJW 2021, 2692 (2693); tendenziell auch *Härting*, CR 2019, 219 (221).
[571] EuGH, Urt. v. 4. Mai 2023 – C 487/21, ECLI:EU:C:2023:369, Rn. 45; EuGH, Urt. v. 26. Oktober 2023 – C 307/22, ECLI:EU:C:2023:811, Rn. 71–75 mit Verweis auf die Rechtssache C 487/21; zum fehlenden Mehrwert letzterer Vorlagefrage vgl. *Winnenburg*, Anm. zu EuGH, Urt. v. 26. Oktober 2023 – C 307/22, ZD 2024, 22 (27).

zella angeschlossen.⁵⁷² In einem anderen Verfahren schloss sich auch Generalanwalt Nicholas Emiliou der Argumentation Pitruzzellas an.⁵⁷³ Die Auffassung über die Auslegung des Art. 15 Abs. 1, 3 DS-GVO ist auf europäischer Ebene eindeutig:

> „[…] das Recht, vom für die Verarbeitung Verantwortlichen eine Kopie der personenbezogenen Daten, die Gegenstand der Verarbeitung sind, zu erhalten, bedeutet, dass der betroffenen Person eine originalgetreue und verständliche Reproduktion aller dieser Daten ausgefolgt wird. Dieses Recht setzt das Recht voraus, eine Kopie von Auszügen aus Dokumenten oder gar von ganzen Dokumenten oder auch von Auszügen aus Datenbanken, die u. a. diese Daten enthalten, zu erlangen, wenn die Zurverfügungstellung einer solchen Kopie unerlässlich ist, um der betroffenen Person die wirksame Ausübung der ihr durch diese Verordnung verliehenen Rechte zu ermöglichen, wobei insoweit die Rechte und Freiheiten anderer zu berücksichtigen sind."⁵⁷⁴

Zusammengefasst, erstreckt sich die Verpflichtung zur Bereitstellung einer Kopie also auf einzelne, isolierbare personenbezogene Daten. Allerdings kann es „unerlässlich"⁵⁷⁵ sein, ein ganzes Dokument bereitzustellen, sofern das erforderlich ist, um die Verständlichkeit eines einzelnen personenbezogenen Datums beizubehalten.⁵⁷⁶ Die „Dekontextualisierung" der Daten darf die Daten nicht verfälschen.⁵⁷⁷ Wegen des extensiven Verständnisses des Begriffs der personenbezogenen Daten,⁵⁷⁸ kann diese eigentlich restriktive Auffassung nicht selten dazu führen, dass dennoch ganze Dokumente zu kopieren und bereitzustellen sind.⁵⁷⁹ Dem Streit mangelte es daher aus praktischer Sicht schon vor Klärung durch den EuGH in vereinzelten Fällen an Bedeutung. Das extensive Verständnis des Personenbezugs führt nämlich dazu, dass je nach Dokumentenart fast sämtliche Informationen, die das Dokument enthält, als personenbezogen zu qualifizieren sind. Insbesondere vom Betroffenen selbst verfasste E-Mails⁵⁸⁰ oder Notizen sind insgesamt ein personenbezogenes Datum.⁵⁸¹ Auszuklammern von der Kopie sind lediglich in personeller

---

[572] Generalanwalt *Giovanni Pitruzzella*, Schlussanträge vom 15. Dezember 2022 – C 487/21; vgl. EuGH, Urt. v. 4. Mai 2023 – C 487/21, ECLI:EU:C:2023:369, Rn. 41.
[573] Generalanwalt *Nicholas Emiliou*, Schlussanträge vom 20. April 2023 – C 307/22, Rn. 73, 77.
[574] EuGH, Urt. v. 4. Mai 2023 – C 487/21, ECLI:EU:C:2023:369, Rn. 54.
[575] EuGH, Urt. v. 4. Mai 2023 – C 487/21, ECLI:EU:C:2023:369, Rn. 41; national entsprechend rezipiert von BGH, Urt. v. 16. April 2024 – VI ZR 223/21, ZD 2024, 525–527, Rn. 19.
[576] EuGH, Urt. v. 4. Mai 2023 – C 487/21, ECLI:EU:C:2023:369, Rn. 41; Generalanwalt *Giovanni Pitruzzella*, Schlussanträge vom 15. Dezember 2022 – C 487/21, Rn. 57, 58.
[577] Vgl. *Peisker*, Der datenschutzrechtliche Auskunftsanspruch, S. 352.
[578] Siehe oben Fn. 407.
[579] Nach *Peisker*, Der datenschutzrechtliche Auskunftsanspruch, S. 313 relativiert die Problematik sogar für ein restriktives Verständnis des personenbezogenen Datums.
[580] Vgl. BGH, Urt. v. 15. Juni 2021 – VI ZR 576/19, DB 2021, 1803–1806, Rn. 25: „Schreiben des Kl. an die Bekl. sind grundsätzlich ihrem gesamten Inhalt nach als personenbezogene Daten gem. Art. 4 Nr. 1 DS-GVO anzusehen. Die personenbezogene Information besteht bereits darin, dass sich der Kl. dem Schreiben gemäß geäußert hat."; BGH, Urt. v. 27. September 2023 – IV ZR 177/22, DB 2023, 2556–2560, Rn. 48; LAG Baden-Württemberg, Urt. v. 20. Dezember 2018 – 17 Sa 11/18, NZA-RR 2019, 242–252, juris Rn. 201.
[581] *Peisker*, Der datenschutzrechtliche Auskunftsanspruch, S. 300.

Hinsicht bezugslose Informationen, die die weite Definition des personenbezogenen Datums nicht erfüllen und zugleich den Bedeutungsgehalt anderer personenbezogener Daten nicht beeinflussen. Der BGH hat entsprechend dieser Grundsätze den Zugang zu Abschriften von Begründungsschreiben zu Prämienanpassungen samt Anlagen verneint, da es sich dabei nicht im Gesamten um personenbezogene Daten handelt.[582]

Peisker und Zhou merken an, dass es mit rechtlichen Risiken verbunden wäre „zur Sicherheit" ganze Dokumente zu kopieren, wenn Unsicherheit darüber besteht, ob eine Kontextualisierung der personenbezogenen Daten zum Verständnis dieser erforderlich ist.[583] Denn das könnte im Einzelfall dem Gebot des Art. 12 Abs. 1 DS-GVO zuwiderlaufen, wonach die Anspruchserfüllung des Art. 15 DS-GVO „[…] in präziser, transparenter, verständlicher und leicht zugänglicher Form […]" zu erfolgen hat.[584] Das ist zwar grundsätzlich richtig, sofern man die Anwendbarkeit des Art. 12 Abs. 1 DS-GVO auf den Zugangsanspruch des Art. 15 DS-GVO bejaht.[585] Dabei sollte aber im Blick behalten werden, dass man aufseiten des Verantwortlichen hier ein Dilemma verursacht. Kopiert der Verantwortliche zu viel, so verstieße er gegen Art. 12 Abs. 1 DS-GVO. Kopiert er zu wenig, so verletzt er das Zugangsrecht des Betroffenen aus Art. 15 Abs. 1, 3 DS-GVO. Beides könnte mit einem Schadensersatz nach Art. 82 Abs. 1 DS-GVO oder einem Bußgeld nach Art. 83 Abs. 5 lit. b DS-GVO sanktioniert werden.[586] Um einem Dilemma aufseiten des Verantwortlichen zu entgehen, sollten die Hürden an eine Verletzung des Gebots aus Art. 12 Abs. 1 DS-GVO in diesem konkreten Falle hoch gesetzt werden oder die Schutzwürdigkeit eines gutgläubig handelnden Verantwortlichen bei der Subsumtion unter diejenigen Normen berücksichtigt werden, die grundsätzlich eine Sanktion des Verstoßes erlaubt. Es darf also nicht vorschnell sanktioniert werden, wenn „zuviel" kopiert wird.

Betont sei, dass es falsch ist, den Schlussantrag und damit auch das Urteil, welches die Argumentation übernommen hat, dahingehend zu interpretieren, dass „[…] die Herausgabe von Kopien personenbezogener Daten, auf die zum Verständnis der betroffenen Personen erforderlichen Angaben beschränkt ist."[587] Diese Einschränkung sieht der EuGH nicht vor. Personenbezogene Daten sind allesamt – vorbehaltlich etwaiger unter § 5 untersuchter Beschränkungen – zu kopieren. Der Vorbehalt

---

[582] BGH, Urt. v. 27. September 2023 – IV ZR 177/22, DB 2023, 2556–2560, Rn. 46 ff.
[583] *Peisker/Zhou*, PinG 2023, 218 (221).
[584] *Peisker/Zhou*, PinG 2023, 218 (221).
[585] Gegen eine Anwendbarkeit auf den gesamten Anspruch und stattdessen nur bejahend bezüglich der Mitteilungen nach Art. 15 Abs. 1 2. Hs. Lit. a–h DS-GVO; LG Bonn, Urt. v. 11. März 2022 – 9 O 224/21, ZD 2023, 161–162, juris Rn. 30; *Bäcker*, in: Kühling/Buchner DS-GVO/BDSG, Art. 12 DS-GVO Rn. 10; *Heckmann/Paschke*, in: Ehmann/Selmayr DS-GVO, Art. 12 Rn. 9 ff.; für eine Anwendbarkeit *Schmidt-Wudy*, in: BeckOK Datenschutzrecht, Stand: 01.08.2024, Art. 15 DS-GVO Rn. 83; *Peisker*, Der datenschutzrechtliche Auskunftsanspruch, S. 351 f.
[586] Siehe zu den Sanktionen im Detail unten § 6 D. I. & § 6 D. II.
[587] So bei *Schreiber/Brinke*, Rdi 2023, 232 (238) bezüglich der Schlussanträge.

der „Erforderlichkeit zur Verständlichkeit" bezieht sich lediglich auf neben den personenbezogenen Daten im Dokument enthaltene Informationen und nicht auf die personenbezogenen Daten selbst. Erstere müssen nur unter den vom EuGH im Anschluss an Generalanwalt Pitruzzella genannten besonderen Voraussetzungen kopiert und bereitgestellt werden.

### III. Bestimmung der Erfüllungswirkung und Anwendbarkeit des § 260 BGB auf Art. 15 DS-GVO

Für den Fall der nicht ordnungsgemäßen Erfüllung des Art. 15 Abs. 1, 3 DS-GVO sieht Art. 83 Abs. 5 lit. b DS-GVO ein empfindliches Bußgeld und Art. 82 Abs. 1 DS-GVO einen Schadensersatzanspruch vor.[588] Schon diese Instrumente sollten regelmäßig geeignet sein, den Verantwortlichen der Datenverarbeitung zu einer ordnungsgemäßen Erfüllung des Zugangsanspruchs zu animieren. Dennoch kann sich der Betroffene nicht auf eine ordnungsgemäße Erfüllung verlassen, da insbesondere bei großen Datenmengen ein Motiv zur eigenmächtigen Reduzierung des Erfüllungsaufwands bestehen kann, indem die Zugangsgewährung inhaltlich unvollständig erfolgt. Dieser Anreiz könnte die Furcht vor einem Bußgeld oder einer Schadensersatzverpflichtung im Einzelfall überwiegen. Hinsichtlich der Erfüllung des Zugangsanspruchs sind im Wesentlichen zwei Szenarien zu unterscheiden.[589] Zum einen kann es sein, dass dasjenige, was vom Verantwortlichen als Zugang geboten wird, bereits formell unvollständig ist, weil beispielsweise Metainformationen des Art. 15 Abs. 1 2. Hs. DS-GVO fehlen, oder, dass bereits in inhaltlicher Hinsicht nicht glaubhaft ist, dass alle personenbezogenen Daten erfasst wurden, weil beispielsweise kein Zugang zu E-Mails eröffnet wurde, obwohl sicher ist, dass die Rechtsbeziehung von Verantwortlichem und Betroffenen solche beinhaltet.[590] Von dieser Konstellation, in der die Unvollständigkeit offensichtlich ist, ist eine weitaus diskussionswürdigere Konstellation abzugrenzen: Es kann auch bei erst einmal vollständig erscheinender Zugangsgewährung noch eine Unsicherheit verbleiben, ob der Zugang tatsächlich vollständig gewährt wurde.

Jedenfalls für erstere Konstellation des formellen Fehlers oder der offensichtlichen Unvollständigkeit ist man sich einig, dass eine Erfüllung im Sinne des § 362 BGB ausscheidet und der Anspruch im Wege des § 888 ZPO weiterverfolgt werden

---

[588] Zum streitigen Private-Enforcement in Form eines Schadensersatzanspruchs siehe unten § 6 D. II.
[589] *Bittner/Kolbe*, in: Staudinger BGB, § 260 Rn. 36; *Schmidt-Wudy*, in: BeckOK Datenschutzrecht, Stand: 01.08.2024, Art. 15 DS-GVO Rn. 31.2; vgl. *Peisker*, Der datenschutzrechtliche Auskunftsanspruch, S. 390.
[590] Beispiel in BGH, Urt. v. 15. Juni 2021 – VI ZR 576/19, DB 2021, 1803–1806, Rn. 20: „[...] wenn sich der Auskunftspflichtige hinsichtlich einer bestimmten Kategorie von Auskunftsgegenständen nicht erklärt hat, etwa weil er irrigerweise davon ausgeht, er sei hinsichtlich dieser Gegenstände nicht zur Auskunft verpflichtet."

kann.⁵⁹¹ Die Vollständigkeit des Zugangs muss für eine Erfüllungswirkung wenigstens plausibel erscheinen und darf nicht unglaubhaft sein.⁵⁹² Im Rahmen der Konstellation, in der lediglich Zweifel an der Vollständigkeit bestehen, diese aber plausibel ist, ergeben sich umstrittene Fragestellungen, die einer überzeugenden Lösung zugeführt werden sollen: Es stellt sich zuerst die Frage, ob in diesem Fall Erfüllung eintritt oder ob der Betroffene weiterhin einen durchsetzbaren (Nach-)Erfüllungsanspruch innehat, sofern sich später die Unvollständigkeit herausstellt. Das hängt maßgeblich davon ab, ob die Erfüllung des Art. 15 Abs. 1, 3 DS-GVO objektiv oder subjektiv zu bestimmen ist. Anknüpfend daran stellt sich die Frage der Anwendbarkeit des § 260 Abs. 2 BGB auf den Anspruch aus Art. 15 Abs. 1, 3 DS-GVO. Sollte die Anwendbarkeit dieser Norm bejaht werden, müsste der Verantwortliche bei Zweifeln darüber, ob der Zugang mit der erforderlichen Sorgfalt bereitgestellt wurde, auf Verlangen zu Protokoll an Eides statt versichern, dass er nach bestem Wissen gehandelt habe. Die Anwendbarkeit des nationalen § 260 BGB auf den unionsrechtlichen Art. 15 Abs. 1, 3 DS-GVO ist umstritten, sodass sie nach der Bestimmung der Erfüllungsanforderungen zu untersuchen sein wird.

### 1. Die Auffassung des BGH – Erfüllung subjektiv

Im nationalen Recht wird die Erfüllung von Auskunftsansprüchen in aller Regel subjektiv bestimmt.⁵⁹³ Auch der Anspruch des Art. 15 Abs. 1, 3 DS-GVO ist dem BGH zufolge entsprechend dann erfüllt, wenn der Verantwortliche dem Rechtsverkehr kundtut, dass er Zugang zu allen personenbezogenen Daten gewährt habe, den Zugang also als vollständig und damit als Erfüllungshandlung betrachtet.⁵⁹⁴ Der BGH verweist dabei auf seine Rechtsprechung zu nationalen Auskunftsansprüchen,⁵⁹⁵ ohne sich einer eigenständigen Begründung für den unionsrechtlichen Anspruch aus der DS-GVO zu bemühen. Insofern kann man nicht davon sprechen, dass der BGH diese Erfüllungswirkung „herausgearbeitet" hätte.⁵⁹⁶

---

⁵⁹¹ LG Bonn, Urt. v. 1. Juli 2021 – 15 O 356/20, ZD 2021, 652–653, Rn. 24; LG Bonn, Urt. v. 1. Juli 2021 – 15 O 372/20, ZD 2021, 586–587, Rn. 22; LG Düsseldorf, Urt. v. 28. Oktober 2021 – 16 O 128/20, ZD 2022, 48–49, Rn. 22; vgl. losgelöst von Art. 15 DS-GVO auch für Auskunftsansprüche *Gruber*, in: MüKo ZPO, § 888 Rn. 12; *Lackmann*, in: Musielak/Voit ZPO, § 888 Rn. 8; *Peisker*, Der datenschutzrechtliche Auskunftsanspruch, S. 392.

⁵⁹² BGH, Urt. v. 15. Juni 2021 – VI ZR 576/19, DB 2021, 1803–1806, Rn. 20; LG Düsseldorf, Urt. v. 28. Oktober 2021 – 16 O 128/20, ZD 2022, 48–49, Rn. 22; vgl. AG Pforzheim, Urt. v. 5. August 2022 – 4 C 1845/21, ZD 2022, 698–699, Rn. 15 f.; *Schmidt-Wudy*, in: BeckOK Datenschutzrecht, Stand: 01.08.2024, Art. 15 DS-GVO Rn. 31.2.

⁵⁹³ Exemplarisch BGH, Urt. v. 3. September 2020 – III ZR 136/18, MDR 2020, 1366–1368, Rn. 43 m. w. N.; BGH, Beschl. v. 22. Oktober 2014 – XII ZB 385/13, MDR 2014, 1446–1447, Rn. 17; *Artz*, in: Erman BGB, § 260 Rn. 16a; *Krüger*, in: MüKo BGB, § 260 Rn. 43.

⁵⁹⁴ BGH, Urt. v. 15. Juni 2021 – VI ZR 576/19, DB 2021, 1803–1806, Rn. 19.

⁵⁹⁵ BGH, Urt. v. 15. Juni 2021 – VI ZR 576/19, DB 2021, 1803–1806, Rn. 19 mit Verweis auf BGH, Urt. v. 3. September 2020 – III ZR 136/18, MDR 2020, 1366–1368, Rn. 43.

⁵⁹⁶ So aber *Bienemann*, in: Sydow/Marsch DS-GVO/BDSG, Art. 15 DS-GVO Rn. 23.

Andere Gerichte haben sich dieser Entscheidung des BGH angeschlossen.[597] Die Literatur folgt dem zum Teil.[598]

Auf einen ersten Blick scheint es naheliegend, die Erfüllung auch im Rahmen des Art. 15 DS-GVO an subjektiven Maßstäben zu messen. Auch für § 34 BDSG war eine subjektive Bestimmung anerkannt.[599] Zudem handelt es sich auch bei Art. 15 DS-GVO um einen Anspruch, der einem „Auskunftsanspruch" nach nationalem Recht naheliegt. In der Literatur wird er durchweg als „Auskunftsanspruch" bezeichnet.[600] Diese terminologische Nähe mag für eine Anwendung sprechen, bildet aber allenfalls einen ersten Anhaltspunkt.[601] Zumal es sich bei dieser Terminologie in der deutschen Sprachfassung um einen Redaktions- beziehungsweise Übersetzungsfehler handelt.[602]

### 2. Andere Stimmen – Erfüllung objektiv

Nur wenige Stimmen möchten bei Art. 15 DS-GVO einen objektiven Maßstab für die Erfüllung anwenden.[603] Erfüllung trete demnach erst dann ein, wenn objektiv zu allen vom Anspruch erfassten personenbezogenen Daten Zugang gewährt wurde.[604] Bis dahin bestünde ein durchsetzbarer (Nach-)Erfüllungsanspruch des Betroffenen.[605]

---

[597] LAG Berlin-Brandenburg, Urt. v. 16. März 2022 – 23 Sa 1133/21, ZD 2023, 57–59, Rn. 59; LG Düsseldorf, Urt. v. 28. Oktober 2021 – 16 O 128/20, ZD 2022, 48–49, Rn. 22; LG Hagen, Beschl. v. 31. August 2022 – 1 T 97/22, MedR 2023, 225–226, Rn. 16; AG Pforzheim, Urt. v. 5. August 2022 – 4 C 1845/21, ZD 2022, 698–699, Rn. 15.

[598] *Bienemann*, in: Sydow/Marsch DS-GVO/BDSG, Art. 15 DS-GVO Rn. 23; *Schmidt-Wudy*, in: BeckOK Datenschutzrecht, Stand: 01.08.2024, Art. 15 DS-GVO Rn. 31.2.

[599] OLG Köln, Beschl. v. 26. Juli 2018 – 9 W 15/18, ZD 2018, 536–537, Rn. 2; LG Ulm, Urt. v. 1. Dezember 2004 – 1 S 89/04, MMR 2005, 265 (267); *Schmidt-Wudy*, in: BeckOK Datenschutzrecht, 23. Edition, Stand: 01.02.2018, § 34 BDSG, Rn. 25; vgl. AG Düsseldorf, Urt. v. 22. August 2003 – 33 C 5542/03, juris Rn. 4, welches die Anwendbarkeit der §§ 259, 260 BGB bejaht und daher ein subjektives Verständnis zugrunde zu legen scheint.

[600] Zu den Unterschieden der Terminologie von Auskunftsanspruch und Zugangsanspruch und der sprachvergleichenden Auslegung siehe § 4 C.II.1.

[601] *Halder/Bußmann-Welsch*, jurisPR-ITR 121/2021, Anm. 5 denen zufolge eine Übertragung der Grundsätze trotz terminologischer Nähe erklärungsbedürftig bleibe.

[602] Siehe oben § 4 C.II.1.a).

[603] *Peisker*, Der datenschutzrechtliche Auskunftsanspruch, S. 393 ff.; kritisch hinsichtlich einer subjektiven Bestimmung aber ohne abschließende Positionierung *Halder/Bußmann-Welsch*, jurisPR-ITR 21/2021, Anm. 5.

[604] *Peisker*, Der datenschutzrechtliche Auskunftsanspruch, S. 393 ff.

[605] *Peisker*, Der datenschutzrechtliche Auskunftsanspruch, S. 396 f.

### 3. Vorfrage – Bestehende Unsicherheit über Vollständigkeit?

Wichtige Vorfrage für die Beantwortung der streitigen Frage, ob ein subjektives oder objektives Verständnis zugrunde zu legen ist, ist diejenige nach dem bestehenden Maß an Unsicherheit über die Vollständigkeit einer Zugangsgewährung. Unter Zugrundelegung eines objektiven Erfüllungsmaßstabs würde mit einer Ungewissheit über die Vollständigkeit stets eine Ungewissheit über die Erfüllungswirkung einhergehen. Die tatsächliche Unsicherheit über die Vollständigkeit würde sich also niederschlagen in einer rechtlichen Unsicherheit hinsichtlich der Erfüllung des Anspruchs nach § 362 BGB. Voraussetzung für die objektive Bestimmung der Erfüllung ist zum Zweck der Vermeidung von Rechtsunsicherheit damit die objektive Feststellbarkeit einer vollständigen Erfüllung.

Auskunftsansprüche fußen allesamt auf einem Informationsdefizit zwischen Beauskunftendem und Anspruchsteller. Dieses Informationsdefizit soll durch den Informationsaustausch beseitigt werden. Das funktioniert aber immer nur so weit, wie die Auskunft reicht. Bezüglich der Informationen, die in der Auskunft nicht enthalten sind, verbleibt ein Defizit. Alle Informationsberechtigten teilen das Schicksal, dass sie nicht sicher sein können, ob das Informationsdefizit vollumfänglich beseitigt oder nur geschmälert wurde. Aus der Natur der Auskunftsansprüche heraus verbleibt insofern in der Regel ein natürliches Informationsdefizit bezüglich des Vorhandenseins und des Ausmaßes eines etwaigen Informationsdefizits. Die Vollständigkeit der Auskunft ist der Natur der Sache nach nicht prüfbar. Darauf fußt das subjektive Verständnis der Erfüllung von Auskunftsansprüchen im nationalen Recht.[606]

Entscheidend für eine Vergleichbarkeit nationaler Auskunftsansprüche mit demjenigen der DS-GVO ist demnach also die Frage, ob eine fehlende objektive Überprüfbarkeit der Vollständigkeit auch bei Art. 15 Abs. 1, 3 DS-GVO vorliegt. Das würde das Fundament eines subjektiven Verständnisses schaffen und wäre damit zugleich ein erster Türöffner für § 260 BGB. Im Ausgangspunkt besteht eine solche Unsicherheit über die Vollständigkeit wegen der beschriebenen Natur der Auskunftsansprüche auch bei Art. 15 Abs. 1, 3 DS-GVO. Es muss aber ein Blick auf Art. 58 DS-GVO geworfen werden. Dieser normiert verschiedene Befugnisse der Aufsichtsbehörde, die bei einer objektiven Feststellung der Vollständigkeit hilfreich sein könnten. Aus diesen Befugnissen folgert Peisker, dass die Vergleichbarkeit der Interessenlage in Bezug auf Art. 15 DS-GVO nur schwer bejahen sei.[607] Er meint, dass die Bestimmung der Erfüllung daher nach objektiven Maßstäben erfolgen müsse.[608]

---

[606] Vgl. BVerfG, Beschl. v. 28. Oktober 2010 – 2 BvR 535/10, BVerfGK 18, 144–152, juris Rn. 15.
[607] *Peisker*, Der datenschutzrechtliche Auskunftsanspruch, S. 394.
[608] *Peisker*, Der datenschutzrechtliche Auskunftsanspruch, S. 393 ff.

## C. Rechtsfolge des Art. 15 DS-GVO                                    143

### a) Behördenbefugnis nach Art. 58 Abs. 1 lit. e DS-GVO

Nach Art. 58 Abs. 1 lit. e DS-GVO hat die Aufsichtsbehörde das Recht, „Zugang zu allen personenbezogenen Daten und Informationen, die zur Erfüllung ihrer Aufgaben notwendig sind, zu erhalten". Das klingt bei erster Lektüre nach einem scharfen Schwert. Jedoch teilt dieses Recht der Aufsichtsbehörde das Schicksal des Betroffenenrechts aus Art. 15 Abs. 1, 3 DS-GVO. Denn die Behörde kann sich der vollständigen Erfüllung dieses umfangreichen Zugangsanspruchs nicht sicherer sein als der Betroffene es jemals sein kann. Auch für die Behörde verbleibt dahingehend ein Informationsdefizit. Zwar mag es sein, dass eine Behörde über ein Plus an Autorität verfügt und der Verantwortliche damit dieser gegenüber eher geneigt sein könnte, den Zugang vollständig zu gewähren. Jedoch steht auch dem Betroffenen die Möglichkeit offen, die Behörde zu involvieren. Sodann kann diese tätig werden und nach Art. 83 Abs. 5 lit. b DS-GVO ein empfindliches Bußgeld verhängen. Den Druck, den der Betroffene ausüben kann, ist damit ebenfalls erheblich. Entsprechend kommt auch dem Betroffenen eine gewisse Autorität zu, sodass eine höhere Wahrscheinlichkeit einer zuverlässigen Erfüllung gegenüber der Behörde nicht zwingend anzunehmen ist. Noch dazu wird die Behörde als Unbeteiligte noch weniger als der Betroffene in der Lage sein, die Vollständigkeit beurteilen zu können. Ihr fehlen unter anderem Kenntnisse über den üblichen Geschäftsablauf und die Dokumentationspraxis der Gesellschaft. Allein diese Befugnis der Aufsichtsbehörde ist also nicht geeignet, eine objektive Feststellung der Vollständigkeit zu garantieren. Die Behörde unterliegt denselben Unsicherheiten wie die Privatperson.

### b) Behördenbefugnis nach Art. 58 Abs. 1 lit. f DS-GVO

Die Aufsichtsbehörde kann aber nach Art. 58 Abs. 1 lit. f DS-GVO „[...] Zugang zu den Räumlichkeiten, einschließlich aller Datenverarbeitungsanlagen und -geräte, des Verantwortlichen [...]" erlangen. Mithilfe dieses Instruments kann sie sich in die Position des Verantwortlichen versetzen und die Datenverarbeitung einsehen. Die Befugnis ist geeignet, Defizite in der Person des Verantwortlichen auszugleichen. Regelmäßig wird der Verantwortliche mit der Datenverarbeitung aber besser vertraut sein als die Behörde, sodass diese keine Daten identifizieren wird, die der Verantwortliche trotz aller Sorgfalt übersehen hat. Die Behörde wird aber solche Daten entdecken können, die der Verantwortliche böswillig oder grob fahrlässig ausgespart (und nicht gelöscht) hat. Damit wäre diese Befugnis eher als die zuvor beschriebene Befugnis geeignet, eine objektive Feststellung der Vollständigkeit zu ermöglichen. Jedenfalls böswillige oder grob fahrlässige Aussparungen in der Zugangsgewährung könnte die Behörde identifizieren.

### c) Anspruch auf Einschreiten der Behörde nach Art. 58 DS-GVO

Nimmt man trotz der erwähnten Schwächen der Behördenbefugnisse an, dass diese für sich genommen geeignet wären, objektiv Klarheit über die Vollständigkeit des Zugangs zu verschaffen, so helfen sie dem Betroffenen aber nur so weit, wie ihm ein Anspruch auf Einschreiten der Behörde zusteht. Denn andernfalls wäre die Bestimmung der Erfüllung im Einzelfall nicht möglich. Sie läge zumindest nicht im Machtbereich des Betroffenen. Der Betroffene wäre stets auf die freiwillige Unterstützung der Behörde angewiesen, um zu klären, ob der Anspruch auf Zugang zu den personenbezogenen Daten erfüllt wurde oder ob er diesen weiterverfolgen kann. Der Betroffene müsste, damit die Erfüllung im Einzelfall festgestellt werden kann, einen durchsetzbaren Anspruch gegen die Behörde haben, dass diese ihre Kompetenzen aus Art. 58 Abs. 1 DS-GVO ergreift.

Die Qualifikation einer Norm als Anspruch setzt voraus, dass die unionsrechtliche Norm als „[…] individualschützende, für einen eingrenzbaren Personenkreis nach ihrem Sinn und Zweck konkrete Rechte vermittelnde Norm anzuerkennen […]"[609] ist. National ist das unter dem Begriff der *Schutznormtheorie* bekannt.[610] Insbesondere Art. 58 Abs. 2 lit. c DS-GVO legt ein solch individualschützendes Verständnis nahe. Nach Art. 58 Abs. 2 lit. c DS-GVO kann die Aufsichtsbehörde „[…] den Verantwortlichen oder den Auftragsverarbeiter [anweisen], den Anträgen der betroffenen Person auf Ausübung der ihr nach dieser Verordnung zustehenden Rechte zu entsprechen […]". Die Behörde kann also in einem Einzelfall an konkrete Personen, konkrete Maßnahmen adressieren, die im Interesse eines konkreten Betroffenen liegen. Das ist Individualschutz. In der Literatur wird postuliert, dass wegen der Artt. 1, 2 DS-GVO, die den Schutz natürlicher Personen hervorheben, eine Vermutung für den Individualschutzcharakter der Normen der DS-GVO besteht, die es zu widerlegen gelte.[611] Die Literatur geht von einem individualschützenden Charakter des gesamten Art. 58 DS-GVO aus.[612] Auch in der Rechtsprechung findet sich mit dem AG Ansbach ein Befürworter eines individualschützenden Charakters der Befugnisse des Art. 58 DS-GVO.[613]

Wenn man einen solchen Individualschutz des Art. 58 DS-GVO durchaus überzeugend annehmen mag, spricht das nicht abschließend dafür, dass die Bestimmung der Erfüllung nach objektiven Maßstäben möglich ist. Praktische Erwägungen las-

---

[609] *Will*, ZD 2020, 97 (98).
[610] Statt vieler *Wahl/Schütz*, in: Schoch/Schneider Verwaltungsrecht, § 42 Abs. 2 VwGO Rn. 45 ff. m. w. N.
[611] *Will*, ZD 2020, 97 (98).
[612] *Will*, ZD 2020, 97 (98); vgl. *Nemitz*, in: Ehmann/Selmayr DS-GVO, Art. 78 Rn. 1; vgl. *Körffer*, in: Paal/Pauly DS-GVO/BDSG, Art. 77 DS-GVO Rn. 5, der einen Anspruch auf eine bestimmte Maßnahme im Falle der Ermessensreduzierung auf null bejahen möchte.
[613] VG Ansbach, Urt. v. 8. August 2019 – AN 14 K 19.00272, ZD 2020, 217–219, Rn. 39; ebenso einen Anspruch auf aufsichtsbehördliches Einschreiten bejahend VG Wiesbaden, Urt. v. 27. September 2021 – 6 K 549/21.WI, ZD 2022, 247–248, Rn. 36 ff.

sen an der Allgemeintauglichkeit der in Art. 58 DS-GVO normierten Instrumente zur Bestimmung der Anspruchserfüllung zweifeln. Täglich wird es viele Zugangsverlangen geben. Davon sind einige weniger aufwendig und andere aufwendiger und umfangreicher. Egal aber, ob umfangreiches Verlangen oder weniger umfangreiches Verlangen. Zwecks Einheitlichkeit müssen die Erfüllungsanforderungen im Rahmen des Art. 15 Abs. 1, 3 DS-GVO unabhängig vom Umfang einheitlich bestimmt werden. Möchte man Art. 58 DS-GVO heranziehen, um die objektive Feststellbarkeit der Vollständigkeit zu begründen, so müsste dieser bei jedem Zugangsverlangen, egal welchen Umfangs, Abhilfe schaffen. Die Behörde würde mit zahlreichen Begehren von Betroffenen belastet, wenn jeder Betroffene einen Anspruch auf Einschreiten der Behörde hätte. Wenngleich dieser Anspruch nur auf ermessensfehlerfreie Entscheidung gerichtet wäre,[614] würde diese aber der Gefahr der Überlastung ausgesetzt und könnte ihren in Erwägungsgrund 129 zur DS-GVO genannten Aufgaben nicht mehr gerecht werden. Die möglicherweise notwendige Klage gegen eine Aufsichtsbehörde auf Tätigwerden, um mittels dieses Tätigwerdens dann objektiv die Vollständigkeit und mithin die Erfüllung festzustellen, kann nicht den richtigen Weg zur Bestimmung der Erfüllung in jedem Einzelfall darstellen. Zumal für das Verlangen des Betroffenen gegenüber der Behörde keine bindende Bearbeitungsfrist besteht.[615] Damit bestünde gegebenenfalls ein langer Zeitraum der Ungewissheit über das Schicksal des Zugangsanspruchs.

Eine objektive Bestimmung der Erfüllung mittels der Instrumente des Art. 58 DS-GVO ist nicht praktikabel, um der Masse an Anfragen gerecht zu werden. Es handelt sich bei den normierten Befugnissen um kein allgemeintaugliches Instrument zur objektiven Feststellung der Vollständigkeit in jedem Fall. Ein solches, nur ausnahmsweise hilfreiches Mittel, taugt nicht als Argument für eine generelle Bestimmung der Erfüllung nach objektiven Maßstäben. Nur im Einzelfall kann die Unsicherheit hiermit beseitigt werden. Weiterhin kann die Behörde, auch wenn sie tätig wird, wie gezeigt, nicht immer sicher klären, ob alle Daten erfasst wurden.

### 4. Folge – Subjektive Feststellung der Erfüllung

Wegen der beschriebenen Schwächen der in Art. 58 DS-GVO normierten Befugnisse wäre es verfehlt, anzunehmen, dass Art. 58 DS-GVO die Vergleichbarkeit des Art. 15 DS-GVO mit anderen Auskunftsansprüchen mindert. Art. 58 DS-GVO führt lediglich dazu, dass der Verantwortliche die (konkludente) Erklärung der Vollständigkeit sorgfältig abwägt, bevor er diese vornimmt. Der Verantwortliche wird diese Erklärung nur vornehmen, wenn er aus seiner überlegenen Kenntnis heraus sicher ist, dass die Befugnisse nach Art. 58 DS-GVO die Unvollständigkeit nicht ermitteln können.

---

[614] So *Will*, ZD 2020, 97 (98).
[615] *Plötters/Werkmeister*, in: Gola/Heckmann DS-GVO/BDSG, Art. 77 DS-GVO Rn. 8.

Ein Bedürfnis für eine objektive Bestimmung der Erfüllung besteht im Übrigen gar nicht. Denn auch bei subjektiver Bestimmung der Erfüllung ist der Betroffene nicht schutzlos gestellt: Es verbleibt unionsrechtlich die mehrfach angeklungene Sanktion des Bußgelds für den Fall, dass sich später objektiv die Unvollständigkeit der Zugangsgewährung herausstellt. Auch die subjektive Ansicht erhält zudem insofern eine objektive Prägung, als dass die Erklärung des Verantwortlichen, dass der Zugang vollständig sei, zumindest glaubhaft sein muss.[616] Jedenfalls bei objektiv erkennbaren Lücken in der Zugangsgewährung scheidet Erfüllung aus.[617] Diese subjektive Ansicht mit objektiven Elementen stellt die praxistauglichste Form der Behandlung der Problematik dar und ist wegen dadurch ermöglichter effektiver Geltung des Unionsrechts die vorzugswürdige Ansicht. Eine rein objektive Ansicht würde missachten, dass es kein zuverlässiges allgemeintaugliches Mittel zur Feststellung dieser gibt. Ein Argument, das gegen eine subjektive Ansicht vorgebracht wird, lautet, dass es bei Art. 15 DS-GVO wegen seines Schutzzwecks gerade auf die inhaltliche Vollständigkeit und Richtigkeit ankäme, sodass dafür Gewähr bestehen müsse.[618] Dieses praktische Bedürfnis, welches unzweifelhaft besteht, kann aber nicht als Begründung einer nicht praktikablen Ansicht dienen. Dem Schutzgehalt ist mit einem subjektiven Verständnis, das erhebliche Sanktionen zulässt, wenn sich später objektiv ein Verstoß herausstellt, effektiv Rechnung getragen. Ein potenzieller Nacherfüllungsanspruch, dessen Bestehen im Zeitpunkt des Informationsbedürfnisses nicht feststehen wird und für dessen Bestehen der Betroffene noch dazu die Darlegungs- und Beweislast tragen würde,[619] bietet dem Betroffenen keine darüber hinausgehenden Vorteile.

### 5. Folge: Anwendbarkeit des § 260 BGB

Aufbauend auf der Feststellung, dass dem Zugangsanspruch bezüglich der Frage der Erfüllung eine subjektive Bestimmung zugrunde gelegt werden muss, stellt sich nun die Frage, ob sodann bei verbleibender Unklarheit der § 260 Abs. 2 BGB Anwendung findet. Als „Kompensation" der subjektiven Bestimmung steht dem Auskunftsberechtigten im nationalen Recht der Anspruch auf eidesstattliche Versicherung nach § 259 Abs. 2 BGB beziehungsweise § 260 Abs. 2 BGB zu. Ob das auch für Art. 15 Abs. 1, 3 DS-GVO gilt, lässt der BGH offen.[620]

Dem LG Bonn zufolge scheidet eine Anwendbarkeit des § 260 Abs. 2 BGB sowohl in analoger, als auch in direkter Anwendung aus.[621] Eine direkte Anwendung

---

[616] Vgl. oben Fn. 592.
[617] LG Bonn, Urt. v. 1. Juli 2021 – 15 O 356/20, ZD 2021, 652–653, Rn. 24; vgl. LG Düsseldorf, Urt. v. 28. Oktober 2021 – 16 O 128/20, ZD 2022, 48–49, Rn. 22.
[618] *Peisker*, Der datenschutzrechtliche Auskunftsanspruch, S. 394.
[619] *Halder/Bußmann-Welsch*, jurisPR-ITR 21/2021, Anm. 5.
[620] BGH, Urt. v. 15. Juni 2021 – VI ZR 576/19, DB 2021, 1803–1806, Rn. 34.
[621] LG Bonn, Urt. v. 4. April 2022 – 9 O 224/21, ZD 2023, 161–162, juris Rn. 43 ff.

scheitere daran, dass der Anspruch des Art. 15 DS-GVO nicht nach § 260 Abs. 1 BGB erfüllt würde.[622] Eine analoge Anwendung des § 260 Abs. 2 BGB scheitere daran, dass die DS-GVO als europäischer Rechtsakt mit unmittelbarer Wirkung im Mitgliedstaat die von ihr erfassten Rechtsbeziehungen abschließend regele.[623] Eine Öffnungsklausel für eine Regelung über die Bestätigung der Auskunftserteilung sei nicht vorgesehen.[624] Der Ansicht des LG Bonn – die soweit ersichtlich nur zwei Unterstützer in der Literatur findet[625] – steht eine die Anwendung des § 260 Abs. 2 BGB, im Wege einer Analogie oder als allgemeinen Rechtsgedanken, bejahende Ansicht gegenüber.[626] Für die Anwendbarkeit des § 260 Abs. 2 BGB spricht, dass es sich bei § 259 Abs. 2 BGB sowie § 260 Abs. 2 BGB um einen allgemeinen Rechtsgedanken handelt, der dementsprechend auch auf alle irgendwie gearteten Auskunftsansprüche angewandt werden kann.[627] Unter solchen irgendwie gearteten Auskunftsansprüchen könnte auch der Zugangsanspruch aus Art. 15 Abs. 1, 3 DS-GVO verstanden werden.[628] Das gilt insbesondere deshalb, weil Art. 15 DS-GVO wie gezeigt mit den nationalen Ansprüchen das Schicksal teilt, dass die Vollständigkeit der Zugangsgewährung beziehungsweise der Auskunftserteilung nur schwer zu bestimmen ist, in dieser Hinsicht also meist eine Unsicherheit verbleibt. Das den nationalen „Auskunftsansprüchen typischerweise innewohnende Risiko"[629] der fehlenden Überprüfbarkeit der Vollständigkeit bildet das Fundament der §§ 259, 260 BGB.[630] Dieses Fundament beinhaltet auch der Art. 15 Abs. 1, 3 DS-GVO.

Eine Hürde, die einer Anwendbarkeit entgegenstehen könnte, ist die vom LG Bonn angesprochene Eigenschaft der DS-GVO als Verordnung des Unionsrechts.[631]

---

[622] LG Bonn, Urt. v. 4. April 2022 – 9 O 224/21, ZD 2023, 161–162, juris Rn. 46.
[623] LG Bonn, Urt. v. 4. April 2022 – 9 O 224/21, ZD 2023, 161–162, juris Rn. 47.
[624] LG Bonn, Urt. v. 4. April 2022 – 9 O 224/21, ZD 2023, 161–162, juris Rn. 47.
[625] *Peisker*, Der datenschutzrechtliche Auskunftsanspruch, S. 391 ff.; *Halder/Bußmann-Welsch*, jurisPR-ITR 21/2021, Anm. 5.
[626] LAG Niedersachsen, Urt. v. 9. Juni 2020 – 9 Sa 608/19, ZD 2021, 107–109, juris Rn. 65; wohl auch BAG, Urt. v. 27. April 2021 – 2 AZR 342/20, BAGE 174, 351–357, juris Rn. 26; LG Köln, Urt. v. 25. August 2020 – 3 O 208/19, juris Rn. 30 sieht in § 259 Abs. 2 BGB einen allgemeinen Rechtsgedanken; wohl auch LG Ulm, Urt. v. 1. Dezember 2004 – 1 S 89/04, MMR 2005, 265 (267), das in der Zeit vor der Geltung der DS-GVO als maßgebliche Anwendungsvoraussetzung sah, dass der Auskunftsanspruch der Geltendmachung anderer Ansprüche dient und damit die Anwendbarkeit auf § 34 BDSG a. F. bejaht; OLG Köln, Urt. v. 26. Juli 2018 – 9 W 15/18, ZD 2018, 536–537, Rn. 4 ebenfalls bejahend für § 34 BDSG a. F.; *Lembke/Fischels*, NZA 2022, 513 (515), die eine direkte Anwendung zu befürworten scheinen; *Schmidt-Wudy*, in: BeckOK Datenschutzrecht, Stand: 01.08.2024, Art. 15 DS-GVO Rn. 31 ff.; *Bienemann*, in: Sydow/Marsch DS-GVO/BDSG, Art. 15 DS-GVO Rn. 82; *Bittner/Kolbe*, in: Staudinger BGB, § 260 Rn. 11; *Lorenz*, in: BeckOK BGB, Stand: 01.08.2024, § 260 Rn. 8.
[627] *Röver*, in: BeckOGK BGB, Stand: 01.08.2024, § 260 Rn. 1; *Lorenz*, in: BeckOK BGB, Stand: 01.08.2024, § 260 Rn. 38; a.A. LG Ulm, Urt. v. 1. Dezember 2004 – 1 S 89/04, MMR 2005, 265 (267).
[628] A.A. *Peisker*, Der datenschutzrechtliche Auskunftsanspruch, S. 393 f.
[629] *Peisker*, Der datenschutzrechtliche Auskunftsanspruch, S. 394.
[630] Vgl. *Peisker*, Der datenschutzrechtliche Auskunftsanspruch, S. 394.
[631] Siehe oben Fn. 623.

Der im nationalen Recht fußende allgemeine Rechtsgedanke aus § 260 BGB müsste also entsprechend auf das Unionsrecht übertragbar sein. Die abweichende Rechtsquelle der DS-GVO ist nicht geeignet, die fehlende Anwendbarkeit des § 260 Abs. 2 BGB dogmatisch zu begründen. § 260 Abs. 2 BGB kann auf Art. 15 DS-GVO aufbauen, ohne den Regelungsgehalt oder das Gefüge dieser europarechtlich determinierten Verordnung, der Normenhierarchie zuwider, zu tangieren. Es handelt sich um eine zulässige Ergänzung statt um eine Beschränkung, die an Art. 23 DS-GVO oder einer anderen Öffnungsklausel zu messen wäre. Durch die für den Betroffenen mittels § 260 Abs. 2 BGB zusätzlich gewonnene Möglichkeit des Verlangens einer eidesstattlichen Versicherung wird der Zugangsanspruch des Art. 15 Abs. 1, 3 DS-GVO gestärkt, was im Interesse des Verordnungsgebers liegt und der effektiven Durchsetzung des Unionsrechts dient (*effet utile*). § 260 Abs. 2 BGB hält den Verantwortlichen mittels drohender strafrechtlicher Sanktionen nach §§ 156, 161 StGB zu einer gewissenhaften Erfüllung an[632] und ergänzt damit die Sanktionen, die die DS-GVO in Artt. 82f. DS-GVO, selbst schon vorsieht.

Wenn Peisker meint, es würde sich gerade nicht um einen Fall des *effet utile* handeln, da der Anspruch erschwert statt vereinfacht würde,[633] so verkennt er die notwendige Trennung der Fragestellungen aus „Bestimmung der Erfüllungswirkung" und „Anwendbarkeit des § 260 BGB". Erschwert würde die Durchsetzbarkeit allenfalls auf der Ebene der ersten Fragestellung, ob subjektive oder objektive Maßstäbe heranzuziehen sind, um die Erfüllung festzustellen. Denn bei subjektiver Bestimmung wird die Möglichkeit verkürzt, gerichtlich vollständige Auskunft zu erlangen.[634] Das ist aber von der Frage der Anwendbarkeit des § 260 Abs. 2 BGB zu trennen, der den Zugangsanspruch gerade im Rahmen dieses subjektiven Verständnisses dadurch stärkt, dass der Verantwortliche dazu angehalten wird, die Erklärung als „vollständig" zu überdenken. Mithin überzeugt die in der Rechtsprechung und Literatur weit herrschende Ansicht, dass der Rechtsgedanke des § 260 Abs. 2 BGB auch auf den Anspruch aus Art. 15 DS-GVO zu übertragen ist.

Ohne Frage ist Peisker darin zuzustimmen, dass es wünschenswert wäre, einen durchsetzbaren Anspruch auf (Nach-)erfüllung beizubehalten, sofern der Zugang in inhaltlicher Hinsicht nicht vollständig gewährt wurde.[635] Das hilft dem Betroffenen bei Art. 15 DS-GVO allerdings nur dann, wenn er Möglichkeiten hat, diese (fehlende) inhaltliche Vollständigkeit auch objektiv festzustellen. Denn die Beweislast bei der Durchsetzung eines etwaigen Nacherfüllungsanspruchs würde nach allgemeinen prozessrechtlichen Grundsätzen ihm obliegen.[636] Insofern muss ernstlich

---

[632] Vgl. BayObLG, Beschl. v. 20. September 2021 – 101 ZBR 134/20, NZG 2022, 118–122, Rn. 32; *Toussaint*, in: juris-PK BGB, Stand: 01.02.2023, § 260 Rn. 15; *Schulz/Hauß*, in: Schulz/Hauß Vermögensauseinandersetzung, 1. Kap. Rn. 903; *Demirci*, in: Krug/Horn Pflichtteilsprozess, § 3 Rn. 232; *Peisker*, Der datenschutzrechtliche Auskunftsanspruch, S. 391.
[633] *Peisker*, Der datenschutzrechtliche Auskunftsanspruch, S. 396.
[634] Vgl. *Peisker*, Der datenschutzrechtliche Auskunftsanspruch, S. 389, 391.
[635] *Peisker*, Der datenschutzrechtliche Auskunftsanspruch, S. 395f.
[636] Das Problem erkennen auch *Halder/Bußmann-Welsch*, jurisPR-ITR 21/2021, Anm. 5.

bezweifelt werden, ob dem Betroffenen geholfen würde, wenn man einen (Nach-)erfüllungsanspruch beibehielte und kein subjektives Erfüllungsverständnis samt § 260 BGB (analog) zugrunde legte. § 260 BGB regt unter Berücksichtigung der Strafbarkeitsandrohung in §§ 156, 161 StGB immerhin ganz erheblich dazu an, den Zugang ordnungsgemäß zu gewähren.

„Die Vorstellung von den strafrechtlichen Folgen einer falschen Versicherung an Eides statt (§§ 156, 161 [Abs. 1] StGB) soll den Auskunftsschuldner zu Ehrlichkeit und Sorgfalt bewegen."[637]

Diese Sanktion bei Unvollständigkeit ist gewichtiger als diejenige, bloß zu einer (Nach-)Erfüllung verpflichtet zu sein, für dessen Bestehen der Betroffene die Darlegungs- und Beweislast trägt. Insofern betont das LG Ulm zum § 34 BDSG a. F. zutreffend

„Eine Sanktionierung der Auskunftsansprüche durch eine entsprechende Anwendung der §§ 259 Abs. 2, 260 Abs. 2 BGB entspricht auch der Bedeutung des informationellen Selbstbestimmungsrechts und der Bedeutung, die den Auskunftsansprüchen für dieses zukommt."[638]

Diese Erwägung gilt entsprechend für die unionsrechtliche Nachfolgenorm des § 34 BDSG, den Art. 15 DS-GVO. Das doppelte Enforcement in Form des Bußgelds nach Art. 83 Abs. 5 lit. b DS-GVO und des Schadensersatzes nach Art. 82 Abs. 1 DS-GVO bleibt hiervon unberührt.

### 6. Summa – Subjektive Bestimmung und § 260 BGB

Im Ergebnis hat die Bestimmung der Erfüllung bei Art. 15 Abs. 1, 3 DS-GVO subjektiv zu erfolgen, wobei aber objektive Elemente einfließen, sodass eine Erfüllung zumindest glaubhaft erscheinen muss. Bei Unklarheiten kann eine eidesstattliche Versicherung gemäß § 260 Abs. 2 BGB analog verlangt werden.[639] Ersterer Teil dieser These sollte schon deshalb übernommen werden, da dies wegen des einschlägigen Urteils vom BGH bis zu einer Rechtsprechungsänderung oder einer abweichenden EuGH-Entscheidung so praktiziert werden wird. Angesichts der vorstehenden Ausführungen wären solche abweichenden Entscheidungen aber kritisch zu würdigen.

---

[637] BayObLG, Beschl. v. 20. September 2021 – 101 ZBR 134/20, NZG 2022, 118–122, Rn. 32.
[638] LG Ulm, Urt. v. 1. Dezember 2004 – 1 S 89/04, MMR 2005, 265 (267).
[639] Zu Kritik an Eidesstattlichen Versicherungen von Gesellschaften und wie dieser begegnet werden kann siehe *Richter*, Informationsrechte im Organhaftungsprozess, S. 269 ff.

## IV. Eingeschränkte Verzichtsmöglichkeit

Eine Einzelfrage, die für eine vergleichsweise Erledigung des Art. 15 Abs. 1, 3 DS-GVO von erheblicher Bedeutung ist, ist die Möglichkeit eines Verzichts auf Art. 15 Abs. 1, 3 DS-GVO. Im Organhaftungskontext ist das insbesondere für die Konstellation relevant, in der das Organmitglied die Gesellschaft mittels der Androhung der Geltendmachung des datenschutzrechtlichen Informationsanspruchs zu einer vergleichsweisen Erledigung des Organhaftungsanspruches bewegen möchte. Denn Bestandteil eines solchen Vergleichs könnte dann, sofern möglich, im Gegenzug für den (teilweisen) Verzicht auf den Organhaftungsanspruch ein Verzicht auf den Zugangsanspruch sein. Einigkeit herrscht dahingehend, dass Art. 15 DS-GVO für die Zukunft, also *ex ante*, nicht disponibel ist,[640] was sich insbesondere aus dessen primärrechtlicher Verankerung und dem Gebot effektiver Rechtsdurchsetzung ergibt.[641] Es handelt sich um eine Schutzvorschrift zugunsten des unterlegenen Betroffenen,[642] weshalb dieser vor einem leichtfertigen Verzicht *ex ante* geschützt werden muss. Zudem würde ein Verzicht *ex ante* wie ein „Freifahrtschein" für die Datenverarbeitungen durch den Verantwortlichen wirken.[643] Erwägungsgrund 31 S. 2 zur Verordnung (EU) 2022/868 vom 30. Mai 2022 betont die fehlende Verzichtsmöglichkeit der Rechte der DS-GVO, sodass das in der Literatur herausgebildete Meinungsbild augenscheinlich auch der Auffassung der Europäischen Union entspricht.

Eine Rücknahme des Zugangsverlangens ist dem Betroffenen jederzeit möglich, sodass er entsprechend für die Vergangenheit, also *ex post*, auf den Zugangsanspruch verzichten kann.[644] Diese Disponibilität bezüglich der Vergangenheit folgt schon aus der Konzeption der DS-GVO: Der Einwilligung in die Datenverarbeitung nach Art. 7 i. V. m. Art. 4 Abs. 1 Nr. 11 DS-GVO kommt systematisch eine entscheidende Bedeutung zu. Eine entsprechende Bedeutung der Einwilligung folgt bereits aus der primärrechtlichen Anknüpfung im Recht des Art. 8 Abs. 2 GRCh auf datenschutzrechtliche Selbstbestimmung, das eine Datenverarbeitung nur auf Grundlage einer Einwilligung gestattet.[645] Es herrscht also auch bei Art. 15 DS-GVO ein Maß

---

[640] Statt vieler *Fuhlrott/Garden*, NZA 2021, 530 (534); *Franck*, in: Gola/Heckmann DS-GVO/BDSG, Art. 15 DS-GVO Rn. 27; *Schwartmann/Klein/Peisker*, in: Schwartmann/Jaspers/Thüsing/Kugelmann DS-GVO/BDSG, Art. 15 Rn. 13; insgesamt gegen Abdingbarkeit *Bienemann*, in: Sydow/Marsch DS-GVO/BDSG, Art. 15 DS-GVO Rn. 2; ebenso *Dix*, in: Simitis/Hornung/Spiecker gen. Döhmann Datenschutzrecht, Art. 15 DS-GVO Rn. 2; *Lembke*, NJW 2020, 1841 (1845 f.); *Peisker*, Der datenschutzrechtliche Auskunftsanspruch, S. 372 ff.; vgl. Edpb, Guidelines 01/2022 on data subject rights – Right of access, 28. März 2023, Rn. 166.

[641] *Fuhlrott/Garden*, NZA 2021, 530 (534); vgl. *Lembke*, NJW 2020, 1841 (1845 f.).

[642] *Peisker*, Der datenschutzrechtliche Auskunftsanspruch, S. 372.

[643] Vgl. *Peisker*, Der datenschutzrechtliche Auskunftsanspruch, S. 373.

[644] *Fuhlrott/Garden*, NZA 2021, 530 (534); vgl. *Peisker*, Der datenschutzrechtliche Auskunftsanspruch, S. 376.

[645] *Fuhlrott/Garden*, NZA 2021, 530 (534).

an Selbstbestimmung, welches voraussetzt, dass über den Datenschutz, soweit dieser überblickt werden kann, verfügt werden kann. Ein Verzicht des Betroffenen auf ein Zugangsverlangen bezüglich des Datenbestands vor dem Verzichtszeitpunkt ist also möglich. Vor einem späteren Verlangen kann sich der Verantwortliche mangels Möglichkeit eines Verzichts durch den Betroffenen *ex ante* aber nicht rechtsverbindlich schützen. Insofern fehlt es nämlich an der Möglichkeit des Betroffenen, das Ausmaß seines Verzichts auf den Datenschutz zu erkennen. Auf einen *ex ante* „Verzicht" des Organmitglieds muss die Gesellschaft schlicht vertrauen.

## D. Zusammenfassung bisheriger Befunde

Ziel unter § 4 war es, ein allgemeines Bild des Anspruchs aus Art. 15 Abs. 1, 3 DS-GVO im Kontext der Organhaftung zu erarbeiten, von dem ausgehend dann Grenzen und Ausschlussgründe dieses Anspruchs bestimmt werden können. Die Ausgangslage, die der weiteren Untersuchung zugrunde zu legen ist, gestaltet sich wie folgt:

- Der „Auskunftsanspruch" ist nach sprachvergleichender Auslegung ein Zugangsanspruch.
- Das Schutzniveau wird weit verstanden, was sich insbesondere in einem extensiven Verständnis der Begrifflichkeit personenbezogener Daten zeigt. Inhaltliche Anforderungen an die Daten werden nicht gestellt.
- Art. 15 Abs. 1 und Abs. 3 DS-GVO bilden einen einheitlichen Anspruch auf Zugang zu personenbezogenen Daten in Form einer Kopie. Andere Daten als solche, die personenbezogen sind, müssen nur kopiert werden, soweit die Kontextualisierung zum Verständnis der personenbezogenen Daten erforderlich ist.
- Der Anspruch richtet sich auf unmittelbare Wahrnehmung (einer Kopie) der Daten, die nicht nur in einer bloßen Zusammenfassung besteht.
- Ein mittelbarer Bezug der Daten auf eine natürliche Person genügt für den Personenbezug. Es ist ausreichend, wenn bei Informationen über ein Organ eine natürliche Person identifizierbar ist. Organmitglieder können damit „betroffene Person" sein.
- Eine (vormalige) Verantwortlichkeit des Geschäftsführungsorgans für die Datenverarbeitung führt nicht zum Untergang des Anspruchs wegen Konfusion. Eine solche vormalige Verantwortlichkeit wirkt sich vielmehr im Rahmen einer Abwägung zulasten des den Zugang beanspruchenden Organmitglieds aus.
- Bestehen Zweifel an der Einhaltung der erforderlichen Sorgfalt bei der Gewährung des Zugangs, so kann der Betroffene nach § 260 Abs. 2 BGB eine Versicherung an Eides statt mit dem Inhalt verlangen, dass der Anspruch nach bestem Wissen und so vollständig wie möglich erfüllt wurde.

Dem Organmitglied würde unter Zugrundlegung der bisherigen Befunde ein umfassender und nahezu voraussetzungsloser Anspruch an die Hand gegeben, mit dessen Hilfe er für seine Verteidigung oder für Vergleichsverhandlungen wertvolle Informationen erlangen könnte. Das Organmitglied würde seine (ehemalige) Anstellungsgesellschaft in einen bedeutenden Erfüllungsaufwand stürzen, sodass ihm bereits die Androhung der Geltendmachung des Anspruchs eine gewichtige Verhandlungsposition verleihen könnte. Bereitgestellt werden müssen wegen des weiten Verständnisses des Begriffs der personenbezogenen Daten nämlich insbesondere auch alle E-Mails[646] und sonstige elektronisch gespeicherte Daten wie die Vermerke zu geführten Telefonaten sowie interne Kommunikation[647] und andere Vermerke wie Gesprächsnotizen, Ergebnisse von (Compliance-)Untersuchungen und vieles weitere.[648] Erfasst wären nicht zuletzt also auch sogenannte Sekundärunterlagen,[649] die von §§ 810, 242 BGB nicht erfasst sind.[650] Das alles spricht zunächst für einen größeren Einfluss des datenschutzrechtlichen Informationsanspruchs auf den Organhaftungsprozess. Um diesen Einfluss aber differenziert

---

[646] LAG Baden-Württemberg, Urt. v. 20. Dezember 2018 – 17 Sa 11/18, NZA-RR 2019, 242–252, juris Rn. 201 ff.; vgl. BGH Urt. v. 15. Juni 2021 – VI ZR 576/19, DB 2021, 1803–1806, Rn. 22, 27; BAG, Urt. v. 27. April 2021 – 2 AZR 342/20, BAGE 174, 351–357, hält E-Mails für erfasst aber fordert eine genaue Bezeichnung der E-Mails wegen der Bestimmtheitsanforderungen des § 253 Abs. 2 Nr. 2 ZPO, da es ansonsten an der Vollstreckungsfähigkeit fehle; *Korch/Chatard*, NZG 2020, 893 (898); *Engeler/Quiel*, NJW 2019, 2201 (2204) Fn. 30; vgl. *Härting*, CR 2019, 219 (221); *Bäcker*, in: Kühling/Buchner DS-GVO/BDSG, Art. 15 DS-GVO Rn. 40, 42b; *Wünschelbaum*, BB 2019, 2102 (2103); *Lindner*, NZM 2022, 633 (637).

[647] BGH, Urt. v. 15. Juni 2021 – VI ZR 576/19, DB 2021, 1803–1806, Rn. 24 ff.; *Lembke*, NJW 2020, 1841 (1844); *Waldkirch*, r+s 2021, 317 (318) spricht sogar von einem besonderen Bedürfnis bei internen Dokumenten; dem BGH zustimmend auch *Lindner*, NZM 2022, 633 (637); *Werry*, FAZ vom 28. Juni 2021, Nr. 172, S. 20.

[648] Zu diesem extensiven Verständnis und den einzelnen genannten Beispielen: LG München, Urt. v. 6. April 2020 – 3 O 909/19, ZD 2021, 221–222, juris Rn. 94; *Riemer*, Anm. zu LG Köln, Urt. v. 19. Juni 2019 – 26 S 13/18, ZD 2019, 413 (414 f.); vgl. zur Datenschutzrichtlinie EuGH für Anmerkungen an Prüfungsantworten als personenbezogene Daten, EuGH, Urt. v. 20. Dezember 2017 – C 434/16, ECLI:EU:C:2017:994, Rn. 35 ff.; OLG Köln, Urt. v. 26. Juli 2019 – 20 U 75/18, ZD 2019, 462–463, juris Rn. 305; *Lembke*, NJW 2020, 1841 (1844); *Korch/Chatard*, CR 2020, 438 (440); *Brink/Joos*, ZD 2019, 483 (485); *Schmidt-Wudy*, in: BeckOK Datenschutzrecht, Stand: 01.08.2024, Art. 15 DS-GVO Rn. 85; siehe auch Fn. 407 f. zum extensiven Verständnis des Begriffs der personenbezogenen Daten; a.A. und denmach gegen eine Subsumtion interner Unterlagen unter den Begriff der personenbezogenen Daten LG Köln, Urt. v. 19. Juni 2019 – 26 S 13/18, CR 2019, 505–507, juris Rn. 36.

[649] Zu diesem Begriff siehe oben § 3 A. II. 2.; vgl. *Lembke*, NJW 2020, 1841 (1844), der interne (Compliance-)Untersuchungen zu den personenbezogenen Daten zählt; vgl. BGH, Urt. v. 15. Juni 2021 – VI ZR 576/19, DB 2021, 1803–1804, Rn. 28, der rechtliche Analysen als tauglichen Bezugspunkt des Anspruchs erachtet, die rechtliche Würdigung davon aber ausklammert; vgl. LAG Baden-Württemberg, Urt. v. 20. Dezember 2018 – 17 Sa 11/18, NZA-RR 2019, 242–252, juris Rn. 195 ff., das abgeschlossene interne Untersuchungen für vom Anspruche erfasst hält; *Ruckteschler/Wendelstein*, Neuer Einblick in die Akte, FAZ online vom 25.06.2019, https://www.faz.net/-gqe-9odl4 (zuletzt abgerufen am 24.11.2024); wohl auch *Waldkirch*, r+s 2021, 317 (317 f.); eher kritisch *Reichert/Groh*, NZG 2021, 1381 (1382).

[650] Zu diesem Streitpunkt siehe oben § 3 A. II. 2.

beurteilen zu können, müssen im Folgenden die Grenzen des Art. 15 DS-GVO mit Blick auf die Organhaftungskonstellation bestimmt werden.[651] Sodann gilt es, die anerkannten Informationsansprüche mit Art. 15 DS-GVO zu vergleichen, um Einflüsse des Art. 15 DS-GVO vor dem Hintergrund dieser materiell-rechtlichen Untersuchungen bewerten zu können.[652]

---

[651] Siehe unten § 5.
[652] Siehe unten § 6.

# § 5 Beschränkungen des Art. 15 DS-GVO im Organhaftungsprozess

Zweifelsfrei kann der Anspruch aus Art. 15 DS-GVO nicht einschränkungslos bestehen.[653] Mögliche Beschränkungen des Anspruchs im Kontext des Organhaftungsprozesses müssen auf deren Einschlägigkeit und deren Auswirkungen hin untersucht werden. Das in Betracht kommende und teils andiskutierte Spektrum an Beschränkungen ist umfangreich. Dennoch wird resümiert:

> „Nach der gesetzlichen Lage ist eine vollständige Auskunftsverweigerung nahezu unmöglich."[654]

Die Frage, inwieweit dieses Resümee auf die Konstellation des Art. 15 DS-GVO im Kontext des Organhaftungsprozesses tatsächlich zutrifft, soll nachstehend erörtert werden. Die übergeordnete Frage der folgenden Abschnitte lautet dementsprechend: Inwieweit kann sich die Gesellschaft gegen das (umfangreiche) Zugangsverlangen des Organmitglieds im Rahmen des Organhaftungsprozesses verteidigen? Zur Beantwortung dieser Frage bieten sich verschiedene Anknüpfungspunkte.

In tatsächlicher Hinsicht müssen verschiedene Verwendungsmöglichkeiten des Art. 15 DS-GVO betrachtet werden, deren Darstellung der Untersuchung der Grenzen vorangestellt wird. Die Grenzen entscheiden darüber, inwiefern diese Verwendungsmöglichkeiten den Organhaftungsprozess im Ergebnis tatsächlich beeinflussen können.

In rechtlicher Hinsicht müssen neben ausdrücklichen Beschränkungen der DS-GVO selbst auch ausdrückliche Beschränkungen des nationalen Rechts in Betracht gezogen werden. Zusätzlich zu ausdrücklich formulierten Grenzen kommen auch solche in Betracht, die sich mittels der allgemeinen Methodenlehre erschließen lassen. Häufige Motive für die Suche nach Einschränkungen sind dabei insbesondere ein sehr hoher Aufwand bei der Gewährung des Zugangs durch den Verantwortlichen[655] sowie die Verfolgung datenschutzfremder Zwecke bei der Geltendmachung des Zugangsanspruchs.[656]

---

[653] Vgl. Erwägungsgrund 4 zur DS-GVO; EuGH, Urt. v. 22. Juni 2023 – C 579/21, ECLI:EU:C:2023:501, Rn. 78.
[654] *Krämer/Burghoff*, ZD 2022, 428 (429).
[655] Siehe unten § 5 D.
[656] Siehe unten § 5 E.

## A. Mögliche Wege der Beeinflussung des Organhaftungsprozesses

Eine Beeinflussung des Organhaftungsprozesses durch den Informationsanspruch nach Art. 15 DS-GVO könnte im Wesentlichen auf zwei verschiedene Arten erfolgen.

### I. Informationsgewinn oder Geltendmachung von Folgerechten

Besteht der Anspruch aus Art. 15 DS-GVO, so geht damit ein Informationsgewinn aufseiten des ausgeschiedenen Organmitglieds einher.[657] Mittels dieses Informationsgewinns könnte das Organmitglied Erinnerungslücken schließen und die Rechtsverteidigung wäre möglicherweise vereinfacht, sofern Informationen entlastender Natur offenbart würden. Einen Einfluss auf den Organhaftungsprozess hätte der Informationsgewinn aber nur dann, wenn er sich vom Informationsgewinn der §§ 810, 242 BGB unterscheidet. An späterer Stelle muss zum Zweck der Beurteilung des Einflusses daher ein Vergleich der Informationsansprüche gezogen werden, wenn der grundsätzliche Umfang sowie die Voraussetzungen der Geltendmachung des datenschutzrechtlichen Anspruchs ermittelt wurden.[658]

### II. Verwendung als Druckmittel

Eine andere Möglichkeit der Beeinflussung des Organhaftungsprozesses wäre die Verwendung des Art. 15 DS-GVO als „Druckmittel".[659] Das Organmitglied könnte die Gesellschaft dazu bewegen, den Schadensersatzanspruch nicht geltend zu machen, da sonst eine Geltendmachung des Art. 15 DS-GVO folgen würde, womit ein hoher Erfüllungsaufwand einherginge.[660] Ein gewisses Drohpotenzial würde daraus erwachsen, dass die Nichterfüllung oder bloß verspätete Erfüllung gemäß Art. 83 Abs. 5 lit. b DS-GVO mit einem hohen Bußgeld von bis zu 20 Mio. Euro einhergehen könnte. Auch mag der Betroffene möglicherweise einen Scha-

---

[657] Zu den Rechtsfolgen des Art. 15 DS-GVO siehe oben § 4 C.
[658] Siehe zu diesem Vergleich unten § 6.
[659] *Korch/Chatard*, NZG 2020, 893 (894); *Reichert/Groh*, NZG 2021, 1381 (1383); im Beschäftigungskontext: *Peisker*, Der datenschutzrechtliche Auskunftsanspruch, S. 45 mit Verweis auf sog. „golden Handshake"; kritisch bezüglich Drohpotenzial *Hirschfeld/Gerhold*, ZIP 2021, 394 (401).
[660] Zu der Druckfunktion des Anspruchs auf Erteilung von Kopien: *Klein*, Die Kopie als Waffe, FAZ online vom 23.11.2021, https://www.faz.net/aktuell/wirtschaft/datenschutzgrundverordnung-die-kopie-als-waffe-17648696.html (zuletzt abgerufen am 24.11.2024); etwas martialisch *Hamann/Wegmann*, BB 2019, 1347 (1351): „[...] ‚quälen' und dadurch die Vergleichsbereitschaft [...] erhöhen".

densersatz nach Art. 82 Abs. 1 DS-GVO provozieren wollen,[661] mit dem er dann später (teilweise) gegen den Organhaftungsanspruch aufrechnen könnte.[662] Dieses Drohpotenzial könnte die Vergleichsbereitschaft der Gesellschaft erhöhen.[663] Diese Möglichkeit der Beeinflussung des Organhaftungsprozesses besteht sowohl bei Anwendbarkeit des Art. 15 DS-GVO als auch – rein tatsächlich – bei bloßer Rechtsunsicherheit über das Bestehen des Anspruchs. Denn schon eine bestehende Rechtsunsicherheit könnte dazu führen, dass eine Kosten-Nutzen-Abwägung aufseiten der Gesellschaft zu dem Ergebnis führt, von der Geltendmachung der Organhaftung abzusehen, da diese wirtschaftlich in keinem Verhältnis zum drohenden Aufwand oder Bußgeld stehen würde, das potenziell drohen könnte.

### III. Konsequenzen der verschiedenen Möglichkeiten der Beeinflussung

Um die Beeinflussung des Organhaftungsprozesses durch Art. 15 DS-GVO beurteilen zu können, kommt es erst einmal auf die Anwendbarkeit dieser Norm an. Das gilt trotz der Tatsache, dass dies wie angeklungen in praktischer Hinsicht nicht zwingende Voraussetzung für eine Beeinflussung des Organhaftungsprozesses sein muss. Neben der Anwendbarkeit und Reichweite der Norm, die bereits dargestellt wurde, müssen nun mögliche Beschränkungen aus europäischer und nationaler Rechtsordnung auf deren Wirkung hin analysiert werden.

## B. Auslegungsmaßstab: Verträglichkeit von Art. 15 DS-GVO mit nationalem Prozessrecht

In der Literatur finden sich Stimmen, die in dem Einsatz von Art. 15 DS-GVO zwecks Informationsgewinn im Kontext eines Zivilprozesses eine Annäherung an die angloamerikanische „*Pre-Trial Discovery*" erkennen.[664] Eine solche trete mittels Art. 15 DS-GVO durch die Hintertür ein.[665] Das Verfahren der Pre-Trial

---

[661] *Zhou/Wybitul*, BB 2023, 1411 (1411).
[662] Zum streitigen Private-Enforcement des Zugangsanspruchs siehe unten § 6 D. II.
[663] *Korch/Chatard*, NZG 2020, 893 (893 f.); im arbeitsrechtlichen Kontext *Schulte/Welge*, NZA 2019, 1110 (1112).
[664] *Schreiber/Brinke*, Rdi 2023, 232 (232 ff.); *Grimm*, Anm. zu LG Köln, Urt. v. 26. Juli 2019 – 20 U 75/18, ArbRB 2019, 338 (339); vgl. *Wybitul/Brams*, NZA 2019, 672 (676); *Lembke*, NJW 2020, 1841 (1841); *Riemer*, Anm. zu LG Köln, Urt. v. 19. Juni 2019 – 26 S 13/18, ZD 2019, 413 (414); *Riemer*, Anm. zu OLG Köln, Urt. v. 6. Februar 2020 – 20 W 9/19, VuR 2020, 314 (316); *Klein/Schwartmann*, in: Schwartmann/Jaspers/Thüsing/Kugelmann DS-GVO/BDSG, 2. Aufl. 2020, Art. 15 DS-GVO Rn. 40; *Lembke*, in: Henssler/Willemsen/Kalb Arbeitsrecht, Einleitung DS-GVO Rn. 104b; *Peisker*, Der datenschutzrechtliche Auskunftsanspruch, S. 45.
[665] Terminologie der Hintertür so auch bei *Riemer*, Anm. zu LG Köln, Urt. v. 19. Juni 2019 – 26 S 13/18, ZD 2019, 413 (414).

## B. Verträglichkeit von Art. 15 DS-GVO mit nationalem Prozessrecht

Discovery ermöglicht eine Ausforschung des Prozessgegners im Vorfeld des Gerichtsverfahrens, indem diesem Gerichtsverfahren ein erheblicher Informationsaustausch vorgeschaltet wird.[666] In der bis hierhin festgestellten umfangreichen Wirkung des Art. 15 DS-GVO auf den Organhaftungsprozess könnte die Gesellschaft tatsächlich als „Steigbügelhalter bei der Abwehr der Klage dienen".[667]

Die Pre-Trial Discovery eröffnet verschiedene Konfliktfelder mit deutschen Prozessgrundsätzen.[668] Hierzulande gilt nämlich der

„[...] Grundsatz, dass niemand verpflichtet ist, seinem Gegner das Material für einen Prozesssieg zu verschaffen, über das er nicht schon von sich aus verfügt."[669]

Dieses schon bei §§ 810, 242 BGB angeklungene sogenannte Ausforschungsverbot[670] bildet eine Grenze des Informationsaustauschs im Prozess. Klärungsbedürftig ist, ob entsprechende Konflikte zwischen Art. 15 DS-GVO und dem nationalen Prozessrecht bestehen. Für das Bestehen etwaiger Konflikte ist es nicht erforderlich, dass Art. 15 DS-GVO tatsächliche eine solche *Pre-Trial Discovery* normiert.[671] Je mehr sich die Verwendung von Art. 15 DS-GVO aber einer *Pre-Trial Discovery* annähert, desto eher bestehen aufzulösende Konfliktfelder mit dem nationalen Ausforschungsverbot. Parallel zu einer bei § 142 ZPO geführten Debatte könnte man fragen: Handelt es sich bei Art. 15 DS-GVO um ein „trojanisches Pferd"[672] zulasten des nationalen Zivilprozessrechts? Eine im Folgenden vorzunehmende Untersuchung hinsichtlich der Gemeinsamkeiten und Unterschiede von Art. 15 DS-GVO und der *Pre-Trial Discovery* ist dienlich, um das Maß einer Kollision von Art. 15 DS-GVO und dem nationalen Prozessrecht zu bestimmen und die Auswirkungen des Art. 15 DS-GVO zu begreifen. Können Kollisionen und Konflikte bejaht werden, so muss in einem nächsten Schritt untersucht werden, ob es Mittel zur Auflösung ebendieser gibt. Maßgebliche Bedeutung erlangt dabei der Anwendungsvorrang des Unionsrechts. Die Erkenntnisse zum Verhältnis vom Datenschutzrecht und der Zivilprozessordnung sind für die weitere Untersuchung der in dieser Arbeit zentralen Frage von entscheidender Relevanz. Zeigt die Untersuchung, dass die Europäische Union mit Blick auf etwaige Auswirkungen auf das Prozessrecht ihre Kompetenzen überschreiten würde, so wäre nach Möglichkeit für Art. 15 DS-GVO und insbesondere bei der Bestimmung seiner Grenzen eine solche Auslegung zu wählen, die dem äußersten Rahmen der Kompetenzen der Europäischen Union

---

[666] *Theissen*, IWRZ 2020, 10 (11); vgl. *Lüpke/Müller*, NZI 2002, 588 (588); ausführlich zu diesem Begriff der „Pre-Trial Discovery" siehe unten § 5 B. I. 1.
[667] *Groh*, ZIP 2021, 724 (727).
[668] *Reiling*, Das US-amerikanische Discovery-Verfahren im Rahmen deutscher gerichtlicher Auseinandersetzungen, S. 14 ff.
[669] *Suchan*, ZD 2021, 198 (200); exemplarisch BGH, Urt. v. 7. Dezember 1999 – XI ZR 67/99, ZIP 2000, 204–206, juris Rn. 16; BGH, Urt. v. 17. Oktober 1996 – IX ZR 293/95, NJW 1997, 128–129, juris Rn. 17.
[670] Detaillierter unten § 5 B. II. 1.
[671] So könnte aber die Argumentation bei *Waldkirch*, r+s 2021, 317 (320) verstanden werden.
[672] *Lüpke/Müller*, NZI 2002, 588 (588).

noch entsprechen würde. Denn es ist nicht davon auszugehen, dass der Unionsgesetzgeber kompetenzwidriges und somit unwirksames Recht schaffen wollte.[673] Die Untersuchung der Vereinbarkeit eines „hypothetisch grenzenlosen" Art. 15 DS-GVO mit nationalen Prozessgrundsätzen bietet also für die folgenden Untersuchungen wichtige Anhaltspunkte zur Auslegung der Beschränkungen des Art. 15 DS-GVO. Auch bei der Beurteilung der Frage, ob und unter welchen Umständen die Geltendmachung des Anspruchs einen Rechtsmissbrauch darstellt, wird auf diese Untersuchung zurückzukommen sein.[674]

Das Problem der Vereinbarkeit des Art. 15 DS-GVO mit dem nationalen Prozessrecht ist kein spezifisches Problem des Organhaftungsprozesses. Es entsteht vielmehr in jeder Konstellation, in der die Geltendmachung des Art. 15 DS-GVO mit einem anderen Prozessgegenstand verknüpft wird. Denn in einem solchen Falle droht immer eine Ausforschung des Prozessgegners bezüglich des Prozessgegenstands. In Literatur und Rechtsprechung verbleibt es diesbezüglich häufig bei dem pauschalen Verweis auf den Anwendungsvorrang des Unionsrechts, um das Problem zu „beseitigen".[675] Andere in der Literatur und auch in der Rechtsprechung verweisen auf den Konflikt und räumen dem nationalen Prozessrecht ohne nähere Begründung den Vorrang ein.[676] Beide Wege überzeugen ohne nähere Auseinandersetzung nicht.

## I. Annäherung an die Pre-Trial Discovery durch Art. 15 DS-GVO

Das Aufgreifen der Pre-Trial Discovery dient den Ausführungen zufolge als Orientierung bei der Bestimmung einer Kollision von Art. 15 DS-GVO und nationalem Prozessrecht. Als Ausgangspunkt dient die Frage, inwiefern es bei der prozessualen Auseinandersetzung von Organmitglied und Gesellschaft zu einer Annäherung an die angloamerikanische Pre-Trial Discovery kommt, wenn das Organmitglied zwecks Informationsbeschaffung von Art. 15 DS-GVO Gebrauch

---

[673] *Wybitul/Baus*, CR 2019, 494 (497).
[674] Zu diesem siehe ausführlich unten § 5 E.; umgekehrter Zusammenhang von Rechtsmissbrauch und Ausforschung bei *Schreiber/Brinke*, Rdi 2023, 232 (235 f.).
[675] *Bäcker*, in: Kühling/Buchner DS-GVO/BDSG, Art. 15 DS-GVO Rn. 42e; *Schmidt-Wudy*, in: BeckOK Datenschutzrecht, Stand: 01. 08. 2024, Art. 15 DS-GVO Rn. 52.1 m.w.N.; *Deutschmann*, Anm. zu OLG Köln, Beschl. v. 14. Januar 2022 – 7 VA 20/21, ZD 2022, 695 (696), der schlicht die „Ausnahme" des Art. 23 DS-GVO vom Anwendungsvorrang prüft.
[676] LG Frankenthal, Urt. v. 12. Januar 2021 – 1 HK O 4/19, ZD 2022, 511–512, juris Rn. 163; *Hamann/Wegmann*, BB 2019, 1347 (1351); *Suchan*, ZD 2021, 198 (200); *Dix*, in: Simitis/Hornung/Spiecker gen. Döhmann Datenschutzrecht, Art. 15 DS-GVO Rn. 17, der in der Fußnote einen Nachweis anführt, der das Verhältnis des nationalen § 34 BDSG a. F. zu der Discovery behandelt, was hier angesichts der Kollision mit Unionsrecht nur bedingt hilft; *Klein/Schwartmann*, in: Schwartmann/Jaspers/Thüsing/Kugelmann DS-GVO/BDSG, 2. Aufl. 2020, Art. 15 DS-GVO Rn. 40 ebenfalls mit Verweis auf Kommentarliteratur zum Verhältnis von Prozessgrundsätzen und § 34 BDSG a. F.; etwas ausführlicher hingegen *Wybitul/Brams*, NZA 2019, 672 (676).

macht. Das Rechtsinstitut der Pre-Trial Discovery muss dargestellt werden, bevor die durch Art. 15 DS-GVO geschaffene Situation hierzulande damit verglichen werden kann.

### 1. Die angloamerikanische Pre-Trial Discovery

Die sogenannte Pre-Trial Discovery ist in den *Federal Rules of Civil Procedure* (FRCP) ausdrücklich normiert. Diese regeln das Verfahren an den US-Bundesgerichten.[677] Die Pre-Trial Discovery beginnt mit der Einreichung der Klageschrift bei Gericht.[678] In Rule 26 (b) (1) FRCP heißt es:

> „[…] (b) Discovery Scope and Limits. (1) Scope in General. Unless otherwise limited by court order, the scope of discovery is as follows: Parties may obtain discovery regarding any nonprivileged matter that is relevant to any party's claim or defense and proportional to the needs of the case, considering the importance of the issues at stake in the action, the amount in controversy, the parties' relative access to relevant information, the parties' resources, the importance of the discovery in resolving the issues, and whether the burden or expense of the proposed discovery outweighs its likely benefit. Information within this scope of discovery need not be admissible in evidence to be discoverable. […]"

Bereits beim ersten Lesen dieser Bestimmung des Umfangs der Discovery fällt die umfassende Reichweite ins Auge. Das Erfordernis der „Möglichkeit einer Relevanz des Gegenstands für die Geltendmachung eines Anspruchs oder einer Verteidigung gegen eine solche" wird weit verstanden. Es ist jede Angelegenheit erfasst, die einen Bezug zum Gegenstand des Verfahrens hat oder haben könnte oder auch nur zu einer solchen Angelegenheit führen kann, die diesen Bezug aufweist.[679] Zudem genügt es schon, wenn die Information vernünftigerweise dazu geeignet ist, eine Partei zu verwertbaren Beweisen zu führen.[680] Eine Grenze, ab der Informationen im Rahmen der Pre-Trial Discovery nicht mehr erfasst sind, ist erst dort erreicht, wo keinerlei erdenklicher Einfluss auf die Geltendmachung oder die Verteidigung gegen einen Anspruch besteht.[681] Die Pre-Trial Discovery ermöglicht eine allumfassende Ausforschung des Klagegegners im prozessualen Verfahren.[682] Erfasst sind im Wege der „e-discovery" auch alle elektronisch gespeicherten Informationen,[683] sofern sie die genannten Voraussetzungen erfüllen. Sogar potenzielle Einreden und

---

[677] Vgl. Rule 1 FRCP.
[678] *Harguth*, „Pre Trial Discovery" und das deutsche Datenschutzrecht, S. 7.
[679] Hickman v. Taylor, 329 U.S. 495, 507 (1947); Oppenheimer Fund, Inc. v. Sanders, 437 U.S. 340, 351 (1978); Bacon v. Smith Barney Shearson, Inc., 938 F. Supp. 98, 104 (D.N.H. 1996).
[680] Vgl. Rule 26 (b) (1) FRCP; *Harguth*, „Pre Trial Discovery" und das deutsche Datenschutzrecht, S. 17; *Zekoll/Bolt*, NJW 2002, 3129 (3133).
[681] *Harguth*, „Pre Trial Discovery" und das deutsche Datenschutzrecht, S. 17 mit Verweis auf Sheldon vs. Vermont, 204f. R.D. 69 (D. Kan. 2011).
[682] *Wieczorek*, in: Specht/Mantz Hdb Datenschutzrecht, § 7 Rn. 98.
[683] Vgl. *Theissen*, IWRZ 2020, 10 (12); *Dombrowski*, GRUR-Prax 2016, 319 (320).

Einwendungen müssen offengelegt werden.[684] Von der Pre-Trial Discovery sind aber nach Rule 26 (b) (3) FRCP grundsätzlich solche Unterlagen nicht erfasst, die von einer Partei oder einem ihrer Vertreter in Vorbereitung auf den Prozess angefertigt wurden.[685] Eine fehlende Mitwirkung der zur Offenlegung verpflichteten Partei kann im Rahmen der Discovery unter Umständen zu für den Prozess erheblichen Sanktionen führen, die von einer Geltung von Tatsachen als festgestellt bis hin zur Klageabweisung reichen (vgl. Rule 37 (b) FRCP).

### 2. Gemeinsamkeiten und Unterschiede von Pre-Trial Discovery und Art. 15 DS-GVO

Um eine Aussage darüber zu treffen, wie sehr eine Annäherung an die Pre-Trial Discovery, die im Schrifttum immer wieder postuliert wird, tatsächlich vorliegt, müssen Gemeinsamkeiten und Unterschiede herausgearbeitet werden. Als Gemeinsamkeit von Art. 15 DS-GVO und der Pre-Trial Discovery lassen sich die dem Informationsgewinn vorangestellten geringen Konkretisierungsanforderungen identifizieren.[686] Beide Ansprüche haben gemein, dass sie dem Informationsgewinn bisher unbekannter Informationen dienen und damit folgerichtig keine hohen Anforderungen an die Konkretisierung von Unterlagen stellen können.

Wesentlicher Unterschied ist jedoch die bei der Pre-Trial Discovery erforderliche Voraussetzung der Einleitung eines Prozesses. Die Normen, die das Discovery-Verfahren regeln, entstammen dem Prozessrecht. Die Norm des Art. 15 DS-GVO hingegen entstammt dem materiellen Recht und gilt damit unabhängig von der Einleitung eines gerichtlichen Verfahrens. Das abweichende Fundament der Pre-Trial Discovery im Prozessrecht zeigt sich insbesondere auch in den vorgesehenen *intraprozessualen* Sanktionen, sofern eine Partei den Verpflichtungen aus der Discovery zur Vorlage oder Kooperation nicht nachkommt. Die Sanktionen sind ausführlich in Rule 37 FRCP geregelt und beinhalten insbesondere Beweisverwertungsverbote, eine Geltung von Tatsachen als festgestellt und eine Klageabweisung. Die Pre-Trial Discovery ist ein eigener Verfahrensabschnitt, der das Verfahren unmittelbar beeinflusst. Bei Art. 15 DS-GVO hingegen handelt es sich um einen selbstständigen materiellen Anspruch, der das Prozessrecht nicht direkt berührt.[687] Der unmittelbare Einfluss der Pre-Trial Discovery besteht sowohl bei ordnungsgemäßem Ablauf als auch bei Verstößen gegen die Verfahrensregeln im Wege der *intraprozessualen* Konsequenzen. In jedem Falle wirkt sich die Pre-Trial Discovery unmittelbar auf

---

[684] Siehe oben Fn. 683.
[685] *Harguth*, „Pre Trial Discovery" und das deutsche Datenschutzrecht, S. 55.
[686] Für die Pre-Trial Discovery *Zekoll/Bolt*, NJW 2002, 3129 (3133); für Art. 15 DS-GVO siehe ausf. oben § 6 A. I. 2.
[687] *Bäcker*, in: Kühling/Buchner DS-GVO/BDSG, Art. 15 DS-GVO Rn. 42e; zur mittelbaren Beeinflussung siehe unten § 5 B. II. 2.

den Prozess aus. „Art. 15 DS-GVO ist [...] nicht vergleichbar in den gerichtlichen Erkenntnisprozess integriert."[688]

Ebenso verschieden wie die Herkunft der Normen sind auch die dahinterstehenden Ziele der Normgeber.[689] Das Ziel der Pre-Trial Discovery wird in den „Notes of Advisory Committee on Rules" wie folgt beschrieben:

> „The purpose of discovery is to allow a broad search for facts, the names of witnesses, or any other matters which may aid a party in the preparation or presentation of his case."[690]

Im Sinne der Wahrheitsfindung sollen alle für den Streitgegenstand relevanten Informationen schon vor dem eigentlichen Prozess bekannt sein, wodurch Überraschungen im Prozess vermieden werden sollen.[691] Das Fundament des Art. 15 DS-GVO ist ein anderes: Bezweckt wird die effektive Durchsetzung des primärrechtlich verankerten Schutzes personenbezogener Daten.[692] Entsprechend diesem abweichenden Fundament erfasst der Anspruch des Art. 15 DS-GVO lediglich personenbezogene Daten. Möglicherweise sind davon nur wenige für den verknüpften Streitgegenstand relevant. Von der Pre-Trial Discovery hingegen sind jegliche Informationen umfasst, die möglicherweise für den Streitgegenstand relevant sind. Ein Personenbezug ist im Rahmen der Pre-Trial Discovery anders als bei Art. 15 DS-GVO nicht erforderlich. Als Dokumente, die im Rahmen der Pre-Trial Discovery erlangt werden können und dabei möglicherweise aber keine personenbezogenen Daten enthalten, kommen Expertengutachten oder -aussagen, Kostenschätzungen, Rechnungen, Finanzberichte, Unternehmensrichtlinien, Technische Spezifikationen sowie Forschungs- und Entwicklungsunterlagen in Betracht. All diese Unterlagen können erhebliche Bedeutung für die Verteidigung gegen die Organhaftung entfalten und sind damit für den Streitgegenstand relevant. Die genannten Unterlagen werden jedoch nur ausnahmsweise personenbezogene Daten des Organmitglieds enthalten. Auch wenn sie solche im Einzelfall enthalten sollten, wird nur im Einzelfall ein Anspruch auf Zugang zu dem gesamten Dokument bestehen. Denn ein Anspruch auf Zugang zu dem gesamten Dokument besteht nur dann, wenn die Kontextualisierung der personenbezogenen Daten mit nicht personenbezogenen Daten zum Verständnis der personenbezogenen Daten erforderlich ist.[693] Ist ein Expertengutachten bloß an das Organmitglied adressiert, thematisiert es aber dessen Handeln nicht, so stellt nicht das gesamte Gutachten ein personenbezogenes Datum des Organmitglieds dar. Das Dokument wäre mit Art. 15 DS-GVO nicht zu erlangen, im Wege der Pre-Trial Discovery hingegen schon. Es besteht im

---

[688] *Waldkirch*, r+s 2021, 317 (320).
[689] *Deutschmann*, Anm. zu OLG Köln, Beschl. v. 14. Januar 2022 – 7 VA 20/21, ZD 2022, 695 (696); vgl. *Waldkirch*, r+s 2021, 317 (320); *Schreiber/Brinke*, Rdi 2023, 232 (234).
[690] Notes of Advisory Committee on Rules, 1946 Amendment, Rule 26 (b) FRCP.
[691] *Theissen*, IWRZ 2020, 10 (11).
[692] Zur primärrechtlichen Anknüpfung siehe oben § 4 A. Zum Zweck siehe insbesondere oben § 4 C. II. 3.
[693] Siehe zum Umfang der Kopie oben § 4 C. II. 5.

Vergleich zu Art. 15 DS-GVO ein informativer Mehrwert der Pre-Trial Discovery hinsichtlich des Streitgegenstands.

Ein weiterer wesentlicher Unterschied besteht darin, dass die Informationsbeschaffung im Rahmen der Pre-Trial Discovery zielgerichtet möglich ist. Das ist bei Art. 15 DS-GVO hingegen nicht der Fall. Dort besteht der Bezug der Daten zum Streitgegenstand rein zufällig und es kann nicht auf den Gewinn von den Streitgegenstand betreffenden Informationen vertraut werden. Dieses „Zufallselement" der Informationsbeschaffung mittels Art. 15 DS-GVO unterscheidet die Norm ebenso von der Pre-Trial Discovery wie der mit letzterer einhergehende informative Mehrwert im Vergleich zu Art. 15 DS-GVO. Letztlich kann der Umfang der von den Ansprüchen erfassten Informationen damit erheblich voneinander abweichen. Ebenso wie der Wert der erlangten Informationen für den Prozess.

Art. 15 DS-GVO und die Pre-Trial Discovery nähern sich zu alledem allenfalls dann an, wenn Art. 15 DS-GVO derart mit einem anderen Streitgegenstand verbunden wird,[694] dass er *de facto* so wirkt, wie die Pre-Trial Discovery es schon ihrer Konzeption nach tut. Daneben besteht ein großer und praktisch überwiegender Anwendungsbereich des Art. 15 DS-GVO, in welchem für die Diskussion um eine Annäherung an eine Pre-Trial Discovery keinerlei Anlass und Raum besteht. Die Annäherung und die damit einhergehende Diskussion in Literatur und Rechtsprechung liegt also nicht in der Vorschrift des Art. 15 DS-GVO selbst begründet, sondern allenfalls in dessen Verwendung im Einzelfall.

Man kann konstatieren: Die Nähe von Art. 15 DS-GVO zur Pre-Trial Discovery ist abhängig vom Zufall und Einzelfall. Grundsätzlich bestehen erhebliche Unterschiede der Instrumente.[695] Entscheidend für eine Annäherung der Verwendung des Art. 15 DS-GVO an eine Pre-Trial Discovery sind der Kontext der Verwendung dieses datenschutzrechtlichen Informationsanspruchs – wird er zwecks Verwendung der Informationen in anderem Prozess geltend gemacht? – und der Inhalt der personenbezogenen Daten – beziehen sich diese zufälligerweise auf den Streitgegenstand? – sowie auch das Maß der Integration des Art. 15 DS-GVO in den prozessualen Ablauf.[696] Die in der Literatur und Rechtsprechung immer wieder betonte Annäherung des Art. 15 DS-GVO an die Pre-Trial Discovery besteht tatsächlich nur sehr eingeschränkt und ist erst recht nicht generalisierbar.

---

[694] Zur Zulässigkeit und Grenzen der prozessualen Verknüpfung siehe unten § 7 B. II. und § 7 B. IV.

[695] *Waldkirch*, r+s 2021, 317 (320).

[696] Zu diesen prozessualen Fragen siehe unten § 7.

## II. Verträglichkeit von Art. 15 DS-GVO mit dem nationalen Prozessrecht

Auch wenn es sich um eine echte Pre-Trial Discovery handeln würde, eröffnet diese zwar Konfliktfelder mit verschiedenen Prozessmaximen. Das deutsche Recht steht diesem Verfahren zur Beweiserlangung jedoch in Form der Prinzipien des effektiven Rechtsschutzes sowie der Prozessökonomie zum Teil offen gegenüber.[697] Das Maß der Kollision von Art. 15 DS-GVO mit dem Ausforschungsverbot muss wegen der erheblichen Unterschiede von Pre-Trial Discovery und Art. 15 DS-GVO folglich selbstständig ermittelt werden, wozu zunächst das Ausforschungsverbot dargelegt werden muss.

### 1. Umrisse des Ausforschungsverbots

Das Ausforschungsverbot ergibt sich aus dem im Zivilprozessrecht verankerten *Beibringungsgrundsatz*, wonach jede Partei die für sie günstigen Tatsachen und Beweise selbst vortragen muss.[698] Von Amts wegen wird der Sachverhalt nicht ermittelt und es besteht auch kein zivilprozessualer Anspruch gegen die andere Partei auf Offenlegung aller mit dem Streitgegenstand im Zusammenhang stehenden Tatsachen. Der BGH betont in dieser Hinsicht wiederholt, dass

> „[…] niemand verpflichtet ist, seinem Gegner das Material für einen Prozesssieg zu verschaffen, über das er nicht schon von sich aus verfügt."[699]

Unzulässig ist dabei alles jenseits des zulässigen Beweisantrags, der eine gewisse Konkretisierung erfordert.[700] Bloße Spekulationen ohne „jegliche tatsächliche Anhaltspunkte für den Vortrag", „ins Blaue hinein" oder „aufs Geratewohl" sind unzulässig.[701] Eine Ausforschung liegt dann vor, wenn nicht Kenntnisse bestätigt

---

[697] *Reiling*, Das US-amerikanische Discovery-Verfahren im Rahmen deutscher gerichtlicher Auseinandersetzungen, S. 31.
[698] *Schreiber/Brinke*, RdI 2023, 232 (233); *Wybitul/Brams*, NZA 2019, 672 (676); *Peisker*, Der datenschutzrechtliche Auskunftsanspruch, S. 272: „Verhandlungsmaxime"; *Bußmann-Welsch*, AnwZert ITR 3/2020, Beitrag 3; vgl. OLG Köln, Urt. v. 13. Mai 2022 – 20 U 295/21, r+s 2022, 397–399, Rn. 55; zum Beibringungsgrundsatz BVerfG, Beschl. v. 18. April 1984 – 1 BvR 869/83, BVerfGE 67, 39–43, juris Rn. 12.
[699] *Suchan*, ZD 2021, 198 (200); exemplarisch BGH, Urt. v. 7. Dezember 1999 – XI ZR 67/99, ZIP 2000, 204–206, juris Rn. 16; BGH, Urt. v. 17. Oktober 1996 – IX ZR 293/95, NJW 1997, 128–129, juris Rn. 17.
[700] *Schreiber/Brinke*, RdI 2023, 232 (233); vgl. *Berger*, in: Stein/Jonas ZPO, § 445 Rn. 28 f.; *Reiling*, Das US-amerikanische Discovery-Verfahren im Rahmen deutscher gerichtlicher Auseinandersetzungen, S. 24.
[701] BGH, Urt. v. 8. Mai 2012 – XI ZR 262/10, BGHZ 193, 159–183, juris Rn. 40; BGH, Urt. v. 4. März 1991 – II ZR 90/90, WM 1991, 888–891, juris Rn. 18; *Berger*, in: Stein/Jonas ZPO, § 373 Rn. 3; *Stadler*, in: Musielak/Voit ZPO, § 138 Rn. 6; *Reiling*, Das US-amerikanische Discovery-Verfahren im Rahmen deutscher gerichtlicher Auseinandersetzungen, S. 24.

oder bewiesen werden sollen, sondern erst aus den erlangten Informationen weiterer „Prozessstoff" erlangt werden soll.[702]

### 2. Geringe Kollision von Art. 15 DS-GVO und Ausforschungsverbot

Teils wird eine Kollision von Art. 15 DS-GVO mit dem kurz dargestellten Ausforschungsverbot bereits deshalb verneint, weil die Discovery einen prozessualen Anknüpfungspunkt hat, während Art. 15 DS-GVO dem materiellen Recht entstammt.[703] Hierbei ohne weitere Auseinandersetzung zu verharren, verkennt aber die praktischen Auswirkungen, die Art. 15 DS-GVO im Einzelfall entfalten kann. Die Verankerung im materiellen Recht allein sagt nichts über mögliche Auswirkungen auf den prozessualen Bereich aus, die der Art. 15 DS-GVO entfalten kann. So zeigen schon die im nationalen, materiellen Recht normierten Darlegungs- und Beweislastumkehren, beispielsweise in § 93 Abs. 2 S. 2 AktG oder § 280 Abs. 1 S. 2 AktG, dass materielles Recht und Prozessrecht nicht immer scharf trennbar sind. Wie dargelegt, kann die Kombination des Art. 15 DS-GVO mit einem anderen Streitgegenstand dazu führen, dass dem Prozess, ähnlich einer Pre-Trial Discovery, ein erheblicher Informationsaustausch vorgelagert wird. Dieser kann sich auf den Prozess und das diesen determinierende Prozessrecht auswirken. Nach überwiegender und zutreffender Ansicht kollidieren die von Art. 15 DS-GVO ausgehenden Auswirkungen auf den Prozess mit dem dargestellten Ausforschungsverbot des Zivilprozesses.[704] Das ergibt sich schon daraus, dass der Zweck des Art. 15 DS-GVO einen Zugewinn an unbekannten Informationen erfordert, während das Ausforschungsverbot einen solchen zusätzlichen Informationsgewinn gerade zu verhindern beabsichtigt. Insofern kollidieren Art. 15 DS-GVO und das Ausforschungsverbot zwangsläufig miteinander, wenn der Anspruch zur Beseitigung des Informationsgefälles in einem Prozess erhoben wird. Auch zeigt sich diese Kollision in den geringen Konkretisierungsanforderungen, die der Art. 15 DS-GVO genügen lässt,[705] während aus dem Ausforschungsverbot für §§ 810, 242 BGB

---

[702] BAG, Urt. v. 23. Oktober 1996 – 1 AZR 269/96, NZA 1997, 397–399, juris Rn. 37; LAG Köln, Urt. v. 15. Mai 2002 – 8 Sa 60/02, juris Ls. 3; *Berger*, in: Stein/Jonas ZPO, § 373 Rn. 3; *Hamacher/C. Ulrich*, in: MAH Arbeitsrecht, § 77 Rn. 411 m.w.N.; *Lüderitz*, Recht und Staat in Geschichte und Gegenwart, Heft 319/320, S. 5 (5) m.w.N.

[703] OLG Köln, Urt. v. 13. Mai 2022 – 20 U 295/21, r+s 2022, 397–399, Rn. 55; *Peisker*, Der datenschutzrechtliche Auskunftsanspruch, S. 272 f.; zu diesem unterschiedlichen Fundament von Art. 15 DS-GVO und Pre-Trial Discovery siehe oben § 5 B. I. 2.

[704] *Klein/Schwartmann*, in: Schwartmann/Jaspers/Thüsing/Kugelmann DS-GVO/BDSG, 2. Aufl. 2020, Art. 15 DS-GVO Rn. 40; *Schwartmann/Klein/Burkhardt*, in: Schwartmann/Jaspers/Thüsing/Kugelmann DS-GVO/BDSG, 2. Aufl. 2020, § 34 BDSG Rn. 6; *Paal*, in: Paal/Pauly DS-GVO/BDSG, Art. 15 DS-GVO Rn. 33a; *Dix*, in: Simitis/Hornung/Spiecker gen. Döhmann Datenschutzrecht, Art. 15 DS-GVO Rn. 17; *Wybitul/Brams*, NZA 2019, 672 (676); *Brink/Joos*, ZD 2019, 483 (486); *Wybitul/Baus*, CR 2019, 494 (496).

[705] Siehe zu den geringen Konkretisierungsanforderungen bei Geltendmachung des Art. 15 DS-GVO § 5 D. I.

wesentlich höhere Anforderungen abgeleitet werden.⁷⁰⁶ Die Konkretisierungsanforderungen des Art. 15 DS-GVO sind derart gering, dass sie dem unzulässigen Ausforschungsbeweis näherstehen als dem zulässigen Beweisantrag.

Wenig überzeugend ist das pauschale Bestreiten einer Kollision von Art. 15 DS-GVO mit dem Ausforschungsverbot in der Organhaftungskonstellation, da das Ausforschungsverbot nicht tangiert wäre, wenn es um die Anspruchsverteidigung gehe.⁷⁰⁷ Der Bedeutungsgehalt des Ausforschungsverbots ist nicht auf die Geltendmachung von Ansprüchen begrenzt. Das Verbot gilt vielmehr, wie auch der Beibringungsgrundsatz, in dem es wurzelt,⁷⁰⁸ beidseitig. Niemand muss dem anderen das verschaffen, was er im Rahmen des Beibringungsgrundsatzes selbst beibringen muss. Also darf auch derjenige, der sich gegen einen Anspruch verteidigt, nach diesem Grundsatz keine Einreden und Einwendungen ausforschen.

Das konkrete Maß der durch Art. 15 DS-GVO ermöglichten Ausforschung und damit der Umfang der Kollision hängt vom Einzelfall ab. Entscheidend für das ermöglichte Maß der Ausforschung ist insbesondere das jüngst vom EuGH ergangene Urteil zur Frage, ob vom Verantwortlichen auch ganze Dokumente zu kopieren sind.⁷⁰⁹ Wegen der in dieser Hinsicht restriktiven Auffassung, wonach ganze Dokumente nur ausnahmsweise zu kopieren sind, sofern die dort enthaltenen nicht personenbezogenen Daten zum Verständnis der personenbezogenen Daten erforderlich sind, wird eine Ausforschung über die personenbezogenen Daten hinaus oft nicht möglich sein. Die Möglichkeit zur „Ausforschung" ist also auf personenbezogene Daten begrenzt, wobei zugestanden werden muss, dass der Begriff der personenbezogenen Daten selbst sehr extensiv verstanden wird, womit im Ergebnis dennoch eine große Datenmenge erfasst sein wird. Das restriktive Verständnis des Kopieumfangs kann das extensive Verständnis des Personenbezugs der Daten nicht aufwiegen. Geschwächt wird die Möglichkeit zur „Ausforschung" mittels Art. 15 DS-GVO aber dadurch, dass ein Bezug der mittels des Anspruchs zugänglichen Informationen nur rein zufällig besteht. Eine gezielte Ausforschung mit Bezug zum Streitgegenstand wird nicht ermöglicht. Maßgeblich für das konkrete Maß einer ermöglichten „Ausforschung" sind zuletzt auch die konkreten Grenzen des Art. 15 DS-GVO. Da sich deren Auslegung aber insbesondere auch danach zu richten hat, wie weitreichend etwaige Konflikte zwischen Art. 15 DS-GVO und dem nationalen Prozessrecht aufgelöst werden können, muss deren Untersuchung nachgeschaltet werden. Die in diesem Abschnitt gewonnenen Erkenntnisse können in der Auslegung verwertet werden.

---

⁷⁰⁶ Siehe oben § 6 A. II.
⁷⁰⁷ So aber OLG Frankfurt a. M., Urt. v. 25. September 1979 – 5 U 210/78, DB 1979, 2476–2477, juris Rn. 23; *Ruckteschler/Grillitsch*, in: FS Elsing 2015, S. 1129 (1134 f.).
⁷⁰⁸ Vgl. Fn. 698.
⁷⁰⁹ EuGH, Urt. v. 4. Mai 2023 – C 487/21, ECLI:EU:C:2022:1000, Rn. 21 ff.

## III. Lösung der Kollision durch den Anwendungsvorrang des Unionsrechts

Kollidieren nationales Recht und Unionsrecht, so liegt ein Rückgriff auf den Anwendungsvorrang des Unionsrechts nahe, um die Kollision aufzulösen. Zu untersuchen ist daher, ob der Anwendungsvorrang des Unionsrechts hier einen dogmatisch durchhaltbaren und überzeugenden Weg zur Auflösung der festgestellten Kollision zwischen dem Ausforschungsverbot und Art. 15 DS-GVO darstellt.

### 1. BFH: Anwendungsvorrang des Prozessrechts vor dem Datenschutzrecht

Der BFH lässt den Anwendungsvorrang des Unionsrechts in einem Beschluss aus dem Jahr 2019 völlig außer Acht und stellt fest, dass nationale Prozessordnungen wie die Finanzgerichtsordnung dem Art. 15 DS-GVO vorgehen würden.[710] Ähnlich verfährt das OLG Köln in einem Beschluss aus dem Jahr 2022, wobei es auf eine Zitierung des BFH jedoch verzichtet.[711] Der BFH verweist zur Begründung des Vorrangs der Finanzgerichtsordnung auf eine Gegenäußerung der Bundesregierung zu einer Stellungnahme des Bundesrates vom 23. März 2017.[712] Aus dieser Gegenäußerung geht aber lediglich hervor, dass das nationale Prozessrecht dem nationalen BDSG vorgehen soll.[713] Die Bundesregierung äußert sich also zum Verhältnis zweier nationaler Gesetzgebungsakte, mithin zu einer abweichenden Rechtsfrage. Hieraus zu schließen, dass das nationale Prozessrecht auch dem unionsrechtlichen Datenschutzrecht vorginge, bedarf eines höheren Begründungsaufwands. Die Ausführungen des BFH überzeugen damit nicht.[714] Dass das in prozessualen Fragen speziellere Prozessrecht dem nationalen Datenschutzrecht vorgeht, mag noch überzeugen. Eine mögliche Durchbrechung des Vorrangs des Prozessrechts aber auch dann pauschal abzutun, wenn das Datenschutzrecht einen unionsrechtlichen Ursprung hat, ist zweifelhaft, wie die folgenden Ausführungen zeigen werden.

---

[710] BFH, Beschl. v. 29. August 2019 – X S 6/19, DStRK 2020, 54, juris Rn. 23; daran anschließend BFH, Beschl. v. 7. Juni 2021 – VIII B 123/20, BFHE 272, 345, juris Rn. 16.
[711] OLG Köln, Beschl. v. 14. Januar 2022 – 7 VA 20/21, CR 2023, 185–186, juris Rn. 11.
[712] BTDrucks. 18/11655.
[713] BTDrucks. 18/11655, S. 27.
[714] Kritisch insb. *Deutschmann*, ZD 2021, 414 (418); kritisch zu entsprechendem Beschluss des OLG Köln *Deutschmann*, Anm. zu OLG Köln, Beschl. v. 14. Januar 2022 – 7 VA 20/21, ZD 2022, 695 (695 ff.).

## 2. Der Anwendungsvorrang des EU-Rechts – Prinzip der begrenzten Einzelermächtigung

Das Verhältnis von nationalem und europäischem Recht wird determiniert durch den mehrfach genannten Anwendungsvorrang des Unionsrechts, in dessen Konsequenz das mitgliedstaatliche Recht bei Kollision mit dem Unionsrecht unanwendbar wird.[715] Insofern ist es auf einen ersten Blick unbedenklich, wenn die Auswirkungen von Art. 15 DS-GVO mit dem nationalen Ausforschungsverbot kollidieren. Jedoch gilt der Anwendungsvorrang nicht uneingeschränkt beziehungsweise voraussetzungslos. Aus dem Prinzip der begrenzten Einzelermächtigung in Art. 5 Abs. 2 EUV ergibt sich, dass die Union nur dann wirksam Rechtsnormen erlassen kann, wenn sie dazu ausdrücklich ermächtigt ist.[716] Die Union ist also auf die Übertragung von Kompetenzen durch die Mitgliedstaaten angewiesen.[717] In Abgrenzung dazu besitzt sie keine Kompetenz-Kompetenz, die es ihr ermöglichen würde, sich selbst darüber hinausgehende Kompetenzen zu verschaffen.[718] Das Prinzip der begrenzten Einzelermächtigung gilt auch für ein Tätigwerden in Form von Verordnungen.[719] Damit der Anwendungsvorrang überhaupt greift, muss es für die unionsrechtliche Norm also eine entsprechende Kompetenzgrundlage geben.

## 3. Kompetenzen der Union zur Regelung des Prozessrechts

Sollte die Europäische Union auch bezüglich der Auswirkungen des Art. 15 DS-GVO auf das Prozessrecht über Kompetenzen verfügen, die den Anforderungen des Prinzips der begrenzten Einzelermächtigung entsprechen, so würde der Anwendungsvorrang die Kollision von Art. 15 DS-GVO und dem Ausforschungsverbot auflösen. Sollten diese mittelbaren Auswirkungen von den ausdrücklichen Kompetenzen nicht umfasst sein, so wäre zu prüfen, ob der Union eine solche teil-

---

[715] Siehe zum Verhältnis von Unionsrecht und nationalem Recht oben § 4 A. I.
[716] *Callies*, in: Calliess/Ruffert EUV/AEUV, Art. 5 EUV Rn. 7; *Nettesheim*, in: von Bogdandy/Bast Europäisches Verfassungsrecht, S. 399; *Bast*, in: Grabitz/Hilf/Nettesheim Das Recht der EU, Art. 5 EUV Rn. 13; *König/Kleinlein*, in: Schulze/Janssen/Kadelbach Europarecht, § 2 Rn. 5.
[717] CONV 724/1/03, S. 63; vgl. *Callies*, in: Calliess/Ruffert EUV/AEUV, Art. 5 EUV Rn. 7; vgl. *Nettesheim*, in: Grabitz/Hilf/Nettesheim Das Recht der EU, Art. 1 AEUV Rn. 9; *Nettesheim*, in: von Bogdandy/Bast Europäisches Verfassungsrecht, S. 399; *Kiekebusch*, Der Grundsatz der begrenzten Einzelermächtigung, S. 11 f.; dazu schon *Krauβer*, Das Prinzip begrenzter Einzelermächtigung im Gemeinschaftsrecht als Strukturprinzip des EWG-Vertrages, S. 20 ff.
[718] *Callies*, in: Calliess/Ruffert EUV/AEUV, Art. 5 EUV Rn. 7; *König/Kleinlein*, in: Schulze/Janssen/Kadelbach Europarecht, § 2 Rn. 5; *Calliess*, in: König/Uwer, Grenzen europäischer Normgebung, S. 16; diese Kompetenz-Kompetenz liegt „gesamthänderisch" bei der Union und den Mitgliedstaaten, *Nettesheim*, in: von Bogdandy/Bast Europäisches Verfassungsrecht, S. 402; *Kiekebusch*, Der Grundsatz der begrenzten Einzelermächtigung, S. 15, 22.
[719] EuG, Urt. v. 17. September 2007 – T 240/04, ECLI:EU:T:2007:290, Rn. 21; *Bast*, in: Grabitz/Hilf/Nettesheim Das Recht der EU, Art. 5 EUV Rn. 23.

weise Mitregelung, die sich aus den faktischen Auswirkungen im Einzelfall ergibt, dennoch zuzugestehen ist.

### a) Keine selbstständige Kompetenz zur Regelung des Prozessrechts

Ausdrückliche Kompetenzen der Union zur Regelung des nationalen Prozessrechts existieren nicht. Die Kompetenzen der Union mit Bezug zum Prozessrecht erschöpfen sich in Art. 81 AEUV und Art. 67 Abs. 4 AEUV. Bei diesen Kompetenzgrundlagen geht es um die justizielle Zusammenarbeit in Zivilsachen, nicht aber um das Zivilverfahren an sich. Für die Regelung des letzteren bleiben die Mitgliedsstaaten selbst verantwortlich.[720] Aus dem Fehlen einer ausdrücklichen Kompetenz zum Eingriff in das mitgliedstaatliche Prozessrecht darf aber nicht vorschnell abgeleitet werden, Auswirkungen auf das Prozessrecht seien in jedem Fall kompetenzwidrig.

### b) Umfassende Supranationalisierungskompetenz im Bereich Datenschutz

Möglicherweise ergibt sich die Kompetenz für solche faktischen Auswirkungen nämlich aus der Kompetenzübertragung zur Regelung des Datenschutzes. Dazu müssten die Kompetenzen der Union im Bereich des Datenschutzes derart weitreichend sein, dass sie die Nebeneffekte erfassen. Ein solches Verständnis von Kompetenzen ist nicht *per se* ausgeschlossen.[721] Die (umfassende) Kompetenz zur Regelung des Datenschutzes und damit die primärrechtliche Legitimation der DS-GVO folgt aus Art. 16 Abs. 2 UAbs. 1 AEUV.[722] Die Kompetenz des Art. 16 AEUV wird umfassend und weit verstanden.[723] Wegen dieser umfassenden Kompetenz und wegen des Anwendungsvorrangs des Unionsrechts müsse Art. 15 DS-GVO den nationalen Prozessgrundsätzen hier vorgehen, meint Peisker.[724] Wybitul und Baus hingegen meinen, in den Auswirkungen der DS-GVO auf die Grundsätze des Zivilprozesses eine Änderung der europäischen Verträge zu entdecken, sofern Art. 15 DS-GVO in „dieser Form" hingenommen werden würde.[725] Allgemein muss als Ausgangspunkt statuiert werden, was Wybitul und Baus letztere selbst eingestehen:

---

[720] *Wybitul/Baus*, CR 2019, 494 (496).
[721] Vgl. EuG, Urt. v. 17. September 2007 – T 240/04, ECLI:EU:T:2007:290, Rn. 36; *Wybitul/Baus*, CR 2019, 494 (496 f.); dazu näher siehe unten § 5 B. III. 3. b).
[722] *Kingreen*, in: Calliess/Ruffert EUV/AEUV, Art. 16 AEUV Rn. 5, 7; *Kühling/Raab*, in: Kühling/Buchner DS-GVO/BDSG, A. Einführung Rn. 7.
[723] *Kühling/Raab*, in: Kühling/Buchner DS-GVO/BDSG, A. Einführung Rn. 7; *Kühling*, in: Pechstein/Nowak/Häde EUV/GRC/AEUV, Art. 16 AEUV Rn. 3; *Peisker*, Der datenschutzrechtliche Auskunftsanspruch, S. 273; allgemein gibt es kein Gebot einer restriktiven Auslegung der Kompetenznormen: *Kiekebusch*, Der Grundsatz der begrenzten Einzelermächtigung, S. 17.
[724] *Peisker*, Der datenschutzrechtliche Auskunftsanspruch, S. 273.
[725] Vgl. *Wybitul/Baus*, CR 2019, 494 (496).

## B. Verträglichkeit von Art. 15 DS-GVO mit nationalem Prozessrecht

„Es lässt sich [...] kaum vermeiden, dass die Regelung einer Materie, die der Union überantwortet wurde, häufig auch in andere Rechtsmaterien hineinreicht. Dies gilt insbesondere dann, wenn die Union ihr übertragene Kompetenzen grundsätzlich voll ausschöpfen können soll."[726]

Das BVerfG stellte schon 1993 in der *Maastricht-Entscheidung*[727] entsprechende Maßstäbe auf, wobei es zwischen der zulässigen Wahrung der Kompetenz einer Einzelermächtigung und der unzulässigen Vertragsänderung beziehungsweise Vertragserweiterung unterschied:

„[...] bei der Auslegung von Befugnisnormen durch Einrichtungen und Organe der Gemeinschaften [wird] zu beachten sein, daß der Unions-Vertrag grundsätzlich zwischen der Wahrnehmung einer begrenzt eingeräumten Hoheitsbefugnis und der Vertragsänderung unterscheidet, seine Auslegung deshalb in ihrem Ergebnis nicht einer Vertragserweiterung gleichkommen darf [...]"[728]

### aa) Zulässige Kompetenzausübung vs. unzulässige „Ad-hoc-Vertragsmodifizierung"

Es muss bestimmt werden, wo die Grenze zwischen einer zulässigen Ausübung der Kompetenz hin zu einer nur mittels Vertragsänderungsverfahren nach Art. 48 EUV zulässigen Vertragsänderung verläuft.[729] Eine „ad-hoc-Modifizierung oder einseitige Durchbrechung" der Verträge ohne Vertragsänderungsverfahren ist unzulässig.[730] Sodann ist zu fragen, ob die Auswirkungen, die Art. 15 DS-GVO hier auf den Prozess entfaltet, die Schwelle zu einer Vertragsänderung überschreiten. Der EuGH betont, dass von einer Kompetenznorm auch Nebeneffekte auf andere Regelungsmaterien erfasst sein können.[731] Einschlägige Kompetenzgrundlage wäre dann immer diejenige, die den mit der Regelung verfolgten Hauptzweck erfasst.[732] Die Schwelle der unzulässigen Vertragsänderung ist dann erreicht, wenn „die getroffene Regelung erhebliche Auswirkungen auf kompetenzfremde Materien hat."[733] Für die Abgrenzung zwischen zulässiger Kompetenzausübung und Vertragsänderung sei entscheidend, ob die Regelung, gemessen an ihren Folgen auf eine Vertragsänderung hinausläuft.[734] Es sei hypothetisch zu prüfen, ob die

---

[726] *Wybitul/Baus*, CR 2019, 494 (496).
[727] BVerfG, Urt. v. 12. Oktober 1993 – 2 BvR 2134/92, BVerfGE 89, 155–213.
[728] BVerfG, Urt. v. 12. Oktober 1993 – 2 BvR 2134/92, BVerfGE 89, 155–213, juris Rn. 157.
[729] Vgl. *Nettesheim*, in: von Bogdandy/Bast Europäisches Verfassungsrecht, S. 399; *Bast*, in: Grabitz/Hilf/Nettesheim Das Recht der EU, Art. 5 EUV Rn. 14b.
[730] *Nettesheim*, in: von Bogdandy/Bast Europäisches Verfassungsrecht, S. 399; *Bast*, in: Grabitz/Hilf/Nettesheim Das Recht der EU, Art. 5 EUV Rn. 15.
[731] EuGH, Urt. v. 17. März 1993 – C 155/91, ECLI:EU:C:1993:98, Rn. 19 f.; EuGH, Urt. v. 29. April 2004 – C 338/01, ECLI:EU:C:2004:253, Rn. 55; EuGH, Urt. v. 11. September 2003 – C 211/01, ECLI:EU:C:2003:452, Rn. 39; *Wybitul/Baus*, CR 2019, 494 (497).
[732] Siehe Fn. 731.
[733] *Wybitul/Baus*, CR 2019, 494 (497).
[734] *Schröder*, in: von der Groeben/Schwarze/Hatje, EU-Recht, Art. 352 AEUV Rn. 42.

Folgen noch im Einklang mit der übertragenen Befugnis stehen oder ob es einer weiteren demokratischen Legitimation bedürfe.[735] Unterhalb dieser Schwelle setzt sich die Kompetenz deshalb durch, weil der Union ein gewisses Maß an Flexibilität zugesprochen werden muss, damit die Kompetenzordnung verwirklicht werden kann.[736] Eine Überschreitung der Schwelle zur unzulässigen Vertragsänderung darf daher nicht vorschnell angenommen werden. So hat der EuGH die Zuständigkeit der Union in über 60 Jahren erst viermal verneint.[737]

### bb) Art. 15 DS-GVO als zulässige Kompetenzausübung

Möglicherweise erfasst Art. 16 Abs. 2 UAbs. 2 AEUV auch die festgestellten Auswirkungen auf den Zivilprozess. Dazu müssten sie sich unterhalb der genannten Schwelle einer „ad-hoc-Modifizierung" oder „Durchbrechung" der Verträge bewegen. Sie dürften also keine erheblichen Auswirkungen auf das nationale Prozessrecht entfalten, sondern müssten von einer demokratisch legitimierten Kompetenzgrundlage erfasst sein. Wybitul und Baus sehen die Grenze der zulässigen Kompetenzausübung bezüglich Art. 15 DS-GVO als deutlich überschritten, da die Auswirkungen „[…] keinesfalls […] von nur untergeordneter Bedeutung […]" seien.[738] Dies begründen sie mit einer Aushebelung des Pflichtenprogramms in Form des Beibringungsgrundsatzes sowie einer grundlegenden Veränderung der Darlegungs- und Beweislastregeln.[739]

Dem letztgenannten Argument kann man entgegenhalten, dass die Darlegungs- und Beweislastregelungen nicht tangiert werden, sondern lediglich die Erfüllung der daraus erwachsenden Pflichten einfacher oder überhaupt erst ermöglicht wird.[740] Insbesondere im Bereich der Organhaftung wird man damit lediglich der zu Beginn dieser Arbeit geschilderten Forderung nach einer Kompensation für die das Organmitglied häufig schwer treffende Darlegungs- und Beweislastverteilung gerecht. An der Lastenverteilung selbst wird hierdurch nichts verändert. Auch das durch die Darlegungs- und Beweislastverteilung hervorgerufene Prozessrisiko wird nicht maßgeblich tangiert. Die mittelbaren Auswirkungen reichen nicht so weit, dass man von einer Umverteilung dieser Risiken sprechen dürfte. Denn, wie aus-

---

[735] Siehe oben Fn. 734.
[736] *Nettesheim*, in: von Bogdandy/Bast Europäisches Verfassungsrecht, S. 400 f.; *Bast*, in: Grabitz/Hilf/Nettesheim Das Recht der EU, Art. 5 EUV Rn. 16.
[737] *Huber*, in: Streinz EUV/AEUV, Art. 19 EUV Rn. 3 m. w. N. auf die einschlägigen Urteile.
[738] *Wybitul/Baus*, CR 2019, 494 (497).
[739] *Wybitul/Baus*, CR 2019, 494 (497); ebenso *Waldkirch*, r+s 2021, 317 (321); ähnlich wohl auch Sächsisches Landesarbeitsgericht, Urt. v. 17. Februar 2021 – 2 Sa 63/20, ZD 2022, 171–172, juris Rn. 131.
[740] *Peisker*, Der datenschutzrechtliche Auskunftsanspruch, S. 273, 532; vgl. *Bäcker*, in: Kühling/Buchner DS-GVO/BDSG, Art. 15 DS-GVO Rn. 42e: „Die Wertungen des Zivilprozessrechts bleiben als solche durch die mehr oder weniger weitreichende Zuerkennung materieller Informationsrechte unberührt."

geführt, ist eine gezielte Suche nach Informationen mit Bezug zum Streitgegenstand gar nicht möglich. Die Suche nach Informationen mit Bezug zum Streitgegenstand ist geprägt von einem Zufallselement, da keine Garantie dafür besteht, dass sich die personenbezogenen Daten auf den Streitgegenstand beziehen. Vielmehr muss das Organmitglied darauf hoffen, dass personenbezogene Daten einen Bezug zum Streitgegenstand aufweisen oder, dass andere Daten zum Verständnis personenbezogener Daten zwingend bekannt sein müssen, damit auch diese kopiert werden.[741] Darüber hinaus kann über Art. 15 DS-GVO kein Zugang zu prozessrelevanten Daten erlangt werden. Das ist einer der geschilderten wesentlichen Unterschiede zu der mit dem Ausforschungsverbot ebenfalls in Konflikt stehenden Pre-Trial Discovery. Eine zielgerichtete Ausforschung ist nicht möglich. Ein Informationsgewinn, der einen Mehrwert für den Prozess mit sich bringt, bleibt ein Zufallsprodukt. Das Risiko, welches dieses Zufallselement mit sich bringt, trägt nach wie vor das darlegungs- und beweisbelastete Organmitglied.

Die Tatsache, dass sich die gesetzgeberische Darlegungs- und Beweislastverteilung eher nach der Zumutbarkeit der Nichterweislichkeit richtet, statt nach der Fähigkeit zur Erbringung dieser Last, hat das aufseiten des Organmitglieds bestehende Informationsbedürfnis zur Folge.[742] Art. 15 DS-GVO kompensiert bei einer Verwendung im Organhaftungsprozess allein die seitens des Gesetzgebers nicht berücksichtigte Fähigkeit zur Darlegungs- und Beweiserbringung, indem eine solche mittels des Informationsgewinns durch Art. 15 DS-GVO unter Umständen – vom Zufall abhängig – ermöglicht wird. Die rechtspolitische Wertung, wem das Risiko der Nichterweislichkeit einer Tatsache am ehesten zugemutet werden kann,[743] wird von Art. 15 DS-GVO nicht tangiert. Aus entsprechenden Erwägungen folgert auch Lüderitz in abweichendem Kontext überzeugend:

„[Es] zeigt sich, daß aus der Verteilung der (objektiven) Beweislast [...] kein Argument gegen einen etwaigen Informationsanspruch hergeleitet werden kann."[744]

Wybituls und Baus' Argument der Aushebelung des Pflichtenprogramms des § 138 ZPO kann ebenfalls nicht überzeugen. Im Wesentlichen können dagegen die gleichen Argumente angebracht werden, wie vorstehend gegen das Argument der Verschiebung der Darlegungs- und Beweislast. Die Erfüllung dieser Pflichten wird erst ermöglicht, die Pflichten werden aber nicht verschoben.[745] Hinzu kommt, dass es zu einer mittelbaren Beeinflussung dieser Grundsätze nur durch die Kombination von Zugangsanspruch und anderem Prozessgegenstand kommt und diese Aus-

---

[741] Siehe zum „Zufallselement" bei der Suche nach Verteidigungsgründen § 5 B. I. 2. Zur Frage, ob auch andere als personenbezogene Daten zu kopieren sind, siehe oben § 4 C. II. 5.
[742] *Lüderitz*, Recht und Staat in Geschichte und Gegenwart, Heft 319/320, S. 5 (26 f.).
[743] Vgl. *Lüderitz*, Recht und Staat in Geschichte und Gegenwart, Heft 319/320, S. 5 (26).
[744] *Lüderitz*, Recht und Staat in Geschichte und Gegenwart, Heft 319/320, S. 5 (27) Fn. 129.
[745] *Peisker*, Der datenschutzrechtliche Auskunftsanspruch, S. 273, 532; vgl. *Bäcker*, in: Kühling/Buchner DS-GVO/BDSG, Art. 15 DS-GVO Rn. 42e: „Die Wertungen des Zivilprozessrechts bleiben als solche durch die mehr oder weniger weitreichende Zuerkennung materieller Informationsrechte unberührt."

wirkung keine dem Art. 15 DS-GVO konzeptionell innewohnende Einflussnahme auf den Beibringungsgrundsatz ist. Sie folgt allein aus einer Instrumentalisierung des Art. 15 DS-GVO im Einzelfall.

Der mitgliedstaatliche Gesetzgeber könnte in denjenigen Mitgliedstaaten, in denen eine Kollision mit prozessrechtlichen Grundsätzen zu befürchten steht, im Rahmen des Art. 23 DS-GVO Abhilfe schaffen.[746] Es erfolgt damit kein Eingriff in das mitgliedstaatliche Prozessrecht; erst recht kein abschließender. Mittels Art. 23 DS-GVO obliegen dem Mitgliedstaat Kompetenzen zur Eingrenzung der Auswirkungen des Art. 15 DS-GVO auf die nationale Prozessordnung.

Die Argumente für eine Überschreitung der Schwelle zur unzulässigen Vertragsänderung überzeugen nicht. Der bloß „zufällige Nebeneffekt"[747] ist von der Kompetenzgrundlage gedeckt. Es handelt sich nicht um eine Vertragsänderung. Die nationalen Regelungen zur Darlegungs- und Beweislastverteilung behalten ihre Gültigkeit und ihre Wirkung.

### c) Rechtspolitische Diskussion rund um eine Ausforschung

Im Rahmen der Diskussion um §§ 810, 242 BGB wird für den Fall der Organhaftung eine Ausnahme vom Ausforschungsverbot gefordert. Groh fordert für diesen Fall wegen des Beweismonopols der Gesellschaft eine Art Pre-Trial Discovery.[748] Damit stößt er sicherlich nicht zuletzt bei Geschäftsführern auf positive Resonanz.[749] Auch losgelöst vom Anwendungsfall des Organhaftungsprozesses wird eine Ausweitung von Aufklärungspflichten gefordert.[750] Letztlich handelt es sich dabei um diskussionswürdige rechtspolitische Forderungen. Nähere Erkenntnisse können sie für diese Arbeit aber nicht liefern. Ihre Darlegung beschränkt sich darauf, die praktische Relevanz des hier gefundenen Ergebnisses zu verdeutlichen.

---

[746] Siehe zu Art. 23 DS-GVO im Folgenden § 5 B. IV.
[747] So bezeichnet ihn das OLG Köln, Urt. v. 26. Juli 2019 – 20 U 75/18, juris Rn. 315; vgl. auch *Riemer*, Anm. zu LG Köln, Urt. v. 19. Juni 2019 – 26 S 13/18, ZD 2019, 413 (415); zustimmend *Bäcker*, in: Kühling/Buchner DS-GVO/BDSG, Art. 15 DS-GVO Rn. 42e.
[748] *Groh*, ZIP 2021, 724 (728).
[749] Vgl. Fn. 4.
[750] *Stürner*, Die Aufklärungspflicht der Parteien im Zivilprozess, S. 382 ff. mit Reformvorschlag des § 138 ZPO; *Schlosser*, NJW 1992, 3275 (3275); zur Forderung einer Übertragung der englischen „Search order" oder französischen „Saisie Contrefacon" vgl. *Reiling*, Das US-amerikanische Discovery-Verfahren im Rahmen deutscher gerichtlicher Auseinandersetzungen, S. 69 m.w.N.

## 4. Summa – Kein unionales Kompetenzdefizit

Im Ergebnis ist anzunehmen, dass die auf die Zivilprozessordnung ausstrahlenden Nebeneffekte als solche von der Kompetenznorm des Art. 16 AEUV gedeckt sind, womit der Anwendungsvorrang des Unionsrechts bestehende Kollisionen auflöst und das deutsche Zivilprozessrecht der Anwendung des Art. 15 DS-GVO nicht wegen eines unionalen Kompetenzdefizits im Wege steht.[751] Es bedarf daher grundsätzlich keiner besonders strengen Auslegung der Grenzen des Art. 15 DS-GVO, die eine „Ausforschung" unterbinden würde. Art. 15 DS-GVO tritt in die vom BGH selbst als immanente Grenze des Ausforschungsverbotes formulierte Schranke in Gestalt materieller Ansprüche:

> „[Es] ist grundsätzlich keine Partei – über materiell-rechtliche Auskunftspflichten hinaus – verpflichtet, dem Gegner das Material für den Prozeßsieg zu verschaffen, über das er nicht schon von sich aus verfügt."[752]

Zu trennen ist diese Frage nach der Vereinbarkeit des Art. 15 DS-GVO mit dem mitgliedstaatlichen Prozessrecht von der Frage, ob Art. 15 DS-GVO aus sich heraus beschränkend auszulegen ist, sofern datenschutzfremde Zwecke verfolgt werden.[753] Das soll an späterer Stelle ausgeführt werden.[754]

## IV. Verantwortung bei nationalem Gesetzgeber, Art. 23 Abs. 1 DS-GVO

Sollte der mitgliedstaatliche Gesetzgeber diese Nebeneffekte des Art. 15 DS-GVO als Bedrohung nationaler Prozessgrundsätze empfinden, so steht er dem nicht völlig machtlos gegenüber. Die Öffnungsklausel des Art. 23 DS-GVO eröffnet ihm einen Regelungsbereich, mit Hilfe dessen er diesen entgegenwirken könnte.[755] Das betont auch der Europäische Datenschutzausschuss in seinen Leitlinien.[756] Das

---

[751] *Bäcker*, in: Kühling/Buchner DS-GVO/BDSG, Art. 15 DS-GVO Rn. 42e; *Riemer*, Anm. zu LG Köln, Urt. v. 19. Juni 2019 – 26 S 13/18, ZD 2019, 413 (414f.); *Schmidt-Wudy*, in: BeckOK Datenschutzrecht, Stand: 01.08.2024, Art. 15 DS-GVO Rn. 52.1f.; *Deutschmann*, ZD 2021, 414 (417); *Bußmann-Welsch*, AnwZert ITR 3/2020, Beitrag 3; vgl. *Riemer*, DSB 2019, 223 (224); OLG Köln, Urt. v. 26. Juli 2019 – 20 U 75/18, ZD 2019, 462–463, juris Rn. 315.
[752] BGH, Urt. v. 17. Oktober 1996 – IX ZR 293/95, NJW 1997, 128–129, juris Rn. 17; ähnl. BGH, Urt. v.7. Dezember 1999 – XI ZR 67/99, ZIP 2000, 204–206, juris Rn. 16: „[…] sofern ihr nicht aus besonderen Gründen materiellrechtliche Auskunftspflichten obliegen […]".
[753] Vgl. *Korch/Chatard*, CR 2020, 438 (446).
[754] Siehe unten § 5E.
[755] *Schmidt-Wudy*, in: BeckOK Datenschutzrecht, Stand: 01.08.2024, Art. 15 DS-GVO Rn. 52.2; *Klein/Schwartmann*, in: Schwartmann/Jaspers/Thüsing/Kugelmann DS-GVO/BDSG, 2. Aufl. 2020, Art. 15 DS-GVO Rn. 40.
[756] Deutlich für Konstellation der Kollision mit Prozessrecht Edpb, Guidelines 01/2022 on data subject rights – Right of access, 18. Januar 2022, Rn. 165 Fn. 81; in der aktuellen Fassung etwas weniger deutlich aber inhaltlich identisch, Edpb, Guidelines 01/2022 on data subject rights – Right of access, 28. März 2023, Rn. 13.

derzeitige Ausforschungsverbot genügt den Anforderungen des Art. 23 DS-GVO dabei nicht, sodass dieser dem Ausforschungsverbot nicht über den Anwendungsvorrang hinweghilft. Insbesondere die Anforderungen des Art. 23 Abs. 2 DS-GVO sind nicht erfüllt, denn ein allgemeiner Prozessgrundsatz ist zu unbestimmt, um als „Gesetzgebungsmaßnahme" zu gelten.[757]

### V. Kollision in den übrigen Mitgliedstaaten der Union

In der überwiegenden Anzahl der Mitgliedstaaten der Union besteht Anlass zu der vorstehenden Diskussion. Das Maß der Kollision von mitgliedstaatlichem Prozessrecht und Art. 15 DS-GVO ist je nach Konzeption des mitgliedstaatlichen Prozessrechts unterschiedlich stark ausgeprägt, dürfte aber angesichts der sehr strengen Handhabung einer Ausforschung im deutschen Recht in kaum einem anderen Staat so ausfallen wie hierzulande.[758] In Frankreich ist es auch ohne die DS-GVO schon möglich, umfassende „vorprozessuale Aufklärung" zu verlangen.[759] Eine Konkretisierung einzelner Beweisstücke ist bei der Informationsbeschaffung im Rahmen des Verfahrens der *Saisie-contrefaçon* im Interesse einer umfassenden Aufklärung des Sachverhalts nicht erforderlich.[760] In einem solchen System fällt die Kollision mit dem Zugangsanspruch aus Art. 15 DS-GVO erheblich geringer aus und die Kompetenzfragen rund um die Wahrung des Prinzips der begrenzten Einzelermächtigung drängen sich weniger auf, als das hierzulande der Fall ist. Kommt es zu einer Kollision, sind die oben genannten Erwägungen entsprechend heranzuziehen.

## C. Beschränkungen des Art. 15 DS-GVO nach Art. 15 Abs. 3, 4 DS-GVO

Zunächst müssen Beschränkungen des Art. 15 DS-GVO auf europäischer Ebene, also insbesondere in der DS-GVO selbst, gesucht werden. Als solche verordnungsunmittelbaren Grenzen kommen für den Zugangsanspruch aus Art. 15 Abs. 1, 3 DS-GVO im Kontext des Organhaftungsfalles insbesondere Art. 15 Abs. 4 DS-GVO, Art. 15 Abs. 3 S. 2 DS-GVO sowie Art. 12 Abs. 5 S. 2 DS-GVO in Betracht.

---

[757] Zu den Voraussetzungen des Art. 23 DS-GVO siehe unten § 5 F. I.
[758] Vgl. *Reiling*, Das US-amerikanische Discovery-Verfahren im Rahmen deutscher gerichtlicher Auseinandersetzungen, S. 82, der betreffend fehlender Aufklärungsinstrumente resümiert „Jedenfalls finden sich die für das deutsche System aufgefundenen Schwachstellen in den anderen europäischen Systemen nicht oder zumindest nicht in vergleichbarer Ausprägung wieder".
[759] Ausführlich *Reiling*, Das US-amerikanische Discovery-Verfahren im Rahmen deutscher gerichtlicher Auseinandersetzungen, S. 75 ff.; *Lang*, Die Aufklärungspflicht der Parteien des Zivilprozesses vor dem Hintergrund der europäischen Rechtsvereinheitlichung, S. 116 ff.
[760] *Reiling*, Das US-amerikanische Discovery-Verfahren im Rahmen deutscher gerichtlicher Auseinandersetzungen, S. 80.

Im Anschluss an die Darstellung der in Art. 15 DS-GVO selbst normierten Grenzen sollen die beiden primär geäußerten Bedenken des Aufwands und der Verwendung zur Verfolgung „datenschutzfremder Zwecke" erörtert werden.

## I. Art. 15 Abs. 3 S. 2 DS-GVO als Beschränkung des Rechts auf Kopie

Eine rein formale und nicht inhaltliche Beschränkung des Anspruchs stellt Art. 15 Abs. 3 S. 2 DS-GVO dar, wonach der Verantwortliche für jede „weitere" Kopie ein angemessenes Entgelt verlangen kann. Unklar bleibt dem Wortlaut der Norm nach, welches Kriterium maßgeblich sein soll, damit das zweite Verlangen kein „weiteres" Verlangen im Sinne der Norm ist, sondern als neue „erste" Kopie gilt und damit wiederum entgeltfrei ist.

Für den Organhaftungsprozess ist die Einschränkung des Art. 15 Abs. 3 S. 2 DS-GVO und damit auch die streitige Frage aber praktisch kaum relevant. Hat das Organmitglied bereits eine Anfrage gestellt, benötigt es für die Erlangung von Sachkenntnis und Beweisen keine zweite Kopie. Es wird auf diese zweite Kopie verzichten können und einen solchen Antrag daher auch regelmäßig gar nicht stellen. Sollte eine weitere Kopie wegen besonderer Umstände einmal erforderlich sein, so wird das Organmitglied bei den im Raum stehenden Schadenssummen zur Kostenbeteiligung zudem regelmäßig bereit sein. Eine echte Hürde bei der Geltendmachung des Art. 15 DS-GVO stellt dessen Abs. 3 S. 2 folglich nicht dar.

## II. Art. 15 Abs. 4 DS-GVO – Rechte und Freiheiten anderer Personen

Nach Art. 15 Abs. 4 DS-GVO darf das „Recht auf Erhalt einer Kopie gemäß Absatz 3 [...] die Rechte und Freiheiten anderer Personen nicht beeinträchtigen". Das Recht auf Schutz personenbezogener Daten ist nach Erwägungsgrund 4 S. 2 zur DS-GVO kein vorbehaltloses, unmöglich einzuschränkendes Recht. Auch auf primärrechtlicher Ebene muss das Recht auf Schutz personenbezogener Daten unter Wahrung des Verhältnismäßigkeitsgrundsatzes gegen andere Grundrechte abgewogen werden,[761] wozu Art. 15 Abs. 4 DS-GVO ein Einfallstor im Sekundärrecht bietet. Seinem Wortlaut nach bezieht sich Art. 15 Abs. 4 DS-GVO ausdrücklich auf die in Abs. 3 normierte Modalität der Erfüllung des Zugangsanspruchs als

---

[761] AG Frankfurt a. M., Urt. v. 14. März 2023 – 31 C 2043/22 (78), ZD 2023, 411–412, Rn. 13: „praktische Konkordanz"; EuGH, Urt. v. 16. Juli 2020 – C 311/18, ECLI:EU:C:2020:559, Rn. 172; EuGH, Urt. v. 12. Januar 2023 – C 154/21, ECLI:EU:C:2023:3, Rn. 47; Generalanwalt *Giovanni Pitruzzella*, Schlussanträge vom 15. Dezember 2022 – C 487/21, Rn. 61; *Lühning*, ZD 2023, 136 (137); *Bußmann-Welsch*, AnwZert ITR 5/2020, Beitrag 2; *Kuznik*, NVwZ 2023, 297 (299).

Kopie. Da es sich bei Abs. 3 aber wie festgestellt nur um die Form der Erfüllung und nicht um einen selbstständigen Anspruch handelt,[762] erstreckt sich diese Einschränkung auf den gesamten Zugangsanspruch aus Art. 15 Abs. 1, 3 DS-GVO.[763] Daher ist es auch konsequent, wenn der Verordnungsgeber die notwendige Berücksichtigung der Rechte und Freiheiten anderer in den Erwägungsgründen zur DS-GVO allgemein und übergreifend erwähnt und sich nicht nur auf den Kopieanspruch bezieht.[764] Es entspricht demnach dem Willen des Verordnungsgebers, die Einschränkung auf den gesamten Zugangsanspruch zu erweitern.

## 1. Terminologie der „Rechte und Freiheiten anderer Personen" – auch Verantwortlicher erfasst

Um die Auswirkungen dieser ausdrücklichen Einschränkung des Art. 15 Abs. 4 DS-GVO auf die Anwendung des Art. 15 Abs. 1, 3 DS-GVO im Organhaftungsprozess zu determinieren, muss zunächst die Terminologie der „Rechte und Freiheiten anderer Personen" erörtert werden, zu deren Schutz das Zugangsrecht hier beschränkt werden kann. Entscheidend ist dabei insbesondere die Frage, ob die Gesellschaft als Verantwortliche selbst unter den Begriff der „anderen Personen" zu subsumieren ist, sodass sie den Zugang zu den Daten zum Schutz ihrer eigenen „Rechte und Freiheiten" beschränken könnte. Das käme in diesem Kontext insbesondere zum Zweck des Schutzes von Geschäftsgeheimnissen oder zur Verteidigung gegen einen zu hohen Aufwand in Betracht, der möglicherweise geeignet ist, die betrieblichen Abläufe zu stören. Die Frage, ob die Norm auch den Verantwortlichen selbst einbezieht, wird vom Wortlaut nicht eindeutig beantwortet. Man könnte den Terminus „Andere" derart interpretieren, dass vom Verarbeitenden und

---

[762] Zu diesem Verhältnis von Art. 15 Abs. 1 DS-GVO und Art. 15 Abs. 3 DS-GVO siehe oben § 4 C. I. 3. b).

[763] Im Ergebnis so auch die herrschende Ansicht in der Literatur: *Dix*, in: Simitis/Hornung/Spiecker gen. Döhmann Datenschutzrecht, Art. 15 DS-GVO Rn. 34; *Paal*, in: Paal/Pauly DS-GVO/BDSG, Art. 15 DS-GVO Rn. 41 plädiert für direkte Anwendung des Art. 4 auf Abs. 1; *Thüsing/Plötters*, in: Beschäftigtendatenschutz und Compliance, § 18 Rn. 37; *Reichert/Groh*, NZG 2021, 1381 (1384 f.) verweisen auf Erwägungsgrund 63 S. 5; *Bienemann*, in: Sydow/Marsch DS-GVO/BDSG, Art. 15 DS-GVO Rn. 57 bezeichnet es als Redaktionsversehen und unter Verweis auf die englische Sprachfassung; die Anwendung im Wege einer Analogie befürwortend *Schmidt-Wudy*, in: BeckOK Datenschutzrecht, Stand: 01.08.2024, Art. 15 DS-GVO Rn. 97; Edpb, Guidelines 01/2022 on data subject rights – Right of access, 28. März 2023, Rn. 169; *Hirschfeld/Gerhold*, ZIP 2021, 394 (398); *Krämer/Burghoff*, ZD 2022, 428 (429); *Peisker*, Der datenschutzrechtliche Auskunftsanspruch, S. 411; vgl. *Arning*, in: Moos/Schefzig/Arning Hdb DS-GVO/BDSG, Kap. 6 Rn. 213, der das Verhältnis von Abs. 1 und Abs. 3 zwar anders bewertet aber die Anwendung des Abs. 4 auf Abs. 1 für korrekt erachtet, wenn man wie hier annimmt, dass Abs. 1 und Abs. 3 einen einheitlichen Anspruch beinhalten; zur Frage, ob auch der Anspruch auf die Metainformationen erfasst ist, ausführlich *Peisker*, Der datenschutzrechtliche Auskunftsanspruch, S. 412 ff.

[764] Vgl. Erwägungsgrund 63 S. 5 zur DS-GVO.

C. Beschränkungen des Art. 15 DS-GVO nach Art. 15 Abs. 3, 4 DS-GVO      177

Betroffenen verschiedene Personen, also Dritte gemeint sind.[765] Hingegen ist es überzeugend, auch den Verarbeitenden selbst in den von Art. 15 Abs. 4 DS-GVO geschützten Bereich einzubeziehen.[766]

Der Verordnungsgeber hätte alternativ zur Formulierung der „anderen Person" auch die Formulierung des „Dritten" nutzen können, wenn er hätte verdeutlichen wollen, dass der Verantwortliche nicht erfasst sein soll.[767] Das hat er mit Ausnahme der portugiesischen Sprachfassung („terceiros") aber nicht getan. Diese abweichende Sprachfassung ist im Wege der sprachvergleichenden Auslegung[768] zu relativieren. Den Begriff des Dritten hat der Verordnungsgeber in Art. 4 Nr. 10 DS-GVO sogar ausdrücklich dahingehend definiert, dass damit weder der Betroffene noch der Verantwortliche gemeint ist. Mithin hat der Normgeber den Begriff des Dritten trotz eines Bewusstseins für diesen Begriff nicht verwendet, sodass die Annahme naheliegt, dass er diese Definition im Kontext des Art. 15 Abs. 4 DS-GVO eben nicht anwenden wollte.[769] Die Formulierung des „Anderen" ist darauf zurückzuführen, dass die DS-GVO das Recht auf Auskunft aus der Sicht der betroffenen Person normiert,[770] weshalb eine vom Betroffenen personenverschiedene Person gemeint ist, die durchaus der Verantwortliche sein kann. Der Umstand, dass auch der Verantwortliche erfasst sein muss, ergibt sich zuletzt daraus, dass der Anspruch nicht schrankenlos gilt und entsprechend auch die Interessen des Verantwortlichen Berücksichtigung finden müssen. Die Anstellungsgesellschaft, bei der es sich um den Verantwortlichen handelt, hat im Übrigen sogar ein strafrechtlich geschütztes Interesse (§ 404 AktG, § 85 GmbHG) an der Geheimhaltung ihrer, im Erwägungsgrund 63 S. 5 beispielhaft erwähnten, Betriebs- und Geschäftsgeheimnisse, sodass

---

[765] Wohl *Specht* in: Sydow DS-GVO, 2. Aufl. 2018, Art. 15 Rn. 24, der nur von „Rechte[n] Dritter" spricht; tendenziell ebenso *Wünschelbaum*, BB 2019, 2102 (2103f.).
[766] Generalanwalt *Nicholas Emiliou*, Schlussanträge vom 20. April 2023 – C 307/22, Rn. 46; AG Frankfurt a.M., Urt. v. 14. März 2023 – 31 C 2043/22 (78), ZD 2023, 411–412, Rn. 13; Edpb, Guidelines 01/2022 on data subject rights – Right of access, 28. März 2023, Rn. 171; *Bäcker*, in: Kühling/Buchner DS-GVO/BDSG, Art. 15 DS-GVO Rn. 42; *Schmidt-Wudy*, in: BeckOK Datenschutzrecht, Stand: 01.08.2024, Art. 15 DS-GVO Rn. 96; *Hamann/Wegmann*, BB 2019, 1347 (1351); *Mester*, in: Taeger/Gabel DS-GVO/BDSG/TTDSG, Art. 15 DS-GVO Rn. 20; *Kamlah*, in: Plath DS-GVO/BDSG/TTDSG, Art. 15 Rn. 20; *Schulte/Welge*, NZA 2019, 1110 (1112); *Zikesch/Sörup*, ZD 2019, 239 (242); *Bienemann*, in: Sydow/Marsch DS-GVO/BDSG, Art. 15 DS-GVO Rn. 60; *Reichert/Groh*, NZG 2021, 1381 (1385); *Peisker*, Der datenschutzrechtliche Auskunftsanspruch, S. 416.
[767] Edpb, Guidelines 01/2022 on data subject rights – Right of access, 28. März 2023, Rn. 171; *Schmidt-Wudy*, in: BeckOK Datenschutzrecht, Stand: 01.08.2024, Art. 15 DS-GVO Rn. 96.
[768] Zu dieser siehe in anderem Kontext schon oben § 4 C. II. 1. a).
[769] Insofern handelt es sich in der portugiesischen Fassung um ein Redaktionsversehen. Denn der Begriff „terceiros" muss in Art. 15 Abs. 4 DS-GVO (pt) dort wegen der hier beschriebenen sprachvergleichenden Auslegung anders verstanden werden als er in Art. 4 Nr. 10 DS-GVO (pt) definiert ist.
[770] *Bienemann*, in: Sydow/Marsch DS-GVO/BDSG, Art. 15 DS-GVO Rn. 60; *Peisker*, Der datenschutzrechtliche Auskunftsanspruch, S. 416.

diese Interessen besonderes Gewicht erfahren und in der Abwägung im Rahmen des Art. 15 Abs. 4 DS-GVO damit zu berücksichtigen sind.[771]

Hierzulande stellt auch § 29 Abs. 1 S. 2 BDSG, der von der Öffnungsklausel des Art. 23 Abs. 1 lit. i DS-GVO Gebrauch macht, klar, dass die Interessen des Verantwortlichen selbst in einer Abwägung zu berücksichtigen sind. Er normiert ähnlich dem Art. 15 Abs. 4 DS-GVO, dass das Zugangsrecht nicht besteht, „[…] soweit durch die Auskunft Informationen offenbart würden, die nach einer Rechtsvorschrift oder ihrem Wesen nach, insbesondere wegen der überwiegenden berechtigten Interessen eines Dritten, geheim gehalten werden müssen." Diese Norm konkretisiert den in seinem Anwendungsbereich unklaren Art. 15 Abs. 4 DS-GVO und inkludiert „insbesondere" die Interessen eines Dritten. Der Begriff „insbesondere" lässt dabei Raum für die Einbeziehung der Interessen eines nicht „Dritten", also des Verarbeitenden selbst. Dieses Verständnis steht im Einklang mit der arbeitsgerichtlichen Rechtsprechung, die die Interessen des verarbeitenden Arbeitgebers in die Abwägung inkludiert.[772]

Neben den Interessen der Gesellschaft als Verantwortliche, sind jedenfalls auch die Rechte und Freiheiten Dritter geschützt. Als solche Rechte und Freiheiten gilt alles, was im Unionsrecht oder im Recht des Mitgliedstaates als solches geschützt ist.[773] Darunter zählen auch wirtschaftliche Interessen.[774] Einer potenziell geringeren Schutzwürdigkeit rein wirtschaftlicher Interessen ist dabei im Rahmen der Abwägung des Art. 15 Abs. 4 DS-GVO Rechnung zu tragen. Eine vorab vorgenommene Ausklammerung bestimmter Rechte und Interessen vermag nicht zu überzeugen, da das auf eine dem Art. 15 Abs. 4 DS-GVO vorgezogene Abwägung hinauslaufen würde, obwohl dieser eine solche gerade ermöglicht. Der Wert von Rechten und Interessen kann immer nur im Verhältnis zu anderen Rechten und Interessen beurteilt werden. Dementsprechend muss die isolierte Ausklammerung vorab ausscheiden.

### 2. Anforderungen an die Darlegung im Rahmen von Art. 15 Abs. 4 DS-GVO

Nach der allgemeinen zivilprozessualen Darlegungs- und Beweislastverteilung muss derjenige eine Tatsache darlegen und beweisen, für den diese günstig ist.[775] Demzufolge liegt die Darlegungs- und Beweislast für das Vorliegen der Vorausset-

---

[771] *Reichert/Groh*, NZG 2021, 1381 (1385).
[772] Vgl. LAG Baden-Württemberg, Urt. v. 17. März 2021 – 21 Sa 43/20, NZA-RR 2021, 410–415, Rn. 32; aus der Literatur im arbeitsrechtlichen Kontext *Schulte/Welge*, NZA 2019, 1110 (1112).
[773] Edpb, Guidelines 01/2022 on data subject rights – Right of access, 28. März 2023, Rn. 170.
[774] *Peisker*, Der datenschutzrechtliche Auskunftsanspruch, S. 417f.
[775] Siehe dazu oben § 2 B. I.

## C. Beschränkungen des Art. 15 DS-GVO nach Art. 15 Abs. 3, 4 DS-GVO

zungen eines Beschränkungsgrundes bei der verpflichteten Gesellschaft.[776] Es gilt folglich „*in dubio pro petitor*"[777] oder präziser „*in dubio pro informatione*".[778] Inhaltlich erfordert diese Darlegungs- und Beweislast den Nachweis einer konkreten Kollisionslage von Rechtsgütern.[779] Dabei genügt im Hinblick auf die notwendige Substantiierung kein pauschaler Verweis auf eine solche Kollisionslage, sondern es ist vielmehr eine Schilderung des konkreten Sachverhalts erforderlich, die eine Überprüfung ermöglicht, ob tatsächlich Rechte und Freiheiten „beeinträchtigt" werden, wenn der Zugang ohne Einschränkungen gewährt würde.[780] Dabei muss der Verantwortliche die Gründe, die ihn an der Gewährung des Zugangs zu den Daten „hindern" hinreichend darlegen, aber nicht so weitgehend schildern, dass die Information schon durch diese Schilderung erlangt würde.[781] Eine Beeinträchtigung der einzubeziehenden Rechte und Interessen „Anderer" liegt dann vor, wenn der durch die Verordnung vorgeschriebene Gegenstand des Zugangs negative Auswirkungen auf diese Rechte und Interessen entfaltet.[782] Ein Ausschluss nach Art. 15 Abs. 4 DS-GVO erfolgt dann, wenn diese Beeinträchtigung nicht durch das Gewicht des Betroffenenrechts auf Zugang und das Zugangsinteresse des Betroffenen im Einzelfall gerechtfertigt werden kann. Die Hürden bei Geltendmachung des Art. 15 Abs. 4 DS-GVO sind damit denkbar hoch. Die Gesellschaft hat ihre Entscheidung im Einzelfall zu begründen und abzuwägen.

---

[776] BGH, Urt. v. 22. Februar 2022 – VI ZR 14/21, ZD 2022, 326–328, Rn. 28; LAG Niedersachsen, Urt. v. 22. Oktober 2021 – 16 Sa 761/20, CR 2022, 89–96, Rn. 205; vgl. LAG Baden-Württemberg, Urt. v. 20. Dezember 2018 – 17 Sa 11/18, NZA-RR 2019, 242–251, juris Rn. 208 f. für § 29 Abs. 1 S. 2 BDSG; Edpb, Guidelines 01/2022 on data subject rights – Right of access, 28. März 2023, Rn. 172; *Bäcker*, in: Kühling/Buchner DS-GVO/BDSG, Art. 15 DS-GVO Rn. 42a; *Dix*, in: Simitis/Hornung/Spiecker gen. Döhmann Datenschutzrecht, Art. 15 DS-GVO Rn. 35; *Lembke*, NJW 2020, 1841 (1845); *Schulte/Welge*, NZA 2019, 1110 (1113).
[777] *Wünschelbaum*, BB 2019, 2102 (2103).
[778] *Kuznik*, NVwZ 2023, 297 (299) im Zusammenhang mit Art. 12 Abs. 5 S. 2 DS-GVO, der eine solche Beweislastverteilung ebenfalls enthält.
[779] Vgl. oben Fn. 776.
[780] Vgl. oben Fn. 776.
[781] LAG Baden-Württemberg, Urt. v. 20. Dezember 2018 – 17 Sa 11/18, NZA-RR 2019, 242–251, juris Rn. 209; *Fuhlrott*, GWR 2019, 157 (158 f.) mit dem Hinweis, dass das ansonsten zu einem insbesondere im Kontext mit Ansprüchen aus dem Informationsfreiheitsgesetz bekannten *in-camera*-Verfahren führen würde; *Korch/Chatard*, NZG 2020, 893 (895); vgl. *Bäcker*, in: Kühling/Buchner DS-GVO/BDSG, Art. 15 DS-GVO Rn. 42a; vgl. *König*, CR 2019, 295 (300); *Schulte/Welge*, NZA 2019, 1110 (1113); *Dix*, in: Simitis/Hornung/Spiecker gen. Döhmann Datenschutzrecht, Art. 15 DS-GVO Rn. 35; *Waldkirch*, r+s 2021, 317 (319); kritisch zu diesen strengen Anforderungen im Kontext des Schutzes von Whistleblowern und einen pauschalen Verweis daher als ausreichend erachtend *Dzida*, BB 2019, 3060 (3066); ebenso *Lensdorf*, Anm. zu LAG Baden-Württemberg, Urt. v. 20. Dezember 2018 – 17 Sa 11/18, CR 2019, 306 (307).
[782] Edpb, Guidelines 01/2022 on data subject rights – Right of access, 28. März 2023, Rn. 173.

### 3. Kein vollständiger Ausschluss des Zugangs auf Grundlage des Art. 15 Abs. 4 DS-GVO

Erwägungsgrund 63 S. 6 zur DS-GVO erklärt ausdrücklich, dass Art. 15 Abs. 4 DS-GVO nicht zum vollständigen Ausschluss des Anspruchs führen darf.[783] Art. 15 Abs. 4 DS-GVO regelt nicht das „ob" des Datenzugangs, sondern ergänzt vielmehr die Frage des „wie" des Datenzugangs.[784] Der Verantwortliche muss die kollidierenden Rechte abwägen und im Wege einer praktischen Konkordanz das Geheimhaltungsinteresse und das Zugangsinteresse in Einklang bringen.[785] Das kann auf verschiedene Arten und Weisen erfolgen. Sollen bestimmte Einzelpersonen geschützt oder die Bekanntgabe einzelner Informationen vermieden werden, so wäre es denkbar, Namen zu ändern oder einzelne Informationen unkenntlich zu machen.[786] Schützenswerte Informationen oder zumindest der Name der Bezugsperson können dafür geschwärzt oder schlicht entfernt werden.[787] Ein Zugang ist nicht schon deshalb ausgeschlossen oder beschränkt, weil Daten Dritter enthalten sind.[788] Zwecks Ermittlung, welche Informationen dem Betroffenen vorenthalten werden dürfen und zu welchen Informationen hingegen Zugang gewährt werden muss, bedarf es stets einer sorgfältigen Abwägung der kollidierenden Rechte und Rechtsgüter.[789] In die Abwägung muss zugunsten des Zugangsberechtigten die

---

[783] Ebenso LAG Baden-Württemberg, Urt. v. 20. Dezember 2018 – 17 Sa 11/18, NZA-RR 2019, 242–251, juris Rn. 208; Edpb, Guidelines 01/2022 on data subject rights – Right of access, 28. März 2023, Rn. 168; vgl. exemplarisch aus der Literatur *Schulte/Welge*, NZA 2019, 1110 (1113); *Dix*, in: Simitis/Hornung/Spiecker gen. Döhmann Datenschutzrecht, Art. 15 DS-GVO Rn. 34; *Paal*, in: Paal/Pauly DS-GVO/BDSG, Art. 15 DS-GVO Rn. 41; *Schaffland/Holthaus*, in: Schaffland/Wiltfang DS-GVO/BDSG, Art. 15 DS-GVO Rn. 70; *Schmidt-Wudy*, in: BeckOK Datenschutzrecht, Stand: 01.08.2024, Art. 15 DS-GVO Rn. 98; *Peisker*, Der datenschutzrechtliche Auskunftsanspruch, S. 425.

[784] *Suchan*, ZD 2021, 198 (199).

[785] Vgl. LAG Baden-Württemberg, Urt. v. 20. Dezember 2018 – 17 Sa 11/18, NZA-RR 2019, 242–251, juris Rn. 207; vgl. BGH, Urt. v. 22. Februar 2022 – VI ZR 14/21, ZD 2022, 326–328, Rn. 14. Edpb, Guidelines 01/2022 on data subject rights – Right of access, 28. März 2023, Rn. 173; Generalanwalt *Giovanni Pitruzzella*, Schlussanträge vom 15. Dezember 2022 – C 487/21, Rn. 61; *Ehmann*, in: Ehmann/Selmayr DS-GVO, 2. Aufl. 2018, Art. 15 DS-GVO Rn. 36; *Paal*, in: Paal/Pauly DS-GVO/BDSG, Art. 15 DS-GVO Rn. 41; *Schaffland/Holthaus*, in: Schaffland/Wiltfang DS-GVO/BDSG, Art. 15 DS-GVO Rn. 70; vgl. *Arend/Möhrke-Sobolewski*, PinG 2019, 245 (249): Art. 15 Abs. 4 als „Ausprägung des Verhältnismäßigkeitsprinzips"; *Lentz*, ArbRB 2019, 150 (152); *Peisker*, Der datenschutzrechtliche Auskunftsanspruch, S. 421.

[786] Edpb, Guidelines 01/2022 on data subject rights – Right of access, 28. März 2023, Rn. 172; *Schulte/Welge*, NZA 2019, 1110 (1113); *Schreiber/Brinke*, Rdi 2023, 232 (235).

[787] Vgl. *Bäcker*, in: Kühling/Buchner DS-GVO/BDSG, Art. 15 DS-GVO Rn. 42a; *Schmidt-Wudy*, in: BeckOK Datenschutzrecht, Stand: 01.08.2024, Art. 15 DS-GVO Rn. 98; *Brink/Joos*, ZD 2019, 483 (487); *Härting*, CR 2019, 219 (222); *Schulte/Welge*, NZA 2019, 1110 (1113); *Thüsing/Plötters*, in: Beschäftigtendatenschutz und Compliance, § 18 Rn. 37; *Bußmann-Welsch*, AnwZert ITR 5/2020, Beitrag 2; *Peisker*, Der datenschutzrechtliche Auskunftsanspruch, S. 425.

[788] *Kuznik*, NVwZ 2023, 297 (298).

[789] Vgl. oben Fn. 785.

Bedeutung, das Gewicht und der Zweck des Zugangsrechts einfließen.[790] Sollte das Geheimhaltungsinteresse überwiegen, hat bei unvollständiger Zugangsgewährung nach Art. 12 Abs. 4 DS-GVO „ohne Verzögerung" eine Unterrichtung der betroffenen Person über die Gründe der Unvollständigkeit zu erfolgen. Über den Wortlaut des Art. 12 Abs. 4 DS-GVO hinaus muss dieser nämlich nicht nur dann gelten, wenn der Verarbeitende „nicht tätig" wird, sondern auch dann, wenn er nur „teilweise" tätig wird.[791] Es ist nicht ersichtlich, weshalb ein teilweises Tätigwerden privilegiert werden sollte. Ansonsten könnte diese Erklärungspflicht mittels einer minimalen Zugangsgewährung umgangen werden, da eine solche als teilweises Tätigwerden dann aus dem Anwendungsbereich der Unterrichtungspflicht herausfallen würde.

### 4. Mögliche Nachteile für Verarbeitenden durch erhöhten Prüfungsaufwand

Diese durch den Verarbeitenden vorzunehmende Abwägung kann je nach Datenmenge einen erheblichen Zusatzaufwand für die Gesellschaft bedeuten. Sie ist für sie ein „zweischneidiges Schwert".[792] Zwar beschränkt die Norm den Anspruch aus Art. 15 DS-GVO, sodass man in einem ersten Zugriff meinen könnte, sie helfe dem Verantwortlichen bei der Reduzierung des Aufwands bei der Zugangsgewährung. Jedoch stellt es bei einer großen Menge an Daten, die sich im Laufe mehrerer Jahre der Organtätigkeit ansammeln können, eine umfangreiche Aufgabe dar, die einzelnen Daten im Rahmen des Art. 15 Abs. 4 DS-GVO gegen die Freiheiten und Rechte anderer abzuwägen, um eine praktische Konkordanz zwischen Geheimhaltungsinteresse und Zugangsinteresse herzustellen.[793] Insbesondere durch die sich an jegliche Vorenthaltung von Daten anschließende Pflicht zur Unterrichtung über die Gründe der Einschränkungen des Zugangs[794] entsteht dabei ein erheblicher Mehraufwand. So kann es geschehen, dass diese für den Verarbeitenden grundsätzlich vorteilhafte Norm, zu dessen Nachteil gereicht, indem sie erhebliche Ressourcen beansprucht. König bezeichnet den entstehenden Aufwand unter bestimmten Umständen sogar als

„[...] kaum zu bewältigende Mammut-Aufgabe."[795]

---

[790] Vgl. BGH, Urt. v. 22. Februar 2022 – VI ZR 14/21, ZD 2022, 326–328, Rn. 24.
[791] Vgl. *Schmidt-Wudy*, in: BeckOK Datenschutzrecht, Stand: 01.08.2024, Art. 15 DS-GVO Rn. 98; ohne nähere Erläuterungen sieht das auch der europäische Datenschutzausschuss so: Edpb, Guidelines 01/2022 on data subject rights – Right of access, 28. März 2023, Rn. 174.
[792] *Korch/Chatard*, NZG 2020, 893 (895); *Korch/Chatard*, CR 2020, 438 (441).
[793] *Korch/Chatard*, CR 2020, 438 (441); *Lembke*, NJW 2020, 1841 (1844); vgl. *Hamann/Wegmann*, BB 2019, 1347 (1351); zu praktischer Konkordanz siehe oben Fn. 785.
[794] Siehe oben § 5 C. II. 3.
[795] *König*, CR 2019, 295 (300).

Krämer und Burghoff halten diese Aufgabe für

„[h]ändisch, ohne den Einsatz von Technologie [...] nicht zu bewältigen."[796]

Ein wenig relativiert wird der durch Art. 15 Abs. 4 DS-GVO entstehende Aufwand durch die Tatsache, dass in der Regel lediglich einzelne Daten und keine ganzen Dokumente zu kopieren sind,[797] womit Daten Dritter seltener enthalten sind.[798] Jedoch sorgt die Isolierung der Daten bei Erstellung der Kopie ebenso für einen hohen Aufwand. Ob nachträglich Daten Dritter entfernt oder Daten des Betroffenen im Vorhinein isoliert werden, ist im Hinblick auf den dem Verantwortlichen entstehenden Aufwand zunächst unerheblich. Der Vorteil einer Isolierung vorab liegt aber darin, dass bei einem Auslassen der Daten Dritter vom Zugang keine Abwägung erfolgen muss, wenn diese bereits wegen Fehlens eines personenbezogenen Datums des Betroffenen ausgespart werden. Sodann waren diese Daten nämlich nie Gegenstand des Zugangsanspruchs.

Im Einzelfall wird die Abwägung durch den beruflichen oder erwerbstätigen Kontext, in dem die etwaigen Daten Dritter im Organhaftungsprozess häufig stehen werden, vereinfacht. Denn dieser berufliche oder geschäftliche Bezug mindert die Schutzbedürftigkeit der Daten und hat damit auch begrenzende Auswirkungen auf die Erforderlichkeit von Schwärzungen und Auslassungen.[799] Dennoch kann die Abwägung bei großen Datenmengen einen bedeutenden Aufwand hervorrufen. Das gilt umso mehr als zu viel vorgenommene Schwärzungen wiederum die Gefahr eines Bußgelds wegen unvollständiger Datenauskunft mit sich bringen.[800] Daher ist bei der Abwägung der Interessen große Sorgfalt erforderlich. Grundsätzlich wirkt Art. 15 Abs. 4 DS-GVO diesen Ausführungen zufolge eher „aufwandserhöhend" als „aufwandsreduzierend".

### 5. Sonderfall: Verweigerung des Zugangs zur Prozessstrategie im parallelen Haftungsprozess

Bei einem Zugangsverlangen im Rahmen eines (bevorstehenden) Organhaftungsprozesses drängt sich die Frage auf, ob die Prozessstrategie der Gesellschaft, die diese für den konkreten Prozess entwickelt hat, nach Art. 15 Abs. 4 DS-GVO vom Zugang ausgeklammert werden kann. Dazu müsste sie sich im Rahmen der Interessenabwägung des Art. 15 Abs. 4 DS-GVO gegenüber dem Zugangsverlangen

---

[796] *Krämer/Burghoff*, ZD 2022, 428 (430); zu Möglichkeiten der Aufwandsreduzierung mit besonderem Blick auf den Einsatz künstlicher Intelligenz siehe unten § 5 D. VII.

[797] Siehe dazu oben § 4 C. II. 5.

[798] So auch *Peisker*, Der datenschutzrechtliche Auskunftsanspruch, S. 433.

[799] Vgl. *Peisker*, Der datenschutzrechtliche Auskunftsanspruch, S. 435 im Beschäftigungskontext.

[800] *Schmidt-Wudy*, in: BeckOK Datenschutzrecht, Stand: 01.08.2024, Art. 15 DS-GVO Rn. 99, 22; zur rechtlichen Behandlung von ungerechtfertigten „zuviel Schwärzungen" siehe unten § 5 D. VII. 7. e).

des Betroffenen durchsetzen. Das könte insbesondere dann der Fall sein, wenn die Prozessstrategie unter den Begriff des Geschäftsgeheimnisses zu subsumieren wäre, die nach Erwägungsgrund 63 S. 5 DS-GVO durch Art. 15 DS-GVO nicht beeinträchtigt werden dürfen. Auf die formale Qualifizierung der Prozessstrategie als Geschäftsgeheimnis kommt es jedoch nicht zwingend an, da das Geschäftsgeheimnis nur ein Regelbeispiel der Rechte und Freiheiten ist, darüber hinaus aber alle weiteren geschützten Interessen in die Abwägung einzustellen sind. Auch kann eine Einordnung als Geschäftsgeheimnis nicht bedingungslos weiterhelfen, da das eine Abwägung im Einzelfall nie ersparen kann.[801] Gleichwohl wird angenommen, dass die Prozessstrategie als Geschäftsgeheimnis zu qualifizieren ist.[802]

Denklogische Voraussetzung einer Verweigerung des Zugangs zur Prozessstrategie auf Grundlage des Art. 15 Abs. 4 DS-GVO ist zunächst einmal die grundsätzliche Erstreckung des Zugangsanspruchs auf diese. In der Regel wird der Klagegenstand des Organhaftungsprozesses in erheblichem Umfang personenbezogene Daten desjenigen Organmitglieds beinhalten, das in Anspruch genommen werden soll.[803] Auch bloß interne Daten und Sekundärunterlagen sind von dem Zugangsanspruch erfasst.[804] Damit bestünde grundsätzlich ein Anspruch auf Zugang zur Prozessstrategie.

Die Literatur nimmt zum großen Teil aber an, dass die Prozessstrategie besonders schützenswert ist, sodass ein Zugang des Betroffenen hierzu auf Grundlage des Art. 15 Abs. 4 DS-GVO verweigert werden muss.[805] Das gelte insbesondere dann, wenn der Betroffene in dem parallelen Haftungsprozess darlegungs- und beweisbelastet ist.[806] Ein solcher Fall liegt beim Organhaftungsprozess vor.[807] Dieser Beschränkung ist hinsichtlich des „Kerns" der Prozessstrategie aus Schutzwürdigkeitserwägungen zuzustimmen. Es ist der Gesellschaft nicht zuzumuten, ihre strategischen Erwägungen zur Geltendmachung ihr zustehender Ansprüche offenzulegen und damit womöglich die Geltendmachung berechtigter Ansprüche zu gefährden. Die strategischen Erwägungen sind in der Regel schutzwürdiger als der Zugangsanspruch des Organmitglieds in dieser Hinsicht. Definitiv erstreckt sich der Zugangsanspruch aber nicht auf die Kommunikation mit dem Rechtsbeistand der Gesellschaft.[808] Abseits dieser strategischen Erwägungen darf von dem Ausschluss aber nicht dasjenige erfasst werden, was zwar „für den Verfahrens-

---

[801] *Hamann/Wegmann*, BB 2019, 1347 (1351) denen zufolge eine Abwägung auch bei einer Subsumtion unter den Begriff des Geschäftsgeheimnisses erforderlich bleibt.

[802] *Schulte/Welge*, NZA 2019, 1110 (1113) zum wirtschaftlichen Wert der Prozessstrategie als Voraussetzung der Qualifizierung als Geschäftsgeheimnis; *Lembke*, NJW 2020, 1841 (1844).

[803] *Schulte/Welge*, NZA 2019, 1110 (1113).

[804] Siehe oben Fn. 647, 649.

[805] *Bäcker*, in: Kühling/Buchner DS-GVO/BDSG, Art. 15 DS-GVO Rn. 42e; im arbeitsrechtlichen Kontext *Schulte/Welge*, NZA 2019, 1110 (1113); *Lembke*, NJW 2020, 1841 (1844); tendenziell *Wybitul/Brams*, NZA 2019, 672 (676); *Waldkirch*, r+s 2021, 317 (318).

[806] *Schulte/Welge*, NZA 2019, 1110 (1113); *Lembke*, NJW 2020, 1841 (1844).

[807] Siehe zur Darlegungs- und Beweislast ausführlich oben § 2 B.

[808] *Peisker*, Der datenschutzrechtliche Auskunftsanspruch, S. 445 m. w. N.

ausgang relevant [ist], aber nicht unmittelbarer Bestandteil der Prozessstrategie [ist]".[809] Bezüglich dieser „nicht-taktischen" Daten wird sich das Zugangsinteresse durchsetzen. Denn auch das Organmitglied muss in der Lage sein, auf Grundlage entscheidungserheblicher Tatsachen eine Prozessstrategie zu entwickeln. Mangels Pflicht zur Zugangsgewährung zu strategischen Erwägungen ist der herrschenden Ansicht damit also zuzustimmen: Ein Zugang zur Prozessstrategie in Gestalt strategischer Erwägungen und der Kommunikation mit Rechtsanwälten darf nach Art. 15 Abs. 4 DS-GVO verweigert werden.

### 6. Sonderfall: Laufende Ermittlungen als Verweigerungsgrund

Ähnliche Fragen ergeben sich hinsichtlich (laufender) Ermittlungen bezüglich der Pflichtverletzung(en) des Organmitglieds. Diese Ermittlungen werden der Entwicklung einer Prozessstrategie in der Regel vorgeschaltet sein. Wegen der hohen Schutzwürdigkeit *laufender* Ermittlungen, wird die Gesellschaft das Überwiegen des Geheimhaltungsinteresses vor dem Zugangsinteresse des Betroffenen häufig begründen können.[810] Die Gesellschaft muss in der Lage sein, das Bestehen etwaiger Ansprüche ohne externe Störungsversuche prüfen zu können. Damit scheidet ein Zugangsverlangen betreffend laufende Ermittlungen in aller Regel aus. Dieses Ergebnis der Abwägung kehrt sich aber mit Abschluss der Ermittlungen regelmäßig um, da eine negative Beeinflussung der Ermittlungen dann nicht mehr zu befürchten ist. Auf dieser Linie lehnt auch das LAG Baden-Württemberg eine Verweigerung des Zugangsanspruchs mit entsprechender Begründung ab, dass eine Behinderung der Ermittlungen mit Abschluss der Ermittlungen nicht mehr möglich sei.[811] Praktisch wird dieser Fall aber schon deshalb geringe Bedeutung haben, weil häufig Externe wie Anwaltskanzleien mit der Aufarbeitung des Sachverhalts betraut werden. Diese selbst sind dann Verarbeiter und damit bezüglich der Daten der laufenden Ermittlungen auch selbstständiger Anspruchsgegner der Betroffenenrechte. Einem Zugangsverlangen den Rechtsanwälten gegenüber steht dann aber die gesetzliche Verschwiegenheitspflicht nach § 43a Abs. 2 BRAO sowie § 203 StGB entgegen.[812]

---

[809] *Bäcker*, in: Kühling/Buchner DS-GVO/BDSG, Art. 15 DS-GVO Rn. 42e.

[810] Vgl. *Fuhlrott*, GWR 2019, 157 (158); *Fuhlrott/Oltmanns*, NZA 2019, 1105 (1110); *Peisker*, Der datenschutzrechtliche Auskunftsanspruch, S. 446.

[811] LAG Baden-Württemberg, Urt. v. 20. Dezember 2018 – 17 Sa 11/18, NZA-RR 2019, 242–251, juris Rn. 186.

[812] *Peisker*, Der datenschutzrechtliche Auskunftsanspruch, S. 448 im Beschäftigungskontext m.w.N.

## 7. Sonderfall: Hinweisgeberschutz – Organhaftung infolge von Whistleblowing

Ein Spannungsfeld zeigt sich im Kontext von Zugangsverlangen von Organmitgliedern auch zwischen dem Datenschutz und dem Hinweisgeberschutz. Das gilt insbesondere für Fälle, in denen die Aufdeckung des haftungsbegründenden Sachverhalts auf „Whistleblowing" zurückgeht. Der Betroffene von auf den Hinweis folgenden internen Ermittlungen hätte nach Art. 15 Abs. 1 lit. g DS-GVO insbesondere auch das Recht, Informationen über die Herkunft der Daten zu erlangen, sodass ihm die Person des Hinweisgebers bekannt würde. Der Hinweisgeber hat aber ein erhebliches Interesse an der Geheimhaltung seiner Person.

Der bis jüngst sehr konturlose Bereich des Hinweisgeberschutzes, wurde mit dem Hinweisgeberschutzgesetz (HinSchG)[813], das zum 2. Juli 2023 in Kraft getreten ist, konkretisiert. Der Gesetzgeber nutzte die Gelegenheit aber nicht, um den Konflikt von Hinweisgeberschutz und Datenschutz ausdrücklich aufzulösen. Aus der Begründung des Gesetzesentwurfs der Bundesregierung geht aber hervor, dass zutreffend erkannt wurde, dass die notwendigen Instrumente zur Auflösung des Konflikts bereits bestehen.[814] Einer ausdrücklichen Normierung bedurfte es daher gar nicht. Die Bundesregierung führt aus:

> „Um das Vertraulichkeitsgebot nicht zu konterkarieren, ist es [...] erforderlich, die Ausübung bestimmter datenschutzrechtlicher Auskunfts- und Informationsrechte einzuschränken. [...] Die notwendigen Ausnahmetatbestände haben indes bereits Eingang in das BDSG gefunden. Über die im Rahmen des § 29 Absatz 1 BDSG geforderte Interessenabwägung lässt sich der erforderliche Gleichlauf zwischen dem Vertraulichkeitsschutz und datenschutzrechtlichen Informationspflichten und Auskunftsrechten herstellen."[815]

Die Regierung verweist zusätzlich auf Erwägungsgrund 84 zur „Richtlinie zum Schutz von Personen, die Verstöße gegen das Unionsrecht melden".[816] In diesem Erwägungsgrund subsumieren das Europäische Parlament und der Rat der Europäischen Union die Kollision des Hinweisgeberschutzes mit dem Datenschutzrecht unter die Öffnungsklausel des Art. 23 Abs. 1 lit. e, i DS-GVO und empfehlen den Mitgliedstaaten die Schaffung einer Norm, die Versuche unterbindet, die Identität der Hinweisgeber festzustellen.

Es bedarf demzufolge einer Norm, wonach der Verantwortliche des Zugangsanspruchs die widerstreitenden Interessen[817] von Hinweisgeber und Betroffenem der Datenverarbeitung in Einklang bringen muss. Wegen des in § 8 Abs. 1 HinSchG vorgesehenen Gebots der Vertraulichkeit des Hinweisgebers wäre eine

---

[813] BGBl. 2023 I Nr. 140 vom 2. Juni 2023.
[814] BTDrucks. 20/3442, S. 74.
[815] BTDrucks. 20/3442, S. 74.
[816] RL (EU) 2019/1937.
[817] Zu kollidierenden Interessen und Abwägungskriterien im Zusammenhang mit dem Hinweisgeberschutzgesetz ausführlich *Lühning*, ZD 2023, 136 (137 ff.).

solche Abwägung zugunsten des Hinweisgebers intendiert. Eine Norm, die eine entsprechende Abwägung der widerstreitenden Interessen eröffnet, wird demnach regelmäßig dazu führen, dass Zugangsverlangen bezüglich der Identität des Hinweisgebers abgelehnt werden dürfen. Einige sehen § 29 Abs. 1 S. 2 BDSG als maßgeblich an.[818] Die Vorschrift bestimmt, dass das Recht auf „Auskunft" nicht besteht, „[…] soweit durch die Auskunft Informationen offenbart würden, die nach einer Rechtsvorschrift oder ihrem Wesen nach, insbesondere wegen der überwiegenden berechtigten Interessen eines Dritten, geheim gehalten werden müssen."

Eine Ähnlichkeit des § 29 Abs. 1 S. 2 DS-GVO mit Art. 15 Abs. 4 DS-GVO ist dabei nicht zu verkennen. Sie sind nahezu deckungsgleich.[819] Der Norm des BDSG wird daher zu Recht eine eigenständige Bedeutung abgesprochen[820] und aus dem Grunde der bloßen Wiederholung des Unionsrechts sogar dessen Unionsrechtskonformität bezweifelt.[821] Es ist richtig, dass es der Vorschrift § 29 Abs. 1 S. 2 BDSG auch zur Auflösung der Problematik hier nicht bedarf. Sämtliche Zugangsverlangen, die diese Norm ausschließt, sind bereits nach Art. 15 Abs. 4 DS-GVO ausgeschlossen. Zwar erweckt der Wortlaut des § 29 Abs. 1 S. 2 BDSG („insbesondere") den Eindruck, als handele es sich bei den Interessen Dritter, die auch Art. 15 Abs. 4 DS-GVO als Ausschlussgrund normiert, lediglich um ein Regelbeispiel. Das würde bedeuten, dass es sich bei dem Ausschlussgrund der „Rechtsvorschrift" neben den Interessen Dritter um ein Plus im Vergleich zu diesen Interessen Dritter handeln müsste. Dann hätte § 29 Abs. 1 S. 2 BDSG eine eigenständige Bedeutung. Die Formulierung des § 29 BDSG ist aber misslungen. Denn tatsächlich wäre eine „Rechtsvorschrift", die die Geheimhaltungsbedürftigkeit einer Information vorschreibt, auch nur dann unionsrechtskonform, wenn sie das Primärrecht aus Art. 8 GRCh, also das Recht auf Schutz personenbezogener Daten, wahrt. Dementsprechend setzt eine solche Rechtsvorschrift eine Abwägung mit den Interessen des Betroffenen – wenn auch generell abstrakt statt individuell konkret – zwingend voraus. Entsprechend handelt es sich bei der „Rechtsvorschrift" nicht um ein Plus im Verhältnis zur konkreten Abwägung mit den Interessen Dritter im Einzelfall, sondern vielmehr um ein Minus. Eine solche Rechtsvorschrift würde aus der abstrakten Abwägung folgen. Art. 15 Abs. 4 DS-GVO überlagert den § 29 Abs. 1 S. 2 BDSG derart, dass dieser tatsächlich keine eigenständige Bedeutung hat. Die Wertungen der §§ 8, 9 HinSchG sind somit bei Art. 15 Abs. 4 DS-GVO zu berücksichtigen. Die Möglichkeit zur Verortung der Problematik in Art. 15 Abs. 4 DS-GVO scheint auch die Europäische Union zu verkennen, wenn sie wie beschrieben in Erwägungs-

---

[818] BTDrucks. 20/3442, S. 74; *Baade/Hößl*, DStR 2023, 1265 (1268); *Schreyer-Bestmann/Jentsch*, CMS Deutschland bloggt, https://www.cmshs-bloggt.de/rechtsthemen/whistleblowing-arbeitsrecht/zusammenspiel-von-datenschutz-und-hinweisgeberschutz-im-kontext-whistleblowing/ (Zuletzt abgerufen am 24.11.2024).
[819] *Zikesch/Sörup*, ZD 2019, 239 (244).
[820] *Peisker*, Der datenschutzrechtliche Auskunftsanspruch, S. 430.
[821] *Peisker*, Der datenschutzrechtliche Auskunftsanspruch, S. 431.

grund 84 RL (EU) 2019/1937 darauf hinweist, der nationale Gesetzgeber könne eine in Art. 23 lit. e, i DS-GVO eintretende Klausel normieren.

Letztlich kann es aber dahinstehen, nach welcher Norm der Ausschluss erfolgt.[822] Denn in beiden Fällen ist eine Abwägung der widerstreitenden Interessen vorzunehmen,[823] die wie gezeigt durch § 8 Abs. 1 HinSchG bestimmt wird. Im Einzelfall kann selbst bei grundsätzlich hoher Schutzwürdigkeit des Whistleblowers das Zugangsinteresse des Betroffenen überwiegen, wenn die Informationen seitens des Whistleblowers wider besseres Wissen unrichtig erteilt wurden.[824] Das zeigt: Es verbietet sich trotz Tendenz zum Ausschluss des Anspruchs die Formulierung pauschaler Ergebnisse. Vielmehr muss eine Abwägung im Einzelfall vorgenommen werden. Für den Fall der Organhaftung ist dabei zu beachten, dass interne Untersuchungen gerade bei Vorliegen hierarchischer Strukturen besonders schützenswert sind.[825] Innerhalb solcher hierarchischen Strukturen wären entsprechende Untersuchungen nicht möglich, wenn die Vertraulichkeit der Hinweisgeber seine Grenze in Art. 15 DS-GVO des betroffenen Organmitglieds finden würde. Hinsichtlich Zugangsverlangen von Organmitgliedern zu internen Untersuchungen und damit auch Daten von Hinweisgebern ist bei Zugangsgewährungen äußerst restriktiv zu verfahren.

### 8. Zwischenbilanz zu Art. 15 Abs. 4 DS-GVO im Organhaftungsprozess

Im Ergebnis hilft Art. 15 Abs. 4 DS-GVO der Gesellschaft nicht dabei, sich effektiv gegen den Anspruch auf Datenzugang zur Wehr zu setzen.[826] Die Rechtsfolge der Norm ermöglicht schon nicht den vollständigen Ausschluss des Anspruchs. Das wäre allenfalls in theoretischen Ausnahmekonstellationen denkbar, in denen für alle von dem Anspruch auf Zugang erfassten Daten ein etwaiges Geheimhaltungsinteresse das Zugangsinteresse überwiegt. Eine solche Situation ist aber nur schwierig bis gar nicht vorstellbar. Das gilt umso mehr deshalb, weil die praktische Konkordanz zwischen den Interessen regelmäßig schon durch bloße Schwärzungen der Daten Dritter hergestellt werden kann, sodass im Übrigen Zugang zu gewähren ist.

Für das Organmitglied sind diese durch Art. 15 Abs. 4 DS-GVO entstehenden Einschränkungen in Form der Auslassung einzelner Daten oder Schwärzungen derselben weniger bedeutsam. Der Auffrischung von Sachkenntnis und der Erlangung von Beweismitteln steht das nicht im Wege. Für eine Schwärzung von

---

[822] BGH, Urt. v. 22. Februar 2022 – VI ZR 14/21, ZD 2022, 326–328, Rn. 14; *Lühning*, ZD 2023, 136 (137).
[823] BGH, Urt. v. 22. Februar 2022 – VI ZR 14/21, ZD 2022, 326–328, Rn. 14.
[824] *Fuhlrott*, GWR 2019, 157 (158).
[825] Vgl. LAG Baden-Württemberg, Urt. v. 20. Dezember 2018 – 17 Sa 11/18, NZA-RR 2019, 242–252, juris Rn. 207.
[826] Die Bedeutung des Art. 15 Abs. 4 DS-GVO bei der Verweigerung des Zugangs wegen hohen Aufwands gilt es an späterer Stelle zu untersuchen, siehe unten § 5 D. III. 2.

allein auf den Betroffenen bezogenen Daten wird niemals Anlass bestehen. Meist wird es sich bei den durch Art. 15 Abs. 4 DS-GVO veranlassten Schwärzungen oder Auslassungen um Namen oder Kontaktdaten Dritter handeln, die ein Datum schwerpunktmäßig betrifft. Das ist aus Perspektive des Organmitglieds allein insofern eine Einschränkung, als dass diese Daten die Benennung von Zeugen samt ladungsfähiger Anschrift ermöglichen könnte.

Die Verweigerung des Zugangs unter Hinweis darauf, dass es sich um die Prozessstrategie der Gesellschaft oder um laufende Ermittlungen im Zusammenhang mit einer Inanspruchnahme aus Organhaftung handelt, mag zwar aus Perspektive des Organmitglieds zunächst unbefriedigend sein, stellt aber ebenfalls keine gravierende Einschränkung für das Organmitglied dar. Sind die Ermittlungen abgeschlossen – das wird vor der Inanspruchnahme in der Regel der Fall sein – wird das Zugangsinteresse das Geheimhaltungsinteresse bezüglich der Ermittlungsergebnisse wie gezeigt wieder überwiegen. Ausgeklammert vom Zugangsverlangen bleibt aber die Prozessstrategie. Die für das Organmitglied relevanten Informationen werden in der Abwägung im Rahmen des Art. 15 Abs. 4 DS-GVO regelmäßig obsiegen, sodass diese dem Organmitglied im Ergebnis preisgegeben werden müssen.

## D. Beschränkungen des Art. 15 DS-GVO wegen des „Aufwands" für den Verantwortlichen

Häufig werden, insbesondere im Kontext des Beschäftigungsverhältnisses, Bedenken wegen eines zu hohen Aufwands geäußert, der dem Verantwortlichen bei der Gewährung des Zugangs zugemutet wird.[827] Es wird befürchtet, dass der Verantwortliche angesichts der Masse an Daten bei der Bereitstellung dieser überfordert sein könnte, weshalb eine Beschränkung des Anspruchs unter dem Gesichtspunkt des „zumutbaren Aufwands" erfolgen müsse.[828] Die Unsicherheit und Uneinigkeit, die bezüglich der Behandlung der Problematik des hohen Aufwands bei der Gewährung des Datenzugangs herrscht, wird auch durch die stark divergierende Rechtsprechung zu diesem Problemkreis verdeutlicht: Dem ArbG Stuttgart zufolge begründet es keinen Verweigerungsgrund der „Auskunft", wenn 290.000 E-Mails durchgesehen werden müssten.[829] Geht es nach dem LG Hei-

---

[827] Exemplarisch *Lembke/Fischels*, NZA 2022, 513 (514); *Wybitul/Brams*, NZA 2019, 672 (674); *Britz/Beyer*, VersR 2020, 65 (66); *Lembke*, NJW 2020, 1841 (1841); *Fuhlrott/Garden*, NZA 2021, 530 (530); *Schulte/Welge*, NZA 2019, 1110 (1114); *Kuznik*, NVwZ 2023, 297 (298); *Franck*, in: Gola/Heckmann DS-GVO/BDSG, Art. 15 DS-GVO Rn. 1; *Paal*, in: Paal/Pauly DS-GVO/BDSG, Art. 15 DS-GVO Rn. 33a; *Peisker*, Der datenschutzrechtliche Auskunftsanspruch, S. 43 m. w. N.

[828] LG Heidelberg, Urt. v. 21. Februar 2020 – 4 O 6/19, ZD 2020, 313–315, juris Rn. 35 f.; ArbG Düsseldorf, Urt. v. 5. März 2020 – 9 Ca 6557/18, CR 2020, 592–596, Rn. 97; *Härting*, CR 2019, 219 (221 f.); *Franck*, in: Gola/Heckmann DS-GVO/BDSG, Art. 15 DS-GVO Rn. 51.

[829] ArbG Stuttgart, Urt. v. 5. Juni 2019 – 3 Ca 4960/18, BeckRS 2019, 55432, Rn. 104.

delberg, so ist es hingegen schon unzumutbar, 10.000 E-Mails durchzusehen.[830] Nach dem LG Frankenthal, das entspricht insoweit noch der Rechtsprechung des LG Heidelberg, ist es „offensichtlich unverhältnismäßig", wenn 75.000 E-Mails durchgesehen werden müssten.[831]

Unterschiedlich beurteilt wird nicht nur die Schwelle der Unzumutbarkeit, sondern vielmehr auch die dogmatische Anknüpfung der Problematik des hohen Aufwands in den Beschränkungsmöglichkeiten des Zugangsanspruchs. Es wird zu zeigen sein, dass es um nichts anderes als eine Interessenabwägung unter besonderer Berücksichtigung des Gewichts des Datenschutzes und der besonderen Stellung der Betroffenenrechte geht. Zunächst ist zu diskutieren, ob die naheliegende Idee einer Konkretisierungspflicht aufseiten des Organmitglieds durchgreift und der Aufwand damit reduziert werden kann. Für eine Untersuchung der Problematik des hohen Aufwands müssen dann schwerpunktmäßig Art. 12 Abs. 5 S. 2 DS-GVO sowie Art. 15 Abs. 4 DS-GVO als in Betracht kommende dogmatische Anknüpfung zur Beschränkung des Zugangsverlangens bei hohem Aufwand, gegenübergestellt werden.

## I. Keine Konkretisierungspflicht und keine abgestufte Erfüllungslast

Naheliegend ist es bei einem hohen Aufwand für die Gesellschaft zu verlangen, dass das Organmitglied sein Informationsbegehren eingrenzt. Damit würde der Erfüllungsaufwand im Einzelfall erheblich verringert. Erwägungsgrund 63 S. 7 zur DS-GVO lautet:

> „Verarbeitet der Verantwortliche eine große Menge von Informationen über die betroffene Person, so sollte er verlangen können, dass die betroffene Person präzisiert, auf welche Information oder welche Verarbeitungsvorgänge sich ihr Auskunftsersuchen bezieht, bevor er ihr Auskunft erteilt."

Nach dem Willen des Verordnungsgebers soll der Verantwortliche also vom Betroffenen verlangen können, dass dieser seinen Antrag auf Zugang zu den Daten „präzisiert", sofern er eine große Datenmenge verarbeitet. Fast wortlautgleich wie Erwägungsgrund 63 S. 7 DS-GVO klingt der deutsche Vorschlag im Gesetzgebungsverfahren hinsichtlich einer solchen Präzisierung.[832] In die Verordnung hat eine entsprechende Regelung keinen Eingang gefunden. Angesichts der Situation der Darlegungs- und Beweisnot, in der sich das Organmitglied regelmäßig befinden wird, kann es sich aber unter Umständen als schwierig erweisen, den Gegenstand des Zugangs einzugrenzen. Der exakte Schwierigkeitsgrad einer Präzisierung hängt neben dem Ausmaß der Erinnerungslücken wesentlich davon ab, welche Anforde-

---

[830] LG Heidelberg, Urt. v. 21. Februar 2020 – 4 O 6/19, ZD 2020, 313–315, juris Rn. 18, 36.
[831] LG Frankenthal, Urt. v. 12. Januar 2021 – 1 HK O 4/19, ZD 2022, 511–512, juris Rn. 169.
[832] Rat der Europäischen Union, Ratsdokument 7978/1/15 REV 1, 27. April 2015, S. 9.

rungen an diese Präzisierung im Einzelnen gestellt werden. Weder die DS-GVO noch die Erwägungsgründe beschreiben einen Maßstab, geschweige denn eine Rechtsfolge bei unterlassener „Präzisierung". Daher sind Einzelheiten umstritten und dem Zweck der Präzisierung entsprechend zu bestimmen.

Bei der „Präzisierung" geht es darum – das lässt die in Erwägungsgrund 63 zur DS-GVO vorgesehene Voraussetzung der Verarbeitung großer Mengen an Informationen erkennen –, den Aufwand bei der Gewährung des Zugangs zu verringern. Entsprechend muss eine „Präzisierung" in diesem Kontext eine Reduktion des Umfangs ermöglichen.[833] Insofern meint der Erwägungsgrund eher eine „Konkretisierung" als eine „Präzisierung". Denn „konkretisieren" meint dem Duden zufolge „im Einzelnen ausführen, *näher bestimmen*, verdeutlichen",[834] während „präzisieren" meint, etwas „so [zu] beschreiben, formulieren o. Ä., dass das Genannte sehr viel *eindeutiger*, klarer und genauer ist als vorher".[835] Der inhaltliche Unterschied der Begrifflichkeiten besteht demnach darin, dass eine Konkretisierung das Gesagte weiter eingrenzt, während die Präzisierung das Gesagte lediglich verständlicher umschreibt.[836] Verdeutlicht der Betroffene, dass er weiterhin an sämtlichen Daten interessiert ist, so hat er den Antrag zwar präzisiert, aber nicht konkretisiert. Hätte man in Erwägungsgrund 63 S. 7 zur DS-GVO tatsächlich die Möglichkeit des Verlangens einer Präzisierung vorsehen wollen, so wäre als Voraussetzung dafür eher eine verbleibende „Unklarheit im Antrag" als eine „große Menge [verarbeiteter] Informationen" vorgesehen worden. Denn Unklarheiten bezüglich des Antrags wegen unpräziser Formulierung und damit ein Bedürfnis nach Präzisierung kann unabhängig von der Menge der verarbeiteten Informationen bestehen, sodass ein solches Nachhaken auch bei geringerer Datenmenge möglich sein muss. Eine Präzisierung kann der Verantwortliche in Fällen, in denen sich das Organmitglied unpräzise ausdrückt, damit immer verlangen.[837] Ein Verharren an dem Wortlaut der

---

[833] Insofern korrekt, wenn man allein die Terminologie der „Präzisierung" betrachtet: *Peisker*, Der datenschutzrechtliche Auskunftsanspruch, S. 250, wenn er meint, dass eine Präzisierung auch dann stattgefunden hat, wenn der Betroffene präzisiert, dass sich der Antrag auf „sämtliche Daten" bezieht. Allerdings macht der Zusammenhang mit der „großen Datenmenge" in Erwägungsgrund 63 S. 7 deutlich, dass es hier um eine Aufwandsverringerung geht, sodass eine „Präzisierung" in diesem Kontext eben eine Reduktion des Umfangs ermöglichen muss. Im Ergebnis *Peisker*, Der datenschutzrechtliche Auskunftsanspruch, S. 251 f. dennoch richtig.

[834] DUDEN online, „konkretisieren", https://www.duden.de/node/149465/revision/1413420 (zuletzt abgerufen am 24. 11. 2024).

[835] DUDEN online, „präzisieren", https://www.duden.de/rechtschreibung/praezisieren (zuletzt abgerufen am 24. 11. 2024) [Anm.: Hervorhebungen durch den Verfasser].

[836] Diesen Unterschied erkennt so ähnlich auch *Peisker*, Der datenschutzrechtliche Auskunftsanspruch, S. 256, 258, benennt ihn aber nicht ausdrücklich und bewertet ihn im Ergebnis auch anders, indem er beim Wortlaut des Erwägungsgrundes der „Präzisierung" verharrt. Das ist nach hier vertretener Ansicht falsch. Im Ergebnis bleiben diese unterschiedlichen Beurteilungen bezüglich der im Fokus stehenden Frage der Folgen einer unterlassenen Konkretisierung aber ohne Konsequenz.

[837] Vgl. *Peisker*, Der datenschutzrechtliche Auskunftsanspruch, S. 256: „[...] rückversicher[n], welche Daten die betroffene Person genau wünscht [...]".

deutschsprachigen Erwägungsgründe überzeugt nicht. Ebenso wie bei der Auslegung des Normtextes der DS-GVO selbst,[838] sollte auch hier ein Blick auf andere Sprachfassungen vorgenommen werden. Bereits die englische Sprachfassung lässt an einem strengen Festhalten am Begriff der „Präzisierung" zweifeln. Sie nutzt die Terminologie „specify", was neben der Übersetzung als „präzisieren" auch eine solche als „konkretisieren" zulässt.[839] Letztlich darf der Begriff der „Präzisierung" in der deutschen Sprachfassung damit auch wie eine „Konkretisierung" verstanden werden. Auch die übrigen Sprachfassungen deuten nicht auf ein zwingendes Verständnis als „Präzisierung" hin.

Wegen des Zwecks der Aufwandsverringerung, den Erwägungsgrund 63 S. 7 zur DS-GVO augenscheinlich verfolgt, ist es bereits hilfreich, wenn ein ausgeschiedenes, zuvor langjährig tätiges Organmitglied sein Zugangsverlangen in der Form konkretisieren kann, dass es die Daten auf einen bestimmten Zeitraum begrenzt. Das wird ihm bei Inanspruchnahme wegen einer Pflichtverletzung deshalb möglich sein, weil die potenzielle Pflichtverletzung beziehungsweise die Handlung oder das Unterlassen, auf der diese beruht, seitens der Gesellschaft in der Regel bezeichnet wird[840] und anhand dessen ein Zeitraum relevanter Daten regelmäßig ausmachbar sein wird. Entsprechend würde schon die von Seyfarth im Kontext der §§ 810, 242 BGB vorgeschlagene Konkretisierung auf „Alle Vorstands- und Aufsichtsratsvorlagen zu dem Komplex XY im Zeitraum von XY bis XY." hilfreich sein, den Aufwand erheblich zu verringern.[841] Alternativ kann auch die Bezeichnung einer bestimmten Datenkategorie eine taugliche Form der Konkretisierung darstellen.[842]

Zu analysieren gilt es die dogmatische Einordnung der (unterlassenen) Konkretisierung: Handelt es sich um eine echte Voraussetzung des Anspruchs, sodass das Unterlassen automatisch zum Anspruchsausschluss führt oder bleibt die fehlende Konkretisierung beziehungsweise die „Konkretisierung auf alle Daten" ohne Konsequenzen?

---

[838] Siehe oben § 4 C. II. 1. zur sprachvergleichenden Auslegung des Art. 15 Abs. 1 DS-GVO
[839] Dict.cc, Deutsch-Englisch-Wörterbuch, https://www.dict.cc/?s=specify (zuletzt abgerufen am 24.11.2024).
[840] Vgl. *Koch*, AktG, § 93 Rn. 103 f.; nähere Bezeichnung im Rahmen einer möglichen sekundären Darlegungslast der Gesellschaft BGH, Urt. v. 4. November 2002 – II ZR 224/00, BGHZ 152, 280–290, juris Rn. 9.
[841] *Seyfarth*, Vorstandsrecht, § 23 Rn. 55.
[842] *König*, CR 2019, 295 (298).

## 1. Die „abgestufte Erfüllungslast" als Konzept der Rechtsprechung

Teile der Rechtsprechung wenden auf Art. 15 DS-GVO, basierend auf Erwägungsgrund 63 S. 7 zur DS-GVO, das Konzept der „abgestuften Erfüllungslast" an, wonach nur erfüllt werden muss, was auch verlangt wird.[843] Dabei gesteht diese Rechtsprechung dem Betroffenen ohne Konkretisierung lediglich das Recht zu, die Informationen des Art. 15 Abs. 1 lit. a–h DS-GVO zu verlangen, wodurch dann eine zielgerichtetere Konkretisierung ermöglicht würde.[844] Eine solche Konkretisierung sei dann echte Voraussetzung für den Zugang zu konkreten Daten.

## 2. Kritik an der „abgestuften Erfüllungslast"

Die „abgestufte Erfüllungslast" ist eine sehr restriktive Auffassung, die das Erfordernis einer Konkretisierung zu einer echten Pflicht des Betroffenen erhebt. Der Betroffene müsste stets im Bilde sein, welche Daten verarbeitet werden, um sich sodann des Anspruchs zu bedienen, der ihm gerade dieses Bild der Datenverarbeitung verschaffen soll. Das klingt so abwegig, wie es ist. Das Konzept wäre allenfalls dann schlüssig, wenn die nach Art. 15 Abs. 1 lit. a–h DS-GVO in jedem Fall zu gewährenden Informationen eine Konkretisierung des Zugangsverlangens stets zuverlässig ermöglichen würden. Diese Informationen betreffen aber fast ausschließlich formelle Aspekte der Verarbeitung (Zwecke, Dauer, Empfänger etc.), deren Kenntnis die Konkretisierung relevanter Daten nicht vereinfacht. Allein lit. b, wonach die „Kategorien personenbezogener Daten, die verarbeitet werden" zu offenbaren sind, könnte bei einer Konkretisierung hilfreich sein. Zum Verständnis des Begriffs der „Kategorien personenbezogener Daten" hilft Art. 9 DS-GVO, der die Verarbeitung „besonderer Kategorien personenbezogener Daten" regelt. Solche „besonderen Kategorien" sind demnach unter anderem solche über die politische Meinung, biometrische Daten, Gesundheitsdaten oder solche bezüglich der sexuellen Orientierung. Die Aufzählung zeigt, dass es viele denkbare Kategorien personenbezogener Daten geben kann, je nachdem wie weit oder eng man eine Kategorie fassen mag. Je nachdem, wie konkret und detailliert die Kategorien der personenbezogenen Daten im Einzelfall gefasst werden, ist das für den Betroffenen unterschiedlich hilfreich für eine Konkretisierung. Eine „abgestufte Erfüllungslast" könnte mithin dazu führen, dass unterschiedliche Maßstäbe für die Erfüllung der Datenschutzpflichten gelten und Datenschutzstandards in manchen Fällen niedriger ausfallen als in anderen. Das wäre der Fall, wenn der eine Verantwortliche die Kategorien größer zieht, als ein anderer Verantwortlicher es

---

[843] ArbG Bonn, Urt. v. 16. Juli 2020 – 3 Ca 2026/19, ZD 2021, 111–113, Rn. 47 ff.; LAG Hessen, Urt. v. 10. Juni 2021 – 9 Sa 861/20, NZA-RR 2021, 654–657, Rn. 32 ff.; *Lembke/Fischels*, NZA 2022, 513 (516 f.).
[844] ArbG Bonn, Urt. v. 16. Juli 2020 – 3 Ca 2026/19, ZD 2021, 111–113, Rn. 48; LAG Hessen, Urt. v. 10. Juni 2021 – 9 Sa 861/20, NZA-RR 2021, 654–657, Rn. 34.

## D. Beschränkungen des Art. 15 DS-GVO wegen des „Aufwands"

tut, womit die Konkretisierung für den einen Betroffenen im Vergleich zum anderen Betroffenen erschwert ist. Der Verantwortliche könnte mittels der Erfüllung seiner Mitteilungspflichten Einfluss auf die Konkretisierung des Betroffenen nehmen.[845] In gewissem Maße stünde das Betroffenenrecht des Art. 15 DS-GVO damit zur Disposition des Verantwortlichen. All das würde den Schutz des Betroffenen erheblich beeinträchtigen und würde mithin zu einer Verringerung des Datenschutzniveaus führen. Letztlich wäre auch das Ziel der Transparenz aus Erwägungsgrund 39 S. 3 und 58 DS-GVO gefährdet.

Das Konzept der „angestuften Erfüllungslast" sorgt folglich für Unsicherheit und Uneinheitlichkeit und verkennt den Ausnahmecharakter der Konkretisierung im Rahmen des Art. 15 DS-GVO. Das Konzept der abgestuften Erfüllungslast ist damit abzulehnen.[846] Die Rechtsprechung der „abgestuften Erfüllungslast" steht auch im Widerspruch zu der Auffassung des europäischen Datenschutzausschusses,[847] der Auffassung des Bayerischen Landesbeauftragten für Datenschutz[848] und dem überwiegenden Teil der Literatur, wonach die Nichtvornahme der Konkretisierung oder die „Konkretisierung auf alle Daten" keine unmittelbaren Folgen hat und eine Anfrage dennoch grundsätzlich vollständig zu erfüllen ist.[849] Der Betroffene kann auch ohne Konkretisierung vollständigen Zugang verlangen.[850] Die Möglichkeit der Bitte um Konkretisierung soll den Anspruch aus Art. 15 DS-GVO nicht unmittelbar beschränken oder zusätzlichen Voraussetzungen unterwerfen, sondern lediglich unnötigen Aufwand vermeiden.[851] Ist der Betroffene weiter an allen Daten interessiert, so muss ihm das auch schon wegen des Sinn und Zwecks der Norm, sich ein umfassendes und vollständiges Bild von der Datenverarbeitung zu verschaffen, zugestanden werden.[852]

Überdies wird vertreten, dass die Möglichkeit des Konkretisierungsverlangens eine Ausprägung des in Art. 12 Abs. 2 S. 1 DS-GVO verankerten Grundsatzes sei, die Ausübung der Betroffenenrechte zu erleichtern.[853] Damit wäre es widersprüchlich, an eine unterbliebene Konkretisierung dann negative Konsequenzen zu knüp-

---

[845] *Peisker*, Der datenschutzrechtliche Auskunftsanspruch, S. 252.
[846] Ohne ausdrückliche Ablehnung der „abgestuften Erfüllungslast" aber mit abweichendem Verständnis der „Konkretisierung" nach Erwägungsgrund 63 S. 7; vgl. *Ehmann*, in: Ehmann/Selmayr DS-GVO, Art. 15 DS-GVO Rn. 52f.; *Schmidt-Wudy*, in: BeckOK Datenschutzrecht, Stand: 01.08.2024, Art. 15 DS-GVO Rn. 47; *Franck*, in: Gola/Heckmann DS-GVO/BDSG, Art. 15 DS-GVO Rn. 26; *Dix*, in: Simitis/Hornung/Spiecker gen. Döhmann Datenschutzrecht, Art. 15 DS-GVO Rn. 11; *Bienemann*, in: Sydow/Marsch DS-GVO/BDSG, Art. 15 DS-GVO Rn. 17; *Paal*, in: Paal/Pauly DS-GVO/BDSG, Art. 15 DS-GVO Rn. 8; *Koch*, AktG, § 93 Rn. 115; *Peisker*, Der datenschutzrechtliche Auskunftsanspruch, S. 252.
[847] Edpb, Guidelines 01/2022 on data subject rights – Right of access, 28. März 2023, Rn. 35.
[848] Der Bayerische Landesbeauftragte für Datenschutz, Das Recht auf Auskunft nach der DS-GVO – Orientierungshilfe, 1. Dezember 2019, Rn. 40.
[849] Siehe oben Fn. 846.
[850] Siehe oben Fn. 846; *Peisker*, Der datenschutzrechtliche Auskunftsanspruch, S. 248 m.w.N.
[851] *Ehmann*, in: Ehmann/Selmayr DS-GVO, Art. 15 DS-GVO Rn. 54.
[852] Vgl. *Peisker*, Der datenschutzrechtliche Auskunftsanspruch, S. 251 f.
[853] *Peisker*, Der datenschutzrechtliche Auskunftsanspruch, S. 245.

fen. Sodann würde die Geltendmachung der Betroffenenrechte im Gegenteil nämlich maßgeblich erschwert. Mit der überwiegenden und richtigen Ansicht ist also davon auszugehen, dass an die unterbliebene Konkretisierung keine unmittelbaren und definitiven Folgen geknüpft werden.

Das hier gefundene Auslegungsergebnis stimmt augenscheinlich mit dem Verständnis des nationalen Gesetzgebers bei Geltendmachung des Art. 15 Abs. 1, 3 DS-GVO überein. Denn nach § 32c Abs. 2 Abgabenordnung (AO) muss die betroffene Person im Anwendungsbereich dieser Norm die „[…] Daten, über die Auskunft [nach Art. 15 DS-GVO] erteilt werden soll, näher bezeichnen […]". Der Gesetzgeber scheint also im Einklang mit der hier vertretenen Ansicht davon auszugehen, dass sich eine solche Pflicht nicht schon aus dem Unionsrecht selbst ergibt. Er hat es für erforderlich gehalten, eine solche selbst zu normieren und versteht das als Einschränkung des Art. 15 DS-GVO im Sinne des Art. 23 DS-GVO.[854]

### 3. Keine Konstruktion einer Konkretisierungsobliegenheit über eine Treuepflicht auf nationaler Ebene

Für Beschäftigungsverhältnisse im arbeitsrechtlichen Sinne wird die Herleitung einer Konkretisierungsobliegenheit, genauer der abgestuften Erfüllungslast, aus §§ 242, 241 Abs. 2 BGB vorgeschlagen.[855] Eine solche Herleitung kann dogmatisch aber nicht überzeugen. Wegen des Anwendungsvorrangs des Unionsrechts,[856] müsste die Herleitung dieser Konkretisierungsobliegenheit aus dem mitgliedstaatlichen Recht den Anforderungen einer Öffnungsklausel der DS-GVO genügen. Peisker verweist, wegen des seine Auseinandersetzung mit Art. 15 DS-GVO prägenden Beschäftigungskontexts, auf Art. 88 DS-GVO.[857] Naheliegender und vorzugswürdig wäre an dieser Stelle aber eine Prüfung der Anforderungen des Art. 23 Abs. 1 DS-GVO. Denn im Ergebnis müsste diese Einschränkung, würde man sie ausdrücklich normieren, so lauten, dass der Zugangsanspruch ausgeschlossen ist, wenn eine Konkretisierung trotz bestehender Treuepflicht unterlassen wird. Das wäre gerade eine Beschränkung des Art. 15 DS-GVO im Sinne des Art. 23 DS-GVO, sodass diese Norm den Maßstab bilden muss. Zudem würde eine Anknüpfung an Art. 23 DS-GVO erlauben, auch andere Treuepflichten als diejenige arbeitsrechtlicher Natur zu berücksichtigen. Eine solche allgemeine Einschränkung könnte auf Art. 88 DS-GVO nicht gestützt werden. Im Ergebnis bleibt der unterschiedliche Prüfungsmaßstab aber ohne Konsequenzen, da die Herleitung

---

[854] BTDrucks. 18/12611, S. 87.
[855] *Lembke*, in: Henssler/Willemsen/Kalb Arbeitsrecht, Einleitung DS-GVO Rn. 104g; *Lembke/Fischels*, NZA 2022, 513 (517); kritisch zurecht *Peisker*, Der datenschutzrechtliche Auskunftsanspruch, S. 256.
[856] Siehe dazu ausführlich unten § 5 B. III. 2.
[857] *Peisker*, Der datenschutzrechtliche Auskunftsanspruch, S. 250.

aus § 241 Abs. 2 BGB beiden Öffnungsklauseln nicht genügt.[858] Des Weiteren ist der Gang über das mitgliedstaatliche Recht auch gar nicht erforderlich, um das aus dem möglicherweise bestehenden Verstoß gegen die Treuepflicht herrührende Unbilligkeitsgefühl zu berücksichtigen. Der dogmatisch vorzugswürdige Weg wird im Folgenden aufgezeigt.

### 4. Vorzugswürdige Behandlung der unterlassenen Konkretisierung

Richtig ist es, eine fehlende Konkretisierung im Rahmen einer Interessenabwägung zu berücksichtigen, die sich bei Art. 15 Abs. 4 DS-GVO eröffnet.[859] Eine „absolute" Rechtsfolge in der Weise, dass der Anspruch im Falle der unterlassenen Konkretisierung immer ausgeschlossen ist, begründet das nicht.[860] Dabei gilt

> „Je größer die Menge an Daten und je unkonkreter das Auskunfts- beziehungsweise Kopieverlangen ist, desto weniger ist dem Verantwortlichen die Erteilung einer allumfassenden Auskunft (gegebenenfalls mittels Kopien) zuzumuten und desto eher muss sich der Auskunftsberechtigte mit allgemeinen Angaben (zB Bereitstellung einer strukturierten Zusammenfassung der verarbeiteten Daten in Tabellenform) oder mit leicht zugänglichen Informationen begnügen […]."[861]

Diese Anknüpfung bietet auch die Möglichkeit, eine zwischen Gesellschaft und (ausgeschiedenem) Organmitglied bestehende Treuepflicht zu berücksichtigen, die der unterlassenen oder unzureichenden Konkretisierung in der Abwägung dann Gewicht verleiht. Jedoch darf diese Treuepflicht das Unionsrecht als ungeschriebene Wertung nicht derart schwerwiegend modifizieren, dass sie die Konkretisierung zu einer Pflicht erheben würde. Mit einer Konkretisierung ist trotz Treuepflicht restriktiv zu verfahren.

---

[858] Für Art. 88 DS-GVO siehe *Peisker*, Der datenschutzrechtliche Auskunftsanspruch, S. 250; für Art. 23 DS-GVO gelten die unten bei § 5 E. IV. 5. a) zu einem Eintritt von § 242 BGB in diese Öffnungsklausel gemachten Ausführungen entsprechend.

[859] *Engeler/Quiel*, NJW 2019, 2201 (2203); sowohl Art. 15 Abs. 4 DS-GVO als auch Art. 12 Abs. 5 S. 2 DS-GVO benennend: *Bienemann*, in: Sydow/Marsch DS-GVO/BDSG, Art. 15 DS-GVO Rn. 17; vgl. Der Bayerische Landesbeauftragte für Datenschutz, Das Recht auf Auskunft nach der DS-GVO – Orientierungshilfe, 1. Dezember 2019, Rn. 40 mit Verweis auf Art. 10 Abs. 2 Nr. 5 BayDSG, der dem Art. 15 Abs. 4 DS-GVO insofern ähnelt, als dass eine Abwägung der Interessen erforderlich ist; ohne dogmatische Anknüpfung *Härting*, CR 2019, 219 (223); ebenso ohne dogmatische Anknüpfung *Lembke/Fischels*, NZA 2022, 513 (517); für eine Berücksichtigung bei Art. 12 Abs. 5 S. 2 DS-GVO: *Bäcker*, in: Kühling/Buchner DS-GVO/BDSG, Art. 15 DS-GVO Rn. 42c.

[860] Unklar, ob *Bäcker*, in: Kühling/Buchner DS-GVO/BDSG, Art. 15 DS-GVO Rn. 42c das aber meint.

[861] *Lembke*, in: Henssler/Willemsen/Kalb Arbeitsrecht, Einleitung DS-GVO Rn. 104g.

## II. Grenze des Art. 12 Abs. 5 DS-GVO im Exzess

Eine entscheidende, in Detailfragen aber konturlose, Einschränkung erfährt der Zugangsanspruch durch Art. 12 Abs. 5 S. 2 DS-GVO. Nach dieser Norm kann der Verantwortliche „Bei offenkundig unbegründeten oder – insbesondere im Fall von häufiger Wiederholung – exzessiven Anträgen [...]" von der betroffenen Person ein angemessenes Entgelt verlangen oder sich sogar „[...] weigern, aufgrund des Antrags tätig zu werden." Der Fall der offensichtlichen Unbegründetheit setzt voraus, dass die „Voraussetzungen" des Zugangsanspruchs schon offensichtlich nicht bestehen.[862] Dieser Fall soll hier außer Acht gelassen werden.[863] Denn wie gezeigt, ist Art. 15 Abs. 1, 3 DS-GVO im Verhältnis zwischen Organmitglied und Gesellschaft anwendbar, wobei die Gesellschaft Verantwortliche und das Organmitglied in seiner Eigenschaft als natürliche Person Betroffener ist. Die Voraussetzungen liegen also vor. Dementsprechend erfolgt an dieser Stelle eine Fokussierung auf den Fall der „exzessiven Anträge". Es ist zu erörtern, wann ein solch „exzessiver Antrag" vorliegt, der den Verantwortlichen zur Forderung einer angemessenen Kostenbeteiligung oder sogar zur Verweigerung des Tätigwerdens berechtigt.[864] Insbesondere ist an dieser Stelle klärungsbedürftig, ob der Fall des unverhältnismäßigen Aufwands hierunter zu subsumieren ist. Dem soll sich systematisch genähert werden.

### 1. Der Begriff „Exzessiv"

Erster Anhaltspunkt der Auslegung des Art. 12 Abs. 5 S. 2 DS-GVO ist dessen Wortlaut, also der Begriff „exzessiv" Auch die übrigen Sprachfassungen verwenden die entsprechende Übersetzung des deutschen Begriffs „exzessiv",[865] sodass dieser dem Verständnis der Norm zugrunde gelegt werden kann und muss. Dem Duden zufolge hat der Begriff die Bedeutung: „das Maß sehr stark überschreitend, maßlos, ausschweifend".[866] Dieser Wortlaut der Norm hilft aber nur insoweit, als man hieraus die Erkenntnis gewinnt, dass maßlose und ausufernde Anträge auf Zugang zu den Daten beschränkt werden können. Bei der Frage, wann solche Anträge entsprechend zu qualifizieren sind, hilft der Wortlaut der Norm allein nicht weiter. Eine Definition des Begriffs findet sich in der DS-GVO nicht. Der Gesetzeswortlaut führt als ersten Anhaltspunkt eines genaueren Verständnisses des Be-

---

[862] *Quaas*, in: BeckOK Datenschutzrecht, Stand: 01.08.2024, Art. 12 DS-GVO Rn. 44; *Pohle/Spittka*, in: Taeger/Gabel DS-GVO/BDSG/TTDSG, Art. 12 DS-GVO Rn. 22; *Suchan*, ZD 2021, 198 (199); *Bußmann-Welsch*, AnwZert ITR 5/2020, Beitrag 2; *Heckmann/Paschke*, in: Ehmann/Selmayr DS-GVO, Art. 12 Rn. 43; *Kuznik*, NVwZ 2023, 297 (299).

[863] Die geringe Bedeutung dieser Variante – losgelöst vom Organhaftungskontext – betont auch Edpb, Guidelines 01/2022 on data subject rights – Right of access, 28. März 2023, Rn. 177.

[864] Zur Frage, ob diesbezüglich ein echtes Wahlrecht besteht, siehe unten § 5 D. IV. 1.

[865] Beispielsweise englisch: „excessive"; Französisch: „excessives"; Spanisch: „excesivas".

[866] DUDEN online, „exzessiv", https://www.duden.de/node/138690/revision/1446107 (zuletzt abgerufen am 24.11.2024).

griffs in diesem Kontext immerhin ein Regelbeispiel an. Demnach ist ein Antrag „insbesondere im Fall von häufiger Wiederholung" exzessiv. Der Begriff „insbesondere" lässt dabei Raum für andere Fallgruppen des Exzesses.[867] Gleichzeitig macht er aber deutlich, dass der Verordnungsgeber eben insbesondere diesen Fall des Exzesses meinte.[868] Ein solcher Fall der häufigen Wiederholung der Anfrage wird im Organhaftungsprozess aber typischerweise ebenso wenig vorliegen wie schon das Verlangen einer doppelten Kopie.[869] Zu untersuchen ist daher, welche anderen Formen des Exzesses neben der mehrfachen Anfrage von der Norm erfasst sind. In der Literatur unterschieden werden dabei häufig der „quantitative" und der „qualitative" Exzess. Als quantitativer Exzess wird ein solcher Exzess bezeichnet, der sich aus dem Erfüllungsaufwand ergibt.[870] Der qualitative Exzess soll vorliegen, wenn „datenschutzfremde Zwecke" verfolgt werden.[871] Letzteres wird an späterer Stelle ausführlich untersucht.[872]

### 2. Einzelne, umfangreiche Anfrage als Exzess?

Über das Regelbeispiel der mehrfachen Anfrage hinaus wird vertreten, dass auch eine einzelne überdurchschnittlich umfangreiche Anfrage einen quantitativen Exzess im Sinne des Art. 12 Abs. 5 S. 2 DS-GVO begründen kann.[873] Dafür spräche auch der dargelegte Wortlaut der Norm mit dem Begriff „Exzessiv", der wie rezipiert „das Maß sehr stark überschreitend, maßlos, ausschweifend" meint.[874] Ob eine dogmatische Anknüpfung des hohen Aufwands bei einmaliger Anfrage bei Art. 12 Abs. 5 S. 2 DS-GVO aber überzeugend ist und welche Anforderungen an eine solche Einschränkung zu stellen wären, ist klärungsbedürftig und hat erhebliche Auswirkungen auf den Untersuchungsgegenstand dieser Arbeit. Darauf soll im Folgenden bei einer Gegenüberstellung des Art. 12 Abs. 5 S. 2 DS-GVO zu Art. 15 Abs. 4 DS-GVO eingegangen werden. Der genaue Gehalt des Art. 12 Abs. 5 S. 2 DS-GVO bestimmt sich nämlich auch in Abgrenzung zu Art. 15 Abs. 4 DS-GVO.

---

[867] Edpb, Guidelines 01/2022 on data subject rights – Right of access, 28. März 2023, Rn. 181; *Heckmann/Paschke*, in: Ehmann/Selmayr DS-GVO, Art. 12 DS-GVO Rn. 43; *Pohle/Spittka*, in: Taeger/Gabel DS-GVO/BDSG/TTDSG, Art. 12 DS-GVO Rn. 23; *Dix*, in: Simitis/Hornung/Spiecker gen. Döhmann Datenschutzrecht, Art. 15 DS-GVO Rn. 33; *Schwartmann/Schneider*, in: Schwartmann/Jaspers/Thüsing/Kugelmann DS-GVO/BDSG, Art. 12 DS-GVO Rn. 66; *Korch/Chatard*, CR 2020, 438 (443 f.); *Schreiber/Brinke*, Rdi 2023, 232 (235).
[868] Edpb, Guidelines 01/2022 on data subject rights – Right of access, 28. März 2023, Rn. 181.
[869] Siehe dazu oben § 5 C. I.
[870] *Suchan*, ZD 2021, 198 (198 ff.); *Zikesch/Sörup*, ZD 2019, 239 (243 f.); *Peisker*, Der datenschutzrechtliche Auskunftsanspruch, S. 464.
[871] Siehe oben Fn. 870.
[872] Siehe unten § 5 E.
[873] Mit hohen Hürden *Korch/Chatard*, NZG 2020, 893 (896); *Korch/Chatard*, CR 2020, 438 (443 f.); *Bußmann-Welsch*, AnwZert ITR 5/2020, Beitrag 2; a. A. Edpb, Guidelines 01/2022 on data subject rights – Right of access, 28. März 2023, Rn. 188; *Schulte/Welge*, NZA 2019, 1110 (1114); *König*, CR 2019, 295 (298).
[874] Siehe zu dem Begriff „Exzessiv" oben § 5 D. II. 1.

## III. Art. 12 Abs. 5 S. 2 DS-GVO vs. Art. 15 Abs. 4 DS-GVO im Falle des hohen Aufwands

Im Wesentlichen trägt sich der Streit um die vorzugswürdige dogmatische Anknüpfung des Problems eines hohen Aufwands zwischen denjenigen aus, die eine Anknüpfung an Art. 12 Abs. 5 S. 2 DS-GVO[875] befürworten und denjenigen, die eine solche an Art. 15 Abs. 4 DS-GVO bevorzugen.[876] Mit diesen Ansichten und entsprechenden Argumenten soll sich im Folgenden kritisch auseinandergesetzt werden.

### 1. Wenig überzeugende Anknüpfung an Art. 12 Abs. 5 S. 2 DS-GVO

Diejenigen, die die Subsumtion der erstmaligen, aber umfangreichen Anfrage unter Art. 12 Abs. 5 S. 2 DS-GVO befürworten, begründen dies damit, dass es für den Verantwortlichen keinen Unterschied mache, ob er weniger aufwendige Anträge mehrfach bearbeiten muss oder einen aufwendigen Antrag einmalig bearbeiten muss.[877] Diese Argumentation ist zwar im Ansatz korrekt. Sie ist jedoch verkürzt und damit im Ergebnis nicht überzeugend. Sie verkennt, dass dieser Unterschied zwischen erstmaliger und wiederholter Anfrage aufseiten des Betroffenen erhebliche Auswirkungen auf die Schutzwürdigkeit desselben hat. Dieser Unterschied ist derart tiefgreifend, dass er eine unterschiedliche Behandlung der Konstellationen einer wiederholten und erstmaligen Anfrage rechtfertigen kann und sogar nahelegt. Die Schutzwürdigkeit des Betroffenen ist bei Wiederholung der gleichen Anfrage nämlich erheblich geringer[878] als bei einer erstmaligen Anfrage, da sich der Betroffene in letzterem Falle noch kein Bild von den verarbeiteten Daten verschaffen konnte. Zum Zwecke der Erzielung von Transparenz in der Datenverarbeitung[879] ist der Betroffene auf dieses erste Zugangsverlangen angewiesen. Dementsprechend kann das Argument eines fehlenden Unterschieds aufseiten des Verantwortlichen nicht angeführt werden, um eine Subsumtion der einmaligen umfangreichen Anfrage unter Art. 12 Abs. 5 S. 2 DS-GVO zu begründen. Die erheblich höhere Schutzwürdigkeit des Betroffenen im Falle der einmaligen Anfrage lässt vielmehr eine gegenteilige Auslegung naheliegend erscheinen.

---

[875] LAG Niedersachsen, Urt. v. 22. Oktober 2021 – 16 Sa 761/20, CR 2022, 89–96, Rn. 209; LG Frankenthal, Urt. v. 12. Januar 2021 – 1 HK O 4/19, ZD 2022, 511–512, juris Rn. 169; *Korch/Chatard*, NZG 2020, 893 (896); *Korch/Chatard*, CR 2020, 438 (443 f.); *Bußmann-Welsch*, AnwZert ITR 5/2020, Beitrag 2; tendenziell *Bäcker*, in: Kühling/Buchner DS-GVO/BDSG, Art. 15 DS-GVO Rn. 42b; *Paal/Hennemann*, in: Paal/Pauly DS-GVO/BDSG, Art. 12 DS-GVO Rn. 64; *Wybitul/Brams*, NZA 2019, 672 (674).

[876] *Peisker*, Der datenschutzrechtliche Auskunftsanspruch, S. 466 ff.; vgl. *Engeler/Quiel*, NJW 2019, 2201 (2203).

[877] *Korch/Chatard*, NZG 2020, 893 (896).

[878] Zur geringen Schutzwürdigkeit bei mehrmaliger Anfrage *Suchan*, ZD 2021, 198 (199).

[879] Vgl. zur Transparenz der Datenverarbeitung Erwägungsgrund 39 S. 2, 3 zur DS-GVO.

Weiterer wesentlicher Unterschied der Konstellationen der mehrfachen Anfrage und der einmaligen umfangreichen Anfrage ist ein der mehrfachen Anfrage folgender Verdacht der bloßen Schikane mittels der Erzeugung eines „künstlich" erhöhten Aufwands. „Künstlich" ist dieser Aufwand deshalb, weil die wiederholte Geltendmachung für einen zusätzlichen Gewinn an Informationen nicht erforderlich wäre oder zumindest nur einen minimalen zusätzlichen Erkenntnisgewinn hervorbringen würde. Dieser Verdacht der Schikane wird bei einer erstmaligen umfangreichen Anfrage nicht ohne Weiteres begründet, da der Aufwand schlechthin natürliche Folge dieser einzelnen Anfrage ist. Es stehen sich daher ein bei mehrfacher Anfrage künstlich erzeugter Aufwand und ein dem Antrag als notwendige Folge ergebender Aufwand gegenüber. Auch das ist ein wesentlicher Unterschied, der gegen eine pauschale Gleichbehandlung der Situationen im Rahmen des Art. 12 Abs. 5 S. 2 DS-GVO spricht.

Gegen eine Einbeziehung der Fallgruppe des einzelnen aufwendigen Zugangsverlangens in Art. 12 Abs. 5 S. 2 DS-GVO spricht auch Art. 14 Abs. 5 lit. b DS-GVO, wonach die sich aus Art. 14 Abs. 1–4 DS-GVO ergebende Informationspflicht nicht bei „unverhältnismäßige[m] Aufwand" besteht.[880] Art. 12 Abs. 5 S. 2 DS-GVO gilt nicht nur für Art. 15 DS-GVO, sondern auch für die Informationspflichten nach Art. 14 Abs. 1–4 DS-GVO. Dort hätte Art. 12 Abs. 5 S. 2 DS-GVO wegen der Normierung des Unverhältnismäßigkeitseinwands in Art. 14 Abs. 5 lit. b DS-GVO für die Informationspflichten nach Art. 14 Abs. 1–4 DS-GVO dann aber hinsichtlich eines unverhältnismäßigen Aufwands gar keine Bedeutung. Das hätte zur Folge, dass Art. 12 Abs. 5 S. 2 DS-GVO je nach Bezugsnorm einen unterschiedlichen Inhalt hat, was fragwürdig erscheint und damit gegen eine Einbeziehung des unverhältnismäßigen Aufwands in Art. 12 Abs. 5 S. 2 DS-GVO spricht.

Auch spricht gegen eine dogmatische Anknüpfung an Art. 12 Abs. 5 S. 2 DS-GVO, dass die Abgrenzung des Art. 12 Abs. 5 S. 2 DS-GVO zu Art. 15 Abs. 4 DS-GVO gerade darin besteht, dass Art. 15 Abs. 4 DS-GVO Fälle des überwiegenden Fremdinteresses betrifft, während Art. 12 Abs. 5 S. 2 DS-GVO den „schikanösen und zweckwidrigen" Einsatz erfasst.[881] Eine Beschränkung wegen hohen Aufwands würde dabei einen Fall des überwiegenden Fremdinteresses betreffen und wäre dementsprechend bei Art. 15 Abs. 4 DS-GVO anzusiedeln.

Sollte man trotz allem Art. 12 Abs. 5 S. 2 DS-GVO als Anknüpfungspunkt wählen, so wäre eine Wechselwirkung zwischen Art. 15 Abs. 4 DS-GVO und Art. 12 Abs. 5 S. 2 DS-GVO zu berücksichtigen. Art. 15 Abs. 4 DS-GVO führt dazu, dass sich der Aufwand für den Verantwortlichen bei der Gewährung des Zugangs zu den Daten zusätzlich zu dem sich ohnehin ergebenden Aufwand noch einmal erheblich dadurch erhöhen kann, dass bezüglich vereinzelter Daten eine Abwägung mit Fremdinteressen erfolgen muss. Art. 15 Abs. 4 DS-GVO hätte damit auch im Rah-

---

[880] *Lembke/Fischels*, NZA 2022, 513 (516); das erkennend auch *Peisker*, Der datenschutzrechtliche Auskunftsanspruch, S. 469.
[881] *Peisker*, Der datenschutzrechtliche Auskunftsanspruch, S. 467.

men des Art. 12 Abs. 5 S. 2 DS-GVO erheblichen Einfluss auf die Entscheidung, ob der Zugangsanspruch wegen eines Exzesses nach Art. 12 Abs. 5 S. 2 DS-GVO ausgeschlossen ist. Es scheint zunächst naheliegend, dass der Verantwortliche aus dieser Wechselwirkung heraus an einer Reduzierung des Aufwands gar nicht interessiert sein dürfte, da er sodann bei möglicher Annahme eines unverhältnismäßigen Aufwands berechtigt sein könnte, den Zugang zu verweigern. Jedoch steht es der Annahme eines Exzesses entgegen, wenn es dem Verantwortlichen möglich gewesen wäre, den Aufwand entscheidend zu reduzieren.[882] All das wäre im Rahmen der bei Art. 12 Abs. 5 S. 2 DS-GVO vorzunehmenden Abwägung zur Feststellung des „Exzesses"[883] zu berücksichtigen. Somit verhelfen ihm fehlende Bemühungen zur Reduzierung des Aufwands nicht in den Anwendungsbereich des Art. 12 Abs. 5 S. 2 DS-GVO.

### 2. Überzeugende Anknüpfung an Art. 15 Abs. 4 DS-GVO

Während eine Anknüpfung an Art. 12 Abs. 5 S. 2 DS-GVO wie dargelegt nicht überzeugen kann, streiten gute Gründe für eine Anknüpfung des hohen Aufwands an Art. 15 Abs. 4 DS-GVO.[884] Es wurde bereits festgestellt, dass auch die Interessen des Verantwortlichen selbst in die Abwägung des Art. 15 Abs. 4 DS-GVO einzubeziehen sind. Art. 15 Abs. 4 DS-GVO bildet also einen Anknüpfungspunkt, die Interessen des Organmitglieds gegen die Interessen der Gesellschaft abzuwägen. Aufseiten des Organmitglieds wäre jedenfalls das Interesse an einem Zugang zu den Daten, mithin das Schutzinteresse hinsichtlich personenbezogener Daten, einzubeziehen. Dem gegenüber steht das Interesse der Gesellschaft, unabhängige Entscheidungen zu treffen und „uneingeschränkt über wirtschaftliche, technische und finanzielle Ressourcen zu verfügen".[885] Eine der Gesellschaft obliegende Verpflichtung zur unbeschränkten Zugangsgewährung mit hohem personellem und finanziellem Aufwand würde in den Schutzbereich der unternehmerischen Freiheit aus Art. 16 GRCh, namentlich der Freiheit zur Ausübung der Wirtschafts- und Geschäftstätigkeit, eingreifen.[886]

Peisker meint, für die Anwendbarkeit des Art. 15 Abs. 4 DS-GVO auf den Fall des hohen Aufwands spreche auch die Möglichkeit einer Interessenabwägung im Rahmen der Norm.[887] Dem liegt die unzutreffende Annahme zugrunde, dass Art. 12 Abs. 5 S. 2 DS-GVO eine Interessenabwägung nicht ermöglicht.[888] Verschiedene

---

[882] Zu diesem Kriterium in der Abwägung siehe unten § 5 D. VI. 2. e).
[883] *Kuznik*, NVwZ 2023, 297 (300).
[884] Sehr ausführlich *Peisker*, Der datenschutzrechtliche Auskunftsanspruch, S. 466 ff.
[885] *Peisker*, Der datenschutzrechtliche Auskunftsanspruch, S. 466.
[886] *Engeler/Quiel*, NJW 2019, 2201 (2203); *Winterhagen*, ZD-Aktuell 2022, 01066; *Peisker*, Der datenschutzrechtliche Auskunftsanspruch, S. 466.
[887] *Peisker*, Der datenschutzrechtliche Auskunftsanspruch, S. 469.
[888] Siehe oben Fn. 887.

Gründe sprechen nämlich dafür, dass auch Art. 12 Abs. 5 S. 2 DS-GVO eine solche Abwägung ermöglicht.[889] Schon eine Auslegung dieser Norm, die zwingend erforderlich ist, um Fallgruppen neben dem Regelbeispiel der mehrfachen Wiederholung einer Anfrage zu identifizieren, kann nur vor dem Hintergrund einer Abwägung widerstreitender Interessen erfolgen. Art. 12 Abs. 5 S. 2 DS-GVO kann nur dann primärrechtskonform angewendet werden, wenn er konfligierende primärrechtlich geschützte Interessen in Ausgleich bringt. Der Gesetzgeber hat kodifiziert, dass das Zugangsinteresse geringer als das Interesse der Gesellschaft an der Aufwandsvermeidung zu bewerten ist, sofern der Zugang schon einmal gewährt wurde. Auch dem liegt eine Abwägung zugrunde. Die Möglichkeit einer Abwägung unterscheidet Art. 15 Abs. 4 DS-GVO also nicht von Art. 12 Abs. 5 S. 2 DS-GVO. Auch bei letzterem ist zur primärrechtskonformen Anwendung immer eine Abwägung widerstreitender Interessen erforderlich. Gegebenenfalls muss eine besondere Schutzwürdigkeit einer der Parteien berücksichtigt werden.[890]

## IV. Eingeschränkte Relevanz des Streits um die dogmatische Anknüpfung

Fest steht jedenfalls: Das Recht auf Datenzugang kann nicht einschränkungslos bestehen. Das ergibt sich schon aus dem bei der Auslegung heranzuziehenden Erwägungsgrund 4 S. 2, 3 zur DS-GVO:

„Das Recht auf Schutz der personenbezogenen Daten ist kein uneingeschränktes Recht; es muss im Hinblick auf seine gesellschaftliche Funktion gesehen und unter Wahrung des Verhältnismäßigkeitsprinzips gegen andere Grundrechte abgewogen werden. Diese Verordnung steht im Einklang mit allen Grundrechten und achtet alle Freiheiten und Grundsätze, die mit der Charta anerkannt wurden und in den Europäischen Verträgen verankert sind, insbesondere Achtung [...] der [...] unternehmerische[n] Freiheit."

Der Erwägungsgrund beschreibt, was auch der EuGH jüngst betonte.[891] Übertragen auf die Problematik des hohen Aufwands bedeutet das: Eine Einschränkung des Datenzugangs bei hohem Aufwand ist anzunehmen, sofern besondere Umstände vorliegen, die die Erfüllung in vollem Umfang unzumutbar machen. Diese „Unzumutbarkeit" muss mittels einer Interessenabwägung vor dem Hintergrund der primärrechtlichen Verankerung der widerstreitenden Interessen ermittelt werden. Dabei kommt im Kontext der Organhaftung aufseiten der Gesellschaft insbesondere das Recht auf unternehmerische Freiheit nach Art. 16 GRCh in Betracht, welches in Erwägungsgrund 4 S. 2, 3 zur DS-GVO ausdrücklich erwähnt ist.

---

[889] *Zikesch/Sörup*, ZD 2019, 239 (243 f.); *Korch/Chatard*, CR 2020, 438 (444).
[890] *Korch/Chatard*, CR 2020, 438 (444) zur möglicherweise erhöhten Schutzwürdigkeit des Betroffenen bei einer großen Datenmenge.
[891] EuGH, Urt. v. 12. Januar 2023 – C 154/21, ECLI:EU:C:2023:3, Rn. 47.

Diejenige Norm, an die das Problem des „unzumutbaren" Aufwands angeknüpft werden soll, muss also eine Abwägung widerstreitender Interessen ermöglichen. Aus primärrechtlicher und praktischer Sicht ist es dann unbedeutend, an welcher sekundärrechtlichen Norm angeknüpft wird, soweit beide Normen eine solche Abwägung erlauben und auch sonst keine wesentlichen Unterschiede der Normen bestehen. Eine Abwägung ermöglichen wie gezeigt sowohl Art. 12 Abs. 5 S. 2 DS-GVO als auch Art. 15 Abs. 4 DS-GVO, sodass insoweit kein Bedürfnis für eine Entscheidung zur dogmatischen Anknüpfung besteht. Es gilt zwei Aspekte zu thematisieren, aus denen sich die Erforderlichkeit einer Entscheidung aber ergeben könnte:

### 1. Keine abweichende Lösung wegen echtem Wahlrecht bei Art. 12 Abs. 5 S. 2 DS-GVO

Das Bedürfnis einer Entscheidung, ob eine Anknüpfung an Art. 15 Abs. 4 DS-GVO oder Art. 12 Abs. 5 S. 2 DS-GVO vorzugswürdig ist, könnte deshalb bestehen, weil Art. 12 Abs. 5 S. 2 DS-GVO im Falle seiner Einschlägigkeit dem Wortlaut nach ein Wahlrecht bezüglich der Konsequenzen des Exzesses vorsieht. Nach Art. 12 Abs. 5 S. 2 DS-GVO „[...] kann der Verantwortliche entweder (a) ein angemessenes Entgelt verlangen [...] oder (b) sich weigern, aufgrund des Antrags tätig zu werden". Ein solches Wahlrecht sieht Art. 15 Abs. 4 DS-GVO im Unterschied dazu nicht ausdrücklich vor. Einige gehen davon aus, dass es sich hierbei nicht um ein echtes Wahlrecht handle, sondern die Wahl stattdessen durch Verhältnismäßigkeitserwägungen zu begrenzen sei.[892] Es handle sich also nicht um ein Wahlrecht in der Form, dass bei Vorliegen der Tatbestandsvoraussetzungen stets beide Optionen gleichrangig gewählt werden könnten.[893] Unstreitig dürfte sein, dass die Kostenbeteiligung im Vergleich zur vollständigen Verweigerung des Zugangs das mildere Mittel darstellt.[894] Dementsprechend ergibt sich schon aus dem Verhältnismäßigkeitsgrundsatz, dass die vollständige Verweigerung subsidiär zur Kostenbeteiligung sein muss.[895] Eine Verweigerung ist deshalb treuwidrig und in der Regel unverhältnismäßig, sofern eine Bereitschaft zur Kostenbeteiligung be-

---

[892] *Bußmann-Welsch*, AnwZert ITR 5/2020, Beitrag 2; *Heckmann/Paschke*, in: Ehmann/Selmayr DS-GVO, Art. 12 Rn. 46 f.; tendenziell *Zikesch/Sörup*, ZD 2019, 239 (243 f.), der die Kostenbeteiligung als milderes Mittel bezeichnet, was in der Interessenabwägung zu berücksichtigen sei; ebenso *Korch/Chatard*, CR 2020, 438 (444 f.); *Korch/Chatard*, NZG 2020, 893 (897 f.); *Bäcker*, in: Kühling/Buchner DS-GVO/BDSG, Art. 12 DS-GVO Rn. 39 demzufolge es auf der Ebene des Wahlrechts „Ermessensfehler" geben kann, was auf die Erforderlichkeit einer Interessenabwägung hindeutet; wohl auch Edpb, Guidelines 01/2022 on data subject rights – Right of access, 28. März 2023, Rn. 192.
[893] So aber *Pohle/Spittka*, in: Taeger/Gabel DS-GVO/BDSG/TTDSG, Art. 12 DS-GVO Rn. 24.
[894] *Zikesch/Sörup*, ZD 2019, 239 (244), *Korch/Chatard*, CR 2020, 438 (444); *Korch/Chatard*, NZG 2020, 893 (898).
[895] *Bäcker*, in: Kühling/Buchner DS-GVO/BDSG, Art. 12 DS-GVO Rn. 39; *Bußmann-Welsch*, AnwZert ITR 5/2020, Beitrag 2.

steht.[896] Diese Maßstäbe gelten zumindest im Falle des Exzesses. Im Falle des „offenkundig unbegründeten" Zugangsverlangens muss selbstredend auch bei Bereitschaft zur Kostenbeteiligung keine Zugangsgewährung erfolgen. Der Anspruch auf Zugang besteht dann nicht.

Ähnliche Erwägungen trifft auch der Europäische Datenschutzausschuss, demzufolge der Verarbeitende bei der Wahl nicht ganz frei ist.[897] Der Verantwortliche ist gut beraten, diese wegen Verhältnismäßigkeitserwägungen häufig vorliegende Subsidiarität der Totalverweigerung ernst zu nehmen. Verstöße hiergegen können hohe Bußgelder nach sich ziehen.[898] Es zeigt sich, dass die als Wahlrecht formulierten Alternativen im Einzelfall durch den Verhältnismäßigkeitsgrundsatz in ein Rangverhältnis gebracht werden. Der Verhältnismäßigkeitsgrundsatz gilt gleichermaßen im Rahmen des Art. 15 Abs. 4 DS-GVO, sodass auch dort dann eine entsprechende Abwägung auf Rechtsfolgenseite erfolgen kann und muss. Aus der ausdrücklichen Normierung der verschiedenen Reaktionsmöglichkeiten bei Art. 12 Abs. 5 S. 2 DS-GVO ergibt sich im Vergleich zu Art. 15 Abs. 4 DS-GVO kein Unterschied auf der Rechtsfolgenseite. Auch bei Art. 15 Abs. 4 DS-GVO wäre es denkbar, die Interessen im Wege einer Kostenbeteiligung in Ausgleich zu bringen. Ebenso kann eine Abwägung nach den Grundsätzen der Verhältnismäßigkeitsprüfung ergeben, dass nur die (teilweise) Verweigerung geeignet ist, praktische Konkordanz zu erzeugen. Dementsprechend ergeben sich aus der ausdrücklichen Normierung der verschiedenen Reaktionsmöglichkeiten bei Art. 12 Abs. 5 S. 2 DS-GVO keine derartigen Unterschiede, die eine Entscheidung zur dogmatischen Anknüpfung der Problematik des unverhältnismäßigen Aufwands als zwingend erscheinen lassen.

### 2. Keine abweichende Lösung wegen Art. 12 Abs. 5 S. 3 DS-GVO

Das Bedürfnis einer Entscheidung ergibt sich auch nicht aus Besonderheiten bei der Darlegungs- und Beweislastverteilung. Art. 12 Abs. 5 S. 3 DS-GVO schreibt dem Verantwortlichen, also der Gesellschaft ausdrücklich die Darlegungs- und Beweislast für das Vorliegen des Exzesses zu. Eine solche ausdrückliche Normierung findet sich bei Art. 15 Abs. 4 DS-GVO nicht. Eine entsprechende Verteilung folgt dort aber aus den allgemeinen Grundsätzen zur Verteilung der Darlegungs- und Beweislast.[899] „Die Darlegungs- und Beweislast für die Beeinträchtigung seiner Interessen trägt stets derjenige, der sich auf die Ausnahme beruft: Bei einem

---

[896] *Bäcker*, in: Kühling/Buchner DS-GVO/BDSG, Art. 12 DS-GVO Rn. 39; *Heckmann/Paschke*, in: Ehmann/Selmayr DS-GVO, Art. 12 Rn. 46; *Korch/Chatard*, CR 2020, 438 (445); *Korch/Chatard*, NZG 2020, 893 (897); a.A. *Peisker*, Der datenschutzrechtliche Auskunftsanspruch, S. 505.
[897] Edpb, Guidelines 01/2022 on data subject rights – Right of access, 28. März 2023, Rn. 192.
[898] Vgl. Edpb, Guidelines 01/2022 on data subject rights – Right of access, 28. März 2023, Rn. 195; *Bäcker*, in: Kühling/Buchner DS-GVO/BDSG, Art. 12 DS-GVO Rn. 39.
[899] Siehe oben § 5 C. II. 2.

non licet [sic!] geht der Auskunftsanspruch vor."⁹⁰⁰ Auch diesbezüglich ergibt sich damit kein Unterschied je nach dogmatischer Anknüpfung des Einwands eines unzumutbaren Aufwands.

### 3. Summa: Keine Entscheidung notwendig

Eine Entscheidung der Frage, ob der hohe Aufwand bei Art. 12 Abs. 5 S. 2 DS-GVO oder Art. 15 Abs. 4 DS-GVO anzuknüpfen ist, ist damit mangels sich ergebender Unterschiede nicht erforderlich. Die besseren Argumente sprechen aber wie gezeigt für eine Anwendung des Art. 15 Abs. 4 DS-GVO. Der hohe Aufwand stellt in dessen Rahmen ein Abwägungskriterium dar.

## V. Abweichende Lösungsvorschläge bei hohem Aufwand in der Literatur

In der Literatur finden sich weitere Ansätze, die dem Verantwortlichen bei einem hohen Aufwand der Zugangsgewährung helfen sollen. Teilweise wird vorgeschlagen, Art. 14 Abs. 5 lit. b DS-GVO analog als Ausschlussgrund bei unverhältnismäßigem Aufwand heranzuziehen.⁹⁰¹ Die dogmatische Begründbarkeit etwaiger ungeschriebener Ausschlussgründe ist schon aufgrund diverser normierter Ausschlussgründe des Art. 15 DS-GVO äußerst zweifelhaft:⁹⁰² Art. 2 Abs. 2 DS-GVO sieht Ausnahmen vom Anwendungsbereich der DS-GVO vor, Art. 12 Abs. 3 S. 2 DS-GVO ermöglicht eine Fristverlängerung bei hohem Aufwand, Art. 12 Abs. 5 S. 2 DS-GVO normiert einen Ausschluss im „Exzess", Art. 15 Abs. 3 S. 2 DS-GVO normiert eine Kostenbeteiligung bei einer weiteren Kopie,⁹⁰³ Art. 15 Abs. 4 DS-GVO führt zu einem Ausschluss bei überwiegenden Fremdinteressen. Übrige Einschränkungen überlässt der Normgeber mittels Art. 23 DS-GVO den Mitgliedstaaten.

---

⁹⁰⁰ *Riemer*, DSB 2019, 223 (225).
⁹⁰¹ *Härting*, CR 2019, 219 (223); *Grau/Seidensticker*, Anm. zu LAG Baden-Württemberg, Urt. v. 20. Dezember 2018 – 17 Sa 11/18, EWiR 2019, 443 (444), die den wohl für direkt anwendbar halten; a.A. *Dix*, in: Simitis/Hornung/Spiecker gen. Döhmann Datenschutzrecht, Art. 15 DS-GVO Rn. 36; *Franck*, in: Gola/Heckmann DS-GVO/BDSG, Art. 15 DS-GVO Rn. 51; *Klein/Schwartmann*, in: Schwartmann/Jaspers/Thüsing/Kugelmann DS-GVO/BDSG, 2. Aufl. 2020, Art. 15 DS-GVO Rn. 25; wohl *Lembke*, NJW 2020, 1841 (1845); *Krämer/Burghoff*, ZD 2022, 428 (431).
⁹⁰² *Korch/Chatard*, CR 2020, 438 (442) „Vier Kronzeugen gegen ungeschriebene Einschränkungen"; *Korch/Chatard*, ZD 2022, 482 (484); zu Art. 14 DS-GVO ähnlich *Klein/Schwartmann*, in: Schwartmann/Jaspers/Thüsing/Kugelmann DS-GVO/BDSG, 2. Aufl. 2020, Art. 15 DS-GVO Rn. 25.
⁹⁰³ *Korch/Chatard*, CR 2020, 438 (442).

Eine Analogie des Art. 14 Abs. 5 lit. b DS-GVO scheitert mithin bereits am Fehlen einer planwidrigen Regelungslücke.[904] Art. 15 Abs. 4 DS-GVO bietet in direkter Anwendung einen Anknüpfungspunkt für den Ausschluss wegen unverhältnismäßigen Aufwands.[905] Der Anwendungsbereich des Art. 14 Abs. 5 lit. b DS-GVO ist auf die Informationspflicht des Art. 14 DS-GVO beschränkt. Wenn Härting meint, dies sei „offenkundig planwidrig", weil es „keinen vernünftigen Grund [gäbe], weshalb es bei Pflichtinformationen nach Art. 14 DS-GVO eine Zumutbarkeitsgrenze geben soll, nicht jedoch bei Auskünften und Kopien nach Art. 15 DS-GVO", so ist dies in zweierlei Hinsicht nicht überzeugend. Zum einen ist für Art. 15 DS-GVO sowohl in Art. 15 Abs. 4 DS-GVO als auch in Art. 12 Abs. 5 S. 2 DS-GVO eine Form der Zumutbarkeitsgrenze normiert, sodass bereits der Ausgangspunkt dieses Arguments, dass es eine solche bei Art. 15 DS-GVO nicht gäbe, nicht überzeugt. Zum anderen wird immer wieder die herausgehobene Stellung des Art. 15 DS-GVO im Gesamtgefüge der DS-GVO betont.[906] Die herausgehobene Stellung rechtfertigt es, bei Art. 15 DS-GVO eine andere Zumutbarkeitsgrenze zu ziehen als bei der Informationspflicht des Art. 14 DS-GVO, dem eine derart herausgehobene Stellung nicht zukommt. Der Umstand, dass in Art. 14 Abs. 5 lit. b DS-GVO ausdrücklich ein Unverhältnismäßigkeitseinwand normiert ist und, dass eine entsprechende ausdrückliche Normierung für Art. 15 DS-GVO fehlt, zeugt vor diesem Hintergrund vielmehr von einer bewussten gesetzgeberischen Entscheidung, sodass die vorhandenen Ausschlussgründe gegen das Vorliegen einer planwidrigen Regelungslücke und damit gegen eine Analogie des Art. 14 Abs. 5 lit. b DS-GVO sprechen. Im Übrigen ergibt ein Umkehrschluss aus der Normierung des zumutbaren Aufwands als Grenze des Art. 14 DS-GVO, dass ein Ausschluss bei Art. 15 Abs. 4 DS-GVO allein wegen des Aufwands nicht vorgesehen ist, sondern weitere Umstände hinzutreten müssen.[907] Die Berücksichtigung solcher Umstände ermöglicht eine Gesamtabwägung im Rahmen des Art. 15 Abs. 4 DS-GVO. Eine Analogie zu Art. 14 Abs. 5 lit. b DS-GVO, die einen Ausschluss bloß wegen des Aufwands ermöglichen würde,

---

[904] Die auch nach der europäischen Methodenlehre erforderlich wäre, vgl. EuGH, Urt. v. 12. Dezember 1985 – C 165/84, ECLI:EU:C:1985:507, Rn. 14; EuGH, Urt. v. 11. November 2010 – C 152/09, ECLI:EU:C:2010:671, Rn. 41; *Ahmling*, Analogiebildung durch den EuGH im Europäischen Privatrecht, S. 148 ff.; *Schön*, in: FS Canaris 2017, S. 147 (180); zum Fehlen der Regelungslücke: *Korch/Chatard*, CR 2020, 438 (443); *Krämer/Burghoff*, ZD 2022, 428 (431), *Waldkirch*, r+s 2021, 317 (319); *Dix*, in: Simitis/Hornung/Spiecker gen. Döhmann Datenschutzrecht, Art. 15 DS-GVO Rn. 36; *Schulte/Welge*, NZA 2019, 1110 (1114); *Korch/Chatard*, NZG 2020, 893 (896) Fn. 40; *Schreiber/Brinke*, Rdi 2023, 232 (235); *Kuznik*, NVwZ 2023, 297 (303).

[905] Zur überzeugenderen Anknüpfung an Art. 15 Abs. 4 DS-GVO siehe oben § 5 D. III.

[906] *Dix*, in: Simitis/Hornung/Spiecker gen. Döhmann Datenschutzrecht, Art. 15 DS-GVO Rn. 1; *Kühling/Martini*, EuZW 2016, 448 (449); *Wedde*, in: Roßnagel Hdb Datenschutzrecht, Kap. 4.4 Rn. 2; *Schmidt-Wudy*, in: BeckOK Datenschutzrecht, Stand: 01.08.2024, Art. 15 DS-GVO Rn. 2; *Lembke*, NJW 2020, 1841 (1846); Hessisches LAG, Urt. v. 10. Juni 2021 – 9 Sa 1431/19, GWR 2021, 459, juris Rn. 38.

[907] Siehe dazu im Detail unten § 5 D. VI.

würde diese gesetzgeberische Entscheidung umgehen und eigene rechtspolitische Wertungen an die Stelle derjenigen des Verordnungsgebers stellen.

Auch eine vergleichbare Interessenlage[908] wäre nicht gegeben, da sich der Aufwand bei Art. 14 Abs. 5 lit. b DS-GVO erst aus „der schwer überschaubaren Anzahl von zu informierenden Personen" ergibt.[909] Beim Zugangsanspruch des Art. 15 DS-GVO hingegen ergibt sich der Aufwand erst bei der Erfüllung des Anspruchs gegenüber der einen, diesen Zugang verlangenden, Person.[910] Die kollidierenden Interessenlagen sind damit grundsätzlich verschiedene.

Im Ergebnis überzeugt es nicht, die abschließenden Abwägungen des Normgebers durch die Konstruktion ungeschriebener Abwägungsgründe zu umgehen. Mithin kommt auf unionsrechtlicher Ebene zur Begegnung von „unzumutbarem Aufwand" in besonders gelagerten Konstellationen allein Art. 15 Abs. 4 DS-GVO – nach weniger überzeugender Ansicht Art. 12 Abs. 5 S. 2 DS-GVO – mit hohen Hürden in Betracht.

### VI. Art. 15 Abs. 4 DS-GVO und der hohe Aufwand im Kontext der Organhaftung

Klärungsbedürftig ist, ob die Voraussetzungen der Unzumutbarkeit des Aufwands im Organhaftungsprozess praktisch regelmäßig erfüllt sein werden. Dazu müssten die Interessen der Gesellschaft das Interesse des betroffenen Organmitglieds regelmäßig überwiegen.[911] Für die Subsumtion unter Art. 15 Abs. 4 DS-GVO gilt es Abwägungsmaßstäbe und -kriterien zu identifizieren, die dem Rechtsanwender eine Handhabung der notwendigen Abwägung ermöglichen. Das Ergebnis der Abwägung hängt zwar vom konkreten Sachverhalt ab. Jedoch sollen im Wege einer abstrakten Gewichtung grundsätzliche Aussagen erarbeitet werden, die auf jeden oder zumindest die meisten Organhaftungsstreitigkeiten zutreffen. *Korch* und *Chatard* gehen davon aus, dass

> „Trotz der insgesamt hohen Anforderungen [...] gerade bei Geschäftsleitern die Schwelle zum Exzess häufig überschritten sein [wird], da typischerweise immense Datenmengen anfallen."[912]

---

[908] Zur Erforderlichkeit dieser vergleichbaren Interessenlage in der europäischen Methodenlehre vgl. EuGH, Urt. v. 5. Juli 1978 – C 137/77, ECLI:EU:C:1978:150, Rn. 6 ff.; EuGH, Urt. v. 12. Dezember 1985 – C 165/84, ECLI:EU:C:1985:507, Rn. 14; *Ahmling*, Analogiebildung durch den EuGH im Europäischen Privatrecht, S. 161.

[909] *Schulte/Welge*, NZA 2019, 1110 (1114); zustimmend *Waldkirch*, r+s 2021, 317 (319); vergleichbare Interessenlage ebenfalls verneinend, wenn auch mit abweichender Begründung: *Kuznik*, NVwZ 2023, 297 (303).

[910] *Schulte/Welge*, NZA 2019, 1110 (1114).

[911] *Peisker*, Der datenschutzrechtliche Auskunftsanspruch, S. 471.

[912] *Korch/Chatard*, NZG 2020, 893 (897).

Dass das nicht zutrifft, zeigen die folgenden Darlegungen von Abwägungskriterien und Abwägungsmaßstäben. Zu beachten ist, dass der Untersuchungsgegenstand des Organhaftungsprozesses nicht nur Geschäftsleiter erfasst: Berücksichtigung finden vielmehr auch Aufsichtsratsmitglieder oder Beiratsmitglieder, die sich bei einer Inanspruchnahme ebenso in Darlegungs- und Beweisnot befinden können.[913] Die jeweilige Datenmenge, die sich während der Tätigkeit dieser Organmitglieder ansammelt, kann erheblich voneinander abweichen. Das gilt es bei der Behandlung dieses Problemkreises entsprechend zu berücksichtigen. Die Wahrscheinlichkeit eines hohen Aufwands bei der Zugangsgewährung ist bei geschäftsleitenden Organen höher als das bei den anderen Organen der Fall ist.

### 1. Abwägungsmaßstäbe für die vorzunehmende Abwägung

Aus verschiedenen Überlegungen können Maßstäbe für die Abwägung hergeleitet werden, die dem Rechtsanwender den Zugriff erleichtern.

#### a) Restriktives Verständnis von Ausnahmen und Beschränkungen

Bei der Anwendung des Art. 15 Abs. 4 DS-GVO muss berücksichtigt werden, dass für Ausnahmeregelungen stets ein restriktives Verständnis zugrunde gelegt werden muss.[914] Ein unzumutbarer Aufwand soll nur für den Fall der „grobe[n] Überforderung"[915] des Verantwortlichen angenommen werden. Andernfalls wären die Grundsätze der Transparenz und der kostenfreien Betroffenenrechte zu einfach zu unterlaufen.[916] „Einer systemwidrig weiten Auslegung stünde der […] Zweck der Betroffenenrechte entgegen."[917]

---

[913] Dazu siehe oben § 2.
[914] Im Kontext des Art. 12 DS-GVO *Dix*, in: Simitis/Hornung/Spiecker gen. Döhmann Datenschutzrecht, Art. 12 DS-GVO Rn. 31; *Quaas*, in: BeckOK Datenschutzrecht, Stand: 01.08.2024, Art. 12 DS-GVO Rn. 45; *Kuznik*, NVwZ 2023, 297 (300); *Schreiber/Brinke*, Rdi 2023, 232 (235); *Zickesch/Sörup*, ZD 2019, 239 (244).
[915] Diese Terminologie im Kontext des Art. 12 Abs. 5 S. 2 DS-GVO: *Korch/Chatard*, CR 2020, 438 (443).
[916] Edpb, Guidelines 01/2022 on data subject rights – Right of access, Version 1.0, Stand: 28. März 2023, Rn. 175. *Schreiber/Brinke*, Rdi 2023, 232 (235); *Dix*, in: Simitis/Hornung/Spiecker gen. Döhmann Datenschutzrecht, Art. 12 DS-GVO Rn. 31.
[917] *Kuznik*, NVwZ 2023, 297 (300) zu Art. 12 Abs. 5 S. 2 DS-GVO.

### b) Gewicht des Datenschutzes – Art. 15 DS-GVO als Magna-Charta

Berücksichtigung finden muss auch das Gewicht des Datenschutzes und die besondere Bedeutung des Art. 15 DS-GVO. Der Datenschutz wird häufig als lästig empfunden. Dieses Empfinden gründet nicht zuletzt auch in der auf jeder Website erscheinenden Aufforderung zur Akzeptanz von „Cookies".[918] Dabei hat der Datenschutz aber eine erhebliche Existenzberechtigung. Die heutige und immer weiter zunehmende Relevanz eines effektiven Datenschutzes beschreibt Erwägungsgrund 6 zur DS-GVO:

> „Rasche technologische Entwicklungen und die Globalisierung haben den Datenschutz vor neue Herausforderungen gestellt. Das Ausmaß der Erhebung und des Austauschs personenbezogener Daten hat eindrucksvoll zugenommen. Die Technik macht es möglich, dass private Unternehmen und Behörden im Rahmen ihrer Tätigkeiten in einem noch nie dagewesenen Umfang auf personenbezogene Daten zurückgreifen. Zunehmend machen auch natürliche Personen Informationen öffentlich weltweit zugänglich. Die Technik hat das wirtschaftliche und gesellschaftliche Leben verändert und dürfte den Verkehr personenbezogener Daten innerhalb der Union sowie die Datenübermittlung an Drittländer und internationale Organisationen noch weiter erleichtern, wobei ein hohes Datenschutzniveau zu gewährleisten ist."

Dem Datenschutz kommt rechtspolitisch enormes Gewicht zu. Die Europäische Kommission forderte schon im Jahr 2010 ein „[…] umfassendes, kohärentes Konzept, das die lückenlose Einhaltung des Grundrechts des Einzelnen auf Schutz seiner Daten in der Europäischen Union und anderswo […]" gewährleistet.[919] Sie fordert wegen aller mit der Globalisierung einhergehenden Herausforderungen ein „hohes Schutzniveau" des Datenschutzes.[920] Auch im Jahr 2020 hat die Europäische Kommission die Relevanz des Datenschutzes gegenüber dem Europäischen Parlament noch einmal eindringlich betont.[921] Die besondere Bedeutung eines Auskunftsanspruchs für die Verwirklichung des Datenschutzes hob bereits im Jahr 1995 Erwägungsgrund 41 S. 1 der Richtlinie 95/46/EG hervor. In der Literatur wird das Betroffenenrecht aus Art. 15 DS-GVO häufig als *Magna Charta*[922] des Datenschutzes betitelt. Der Zugangsanspruch sei „[…] ganz wesentlicher Bestandteil […] der Betroffenenrechte […]"[923] und dabei fundamental bedeutsam.[924] Jeder muss in der Lage sein, jederzeit Kontrolle über seine Daten auszuüben.[925] Innerhalb des bedeu-

---

[918] *Reichert/Groh*, NZG 2021, 1381 (1381); Definition des Begriffs „Cookies" bei *Sury*, Informatik Spektrum 2021, 306 (306).
[919] COM (2010) 609, S. 4.
[920] COM (2010) 609, S. 5.
[921] COM (2020) 264 final, S. 2 ff.
[922] *Dix*, in: Simitis/Hornung/Spiecker gen. Döhmann Datenschutzrecht, Art. 15 DS-GVO Rn. 1; *Kühling/Martini*, EuZW 2016, 448 (449); *Wedde*, in: Roßnagel Hdb Datenschutzrecht, Kap. 4.4 Rn. 2; *Schmidt-Wudy*, in: BeckOK Datenschutzrecht, Stand: 01.08.2024, Art. 15 DS-GVO Rn. 2; *Lembke*, NJW 2020, 1841 (1846); Hessisches LAG, Urt. v. 10. Juni 2021 – 9 Sa 1431/19, GWR 2021, 459, juris Rn. 38.
[923] *Schmidt-Wudy*, in: BeckOK Datenschutzrecht, Stand: 01.08.2024, Art. 15 DS-GVO Rn. 2.
[924] Terminologie der Fundamentalität bei *Brink/Joos*, ZD 2019, 483 (483).
[925] COM (2010) 609, S. 8.

tenden Datenschutzes hat Art. 15 DS-GVO also noch einmal eine herausgehobene Bedeutung zur Verwirklichung des Datenschutzes beziehungsweise des Rechts auf Schutz der Privatsphäre.[926]

Das beschriebene Gewicht des Datenschutzes muss innerhalb einer Abwägung entsprechend berücksichtigt werden, sodass dieses geforderte Datenschutzniveau nicht unterlaufen wird.[927] Einen gemeinsamen Nenner finden alle Ansichten hinsichtlich des Ausschlusses wegen hohen Aufwands darin, dass sich jegliche Einschränkungen des Zugangsrechts auf ein Minimum, also „[...] auf das absolut Notwendige [...]"[928] beschränken müssen. Das ist die logische Konsequenz des auch auf europäischer Ebene zu prüfenden Kriteriums der „Erforderlichkeit" im Rahmen der Verhältnismäßigkeit.[929] Eine völlige Vernachlässigung der unternehmerischen Freiheit würde aber gleichzeitig Erwägungsgrund 4 S. 3 zur DS-GVO widersprechen, der dieses Grundrecht als Abwägungsmaßstab ausdrücklich hervorhebt. Wenn auch mit aus dem Gewicht des Datenschutzes folgendem strengen Maßstab, hat eine Abwägung daher in jedem Fall zu erfolgen.

*c) Paradoxe Verschiebung der Schutzwürdigkeit bei großer Datenmenge*

Der erhöhte Aufwand der Zugangsgewährung geht mit einer höheren Schutzwürdigkeit des Betroffenen einher. Denn der höhere Aufwand ist in der Regel das Resultat der Verarbeitung einer größeren Datenmenge.[930] Bei Verarbeitung einer großen Datenmenge bewegt sich der Verarbeitende „tiefer" im grundsätzlich verbotenen Bereich der Datenverarbeitung, sodass er gleichzeitig weniger schutzwürdig ist. Das gilt nicht nur auf sekundärrechtlicher Ebene, sondern insbesondere auch auf primärrechtlicher Ebene. Der Schutzbereich des Art. 8 GRCh ist bei größerer Datenmenge auch intensiver betroffen. Deshalb steigen auch die Anforderungen an eine Rechtfertigung beziehungsweise an einen Ausgleich dieses Eingriffs. Es gilt die paradox anmutende Feststellung, dass die Schutzwürdigkeit des Betrof-

---

[926] EuGH, Urt. v. 7. Mai 2009 – C 533/07 – Rijkeboer, ECLI:EU:C:2009:293, Rn. 49 zur RL 95/46/EG übereinstimmend mit Generalanwalt *Ruiz-Jarabo Colomer*, Schlussanträge vom 22. Dezember 2008 – C 553/07 – Rijkeboer, Rn. 28; bestätigt für die DS-GVO in EuGH, Urt. v. 12. Januar 2023 – C 154/21 – Österreichische Post, ECLI:EU:C:2023:3, Rn. 37 f.; *Marsch*, Das europäische Datenschutzgrundrecht, S. 228; *Peisker*, Der datenschutzrechtliche Auskunftsanspruch, S. 59 f.

[927] Befürchtung des „Unterlaufens" der Wertungen: *Peisker*, Der datenschutzrechtliche Auskunftsanspruch, S. 478.

[928] Ständige Rechtsprechung des EuGH: EuGH, Urt. v. 8. April 2014 – C 293/12 und C 594/12, ECLI:EU:C:2014:238, Rn. 52; EuGH, Urt. v. 7. November 2013 – C 473/12, ECLI:EU:C:2013:715, Rn. 39; EuGH, Urt. v. 9. November 2010 – C 92/09 und C 93/09, ECLI:EU:C:2010:662, Rn. 77.

[929] EuGH, Urt. v. 10. Januar 2006 – C 344/04, ECLI:EU:C:2006:10, Rn. 79; EuGH, Urt. v. 11. Juli 2002 – C 210/00, ECLI:EU:C:2002:440, Rn. 59.

[930] Vgl. *Korch/Chatard*, CR 2020, 438 (444); vgl. Edpb, Guidelines 01/2022 on data subject rights – Right of access, 28. März 2023, Rn. 186.

fenen mit zunehmendem Aufwand der Gewährung des Datenzugangs steigt und diejenige des Verantwortlichen, der unter diesem Aufwand leidet, grundsätzlich abnimmt.[931] Entsprechend wachsen auch die notwendigen Anforderungen an die Begründung einer ausgeprägten Schutzwürdigkeit des Verantwortlichen, die erforderlich wäre, damit eine Einschränkung des Zugangsrechts, im Ergebnis zu seinen Gunsten, gerechtfertigt wäre. Die Betroffenenrechte würden in diesem „besonders relevanten Bereich" leerlaufen, wenn man bei einer großen Datenmenge leichtfertig einen Ausschlussgrund annehmen würde.[932] Der Verantwortliche würde für die Verarbeitung einer großen Datenmenge belohnt. Diese Erwägungen verdeutlichen einmal mehr den Ausnahmecharakter, den der Ausschluss wegen hohen Aufwands haben muss. Es wird nämlich zu Recht angenommen, dass das Zugangsinteresse mit dem Aufwand grundsätzlich „kongruiert".[933] Das ist die logische Folge des proportional zur verarbeiteten Datenmenge steigenden Zugangsinteresses des Betroffenen. Diese primärrechtlich angeknüpfte Abwägung indiziert, dass das Interesse der Gesellschaft an der Aufwandsvermeidung hinter dem Zugangsinteresse des Organmitglieds zurücktritt.

### d) *Möglichkeit zur Fristverlängerung nach Art. 12 Abs. 3 S. 2 DS-GVO*

Art. 12 Abs. 3 DS-GVO normiert die Möglichkeit einer Fristverlängerung bei der Gewährung des Zugangs um bis zu zwei Monate auf dann insgesamt drei Monate. Diese Verlängerung muss gemäß Art. 12 Abs. 3 S. 2 DS-GVO unter Berücksichtigung der Komplexität und der Anzahl der Anträge erforderlich sein. Die „[...] Komplexität und [höhere] Anzahl an Anträgen [...]" muss dabei nicht kumulativ vorliegen.[934] Die Norm schließt es also nicht aus, dass allein eine außergewöhnlich hohe Komplexität ohne eine größere Anzahl an Anfragen schon geeignet sein kann, die Fristverlängerung zu rechtfertigen. Das gebieten schon Verhältnismäßigkeitserwägungen. Etwaigen Befürchtungen einer Ausuferung dieser Ausnahmeregelung[935] ist dabei im Wege strenger Anforderungen bei der Subsumtion unter den Begriff der „Komplexität" Rechnung zu tragen. Damit lässt sich der Norm die folgende sekundärrechtliche Wertung entnehmen: Bei einer dem hohen Aufwand

---

[931] Vgl. *Korch/Chatard*, CR 2020, 438 (444) zur höheren Schutzwürdigkeit des Betroffenen bei größerer Datenmenge; vgl. *Peisker*, Der datenschutzrechtliche Auskunftsanspruch, S. 476 f.
[932] *Kuznik*, NVwZ 2023, 297 (300).
[933] *Peisker*, Der datenschutzrechtliche Auskunftsanspruch, S. 477.
[934] *Quaas*, in: BeckOK Datenschutzrecht, Stand: 01. 08. 2024, Art. 12 DS-GVO Rn. 36 „[...] und/oder [...]"; *Dix*, in: Simitis/Hornung/Spiecker gen. Döhmann Datenschutzrecht, Art. 12 DS-GVO Rn. 25; a. A. *Heckmann/Paschke*, in: Ehmann/Selmayr DS-GVO, Art. 12 Rn. 33; *Greve*, in: Sydow/Marsch DS-GVO/BDSG, Art. 12 DS-GVO Rn. 25.
[935] Vgl. *Bäcker*, in: Kühling/Buchner DS-GVO/BDSG, Art. 12 DS-GVO Rn. 34: „Eine restriktive Interpretation erscheint geboten, um routinemäßige Fristverlängerungen bei vielbeschäftigten Verantwortlichen zu verhindern."

geschuldeten Komplexität[936] im Rahmen der Bearbeitung des Antrags ist es dem Verantwortlichen zumutbar, einen Bearbeitungsaufwand von bis zu drei Monaten auf sich zu nehmen. Dem folgend darf auch ein Antrag, der in kürzerer Zeit als in drei Monaten bearbeitet werden könnte, nicht wegen Art. 15 Abs. 4 DS-GVO ausgeschlossen werden, weil er „unverhältnismäßig" aufwendig sei. Primär ist dann die Frist von einem Monat auf bis zu drei Monate zu verlängern. Insofern irrt auch das LG Heidelberg, wenn es zur Begründung des Anspruchsausschlusses wegen unverhältnismäßigen Aufwands anführt, die Aufbereitung der Daten würde „eine Person über Wochen beschäftigen".[937] Sofern es damit nicht meint, dass diese Person über mehr als zwölf Wochen beschäftigt sein dürfte, verliert das Argument schon wegen der in Art. 12 Abs. 3 S. 2 DS-GVO indizierten Zumutbarkeit einer dreimonatigen Bearbeitungsfrist an Durchschlagskraft.

Die Zumutbarkeit einer langen Bearbeitungszeit aufseiten des Verantwortlichen ist das Ergebnis der zuvor angeklungenen primärrechtlichen Befunde. Die große Datenmenge stellt einen tiefen Eingriff in das Recht aus Art. 8 GRCh dar, weshalb erhebliche Anstrengungen erwartet werden dürfen, diesen Eingriff auszugleichen, damit der letztlich gerechtfertigt werden kann. Das Zugangsrecht stellt eine solche Rechtfertigung des Eingriffs dar und darf daher nicht mittels der Bearbeitungsfrist verkürzt werden.

*e) Keine Anwendung der Grundsätze des BGH zur „Zumutbarkeit" bei § 242 BGB*

Der BGH-Rechtsprechung zu § 242 BGB zufolge muss der Aufwand dem Verpflichteten im Rahmen der dieser Norm unterfallenden Auskunftspflichten zumutbar sein, die Auskunft also „unschwer" und „ohne unbillige Belastung" zu erteilen sein.[938] Diese Einschränkung und dieser Maßstab gelten in direkter Anwendung jedenfalls für den nationalen Auskunftsanspruch aus § 242 BGB.[939] Entscheidend sind dabei insbesondere Faktoren wie Zeit, Kosten und Lästigkeit.[940] Ließe sich diese Rechtsprechung auf Art. 15 DS-GVO übertragen, so würden weitere Untersuchungen hinsichtlich der Einschränkung des Art. 15 DS-GVO wegen „unverhältnismäßigen Aufwands" an Bedeutung verlieren. Es könnte schlicht auf die

---

[936] Vgl. *Eßer*, in: Auernhammer DS-GVO/BDSG, Art. 12 DS-GVO Rn. 28, der den Aufwand als Form der Komplexität versteht.
[937] LG Heidelberg, Urt. v. 21. Februar 2020 – 4 O 6/19, ZD 2020, 313–315, juris Rn. 36.
[938] BGH, Urt. v. 8. Februar 2018 – III ZR 65/17, ZIP 2018, 1183–1187, Rn. 29; BGH, Urt. v. 17. Mai 1994 – X ZR 82/92, BGHZ 126, 109–124, juris Rn. 33; BGH, Beschl. v. 2. Juli 2014 – XII ZB 201/13, NJW 2014, 2571–2573, Rn. 15 ff.; *Grüneberg*, in: Grüneberg, § 260 Rn. 8.
[939] BGH, Urt. v. 8. Februar 2018 – III ZR 65/17, ZIP 2018, 1183–1187, Rn. 29; BGH, Urt. v. 17. Mai 1994 – X ZR 82/92, BGHZ 126, 109–124, juris Rn. 33; *Richter*, Informationsrechte im Organhaftungsprozess, S. 96.
[940] *Krüger*, in: MüKo BGB, § 260 Rn. 20; *Richter*, Informationsrechte im Organhaftungsprozess, S. 96.

Rechtsprechung des BGH und die dort entwickelten Grundsätze verwiesen und darunter subsumiert werden. Zu determinieren ist, inwiefern diese Rechtsprechung, genauer gesagt diese Maßstäbe, auf Art. 15 DS-GVO Anwendung finden können. Eine entsprechende Übertragung der Grundsätze scheitert bereits deshalb, weil der Datenschutz über ein Eigengewicht verfügt, das der BGH im Kontext seiner Rechtsprechung zu § 242 BGB nicht berücksichtigen musste. Anders als im Rahmen der vom BGH aufgestellten Grundsätze, muss die Verweigerung des datenschutzrechtlichen Zugangsanspruchs eine restriktive Ausnahme bleiben, die hohen Rechtfertigungsanforderungen unterliegt. Ein Ausschluss des Anspruchs, aus dem einzigen Grund, dass dieser „schwierig" zu erfüllen ist und/oder die Erfüllung „lästig" ist, widerspricht dem unionsrechtlich determinierten Datenschutzniveau. Die Abwägung hat bei Art. 15 DS-GVO ähnlich einer intendierten Ermessensabwägung zugunsten des Betroffenen zu erfolgen. Im Rahmen eines auf Grundlage des § 242 BGB entwickelten Anspruchs fehlt es an einem die Abwägung derart beeinflussenden Gewicht des Datenschutzes. Im Rahmen des § 242 BGB muss der Aufwand schon wegen der Wurzeln des Anspruchs im Grundsatz von Treu und Glauben billig sein. Die Konstellationen weisen einen wesentlichen dogmatischen Unterschied auf: Ein Anspruch auf Grundlage des § 242 BGB kann von vornherein nur insoweit bestehen, als dieser billig ist. Art. 15 DS-GVO kann zunächst darüber hinausgehen. Lösungen sind dann auf der Ebene der Einwendungen des Verantwortlichen zu suchen. Während es bei der zitierten Rechtsprechung zu § 242 BGB also um das Bestehen des Anspruchs überhaupt geht, stellt sich bei Art. 15 DS-GVO die Frage, ob dem grundsätzlich bestehenden Anspruch im Einzelfall Einwendungen entgegenstehen. Die Rechtsprechung des BGH zu § 242 BGB hilft bei der hier vorzunehmenden Untersuchung folglich nicht weiter und kann sie erst recht nicht ersparen.

### 2. Abwägungskriterien im Rahmen der vorzunehmenden Abwägung

Neben den entwickelten Abwägungsmaßstäben, müssen auch Abwägungskriterien benannt werden. Das meint tatsächliche Anknüpfungspunkte, anhand derer die Interessen von Organmitglied und Gesellschaft in ein konkretes Verhältnis zueinander gesetzt werden können.

*a) Offensichtliches Kriterium und Ausgangspunkt der Überlegungen:*
*Der Aufwand*

Offensichtliches Kriterium und Ausgangspunkt aller Überlegungen ist zunächst die Menge der Daten, die im Einzelfall von dem Anspruch des Art. 15 DS-GVO erfasst ist.[941] Relevanter als die Menge der Daten an sich ist aber der Aufwand, der

---
[941] Vgl. *Lembke/Fischels*, NZA 2022, 513 (517).

dem Verantwortlichen bei der Erfüllung des Zugangsverlangens entsteht.⁹⁴² Dieser Aufwand zur Bereitstellung der Daten ergibt sich dabei neben der Datenmenge insbesondere aus den nach Art. 15 Abs. 4 DS-GVO auch zu berücksichtigenden Drittinteressen und dem damit einhergehenden Prüfungsaufwand.⁹⁴³ Unter den Aufwand kann man die Ressourcenbindung und die dem Verantwortlichen entstehenden Kosten fassen.⁹⁴⁴ Von dem Umfang des notwendigen Aufwands hängt ab, inwieweit das Recht der Gesellschaft auf unternehmerische Freiheit aus Art. 16 GRCh beeinträchtigt wird. Im Falle des möglicherweise langjährig tätigen Organmitglieds wird für den Datenzugang eine große Datenmenge in Betracht kommen. Damit einher geht dann für die Gesellschaft grundsätzlich auch ein großer Prüfaufwand am Maßstab des Art. 15 Abs. 4 DS-GVO.

*b) Inhalt der Daten*

Grundsätzlich darf keine Beurteilung des Inhalts der Daten erfolgen. Denn es gibt keine belanglosen Daten.⁹⁴⁵ Zugunsten des Betroffenen kann es sich aber auswirken, wenn „besondere" Daten im Sinne des Art. 9 DS-GVO Gegenstand der Verarbeitung sind⁹⁴⁶ oder die Daten aus anderen Gründen besonders bedeutsam für den Betroffenen sind, weil daran unmittelbar Konsequenzen geknüpft werden.⁹⁴⁷ Werden unmittelbare Konsequenzen an die Verarbeitung der Daten geknüpft, so betrifft das nicht den Inhalt der Daten, sondern vielmehr deren Wirkung, sodass eine Einbeziehung dieses Umstands in die Abwägung nicht gegen den Grundsatz der Gleichwertigkeit aller Daten⁹⁴⁸ verstößt. Sind die Daten falsch und kann der Betroffene „[…] plausible Anhaltspunkte dafür aufzeigen […], dass [ihm] hinsichtlich der zu beauskunftenden Daten Löschungs- oder Berichtigungsansprüche zustehen (könnten) […]", so hilft dieser Umstand dem Betroffenen in der Interessenabwägung ebenfalls.⁹⁴⁹ Die Daten des Organmitglieds werden aus dessen Sicht solche im beruflichen Kontext sein. Eine besondere Schutzwürdigkeit wie bei den Daten des Art. 9 DS-GVO wird damit in aller Regel nicht vorliegen.

---

⁹⁴² Vgl. LG Heidelberg, Urt. v. 21. Februar 2020 – 4 O 6/19, ZD 2020, 313–315, juris Rn. 35 ff.; *Hirschfeld/Gerhold*, ZIP 2021, 394 (400f.).
⁹⁴³ *Korch/Chatard*, CR 2020, 438 (444); vgl. *Zikesch/Sörup*, ZD 2019, 239 (242).
⁹⁴⁴ LG Heidelberg, Urt. v. 21. Februar 2020 – 4 O 6/19, ZD 2020, 313–315, juris Rn. 36.
⁹⁴⁵ *Schaffland/Holthaus*, in: Schaffland/Wiltfang DS-GVO/BDSG, Art. 4 DS-GVO Rn. 10; *Ernst*, in: Paal/Pauly DS-GVO/BDSG, Art. 4 DS-GVO Rn. 3; *König*, Beschäftigtendatenschutz, § 1 Rn. 40; grundlegend schon in BVerfG, Urt. v. 15. Dezember 1983 – 1 BvR 209/83, BVerfGE 65, 1–71, juris Rn. 152.
⁹⁴⁶ *Korch/Chatard*, CR 2020, 438 (444).
⁹⁴⁷ Vgl. Edpb, Guidelines 01/2022 on data subject rights – Right of access, 28. März 2023, Rn. 185 Example 41 (credit agencies); *Korch/Chatard*, ZD 2022, 482 (483).
⁹⁴⁸ Siehe oben Fn. 945.
⁹⁴⁹ Der Bayerische Landesbeauftragte für Datenschutz, Das Recht auf Auskunft nach der DS-GVO – Orientierungshilfe, 1. Dezember 2019, Rn. 80.

### c) Motive zur Verarbeitung der Daten

Der Verarbeitende ist weniger schutzwürdig, wenn er die Daten zu eigenen kommerziellen Zwecken verwendet oder mittels der Daten ein Persönlichkeitsprofil erstellt.[950] Denn das stellt einen tiefergehenden Eingriff in Art. 8 GRCh dar. Ebenso geht es zu seinen Lasten, wenn die Verarbeitung der großen Datenmenge vermeidbar war und damit gegen den Grundsatz der Datensparsamkeit verstoßen wurde. Denn wäre der Anspruch in einem solchen Falle wegen der großen Datenmenge ausgeschlossen, so würde der Verantwortliche letztlich für den Verstoß gegen diesen Grundsatz belohnt.[951] Das würde einen positiven Anreiz für die Verarbeitung großer Datenmengen schaffen und damit den Grundwertungen der DS-GVO in höchstem Maße widersprechen. Dieses Abwägungskriterium steht in engem Zusammenhang mit dem dargelegten Maßstab der schwindenden Schutzwürdigkeit des Verantwortlichen bei wachsender Datenmenge. War die Verarbeitung einer großen Datenmenge sogar vermeidbar oder erfolgte sie zu kommerziellen Zwecken, verringert dies die Schutzwürdigkeit weiter. Die Verarbeitung der Daten von Organmitgliedern wird nicht zu kommerziellen Zwecken erfolgen. Denkbar ist aber, dass die Verarbeitung der großen Datenmenge vermeidbar war und die Schutzwürdigkeit der Gesellschaft dadurch abnimmt. Sodann muss eine mögliche Verantwortlichkeit des Organmitglieds für die vermeidbare Datenverarbeitung zur Zeit seiner Tätigkeit für die Gesellschaft aber berücksichtigt werden.[952]

### d) Wirtschaftliches Interesse des Organmitglieds

Auch ein etwaiges wirtschaftliches Interesse des Organmitglieds an dem Zugangsanspruch muss in die Abwägung eingestellt werden. Ein solches könnte sich aus der geplanten Verwendung der erlangten Informationen in einem Haftungsprozess ergeben. Kann das Organmitglied absehen, dass es mittels Art. 15 DS-GVO relevante Informationen zur Verteidigung gegen einen existenzbedrohenden Organhaftungsanspruch erlangen kann, so hätte der Zugangsanspruch dadurch einen hohen wirtschaftlichen Wert für das Organmitglied. Wie später zu zeigen sein wird, stellt es einen zulässigen Nebeneffekt des Anspruchs dar, für einen anderen Prozess hilfreiche Informationen zu erlangen.[953] Anknüpfend daran könnte man meinen, dass der bloß zulässige Nebeneffekt aber keine derartige Konnexität zum Zugangsanspruch aufweist, die es rechtfertigen würde, die Folgen des Nebeneffekts in die Bewertung des Gewichts des Zugangsanspruchs an sich einfließen zu lassen. Man müsste dann vertreten, dass es zu weitgehend

---

[950] *Korch/Chatard*, CR 2020, 438 (444) zu Werbezwecken; ebenso *Korch/Chatard*, ZD 2022, 482 (483); ebenso *Korch/Chatard*, NZG 2020, 893 (896).
[951] *Korch/Chatard*, CR 2020, 438 (444); zu dem Prinzip der Datensparsamkeit schon COM (2010) 609, S. 8.
[952] Siehe zur vorherigen Verantwortlichkeit als Abwägungskriterium unten § 5 D. VI. 2. f).
[953] Ausführliche Untersuchung dieser höchst umstrittenen Frage siehe unten § 5 E.

sei, etwaige, bei Geltendmachung des Art. 15 DS-GVO noch gar nicht absehbare Folgen, in die Gewichtung des Zugangsanspruchs einfließen zu lassen.[954] Das Gewicht des Zugangsanspruchs würde durch einen aus der späteren Verwendung der Daten fließenden wirtschaftlichen Wert nicht beeinflusst. Diese Argumentation hält einer primärrechtlichen Betrachtung aber nicht stand.

Etwas anderes ergibt sich nämlich aus dem primärrechtlichen Anker des Art. 8 GRCh. Das Primärrecht kennt die Zweckbindung des einfachen Rechts nicht, sodass es für eine Einbeziehung wirtschaftlicher Aspekte auf primärrechtlicher Ebene auf eine etwaige Konnexität des Art. 15 DS-GVO mit einer wirtschaftlich bezifferbaren Verwendung nicht ankommt. Die bei Art. 15 Abs. 4 DS-GVO vorzunehmende Interessenabwägung hat aber vor dem Hintergrund des Primärrechts stattzufinden. Eine Interessenabwägung im primärrechtlichen Kontext setzt die Berücksichtigung des konkreten Maßes der Betroffenheit der primärrechtlich geschützten Rechtsgüter voraus. In diese Abwägung ist das konkrete Informationsinteresse des Organmitglieds einzustellen. Dieses wird maßgeblich auch durch den wirtschaftlichen Wert der Informationen bestimmt. Handelt es sich im äußersten Fall um Informationen, die eine existenzbedrohende Haftung vermeiden, darf das Primärrecht diese Bedeutung der Daten nicht ignorieren.

*e) Ergreifen zumutbarer Maßnahmen zur Reduzierung des Aufwands*

Auf den Seiten beider Parteien muss überdies berücksichtigt werden, ob und wenn ja, inwieweit sie jeweils zumutbare Maßnahmen zur Reduzierung des Aufwands einer Zugangsgewährung ergriffen haben. Haben sie es versäumt, zumutbare Maßnahmen zu ergreifen, so muss ihnen das jeweils zur Last gelegt werden. Beispielsweise muss berücksichtigt werden, inwieweit der Betroffene sein Begehren konkretisiert[955] oder Hinweise zum Auffinden der Daten gegeben hat.[956] Übrige Möglichkeiten zur Reduzierung des Aufwands, insbesondere aufseiten der Gesellschaft, sollen an späterer Stelle ausführlich dargelegt werden.[957]

---

[954] Ähnlich *Peisker*, Der datenschutzrechtliche Auskunftsanspruch, S. 535 bezüglich des fehlenden Zusammenhangs „zwischen Auskunfts- und Leistungsbegehren" im Rahmen der Zulässigkeitsprüfung einer Stufenklage.
[955] Zur Berücksichtigung dieses Umstands in der hier ermöglichten Interessenabwägung siehe oben § 5 D. I. 4.
[956] Vgl. *Mester*, in: Taeger/Gabel DS-GVO/BDSG/TTDSG, Art. 15 DS-GVO Rn. 14.
[957] Siehe unten § 5 D. VII.

*f) Versäumnisse in der Datenverarbeitung als aktives Organmitglied*

Im Rahmen der Abwägung muss auch berücksichtigt werden, in welchem Maße das Organmitglied zu seiner aktiven Zeit für die Datenschutz-Compliance verantwortlich war.[958] Ist der Aufwand zum Auffinden der Daten im Zeitpunkt des Zugangsverlangens deshalb erhöht, weil das Organmitglied zu seiner aktiven Zeit keine systematische Datenverarbeitung organisiert hat, so muss ihm das an dieser Stelle zur Last fallen. Die vormalige Verantwortlichkeit kann den Zugangsanspruch mithin beeinflussen.

### 3. Zusammenfassung der Abwägungsmaßstäbe und Abwägungskriterien

Eine Anspruchsbeschränkung wegen hohen Aufwands darf nicht schon ab einer bloßen *Lästigkeitsschwelle* eingreifen.[959] Jegliche Beschränkung des Datenzugangs sollte wegen ihres strengen Ausnahmecharakters insgesamt zurückhaltend gehandhabt werde. Ein Ausschluss wegen hohen Aufwands muss demnach die Ausnahme bleiben und ist gesondert rechtfertigungsbedürftig ist.[960] Zu dem Umstand des hohen Aufwands müssen dabei weitere Umstände hinzutreten, damit sich die Interessen der Gesellschaft gegenüber dem Zugangsinteresse des Organmitglieds durchsetzen. Die Fallgruppe, in der ein solcher Ausschluss gerechtfertigt wäre, mag man als „grobe Überforderung"[961] des Verantwortlichen bezeichnen. Wobei auch diese Begrifflichkeit nicht weiterhilft und eine Abwägung vor primärrechtlichem Hintergrund nicht erspart. Im Übrigen vermittelt sie den Eindruck, der Einwand könne aus dem bloßen Aufwand, der mit der Erfüllung des Zugangsanspruchs einhergeht, erwachsen, was aber gerade nicht der Fall ist. Der Einwand rührt nicht nur aus dem Umfang her, sondern ergibt sich lediglich bei dem Hinzutreten weiterer Umstände. Bei der vorzunehmenden Abwägung[962] sind die folgenden Leitlinien zu berücksichtigen: Ein Aufwand von bis zu drei Monaten ist in der Regel zumutbar, die Schutzwürdigkeit des Betroffenen nimmt in der Regel mit steigendem Aufwand bei der Gewährung des Datenzugangs zu, während die des Verantwortlichen abnimmt, primär muss der Verantwortliche dem Betroffenen die Gelegenheit geben, seine Anfrage zu konkretisieren[963] und es wird der

---

[958] Siehe oben § 4 B. III. 2. a).

[959] Vgl. *Korch/Chatard*, NZG 2020, 893 (896).

[960] Vgl. *Korch/Chatard*, CR 2020, 438 (444) „hohe Hürden für die Erhebung des Einwands"; *Korch/Chatard*, ZD 2022, 482 (483); *Korch/Chatard*, NZG 2020, 893 (898).

[961] *Korch/Chatard*, CR 2020, 438 (443).

[962] *Waldkirch*, r+s 2021, 317 (319); *Korch/Chatard*, CR 2020, 438 (444): „Interessenabwägung im Einzelfall"; vgl. *Korch/Chatard*, NZG 2020, 893 (896).

[963] Zum Vorrang der Konkretisierung als milderes Mittel auch *Korch/Chatard*, CR 2020, 438 (444).

jeweiligen Partei zur Last gelegt, wenn sie ihr zumutbare Maßnahmen der Aufwandsreduzierung nicht ergreift.

## VII. Möglichkeiten der Aufwandsreduzierung

Die Gesellschaft wird an einer Reduzierung des Aufwands interessiert sein. Es obliegt ihr ohnehin, die Datenverarbeitung derart zu organisieren, dass eine Erfüllung des Zugangsverlangens in den in der Verordnung geregelten Fristen möglich ist.[964] Es besteht, wie im Rahmen der Abwägungskriterien mehrfach angeklungen, eine Obliegenheit für den Verarbeitenden, die ihm zumutbaren Maßnahmen zur Reduzierung des Aufwands zu ergreifen. Ergreift er in Betracht kommende und zumutbare Maßnahmen nicht, so wird ihm das in der Abwägung derart zur Last fallen, dass er den Zugangsanspruch wegen hohen Aufwands nicht verweigern können wird.[965] Zur Aufwandsreduzierung kommen verschiedene Mittel in Betracht, die sich aus juristischen sowie tatsächlichen Möglichkeiten ergeben. Manche davon setzen bereits im Zeitpunkt vor einer konkreten Anfrage an und vermeiden das Entstehen großen Aufwands präventiv durch eine entsprechende Datenverwaltung, die das Aufsuchen der Daten erleichtert. Andere Mittel beziehen sich auf konkrete Anfragen und helfen dabei, den Aufwand bei der jeweiligen Gewährung des Zugangs gering zu halten. Einige der möglichen Mittel sollen im Folgenden dargestellt werden. Der künstlichen Intelligenz soll besondere Aufmerksamkeit gewidmet werden.

### 1. Reduzierung des Aufwands durch kautelarjuristische Mittel

Die wegen Art. 15 Abs. 4 DS-GVO vorzunehmende Abwägung der Interessen des Betroffenen mit Drittinteressen tragen maßgeblich zu dem entstehenden Aufwand aufseiten des Verantwortlichen bei. Eine Reduzierung des hierher rührenden Aufwands würde den Gesamtaufwand der Zugangsgewährung erheblich reduzieren. Denkbar ist zu diesem Zweck der Reduzierung des Abwägungsaufwands zunächst der Abschluss einer Verschwiegenheitsvereinbarung zwischen dem Verarbeitenden und dem Betroffenen.[966] Diese Präventivmaßnahme würde ermöglichen, den Datenzugang zumindest im Hinblick auf die davon erfassten Daten ohne detailreiche Prüfung und Abwägung mit Drittinteressen zu gewähren. Wird eine solche Verschwiegenheitsvereinbarung mit einer empfindlichen Vertragsstrafe verknüpft, so ist sie durch diese abschreckende Wirkung geeignet, der Weitergabe

---

[964] OLG Köln, Urt. v. 26. Juli 2019 – 20 U 75/18, ZD 2019, 462–463, Rn. 66; *Suchan*, ZD 2021, 198 (198); *Waldkirch*, r+s 2021, 317 (321); *Burger*, öAT 2021, 221 (223) „Organisationsobliegenheit".
[965] Siehe oben § 5 D. VI. 2. e).
[966] *Schmidt-Wudy*, in: BeckOK Datenschutzrecht, Stand: 01.08.2024, Art. 15 DS-GVO Rn. 98 f.; *Reichert/Groh*, NZG 2021, 1381 (1385).

der Daten vorzubeugen. Damit verlieren diese Daten Dritter bei der Interessenabwägung im Rahmen von Art. 15 Abs. 4 DS-GVO an Gewicht und stehen einem Zugang nicht mehr im Wege.

Man könnte annehmen, dass kautelarjuristische Maßnahmen zwischen dem Betroffenen und dem Verarbeitenden nicht dabei helfen können, den Aufwand der Zugangsgewährung, der durch Drittinteressen verursacht wird, zu reduzieren. Dazu müsste man argumentieren, dass die Schutzwürdigkeit der Daten eines Dritten nicht dadurch verringert werden könne, dass Verarbeitender und Betroffener eine vertragsstrafenbewehrte Vereinbarung zur Verschwiegenheit treffen. Denn sofern der Dritte dem nicht zustimmt, könnte man meinen, dass es sich um eine unzulässige Vereinbarung zulasten ebendieses Dritten handeln würde. Die Belastung des Dritten könnte sich daraus ergeben, dass die Weitergabe der Daten „wegen" Abschlusses einer Verschwiegenheitsvereinbarung für diesen Dritten ein größeres Übel darstellt als die Verhinderung der Weitergabe oder eine zumindest anonymisierte Weitergabe wegen Art. 15 Abs. 4 DS-GVO. Ohne Beteiligung des Dritten könnte bei solcher Argumentation eine Erleichterung des Aufwands durch privatautonome Gestaltung also nicht bewirkt werden. Die bei dieser Argumentation sodann erforderliche Bemühung um das Einverständnis des Dritten wäre nur dann zielführend, wenn in der Datenmenge wenige Dritte ausgemacht werden könnten, von denen schutzwürdige Daten enthalten sind. Die Bemühung um eine Vereinbarung mit vielen Dritten würde häufig aufwendiger sein als das bloße Schwärzen der Daten. Es würde gelten: Allein dann, wenn viele verschiedene Daten von wenigen Dritten vorliegen, lohnt die Bemühung um ein Einverständnis der Dritten. Liegen hingegen von vielen verschiedenen Dritten jeweils wenige Daten vor, so liegt die einfache Schwärzung der Daten näher, da sie vom Aufwand her geringer sein dürfte.

Diese Argumentation, die im Ergebnis einen unzulässigen Vertrag zulasten Dritter annimmt, verkennt die Aufgabe, die dem Verarbeitenden bei Art. 15 Abs. 4 DS-GVO zuteilwird. Es geht dort um eine Abwägung der Interessen aller Beteiligten, also des Verarbeitenden, des Antragstellenden und gegebenenfalls eines Dritten, sofern auch dessen Freiheiten oder Rechte tangiert werden. Es überzeugt, in einer solchen Abwägung, eine vertragsstrafenbewehrte Verschwiegenheitserklärung in der Regel auch dann ausreichen zu lassen, wenn diese „zulasten" eines Dritten wirkt.[967] Wird eine hinreichend abschreckende Vertragsstrafe für Verstöße gegen die Verschwiegenheitsvereinbarung vorgesehen, so ist der Weitergabe der Daten nämlich hinreichend vorgebeugt. Wegen der dann fehlenden konkreten Gefahr des Kontrollverlustes über die Daten, erfahren die schutzwürdigen Belange des Dritten dann auch ein geringeres Gewicht, womit die Datenschutzbelange des Antragstellenden in der Abwägung in der Regel überwiegen werden. Unzutreffend ist auch die Auffassung von Peisker, der die Praxistauglichkeit des Abschlusses einer Vertraulich-

---

[967] So auch *Schmidt-Wudy*, in: BeckOK Datenschutzrecht, Stand: 01.08.2024, Art. 15 DS-GVO Rn. 99.3, der den Verarbeitenden gegenüber den Dritten sogar von den Informationspflichten der Artt. 13, 14 DS-GVO befreien möchte.

keitsvereinbarung deshalb verneint, weil ein solches Vorgehen keinen datenschutzrechtlichen Erlaubnistatbestand erfülle.[968] Anknüpfungspunkt der Überlegung zum Abschluss einer Vertraulichkeitsvereinbarung ist die im Rahmen des Art. 15 Abs. 4 DS-GVO vorzunehmende Abwägung, in der eine solche Vereinbarung geeignet ist, die Schutzwürdigkeit der Daten des „Anderen" herabzusenken. Da eine Vertraulichkeitsvereinbarung damit einen Interessenausgleich schaffen kann, der die Erfüllung des Anspruchs auf Zugang zu den Daten ermöglicht, ist die Weitergabe „[erforderlich] zur Erfüllung einer rechtlichen Verpflichtung [...]" im Sinne des Art. 6 Abs. 1 lit. c DS-GVO. Damit bestehen die Voraussetzungen dieses Erlaubnistatbestands für die Datenverarbeitung in Form der Weitergabe.

Die Verschwiegenheitsvereinbarung hilft dem Betroffenen, seine Belange über diejenigen eines ansonsten schutzwürdigen Dritten zu stellen. Mithin ist eine Verschwiegenheitsvereinbarung geeignet, den Aufwand bei der Gewährung eines Datenzugangs erheblich zu reduzieren. Voraussetzung dafür wird aber regelmäßig die Vereinbarung einer hinreichend abschreckenden Vertragsstrafe sein. Diese muss sich im Einzelfall an der Schutzwürdigkeit der Daten des Dritten orientieren. Je schutzwürdiger dessen Daten sind, desto höher muss auch die Vertragsstrafe sein, damit die Daten des Dritten auf der Abwägungsebene an Gewicht verlieren und sich das Zugangsinteresse gegenüber dem Geheimhaltungsinteresse durchsetzen kann. Letztlich entscheidet in der Abwägung des Art. 15 Abs. 4 DS-GVO auch die „Wahrscheinlichkeit und Schwere der mit der Übermittlung der Daten verbundenen Risiken"[969]. Eine hohe Vertragsstrafe senkt die Wahrscheinlichkeit der Verwirklichung etwaiger Risiken einer Weitergabe der Daten. Eine Benachrichtigung des Dritten, dessen Daten von der Weitergabe betroffen sind, entfällt regelmäßig nach Art. 14 Abs. 5 lit. b 2. Hs. 2. Var. DS-GVO.[970]

### 2. Reduzierung des Aufwands mittels § 242 BGB i. V. m. nachwirkender Treuepflicht

Im Falle des ausgeschiedenen Organmitglieds sind entsprechende Präventionsmaßnahmen in Form einer Verschwiegenheitsvereinbarung zumindest bezüglich der Geschäftsgeheimnisse der Gesellschaft obsolet.[971] Eine schadensersatzbewehrte Pflicht zur Verschwiegenheit wird sich diesbezüglich schon aus § 93 AktG (analog) beziehungsweise § 43 GmbHG (analog) und einer nachwirkenden gesellschaftsrechtlichen Treuepflicht ergeben.[972] § 85 GmbHG und § 404 AktG unter-

---

[968] *Peisker*, Der datenschutzrechtliche Auskunftsanspruch, S. 437.
[969] *Peisker*, Der datenschutzrechtliche Auskunftsanspruch, S. 434.
[970] *Peisker*, Der datenschutzrechtliche Auskunftsanspruch, S. 438.
[971] *Zander*, in: Beck'sches Fb Zivil-, Wirtschafts- und Unternehmensrecht, E. 3. Nr. 15.
[972] *Zander*, in: Beck'sches Fb Zivil-, Wirtschafts- und Unternehmensrecht, E. 3. Nr. 15; *Diekmann*, in: MHdb GesR, Bd. 3, § 45 Rn. 4; vgl. *Ruckteschler/Grillitsch*, in: FS Elsing 2015, S. 1129 (1136).

werfen die Weitergabe von Geschäftsgeheimnissen einer Strafbarkeit, sodass allein dadurch eine ausreichende Abschreckung gewährleistet ist. Jegliche kautelarjuristische Maßnahme in dieser Hinsicht ist damit bezüglich der Geschäftsgeheimnisse obsolet, um ihnen in der Abwägung Gewicht zu nehmen.

### 3. Reduzierung des Aufwands durch Konkretisierung des Anspruchs

Da es dem Betroffenen wie gezeigt im Rahmen einer Abwägung zur Last gelegt wird, wenn er die Konkretisierung seines Zugangsverlangens nicht vornimmt,[973] ist ihm zu raten, eine solche nach bestem Wissen und Gewissen vorzunehmen. Zwar hat der Betroffene grundsätzlich einen Anspruch auf vollständige Zugangsgewährung. Jedoch besteht das Zugangsrecht nicht uneingeschränkt und im Rahmen der Interessenabwägung muss auch das Interesse des Verantwortlichen an einer Aufwandsreduzierung berücksichtigt werden. Eine Konkretisierung seitens des Betroffenen ist je nach Umfang der Konkretisierung unterschiedlich hilfreich bei der Reduzierung des Aufwands. Das hängt zu sehr vom Einzelfall ab, als dass eine seriöse Aussage darüber möglich wäre, wie sehr die Beantwortung des Zugangsverlangens hierdurch erleichtert wird. Zu beachten ist aber, dass auch eine wenig aufwendige Konkretisierung wie auf die Kategorie „E-Mails (zwischen Organmitglied A und Berater B)", „Vorstandsprotokolle" oder „Gutachten" im Einzelfall eine erhebliche Verminderung des Aufwands bedeuten kann. Die Gesellschaft sollte in jedem Fall um eine Konkretisierung bitten.[974]

Eine Möglichkeit für den Verantwortlichen in diesem Kontext der Konkretisierung bietet ein gestuftes Vorgehen bei der Gewährung des Datenzugangs. Ein solches ist geeignet, unnötigen Aufwand zu vermeiden, der zu einem über das Informationsinteresse des Betroffenen hinausgehenden Zugang führen würde.[975] Im Ergebnis meint dieses gestufte Vorgehen nichts anderes als ein kooperatives Verhalten, bei dem zunächst die Stammdaten und „unproblematisch" zugängliche Daten bereitgestellt werden, für die kein Ausschlussgrund greift und die nicht nach Art. 15 Abs. 4 DS-GVO abzuwägen sind. Sodann erst wird um Präzisierung und Konkretisierung gebeten, welche darüber hinausgehenden Daten noch verlangt werden.[976] An diese Bitte knüpft ein Teil der Rechtsprechung dann mit dem Prinzip der „abgestuften Erfüllungslast" an,[977] was zur Folge hätte, dass der Anspruch nur hinsichtlich konkretisierter Daten bestünde. Die richtige und überwiegende Ansicht in der Literatur knüpft an die unterlassene Konkretisierung keine besonderen

---

[973] Siehe oben § 5 D. I. 4.
[974] Vgl. *Krämer/Burghoff*, ZD 2022, 428 (432).
[975] *Arning*, in: Moos/Schefzig/Arning Hdb DS-GVO/BDSG, Kap. 6 Rn. 338 ff.; *Schmidt-Wudy*, in: BeckOK Datenschutzrecht, Stand: 01.08.2024, Art. 15 DS-GVO Rn. 52.3; *Krämer/Burghoff*, ZD 2022, 428 (432); *Wybitul/Brams*, NZA 2019, 672 (676).
[976] *Krämer/Burghoff*, ZD 2022, 428 (432).
[977] Siehe oben § 5 D. I. 1.

Rechtsfolgen, außer dass das Unterlassen der Konkretisierung dem Organmitglied in einer Abwägung zur Last gelegt wird.[978] Insofern besteht also keine Pflicht des Organmitglieds zur Mitwirkung an einem gestuften Vorgehen. Jedoch fällt ihm die Verweigerung bei Art. 15 DS-GVO zur Last.

### 4. Präventive Aufwandsvermeidung durch entsprechende organisatorische Maßnahmen

Über die genannten Maßnahmen hinaus kann und sollte die Gesellschaft die Datenverarbeitung bereits von vornherein derart organisieren, dass ihr die Beantwortung von Zugangsverlangen unschwer möglich ist. Sie sollte

„[…] Prozesse entwickeln und Ressourcen vorhalten, um die zu erwartenden Auskunfts- und Kopieverlangen datenschutzkonform und effizient erfüllen zu können und zugleich dem [Betroffenen] die Wahrnehmung dieser Rechte zu erleichtern."[979]

Eine solche Organisation fällt in den Verantwortungsbereich des Verantwortlichen.[980] Die DS-GVO besteht nun seit mehr als fünf Jahren – beim Abstellen auf die Erstveröffentlichung am 27. April 2016 sogar seit mehr als sieben Jahren – womit für alle Verantwortlichen ausreichend Vorbereitungszeit bestand, die Datenverarbeitung an den neuen Regelungen auszurichten. Dementsprechend kann ein gewisses Niveau an Vorbereitung auch auf umfangreiche Datenanfragen erwartet werden.[981] Wird dieses Niveau nicht erreicht, ist es dem Verantwortlichen wiederum im Rahmen der Abwägung des Art. 15 Abs. 4 DS-GVO zur Last zu legen.

Mögliche organisatorische Maßnahmen bei der Datenorganisation wären insbesondere ein frühzeitiges Etablieren interner Prozesse und Verantwortlichkeiten samt Schaffung zentraler Zuständigkeiten,[982] die Standardisierung und Dokumentation von Entscheidungsprozessen,[983] die Etablierung eines funktionierenden Datenmanagementsystems[984] samt Einteilung nach Datenkategorien,[985] die Ergreifung von Ad-hoc Maßnahmen unmittelbar nach einem relevanten Vorfall[986] sowie der Ein-

---

[978] Siehe oben § 5 D. I. 4.
[979] *Waldkirch*, r+s 2021, 317 (321).
[980] OLG Köln, Urt. v. 26. Juli 2019 – 20 U 75/18, ZD 2019, 462–463, Rn. 66; *Suchan*, ZD 2021, 198 (198); *Waldkirch*, r+s 2021, 317 (321); *Burger*, öAT 2021, 221 (223) „Organisationsobliegenheit".
[981] Vgl. *Waldkirch*, r+s 2021, 317 (321), wonach „[…] technisch behebbare Hindernisse […] mittlerweile als vorwerfbar beurteilt und dem [Verantwortlichen] zulasten gelegt werden […]" müssen.
[982] *Arning*, in: Moos/Schefzig/Arning Hdb DS-GVO/BDSG, Kap. 6 Rn. 340 f.; *Krämer/Burghoff*, ZD 2022, 428 (432).
[983] *Arning*, in: Moos/Schefzig/Arning Hdb DS-GVO/BDSG, Kap. 6 Rn. 340; *Krämer/Burghoff*, ZD 2022, 428 (431).
[984] *Schürmann/Baier*, DuD 2022, 103 (106); *Krämer/Burghoff*, ZD 2022, 428 (431).
[985] *König*, CR 2019, 295 (299).
[986] *Schürmann/Baier*, DuD 2022, 103 (106).

satz von Technologie, insbesondere bei langjährigen Führungskräften.[987] Für die Datenverwaltung gibt es schon heute auf künstlicher Intelligenz basierende Hilfsmittel wie das Angebot von d.velop.[988] Diese künstliche Intelligenz organisiert und strukturiert Dokumente bereits dann, wenn sie entstehen, fungiert also als digitaler Dokumentenmanager.[989]

Ein solcher Dokumentenmanager ist in der Lage, die Dokumentenverwaltung derart zu strukturieren, dass der Aufwand des Zugriffs auf vereinzelte Dokumente im Vergleich zum Aufwand, der sich bei manueller (gegebenenfalls sogar analogen) Verwaltung ergeben würde, ganz erheblich gemindert werden kann. So kann eine zentrale Suchfunktion, die sich auf alle abgelegten Dokumente erstreckt, dabei helfen, mittels einer Schlagwortsuche alle Daten zu durchsuchen.[990] Für die Suche nach Daten des ausgeschiedenen Vorstandsmitglieds würden sich dabei Schlagworte wie sein Name, der Name der Ausschüsse, in denen er mitgewirkt hat, seine E-Mail-Adresse, seine Telefonnummer, oder Begriffe wie „Vorstand" oder „Vorstandssitzung" etc. anbieten. Mit einem solchen Vorgehen könnte in kürzester Zeit eine große Datenmenge herausgefiltert werden. Pauschale Aussagen, die eine Reduzierung des Aufwands mittels einer ordnungsgemäßen Organisation der Datenverwaltung als beschränkt hilfreich erachten,[991] können vor dem Hintergrund solcher Technologien nicht überzeugen. Schon ohne die Berücksichtigung technischer Hilfsmittel ist diese Aussage fragwürdig. Warum eine systematische Datenverwaltung nicht beim zügigen Auffinden der Daten helfen soll, was in jedem Fall „aufwandsreduzierend" wirken würde, ist mindestens erklärungsbedürftig. Eine systematische und gut organisierte Datenverwaltung ermöglicht unzweifelhaft das schnellere Auffinden bestimmter Daten.

Bei der Einbeziehung der Datenorganisation in die Gesamtabwägung sind die oben angestellten Gedanken zur möglichen Verantwortlichkeit eines ehemaligen Geschäftsleitungsorgans für Versäumnisse in dieser Hinsicht zu beachten. Das Störgefühl, welches derartige Versäumnisse hervorrufen, wenn diese nun einen durch den Verantwortlichen selbst begehrten Zugang zu den Daten erschweren, wurde bereits beschrieben und eingeordnet.[992] Demnach bildet die hier beschriebene Abwägung der Interessen des Verantwortlichen und des Betroffenen den überzeugenden dogmatischen Anknüpfungspunkt für derartige Versäumnisse. Für die Abwägung gilt das Folgende: Grundsätzlich geht es zulasten der Gesellschaft, wenn die Daten-

---

[987] *Krämer/Burghoff*, ZD 2022, 428 (430).
[988] https://www.d-velop.de/loesungen/kuenstliche-intelligenz (zuletzt abgerufen am 28.11.2023).
[989] https://www.d-velop.de/software/dokumentenmanagement (zuletzt abgerufen am 28.11.2023).
[990] Zu dieser und anderen Funktionen siehe https://store.d-velop.com/de/d.velop-documents/10001602.1#product-pricing (zuletzt abgerufen am 28.11.2023).
[991] Vgl. in diese Richtung *Peisker*, Der datenschutzrechtliche Auskunftsanspruch, S. 462: „Selbst der Verantwortliche, der gewissenhaft die Speicherorte der personenbezogenen Daten organisiert und so die Daten leicht auffinden kann, kann sich dem Prüfaufwand nur schwer entziehen."
[992] Siehe oben § 4 B. III. 2. a).

organisation nicht „aufwandsreduzierend" organisiert wurde. Das kehrt sich aber zulasten des Organmitglieds um, wenn der Zugang zu den begehrten Daten wegen Versäumnissen bei der Datenorganisation zur Amtszeit des nun den Zugang Begehrenden ehemaligen Geschäftsleiters erschwert ist. Sodann trägt dieser die Verantwortung für den nicht reduzierten oder sogar erhöhten Aufwand und es ist ihm in der Abwägung zur Last zu legen. Anderen als den geschäftsführenden Organen kann der gleiche Vorwurf nur ausnahmsweise gemacht werden. Das wäre nur im besonders gelagerten Einzelfall möglich, wenn gerade sie diejenigen waren, die für die Dokumentenverwaltung intern verantwortlich waren.

### 5. Reduzierung des Aufwands durch rechtzeitigen „Legal Hold"/„Litigation Hold"

Die *Pre-Trial Discovery* aus dem angloamerikanischen Raum kennt zwecks Sicherung der Daten für ein späteres Verfahren den sogenannten „*Legal Hold*"[993] oder auch „*Litigation Hold*"[994]. Darunter verstehen sich Datensicherungspflichten, die bereits im Vorfeld des gerichtlichen Verfahrens greifen, sobald ein solches möglich erscheint, also „*vernünftigerweise vorhersehbar*" ist.[995] Die Parteien müssen dann ihre routinemäßige Praxis zur Vernichtung von Dokumenten aussetzen, um prozessrelevante Unterlagen zu erhalten.[996] Einen solchen „Legal Hold" kann sich die nach Art. 15 DS-GVO verpflichtete Gesellschaft zum Vorbild nehmen. Auch sie sollte, sobald sie eine Anspruchsgeltendmachung gegen das Organmitglied vernünftigerweise in Erwägung zieht, schon aus eigenem Interesse Daten sichern und systematisieren. Ein solches Vorgehen wäre geeignet, den Aufwand bei einem sich dann möglicherweise an die Geltendmachung anschließenden Zugangsverlangen zu reduzieren. Agiert sie nicht entsprechend, so kann der dadurch vermeidbar entstandene Mehraufwand in einer Abwägung nicht zulasten des Organmitglieds gereichen. Es fällt der Gesellschaft zur Last, wenn sie mit ihrer bisherigen Praxis trotz drohenden Prozesses fortfährt und damit die Zugangsgewährung verkompliziert.

---

[993] *Theissen*, IWRZ 2020, 10 (13).
[994] *Harguth*, „Pre Trial Discovery" und das deutsche Datenschutzrecht, S. 20; *Reiling*, Das US-amerikanische Discovery-Verfahren im Rahmen deutscher gerichtlicher Auseinandersetzungen, S. 97; *Theissen*, IWRZ 2020, 10 (13).
[995] *Harguth*, „Pre Trial Discovery" und das deutsche Datenschutzrecht, S. 20ff.; *Reiling*, Das US-amerikanische Discovery-Verfahren im Rahmen deutscher gerichtlicher Auseinandersetzungen, S. 97.
[996] Zubulake v. UBS Warburg LLC, 220 F.R.D. 212, 218 (S.D.N.Y. 2003).

## 6. Reduzierung des Aufwands durch Bereitstellung der Daten in virtuellem Datenraum

Als im Hinblick auf Zeit und Kosten effizienteste Form der Bereitstellung des Zugangs zu den Daten wird sich häufig die Bereitstellung in einem online eingerichteten Datenraum (Virtual-Data-Room, VDR)[997] erweisen.[998] Erwägungsgrund 63 S. 4 zur DS-GVO sieht den Fernzugang als Erfüllungsmodalität ausdrücklich vor:

> „Nach Möglichkeit sollte der Verantwortliche den Fernzugang zu einem sicheren System bereitstellen können, der der betroffenen Person direkten Zugang zu ihren personenbezogenen Daten ermöglichen würde."[999]

Bei einer Bereitstellung der Daten in einem virtuellen Datenraum spart sich der Verantwortliche die Anfertigung analoger Kopien und reduziert damit die Kosten der Erfüllung des Zugangsverlangens. Eine solche Bereitstellung widerspricht auch nicht dem Begriff der Kopie in Art. 15 Abs. 3 DS-GVO. Art. 15 Abs. 3 S. 3 DS-GVO spricht nämlich ausdrücklich von einem „elektronischen Format" der Kopie. Mithin ist eine Erteilung einer Kopie auf Papier nicht zwingend erforderlich.[1000] Schon die Ausführungen zum Kopiebegriff zeigen, dass auch eine elektronische Kopie die Voraussetzungen des Kopiebegriffs erfüllt.[1001] Wegen der „Technologieneutralität der DS-GVO ist eine Beschränkung auf die Ablichtung eines Schriftstücks weder zeitgemäß noch im Wortlaut des Art. 15 Abs. 3 S. 1 DS-GVO angelegt."[1002] Auch, wenn man aus beliebigen Gründen annehmen wollte, dass grundsätzlich ein Recht auf nicht elektronische Kopie bestehen würde, wäre es seitens des Organmitglieds unbillig, sich gegen die Bereitstellung in einem elektronischen Format zu wehren,[1003] sodass ihm der dadurch entstehende Mehraufwand in der Abwägung zur Last gelegt werden müsste. Das wird regelmäßig derart schwer wiegen, dass der Anspruch (fast vollständig) ausgeschlossen wäre. Unter den Begriff des „gängigen

---

[997] Zur Begrifflichkeit exemplarisch *Hopt*, ZHR 2022, 7 (36).

[998] Vgl. zu dieser Option der Zugangsgewährung: Erwägungsgrund 63 S. 4 zur DS-GVO; LG München I, Urt. v. 2. September 2021 – 23 O 10931/20, ZD 2022, 52, Rn. 21; *Ehmann*, in: Ehmann/Selmayr DS-GVO, Art. 15 Rn. 31; *Franck*, in: Gola/Heckmann DS-GVO/BDSG, Art. 15 DS-GVO Rn. 40; *Krämer/Burghoff*, ZD 2022, 428 (432); die Effizienz erwähnend: *Paal*, in: Paal/Pauly DS-GVO/BDSG, Art. 15 DS-GVO Rn. 14 f.; geringen Kosten- und Personalaufwand *Bienemann*, in: Sydow/Marsch DS-GVO/BDSG, Art. 15 DS-GVO Rn. 41; diesen Weg als „präventive" Maßnahme beim Ausscheiden differenzierend beurteilend *Wilsing*, in: FS M. Henssler 2023, S. 1333 (1343); *Ruchatz*, AG 2015, 1 (4): „[…] mittlerweile üblich […]".

[999] Erwägungsgrund 63 S. 7 zur DS-GVO.

[1000] Vgl. BAG, Urt. v. 27. April 2021 – 2 AZR 342/20, BAGE 174, 351–357, juris Rn. 17, das bei einem nicht näher bestimmten Kopieverlangen davon ausgeht, dass sowohl eine elektronische Kopie als auch ein Papierausdruck überlassen werden können.

[1001] *Franck*, in: Gola/Heckmann DS-GVO/BDSG, Art. 15 DS-GVO Rn. 38.

[1002] *Peisker*, Der datenschutzrechtliche Auskunftsanspruch, S. 101 f.; zur Technologieneutralität vgl. Erwägungsgrund 15 zur DS-GVO.

[1003] Vgl. LAG Hessen, Urt. v. 29. Januar 2013 – 13 Sa 263/12, ZD 2013, 413–416, juris Rn. 107: „rechtsmissbräuchlich"; *Franck*, in: Gola/Heckmann DS-GVO/BDSG, Art. 15 DS-GVO Rn. 40.

elektronischen Formats" der Kopie aus Art. 15 Abs. 3 S. 3 DS-GVO fallen solche Formate, die verbreitet sind und mittels Standardsoftware wiedergegeben werden können (PDF, Docx, RTF etc.).[1004] Bei abweichenden Formaten muss eine Viewer-Software zumindest beigefügt werden.[1005]

Im virtuellen Datenraum können die Daten systematisch und übersichtlich bereitgestellt werden. Stichwortsuchen im Datenraum vereinfachen später das Auffinden von Daten. Wurde die Datenverarbeitung zuvor ordnungsgemäß organisiert, müssen einige Daten schlicht noch in die entsprechenden Ordner übertragen und der Link für den Zugriff geteilt werden. Im Idealfall macht das die Bereitstellung des Datenzugriffs weniger kompliziert und weniger aufwendig. Ganz erhebliche Vorteile bietet diese Form der Bereitstellung der Daten dann, wenn zuvor eine (künstlich) intelligente Dokumentenverwaltung erfolgte.[1006] In der Praxis werden die Daten aber in dieser Hinsicht selten optimal verarbeitet worden sein. Zudem werden verschiedene Daten auch heute nach wie vor noch analog und nicht digital vorliegen. Dennoch überwiegen die Vorteile einer solchen Form der Bereitstellung und der Aufwand der Digitalisierung vereinzelter Daten wird geringer sein als derjenige, der bei einer Analogisierung aller übrigen Daten entstehen würde.

*a) Anforderungen an den virtuellen Datenraum*

Das System des Fernzugriffs muss nach dem ausdrücklichen Wortlaut des Erwägungsgrundes 63 S. 4 zur DS-GVO „sicher" sein. Bei der Bereitstellung von personenbezogenen Daten in einem digitalen Datenraum müssen also geeignete technische und organisatorische Maßnahmen ergriffen werden, um die Sicherheit und Vertraulichkeit der Daten zu gewährleisten. Dies kann beispielsweise durch die Implementierung von Zugangskontrollen, Verschlüsselungen und Datensicherung sowie durch die Verwendung sicherer Kommunikationskanäle erfolgen.[1007] Entsprechende Sicherheitsvorkehrungen sind bei den Anbietern solcher Datenräume bereits vorgesehen.[1008]

Weitere Anforderungen an diese Art der Bereitstellung könnten sich aus Art. 12 Abs. 1 S. 1 DS-GVO ergeben, demzufolge Daten „[…] in präziser, transparenter, verständlicher und leicht zugänglicher Form in einer klaren und einfachen Sprache

---

[1004] *Franck*, in: Gola/Heckmann DS-GVO/BDSG, Art. 15 DS-GVO Rn. 41.
[1005] *Franck*, in: Gola/Heckmann DS-GVO/BDSG, Art. 15 DS-GVO Rn. 41.
[1006] Siehe oben § 5 D. VII. 4.
[1007] Vgl. *Krämer/Burghoff*, ZD 2022, 428 (432).
[1008] Für Intralinks hat Sicherheit „höchste Priorität", was sich in begrenzten Zugriffsrechten sowie in Compliance mit DS-GVO-Vorschriften zeigt: https://www.intralinks.com/de/products/mergers-acquisitions/virtual-data-room (zuletzt abgerufen am 28. 11. 2023); ebenso „hochsicher und DS-GVO-Konform": https://www.dataroomx.de/ (zuletzt abgerufen am 28. 11. 2023); „Sichere Zusammenarbeit und Freigabe" bei https://de.idealsvdr.com/ (zuletzt abgerufen am 28.11.2023); „Maximale Sicherheit […] und DS-GVO-Konformität" bei https://drooms.com/de/ (zuletzt abgerufen am 28. 11. 2023).

[…]" übermittelt werden müssen. Die Anwendbarkeit dieser Norm auf die Bereitstellung der Daten in Kopie ist allerdings umstritten.[1009] Doch selbst im Falle der Anwendbarkeit würde ein sorgfältig strukturierter Datenraum den Anforderungen des Art. 12 Abs. 1 S. 2 DS-GVO genügen, wenn keine Daten verschleiert werden und auch keine wesentliche Mitwirkungshandlung des betroffenen Organmitglieds erforderlich ist, um an die Kopie der Daten zu gelangen.[1010]

### b) Geringe Unterschiede zwischen „Due Dilligence" und „Zugangsgewährung"

Solche virtuellen Datenräume haben sich für eine große Datenmenge bereits in der Praxis von Transaktionsgeschäften bewährt und gehören dort zum Standard bei der Bereitstellung mehrerer tausend Dokumente im Rahmen einer Due-Diligence-Prüfung.[1011] Im Rahmen von Due-Diligence-Prüfungen werden sämtliche Daten des Zielunternehmens vorab in einem virtuellen Datenraum bereitgestellt.[1012] Diese Daten werden dann durch den Kaufinteressenten und dessen Berater gesichtet. Ähnlich wäre der Ablauf bei der Zugangsgewährung zur Erfüllung des Art. 15 DS-GVO. Die Datenräume eignen sich zur Zugangsgewährung zu Daten im Kontext von Art. 15 DS-GVO gleichermaßen wie bei der Zugangsgewährung zu Daten wegen der Absicht eines Unternehmensverkaufs. Bei dem Angebot der Datenraumanbieter handelt es sich in der Regel um eine Lösung für den Austausch sensibler Daten, unabhängig vom Anwendungsfall. Entsprechend kann die Bewältigung von Due-Diligence-Prüfungen hier als Vorbild fungieren.

### c) Fazit zum virtuellen Datenraum als Erfüllungsmodalität

Die aufgezeigten Vorteile sowie die Zulässigkeit dieser Erfüllungsmodalität unter Beachtung der datenschutzrechtlichen Anforderungen an die Sicherheit dieser

---

[1009] Gegen eine Anwendbarkeit LG Bonn, Urt. v. 11. März 2022 – 9 O 224/21, ZD 2023, 161–162, juris Rn. 30; *Bäcker*, in: Kühling/Buchner DS-GVO/BDSG, Art. 12 DS-GVO Rn. 10; *Heckmann/Paschke*, in: Ehmann/Selmayr DS-GVO, Art. 12 Rn. 9; für eine Anwendbarkeit *Schmidt-Wudy*, in: BeckOK Datenschutzrecht, Stand: 01.08.2024, Art. 15 DS-GVO Rn. 83; *Peisker*, Der datenschutzrechtliche Auskunftsanspruch, S. 351 f.
[1010] Vgl. zu diesen Anforderungen Edpb, Guidelines 01/2022 on data subject rights – Right of access, 28. März 2023, Rn. 142; das erkennt auch *Peisker*, Der datenschutzrechtliche Auskunftsanspruch, S. 357 f., der diese Anforderungen auf die Bereitstellung in Kopie anwenden möchte.
[1011] *Hopt*, ZHR 2022, 7 (36); *Gran*, NJW 2008, 1409 (1411); *Vogt*, DStR 2001, 2027 (2033); *Mann*, NZG 2022, 1568 (1572); *Grub/Thiem*, in: Hamann/Sigle/Grub Gesellschaftsrecht, Finanzierung, Unternehmensnachfolge, § 19 Rn. 88: „Physische Datenräume werden mittlerweile nur noch selten verwendet."
[1012] *Grub/Thiem*, in: Hamann/Sigle/Grub Gesellschaftsrecht, Finanzierung, Unternehmensnachfolge, § 19 Rn. 88; *Hörtnagl/Zweirner*, in: Beck'sches Mandats-Hdb Unternehmenskauf, § 2 Rn. 99.

Datenräume führt dazu, dass sie in der Diskussion um aufwendige Zugangsverlangen nicht vernachlässigt oder gar ignoriert werden dürfen. Sie bieten ein beträchtliches Potential zur Aufwandsreduzierung bei der Zugangsgewährung.

### 7. Pseudonymisierung mittels künstlicher Intelligenz

In der Diskussion rund um die Erfüllung des Zugangsanspruchs vernachlässigt wird der Einsatz von künstlicher Intelligenz.[1013] Dabei handelt es sich um eine Technologie intelligenter Computerprogramme, die bei beliebigen Entscheidungsfindungen unterstützen können[1014] und dabei (mal mehr, mal weniger) in der Lage sind menschliches Handeln zu simulieren.[1015] Die künstliche Intelligenz ist mehr als ein Instrument zur bloß algorithmischen Entscheidung bei welcher die Entscheidung des Computers nur das Ergebnis vorbestimmter, menschlich programmierter Regeln ist. Die künstliche Intelligenz kann dazulernen, Regeln modifizieren und so selbstständig und autonom agieren.[1016] Angesichts der Tatsache, dass es sich bei künstlicher Intelligenz um die wohl bedeutendste, am schnellsten wachsende Technologie unserer Zeit[1017] und eine gesellschaftlich immer mehr integrierte Technologie handelt,[1018] ist die Nicht-Berücksichtigung dieser in der juristischen Diskussion rund um Art. 15 DS-GVO bedenklich. Nicht ohne Grund hat die Plattform „ChatGPT"[1019] Ende des Jahres 2022 für Aufsehen gesorgt. Microsoft-Gründer Bill Gates zufolge sei künstliche Intelligenz so bedeutend wie die Erfindung des Internets.[1020]

---

[1013] Hingegen häufiger stößt man auf Literatur zum Einsatz künstlicher Intelligenz im Vorstand: *Li*, Künstliche Intelligenz im Rahmen unternehmerischer Entscheidungen des Vorstands der AG, passim; *Telle*, Einsatz Künstlicher Intelligenz zur vorbereitenden Unterstützung von Leistungsentscheidungen des Vorstands einer AG, passim. Zudem wird teils die Beziehung von Datenschutz und künstlicher Intelligenz untersucht: *Vogel*, Künstliche Intelligenz und Datenschutz, S. 86 ff.; *Conrad*, DuD 2017, 740 (740 ff.).
[1014] Zur Definition und Abgrenzung: *Gausling*, PinG 2019, 61 (62) m. w. N.
[1015] *Ernst*, JZ 2017, 1026 (1027).
[1016] *Ernst*, JZ 2017, 1026 (1027); *Kirn/Müller-Hengstenberg*, MMR 2014, 225 (226, 229).
[1017] Bitkom e. V., Europäischer KI-Markt verfünffacht sich binnen fünf Jahren, 07.01.2019, https://www.bitkom.org/Presse/Presseinformation/Europaeischer-KI-Markt-verfuenffacht-sich-binnen-fuenf-Jahren (zuletzt abgerufen am 24.11.2024).
[1018] *Nägele/Apel/Stolz/Drescher/Sefrin*, DB 2022, 1946 (1951); eine Bestandsaufnahme und Prognose aus dem Jahr 2018 in *Lenzen*, Künstliche Intelligenz. Was sie kann und was uns erwartet, passim.; Grundlagen zur künstlichen Intelligenz in *Ertel*, Grundkurs Künstliche Intelligenz. Eine praxisorientierte Einführung, passim.
[1019] Abrufbar unter: https://openai.com/blog/chatgpt/.
[1020] *Matthes*, Handelsblatt-Online vom 17. März 2023, https://www.handelsblatt.com/politik/international/bill-gates-wir-werden-weniger-arbeiten-muessen-als-heute-/28973628.html?tm=login#wt_eid=2167751349196477964&wt_t=1678692209465 (zuletzt abgerufen am 24.11.2024); nach Pay-Pal Mitgründer Peter Thiel befänden wir uns in einer historischen Wende, „vielleicht sogar [im] wichtigsten Moment seit der Markteinführung des iPhones", *Holtermann*, Handelsblatt-Online vom 28. März 2023, https://hbapp.handelsblatt.com/cmsid/29025444.html. (zuletzt abgerufen am 24.11.2024).

Das schnelle Wachstum des Geschäfts mit künstlicher Intelligenz zeigt sich daran, dass der Umsatz mit Unternehmensanwendungen im Bereich künstlicher Intelligenz 2016 noch rund 93 Mio. Euro betrug, 2022 auf rund 3.047 Mio. Euro wuchs und für 2025 ein Umsatz von rund 7.876 Mio. Euro prognostiziert wird.[1021] Das bedeutet ungefähr eine „Ver-85-fachung" des Umsatzes auf diesem Markt binnen neun Jahren. Mit der rasanten Entwicklung von Technologien auf dem Bereich der künstlichen Intelligenz in den vergangenen Jahren haben sich zahlreiche Möglichkeiten der Verwendung eröffnet, die alle Bereiche des menschlichen Lebens betreffen können. Eine Entwicklung des Einsatzes von künstlicher Intelligenz ist auch in der Rechtsbranche zu beobachten. Das Handelsblatt zitiert einen Wirtschaftsanwalt:

> „Viele Standardaufgaben, mit denen sich heute noch Anwälte befassen, kann man zu erheblichen Teilen von Chatbots erledigen oder weitgehend vorbereiten lassen"[1022]

Dies sieht Bill Gates ähnlich, der meint:

> „[…] In ferner Zukunft werden wir wirklich weniger arbeiten müssen als heute."[1023]

Ob für die vorzunehmenden Schwärzungen personenbezogener Daten Dritter auf eine solche Unterstützung von künstlicher Intelligenz bereits heute zuverlässig zurückgegriffen werden kann, sodass der Aufwand der Bereitstellung der Daten erheblich geringer ist, also der Verantwortliche schon heute „weniger arbeiten" muss, wird im Folgenden kritisch hinterfragt.

*a) Bisherige Nicht-Berücksichtigung seitens der Gerichte und Literatur*

Vor der Untersuchung sei die bisher unterlassene Berücksichtigung der Rechtsprechung hinsichtlich dieser technologischen Fortschritte dargestellt. Das LG Heidelberg berechnet in einem Urteil betreffend des Zugangsanspruchs eines ausgeschiedenen Vorstandsmitglieds den erforderlichen Personalbedarf zur manuellen, durch Art. 15 Abs. 4 DS-GVO veranlassten, Schwärzung von Daten.[1024] Unter anderem wegen des Zeitaufwands zur Sichtung und Schwärzung der Daten kommt das LG Heidelberg zu dem Ergebnis, dass der Anspruch auf Datenzugang ausgeschlossen sei.[1025] Einen Blick auf die technischen Möglichkeiten zur Reduzierung dieses Aufwands nimmt das Gericht dabei nicht. Ebenso wenig erfolgt ein solcher

---

[1021] Tractica, September 2016, https://de.statista.com/statistik/daten/studie/620513/umfrage/umsatz-mit-anwendungen-im-bereich-kuenstliche-intelligenz-in-europa/ (zuletzt abgerufen am 24.11.2024).

[1022] Handelsblatt Redaktion, Handelsblatt-Online vom 20. März 2023, https://www.handelsblatt.com/28957868.html?share=mail (zuletzt abgerufen am 24.11.2024).

[1023] *Matthes*, Handelsblatt-Online vom 17. März 2023, https://www.handelsblatt.com/politik/international/bill-gates-wir-werden-weniger-arbeiten-muessen-als-heute-/28973628.html?tm=login#wt_eid=2167751349196477964&wt_t=1678692209465 (zuletzt abgerufen am 24.11.2024).

[1024] LG Heidelberg, Urt. v. 21. Februar 2020 – 4 O 6/19, ZD 2020, 313–315, juris Rn. 18, 36.

[1025] LG Heidelberg, Urt. v. 21. Februar 2020 – 4 O 6/19, ZD 2020, 313–315, juris Rn. 30 ff.

Blick in einem Urteil des LAG Hessen zu § 34 BDSG aF aus dem Jahr 2013. Das Gericht erachtet die Voraussetzungen der faktischen Unmöglichkeit nach § 275 BGB als gegeben, da „[...] in mehr als 4.000.000 Dokumenten nach dem Namen des Klägers geforscht werden [...]" müsste.[1026] Zudem müsse „[...] ‚von Hand' [geprüft werden], ob die Dokumente eventuell auch personenbezogene Daten Dritter oder Hinweise auf Geschäftsgeheimnisse enthalten [...]".[1027] Technische Hilfsmittel werden dabei nicht in Betracht gezogen, was dem Gericht im Jahr 2013 aber auch nicht vorgeworfen werden kann. Denn zu der Zeit waren solche technischen Hilfsmittel nicht derart präsent wie heutzutage. Soweit ersichtlich nehmen auch andere Urteile und die Literatur die bestehenden technischen Möglichkeiten nicht in Bezug. Die Argumentation der Gerichte ist angesichts der auch der breiten Masse und erst recht den Unternehmen heutzutage zur Verfügung stehenden Möglichkeiten,[1028] aus heutiger Sicht nicht mehrbedingungslos überzeugend.

*b) Künstliche Intelligenz zur Schwärzung personenbezogener Daten*

Insbesondere bei M&A-Transaktionen wird von den zahlreichen Anbietern künstlicher Intelligenz bereits umfangreich Gebrauch gemacht.[1029] Die dort angewendete künstliche Intelligenz ist häufig speziell auf die Schwärzung personenbezogener Daten trainiert. Die künstliche Intelligenz identifiziert eigenständig „[...] gängige Datenelemente wie Namen, Adressen und andere personenbezogene Daten [...]".[1030] Auch können individuell Suchbegriffe festgelegt werden, bezüglich derer eine Schwärzung erfolgen soll.[1031] Es können Kategorien von Gründen für die Schwärzungen definiert werden,[1032] was die Begründung der Schwärzungen[1033] vereinfacht. Die künstliche Intelligenz erkennt dabei auch Logos und Bilder.[1034]

---

[1026] LAG Hessen, Urt. v. 29. Januar 2013 – 13 Sa 263/12, ZD 2013, 413–416, juris Rn. 110.
[1027] Siehe oben Fn. 1026 [Anm.: Hervorhebungen durch den Verfasser].
[1028] *Conrad*, DuD 2017, 740 (740): „[...] In unserem Alltag [...] etablierte Systeme [...]."
[1029] *Hopt*, ZHR 2022, 7 (36).
[1030] Intralinks Homepage, https://www.intralinks.com/de/products/mergers-acquisitions/redaction (zuletzt abgerufen am 28.11.2023).
[1031] Siehe oben Fn. 1030.
[1032] „Datasite Dilligence" Broschüre, https://www.datasite.com/docs/default-source/brochures/datasite-diligence-brochure-german.pdf?sfvrsn=36abb935_3 (zuletzt abgerufen am 28.11.2023)
[1033] Zu diesem Erfordernis siehe oben § 5 C. II. 3.
[1034] Siehe oben Fn. 1032.

### c) Erfahrungsberichte zur Anwendung von künstlicher Intelligenz aus der Praxis

Im Zuge der Recherchen zum Einsatz von künstlicher Intelligenz wurden Investment Banking Analysten eines führenden Investmentbanking- und Wertpapierhandelsunternehmens mit Sitz in New York City zu ihren Erfahrungen befragt.[1035] Jüngst haben diese mit Unterstützung dieser Technik ein multi-Mrd. Euro Transaktionsgeschäft bewältigt, im Rahmen dessen knapp 8.000 Dokumente hinsichtlich personenbezogener Daten Dritter zu prüfen und gegebenenfalls zu schwärzen waren. Zunächst wurde im Gespräch mit den Analysten der praktische Ablauf bei der Pseudonymisierung mittels künstlicher Intelligenz geschildert: Innerhalb des Datenraums müssen die Dokumente zunächst in die Anwendung geladen werden, welches die Dokumente anschließend scannt. Vorab können wichtige Einstellungen vorgenommen werden, die die künstliche Intelligenz bei Ihrer Prüfung der Dokumente leiten. Sie kann beispielsweise dazu angewiesen werden, spezielle Firmen, Namen natürlicher Personen, Adressen oder Telefonnummern zu schwärzen. Umgekehrt ist es möglich bestimmte Personen, also deren Namen, (E-Mail-)Adresse oder Ähnliches von der Schwärzung auszunehmen. Diese Einstellung muss im hier diskutierten Anwendungsfall der Zugangsgewährung zu den personenbezogenen Daten des Betroffenen zwingend vorgenommen werden. Der Betroffene ist von der Schwärzung auszunehmen. Hat die künstliche Intelligenz die in die Anwendung geladenen Dokumente dann entsprechend den Einstellungen gescannt, so schlägt es dem Anwender Schwärzungen vor. Für jede Schwärzung kann dann individuell entschieden werden, ob sie übernommen wird oder nicht.

Als Kritik hoben die Analysten hervor, dass es bei den gängigen Anbietern noch zu Problemen bei der Schwärzung käme, wenn die Dokumente nicht auf Deutsch, Englisch, Französisch oder ähnlichen verbreiteteren Sprachen verfasst sind. Im Zweifel, so die Analysten, würde die künstliche Intelligenz eher zu viele als zu wenige Schwärzungen vornehmen.[1036] Die vorgeschlagenen Schwärzungen sollten allesamt überprüft werden, da es ansonsten zu unleserlichen Dokumenten kommen könnte. Als Beispiel wurde die Schwärzung von Finanzkennzahlen genannt, die für Telefonnummern gehalten wurden. Dahingehend bestehe Verbesserungsbedarf. Insgesamt empfinden die Analysten die Unterstützung durch die künstliche Intelligenz jedoch als „definitive Erleichterung", die den Prozess wesentlich schneller und weniger fehleranfällig mache. Es werde „massiv" Zeit gespart. Insbesondere bei E-Mails und (auch gescannten) Texten funktioniere die Software sehr gut. Hinzu komme, dass die Anbieter der Datenräume viel Feedback sammeln würden und man so eine ständige und rasante Entwicklung in der Zuverlässigkeit der Systeme feststellen könne.

---

[1035] Persönliche Kommunikation, 10. Mai 2023.
[1036] Zur rechtlichen Relativierung des Problems der ungerechtfertigten Schwärzung siehe unten § 5 D. VII. 7. e).

Es sei darauf hingewiesen, dass die Erkenntnisse zur Anwendung von künstlicher Intelligenz zur Bewältigung großer Datenmengen in M&A-Transaktionen nicht bedingungslos auf das Anwendungsfeld der Zugangsgewährung zu personenbezogenen Daten nach Art. 15 DS-GVO übertragen werden können. Im Rahmen solcher Transaktionen entstehen erhebliche Transaktionskosten, insbesondere in Form von Rechtsanwaltshonoraren. Diese Kosten würden bei einer Zugangsgewährung im Sinne des Art. 15 DS-GVO den Rahmen des zumutbaren sprengen. Der Vergleich mit großvolumigen M&A-Transaktionen soll vielmehr einen Schluss von diesem „Großen" auf das „Kleine" ermöglichen. Wenn Daten in solchen großvolumigen Transaktionen mithilfe von Investmentbankern und Rechtsanwälten detailtief analysiert werden können, dann kann das bei weniger Daten, weniger detailtief auch von den Verantwortlichen erbracht werden. Die technische Unterstützung ist dabei in beiden Anwendungsfällen gleichermaßen hilfreich.

*d) Zulässigkeit der Anwendung von künstlicher Intelligenz auf personenbezogene Daten*

Nach Art. 22 Abs. 1 DS-GVO hat eine Person ein Recht darauf, „[…] nicht einer ausschließlich auf einer automatisierten Verarbeitung – einschließlich Profiling – beruhenden Entscheidung unterworfen zu werden, die ihr gegenüber rechtliche Wirkung entfaltet oder sie in ähnlicher Weise erheblich beeinträchtigt." Das könnte Zweifel an der Rechtmäßigkeit der Anwendung von künstlicher Intelligenz zum Zweck der Schwärzung von Dateien im Datenraum hervorrufen. Zu erörtern ist, was mit diesem Verbot im Detail gemeint ist. Ziel der Norm ist die Verhinderung der Unterwerfung des Individuums als bloßes Objekt unter die Entscheidung einer Maschine.[1037] Diese „Unterwerfung" einer Person droht bei der bloßen Schwärzung personenbezogener Daten aber nicht. Der Vorgang dient vielmehr dem Schutz dieser Daten, womit der durch Art. 22 Abs. 1 DS-GVO geschützte Bereich nicht tangiert ist. Eine Beeinträchtigung der Rechte des von der automatisierten Verarbeitung Betroffenen, wie sie Art. 22 DS-GVO erfordert,[1038] liegt damit nämlich nicht vor. Des Weiteren zeigen die praktischen Erfahrungen, dass bei dem derzeitigen Stand der Technik stets noch eine menschliche Kontrolle der Schwärzungen nachgeschaltet werden muss, sodass die Entscheidung nicht „ausschließlich" automatisiert erfolgt. Eine „ausschließlich" automatisierte Entscheidung setzt nämlich voraus, dass die Entscheidung frei ist von jeder menschlichen Beeinflus-

---

[1037] *von Lewinski*, in: BeckOK Datenschutzrecht, Stand: 01.08.2024, Art. 22 DS-GVO Rn. 2; *Hladjk*, in: Ehmann/Selmayr DS-GVO, Art. 22 Rn. 1; *Taeger*, in: Taeger/Gabel DS-GVO/BDSG/TTDSG, Art. 22 DS-GVO Rn. 9; *Spindler/Horváth*, in: Spindler/Schuster Recht der elektronischen Medien, Art. 22 DS-GVO Rn. 1; *Buchner*, in: Kühling/Buchner DS-GVO/BDSG, Art. 22 DS-GVO Rn. 1.
[1038] *Scholz*, in: Simitis/Hornung/Spiecker gen. Döhmann Datenschutzrecht, Art. 22 DS-GVO Rn. 1; *Taeger*, in: Taeger/Gabel DS-GVO/BDSG/TTDSG, Art. 22 DS-GVO Rn. 9.

sung.¹⁰³⁹ Art. 22 DS-GVO steht der Anwendung von künstlicher Intelligenz als Hilfsinstrument bei der Bewältigung umfangreicher Datenzugangsverlangen nach alledem nicht entgegen.

*e) Ungerechtfertigte Schwärzungen als (vermeintliches) Problem*

Die praktischen Erfahrungen zeigen, dass bei dem Einsatz von künstlicher Intelligenz die Möglichkeit ungerechtfertigter, übermäßiger Schwärzungen droht. Das meint, dass mal mehr, mal weniger Schwärzungen vorgenommen werden, die sich im Rahmen einer Abwägung nach Art. 15 Abs. 4 DS-GVO als nicht erforderlich erweisen. Eine solche Abwägung widerstreitender Interessen kann die künstliche Intelligenz zum gegenwärtigen Zeitpunkt nicht vornehmen. Die künstliche Intelligenz gewährt dem Geheimhaltungsinteresse Dritter in jedem Fall den Vorrang, sofern sie Daten Dritter identifiziert. Eine inhaltliche Auseinandersetzung mit den Daten nimmt die künstliche Intelligenz nicht vor. Zwar erfolgt grundsätzlich eine menschliche Kontrolle der von der künstlichen Intelligenz nur vorgeschlagenen Schwärzungen, sodass eine Abwägung dann seitens des Bedieners vorgenommen werden könnte. Jedoch kann es wegen der großen Datenmenge geschehen, dass eine von der künstlichen Intelligenz nur vorgeschlagene Schwärzung bei der menschlichen Prüfung leichtfertig bestätigt wird, obwohl eine solche nicht erforderlich gewesen wäre. Eine praktische Konkordanz der widerstreitenden Interessen wurde dann auf einen ersten Blick nicht hergestellt, sodass die Schwärzung das Recht des Organmitglieds auf Datenzugang beeinträchtigen würde.

aa) Rechtsfolgen bei zu Unrecht vorgenommenen „Zuviel-Schwärzungen"

Ist das Organmitglied der Auffassung, dass Schwärzungen zu Unrecht vorgenommen wurden, so kann es dagegen verschiedene rechtliche Maßnahmen ergreifen.¹⁰⁴⁰ Dies sind beispielsweise die gerichtliche (vollständige) Geltendmachung der Betroffenenrechte mittels Klage (Art. 79 DS-GVO)¹⁰⁴¹ oder die Einschaltung der zuständigen Aufsichtsbehörde (Artt. 77, 83 DS-GVO).¹⁰⁴² Die involvierte Aufsichtsbehörde kann nach Art. 83 Abs. 5 lit. b DS-GVO Bußgelder von

---

¹⁰³⁹ *Hladjk*, in: Ehmann/Selmayr DS-GVO, Art. 22 Rn. 6; *Spindler/Horváth*, in: Spindler/Schuster Recht der elektronischen Medien, Art. 22 DS-GVO Rn. 5.

¹⁰⁴⁰ *Franck*, in: Gola/Heckmann DS-GVO/BDSG, Art. 15 DS-GVO Rn. 68; *Schmidt-Wudy*, in: BeckOK Datenschutzrecht, Stand: 01.08.2024, Art. 15 DS-GVO Rn. 99, 25 ff.; *Dix*, in: Simitis/Hornung/Spiecker gen. Döhmann Datenschutzrecht, Art. 15 DS-GVO Rn. 38.

¹⁰⁴¹ *Schmidt-Wudy*, in: BeckOK Datenschutzrecht, Stand: 01.08.2024, Art. 15 DS-GVO Rn. 28; vgl. *Ehmann*, in: Ehmann/Selmayr DS-GVO, Art. 15 Rn. 74; *Dix*, in: Simitis/Hornung/Spiecker gen. Döhmann Datenschutzrecht, Art. 15 DS-GVO Rn. 38.

¹⁰⁴² *Ehmann*, in: Ehmann/Selmayr DS-GVO, Art. 15 Rn. 79; *Dix*, in: Simitis/Hornung/Spiecker gen. Döhmann Datenschutzrecht, Art. 15 DS-GVO Rn. 38.

bis zu 20 Mio. Euro oder 4 % des gesamten weltweit erzielten Jahresumsatzes des Unternehmens – je nachdem, welcher Betrag höher ist – fordern.[1043] Auch könnte ein Schadensersatzanspruch nach Art. 82 Abs. 1 DS-GVO bestehen, sofern dem Organmitglied hieraus ein Schaden entsteht. Voraussetzung für den Erfolg solcher Mittel wäre aber zumindest die tatsächlich unzureichende Gewährung des Zugangs für den Betroffenen. Dass die Voraussetzungen dieser Sanktionen nicht vorliegen, zeigen die folgenden Erwägungen.

bb) Ermöglichung des Zugangs durch übermäßige Schwärzungen

Im Rahmen der Interessenabwägung ist zwingend zu berücksichtigen, dass die Schwärzung unter Zuhilfenahme der künstlichen Intelligenz die Gewährung des Zugangs bei einer großen Datenmenge gegebenenfalls erst ermöglicht. Eine solche Datenmenge wäre durch den Verantwortlichen mittels manueller Durchsicht gegebenenfalls gar nicht in angemessener Zeit zu bewältigen. Das darf bei der oben dargelegten Interessenabwägung nicht vernachlässigt werden. Für das Organmitglied ist es danach bei einer entsprechenden Datenmenge zumutbar, wenn das Zugangsrecht in dieser Hinsicht durch zu viele Schwärzungen „zu weit" eingeschränkt wird. Vereinfacht könnte man sagen: Besser einen eingeschränkten Zugang mit zu vielen Schwärzungen als überhaupt keinen Zugang. Selbstverständlich darf diese Abwägung nicht zu einem „Freifahrtschein" für übermäßige Schwärzungen verkommen. Dem Organmitglied muss es unbenommen bleiben, im Nachhinein gezielte Nachfragen bezüglich vereinzelter Schwärzung zu stellen, sofern es den Verdacht hegt, dass diese im Einzelfall nicht erforderlich waren. So kann die grundsätzlich „zu viel" erfolgte Schwärzung dann im Nachhinein noch korrigiert werden. Insofern ist in dieser Hinsicht ein „gestuftes Vorgehen" angebracht, wie es ähnlich für eine Zugangsgewährung im Gesamten angenommen wird.[1044] Es darf erst Zugang mit „Zuviel-Schwärzungen" gewährt werden, bevor eine kooperative Korrektur erfolgt.

---

[1043] *Mester*, in: Taeger/Gabel DS-GVO/BDSG/TTDSG, Art. 15 DS-GVO Rn. 23; *Nink*, in: Spindler/Schuster Recht der elektronischen Medien, Art. 15 DS-GVO Rn. 21; *Dix*, in: Simitis/Hornung/Spiecker gen. Döhmann Datenschutzrecht, Art. 15 DS-GVO Rn. 38; *Arning*, in: Moos/Schefzig/Arning Hdb DS-GVO/BDSG, Kap. 6 Rn. 665.
[1044] Vgl. *Arning*, in: Moos/Schefzig/Arning Hdb DS-GVO/BDSG, Kap. 6 Rn. 338 ff.; *Schmidt-Wudy*, in: BeckOK Datenschutzrecht, Stand: 01.08.2024, Art. 15 DS-GVO Rn. 52.3; *Krämer/Burghoff*, ZD 2022, 428 (432); *Wybitul/Brams*, NZA 2019, 672 (676).

### f) (Un-)zuverlässigkeit künstlicher Intelligenz

Nach Kutyniok ist die fehlende Zuverlässigkeit die zentrale Herausforderung bei der Verwendung künstlicher Intelligenz.[1045] Andere Autoren berichten von Bilderkennungssoftwares, welche in Untersuchungen einen Baseball für Espresso, einen Wischmopp für Kuchen und eine Schildkröte für einen Menschen hielten.[1046] Der nach der Lektüre dieser Artikel verbleibende Eindruck über die fehlende Zuverlässigkeit von künstlicher Intelligenz wird dieser aber in dem hier diskutierten Anwendungszusammenhang nicht gerecht. Die Zuverlässigkeit von künstlicher Intelligenz hängt von vielen Faktoren ab. Diese sind etwa die Qualität des Algorithmus und die Komplexität der zu bewältigenden Aufgabe.[1047]

Kutyniok stützt ihre These der Unzuverlässigkeit schwerpunktmäßig auf „Unfälle mit Robotern, vermehrte Attacken von Hackern auf KI-Systeme und deren zu geringe […] Robustheit gegenüber Manipulationen sowie fehlende Erklärbarkeit von (oftmals sogar einseitigen) KI-basierten Entscheidungen."[1048] Im Tagesspiegel wird auf japanische Wissenschaftler der Universität Kyushu verwiesen, welche gezielte Manipulationen an den der künstlichen Intelligenz vorgelegten Bildern vornahmen und sodann fehlerhafte Ergebnisse erhielten.[1049] Eine bewusste Manipulation und bewusste Herausforderungen der künstlichen Intelligenz an der Grenze ihrer Fähigkeiten erfolgt im hier diskutierten Anwendungsfall aber nicht. Zudem hat die künstliche Intelligenz in einigen Bereichen enorme Fortschritte gemacht und kann bestimmte Aufgaben ebenso gut oder besser bewältigen als Menschen. Insofern ist künstliche Intelligenz also individuell und insbesondere auch in ihrem jeweiligen Anwendungskontext zu beurteilen. Ein pauschales Abtun als unzuverlässig wäre dem *status quo* der Technik nicht angemessen.

Des Weiteren sieht die vorgeschlagene Verwendung der künstlichen Intelligenz eine menschliche Kontrolle der Schwärzungen vor, was die Zuverlässigkeit des Gesamtergebnisses ebenfalls – unter der Einschränkung des leichtfertigen Bestä-

---

[1045] *Kutyniok*, Digitale Welt 2022, 4 (4); auch *Voß*, Tagesspiegel-Online vom 15. Juni 2018, https://www.tagesspiegel.de/politik/so-dumm-ist-kunstliche-intelligenz-5269513.html (zuletzt abgerufen am 24.11.2024) regt Skepsis an der Zuverlässigkeit von KI.

[1046] Zu Unsicherheiten bei Bilderkennungssoftwares auch *Huber/Wagner/Wu*, interaktiv. die Nachrichten Plattform des Fraunhofer IPA vom 16. Dezember 2021, https://interaktiv.ipa.fraunhofer.de/kuenstliche-intelligenz-fuer-die-produktion/zuverlaessige-ki-kuenstliche-neuronale-netze-absichern/ (zuletzt abgerufen am 24.11.2024); *Voß*, Tagesspiegel-Online vom 15. Juni 2018, https://www.tagesspiegel.de/politik/so-dumm-ist-kunstliche-intelligenz-5269513.html (zuletzt abgerufen am 24.11.2024).

[1047] *Eichel/Matt/Galván*, Wirtschaftsinformatik & Management 2020, 392 (393); vgl. *Bamberg/Ducki/Janneck*, Digitale Arbeit gestalten – Herausforderungen der Digitalisierung für die Gestaltung gesunder Arbeit, S. 35: „Bei der Bearbeitung spezieller Aufgaben oder Funktionen kann schwache KI sehr mächtig und der menschlichen Intelligenz auf Grund von Rechenleistung schnell überlegen sein."

[1048] *Kutyniok*, Digitale Welt 2022, 4 (4).

[1049] *Voß*, Tagesspiegel-Online vom 15. Juni 2018, https://www.tagesspiegel.de/politik/so-dumm-ist-kunstliche-intelligenz-5269513.html (zuletzt abgerufen am 24.11.2024).

tigens vereinzelter Schwärzungen – erhöht. Nach einem von Wissenschaftlern der Universität Bern entwickelten Stufenmodell – „Stufe 0" entspricht einer menschlichen Entscheidung ohne Unterstützung von Systemen, „Stufe 5" entspricht der dauerhaften und zuverlässigen autonomen Entscheidung[1050] – wäre die hier vorgeschlagene Anwendung von künstlicher Intelligenz auf „Stufe 3", dem „geprüften Entscheiden",[1051] zu verorten.

> „Aus rechtlicher Sicht entfalten solche Systeme [der Stufe 3] ihre Wirkung vor allem als eine Hilfe für die durch den Menschen erfolgende ‚Rechtsfindung' und ‚Rechtsanwendung i. e. S.'."[1052] „[Also bei der] Anwendung der Vorschriften auf den konkreten Sachverhalt."[1053]

Der Anspruch dieses Systems besteht in Abgrenzung zu Stufe 5 gar nicht in einer dauerhaften, zuverlässigen und autonomen Entscheidung des Systems, sondern ist vielmehr als ein System konzipiert, das die Überprüfung durch den Menschen erfordert. Diesen Anspruch erfüllt das System nach den geschilderten praktischen Erfahrungen[1054] zuverlässig. Die aus der Wissenschaft deutlich hörbaren Stimmen des Zweifels an der Zuverlässigkeit von künstlicher Intelligenz sind also nicht geeignet, Zweifel an der konkret vorgeschlagenen Anwendung von künstlicher Intelligenz zu begründen.

### g) Fazit zu künstlicher Intelligenz zwecks Reduzierung des Erfüllungsaufwands

Die künstliche Intelligenz drängt sich als Mittel zur Reduzierung des Aufwands der Zugangsgewährung nahezu auf. Sie ist geeignet, Einwände der Gesellschaft wegen hohen Aufwands bei der Schwärzung von Daten Dritter teilweise zu entkräften, sofern die Gesellschaft derartige Möglichkeiten nicht in Betracht zieht oder zumutbare Mittel nicht ausschöpft. Allmählich ist die Entwicklung dieser Systeme sowie der niedrigschwellige Zugang zu diesen Anwendungen derart ausgeprägt, dass die fehlende Nutzung immer schwerer ins Gewicht fallen muss. Der Vergleich mit großvolumigen M&A-Transaktionen, zu deren Bewältigung diese Technik bereits zum Standard gehört, zeigt im Wege eines Schlusses vom „Großen" aufs „Kleine", dass diese Technik bei der Zugangsgewährung zu personenbezogenen Daten des Organmitglieds ebenfalls hilfreich sein kann.

---

[1050] *Eichel/Matt/Galván*, Wirtschaftsinformatik & Management 2020, 392 (393 ff.).
[1051] *Eichel/Matt/Galván*, Wirtschaftsinformatik & Management 2020, 392 (394).
[1052] *Eichel/Matt/Galván*, Wirtschaftsinformatik & Management 2020, 392 (395).
[1053] *Eichel/Matt/Galván*, Wirtschaftsinformatik & Management 2020, 392 (393).
[1054] Siehe oben § 5 D. VII. 7. c).

## 8. Fazit zu Möglichkeiten der Aufwandsreduzierung

Es zeigt sich ein Bild verschiedenster Möglichkeiten zur Reduzierung des notwendigen Aufwands im Rahmen der Gewährung des Zugangs. Ein Schwerpunkt liegt dabei auf solchen Maßnahmen, die der Verarbeitende selbst ergreifen muss. Dementsprechend gereicht es dann dem Verarbeitenden zum Nachteil, wenn er diese „aufwandsreduzierenden" Maßnahmen nicht ergreift. Letztlich kommt dem Organmitglied das Spektrum der „aufwandsreduzierenden" Maßnahmen also zugute: Entweder ergreift die Gesellschaft diese Maßnahmen, sodass der Zugang zügig gewährt werden kann oder die Gesellschaft ergreift sie nicht, sodass es ihr verweigert sein wird, sich auf einen Ausschluss des Anspruchs wegen unzumutbaren Aufwands zu berufen. In aller Regel wird das Organmitglied den Zugang zu den Daten damit erhalten. Anderes gilt nur dann, wenn sich das Organmitglied bei der Aufwandsvermeidung jeglicher Kooperation verweigert oder ihm aus vormaliger Verantwortung für die Datenverarbeitung ein erheblicher Vorwurf hinsichtlich einer dadurch verursachten Erschwerung der Anspruchserfüllung gemacht werden kann. Insofern stellt die fortschreitende Technologie nicht nur eine Bedrohung für den Datenschutz dar,[1055] sondern hilft gleichermaßen diesen zu verwirklichen.[1056] Die Wirkungen des technischen Fortschritts auf den Datenschutz sind ambivalent. Während er die Anforderungen hieran herausfordert, hilft er zugleich diesen gerecht zu werden.

## VIII. Vergleich: Aufwandsbewältigung bei der Pre-Trial Discovery

Wenn man sich wie hier mit der Aufwandsbewältigung im Kontext eines Informationsaustauschs auseinandersetzt, lohnt sich ein Blick auf die Mittel zur Bewältigung eines solchen Aufwands bei der amerikanischen Pre-Trial Discovery. Denn auch bei dieser wird der zur Informationsgewährung verpflichteten Partei ein hoher Aufwand zugemutet: „Innerhalb eines sehr kleinen Zeitraums müssen die prozessrelevanten Teile großer Datenbestände räumlich identifiziert, zusammengetragen und offengelegt werden."[1057] Die Identifizierung prozessrelevanter Datenbestände dürfte dabei aber angesichts der denkbar weiten Auslegung des Begriffs der „Relevanz" für den Prozess[1058] keine allzu großen Schwierigkeiten bereiten.

---

[1055] Vgl. Erwägungsgrund 6 zur DS-GVO.

[1056] Vgl. in abweichendem Kontext *Albers*, in: Reloading Data Protection, S. 213 (231): „Whilst the social risks of mainframe computing systems and data processing technologies once were the reason for developing data protection concepts, technologies in the meantime are considered to be also a tool for realizing data protection."

[1057] *Harguth*, „Pre-Trial Discovery" und das deutsche Datenschutzrecht, S. 18.

[1058] Hickman v. Taylor, 329 U.S. 495, 507 (1947); Oppenheimer Fund, Inc. v. Sanders, 437 U.S. 340, 351 (1978); Bacon v. Smith Barney Shearson, Inc., 938 F. Supp. 98, 104 (D.N.H. 1996).

Gleichzeitig erhöht das aber auch die Menge der bereitzustellenden Daten erheblich. Eine Konkretisierung auf bestimmte Daten ermöglicht dieses Kriterium nur in geringem Maße. Zwecks Bewältigung dieser ebenfalls als „*Mammut-Aufgabe*"[1059] erscheinenden Herausforderung sieht das Verfahrensrecht der US-Bundesgerichte in Rule 26 (f) FRCP eine „Conference of the Parties" samt „Planning for Discovery" vor. In diesem Verfahren sollen die Parteien dem Gesetzeswortlaut zufolge einen Plan zur Bewältigung der Pre-Trial Discovery erstellen. Insbesondere geht es dabei um die kooperative Festlegung eines „*Scopes*" und eines effizienten Vorgehens mittels einvernehmlicher Reduzierung der Pre-Trial Discovery auf bestimmte Zeiträume oder Personenkreise.[1060] Wesentlicher Unterschied zu Art. 15 DS-GVO ist aber, dass die Pflichten bei der Pre-Trial Discovery gegenseitig bestehen und dieses Verfahren somit für beide Parteien einen erheblichen Aufwand bedeuten kann.[1061] Dementsprechend wird das Organmitglied hier an einer Kooperation zur Aufwandsreduzierung eher interessiert sein, als das bei Art. 15 DS-GVO der Fall ist. Verhält sich das Organmitglied aber selbst kooperativ, so erhöht das seine Chancen auf ein kooperatives Verhalten seitens der Gesellschaft. Dementsprechend kann ein Treffen nach dem Vorbild einer „Conference of the Parties" im Pre-Trial Discovery Verfahren auch im Hinblick auf Art. 15 DS-GVO hilfreich sein, um die Zugangsgewährung zu erleichtern. Eine echte Pflicht zur Kooperation seitens des Organmitglieds besteht aber nicht. Es ist nicht zur Teilnahme an einem solchen Treffen verpflichtet. Verweigert es aber jede Kooperation, kann das im Rahmen der Abwägung nach Art. 15 Abs. 4 DS-GVO berücksichtigt werden.

### IX. Ergebnis – Verteidigungsmöglichkeiten der Gesellschaft bei großem Aufwand

Die Verteidigungsmöglichkeiten der Gesellschaft im Falle eines durch das Zugangsverlangen veranlassten hohen Aufwand sind beschränkt. Grundsätzlich ist ein hoher Aufwand der Preis, den die Gesellschaft für die Verarbeitung einer großen Datenmenge zahlt. Es würde den Transparenzgrundsatz konterkarieren, wenn gerade eine große Datenmenge zu einer Privilegierung des Datenverarbeiters führen würde. Ausnahmen von diesem grundsätzlich unbeschränkten Zugangsrecht ergeben sich aus einer dogmatisch bei Art. 15 Abs. 4 DS-GVO anzuknüpfenden Interessenabwägung. Die identifizierten Abwägungsmaßstäbe und -kriterien sowie zahlreiche im Verantwortungsbereich des Verarbeiters liegende Möglichkeiten zur Aufwandsminimierung, zeugen aber von einem kaum zu erbringenden Begründungsaufwand, wenn sich die Gesellschaft allein wegen des Aufwands auf einen Anspruchsausschluss oder eine Kostenbeteiligung berufen wollte. Regelmäßig wird das Zugangsinteresse des Organmitglieds das Interesse der Gesellschaft an

---

[1059] Dazu im Kontext von Art. 15 DS-GVO *König*, CR 2019, 295 (300).
[1060] *Harguth*, „Pre-Trial Discovery" und das deutsche Datenschutzrecht, S. 18 ff.
[1061] Vgl. *Harguth*, „Pre-Trial Discovery" und das deutsche Datenschutzrecht, S. 19.

unternehmerischer Freiheit übertreffen. Das Gewicht des Datenschutzes verlangt, dass ein Ausschluss des Zugangsanspruchs allein wegen des Aufwands nicht möglich ist. Hätte allein aus dem Aufwand ein Einwand erwachsen sollen, hätte der Verordnungsgeber einen solchen ausdrücklich normiert. Im Rahmen des Art. 15 Abs. 4 DS-GVO ist anders als bei Art. 14 Abs. 5 lit. b DS-GVO das Hinzutreten weiterer Umstände erforderlich. Damit ein Einwand wegen unzumutbaren Aufwands Erfolg haben kann, muss das Organmitglied selbst während seiner Amtszeit erhebliche Versäumnisse in der Datenorganisation zu vertreten haben, die nun kausal für den hohen Aufwand sind. Alternativ oder je nach Einzelfall kumulativ müsste das Organmitglied jegliche ihm zumutbare Kooperation verweigern, die den Aufwand minimieren könnte.

## E. Beschränkung des Art. 15 DS-GVO bei „Verfolgung datenschutzfremder Zwecke"

Höchst streitig, aber ebenso bedeutend für die in dieser Arbeit gegenständliche Frage ist die Subsumtion der „Verfolgung datenschutzfremder Zwecke" unter etwaige Ausschlussgründe. Der BGH hatte sich dazu mit einer Vorlagefrage an den EuGH gerichtet, mit welchem er zu klären beabsichtigte, ob Anfragen, mit denen datenschutzfremde, aber legitime Zwecke verfolgt werden, vom Anspruch des Art. 15 Abs. 1, 3 DS-GVO erfasst sein sollen.[1062] In dem der Vorlagefrage zugrundeliegenden Verfahren geht es inhaltlich um das Zugangsverlangen eines Patienten zu seiner Patientenakte gegenüber seiner Zahnärztin, wobei der Patient einen Behandlungsfehler durch diese vermutet.[1063] Der BGH bat den EuGH um Klärung, ob etwa die Absicht zur Prüfung arzthaftungsrechtlicher Ansprüche mittels der nach Art. 15 DS-GVO erlangten Informationen diesem datenschutzrechtlichen Anspruch entgegenstünde.[1064] Eine Prüfung zivilrechtlicher Ansprüche ist unstreitig nicht der originäre Zweck der DS-GVO. Angesichts dessen regt sich bei einigen ein Störgefühl bei einer derartigen Verwendung des Zugangsanspruchs, sodass sie solche Zugangsverlangen ausschließen möchten.[1065] Der EuGH hat sich mit Urteil vom 26. Oktober 2023 erwartungsgemäß den Schlussanträgen von Generalanwalt Nicholas Emiliou[1066] angeschlossen.[1067] Der EuGH betont, dass Art. 15 Abs. 1, 3

---

[1062] BGH, EuGH-Vorlage vom 29. März 2022 – VI ZR 1352/20, DB 2022, 1249–1255, Frage 1.
[1063] EuGH, Urt. v. 26. Oktober 2023 – C 307/22, ECLI:EU:C:2023:811, Rn. 18 ff.
[1064] Vgl. Generalanwalt *Nicholas Emiliou*, Schlussanträge vom 20. April 2023 – C 307/22, Rn. 15.
[1065] Zu dieser restriktiven Literatur siehe unten § 5 E. II. 4. a) aa); zur restriktiven Rechtsprechung siehe unter § 5 E. II. 3. a) aa).
[1066] Generalanwalt *Nicholas Emiliou*, Schlussanträge vom 20. April 2023 – C 307/22.
[1067] EuGH, Urt. v. 26. Oktober 2023 – C 307/22, ECLI:EU:C:2023:811; zum erfahrungsgemäß hohen Einfluss der Schlussanträge auf die Entscheidungen des EuGH: *Kovács*, JA 2010, 625 (628), demzufolge Schlussanträge eine „Erfolgsquote" von zwei Dritteln haben; *Schreiber/Brinke*, Rdi 2023, 232 (237); *Zhou/Wybitul*, BB 2023, 1411 (1413).

E. Beschränkung bei „Verfolgung datenschutzfremder Zwecke" 239

DS-GVO auch dann gilt, wenn andere als die in Erwägungsgrund 63 S. 1 DS-GVO niedergelegte Zwecke verfolgt werden sollen.[1068] Die Problematik der Verfolgung „datenschutzfremder Zwecke" war vor diesem Urteil des EuGH höchst umstritten, aber schon davor für den Organhaftungsprozess höchst relevant. Wegen der großen Bedeutung für die Praxis soll diese Konstellation der „Verfolgung datenschutzfremder Zwecke" hier trotz des Urteils des EuGH, das in gewissen Bereichen Rechtssicherheit schafft, ausführlich analysiert werden. Das wird zeigen, dass der EuGH lediglich eine Teilfrage beantwortet hat, jedoch Abgrenzungsfragen und Fallkonstellationen bestehen bleiben, die hier einer Lösung zugeführt werden.[1069]

## I. Problematische Fallgruppen – Anknüpfungspunkte für Anspruchsausschluss

Um der Diskussion rund um die „Verfolgung datenschutzfremder Zwecke" Herr zu werden, können und müssen denkbare Konstellationen in verschiedene Fallgruppen unterteilt werden, die sich in ihrer rechtlichen Behandlung unterscheiden.[1070] In einem ersten Zugriff bietet sich eine Differenzierung nach dem Vorliegen eines Informationsinteresses an. Entsprechend differenziert auch das BVerwG im Kontext des IFG danach, ob ein solches Informationsinteresse vorliegt.[1071]

### 1. Organmitglied hat Informationsinteresse

Eines der am häufigsten diskutierten Szenarien rund um einen Ausschluss des Anspruchs wegen der „Verfolgung datenschutzfremder Zwecke" ist die soeben dargelegte und dem EuGH vom BGH vorgelegte Fallgruppe der „Ausforschung" des Verantwortlichen zwecks Geltendmachung anderer zivilprozessualer Ansprüche. Diese Fallgruppe der „Ausforschung" war in dieser Arbeit bereits Anlass umfangreicher Ausführungen zur Problematik der Wahrung des Prinzips der begrenzten Einzelermächtigung. Diese haben ergeben, dass der datenschutzrechtliche Informationsanspruch in diesem Falle nicht aus Gründen fehlender Kompetenz oder wegen entgegenstehendem nationalem Prozessrecht, besonders restriktiv auszulegen ist.[1072] Daher kann die Behandlung hier ohne Rücksicht auf diese geklärte Frage erfolgen. Es ist lediglich klärungsbedürftig, ob Art. 15 DS-GVO aus sich heraus restriktiv auszulegen ist.

---

[1068] EuGH, Urt. v. 26. Oktober 2023 – C 307/22, ECLI:EU:C:2023:811, Rn. 52.
[1069] Dies andeutend *Winnenburg*, Anm. zu EuGH, Urt. v. 26. Oktober 2023 – C 307/22, ZD 2024, 22 (26 ff.).
[1070] *Winnenburg*, Anm. zu EuGH, Urt. v. 26. Oktober 2023 – C 307/22, ZD 2024, 22 (26 ff.).
[1071] BVerwG, Urt. v. 24. November 2020 – 10 C 12/19, BVerwGE 170, 338–345, juris Rn. 12; *Kuznik*, NVwZ 2023, 297 (302).
[1072] Siehe dazu ausführlich oben § 5 B.

Unter die Fallgruppe der „Ausforschung" des Gegners in einer anderen zivilprozessualen Streitigkeit muss konsequent auch die Konstellation gefasst werden, in welchem der Betroffene nicht die Suche nach anspruchsbegründenden Tatsachen bezweckt, sondern sich mittels der Informationen gegen einen Anspruch zur Wehr setzen möchte, also auf der Suche nach entlastenden Tatsachen ist. Unter diese Fallgruppe des verfolgten Informationsinteresses fallen die unter § 5 A. I. genannten Möglichkeiten zur Beeinflussung des Organhaftungsprozesses, also solche, in denen der Betroffene sich den Informationsgewinn des Art. 15 DS-GVO zunutze machen möchte.

### 2. Organmitglied hat kein Informationsinteresse

Von einer solchen Verfolgung datenschutzfremder Zwecke, bei der es dem Betroffenen neben einem anderen Zweck auch auf die Informationen an sich ankommt, sind solche Konstellationen abzugrenzen, in denen ein Interesse an den Informationen nicht besteht, auch nicht als Zwischenziel. Das ist insbesondere bei den unter § 5 A. II. dargelegten Verwendungsmöglichkeiten des Art. 15 DS-GVO der Fall. Dies gilt namentlich bei der Provokation eines möglicherweise gegen den Organhaftungsanspruch aufrechenbaren Schadensersatzanspruchs wegen Verletzung der Datenschutzregelungen sowie bei der Verwendung des Anspruchs zwecks Erhöhung der Vergleichsbereitschaft. Ebenfalls unter diese Fallgruppe zu fassen, ist die bloße Schikane des Verantwortlichen oder die Absicht der Verzögerung des Haftungsprozesses mittels Art. 15 DS-GVO. Instrument ist in all diesen Fällen stets der durch das Zugangsverlangen erzeugte Aufwand und die daraus folgende Lästigkeit aufseiten des Verantwortlichen. Diesem kann die Gesellschaft nämlich wie festgestellt nicht effektiv begegnen.[1073]

### 3. Keine Differenzierung nach dem Zeitpunkt der Geltendmachung

Nicht überzeugen kann eine von Spindler vorgeschlagene Differenzierung auf Grundlage des Zeitpunkts der Geltendmachung. Er schlägt vor, den Anspruch im Kontext eines Organhaftungsprozesses auszuschließen, wenn die Geltendmachung nach Einleitung des Organhaftungsprozesses erfolgt, hingegen aber in der Regel zuzulassen, wenn die Geltendmachung schon vorher erfolgte.[1074] Dieses zeitliche Element ist letztlich maßgeblich vom Zufall abhängig. Im Einzelfall kann das Organmitglied früher oder später und gegebenenfalls schon vor Geltendmachung der Organhaftung von den Überlegungen der Gesellschaft zur Geltendmachung ebendieser erfahren. Dieses Organmitglied hinsichtlich des Schutzes seiner personenbezogenen Daten zu privilegieren, weil es aus zufälligen Gründen eher von

---

[1073] Siehe oben § 5 D. IX.
[1074] *Spindler*, in: MüKo AktG, § 93 Rn. 236.

den Absichten zur Geltendmachung der Organhaftung erfahren hat, überzeugt nicht. Es ist fragwürdig, den Schutz der Daten vom Zeitpunkt der Geltendmachung des Anspruchs abhängig zu machen. Wie die folgende Untersuchung zeigen wird, kommt es auf ein derartiges Unterscheidungskriterium auch gar nicht an, weil das hier Vorgeschlagene dogmatisch überzeugendere Lösungen ermöglicht.

## II. Stand der Diskussion bei Verfolgung datenschutzfremder Zwecke

Die angesprochenen Konstellationen werden in der Literatur auf breiter Linie diskutiert. Auch die Rechtsprechung hatte verschiedene Gelegenheiten, sich zu der Problematik der Verfolgung datenschutzfremder Zwecke zu äußern. Das ist vor dem Urteil des EuGH auf verschiedenste Art und Weise geschehen. Auch nach dem Urteil des EuGH lohnt sich ein Blick auf nationale Rechtsprechung und Literatur aber. Denn die argumentative Auseinandersetzung des EuGH mit dieser Problematik fällt knapp aus.[1075] Eine umfangreiche Auseinandersetzung mit der Problematik erfordert auch einen Blick auf die Argumente der nationalen Gerichte.

### 1. Urteil des EuGH und Schlussanträge in der Rechtssache C 307/22

Zumindest in praktischer Hinsicht herrscht seit dem Urteil des EuGH nun etwas Klarheit hinsichtlich vereinzelter Konstellationen. Die Schlussanträge in der Rechtssache C 307/22 sind erheblich ausführlicher als das Urteil selbst. Dementsprechend soll die dortige Argumentation hier neben der des EuGH ebenfalls kurz dargelegt werden. Der EuGH hat entschieden,

„[...] dass Art. 12 Abs. 5 sowie Art. 15 Abs. 1 und 3 DSGVO dahin auszulegen sind, dass die Verpflichtung [zur Zugangsgewährung] auch dann gilt, wenn der betreffende Antrag mit einem anderen als den in Satz 1 des 63. Erwägungsgrundes der DSGVO genannten Zwecken begründet wird."[1076]

Nach Erwägungsgrund 63 S. 1 zur DS-GVO besteht der Anspruch des Art. 15 DS-GVO, „[...] um sich der Verarbeitung bewusst zu sein und deren Rechtmäßigkeit überprüfen zu können [...]." Eine Begrenzung auf diesen Zweck erfolgt dem EuGH zufolge also nicht. Auch wenn diese Ausführungen ihrem Wortlaut nach auch die Fallgruppe der Verfolgung datenschutzfremder Zwecke ohne jegliches Informationsinteresse erfassen würde, zeigen insbesondere die Ausführungen Emilious in den Schlussanträgen, dass in diesem Verfahren nur die Fallgruppe mit

---

[1075] *Winnenburg*, Anm. zu EuGH, Urt. v. 26. Oktober 2023 – C 307/22, ZD 2024, 22 (26).
[1076] EuGH, Urt. v. 26. Oktober 2023 – C 307/22, ECLI:EU:C:2023:811, Rn. 52; entsprechend die Schlussanträge: Generalanwalt *Nicholas Emiliou*, Schlussanträge vom 20. April 2023 – C 307/22, Rn. 30, 84.

vorhandenem Informationsinteresse gegenständlich war. Emiliou fasst die Vorlagefrage selbst dahingehend zusammen, ob die Kopien der personenbezogenen Daten bei Verfolgung von „[…] legitimen, aber datenschutzfremden Zwecken […]" zu erteilen sind, wobei der legitime Zweck hier in der „Prüfung des Bestehens arzthaftungsrechtlicher Ansprüche" bestehe.[1077] Diesem Zweck ist ein Informationsinteresse notwendig vorgeschaltet. In Fußnote 20 seiner Schlussanträge deutet er an, dass der Betroffene bei Verfolgung rechtsmissbräuchlicher Zwecke, darin gehindert sei, den Anspruch geltend zu machen.[1078] Demnach geht Emiliou davon aus, dass es Fälle der Verfolgung datenschutzfremder Zwecke gäbe, in denen der Anspruch wegen Rechtsmissbrauchs ausgeschlossen sein müsse. Welche Fälle das sind, lässt er offen. Er verweist stattdessen auf den allgemeinen europäischen Missbrauchsvorbehalt, der sich aus der Rechtsprechung des EuGH ergebe.[1079] Einen möglichen Ausschluss wegen Rechtsmissbrauchs in anderen Fällen deutet auch der EuGH denkbar kurz an, indem er auf die Ausführungen des vorlegenden BGH verweist.[1080] Das zeigt, dass auch die vermeintlich eindeutige Antwort des EuGH noch eine weitere Differenzierung je nach verfolgtem Zweck zulässt, zumindest soweit die hohe Hürde des Rechtsmissbrauchs überschritten wird.

Dass der Anspruch in Fällen der Verfolgung legitimer Zwecke besteht, begründen sowohl der EuGH als auch Emiliou mit einer Auslegung des Art. 15 DGSVO, die ergäbe, dass Art. 15 DS-GVO nicht von der Absicht des Betroffenen abhängig sei.[1081] Die Normen der DS-GVO sähen keine Pflicht vor, die Beweggründe offenzulegen.[1082] Die in Erwägungsgrund 63 genannten Zwecke ergäben keine „[…] Bedingung oder […] Beschränkung für die Ausübung des in Art. 15 DS-GVO verankerten Auskunftsrechts […]."[1083] Das Recht diene nicht „ausschließlich"[1084] den in dem Erwägungsgrund genannten Zwecken, sondern dieser Erwägungsgrund würde „[…] eher die Bedeutung des Auskunftsrechts im Rahmen der DS-GVO […]" betonen.[1085] Emiliou meint, dass sich auch aus dem Urteil in der Rechtssache C 141/12 und C 372/12 nichts anderes ergebe.[1086] Schließlich knüpft Emiliou seine Argumentation primärrechtlich an Art. 8 Abs. 2 EU-GR Charta, um die Eigenstän-

---

[1077] Generalanwalt *Nicholas Emiliou*, Schlussanträge vom 20. April 2023 – C 307/22, Rn. 13, 16.
[1078] Generalanwalt *Nicholas Emiliou*, Schlussanträge vom 20. April 2023 – C 307/22, Rn. 29 Fn. 20.
[1079] Siehe oben Fn. 1078.
[1080] EuGH, Urt. v. 26. Oktober 2023 – C 307/22, ECLI:EU:C:2023:811, Rn. 32.
[1081] EuGH, Urt. v. 26. Oktober 2023 – C 307/22, ECLI:EU:C:2023:811, Rn. 51; Generalanwalt *Nicholas Emiliou*, Schlussanträge vom 20. April 2023 – C 307/22, Rn. 17.
[1082] EuGH, Urt. v. 26. Oktober 2023 – C 307/22, ECLI:EU:C:2023:811, Rn. 38, 43; Generalanwalt *Nicholas Emiliou*, Schlussanträge vom 20. April 2023 – C 307/22, Rn. 18.
[1083] Generalanwalt *Nicholas Emiliou*, Schlussanträge vom 20. April 2023 – C 307/22, Rn. 22.
[1084] Generalanwalt *Nicholas Emiliou*, Schlussanträge vom 20. April 2023 – C 307/22, Rn. 23.
[1085] Siehe oben Fn. 1084.
[1086] Generalanwalt *Nicholas Emiliou*, Schlussanträge vom 20. April 2023 – C 307/22, Rn. 18, 25 f.; zu diesen Rechtssachen siehe unten § 5 E. II. 5.

digkeit des Art. 15 DS-GVO, losgelöst von etwaigen anderen Rechten, zu begründen.[1087] Der EuGH betont die Bedeutung eines kostenlosen Zugangsanspruchs für die Transparenz in der Datenverarbeitung.[1088]

### 2. Europäischer Datenschutzausschuss

Schon vor dem Urteil des EuGH vertrat der Europäische Datenschutzausschuss diese Auffassung. Er betont, dass der Verantwortliche das Zugangsrecht nicht deshalb verweigern dürfe, weil der Betroffene beabsichtigt, die Informationen vor Gericht in einem anderen Prozess zu verwenden.[1089] Er führt aus:

> „Given the broad aim of the right of access, the aim of the right of access is not suitable to be analysed as a precondition for the exercise of the right of access by the controller as part of its assessment of access requests."[1090]

Das Motiv des Betroffenen ist nach Auffassung des Europäischen Datenschutzausschusses also keine Voraussetzung oder Bedingung für die Geltendmachung des Informationsanspruchs. Damit stellt es auch keinen tauglichen Anknüpfungspunkt für einen Anspruchsausschluss dar. Der Ausschuss stimmt mit Emiliou weiterhin insoweit überein, als der Anspruch aber dann ausgeschlossen sei, sofern rechtsmissbräuchliche Zwecke verfolgt würden.[1091] Beispielhaft nennt er für solche „rechtsmissbräuchlichen" Zwecke den Fall, dass der Betroffene dem Verantwortlichen einen Vorteil dafür abverlangt, dass er den Anspruch aus Art. 15 DS-GVO zurücknimmt.[1092] Weiter nennt er bösartige Anträge, die lediglich der Belästigung und/oder Störung wegen gestellt werden.[1093] Es zeigt sich, dass auch der Europäische Datenschutzausschuss zwischen den Fällen des vorhandenen und des fehlenden Informationsinteresses differenziert, ohne aber dieses Kriterium als solches zu benennen. Anders als der Generalanwalt in seinen Schlussanträgen, wählt der Europäische Datenschutzausschuss aber Art. 12 Abs. 5 DS-GVO, also den „Exzess" und nicht den unionsrechtlichen Missbrauchsvorbehalt[1094] als normative Anknüpfung für den Anspruchsausschluss bei fehlendem Informationsinteresse.[1095] Der EuGH äußert sich zur Dogmatik in einem solchen Fall nicht, bezieht aber qua Verweisung

---

[1087] Generalanwalt *Nicholas Emiliou*, Schlussanträge vom 20. April 2023 – C 307/22, Rn. 27.
[1088] EuGH, Urt. v. 26. Oktober 2023 – C 307/22, ECLI:EU:C:2023:811, Rn. 47 ff.
[1089] Edpb, Guidelines 01/2022 on data subject rights – Right of access, 28. März 2023, Rn. 13 mit Verweis auf die laufende Rechtssache C 307/22. Auf den Edpb verweist im Übrigen auch Generalanwalt *Nicholas Emiliou*, Schlussanträge vom 20. April 2023 – C 307/22, Rn. 28.
[1090] Edpb, Guidelines 01/2022 on data subject rights – Right of access, 28. März 2023, Rn. 13.
[1091] Edpb, Guidelines 01/2022 on data subject rights – Right of access, 28. März 2023, Rn. 190.
[1092] Siehe oben Fn. 1091.
[1093] Siehe oben Fn. 1091.
[1094] Letzteres so in den Schlussanträgen: Generalanwalt *Nicholas Emiliou*, Schlussanträge vom 20. April 2023 – C 307/22, Rn. 29 Fn. 20.
[1095] Siehe oben Fn. 1091.

die Ausführungen des BGH in sein Urteil ein, welcher als Anknüpfungspunkt den unionsrechtlichen Rechtsmissbrauchsvorbehalt wählt.[1096]

### 3. Mitgliedstaatliche Rechtsprechung zur Verfolgung „datenschutzfremder Zwecke"

Auch nationale Gerichte haben sich bereits zahlreich zu der Problematik der Verfolgung datenschutzfremder Zwecke geäußert. Mit Blick auf die Vielzahl an Vorlagegelegenheiten, ist es umso bedenklicher, dass eine Vorlage beim EuGH nach Art. 267 AEUV so lange auf sich hat warten lassen. Diese lange Wartezeit hat zu einer ausgeprägt heterogenen Rechtsprechung zu Rechtsfragen rund um die Verfolgung „datenschutzfremder Zwecke" geführt. Eine einheitliche Linie ist nicht erkennbar. Anders als in dem vom EuGH beurteilten Fall geht es in der bisherigen Rechtsprechung meist nicht um die Prüfung zivilrechtlicher Ansprüche, sondern um die Verteidigung gegen die Kündigung eines Arbeitsverhältnisses oder die Erlangung von Informationen einer Versicherung zwecks Überprüfung etwaiger Prämienerhöhungen. Die Entscheidungen der Gerichte sollen im Folgenden entsprechend den beschriebenen Fallgruppen – Konstellationen mit eigenem Informationsinteresse des Betroffenen und ohne solches Informationsinteresse – geordnet und analysiert werden.

*a) Rechtsprechung in Fällen mit Informationsinteresse*

Zunächst sei die Rechtsprechung für die Fälle eines bestehenden Informationsinteresses aufseiten des Betroffenen dargelegt:

*aa) Restriktive Rechtsprechung*

Die zahlenmäßig überwiegende Rechtsprechung verneint das Recht des Betroffenen auf Datenzugang im Falle der Verfolgung „datenschutzfremder Zwecke" auch bei Vorliegen eines Informationsinteresses. Das OLG Hamm,[1097] das OLG Nürnberg[1098] und das OLG Dresden[1099] sowie zahlreiche Landgerichte knüpfen

---

[1096] EuGH, Urt. v. 26. Oktober 2023 – C 307/22, ECLI:EU:C:2023:811, Rn. 32; BGH, EuGH-Vorlage vom 29. März 2022 – VI ZR 1352/20, DB 2022, 1249–1255, Rn. 20.
[1097] OLG Hamm, Urt. v. 15. November 2021 – 20 U 269/21, ZD 2022, 237–238, Rn. 9.
[1098] OLG Nürnberg, Urt. v. 14. März 2022 – 8 U 2907/21, ZD 2022, 463–464, Rn. 27.
[1099] OLG Dresden, Urt. v. 29. März 2022 – 4 U 1905/21, ZD 2022, 462–463, juris Rn. 66; OLG Dresden, Urt. v. 16. August 2022 – 4 U 246/22, BeckRS 2022, 48435, Rn. 11 ff.; OLG Dresden, Beschl. v. 12. September 2022 – 4 U 1327/22, ZD 2023, 37–38 Rn. 8; OLG Dresden, Beschl. v. 9. Mai 2023 – 4 U 2642/22, juris Rn. 13.

## E. Beschränkung bei „Verfolgung datenschutzfremder Zwecke" 245

dazu jeweils bei Art. 12 Abs. 5 S. 2 DS-GVO an.[1100] Das OLG Hamm begründet die Subsumtion unter Art. 12 Abs. 5 S. 2 DS-GVO mit der Terminologie dieser Norm: Der Begriff „insbesondere" zeige, dass auch andere rechtsmissbräuchliche Anträge erfasst seien.[1101] Der Schutzzweck des Art. 15 DS-GVO, der sich aus Erwägungsgrund 63 S. 1 zur DS-GVO ergebe, sei bei der Subsumtion unter Art. 12 DS-GVO zu berücksichtigen.[1102] Gerade dieser Schutzzweck des Erwägungsgrundes 63 S. 1 zur DS-GVO werde im Falle der Verfolgung datenschutzfremder Zwecke aber nicht verfolgt.[1103] Die meisten Gerichte, die einen solchen Ausschluss des Anspruchs nach Art. 12 Abs. 5 S. 2 DS-GVO befürworten, zitieren diese Begründung des OLG Hamm und übernehmen sie mithin für sich.[1104]

Auch das LG Wuppertal urteilte restriktiv.[1105] Es stützt den Ausschluss des Anspruchs auf § 242 BGB, wenn Art. 15 DS-GVO zum Zwecke der Prüfung des Bestehens zivilrechtlicher Ansprüche geltend gemacht wird.[1106] Als nationale Ausformung des generellen Grundsatzes gelte dieser auch für Art. 15 DS-GVO.[1107] § 242 BGB führe dann zum Ausschluss des Anspruchs aus Art. 15 DS-GVO, „[…] wenn der Anspruchsinhaber eine formale Rechtsstellung ausnutzt oder etwas geltend macht, an dem er kein schützenswertes Eigeninteresse hat."[1108] Das LG Wuppertal sieht diese Voraussetzung als erfüllt an.[1109] Ein Begehren, das sich „[…] derart weit von dem Regelungsinhalt einer Rechtsgrundlage entfernt hat, [sei] nicht schützenswert."[1110] Diese Argumentation samt Anknüpfung an § 242 BGB vertreten

---

[1100] LG Mönchengladbach, Urt. v. 9. März 2023 – 1 O 204/22, juris Rn. 104; LG Weiden, Urt. v. 15. Dezember 2021 – 21 O 447/21, ZD 2022, 567–568, Rn. 43 f.; LG Paderborn, Urt. v. 15. Dezember 2021 – 4 O 275/21, ZD 2022, 509–510, Rn. 34 ff.; LG Konstanz, Urt. v. 30. November 2022 – B 10 O 58/22, ZD 2023, 634, juris Rn. 34; LG Düsseldorf, Urt. v. 13. Februar 2023 – 9 O 46/22, juris Rn. 70 f.; LG Bochum, Urt. v. 3. März 2023 – 1-4 O 190/22, juris Rn. 26; LG Kassel, Urt. v. 5. Juli 2022 – 5 O 1954/21, ZD 2023, 47–48, juris Rn. 39, 45.
[1101] OLG Hamm, Urt. v. 15. November 2021 – 20 U 269/21, ZD 2022, 237–238, Rn. 9.
[1102] OLG Hamm, Urt. v. 15. November 2021 – 20 U 269/21, ZD 2022, 237–238, Rn. 10.
[1103] Siehe oben Fn. 1102.
[1104] OLG Nürnberg, Urt. v. 14. März 2022 – 8 U 2907/21, ZD 2022, 463–464, Rn. 27 ff.; OLG Dresden, Urt. v. 29. März 2022 – 4 U 1905/21, juris Rn. 66 ff.; OLG Dresden, Urt. v. 16. August 2022 – 4 U 246/22, BeckRS 2022, 48435, Rn. 11 ff.; OLG Dresden, Beschl. v. 12. September 2022 – 4 U 1327/22, ZD 2023, 37–38 Rn. 8; OLG Dresden, Beschl. v. 9. Mai 2023 – 4 U 2642/22, juris Rn. 13; LG Mönchengladbach, Urt. v. 9. März 2023 – 1 O 204/22, juris Rn. 104; LG Weiden, Urt. v. 15. Dezember 2021 – 21 O 447/21, ZD 2022, 567–568, Rn. 43 f.; LG Konstanz, Urt. v. 30. November 2022 – B 10 O 58/22, ZD 2023, 634, juris Rn. 34; LG Düsseldorf, Urt. v. 13. Februar 2023 – 9 O 46/22, juris Rn. 70; LG Bochum, Urt. v. 3. März 2023 – 1-4 O 190/22, juris Rn. 26.
[1105] LG Wuppertal, Urt. v. 29. Juli 2021 – 4 O 409/20, ZD 2022, 53–55, Rn. 31 f.
[1106] LG Wuppertal, Urt. v. 29. Juli 2021 – 4 O 409/20, ZD 2022, 53–55, Rn. 31.
[1107] Siehe oben Fn. 1106.
[1108] Siehe oben Fn. 1106.
[1109] Siehe oben Fn. 1106.
[1110] LG Wuppertal, Urt. v. 29. Juli 2021 – 4 O 409/20, ZD 2022, 53–55, Rn. 32.

auch verschiedene andere Landgerichte.[1111] Das sächsische Landesarbeitsgericht möchte den „funktionswidrig" eingesetzten Anspruch ebenfalls nicht zulassen.[1112] Eine dogmatische Begründung liefert es dazu nicht. Das Landessozialgericht des Landes NRW grenzt Art. 15 DS-GVO von § 25 SGB X und § 120 SGG ab, um zu verdeutlichen, dass die datenschutzrechtliche Norm – anders als die Sozialrechtsnormen – eben nicht der Verschaffung von rechtlichem Gehör oder der Herstellung von Waffengleichheit diene.[1113] Die Frage, ob ein datenschutzfremd motivierter Anspruch deshalb zu versagen ist, beantwortet das Gericht nicht. Die Ausführungen lassen eine solche Ansicht des Gerichts aber vermuten. Ausführlich begründet das LG Hamburg seine restriktive Rechtsprechung.[1114] Es begründet, warum die Voraussetzungen einer teleologischen Reduktion des Art. 15 DS-GVO gegeben seien, sofern datenschutzfremde Zwecke verfolgt werden.[1115] Mit der ausdrücklichen Nennung des Anknüpfungspunktes einer teleologischen Reduktion sowie dem detaillierten Prüfungsumfang steht das LG Hamburg, soweit ersichtlich, allein dar. Das gilt trotz der Tatsache, dass das LG Hamburg meint, diesen Anknüpfungspunkt auch in anderen Urteilen wiederzufinden.[1116] Ohne dogmatische Anknüpfung, mit dem bloßen Verweis darauf, dass ein auf Prüfung eines anderen Anspruchs gerichtetes Informationsbegehren ein „[…] vom Datenschutz weit entferntes Begehren […]" darstelle, das keinen Anspruch nach Art. 15 DS-GVO begründe, verneint das LG Oldenburg einen solchen Anspruch nach Art. 15 DS-GVO.[1117] Gleichsam ohne dogmatische Anknüpfung verneint das OLG München einen Zugangsanspruch zwecks Prüfung von Prämienerhöhungen einer Versicherung.[1118] Das LG Essen spricht dem Verantwortlichen im Falle der Verfolgung datenschutzfremder Zwecke durch den Betroffenen „[…] ein Weigerungsrecht aus Art. 12 Abs. 5 Satz 2 lit. b DS-GVO zu, da dem Antrag der sich aus § 242 BGB ergebende Einwand des Rechtsmissbrauchs entgegensteht."[1119] Es vermischt damit die Anknüpfungspunkte der Ansichten, die sich auf § 242 BGB beziehungsweise Art. 12 Abs. 5 S. 2 DS-GVO berufen. Mit dem Fall des Zugangsanspruchs eines ehemaligen Vorstandsmitglieds zwecks Verteidigung gegen eine Inanspruchnahme hatte sich das LG Frankenthal auseinanderzu-

---

[1111] LG Detmold, Urt. v. 26. Oktober 2021 – 02 O 108/21, ZD 2022, 166, Rn. 44; LG Krefeld, Urt. v. 6. Oktober 2021 – 2 O 448/20, ZD 2022, 110–112, Rn. 19 ff., das die Argumentation des LG Wuppertal wörtlich übernimmt; LG Gießen, Urt. v. 8. September 2022 – 2 O 186/22, ZD 2023, 308, juris Rn. 27; LG Gießen, Urt. v. 11. Januar 2023 – 2 O 178/22, juris Rn. 55 ff.; LG Würzburg, Urt. v. 20. Juli 2022 – 91 O 537/22, ZD 2023, 160–161, Rn. 34; LG Magdeburg, Urt. v. 17. November 2022 – 11 O 466/22, ZD 2023, 562–563, juris Rn. 24.
[1112] Sächsisches Landesarbeitsgericht, Urt. v. 17. Februar 2021 – 2 Sa 63/20, ZD 2022, 171–172, juris Rn. 130.
[1113] LSG NRW, Beschl. v. 17. Juni 2021 – L 15 U 144/21 B ER, juris Rn. 15.
[1114] LG Hamburg, Teilurt. v. 27. Mai 2022 – 306 O 35/22, BeckRS 2022, 36424, Rn. 28 ff.
[1115] Siehe oben Fn. 1114.
[1116] LG Hamburg, Teilurt. v. 27. Mai 2022 – 306 O 35/22, BeckRS 2022, 36424, Rn. 23.
[1117] LG Oldenburg, Urt. v. 3. März 2023 – 13 O 731/22, ZD 2023, 410, juris Rn. 70.
[1118] OLG München, Beschl. v. 24. November 2021 – 14 U 6205/21, r+s 2022, 94–95, Rn. 50 ff.
[1119] LG Essen, Urt. v. 23. Februar 2022 – 18 O 204/21, ZD 2022, 566–567, Rn. 22.

setzen.[1120] Dieses begründet den Ausschluss des Anspruchs mit einem Widerspruch, den eine ermöglichte Ausforschung zum Beibringungsgrundsatz der ZPO auslösen würde.[1121] Eine darüber hinausgehende normative Anknüpfung liefert das Gericht nicht. Es bemüht aber ersichtlich eine teleologische Reduktion, ohne sie als solche zu bezeichnen.

### bb) Betroffenenfreundliche Rechtsprechung

Der dargelegten restriktiven Rechtsprechung steht eine eher betroffenenfreundliche gegenüber. Die Voraussetzungen eines „Rechtsmissbrauchs" im Sinne des Art. 12 Abs. 5 S. 2 DS-GVO erachtet das LG Köln trotz einer „[...] mehrfach offen zur Sprache gebrachte[n] Motivation betreffend die Ausforschung von Umständen, welche den [...] Anfechtungstatbeständen zu Grunde liegen" als nicht erfüllt.[1122] Der begrenzte Tatbestand des Art. 12 Abs. 5 S. 2 DS-GVO erfasse die Geltendmachung zu datenschutzfremden Zwecken nicht.[1123] In der Berufungsinstanz haben die Parteien einen Vergleich geschlossen,[1124] weswegen das OLG Köln in diesem Verfahren keine Gelegenheit zur Beurteilung der Rechtsfrage hatte. In anderen Verfahren, in denen es um die Vorbereitung vermögensrechtlicher Ansprüche mittels Art. 15 DS-GVO ging, hatte das OLG Köln aber Gelegenheit zur Positionierung: „Unbedenklich und grundsätzlich zu erfüllen sei [...] etwa ein Kopieersuchen, mit dem die betroffene Person sich Informationen zur Vorbereitung eines Gerichtsverfahrens gegen den Verantwortlichen, in welchem sie datenschutzexterne Ansprüche geltend machen will, beschaffen wolle."[1125] Insbesondere folge ein Ausschluss des Anspruchs für diesen Fall nicht aus Erwägungsgrund 63 S. 1 zur DS-GVO.[1126] Eine „teleologische Einschränkung" nach dem Erwägungsgrund sei nicht vorzunehmen, denn es sei nicht ersichtlich, weshalb diese Zwecke abschließend sein sollten.[1127] „Vielmehr bezwecke die Verordnung insgesamt den Schutz der Rechte und Freiheiten der Person gegen Beeinträchtigungen und Gefährdungen durch Verarbeitungen personenbezogener Daten."[1128] Der Abbau von Informationsasymmetrien zwecks Wahrung von Rechten und Freiheiten sei ein legitimes Ziel.[1129] Das OLG Köln ist im Ergebnis weder von einer Anknüpfung

---

[1120] LG Frankenthal, Urteil vom 12. Januar 2021 – 1 HK O 4/19, ZD 2022, 511–512, juris Rn. 163.
[1121] Siehe oben Fn. 1120.
[1122] LG Köln, Urt. v. 11. November 2020 – 23 O 172/19, ZD 2021, 213, Rn. 20.
[1123] Siehe oben Fn. 1122.
[1124] OLG Köln, Beschl. v. 12. September 2022 – 9 U 246/20, juris.
[1125] OLG Köln, Urt. v. 13. Mai 2022 – 20 U 295/21, r+s 2022, 397–399, Rn. 52; OLG Köln, Urt. v. 13. Mai 2022 – 20 U 198/21, juris Rn. 84.
[1126] OLG Köln, Urt. v. 13. Mai 2022 – 20 U 295/21, r+s 2022, 397–399, Rn. 49; OLG Köln, Urt. v. 13. Mai 2022 – 20 U 198/21, juris Rn. 81.
[1127] Siehe oben Fn. 1125.
[1128] Siehe oben Fn. 1125.
[1129] Siehe oben Fn. 1125.

an § 242 BGB[1130] noch von einer Anknüpfung an Art. 12 Abs. 5 S. 2 DS-GVO[1131] überzeugt. Das LG Erfurt zitiert das OLG Köln und hält die Argumentation für überzeugend.[1132] Auf einer Linie hiermit urteilte auch das AG Kerpen: „[...] der Betroffene [ist] z. B. berechtigt, personenbezogene Daten zur Vorbereitung eines Gerichtsverfahrens herauszuverlangen", was nicht rechtsmissbräuchlich im Sinne des § 242 BGB sei.[1133] Ebenso sieht das OLG Celle im Art. 15 DS-GVO keine Zweckbindung, womit ein Ausschluss nach Art. 12 Abs. 5 S. 2 DS-GVO nicht erfolge.[1134] Das AG Bonn gewährt dem Betroffenen den Anspruch auch für den Fall, dass der Betroffene die Informationen erlangen möchte, um seine Position gegenüber Dritten zu stärken.[1135] Insofern mache es keinen Unterschied in der Beurteilung, ob die erlangten Informationen in einem anderen Prozess gegenüber dem Verantwortlichen oder gegenüber einem Dritten verwendet werden sollen.[1136]

Letztlich schlägt auch der BGH im Rahmen der Begründung seiner Vorlagefrage an den EuGH eine betroffenenfreundliche Linie ein,[1137] die Generalanwalt Nicholas Emiliou in seinen dargelegten Schlussanträgen ebenfalls vertritt.[1138] Der Senat zweifelt ausdrücklich an der restriktiven Rechtsprechung sowie Literatur.[1139] Der Wortlaut des Art. 15 DS-GVO enthalte gerade keine Rückkoppelung an den Zweck des Erwägungsgrundes 63 und der Betroffene sei auch nicht verpflichtet, den Anspruch bei Geltendmachung zu begründen.[1140] Der BGH folgert daraus, dass die Motive hinter der Verfolgung dieses Anspruchs dem Betroffenen überlassen sein sollten.[1141] Zudem sei der Zweck der Norm auch dann erreichbar, wenn der Zugangsanspruch ursprünglich zu einem anderen Zweck geltend gemacht wurde.[1142] Dementsprechend scheitere ein Ausschluss nach Art. 12 Abs. 5 S. 2 DS-GVO sowie wegen allgemeiner Rechtsmissbrauchserwägungen.[1143] Auch die Anforderungen des unionsrechtlichen Missbrauchsvorbehalts seien nicht erfüllt.[1144]

---

[1130] OLG Köln, Urt. v. 13. Mai 2022 – 20 U 295/21, r+s 2022, 397–399, Rn. 48; OLG Köln, Urt. v. 13. Mai 2022 – 20 U 198/21, juris Rn. 82.

[1131] OLG Köln, Urt. v. 13. Mai 2022 – 20 U 295/21, r+s 2022, 397–399, Rn. 54; OLG Köln, Urt. v. 13. Mai 2022 – 20 U 198/21, juris Rn. 86.

[1132] LG Erfurt, Hinweisbeschl. v. 7. Juli 2022 – 8 O 1280/21, ZD 2023, 107, Rn. 4.

[1133] AG Kerpen, Urt. v. 22. Dezember 2020 – 106 C 96/20, ZD 2021, 325–326, Rn. 16.

[1134] OLG Celle, Urt. v. 15. Dezember 2022 – 8 U 165/22, CR 2023, 182–184, Rn. 121.

[1135] AG Bonn, Urt. v. 30. Juli 2020 – 118 C 315/19, ZIP 2020, 2011–2012, juris Rn. 20.

[1136] Siehe oben Fn. 1135.

[1137] BGH, EuGH-Vorlage vom 29. März 2022 – VI ZR 1352/20, DB 2022, 1249–1255, Rn. 16 ff.; ebenso die Vorinstanz LG Dessau-Roßlau, Urt. v. 15. Dezember 2020 – 8 S 52/20, BeckRS 2020, 56871, Rn. 32.

[1138] Siehe oben § 5 E. II. 1.

[1139] BGH, EuGH-Vorlage vom 29. März 2022 – VI ZR 1352/20, DB 2022, 1249–1255, Rn. 16; Zur restriktiven Literatur siehe unten § 5 E. II. 4. a) aa).

[1140] BGH, EuGH-Vorlage vom 29. März 2022 – VI ZR 1352/20, DB 2022, 1249–1255, Rn. 18.

[1141] Siehe oben Fn. 1140.

[1142] Siehe oben Fn. 1140.

[1143] BGH, EuGH-Vorlage vom 29. März 2022 – VI ZR 1352/20, DB 2022, 1249–1255, Rn. 19.

[1144] BGH, EuGH-Vorlage vom 29. März 2022 – VI ZR 1352/20, DB 2022, 1249–1255, Rn. 20.

### E. Beschränkung bei „Verfolgung datenschutzfremder Zwecke"

Ebenso betroffenenfreundlich urteilte der Oberste Gerichtshof Österreichs.[1145] Der Betroffene in dem entschiedenen Fall bezifferte den Wert des Zugangsanspruchs auf die Summe, die er in einem späteren Schadensersatzanspruch geltend machen wollte.[1146] Er erzeugte dadurch objektiv einen eindeutigen Zusammenhang von Zugangsanspruch und datenschutzexternem Anspruch. Dennoch bejahte das Gericht den Zugangsanspruch grundsätzlich.[1147] Nach Ansicht des LAG Hessen steht dem Anspruch weder § 242 BGB noch Art. 12 Abs. 5 S. 2 DS-GVO entgegen, wenn der Betroffene „[…] sich Informationen zur Wahrnehmung von Rechten im Zusammenhang mit dem gegen ihn laufenden Strafverfahren erhofft […]."[1148] Ein über den Zweck des Erwägungsgrunds 63 hinausgehender oder anderer Zweck, begründe keinen Rechtsmissbrauch.[1149] Großzügig zugunsten des Betroffenen urteilte auch das OLG Stuttgart.[1150] Selbst wenn der Betroffene ausdrücklich erkläre, der Zugangsanspruch diene der Prüfung, ob ein Widerrufsrecht bestehe, sei der Forderung auf Zugang Folge zu leisten.[1151] Nach der Auffassung des OLG Stuttgart genüge es folglich, wenn die Möglichkeit besteht, dass auch die Zwecke des Erwägungsgrundes 63 noch verwirklicht werden. In der Folgeinstanz setzte der BGH das Verfahren bis zu einer Entscheidung des EuGH in den Rechtssachen C 487/21 und C 307/22 aus.[1152] Betroffenenfreundlich urteilte auch das LG Görlitz, das betont, dass der Anspruch seitens des Verordnungsgebers nicht von bestimmten Motiven abhängig gemacht wurde.[1153] Daher scheide ein Ausschluss nach Art. 12 Abs. 5 S. 2 DS-GVO sowie § 242 BGB aus,[1154] wenn der Betroffene „[…] neben dem Interesse an den verarbeiteten Daten zum Beispiel noch das Ziel verfolgt, Schadensersatzansprüche gegen denjenigen, der die Daten verarbeitet, zu prüfen."[1155] Tendenziell großzügig zugunsten des Betroffenen positioniert sich auch das BVerwG, sofern der Betroffene datenschutzfremde Zwecke verfolgt.[1156] Das begründe keinen Exzess im Sinne des Art. 12 Abs. 5 S. 2 DS-GVO.[1157] Zur Frage, ob das einen Rechtsmissbrauch darstellt, äußert sich das BVerwG nicht.

---

[1145] OGH Österreich, Beschl. v. 17. Dezember 2020 – 6 Ob 138/20t, RS0133435, Rn. 2, 43.
[1146] OGH Österreich, Beschl. v. 17. Dezember 2020 – 6 Ob 138/20t, RS0133435, Rn. 2.
[1147] OGH Österreich, Beschl. v. 17. Dezember 2020 – 6 Ob 138/20t, RS0133435, Rn. 43.
[1148] Hessisches LAG, Urt. v. 10. Juni 2021 – 9 Sa 1431/19, GWR 2021, 459, juris Rn. 57; LAG Hessen, Urt. v. 10. Juni 2021 – 9 Sa 861/20, NZA-RR 2021, 654–657, Rn. 42.
[1149] Siehe oben Fn. 1148.
[1150] OLG Stuttgart, Urt. v. 17. Juni 2021 – 7 U 419/20, juris Rn. 72.
[1151] Siehe oben Fn. 1150.
[1152] BGH, Beschl. v. 31. Mai 2022 – VI ZR 223/21, juris Rn. 5.
[1153] LG Görlitz, Urt. v. 18. März 2022 – 5 O 2/21, juris Rn. 37 ff.
[1154] LG Görlitz, Urt. v. 18. März 2022 – 5 O 2/21, juris Rn. 37.
[1155] LG Görlitz, Urt. v. 18. März 2022 – 5 O 2/21, juris Rn. 38.
[1156] BVerwG, Urt. v. 30. November 2022 – 6 C 10/21, NVwZ 2023, 346–351, Rn. 35.
[1157] Siehe oben Fn. 1156.

### b) Rechtsprechung bei fehlendem Informationsinteresse

Ein einheitlicheres Meinungsbild zeigt sich bei der Beurteilung von Sachverhalten, in denen der Betroffene keinerlei Interesse an den mittels Art. 15 DS-GVO grundsätzlich zugänglichen Informationen hat. Ausdrücklich differenzieren die Gerichte dabei nicht zwischen Fällen mit und ohne Informationsinteresse. Dennoch eignet sich dieses angesprochene Kriterium zur Abgrenzung verschiedener Fallgruppen.

Die Vertreter der ohnehin restriktiveren Ansicht nehmen auch bei fehlendem Informationsinteresse konsequent einen Ausschluss des Anspruchs an. Das AG Pforzheim hatte sich mit einem Fall auseinanderzusetzen, in dem das Zugangsverlangen von „[…] sachfremden Drohungen, Verballhornungen und sogar Formalbeleidigungen gekennzeichnet […]" war, woraus das AG Pforzheim folgerte, dass der Zugangsanspruch nur der Schikane des Verantwortlichen diente.[1158] Das AG Pforzheim versagte den Anspruch auf Grundlage des Art. 12 Abs. 5 S. 2 DS-GVO.[1159] Auf einer vorgelagerten Stufe lässt das FG Düsseldorf ein Zugangsbegehren eines Betroffenen bereits am fehlenden Rechtsschutzbedürfnis scheitern, sofern sich aus den Umständen ergibt, dass die dadurch erlangten Informationen lediglich der Schikane Dritter im Rahmen eines „persönlichen Rachefeldzuges" und somit rechtsmissbräuchlichen Zwecken dienen sollen.[1160] Das Limburger Gericht in den Niederlanden hat den Anspruch aus Art. 15 DS-GVO wegen Rechtsmissbrauchs verneint, weil der Kläger offensichtlich darauf gezielt hatte, die Verhängung eines Zwangsgeldes gegen den Verantwortlichen zu bewirken.[1161] Dem LG Bonn zufolge scheide ein Anspruch aus Art. 15 DS-GVO bei der Verfolgung von Zwecken wie der bloßen Verursachung von Kosten und Arbeit nach Art. 12 Abs. 5 S. 2 DS-GVO aus.[1162]

Sogar die Vertreter einer grundsätzlich betroffenenfreundlichen Ansicht möchten den Anspruch im Falle des Fehlens jeglichen Informationsinteresses ausschließen. Der BGH lässt in seiner EuGH-Vorlage ausdrücklich die Möglichkeit des Anspruchsausschlusses wegen Rechtsmissbrauchs offen, sofern „der Betroffene mit seinem Begehren von der Rechtsordnung missbilligte Ziele verfolgt, arglistig oder schikanös handelt."[1163] In den beim BGH anklingenden Konstellationen handelt es sich um solche des völlig fehlenden Informationsinteresses. Das OLG Köln scheint im Falle der bloßen Schikane einen Ausschluss des Anspruchs nach Art. 12 Abs. 5 S. 2 DS-GVO für möglich zu halten.[1164] Das AG Kerpen möchte den Anspruch nicht

---

[1158] AG Pforzheim, Urt. v. 5. August 2022 – 4 C 1845/21, ZD 2022, 698–699, Rn. 22.
[1159] Siehe oben Fn. 1158.
[1160] FG Düsseldorf, Urt. v. 18. August 2022 – 11 K 1730/20 AO, juris Rn. 49 ff.
[1161] Limburger Gericht (Niederlande), Urt. v. 2. April 2021, ECLI:NL:RBLIM:2021:2946, Rn. 12.5 ff., 13.
[1162] LG Bonn, Urt. v. 4. April 2022 – 9 O 224/21, ZD 2023, 161–162, juris Rn. 33.
[1163] BGH, EuGH-Vorlage vom 29. März 2022 – VI ZR 1352/20, DB 2022, 1249–1255, Rn. 19.
[1164] OLG Köln, Urt. v. 13. Mai 2022 – 20 U 295/21, r+s 2022, 397–399, Rn. 54; OLG Köln, Urt. v. 13. Mai 2022 – 20 U 198/21, juris Rn. 86.

ausschließen, wenn keine Anhaltspunkte für die Verfolgung „sachfremder Ziele" gegeben sind.[1165] Bei Verfolgung „sachfremder Ziele", scheint es eine Verweigerung des Anspruchs demnach zu befürworten. Die Nutzung des Anspruchs zwecks Vorbereitung eines Gerichtsverfahrens ist dem OLG Köln zufolge nicht „sachfremd".[1166] Das AG Kerpen verweist für den Terminus „sachfremder Ziele" auf Lembke.[1167] Der wiederum versteht unter „sachfremden Zielen" insbesondere solche Fälle, in denen der Anspruch „[...] deshalb geltend gemacht wird, um den Verhandlungsdruck zur Erzielung einer möglichst hohen Abfindung zu erhöhen."[1168] In einem solchen Fall fehlt es an einem Informationsinteresse, denn die Kenntnis der Daten ist nicht erforderlich, um dieses Ziel zu erreichen. Folglich wird auch das AG Kerpen mit dem Terminus „sachfremder Ziele" vornehmlich diese Fälle des fehlenden Informationsinteresses meinen. In der Rechtsprechung findet sich, soweit ersichtlich, keine Konstellation, in der bei fehlendem Informationsinteresse ein Anspruch auf Datenzugang ausdrücklich bejaht wurde.

### 4. Literatur zum Rechtsmissbrauch bei Art. 15 DS-GVO

Auch die Stellungnahmen in der Literatur zu der Problematik der Verfolgung „datenschutzfremder Zwecke" sind umfangreich.

*a) Literatur in Fällen mit Informationsinteresse*

Hat der Betroffene ein zumindest „vorgeschaltetes" Interesse an den Informationen, so lässt sich auch in der Literatur eine betroffenenfreundliche und eine restriktivere Tendenz erkennen.

aa) Restriktive Literatur

Einige Autoren befürworten einen Ausschluss des Art. 15 DS-GVO nach Art. 12 Abs. 5 S. 2 DS-GVO, sofern datenschutzfremde Zwecke verfolgt werden.[1169] Sie qualifizieren die Verfolgung datenschutzfremder Zwecke als Rechtsmissbrauch

---

[1165] AG Kerpen, Urt. v. 22. Dezember 2020 – 106 C 96/20, ZD 2021, 325–326, Rn. 16.
[1166] Vgl. oben Fn. 1165.
[1167] Siehe oben Fn. 1165.
[1168] *Lembke*, NJW 2020, 1841 (1845).
[1169] *Lang*, Anm. zu OLG München, Urt. v. 4. Oktober 2021, 3 U 2906/20, BKR 2022, 266 (270); *Wybitul/Brams*, NZA 2019, 672 (674); *Korch/Chatard*, CR 2020, 438 (445f.); *Korch/Chatard*, ZD 2022, 482 (485); *Pohle/Pittka*, in: Taeger/Gabel DS-GVO/BDSG/TTDSG, Art. 12 DS-GVO Rn. 23; *Suchan*, ZD 2021, 198 (199ff.); tendenziell auch restriktiv *König*, CR 2019, 295 (297).

und subsumieren diesen unter Art. 12 Abs. 5 S. 2 DS-GVO.[1170] Wegen der Verwendung des Begriffs „insbesondere" sei dafür neben den ausdrücklich genannten Fällen des Exzesses noch Raum.[1171] Der Ausschluss sei damit zu begründen, dass der Betroffene nicht die in der DS-GVO niedergelegten Zwecke verfolge.[1172] Das Informationsinteresse des Betroffenen müsse nämlich in der Art und Weise bestehen, dass der Betroffene die in Erwägungsgrund 63 zur DS-GVO niedergelegten Ziele verfolgt.[1173] In Art. 12 Abs. 5 S. 2 DS-GVO finde der allgemeine unionsrechtliche Missbrauchsvorbehalt eine konkrete Ausprägung.[1174] Suchan zieht eine Parallele zu dem nationalen IFG, für dessen „nahezu" voraussetzungslosen Informationsanspruch nach dem BVerwG ebenfalls ein Ausschluss nach Treu und Glauben möglich sei.[1175] Es sei zudem interessengerecht, den „unstillbaren Informationsdurst" nicht erfüllen zu müssen.[1176] Einer Aushöhlung der Betroffenenrechte durch eine solche Beschränkung sei zum einen durch die in Art. 12 Abs. 5 S. 3 DS-GVO normierten Beweislastverteilung vorgebeugt.[1177] Zum anderen sei der Einwand zur Verhinderung einer Aushöhlung restriktiv zu handhaben, weil der hierunter subsumierte Sachverhalt mit demjenigen der wiederholenden Anfrage vergleichbar sein müsse.[1178] Ein Missbrauch scheide daher zumindest dann aus, wenn *auch* datenschutzrechtliche Zwecke verfolgt würden.[1179] Daher sei ein Missbrauch auch nicht vorschnell anzunehmen.[1180] Ein solcher liege nur dann vor, wenn erkennbar *ausschließlich* datenschutzfremde Zwecke verfolgt würden.[1181]

---

[1170] *Lang*, Anm. zu OLG München, Urt. v. 4. Oktober 2021, 3 U 2906/20, BKR 2022, 266 (270); *Wybitul/Brams*, NZA 2019, 672 (674); *Korch/Chatard*, CR 2020, 438 (445 f.); *Korch/Chatard*, ZD 2022, 482 (485); *Suchan*, ZD 2021, 198 (199 ff.); *Quaas*, in: BeckOK Datenschutzrecht, Stand: 01.08.2024, Art. 12 DS-GVO Rn. 43a f.; *Schröder*, Anm. zu OLG Köln, Urt. v. 26. Juli 2019, 20 U 75/18, DSB 2019, 232 (233).

[1171] *Pohle/Pittka*, in: Taeger/Gabel DS-GVO/BDSG/TTDSG, Art. 12 DS-GVO Rn. 23; *Suchan*, ZD 2021, 198 (199 ff.); *Quaas*, in: BeckOK Datenschutzrecht, Stand: 01.08.2024, Art. 12 DS-GVO Rn. 44; tendenziell auch *Britz/Beyer*, VersR 2020, 65 (72); *Korch/Chatard*, ZD 2022, 482 (485); *Heckmann/Paschke*, in: Ehmann/Selmayr DS-GVO, Art. 12 Rn. 43.

[1172] *Wybitul/Brams*, NZA 2019, 672 (674); *Korch/Chatard*, CR 2020, 438 (445 f.); *Korch/Chatard*, ZD 2022, 482 (485); *Pohle/Pittka*, in: Taeger/Gabel DS-GVO/BDSG/TTDSG, Art. 12 DS-GVO Rn. 23; *Quaas*, in: BeckOK Datenschutzrecht, Stand: 01.05.2023, Art. 12 DS-GVO Rn. 44 f.

[1173] Vgl. *Zöll/Kielkowski*, Anm. zu LG Heidelberg, Urt. v. 21. Februar 2020 – 4 O 6/19, ZD 2020, 313 (315).

[1174] *Paal/Hennemann*, in: Paal/Pauly DS-GVO/BDSG, Art. 12 DS-GVO Rn. 66; *Korch/Chatard*, CR 2020, 438 (445 f.); vgl. *Korch/Chatard*, NZG 2020, 893 (898); vgl. *Korch/Chatard*, ZD 2022, 482 (485); vgl. *Dzida*, BB 2019, 3060 (3065); *Lembke*, NJW 2020, 1841 (1845).

[1175] *Suchan*, ZD 2021, 198 (200) m.w.N. auf entsprechende Rspr.; ebenso *Kuznik*, NVwZ 2023, 297 (298).

[1176] *Suchan*, ZD 2021, 198 (199).

[1177] *Korch/Chatard*, CR 2020, 438 (446).

[1178] *Suchan*, ZD 2021, 198 (199).

[1179] *Korch/Chatard*, CR 2020, 438 (446); *Korch/Chatard*, NZG 2020, 893 (898); *Korch/Chatard*, ZD 2022, 482 (485).

[1180] *Korch/Chatard*, CR 2020, 438 (446); vgl. *Quaas*, in: BeckOK Datenschutzrecht, Stand: 01.08.2024, Art. 12 DS-GVO Rn. 45; zum restriktiven Verständnis der Ausnahme auch *Korch/Chatard*, ZD 2022, 482 (485).

[1181] *Korch/Chatard*, CR 2020, 438 (446).

Andere Stimmen in der Literatur knüpfen den Ausschluss des Zugangsanspruchs im Falle der Verfolgung datenschutzfremder Zwecke an die Voraussetzungen des § 242 BGB.[1182] Auch diese Ansicht rekurriert auf die in Erwägungsgrund 63 zur DS-GVO niedergelegten Zwecke.[1183] Wieder andere Stimmen meinen, dass der Weg einer teleologischen Reduktion des Art. 15 Abs. 3 DS-GVO zu beschreiten sei.[1184] Dabei reduzieren manche Autoren nicht den Anwendungsbereich der Norm[1185] auf den Fall der Verfolgung „datenschutzkonformer" Zwecke, sondern reduzieren vielmehr den Begriff des Personenbezugs der Daten, sodass nur solche Daten erfasst sind, die „[...] aussagekräftige (‚biographische') Informationen über die Person des Betroffenen [...]" enthalten, die darüber hinaus „[...] im Vordergrund des Dokuments stehen [...]".[1186] Dadurch wird dem Anspruch die Effektivität bei der Informationsbeschaffung genommen und er verliert für den Betroffenen an Mehrwert. Reichert und Groh reduzieren den Anwendungsbereich des Zugangsanspruchs derart, dass die Konstellation des Organhaftungsprozesses gar nicht mehr in dessen Anwendungsbereich fällt.[1187] Zum einen erfolge hier keine Datenverarbeitung durch einen Leistungserbringer und zum anderen habe der Zugangsanspruch eine „dienende Funktion", solle also die Geltendmachung weiterer Betroffenenrechte ermöglichen, womit die Konstellation der Geltendmachung im Organhaftungsprozess zu weit von der vom Gesetzgeber gedachten Konstellation abweiche.[1188]

### bb) Betroffenenfreundliche Literatur

Es finden sich aber in der Literatur auch zahlreiche Vertreter einer betroffenenfreundlichen Ansicht, die den Anspruch zumindest dann zulassen möchten, wenn ein Interesse an den Informationen selbst besteht.[1189] Dem Zugangsanspruch könne nicht entgegengehalten werden, er würde „[...] die Durchsetzung zivilrechtlicher Ansprüche beeinträchtigen [...]."[1190] Die „[...] intendierte (umfassende) Information über die eigenen Daten [...]" sei vom Normzweck gedeckt.[1191] Art. 15

---

[1182] *Stollhoff*, in: Auernhammer DS-GVO/BDSG, 7. Aufl. 2020, Art. 15 DS-GVO Rn. 40 Fn. 128.
[1183] *Stollhoff*, in: Auernhammer DS-GVO/BDSG, 7. Aufl. 2020, Art. 15 DS-GVO Rn. 40.
[1184] *Härting*, CR 2019, 219 (224); *Reichert/Groh*, NZG 2021, 1381 (1384).
[1185] So aber *Reichert/Groh*, NZG 2021, 1381 (1384).
[1186] *Härting*, CR 2019, 219 (224).
[1187] *Reichert/Groh*, NZG 2021, 1381 (1384).
[1188] Siehe oben Fn. 1187.
[1189] *Waldkirch*, r+s 2021, 317 (320); *Lorenz*, jurisPR-ITR 4/2023, Anm. 6; *Riemer*, Anm. zu OLG Köln, Urt. v. 6. Februar 2020 – 20 W 9/19, VuR 2020, 314 (316); ebenso *Dzida*, BB 2019, 3060 (3065), der einen Ausschluss wegen Rechtsmissbrauchs bei fehlendem Eigeninteresse annimmt; *Bäcker*, in: Kühling/Buchner DS-GVO/BDSG, Art. 15 DS-GVO Rn. 42d f.; *Werry*, FAZ vom 28. Juli 2021, Nr. 172, S. 20; tendenziell *Lembke/Fischels*, NZA 2022, 513 (516); tendenziell *Hirschfeld/Gerhold*, ZIP 2021, 394 (395); tendenziell auch *Lembke*, NJW 2020, 1841, (1845) der nur bei Verfolgung sachfremder Zwecke von einem Rechtsmissbrauch spricht; *Peisker*, Der datenschutzrechtliche Auskunftsanspruch, S. 517 ff.
[1190] *Lembke/Fischels*, NZA 2022, 513 (516).
[1191] *Waldkirch*, r+s 2021, 317 (320).

DS-GVO sei nicht auf eine dienende Funktion zwecks Geltendmachung weiterer Betroffenenrechte zu begrenzen, sondern es genüge das Motiv der Einsicht in das „ob" und „wie" der Datenverarbeitung.[1192] Eine Begrenzung auf eine datenschutzinterne Nutzung der erlangten Informationen sehe der Art. 15 DS-GVO nicht vor.[1193] Einschränkende Regelungen zu der Art der Verwendung der Daten gebe es nicht.[1194] Bloße Neugier[1195] und reines Interesse seien ausreichend[1196] und darüber hinausgehende Motive seien unschädlich.[1197] Zudem sei der gezielte Abbau von Informationsasymmetrien zulässiger Zweck.[1198] Informationen außerhalb des Schutzbereichs des Art. 8 GRCh würden bereits tatbestandlich anhand der Voraussetzung des Personenbezugs der Daten exkludiert. Ein allgemeines Informationsrecht, losgelöst von diesem primärrechtlichen Anknüpfungspunkt, drohe damit nicht.[1199] Innerhalb dieser Grenze des Personenbezugs bezwecke die „[…] Verordnung insgesamt den Schutz der Rechte und Freiheiten der Person gegen Beeinträchtigungen und Gefährdungen durch Verarbeitungen personenbezogener Daten […]."[1200] „[G]erade im Fall der Rechtsverteidigung und soweit die Daten von Bedeutung hierfür sind, ist das Interesse des Betroffenen eben nicht nur auf Belästigung gerichtet."[1201] So verbiete sich eine pauschale Einordnung der Geltendmachung des Zugangsanspruchs im Kündigungsschutzprozess als rechtsmissbräuchlich.[1202] Auch sei es irrelevant, was der Betroffene mit den Daten bezweckt, denn es trete mittels der „[…] Auskunftserteilung zwangsläufig auch immer ein Moment ein, in dem sich die betroffene Person auch der Datenverarbeitung bewusst wird."[1203] Dieser Ansicht zufolge wäre das Organmitglied also dazu befugt, mittels Art. 15 DS-GVO Informationen für den Haftungsprozess zu erlangen.

Peisker meint, Art. 12 Abs. 5 S. 2 DS-GVO sei in Abgrenzung zur allgemeinen unionsrechtlichen Rechtsmissbrauchslehre nur dann einschlägig, wenn der Betroffene keine eigenen Vorteile beabsichtigt.[1204] Art. 12 Abs. 5 S. 2 DS-GVO beinhalte lediglich ein Schikaneverbot, erfasse also lediglich Handlungen, die ohne

---

[1192] *Waldkirch*, r+s 2021, 317 (320).
[1193] *Bäcker*, in: Kühling/Buchner DS-GVO/BDSG, Art. 15 DS-GVO Rn. 42d.
[1194] *Bäcker*, in: Kühling/Buchner DS-GVO/BDSG, Art. 15 DS-GVO Rn. 42d f.; vgl. *Riemer*, Anm. zu OLG Köln, Urt. v. 6. Februar 2020 – 20 W 9/19, VuR 2020, 314 (316).
[1195] *Schmidt-Wudy*, in: DS-GVO Rn. 48, 52.1; *Riemer*, Anm. zu LG Köln, Urt. v. 19. Juni 2019 – 26 S 13/18, ZD 2019, 413 (414); das erkennen im Übrigen auch Vertreter einer restriktiven Auffassung grundsätzlich an, vgl. *Korch/Chatard*, ZD 2022, 482 (485).
[1196] *Waldkirch*, r+s 2021, 317 (320); *Lorenz*, jurisPR-ITR 4/2023, Anm. 6.
[1197] *Waldkirch*, r+s 2021, 317 (320).
[1198] *Bäcker*, in: Kühling/Buchner DS-GVO/BDSG, Art. 15 DS-GVO Rn. 42d; *Waldkirch*, r+s 2021, 317 (320).
[1199] *Waldkirch*, r+s 2021, 317 (320) Fn. 48.
[1200] *Bäcker*, in: Kühling/Buchner DS-GVO/BDSG, Art. 15 DS-GVO Rn. 42d.
[1201] *Hirschfeld/Gerhold*, ZIP 2021, 394 (401).
[1202] *Dzida*, BB 2019, 3060 (3065)
[1203] *Quiel*, DSB 2022, 217.
[1204] *Peisker*, Der datenschutzrechtliche Auskunftsanspruch, S. 520.

die Verfolgung eigener Vorteile motiviert sind.[1205] Verfolgt der Betroffene eigene Vorteile, so sei dies am unionsrechtlichen Missbrauchsvorbehalt zu messen.[1206] Eine Subsumtion hierunter ergebe, dass die Konstellation der „Geltendmachung zur Ausforschung und Konkretisierung datenschutzexterner Leistungsansprüche" nicht vom Anspruchsausschluss wegen Rechtsmissbrauchs erfasst sei.[1207] Es fehle sowohl am objektiven als auch am subjektiven Element der unionsrechtlichen Rechtsmissbrauchslehre.[1208] Objektiv werde der Zweck des Art. 15 DS-GVO erreicht, da sich der DS-GVO keine Beschränkung in der Hinsicht entnehmen ließe, dass Art. 15 DS-GVO nur die Rechtmäßigkeitsprüfung und Prüfung weiterer Betroffenenrechte bezwecke.[1209] Erwägungsgrund 63 zur DS-GVO fordere zudem nur, dass der Betroffene die Rechtmäßigkeit überprüfen „könnte", hingegen erfordere er nicht, dass das auch beabsichtigt wird.[1210] Anders als beispielsweise § 52a GmbHG, der in Abs. 2 S. 1 eine ausdrückliche Grenze bei der Verfolgung gesellschaftsfremder Zwecke findet, genieße Art. 15 DS-GVO einen Selbststand, der die Kenntniserlangung als solche zum Abbau von Informationsasymmetrien bezwecke.[1211] Vor dem Hintergrund der primärrechtlichen Grundlage des Art. 15 DS-GVO in Art. 8 GRCh und aus Verhältnismäßigkeitserwägungen sei es erforderlich, dass der Betroffene mittels Art. 15 DS-GVO eine aktive Position im Verarbeitungsprozess einnehmen kann, da das „die Kehrseite der Verarbeitung durch den Verantwortlichen"[1212] bilde. Deshalb bestehe der Anspruch auch unabhängig von dem beabsichtigten Einsatz der erlangten Kenntnis.[1213] Diese Kenntniserlangung sei jeder Verwendung der Daten, so auch der Verwendung in einem anderen Prozess, notwendig vorgeschaltet.[1214] Damit werde der Zweck der Norm objektiv erreicht.[1215] Neben dem objektiven Element fehle es in der Problemkonstellation zudem am subjektiven Element des unionsrechtlichen Missbrauchsvorbehalts.[1216] Dem verfolgten Zweck fehle es an der Missbilligung.[1217] Auch dürfe eine zeitliche Zäsur zwischen Geltendmachung des Anspruchs aus Art. 15 DS-GVO und einer etwaigen Verwendung der Informationen zu keiner unterschiedlichen Behandlung der Sachverhalte führen.[1218] Es sei hingegen so, dass ein Einsatz der Informationen mit zeitlicher Zäsur ohne Weiteres zulässig ist, wenn zunächst einmal datenschutz-

---

[1205] *Peisker*, Der datenschutzrechtliche Auskunftsanspruch, S. 517 f.
[1206] *Peisker*, Der datenschutzrechtliche Auskunftsanspruch, S. 523.
[1207] *Peisker*, Der datenschutzrechtliche Auskunftsanspruch, S. 525 ff.
[1208] *Peisker*, Der datenschutzrechtliche Auskunftsanspruch, S. 526.
[1209] *Peisker*, Der datenschutzrechtliche Auskunftsanspruch, S. 529.
[1210] *Peisker*, Der datenschutzrechtliche Auskunftsanspruch, S. 530; vgl. *Waldkirch*, r+s 2021, 317 (320).
[1211] *Peisker*, Der datenschutzrechtliche Auskunftsanspruch, S. 529 f., 540.
[1212] *Peisker*, Der datenschutzrechtliche Auskunftsanspruch, S. 540.
[1213] *Peisker*, Der datenschutzrechtliche Auskunftsanspruch, S. 530.
[1214] *Peisker*, Der datenschutzrechtliche Auskunftsanspruch, S. 531.
[1215] Siehe oben Fn. 1214.
[1216] *Peisker*, Der datenschutzrechtliche Auskunftsanspruch, S. 532.
[1217] Siehe oben Fn. 1216.
[1218] Siehe oben Fn. 1217.

interne Zwecke verfolgt würden.[1219] Dementsprechend müsse das auch für einen Sachverhalt gelten, in welchem die Informationen schon ohne zeitliche Zäsur für nicht datenschutzinterne Zwecke verwendet werden.[1220] Die in dieser Breite einzigartige Argumentation Peiskers führt zu dem Ergebnis:

> „Der Betroffene kann die Datenauskunft [...] auch geltend machen, um andere, datenschutzexterne Leistungsansprüche zu konkretisieren oder um Umstände auszuforschen und in Erfahrung zu bringen, die er zur Verteidigung in einem Prozess nutzen kann. Der Zweck der Auskunft wird nicht verfehlt, wenn der Betroffene Kenntnis von den relevanten personenbezogenen Daten erhält."[1221]

### b) Literatur in Fällen fehlenden Informationsinteresses

Spiegelbildlich zum Meinungsspektrum in der Rechtsprechung schließen sowohl die Vertreter der eher restriktiven als auch die Vertreter der betroffenenfreundlichen Ansicht den Zugangsanspruch dann aus, wenn ein Informationsinteresse gar nicht besteht.[1222] Nach den unionsrechtlichen Maßstäben könne Rechtsmissbrauch immer dann vorliegen, wenn es dem Betroffenen auf die Kenntnis der Daten gar nicht ankommt.[1223] Das sei beispielsweise dann der Fall, wenn die Geltendmachung des Zugangsanspruchs von einer Abfindung abhängig gemacht wird[1224] oder wenn der Anspruch der Provokation eines Schadensersatzanspruches nach Art. 82 DS-GVO dienen soll.[1225] Andere betiteln solche Fälle als Verfolgung „sachfremder" Ziele und sprechen dem Betroffenen den Anspruch dann ebenfalls ab.[1226] Für einen Anspruchsausschluss im Fall des Fehlens nicht nur eines Informationsinteresses, sondern darüber hinaus fehlenden Eigeninteresses, wird für eine dogmatische Anknüpfung an Art. 12 Abs. 5 S. 2 DS-GVO plädiert.[1227] Andere knüpfen an § 242 BGB.[1228]

---

[1219] Siehe oben Fn. 1217.
[1220] Siehe oben Fn. 1217.
[1221] *Peisker*, Der datenschutzrechtliche Auskunftsanspruch, S. 534 f.
[1222] Vgl. *Korch/Chatard*, CR 2020, 438 (446): „[...] wenn der Betroffene den Verantwortlichen offensichtlich schikanieren oder er die Informationen erkennbar ausschließlich für datenschutzfremde Zwecke verwenden möchte."; *Suchan*, ZD 2021, 198 (199); *Quaas*, in: BeckOK Datenschutzrecht, Stand: 01.08.2024, Art. 12 DS-GVO Rn. 44; *Dzida*, BB 2019, 3060 (3065) „[...] bei fehlendem Eigeninteresse [...]."
[1223] Vgl. *Peisker*, Der datenschutzrechtliche Auskunftsanspruch, S. 536 f.
[1224] *Dzida*, BB 2019, 3060 (3065); *Peisker*, Der datenschutzrechtliche Auskunftsanspruch, S. 537.
[1225] *Peisker*, Der datenschutzrechtliche Auskunftsanspruch, S. 538.
[1226] *Lembke*, NJW 2020, 1841 (1845); *Lembke/Fischels*, NZA 2022, 513 (516).
[1227] *Schmidt-Wudy*, in: BeckOK Datenschutzrecht, Stand: 01.08.2024, Art. 15 DS-GVO Rn. 48; *Dzida*, BB 2019, 3060 (3065).
[1228] *Lembke*, NJW 2020, 1841 (1845).

### 5. Keine Entscheidung der Problematik durch den EuGH zu Art. 12 DSRL

Der EuGH hatte sich einst mit dem Zugangsverlangen verschiedener Asylbewerber auseinanderzusetzen, die mittels Art. 12 DSRL Zugang zu den Ablehnungsgründen ihrer Asylanträge erhalten wollten.[1229] Im Ergebnis verneinte der EuGH einen Zugangsanspruch in dieser Konstellation zumindest bezüglich der „rechtlichen Analyse" des Sachverhalts.[1230] Aus dem Urteil könnte man auf einen ersten Blick folgern, dass der Anspruch aus Art. 15 DS-GVO bei der Verfolgung datenschutzfremder Zwecke ausgeschlossen werden müsste. Dazu müsste das Urteil einerseits dahingehend zu verstehen seien und andererseits auf die DS-GVO übertragbar sein.

Maßgeblich für die ablehnende Haltung des EuGH gegenüber dem Zugangsverlangen der Asylbewerber waren aber keine Erwägungen einer etwaigen Zweckentfremdung oder einer Rechtsmissbräuchlichkeit, sondern vielmehr ein einschränkendes Verständnis des Begriffs der personenbezogenen Daten anhand des Schutzzwecks der Richtlinie.[1231] Zu der Diskussion eines anderweitigen Ausschlusses des Anspruchs äußerte sich der EuGH dann nicht mehr.[1232] Entsprechend führt der BGH in seiner Vorlage beim EuGH aus, dass dem Urteil die Maßgeblichkeit einer etwaiger Motivation des Betroffenen nicht entnommen werden könne[1233] „Es ging in diesem Fall [...] um die Bestimmung des *Gegenstands* des Auskunftsrechts unter Berücksichtigung von dessen Schutzzweck und nicht um die im hiesigen Fall zu beurteilende Frage, ob die außerhalb des Schutzzwecks liegende Motivation der Antragstellung Einfluss auf die *Berechtigung* des Begehrens haben kann."[1234] Der in der DS-GVO nun geltende Begriff der personenbezogenen Daten, der insbesondere auch den Umfang des unionsrechtlichen Informationsanspruchs auf Rechtsfolgenseite bestimmt, wurde bereits zuvor ausführlich untersucht. In diesem Kapitel stellt sich allein die Frage des Anspruchsausschlusses wegen der „Verfolgung datenschutzfremder Zwecke". Während der EuGH sich im Kontext zu Art. 12 DSRL also zur Frage der Anspruchsbegründung auslässt, geht es hier um Fragen einer rechtsvernichtenden Einwendung. Da der EuGH bei Art. 12 DSRL einen anderen Anspruchsumfang zugrunde legte, können diese Ausführungen nicht auf Art. 15 DS-GVO übertragen werden. Die Rechtsprechung des EuGH zu Art. 12 DSRL hilft nicht, um der Problematik des potenziellen Ausschlusses von Art. 15 DS-GVO wegen der „Verfolgung datenschutzfremder Zwecke" Herr zu werden.

---

[1229] EuGH, Urt. v. 17. Juli 2014 – C 141/12 und C 372/12, ECLI:EU:C:2014:2081, Rn. 13 ff.
[1230] EuGH, Urt. v. 17. Juli 2014 – C 141/12 und C 372/12, ECLI:EU:C:2014:2081, Rn. 46.
[1231] EuGH, Urt. v. 17. Juli 2014 – C 141/12 und C 372/12, ECLI:EU:C:2014:2081, Rn. 39 f., 46.
[1232] EuGH, Urt. v. 17. Juli 2014 – C 141/12 und C 372/12, ECLI:EU:C:2014:2081, Rn. 49.
[1233] BGH, EuGH-Vorlage vom 29. März 2022 – VI ZR 1352/20, DB 2022, 1249–1255, Rn. 21.
[1234] BGH, EuGH-Vorlage vom 29. März 2022 – VI ZR 1352/20, DB 2022, 1249–1255, Rn. 22 [Anm.: Hervorhebungen durch den Verfasser].

### III. Zusammenfassung der Diskussion um die „Verfolgung datenschutzfremder Zwecke"

Zwar zeigt sich eine große Bandbreite an Literatur und Rechtsprechung zur Frage des Anspruchsausschlusses bei der „Verfolgung datenschutzfremder Zwecke". Deren Inhalt gleicht sich innerhalb der jeweiligen Ansicht aber mehrheitlich. Daher bietet es sich an, die geschilderte Diskussion zusammenzufassen und Gemeinsamkeiten zu identifizieren, um die Diskussion handhabbar zu machen:

#### 1. Nicht diskussionsbedürftige Gemeinsamkeiten

Zunächst sind sich die Vertreter einer betroffenenfreundlichen und diejenigen einer tendenziell restriktiven Ansicht darüber einig, dass der Anspruch in Konstellationen ausgeschlossen ist, in denen es dem Betroffenen lediglich um die Schikane oder Schädigung des Verantwortlichen geht. Gemein haben diese Konstellationen, dass der Betroffene in diesen Fällen kein eigenes Informationsinteresse verfolgt. Hinsichtlich des „Ob" des Anspruchsausschlusses ist für diese Konstellation des fehlenden Informationsinteresses keine weitergehende Diskussion erforderlich.

#### 2. Diskussionsbedürftige Unterschiede

Unterschiede ergeben sich hinsichtlich der dogmatischen Anknüpfung des fehlenden Informationsinteresses. Die einen befürworten Art. 12 Abs. 5 S. 2 DS-GVO, andere den allgemeinen unionsrechtlichen Missbrauchsvorbehalt, wieder andere § 242 BGB und das FG Düsseldorf einen Ausschluss schon auf Ebene des Rechtsschutzbedürfnisses. Entscheidungserheblich ist die dogmatische Anknüpfung deshalb, weil mit unterschiedlichen Anknüpfungen auch unterschiedliche Voraussetzungen einhergehen können. Wie zu zeigen sein wird, muss bei der dogmatischen Anknüpfung noch ein weiteres Mal differenziert werden.[1235]

Ferner bestehen erhebliche Unterschiede zwischen den verschiedenen Ansichten und Argumentationsgängen für den Fall, dass der Betroffene ein Informationsinteresse verfolgt. Manche Stimmen möchten ihm den Anspruch trotz der Absicht der Vorbereitung eines anderen Prozesses zugestehen, andere möchten ihn ausschließen. Diejenigen, die den Anspruch ausschließen möchten, wählen dogmatisch unterschiedliche Anknüpfungspunkte. Die Einen schließen den Anspruch mittels § 242 BGB aus, andere mittels Art. 12 Abs. 5 S. 2 DS-GVO, andere wegen des allgemeinen unionsrechtlichen Missbrauchsvorbehalts und wieder andere auf Grundlage einer teleologischen Reduktion des Art. 15 DS-GVO. Die Argumente derje-

---

[1235] Siehe unten § 5 E. IV. 5. d) bb).

nigen, die einen Anspruchsausschluss anregen, wiederholen sich: Der Betroffene verfolge nicht die in Erwägungsgrund 63 S. 1 zur DS-GVO niedergelegten Ziele. Eine Ausforschung verstoße gegen den Beibringungsgrundsatz der ZPO. Für eine Subsumtion unter Art. 12 Abs. 5 S. 2 DS-GVO spreche der Begriff „insbesondere", der weitere Fallgruppen des Exzesses beziehungsweise des Rechtsmissbrauchs zulasse und die vermeintliche Tatsache, dass der unionsrechtliche Missbrauchsvorbehalt hier eine Ausprägung gefunden habe. Für einen Ausschluss nach § 242 BGB spreche, dass dieser Grundsatz auch unionsrechtlich Berücksichtigung finden müsse. Die Voraussetzungen einer teleologischen Reduktion anhand des Erwägungsgrundes lägen vor. Einer Aushöhlung der Betroffenenrechte sei durch die Beweislastverteilung vorgebeugt.

Die Vertreter der betroffenenfreundlichen Ansicht ergänzen sich eher, als dass sie sich in ihrer Argumentation wiederholen: Es sei nicht ersichtlich, weshalb der in Erwägungsgrund 63 zur DS-GVO genannte Zweck abschließend sein solle oder auf eine dienende Funktion begrenzt werden könne. Insgesamt werde der Schutz gegen Beeinträchtigungen und Gefährdungen durch Datenverarbeitung bezweckt und damit auch die umfassende Information über die eigenen Daten. Der Abbau von Informationsasymmetrien sei ein legitimes Ziel und auch der Zweck des Einsatzes in einem anderen gerichtlichen Verfahren sei nicht missbilligenswert. Dem Betroffenen obliege keine Begründungspflicht, sodass subjektive Erwägungen auch keine Rolle spielen würden. Der Zweck aus den Erwägungsgründen sei auch erreichbar, wenn der Anspruch zunächst anderen Zwecken dient. Die Voraussetzungen des unionsrechtlichen Missbrauchsvorbehalts lägen nicht vor. Art. 12 Abs. 5 S. 2 DS-GVO sei nur einschlägig, wenn keine eigenen Vorteile, sondern eine bloße Schikane bezweckt werde. Ein allgemeines Informationsrecht drohe wegen der Koppelung an den Personenbezug nicht. Eine aktive Position im Verarbeitungsprozess mittels Art. 15 DS-GVO sei als Ausgleich für die Verarbeitung erforderlich. Die Kenntniserlangung sei jeder Verwendung notwendig vorgeschaltet, womit der Zweck der Norm erreicht werde. Eine zeitliche Zäsur zwischen Art. 15 DS-GVO und einer etwaigen „zweckwidrigen" Verwendung würde sonst zu einer unterschiedlichen Behandlung der Zugangsverlangen führen.

## IV. Abwägung der Argumente im Fall der Verfolgung „datenschutzfremder Zwecke"

Während die restriktive Ansicht sich mit einer überwiegenden Anzahl an Vertretern rühmen kann, die sich bei ihrer Argumentation aber ähneln, führt die betroffenenfreundliche Ansicht quantitativ mehr Argumente ins Feld. Jedoch kommt es für eine Entscheidung hinsichtlich der Lösung der Problematiken allein auf die Qualität der Argumente an, die im Folgenden bewertet und angereichert werden soll.

### 1. Selbststand des Zugangs neben instrumentellem Verständnis

Gemeinsame Grundlage jeder restriktiven Argumentation ist die Idee, den Anspruch deshalb auszuschließen, weil nicht die in Erwägungsgrund 63 S. 1 zur DS-GVO niedergelegten Zwecke verfolgt werden. Der Zweck erschöpfe sich darin, sich „[...] der Verarbeitung bewusst zu sein und deren Rechtmäßigkeit überprüfen zu können.", vgl. Erwägungsgrund 63 S. 1. Die Geltendmachung des Art. 15 DS-GVO müsse zudem darauf abzielen, die übrigen Betroffenenrechte aus Artt. 16, 17 DS-GVO geltend zu machen (sog. dienende Funktion).[1236] Neben einer Auslegung nach dem Wortlaut des Art. 15 DS-GVO, der „datenschutzfremde" Verwendungen zulassen würde, hat zwar auch eine teleologische Auslegung zu erfolgen, sodass der Ansatz dieser Auslegung unter Heranziehung der Erwägungsgründe aus methodischer Sicht zwar korrekt ist.[1237] Allerdings zeigt eine vollständige Auslegung des Art. 15 DS-GVO, dass einiges gegen ein rein instrumentelles Verständnis des Zugangsrechts als Instrument zur Durchsetzung und Kontrolle spricht.[1238] Zum einen schwächt schon die Rechtsnatur als Erwägungsgrund die These einer abschließenden und verbindlichen Regelung.[1239] Denn Erwägungsgründe sind zwar Auslegungsinstrument, aber nicht der letzte Erkenntnisschritt einer Auslegung.[1240] Hätte der Normgeber eine dienende Funktion und beschränkte Verwendbarkeit der mittels des Anspruchs erhaltenen Informationen vorsehen wollen, so hätte er das im Normtext deutlich machen können. Im Übrigen kann auch der Wortlaut des Erwägungsgrundes 63 S. 1 zur DS-GVO nicht rein instrumentell verstanden werden. Der Zweck, sich der „Verarbeitung bewusst zu sein", zeugt vielmehr „Schemenhaft"[1241] von einem Selbststand des Rechts. Denn jeglicher Verwendung der Daten wird ein Bewusstsein über die Daten notwendig vorgeschaltet sein.[1242] Das „[...] sich bewusst [werden]" setzt aber jedenfalls ein Informationsinteresse auf Seiten des Organmitglieds voraus. Nur wenn er beabsichtigt, die Daten wahrzunehmen, kann er sich der Verarbeitung bewusstwerden.

Im Rahmen der Auslegung des Art. 15 DS-GVO muss ergänzend die primärrechtliche Grundlage des Art. 8 Abs. 1, 2 GRCh berücksichtigt werden. Für einen

---

[1236] Siehe oben § 5 E. II. 3. a) aa) sowie § 5 E. II. 4. a) aa) zur Argumentation der restriktiven Ansichten.

[1237] EuGH, Urt. v. 26. Oktober 2023 – C 307/22, ECLI:EU:C:2023:811, Rn. 30; allgemein: EuGH, Urt. v. 12. Januar 2023 – C 154/21, ECLI:EU:C:2023:3, Rn. 29; EuGH, Urt. v. 22. Juni 2023 – C 579/21, ECLI:EU:C:2023:501, Rn. 38.

[1238] Vgl. *Marsch*, Das europäische Datenschutzgrundrecht, S. 229 zu Art. 8 GRCh.

[1239] EuGH, Urt. v. 26. Oktober 2023 – C 307/22, ECLI:EU:C:2023:811, Rn. 44.

[1240] So praktiziert es auch der EuGH, Urt. v. 12. Januar 2023 – C 154/21, ECLI:EU:C:2023:3, Rn. 33 ff.; EuGH, Urt. v. 26. Oktober 2023 – C 307/22, ECLI:EU:C:2023:811, Rn. 44; *Arning*, in: Moos/Schefzig/Arning Hdb DS-GVO/BDSG, Kap. 6 Rn. 182; *Kreße*, in: Sydow/Marsch DS-GVO/BDSG, Abs. 81 DS-GVO Rn. 5; vgl. *Riesenhuber*, in: Riesenhuber Europäische Methodenlehre, § 10 Rn. 38.

[1241] *Marsch*, Das europäische Datenschutzgrundrecht, S. 229 f. zu Art. 8 GRCh.

[1242] *Quiel*, DSB 2022, 217.

Selbststand[1243] des Rechts auf Schutz personenbezogener Daten spricht die isolierte Normierung dieses Rechts in Art. 8 Abs. 1 GRCh. Das Recht auf Schutz personenbezogener Daten in Art. 8 Abs. 1 GRCh kennt keinerlei ausdrückliche Zweckbindung, sondern wird in seinem Umfang allein durch den Begriff der personenbezogenen Daten begrenzt. Nach Art. 8 Abs. 2 S. 2 DS-GVO hat „Jede Person [...] das Recht, Auskunft über die sie betreffenden erhobenen Daten zu erhalten und die Berichtigung der Daten zu erwirken." Die Konjunktion „und"[1244] betont ein Nebeneinander der Rechte auf Auskunft und Berichtigung und lässt nicht den Schluss zu, dass das Auskunftsrecht ausschließlich eine dienende Funktion zugunsten der Berichtigung innehaben sollte.[1245] Vielmehr stehen die Rechte dem Wortlaut der primärrechtlichen Regelung nach selbstständig nebeneinander. Weiter beinhaltet „[d]as grundrechtlich geschützte Verhalten [...] vor allem die Herrschaft über die eigenen Daten [...]."[1246] Der Anspruch auf Auskunft ist demnach Gegengewicht zu der nach Art. 8 Abs. 2 S. 1 GRCh gestatteten Datenverarbeitung, indem der Betroffene der Verarbeitung hierdurch eine aktive Position im Verarbeitungsprozess erhält, die die Eingriffsintensität mindert.[1247] Derjenige, der in das Grundrecht zum Schutz personenbezogener Daten eingreift, muss sich also von vornherein der Tatsache bewusst sein, dass ihm dies nur deshalb gestattet ist, weil die Person, dessen informationelle Selbstbestimmung hierdurch beeinträchtigt wird im Gegenzug einen Zugangsanspruch innehat. Nur so kann die zum Ausgleich der Beeinträchtigung notwendige Transparenz der Datenverarbeitung erreicht werden.[1248] Dem Zugangsanspruch kommt demnach ein Selbststand zu. Er erfährt keine enge Zweckbindung und ist auch nicht auf eine dienende Funktion beschränkt.[1249] Diese „Ausgleichsfunktion" in Form der Vermittlung einer aktiven Position im Daten-

---

[1243] Terminologie geht in diesem Kontext zurück auf *Marsch*, Das europäische Datenschutzgrundrecht, S. 229; rezipiert von *Peisker*, Der datenschutzrechtliche Auskunftsanspruch, S. 64; *Winnenburg*, Anm. zu EuGH, Urt. v. 26. Oktober 2023 – C 307/22, ZD 2024, 22 (27).
[1244] So auch in den übrigen Sprachfassungen, die entsprechende Übersetzung.
[1245] Im Ergebnis ebenso Generalanwalt *Nicholas Emiliou*, Schlussanträge vom 20. April 2023 – C 307/22, Rn. 27.
[1246] *Kingreen*, in: Calliess/Ruffert EUV/AEUV, Art. 8 GRCh Rn. 10; abweichend *Schneider*, in: BeckOK Datenschutzrecht, Stand: 01.08.2023, Syst. B. Völker- und unionsverfassungsrechtliche Grundlagen, Rn. 25.1: „[...] nicht als strikt eigentumsanaloge Datenverfügungsbefugnis, sondern als instrumentelles Recht zur Gewährleistung innerer Entfaltungsfreiheit."; auch die Entfaltungsfreiheit setzt aber eine Herrschaft über die eigenen Daten voraus, sodass es sich nicht um eine echte andere Ansicht handelt.
[1247] *Marsch*, Das europäische Datenschutzgrundrecht, S. 228 f.; *Albers*, in: Reloading Data Protection, S. 213 (231); *Peisker*, Der datenschutzrechtliche Auskunftsanspruch, S. 64, 79.
[1248] Bedeutung der Transparenz zur Wahrung des Grundrechts auf informationelle Selbstbestimmung betonend *Globig*, in: FS W. Rudolf, S. 441 (447); vgl. Erwägungsgrund 39 S. 2 zur DS-GVO.
[1249] *Marsch*, Das europäische Datenschutzgrundrecht, S. 229 f., der auch den Vorfeldschutz als Grundlage des Selbststands betont; *Albers*, in: Reloading Data Protection, S. 213 (231); *Hirschfeld/Gerhold*, ZIP 2021, 394 (401): „[...] um ihrer selbst willen [...]"; *Peisker*, Der datenschutzrechtliche Auskunftsanspruch, S. 64 ff.; *Winnenburg*, Anm. zu EuGH, Urt. v. 26. Oktober 2023 – C 307/22, ZD 2024, 22 (27).

verarbeitungsprozess wird durch den Abbau von Informationsasymmetrien, unabhängig von der späteren Verwendung der Daten erreicht. Ein Bewusstsein über die Datenverarbeitung, wie Erwägungsgrund 63 S. 1 zur DS-GVO es nennt, geht jeder späteren Verwendung der Daten voraus.[1250] Insoweit sind also auch die Anforderungen des Erwägungsgrundes 63 S. 1 zur DS-GVO dann erfüllt. Einzige Voraussetzung, damit sich der Betroffene der Datenverarbeitung bewusstwird und der Zugangsanspruch seine Ausgleichsfunktion mithin erfüllen kann, ist, dass ein Informationsaustausch tatsächlich stattfindet, der Betroffene seine Daten also zur Kenntnisnahme erlangen möchte. In der Anforderung des „Bewusstwerdens über die Datenverarbeitung" findet sich das genannte Unterscheidungskriterium des „Informationsinteresses" zwischen den verschiedenen Fallgruppen wieder. Der Selbststand des Anspruchs aus Art. 15 DS-GVO spricht dafür, die Fallgruppe der Verfolgung eines Informationsinteresses nicht wegen einer vermeintlichen „Datenschutzfremdheit" des Zwecks auszuschließen. Bei fehlendem Informationsinteresse verfehlt die Anspruchsgeltendmachung aber sogar diesen Selbststand der Norm, sodass die Geltendmachung ausgeschlossen werden darf, ohne dass der Zweck der Norm missachtet oder verkürzt würde. Ohnehin war es dann nämlich nie das Ziel mittels des Anspruchs Transparenz in der Datenverarbeitung zu erzeugen. Die Ausgleichsfunktion des Zugangs für die Verarbeitung der Daten würde nicht zur Geltung kommen.

Ein Selbststand des Art. 15 DS-GVO steht im Übrigen im Einklang mit der bisher ergangenen Rechtsprechung des EuGH. Der EuGH betonte in einem Urteil aus dem Juni 2023, dass der Art. 15 DS-GVO „[...] *zuvörderst das Ziel verfolgt,* [...] *sich der Verarbeitung bewusst [zu] sein und deren Rechtmäßigkeit überprüfen [zu können].*"[1251] Zudem diene der Anspruch des Art. 15 DS-GVO „*insbesondere*" auch der Geltendmachung der Folgerechte.[1252] Die Terminologie „zuvörderst"[1253] und „insbesondere"[1254] zeigt, dass dies nach dem Verständnis des EuGH nur vorrangige, nicht aber abschließende Zwecke des Rechts auf Datenzugang darstellen. Dem ist insofern zuzustimmen, als es sich bei den Folgerechten der Berichtigung und Löschung von Daten unzweifelhaft um wichtige Instrumente zur Verteidigung gegen eine unrechtmäßige Datenverarbeitung handelt, welche schwerwiegend in das Recht auf Schutz personenbezogener Daten eingreift. Bei der Beantwortung der Vorlagefrage zur Verfolgung „datenschutzfremder Zwecke" nannte der EuGH einen Selbststand ebenfalls nicht ausdrücklich, scheint den im Ergebnis aber

---

[1250] *Quiel*, DSB 2022, 217.
[1251] EuGH, Urt. v. 22. Juni 2023 – C 579/21, ECLI:EU:C:2023:501, Rn. 56 [Anm.: Hervorhebungen durch den Verfasser].
[1252] EuGH, Urt. v. 22. Juni 2023 – C 579/21, ECLI:EU:C:2023:501, Rn. 5 [Anm.: Hervorhebungen durch den Verfasser].
[1253] So auch in den übrigen Sprachfassungen, die entsprechende Übersetzung: beispielsweise im Englischen „first of all"; Französisch: „tout d'abord".
[1254] So auch in den übrigen Sprachfassungen, die entsprechende Übersetzung: beispielsweise im Englischen „in particular"; Französisch „En particulier".

anzunehmen.¹²⁵⁵ Das Gericht hebt die Notwendigkeit eines entgeltfreien, nicht zweckgebundenen und damit niedrigschwelligen Informationsanspruchs zur Erzielung von Transparenz und einem hohen Datenschutzniveau hervor.¹²⁵⁶ Der Erwägungsgrund 63 zur DS-GVO vermag die Reichweite des Art. 15 DS-GVO nicht einzuschränken.¹²⁵⁷

### 2. Verteidigungsinstrument: Prüfung der Artt. 16, 17 DS-GVO

Sollte der Betroffene sein Zugangsrecht geltend machen, um möglicherweise unrichtige Daten löschen oder berichtigen zu lassen, auf denen die Inanspruchnahme in einem anderen Zivilprozess beruht, so verfolgt er dabei gerade auch den Zweck, die weiteren Betroffenenrechte der Artt. 16, 17 DS-GVO geltend zu machen und die Rechtmäßigkeit der Datenverarbeitung zu prüfen. Damit würde er neben dem von der restriktiven Ansicht als „datenschutzfremd" verstandenen Zweck der Verteidigung auch den eng verstandenen „dienenden Zweck" des Art. 15 DS-GVO und damit einen in jedem Fall datenschutzkonformen Zweck verfolgen.¹²⁵⁸ Der Zweck der Prüfung von Artt. 16, 17 DS-GVO wäre das Mittel beziehungsweise ein Zwischenschritt auf dem Wege zur Verteidigung gegen die Inanspruchnahme.

Um trotz der vorgelagerten Verfolgung dieses datenschutzkonformen Zwecks einen Anspruchsausschluss anzunehmen, müsste man derart restriktiv argumentieren, dass die datenschutzkonforme Absicht der Prüfung der Artt. 16, 17 DS-GVO durch die eigentliche Absicht der Rechtsverteidigung überlagert würde, was sodann wegen „Datenschutzfremdheit" zu einem Anspruchsausschluss führen müsste. Eine derart restriktive Ansicht könnte aber noch weniger überzeugen als die hinsichtlich des Zwecks ohnehin zu restriktive Ansicht. Denn in einer solchen Konstellation würde die häufig (fälschlicherweise) als abschließend angenommene dienende Funktion des Art. 15 DS-GVO gerade verwirklicht, sodass es inkonsequent wäre, den Zugangsanspruch dann zu verneinen, weil diese Löschung oder Korrektur eines Datums in einem parallelen Prozess hilfreich sein könnte. Solch zufällige positive Auswirkungen des Anspruchs aufseiten des Betroffenen dürfen nicht dazu führen, dass ihm der Anspruch auf Datenzugang genommen wird. Denn nach Artt. 16, 17 DS-GVO zu berichtigende oder zu löschende Informationen genießen nach der Wertung des Normgebers keinen Schutz, sodass ein etwaiger Schutz dieser Daten auch nicht unter Anknüpfung an das Motiv des Betroffenen zur Rechtsverteidigung hergestellt werden darf. Bezweckt der Betroffene seine Rechtsverteidigung mittels

---

¹²⁵⁵ Schon *Winnenburg*, Anm. zu EuGH, Urt. v. 26. Oktober 2023 – C 307/22, ZD 2024, 22 (27).
¹²⁵⁶ EuGH, Urt. v. 26. Oktober 2023 – C 307/22, ECLI:EU:C:2023:811, Rn. 47 ff.
¹²⁵⁷ EuGH, Urt. v. 26. Oktober 2023 – C 307/22, ECLI:EU:C:2023:811, Rn. 43.
¹²⁵⁸ Zur Verfolgung dieser Sekundärrechte als Zweck der DS-GVO: EuGH, Urt. v. 22. Juni 2023 – C 579/21, ECLI:EU:C:2023:501, Rn. 58; Edpb, Guidelines 01/2022 on data subject rights – Right of access, 28. März 2023, Rn. 167; vgl. Erwägungsgrund 63 zur DS-GVO.

der Instrumente der Artt. 16, 17 DS-GVO, besteht kein Anlass und erst recht kein Rechtsgrund, dem Betroffenen den Anspruch zu verwehren.

### 3. Vorgeschaltete Verfolgung „datenschutzkonformer" Zwecke

In betroffenenfreundlicher Hinsicht wird angemerkt, dass eine zeitliche Zäsur zwischen zweckgerechter Geltendmachung des Art. 15 DS-GVO und etwaiger „zweckwidriger" Verwendung nicht zu einer abweichenden Behandlung des Zugangsverlangens führen dürfe.[1259] Dementsprechend müssten folgende Konstellationen gleichbehandelt werden: (1) Der Betroffene macht das Zugangsrecht zunächst im Einklang mit den in Erwägungsgrund 63 zur DS-GVO niedergelegten Zwecken geltend und verwendet sie erst nach einiger Zeit mit neuer Zwecksetzung zu „datenschutzfremden Zwecken"; (2) der Betroffene verfolgt schon bei Geltendmachung des Art. 15 DS-GVO die zuletzt genannten „datenschutzfremden Zwecke".

Richtig ist, dass es, wenn zunächst „datenschutzkonforme" Zwecke verfolgt werden, keinen überzeugenden Anhaltspunkt gibt, eine nach zeitlicher Zäsur erfolgende „datenschutzfremde" Verwendung der rechtmäßig erlangten Informationen zu unterbinden.[1260] Die Verfolgung datenschutzfremder Zwecke nach zeitlicher Zäsur wäre hinzunehmen. Abweichendes wäre schon deshalb unpraktikabel, weil je nach Umfang der zeitlichen Zäsur Unsicherheiten über die Herkunft verschiedener Daten bestehen können und somit keine Sicherheit dahingehend bestehen könnte, ob die Daten mittels des datenschutzrechtlichen Zugangsanspruchs erlangt worden sind. Dann nachträglich mit einem Verbot einer „Verwendung zu datenschutzfremden Zwecken" anzusetzen, überzeugt nicht.

Dass man aus dem Grund der möglichen Verwendung der Daten zu „datenschutzfremden Zwecken" nach zeitlicher Zäsur schließen müsste, dass die Daten auch von Beginn an zu „datenschutzfremden Zwecken" erlangt werden könnten, kann aber für sich genommen ebenfalls nicht überzeugen. Eine abweichende Beurteilung dieser Konstellationen wäre vielmehr konsequent und richtig, wenn man meint, dass der Anspruch zu „datenschutzfremden Zwecken" grundsätzlich nicht geltend gemacht werden dürfte. Es würde schlicht auf den im Zeitpunkt der Geltendmachung verfolgten Zweck abzustellen sein, was zufällige Ergebnisse je nach Beurteilungszeitpunkt vermeidet. Werden bei der Anspruchsgeltendmachung datenschutzkonforme Zwecke verfolgt, so besteht kein Anlass zum Ausschluss des Anspruchs. Werden später andere Zwecke verfolgt, so macht der Betroffene den Anspruch nicht erneut geltend, sodass keine Möglichkeit zum Anspruchsausschluss besteht. Der Betroffene nutzt schlicht rechtmäßig erlangte Informationen. Verfolgt der Betrof-

---

[1259] *Peisker*, Der datenschutzrechtliche Auskunftsanspruch, S. 532.
[1260] So auch Generalanwalt *Nicholas Emiliou*, Schlussanträge vom 20. April 2023 – C 307/22, Fn. 12.

fene von vornherein datenschutzfremde Zwecke, so besteht ein Anknüpfungspunkt für einen Anspruchsausschluss. Der im Zeitpunkt der Geltendmachung verfolgte Zweck wäre der die unterschiedliche Behandlung tragende Grund. Insofern ist es nicht richtig zu betonen, dass diese unterschiedliche Behandlung „allein wegen des Wegfalls der zeitlichen Zäsur"[1261] erfolge. Das Gedankenspiel einer „zeitlichen Zäsur" hilft bei der Ermittlung der korrekten Lösung der Problematik nicht weiter.

### 4. Untaugliches Argument des Widerspruchs zu nationalem Prozessrecht

Wenig überzeugend ist ferner das Argument, eine Verwendung des Art. 15 DS-GVO zum Zweck des Informationsgewinns für einen anderen Prozess widerspräche dem nationalen Ausforschungsverbot beziehungsweise dem Beibringungsgrundsatz aus § 138 ZPO. Dass dies angesichts des Anwendungsvorrangs des Unionsrechts nicht der Fall ist, wurde bereits festgestellt.[1262] Das nationale Recht beziehungsweise das Kompetenzgefüge zwischen der Union und ihren Mitgliedstaaten verlangt eine solch restriktive Auslegung des Unionsrechts nicht.

### 5. (Keine) Überzeugende dogmatische Anknüpfung

Neben diesen allgemeinen Erwägungen überzeugen die verschiedenen Vorschläge zur dogmatischen Anknüpfung eines Anspruchsausschlusses nur für wenige besondere Konstellationen. Eine Anknüpfung, die den generellen Ausschluss „datenschutzfremd" motivierter Zugangsverlangen ermöglichen würde, ist, wie die folgenden Ausführungen zeigen werden, nicht ersichtlich.

#### a) Keine Anknüpfung an § 242 BGB

§ 242 BGB ist eine Norm des nationalen Rechts und damit aus normenhierarchischen Gründen untauglich, den unionsrechtlichen Art. 15 DS-GVO, einzuschränken.[1263] Etwas anderes könnte nur dann gelten, wenn diese Norm in den Regelungsvorbehalt des Art. 23 DS-GVO eintritt. Selbst wenn auch Normen aus einer Zeit vor der Geltung der DS-GVO taugliche Einschränkungen im Sinne der Norm sein können,[1264] so genügt diese allgemeine Norm den Anforderungen des

---

[1261] *Peisker*, Der datenschutzrechtliche Auskunftsanspruch, S. 532.
[1262] Siehe oben § 5 B.
[1263] *Schulte/Welge*, NZA 2019, 1110 (1114); *Peisker*, Der datenschutzrechtliche Auskunftsanspruch, S. 515.
[1264] EuGH, Urt. v. 26. Oktober 2023 – C 307/22, ECLI:EU:C:2023:811, Rn. 69 in Übereinstimmung mit Generalanwalt *Nicholas Emiliou*, Schlussanträge vom 20. April 2023 – C 307/22, Rn. 39.

Art. 23 DS-GVO nicht.[1265] Insbesondere nennt die Generalklausel des § 242 BGB keinen Umfang der vorgenommenen Beschränkung[1266] und lässt demzufolge auch keine Risiken für die Rechte und Freiheiten der betroffenen Person erkennen. Das beides muss nach Art. 23 Abs. 2 lit. c, g DS-GVO aber „insbesondere gegebenenfalls"[1267] benannt werden. Der Normierung des § 242 BGB liegt keinerlei datenschutzrechtliche Abwägung zugrunde. Entsprechend den Ausführungen läuft eine mit den Anforderungen nach Art. 23 Abs. 2 DS-GVO verbundene Warnfunktion[1268] bei der Normierung von Einschränkungen der DS-GVO leer. Schon deshalb ist diese dem Datenschutz ferne Generalklausel keine taugliche Beschränkung des Art. 15 DS-GVO.

### b) Anknüpfung an Art. 12 Abs. 5 S. 2 DS-GVO nur bei Schikane

Nicht für jede Art der Verfolgung „datenschutzfremder Zwecke" kann eine Anknüpfung an Art. 12 Abs. 5 S. 2 DS-GVO überzeugen. Wie Peisker überzeugend ausführt, fehlt es insbesondere dem Fall der Geltendmachung des Art. 15 DS-GVO zum Zweck der Verteidigung gegen eine Inanspruchnahme an einer Vergleichbarkeit zu den in Art. 12 Abs. 5 S. 2 DS-GVO genannten Regelbeispielen. Überzeugend ist es vielmehr unter Art. 12 Abs. 5 S. 2 DS-GVO nur solche Anträge zu fassen, bei denen kein eigenes Informationsinteresse besteht und damit kein eigener Vorteil angestrebt wird, sondern lediglich die Schikane des Verantwortlichen bezweckt wird.[1269] Dass es sich bei Art. 12 Abs. 5 S. 2 DS-GVO um ein „Schikaneverbot"[1270] und nicht um eine allgemeine Rechtsmissbrauchsklausel handelt, zeigen die Maßstäbe des EuGH, die dieser an den unionsrechtlichen Missbrauchsvorbehalt stellt. Der EuGH verlangt für einen Rechtsmissbrauch als „subjektives Element" das Vorliegen objektiver Umstände, denen zufolge ersichtlich ist, dass wesentlicher Zweck der Geltendmachung eines Rechts die Verfolgung eines eigenen ungerechtfertigten Vorteils ist.[1271] Ausdrücklich greift diese Lehre dann nicht, wenn

---

[1265] *Bäcker*, in: Kühling/Buchner DS-GVO/BDSG, Art. 23 DS-GVO Rn. 42; vgl. *Waldkirch*, r+s 2021, 317 (319), der die Anforderungen für § 275 Abs. 2 BGB nicht für erfüllt ansieht mit einer Begründung, die auf § 242 BGB ohne Weiteres übertragbar ist.
[1266] *Bäcker*, in: Kühling/Buchner DS-GVO/BDSG, Art. 23 DS-GVO Rn. 42.
[1267] *Peisker*, Der datenschutzrechtliche Auskunftsanspruch, S. 107 bezeichnet das zurecht als „[…] sprachlich verkümmerten Verweis […]".
[1268] *Peuker*, in: Sydow/Marsch DS-GVO-BDSG, Art. 23 DS-GVO Rn. 49; *Kreße*, in: Specht/Mantz Hdb Datenschutzrecht, § 17 Rn. 3; *Schwartmann/Pabst/Loke*, in: Schwartmann/Jaspers/Thüsing/Kugelmann DS-GVO/BDSG, Art. 23 DS-GVO Rn. 71.
[1269] Wohl auch der Edpb, Guidelines 01/2022 on data subject rights – Right of access, 28. März 2023, Rn. 188: „[…] only intent of causing damage or harm tot he controller."; *Peisker*, Der datenschutzrechtliche Auskunftsanspruch, S. 520.
[1270] *Peisker*, Der datenschutzrechtliche Auskunftsanspruch, S. 517; vgl. LAG Niedersachsen, Urt. v. 22. Oktober 2021 – 16 Sa 761/20, CR 2022, 89–96, Rn. 209.
[1271] EuGH, Urt. v. 28. Juli 2016 – C 423–15, ECLI:EU:C:2016:604, Rn. 40.

auch eine andere Absicht als die Verfolgung eines Vorteils möglich erscheint.[1272] Das in Art. 12 Abs. 5 S. 2 DS-GVO genannte Regelbeispiel der wiederholten Geltendmachung lässt aber in jedem Fall die Deutung zu, dass kein eigener Vorteil verfolgt wird.[1273] Einen Mehrwert aufseiten des Betroffenen hat eine wiederholte Zugangsgewährung nämlich nicht. Mithin kann man die Konstellation des Regelbeispiels nicht unter den unionsrechtlichen Missbrauchsvorbehalt subsumieren, womit es umgekehrt auch nicht überzeugen kann, den Art. 12 Abs. 5 S. 2 DS-GVO als Ausprägung des unionsrechtlichen Missbrauchsvorbehalts zu qualifizieren. Der unionsrechtliche Missbrauchsvorbehalt steht neben dem „Schikaneverbot" des Art. 12 Abs. 5 S. 2 DS-GVO. Es handelt sich um unterschiedliche, abzugrenzende Konstellationen. Abgrenzungskriterium ist die Verfolgung eines Vorteils. Dafür spricht nicht zuletzt auch, dass im Gesetzgebungsverfahren verworfen wurde, in Art. 12 Abs. 5 DS-GVO – damals Art. 12 Abs. 4 DS-GVO – statt des Ausschlusses wegen offenkundiger Unbegründetheit einen Ausschluss wegen „Missbräuchlichkeit" vorzusehen.[1274]

Im Fall des Druckaufbaus zum Zweck der Erzielung eines besseren Vergleichsergebnisses sowie beim Versuch der Provokation eines Schadensersatzes zu eigenen Gunsten wird, ebenso wie bei Geltendmachung zwecks Prozessvorbereitung, in gewisser Weise ein eigener (wirtschaftlicher) Vorteil angestrebt,[1275] sodass Art. 12 Abs. 5 S. 2 DS-GVO nicht einschlägig ist. Tauglicher Anknüpfungspunkt ist die von Art. 12 Abs. 5 S. 2 DS-GVO abzugrenzende unionsrechtliche Missbrauchslehre.[1276] Darunter ist gesondert zu subsumieren.[1277]

*c) Keine teleologische Reduktion*

In der Literatur wird teilweise der Weg einer teleologischen Reduktion des Zugangsanspruchs befürwortet,[1278] um die „Verwendung zu datenschutzfremden Zwecken" auszuschließen. Manche Autoren schlagen vor, den Begriff der personenbezogenen Daten derart zu reduzieren, dass nur „[...] aussagekräftige (‚biographische') Informationen über die Person des Betroffenen [...]" erfasst sind, die

---

[1272] EuGH, Urt. v. 28. Juli 2016 – C 423–15, ECLI:EU:C:2016:604, Rn. 40.
[1273] Vgl. *Schneider/Schwartmann*, in: Schwartmann/Jaspers/Thüsing/Kugelmann DS-GVO/BDSG, Art. 12 DS-GVO Rn. 66; *Peisker*, Der datenschutzrechtliche Auskunftsanspruch, S. 516.
[1274] Rat der Europäischen Union, Ratsdokument 7978/1/15 REV 1, 27. April 2015, Fn. 59; *Peisker*, Anm. zu EuGH, Urt. v. 26. Oktober 2023 – C 307/22, EuZW 2023, 1100 (1105); andere Interpretationen dieser Entscheidung aufzeigend: *Piltz/Zwerschke*, RDV 2022, 11 (15).
[1275] *Peisker*, Der datenschutzrechtliche Auskunftsanspruch, S. 521; a.A. Edpb, Guidelines 01/2022 on data subject rights – Right of access, 28. März 2023, Rn. 190.
[1276] *Peisker*, Der datenschutzrechtliche Auskunftsanspruch, S. 511 ff.
[1277] Siehe zur Untersuchung der Einschlägigkeit dieses unionsrechtlichen Rechtsmissbrauchsvorbehalts unten § 5 E. IV. 5. d).
[1278] *Härting*, CR 2019, 219 (224); *Reichert/Groh*, NZG 2021, 1381 (1384).

darüber hinaus „[…] im Vordergrund des Dokuments stehen […]".[1279] Mittels einer solchen teleologischen Reduktion wird dem Anspruch wegen des damit einhergehenden geringeren Umfangs auf Rechtsfolgenseite die Effektivität zur Informationsbeschaffung für einen anderen Prozess genommen und der Anspruch verliert für das Organmitglied in dieser Hinsicht an Mehrwert. Reichert und Groh reduzieren statt des Begriffs der personenbezogenen Daten den Anwendungsbereich des Zugangsanspruchs derart, dass die Konstellation des Organhaftungsprozesses gar nicht mehr in dessen Anwendungsbereich fällt.[1280] Zum einen erfolge im Organhaftungsprozess keine Datenverarbeitung durch einen Leistungserbringer und zum anderen habe der Zugangsanspruch eine „dienende Funktion" inne, solle also die Geltendmachung weiterer Betroffenenrechte ermöglichen, womit die Konstellation der Geltendmachung im Organhaftungsprozess zu weit von der vom Gesetzgeber gedachten Konstellation abweiche.[1281]

Eine teleologische Reduktion des Begriffs der personenbezogenen Daten kann aus verschiedenen bereits genannten Gründen nicht überzeugen.[1282] Es verbleibt allein die Diskussion um eine teleologische Reduktion des Anwendungsbereichs des Zugangsanspruchs. Hierbei bieten sich wiederum zweierlei Möglichkeiten. Einerseits könnte man den Anspruch dann teleologisch reduzieren, wenn datenschutzfremde Zwecke verfolgt werden. Andererseits könnte man ihn schon dann teleologisch reduzieren, wenn er im Organhaftungsprozess geltend gemacht wird.[1283] Beides überzeugt aber nicht.

### aa) Keine teleologische Reduktion in „Organhaftungskonstellation"

Es überzeugt nicht, sich auf eine „Tendenz" zu berufen, „[…] dass sich die DS-GVO maßgeblich auf Leistungs- und Geschäftsbeziehungen bezieht, in deren Rahmen und bei deren Gelegenheit, zumeist vom Leistungserbringer, Daten erhoben, verarbeitet und gespeichert werden."[1284] Der Anwendungsbereich der DS-GVO ist mittels Art. 2 DS-GVO sowie den Begriffsbestimmungen in Art. 4 DS-GVO abgesteckt. Eine Begrenzung auf Leistungs- und Geschäftsbeziehungen wird dort nicht normiert. Auch wenn solche Beziehungen praktisch einen häufigen Anwendungsfall darstellen mögen, so verschließt dies nicht den Anwendungsbereich für abweichende Fälle. Auch außerhalb dieser Anwendungsfälle ist der Schutzbereich des Grundrechts aus Art. 8 GRCh eröffnet und eine Einschränkung für Organmitglieder wird auf primärrechtlicher Ebene nicht thematisiert. Die über ein Organ

---

[1279] *Härting*, CR 2019, 219 (224).
[1280] *Reichert/Groh*, NZG 2021, 1381 (1384).
[1281] *Reichert/Groh*, NZG 2021, 1381 (1384).
[1282] Siehe oben § 4 B. II. 1. a) cc).
[1283] Derart *Reichert/Groh*, NZG 2021, 1381 (1384).
[1284] *Reichert/Groh*, NZG 2021, 1381 (1384).

verarbeiteten Daten stellen zudem personenbezogene Daten dar,[1285] was nicht mittels einer teleologischen Reduktion umgangen werden darf. Auch das Argument, dass Art. 15 DS-GVO auf Fälle mit geringer Datenmenge ziele,[1286] überzeugt nicht. Derjenige, der viele Daten verarbeitet, bewegt sich tiefer im „verbotenen" Bereich[1287] und es besteht daher ein noch größeres Bedürfnis des Betroffenen nach einem Zugangsanspruch. Das gilt nicht zuletzt wegen der Funktion des Anspruchs als Ausgleich für die Gestattung der Verarbeitung.[1288] Schon deshalb kann dem Normgeber nicht unterstellt werden, er hätte bei der Ausgestaltung des Anspruchs nur Fälle weniger Daten erfassen wollen. Denn gerade in solchen Fällen war Handeln geboten. Gegen eine Ausklammerung des Organhaftungsprozesses aus dem Anspruch spricht auch, dass einem Organmitglied dann pauschal zweckwidrige Absichten unterstellt würden.[1289]

bb) Keine teleologische Reduktion wegen „datenschutzfremder Zwecke"

Eine teleologische Reduktion überzeugt auch nicht aus dem Grunde, dass der Betroffene „datenschutzfremde Zwecke" verfolge. Denn es liegt schon kein Anwendungsüberhang vor,[1290] der aber Voraussetzung einer teleologischen Reduktion für den Fall der Verfolgung datenschutzfremder Zwecke wäre.[1291] Selbst Befürworter einer teleologischen Reduktion des Anwendungsbereichs der Norm äußern sich skeptisch bezüglich des Bestehens eines Anwendungsüberhangs.[1292] Der Zweck des Art. 15 DS-GVO beschränkt sich hier, wie festgestellt, nicht auf eine bloß instrumentelle, dienende Funktion zugunsten anderer Datenschutzrechte oder auf die bloße Rechtmäßigkeitskontrolle der Verarbeitung. Eine Reduzierung anhand eines solchen zu knapp verstandenen Zwecks geht fehl und verkennt den Selbststand des Zugangsrechts. Wegen des Selbststands des Zugangsrechts ohne ausschließlich instrumentelle Zweckbindung besteht kein Anwendungsüberhang. Es fehlt an einem derart eng zu verstehenden Zweck, anhand dessen eine teleologische Reduktion erfolgen könnte.

---

[1285] Siehe oben § 4 B. II. 2.
[1286] Siehe oben Fn. 1284.
[1287] Siehe oben § 5 D. VI. 1. c).
[1288] Siehe oben § 5 E. IV. 1.
[1289] *Koch*, AktG, § 93 Rn. 115.
[1290] *Korch/Chatard*, NZG 2020, 893 (895 f.).
[1291] Vgl. *Leible/Domröse*, in: Riesenhuber Europäische Methodenlehre, § 8 Rn. 35; exemplarisch für das nationale Recht *Larenz*, Methodenlehre der Rechtswissenschaft, S. 391.
[1292] *Reichert/Groh*, NZG 2021, 1381 (1383).

### d) Unionsrechtliche Rechtsmissbrauchslehre

Damit bleibt im Ergebnis als dogmatischer Ansatzpunkt nur eine Prüfung des allgemeinen unionsrechtlichen Missbrauchsvorbehalts. Die teleologische Reduktion geht der Rechtsmissbrauchslehre grundsätzlich vor, sodass die Rechtsmissbrauchslehre insbesondere dann zu prüfen ist, wenn die teleologische Reduktion ausscheidet.[1293] Das ist hier wie gezeigt der Fall, sodass der Anwendungsbereich des unionsrechtlichen Missbrauchsvorbehalts grundsätzlich eröffnet ist. Die missbräuchliche Berufung auf Unionsrecht ist nach ständiger Rechtsprechung des EuGH nicht gestattet.[1294] Der EuGH bejaht einen Rechtsmissbrauch lediglich im Falle des kumulativen Vorliegens eines objektiven und eines subjektiven Elements.[1295] Es müssen ungerechtfertigte Vorteile angestrebt werden, die dem Zweck der Norm widersprechen.[1296] Die Ziele der Norm dürfen „[…] trotz formaler Einhaltung der von der Unionsregelung vorgesehenen Bedingungen […]" nicht erreicht werden.[1297] Das muss sich aus objektiven Anhaltspunkten ergeben.[1298] Auch die subjektive Absicht zur Verfolgung des ungerechtfertigten Vorteils muss sich aus den objektiven Umständen ergeben.[1299] „[…] Das Missbrauchsverbot greift nicht, wenn die fraglichen Handlungen eine andere Erklärung haben können als nur die Erlangung eines Vorteils".[1300] Geltung beansprucht das Verbot als allgemeiner

---

[1293] *Lutz*, Der Vorwurf missbräuchlichen Verhaltens im Insolvenzrecht, S. 37; vgl. national *Schubert*, in: MüKo BGB, § 242 Rn. 78.
[1294] EuGH, Urt. v. 28. Juli 2016 – C 423/15, ECLI:EU:C:2016:604, Rn. 37 ff.; EuGH, Urt. v. 14. Dezember 2000 – C 110/99, ECLI:EU:C:2000:695, Rn. 52 f.; EuGH, Urt. v. 9. März 1999 – C 212/97, EU:C:1999:126, Rn. 24; EuGH, Urt. v. 12. Mai 1998 – C 367/96, ECLI:EU:C:1998:222, Rn. 20.
[1295] EuGH, Urt. v. 28. Juli 2016 – C 423/15, ECLI:EU:C:2016:604, Rn. 38; EuGH, Urt. v. 14. Dezember 2000 – C 110/99, ECLI:EU:C:2000:695, Rn. 52 f.; vgl. EuGH, Urt. v. 13. März 2014 – C 155/13, ECLI:EU:C:2014:145, Rn. 31.
[1296] EuGH, Urt. v. 28. Juli 2016, C 423/15, ECLI:EU:C:2016:604, Rn. 38 ff.; EuGH, Urt. v. 14. Dezember 2000 – C 110/99, ECLI:EU:C:2000:695, Rn. 52 f.; *Lutz*, Der Vorwurf rechtsmissbräuchlichen Verhaltens im Insolvenzrecht, S. 38; *Peisker*, Der datenschutzrechtliche Auskunftsanspruch, S. 514.
[1297] EuGH, Urt. v. 28. Juli 2016, C 423/15, ECLI:EU:C:2016:604, Rn. 39; EuGH, Urt. v. 14. Dezember 2000 – C 110/99, ECLI:EU:C:2000:695, Rn. 52 ff.
[1298] EuGH, Urt. v. 28. Juli 2016, C 423/15, ECLI:EU:C:2016:604, Rn. 39; EuGH, Urt. v. 14. Dezember 2000 – C 110/99, ECLI:EU:C:2000:695, Rn. 52 f.; EuGH, Urt. v. 13. März 2014 – C 155/13, ECLI:EU:C:2014:145, Rn. 33; EuGH, Urt. v. 14. April 2016 – C 131/14, ECLI:EU:C:2016:255, Rn. 33.
[1299] EuGH, Urt. v. 28. Juli 2016, C 423/15, ECLI:EU:C:2016:604, Rn. 40; EuGH, Urt. v. 14. April 2016 – C 131/14, ECLI:EU:C:2016:255, Rn. 34; EuGH, Urt. v. 13. März 2014 – C 155/13, ECLI:EU:C:2014:145, Rn. 33; Vgl. EuGH, Urt. v. 14. Dezember 2000 – C 110/99, ECLI:EU:C:2000:695, Rn. 53.
[1300] EuGH, Urt. v. 28. Juli 2016, C 423/15, ECLI:EU:C:2016:604, Rn. 40; vgl. EuGH, Urt. v. 21. Februar 2006 – C 255/02, ECLI:EU:C:2006:121, Rn. 75; EuGH, Urt. v. 22. Dezember 2010 – C 103/09, ECLI:EU:C:2010:804, Rn. 30.

Rechtsgrundsatz des Gemeinschaftsrechts im gesamten Unionsrecht.[1301] Liegen die Voraussetzungen des Missbrauchsverbots vor, so kann der in dem missbrauchten Recht angelegte Vorteil nicht erlangt werden, da eine Berufung auf das Recht verhindert ist.[1302]

Überträgt man die Voraussetzungen des unionsrechtlichen Missbrauchsvorbehalts auf die zu untersuchende Konstellationen, ergeben sich die Fragen, (1) ob es dem Zweck des Art. 15 Abs. 1, 3 DS-GVO widerspricht, wenn dieses Recht zum Zweck der Prozessvorbereitung geltend gemacht wird und ob (2) die angestrebten Vorteile in Form des Informationsgewinns ungerechtfertigt sind.

aa) Kein Rechtsmissbrauch bei Bestehen eines Informationsinteresses

Die Subsumtion der Prozessvorbereitung mittels Art. 15 DS-GVO unter den Missbrauchsvorbehalt scheitert bereits auf der Ebene des objektiven Elements mangels Zweckwidrigkeit einer solchen Verwendung. Denn wegen des herausgearbeiteten weiten Zwecks des Art. 15 DS-GVO werden die Ziele dieser Norm bei bestehendem Informationsinteresse erreicht. Der Eingriff in Art. 8 GRCh wird ausgeglichen, indem Transparenz in der Datenverarbeitung erzeugt wird. Auch das subjektive Element des Missbrauchsvorbehalts, wonach objektive Umstände darauf schließen lassen müssen, dass ungerechtfertigte Vorteile verfolgt werden, liegt nicht vor. Ungerechtfertigt wären Vorteile dann, wenn die Rechtsordnung sie nicht billigt.[1303] Die Geltendmachung seiner Rechte zwecks Rechtsverteidigung ist aber nicht missbilligenswert.[1304] Nicht überzeugend ist der Vorwurf, den das LG Paderborn erhebt, indem es betont, dass es dem Betroffenen lediglich darum gehe „[…] sich auf möglichst einfache und bequeme Art gebündelt die Informationen zu beschaffen […]"[1305]. Die Absicht, sich Daten über seine eigene Person zu verschaffen, um damit seine persönlichen Rechte und Freiheiten zu schützen, darf nicht als missbilligenswert qualifiziert werden. Es ist vielmehr ein legitimes und von Art. 15 DS-GVO gedecktes Ziel. „[G]erade im Fall der Rechtsverteidigung und soweit die Daten von Bedeutung hierfür sind, ist das Interesse des Betroffenen eben nicht nur auf Belästigung gerichtet […]",[1306] sondern schützenswert. Die

---

[1301] Vgl. EuGH, Urt. v. 5. Juli 2007 – C 321/05, ECLI:EU:C:2007:408, Rn. 38; vgl. EuGH, Urt. v. 26. Februar 2019 – C 116/16 und C 117/16, ECLI:EU:C:2019:135, Rn. 72 ff.; vgl. EuGH, Urt. v. 21. Februar 2006 – C 255/02, ECLI:EU:C:2006:121, Rn. 67 ff.; *Peisker*, Der datenschutzrechtliche Auskunftsanspruch, S. 513.
[1302] EuGH, Urt. v. 26. Februar 2019 – C 116/16 und C 117/16, ECLI:EU:C:2019:135, Rn. 72; *Peisker*, Der datenschutzrechtliche Auskunftsanspruch, S. 514.
[1303] *Peisker*, Der datenschutzrechtliche Auskunftsanspruch, S. 525.
[1304] *Waldkirch*, r+s 2021, 317 (320); *Peisker*, Der datenschutzrechtliche Auskunftsanspruch, S. 532.
[1305] LG Paderborn, Urt. v. 15. Dezember 2021 – 4 O 275/21, ZD 2022, 509–510, Rn. 35.
[1306] *Hirschfeld/Gerhold*, ZIP 2021, 394 (401).

Beseitigung von Informationsasymmetrien ist gerade der Zweck der Norm und Einschränkungen hinsichtlich der weitergehenden Verwendung bestehen nicht. Mithin fehlt es bei Bestehen eines Informationsinteresses sowohl am objektiven als auch am subjektiven Element der unionsrechtlichen Rechtsmissbrauchslehre.[1307]

### bb) Rechtsmissbrauch oder Schikane bei Geltendmachung ohne Informationsinteresse

Abweichendes ergibt die Subsumtion unter den unionsrechtlichen Missbrauchsvorbehalt in Konstellationen ohne Informationsinteresse aufseiten des Betroffenen.[1308] In derartigen Konstellationen wird der herausgearbeitete Zweck des Art. 15 DS-GVO nicht erreicht. Mangels Informationsaustauschs wird kein Bewusstsein für die Datenverarbeitung geschaffen, sodass das objektive Element der Rechtsmissbrauchslehre erfüllt wäre. Erfolgt die Geltendmachung ohne eigenes Informationsinteresse, muss auf der Ebene des subjektiven Elements aber differenziert werden. Fälle fehlenden Informationsinteresses ohne Verfolgung eines eigenen Vorteils sind von Art. 12 Abs. 5 S. 2 DS-GVO erfasst.[1309] Das vom EuGH entwickelte Missbrauchsverbot greift dann nämlich mangels Verfolgung eines Vorteils nicht.[1310] Nur für den Fall des fehlenden Informationsinteresses bei Verfolgung eigener Vorteile bleibt Raum für den unionsrechtlichen Missbrauchsvorbehalt. Der verfolgte Vorteil, der dann in der Regel im Aufbau von Verhandlungsdruck liegen wird, müsste auch unrechtmäßig sein. Die Geltendmachung zwecks Erzeugung eines Verhandlungsdrucks ist, wie Peisker in abweichendem Kontext begründet, wegen einer „[…] unzulässige[n] Zweck-Mittel Verknüpfung […]" unrechtmäßig.[1311] Das ergibt sich aus verschiedenen Umständen. Zum einen entsteht der Druck aufseiten des Verantwortlichen aus der Furcht vor Schadensersatzklagen und Bußgeldern,[1312] die drohen, soweit dem umfangreichen Zugangsverlangen nicht fristgerecht oder nur unvollständig nachgekommen wird. Der Gesellschaft wird mittelbar mit einem eintretenden Übel gedroht, sofern sie sich nicht auf einen etwaig gearteten Vergleich einlässt. Zum anderen kann eine erneute Geltendmachung des Art. 15 Abs. 1, 3 DS-GVO nicht rechtssicher vorgebeugt werden,[1313] womit der Mehrwert, den das Organmitglied der Gesellschaft im Rahmen eines „Vergleichs" anbieten kann, in dieser Hinsicht nicht rechtlich verbindlich be-

---

[1307] So auch *Quiel*, DSB 2022, 217; *Peisker*, Der datenschutzrechtliche Auskunftsanspruch, S. 526 ff.
[1308] *Winnenburg*, Anm. zu EuGH, Urt. v. 26. Oktober 2023 – C 307/22, ZD 2024, 22 (27).
[1309] Siehe oben § 5 E. IV. 5. b).
[1310] EuGH, Urt. v. 28. Juli 2016, C 423/15, ECLI:EU:C:2016:604, Rn. 40; vgl. EuGH, Urt. v. 21. Februar 2006 – C 255/02, ECLI:EU:C:2006:121, Rn. 75; EuGH, Urt. v. 22. Dezember 2010 – C 103/09, ECLI:EU:C:2010:804, Rn. 30.
[1311] *Peisker*, Der datenschutzrechtliche Auskunftsanspruch, S. 537 f.
[1312] Vgl. *Zhou/Wybitul*, BB 2023, 1411 (1411).
[1313] Siehe oben § 4 C. IV. zur eingeschränkten Verzichtsmöglichkeit.

steht. Rechtlich verbindlich ist dieser Verzicht auf Art. 15 DS-GVO allein für die Vergangenheit.[1314]

Die Subsumtion unter den unionsrechtlichen Missbrauchsvorbehalt zeigt, dass in Fällen des fehlenden Informationsinteresses ein Anspruchsausschluss nach der allgemeinen unionsrechtlichen Rechtsmissbrauchslehre zu erfolgen hat, sofern das Organmitglied einen ungerechtfertigten Vorteil verfolgt. Letzterer kann insbesondere darin bestehen, einen mit der Organhaftung aufrechenbaren Schadensersatzanspruch zu provozieren oder die Gesellschaft in einen Vergleich zu drängen. Verfolgt das Organmitglied weder einen Vorteil noch einen Informationsaustausch, so greift Art. 12 Abs. 5 S. 2 DS-GVO.[1315]

## V. Summa – Differenzierung im Fall der Verfolgung „datenschutzfremder Zwecke"

Es streiten im Wesentlichen zweierlei Fundierungen des Zugangsrechts gegeneinander: ein instrumentelles Verständnis sowie das Verständnis eines Selbststands des Zugangsrechts ohne enge Zweckbindung.[1316] Eine Abwägung der Argumente zeigt, dass ein instrumentelles Fundament, das sich im Wesentlichen auf Erwägungsgrund 63 zur DS-GVO stützt, allein nicht überzeugt. Art. 15 DS-GVO genießt darüber hinaus einen Selbststand, der sich nicht zuletzt aus seiner primärrechtlichen Verankerung in Art. 8 EU-GR Charta ergibt. Erwägungsgrund 63 S. 1 zur DS-GVO beschränkt die Tragweite des Zugangsrechts nicht.[1317]

Bei der Beurteilung der Konstellation der „Verfolgung datenschutzfremder Zwecke" kommt es auf eine Subsumtion unter den unionsrechtlichen Missbrauchsvorbehalt an. Dabei ist der Selbststands des Art. 15 DS-GVO zu berücksichtigen. Eine teleologische Reduktion anhand eines falsch verstandenen, rein instrumentellen Zwecks geht fehl. Vorgeschlagene Einschränkungen, denen die Fundierung des Zugangsrechts nach einem instrumentellen Zweck zugrunde liegt, stellen rechtspolitische Wertungen an die Stelle der Wertungen des Gesetzgebers.[1318] Dogmatisch überzeugen sie nicht.

Die Untersuchung hat gezeigt, dass die Fallgruppe bestehenden Informationsinteresses unter keinen Umständen einen Missbrauch darstellt und daher nach diesen Grundsätzen nicht ausgeschlossen werden kann. Das liegt schon daran, dass es sich bei der Informationsbeschaffung zur Vorbereitung auf einen Prozess schon nicht

---

[1314] Siehe oben § 4 C. IV.
[1315] Siehe oben § 5 E. IV. 5. b).
[1316] Vgl. zu solchem Theorienstreit beim Auskunftsrecht nach Art. 8 GRCh; *Marsch*, Das europäische Datenschutzgrundrecht, S. 227 ff.; zu dieser konkreten Frage *Winnenburg*, Anm. zu EuGH, Urt. v. 26. Oktober 2023 – C 307/22, ZD 2024, 22 (27).
[1317] EuGH, Urt. v. 26. Oktober 2023 – C 307/22, ECLI:EU:C:2023:811, Rn. 43.
[1318] Vgl. *Korch/Chatard*, CR 2020, 438 (443).

um einen datenschutzfremden Zweck handelt. Der Zweck der Norm wird durch das Bewusstwerden über die Datenverarbeitung gerade erfüllt.

Im Fall des fehlenden Informationsinteresses ist zu differenzieren: Verfolgt der Betroffene keine eigenen Vorteile, sondern dient sein Handeln lediglich der Schikane des Verantwortlichen, so fällt diese Konstellation unter Art. 12 Abs. 5 S. 2 DS-GVO. Verfolgt der Betroffene hingegen eigene Vorteile, so kommt es darauf an, ob diese gerechtfertigt oder ungerechtfertigt sind. Im Falle der Verfolgung ungerechtfertigter Vorteile greift der unionsrechtliche Missbrauchsvorbehalt, der die Geltendmachung des Anspruchs dann verhindert. Das ist insbesondere im Falle der Nutzung des Anspruchs zwecks Provokation eines Schadensersatzanspruchs oder zwecks Erhöhung des Verhandlungsdrucks der Fall. Der Verhandlungsdruck geht dabei mittelbar auf die Androhung des Schadensersatzes oder Bußgelds zurück. Die Ergebnisse lassen sich wie folgt veranschaulichen:

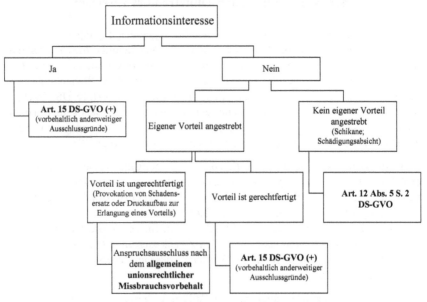

Abb. 3: Visualisierung der Ausschlussgründe je nach dem mit dem Auskunftsbegehren verfolgten Zweck

## VI. Folgeproblem: Beweislast für Ausschlussgrund bei Verantwortlichem

Bis hierhin vernachlässigt wurde ein sich ergebendes Folgeproblem, welches gegebenenfalls dann besteht, wenn sich der Verantwortliche auf einen Ausschluss des Anspruchs wegen des unionsrechtlichen Missbrauchsvorbehalts oder Art. 12 Abs. 5 S. 2 DS-GVO beruft. In diesen Fällen träfe den Verantwortlichen, ohne dass es auf eine dogmatische Anknüpfung bei Art. 12 Abs. 5 S. 2 DS-GVO – dessen S. 3 eine ausdrückliche Verteilung der Darlegungs- und Beweislast enthält – ankommt, die Darlegungs- und Beweislast für die den Ausschluss begründenden Umstände. Dieser, den Ausschluss begründende Umstand ist insbesondere das fehlende Informationsinteresse des Betroffenen.

Da es sich bei der Frage, ob ein Informationsinteresse besteht oder nicht um einen subjektiven Umstand im Inneren des Betroffenen handelt, bezüglich dessen keinerlei Begründungspflicht aufseiten des Betroffenen besteht,[1319] stellt sich naturgemäß die Frage, inwiefern der Verantwortliche dieser Last überhaupt gerecht werden kann. Um diese Frage beantworten zu können, sind die Anforderungen, die an die Darlegungs- und Beweislast in diesem konkreten Falle gestellt werden, zu determinieren. Bei der Bestimmung dieser Anforderungen sind zweierlei Leitgedanken zu beachten: Sind die Anforderungen derart hoch, dass die Gesellschaft diesen praktisch gar nicht nachkommen kann, so würden die Ausschlussgründe weitestgehend leerlaufen,[1320] sofern der Betroffene die „Schutzbehauptung" aufstellt, er sei an den Daten selbst interessiert.[1321] Auf der anderen Seite dürfen die Betroffenenrechte aber auch nicht durch zu geringe Anforderungen an die Darlegungs- und Beweislast ausgehöhlt werden. Bei einer Erleichterung der Darlegungs- und Beweislast zugunsten des Verantwortlichen ist also erhebliche Vorsicht geboten.[1322] Es darf keine Vermutung zulasten eines Organmitglieds geben, wonach dieses immer eine zweckwidrige Absicht verfolgt, wenn es die Ansprüche aus Art. 15 DS-GVO geltend macht.[1323] Entsprechend genügt der Zusammenhang eines Zugangsverlangens mit einem Organhaftungsprozess nicht, um auf ein fehlendes Informationsinteresse zu schließen.[1324] Denn es besteht die Möglichkeit, dass das Organmitglied Informationen zur Verteidigung gewinnen möchte, was nach den vorstehenden Ausführungen bedeutet, dass der Zugangsanspruch wegen des Informationsinteresses bestehen bliebe. Der bloße zeitliche Zusammenhang

---

[1319] EuGH, Urt. v. 26. Oktober 2023 – C 307/22, ECLI:EU:C:2023:811, Rn. 38, 43; Generalanwalt *Nicholas Emiliou*, Schlussanträge vom 20. April 2023 – C 307/22, Rn. 18.

[1320] Vgl. *Wünschelbaum*, BB 2019, 2102 (2103): „Der Nutzen des Art. 12 Abs. 5 S. 2 lit. b) DS-GVO bleibt damit auf die Abwehr massenhafter Anfragen beschränkt."

[1321] Vgl. *Schulte/Welge*, NZA 2019, 1110 (1114): „[…] denn schon die bloße Behauptung des Arbeitnehmers, er bewege sich mit seinem Kopieverlangen „zweckmäßig" und wolle lediglich die Hintergründe der Datenverarbeitung aufklären, wird höchst selten zu widerlegen sein."

[1322] Vgl. *Korch/Chatard*, CR 2020, 438 (446): „[…] Missbrauchseinwand nicht leichtfertig an[…]nehmen."; „[…] die Hürden für diesen Einwand [sind] sehr hoch und die Verantwortlichen beweisbelastet."

[1323] Vgl. *Koch*, AktG, § 93 Rn. 115, der diese Gefahr des pauschalen Unterstellens als Argument gegen eine teleologische Reduktion für die Konstellation des Organhaftungsprozesses anbringt, das Problem bei Art. 12 Abs. 5 S. 2 DS-GVO aber nicht zu sehen scheint, wohl da eine Anknüpfung an diese Norm eine Einzelfallbewertung zulässt.

[1324] Vgl. *Fuhlrott*, GWR 2019, 157 (159): „Insoweit ist insbesondere sehr fraglich, ob es bereits zur Annahme von Missbräuchlichkeit ausreicht, wenn die Anfrage im Zusammenhang mit einem Kündigungsschutzprozess erfolgt […]. Im Ergebnis dürfte dies ohne Hinzutreten weiterer Umstände abzulehnen sein, […]."

lässt nicht darauf schließen, dass die Geltendmachung zu unzulässigen Zwecken erfolgt. Mithin sind auch Stimmen abzulehnen, die es bereits ausreichen lassen, wenn sich ein Geschäftsleiter „[...] jahrelang nicht für die Verarbeitung seiner Daten interessiert [hat] und [...] das Interesse zeitlich mit der Geltendmachung von Schadensersatzansprüchen zusammen[fällt]."[1325] Das wäre allenfalls dann diskutabel, wenn man der restriktiven Ansicht folgen wollte, die den Anspruch auch bei bestehendem Informationsinteresse ausschließen möchte. Ein solches Informationsinteresse müsste dem (ausgeschiedenen) Organmitglied innerhalb der überzeugenden Ansicht, die ein Informationsinteresse für das Bestehen des Anspruchs ausreichen lässt, pauschal abgesprochen werden, damit das genannte Zitat zuträfe. Das Informationsinteresse kann im Kontext des Organhaftungsfalls aber nicht pauschal ausgeschlossen werden. Es liegt dort im Gegenteil sogar nahe, sofern keine gegenteiligen objektiven Anhaltspunkte ersichtlich sind. Bei einem Mangel entgegenstehender objektiver Anhaltspunkte gilt muss also bezüglich des Bestehens eines Informationsinteresses und damit bezüglich eines Anspruchsausschlusses „*in dubio pro petitor*" gelten.[1326]

Unter Umständen gereicht die sekundäre Darlegungslast dem Betroffenen in einer gerichtlichen Auseinandersetzung zum Vorteil.[1327] Gelingt es dem Verantwortlichen objektive Anhaltspunkte darzulegen, die auf eine Schikane oder einen Missbrauch hindeuten, so obliegt es danach dem Betroffenen, diese Deutung zu erschüttern.[1328] Hierdurch darf aber keine Begründungspflicht des Zugangsanspruchs „durch die Hintertür" eingeführt werden. Daher ist diese Hilfestellung auf jene Fälle zu begrenzen, in denen objektiv begründete Zweifel an dem Informationsinteresse des Betroffenen bestehen. Im Falle der Geltendmachung des Zugangsanspruchs zwecks Prozessvorbereitung genügt die Darlegung ebendieser Absicht, um die Zweifel am Bestehen eines Informationsinteresses zu widerlegen. Verbindet der Betroffene die Geltendmachung aber mit einem Angebot zur Rücknahme des Zugangsverlangens im Gegenzug für einen Vorteil, so wird es praktisch schwierig, der sekundären Darlegungslast gerecht zu werden und ein Informationsinteresse zu begründen. Gleiches gilt für die Konstellation, in der bereits bei Geltendmachung eine abweichende Absicht ausdrücklich kommuniziert wurde.

Es zeigt sich, dass das Konzept der sekundären Darlegungslast der Gesellschaft in den problematischen Fällen, in denen erhebliche Unsicherheiten über die Motive des Betroffenen bestehen, nicht effektiv hilft. Im Ergebnis bleibt hinsichtlich dieses Folgeproblems zu konstatieren, dass das fehlende Informationsinteresse nach außen in Erscheinung treten muss, da die Gesellschaft den Anforderungen der Darlegungs- und Beweislast nur dann gerecht werden kann.[1329] Letztlich ist

---

[1325] *Korch/Chatard*, NZG 2020, 893 (898).
[1326] Zu Art. 15 Abs. 4 DS-GVO: *Wünschelbaum*, BB 2019, 2102 (2103).
[1327] Hierzu *Suchan*, ZD 2021, 198 (201 ff.).
[1328] Vgl. *Suchan*, ZD 2021, 198 (201).
[1329] *Peisker*, Der datenschutzrechtliche Auskunftsanspruch, S. 536 f.

der praktische Anwendungsbereich des unionsrechtlichen Missbrauchsvorbehalts und der des in Art. 12 Abs. 5 S. 2 DS-GVO normierten Schikaneverbots auf Fälle begrenzt, in denen objektive Umstände auf das Fehlen eines Informationsinteresses schließen lassen. Das meint insbesondere solche Fälle, in denen ein Verzicht auf den Zugangsanspruch für eine Gegenleistung – etwa den teilweisen oder vollständigen Verzicht auf den Organhaftungsanspruch – angeboten wird. Ebenso sind Fälle erfasst, in denen der Betroffene ausdrücklich ankündigt, dass er den Verantwortlichen mittels des Aufwands schikanieren will oder auf eine fehlerhafte oder verspätete Zugangsgewährung hofft, um sodann Konsequenzen gegen den Verantwortlichen einzuleiten.[1330]

Eine Berufung auf die wenigen bestehenden Verweigerungsmöglichkeiten wegen der Verfolgung „datenschutzfremder Zwecke" wird durch die Darlegungs- und Beweislastverteilung zulasten der verantwortlichen Gesellschaft erschwert. Der Verantwortliche ist „[…] gut beraten, die Auskunft im Zweifel zu erteilen und im Nachgang vom Betroffenen lieber die Kosten hierfür erstattet zu verlangen, es sei denn, es liegt in der Praxis ein klar nachweisbarer Rechtsmissbrauchsfall [oder ein Fall der Schikane] vor."[1331]

## F. Sonstige Beschränkungen durch geschriebenes, nationales, materielles Recht

Im Anschluss an die Untersuchung potenzieller Einschränkungen des Art. 15 DS-GVO auf unionsrechtlicher Ebene, sollen Beschränkungen nun auf nationaler Ebene gesucht werden. Auch der nationale Gesetzgeber kann den Zugangsanspruch des Art. 15 DS-GVO nämlich beschränken, indem er von einer Norm Gebrauch macht, die die Anforderungen der Öffnungsklausel des Art. 23 DS-GVO erfüllt. Tritt die nationale Regelung nicht in Art. 23 DS-GVO (oder eine andere Öffnungsklausel) ein, verdrängt die DS-GVO die nationale Regelung wegen des unionsrechtlichen Anwendungsvorrangs. Es liegt also am nationalen Gesetzgeber, als unbillig empfundene Auswirkungen innerhalb des ihm zugebilligten Spielraums zu korrigieren.[1332]

---

[1330] Richtig hat damit das AG Pforzheim, Urt. v. 5. August 2022 – 4 C 1845/21, ZD 2022, 698–699, Rn. 22 entschieden. Das Gericht hat aus „[…] durchweg von sachfremden Drohungen, Verballhornungen und sogar Formalbeleidigungen […]" geprägten Schreiben des Betroffenen und seines Prozessbevollmächtigten gefolgert, dass die Anspruchsgeltendmachung allein der Schikane des Verantwortlichen diente.
[1331] *Schmidt-Wudy*, in: BeckOK Datenschutzrecht, Stand: 01.08.2024, Art. 15 DS-GVO Rn. 48.1.
[1332] Vgl. *Hirschfeld/Gerhold*, ZIP 2021, 394 (399).

## I. Art. 23 DS-GVO als Eingangskontrolle nationalen Rechts

Die zentrale Eingangskontrolle für nationale, die Betroffenenrechte beschränkende, Normen bildet also Art. 23 DS-GVO.[1333] Nach dieser Norm können

> „Durch Rechtsvorschriften der Union oder der Mitgliedstaaten, denen der Verantwortliche oder der Auftragsverarbeiter unterliegt, [...] die Pflichten und Rechte gemäß den Artikeln 12 bis 22 und Artikel 34 sowie Artikel 5, insofern dessen Bestimmungen den in den Artikeln 12 bis 22 vorgesehenen Rechten und Pflichten entsprechen, im Wege von Gesetzgebungsmaßnahmen beschränkt werden, sofern eine solche Beschränkung den Wesensgehalt der Grundrechte und Grundfreiheiten achtet und in einer demokratischen Gesellschaft eine notwendige und verhältnismäßige Maßnahme darstellt, die Folgendes sicherstellt: [...]"

Es folgt sodann ein abschließender[1334] Katalog verschiedener Ziele, von denen die mitgliedstaatliche Norm zumindest eines verfolgen muss. Neben Art. 15 Abs. 4 DS-GVO, der die Interessen Dritter als Einschränkung des Zugangsanspruchs berücksichtigt, kommt Art. 23 DS-GVO dabei insbesondere die Funktion zu, die Berücksichtigung öffentlicher Belange sicherzustellen.[1335] Auch der Schutz der Rechte und Freiheiten „anderer Personen" ist aber ein legitimes Ziel im Rahmen des Art. 23 Abs. 1 DS-GVO, was sich ausdrücklich aus dessen lit. i ergibt.

Nationale Normen, welche grundsätzlich durch einen Anwendungsvorrang des Unionsrechts verdrängt würden, sind anhand der Voraussetzungen dieser Norm zu prüfen. Werden die Anforderungen des Art. 23 DS-GVO gewahrt, so findet die nationale Norm Eingang in das Regelungsgefüge der DS-GVO. Der Europäische Datenschutzausschuss hat zur Anwendung des Art. 23 DS-GVO eine Guideline erlassen,[1336] welche die von Art. 23 DS-GVO gestellten Anforderungen kommentarmäßig beschreibt.

### 1. Einerseits: Restriktives Verständnis des Art. 23 DS-GVO

Der Europäische Datenschutzausschuss stellt seinen Ausführungen in der Einleitung ein restriktives Verständnis des Art. 23 DS-GVO vorweg:

> „Restrictions should be seen as exceptions to the general rule allowing the exercise of rights and imposing the obligations enshrined in the GDPR. As such, restrictions should be interpreted narrowly, only be applied in specifically provided circumstances and only when certain conditions are met."[1337]

---

[1333] Vgl. *Bertermann*, in: Ehmann/Selmayr DS-GVO, Art. 23 Rn. 1.

[1334] *Stender-Vorwachs/Wolff*, in: BeckOK Datenschutzrecht, Stand: 01.11.2021, Art. 23 DS-GVO Rn. 20; *Bertermann*, in: Ehmann/Selmayr DS-GVO, Art. 23 Rn. 3; *Gola*, in: Gola/Heckmann DS-GVO/BDSG, Art. 23 DS-GVO Rn. 6; *Schwartmann/Pabst/Loke*, in: Schwartmann/Jaspers/Thüsing/Kugelmann DS-GVO/BDSG, Art. 23 DS-GVO Rn. 25.

[1335] *Bäcker*, in: Kühling/Buchner DS-GVO/BDSG, Art. 15 DS-GVO Rn. 43.

[1336] Edpb, Guidelines 10/2020 on restrictions under Article 23 GDPR, 13. Oktober 2021.

[1337] Edpb, Guidelines 10/2020 on restrictions under Article 23 GDPR, 13. Oktober 2021, Rn. 3.

F. Sonstige Beschränkungen durch geschriebenes, nationales, materielles Recht 279

Die Literatur betont ebenfalls die strengen Anforderungen an die Beschränkungen.[1338] Ein solch restriktives Verständnis ist der Norm bei der Untersuchung des Eintritts etwaiger nationaler Beschränkungen zugrunde zu legen. Das gilt insbesondere vor dem Hintergrund der bezweckten Vereinheitlichung des Datenschutzniveaus in der Europäischen Union.

### 2. Andererseits: Extensives Verständnis des Art. 23 DS-GVO

Auf der anderen Seite muss die Öffnungsklausel der DS-GVO aber auch extensiv verstanden werden, da es sich bei der DS-GVO eben um eine „Grundverordnung"[1339] handelt. Bereits dem Begriff nach muss also eine darüber hinausgehende Kompetenz der Mitgliedstaaten zur Regelung von Einzelheiten bestehen. Dies erkennt auch der Bundesrat im Gesetzgebungsverfahren zur Anpassung des nationalen Datenschutzrechts an die DS-GVO (Datenschutz-Anpassungs- und Umsetzungsgesetz EU – DSAnpUG-EU):

„Zwar formuliert die Verordnung (EU) 2016/679 in den Erwägungsgründen (siehe Erwägungsgründe 10, 9 und 13 Satz 1) das Ziel einer Vollharmonisierung, doch erreicht sie dieses Ziel nicht vollumfänglich. Die Verordnung ist als Grund-Verordnung ergänzungsbedürftig und regelt den Datenschutz nur im Grundsatz abschließend [...]. Sie schafft für den nationalen Gesetzgeber Spielräume durch sogenannte Öffnungsklauseln. In ca. 70 Fällen enthält sie insoweit Regelungsgebote oder -optionen. Im Umfang dieser legislativen Spielräume ist sie ein Novum und ähnelt in wesentlichen Teilen einer Richtlinie. Durch die zahlreichen Ausgestaltungsspielräume für den nationalen Gesetzgeber beschränkt bereits der Unionsgesetzgeber selbst die unmittelbare Wirkung. [...]"[1340]

Die Ausführungen des Bundesrates verdeutlichen den erheblichen Spielraum, der dem mitgliedstaatlichen Gesetzgeber im Rahmen der DS-GVO zusteht. Vor dem Hintergrund dieser Regelungssystematik der DS-GVO, die sogar als „atypischer Hybrid aus Verordnung und Richtlinie"[1341] bezeichnet wird, ist Art. 23 DS-GVO extensiv zu verstehen.

---

[1338] *Stender-Vorwachs/Wolff*, in: BeckOK Datenschutzrecht, Stand: 01.11.2021, Art. 23 DS-GVO vor Rn. 1; vgl. *Johannes*, ZD-Aktuell 2017, 05533; vgl. *Roßnagel*, DuD 2017, 277 (278 ff.).

[1339] Englische Sprachfassung: „*General* Data Protection Regulation"; Französische Sprachfassung: „règlement *général* sur la protection des données"; *Selmayr/Ehmann*, in: Ehmann/Selmayr DS-GVO, Einleitung Rn. 89.

[1340] BR-Drucks. 110/17, S. 68; *Reding*, ZD 2012, 195 (198) spricht von einem „Rahmengesetz"; vgl. *Selmayr/Ehmann*, in: Ehmann/Selmayr DS-GVO, Einleitung Rn. 89.

[1341] *Kühling/Martini*, EuZW 2016, 448 (449); *Peisker*, Der datenschutzrechtliche Auskunftsanspruch, S. 58.

### 3. Vereinbarkeit des restriktiven und extensiven Verständnisses

Auch wenn es widersprüchlich wirkt, da ein restriktives Verständnis mit einem extensiven Verständnis grundsätzlich nicht harmoniert, können diese hier in Einklang gebracht werden. Das restriktive und das extensive Verständnis beziehen sich auf unterschiedliche Ebenen, was einen solchen Einklang ermöglicht. Auf inhaltlicher Ebene gilt das restriktive Verständnis. Die Beschränkungen, die der Gesetzgeber für die in Art. 23 DS-GVO genannten Rechte vorsehen möchte, müssen also als Ausnahmen von Art. 15 DS-GVO restriktiv vorgesehen werden. Das extensive Verständnis ist dabei kein Spezifikum des Art. 23 DS-GVO, sondern erstreckt sich vielmehr auf die Öffnungsklauseln der DS-GVO im Allgemeinen. Das extensive Verständnis bezieht sich auf die Menge der Kompetenzen: Den Mitgliedstaaten wird eine umfangreiche Kompetenz zur Regelung von Einzelheiten in verschiedenen Zusammenhängen gewährt. Der nationale Gesetzgeber hat also „zahlreiche Kompetenzen" zur Regelung „inhaltlich restriktiver" Ausnahmen.

### 4. Anforderungen der Öffnungsklausel des Art. 23 DS-GVO

Die Anforderungen an die nationale, den Art. 15 DS-GVO beschränkende Norm ergeben sich aus Art. 23 DS-GVO. Die Norm ist zweigeteilt: Art. 23 Abs. 1 DS-GVO normiert inhaltliche Anforderungen, während Art. 23 Abs. 2 DS-GVO eher formale Anforderungen an die beschränkende Norm enthält.

Art. 23 Abs. 1 DS-GVO zufolge kann der nationale Gesetzgeber ein beschränkendes Gesetz erlassen, sofern es (1) nur die in Art. 23 Abs. 1 DS-GVO genannten Rechte beschränkt,[1342] (2) „[…] den Wesensgehalt der Grundrechte und Grundfreiheiten achtet […]", (3) „[…] in einer demokratischen Gesellschaft eine notwendige und verhältnismäßige Maßnahme darstellt […]" und (4) dabei eines der unter Art. 23 Abs. 1 lit. a–j verfolgten Ziele sicherstellt. Als solche Ziele kommen im Kontext der Organhaftung insbesondere solche Normen in Betracht, die das Zugangsrecht wegen des Schutzes von Gerichtsverfahren (lit. f 2. Alt.), zwecks des Schutzes der betroffenen Person oder der Rechte und Freiheiten anderer Personen (lit. i) oder zwecks Sicherstellung der Durchsetzung zivilrechtlicher Ansprüche (lit. j) einschränken. Die erwähnte Verhältnismäßigkeit der Beschränkung erfordert, dass die Gesetzgebungsmaßnahme nicht über das notwendige Maß hinausgeht, also neben der Totalverweigerung des Zugangs beispielsweise auch eine teilweise Erfüllung ermöglicht wird.[1343] Dem Schlussantrag von Generalanwalt Emilious zufolge sei der Wesensgehalt tangiert, wenn die Norm in den „harten Kern" des Rechts auf Datenschutz eingreift.[1344] Diese Grenze des Wesensgehalts wird aber

---

[1342] *Bertermann*, in: Ehmann/Selmayr DS-GVO, Art. 23 Rn. 3.
[1343] *Bäcker*, in: Kühling/Buchner DS-GVO/BDSG, Art. 15 DS-GVO Rn. 43.
[1344] Generalanwalt *Nicholas Emiliou*, Schlussanträge vom 20. April 2023 – C 307/22, Rn. 40.

F. Sonstige Beschränkungen durch geschriebenes, nationales, materielles Recht  281

deutlich unterhalb derjenigen der Verhältnismäßigkeit liegen, womit ihr nur geringe Bedeutung zukommt.[1345] Ist die Maßnahme verhältnismäßig, wird auch der Wesensgehalt nicht tangiert sein. Eine Vernachlässigung des Wesensgehalts schließt die Verhältnismäßigkeit aus.

Weitere Anforderungen an die beschränkende Norm statuiert Art. 23 Abs. 2 DS-GVO, der katalogartig acht „formale" Anforderungen vorsieht.[1346] Von zentraler Bedeutung ist Art. 23 Abs. 2 lit. c DS-GVO, wonach die beschränkende Norm den Umfang der Beschränkung benennen muss.[1347] Dem EuGH[1348] sowie auch dem BGH[1349] und der herrschenden Literatur[1350] zufolge können dieser Anforderung aber auch solche Gesetze genügen, die aus der Zeit vor Inkrafttreten des Art. 15 DS-GVO stammen. Das darf aber nur so weit gelten, wie die Anforderungen des Art. 23 DS-GVO gewahrt werden.[1351] Insofern werden insbesondere solche Normen aus der Zeit vor der DS-GVO nicht in diese eintreten, die hinsichtlich ihrer Auswirkungen auf den Datenschutz unbestimmt sind.[1352] Dadurch scheiden Generalklauseln als in den Art. 23 DS-GVO eintretende Normen generell aus.[1353]

Aus den formalen Anforderungen an die beschränkende Norm folgt, dass eine Beschränkung des Zugangsrechts durch ungeschriebenes nationales Recht nicht in Betracht kommt. Art. 23 Abs. 2 DS-GVO erfordert seinem Wortlaut nach eine „Gesetzgebungsmaßnahme". Erwägungsgrund 41 zufolge erfordert das, dass „Die entsprechende Rechtsgrundlage oder Gesetzgebungsmaßnahme [...] klar und präzise [ist] und ihre Anwendung [...] für die Rechtsunterworfenen gemäß der Rechtsprechung des Gerichtshofs der Europäischen Union [...] und des Europäischen Gerichtshofs für Menschenrechte vorhersehbar [ist]." Eine Gesetzgebungsmaßnahme

---

[1345] *Bäcker*, in: Kühling/Buchner DS-GVO/BDSG, Art. 23 DS-GVO Rn. 57; *Koreng*, in: Taeger/Gabel DS-GVO/BDSG/TTDSG, Art. 23 DS-GVO Rn. 13.
[1346] *Stender-Vorwachs/Wolff*, in: BeckOK Datenschutzrecht, Stand: 01.11.2021, Art. 23 DS-GVO vor Rn. 1; zur sprachlichen Ungenauigkeit der Norm *Koreng*, in: Taeger/Gabel DS-GVO/BDSG/TTDSG, Art. 23 DS-GVO Rn. 58.
[1347] *Waldkirch*, r+s 2021, 317 (319); *Bäcker*, in: Kühling/Buchner DS-GVO/BDSG, Art. 23 DS-GVO Rn. 42; Edpb, Guidelines 10/2020 on restrictions under Article 23 GDPR, 13. Oktober 2021, Rn. 55: „Article 23(2)(c) GDPR prescribes that the scope of the restrictions shall also be specified, i.e. which rights are concerned and how far they are going to be limited, [...]"; *Peuker*, in: Sydow/Marsch DS-GVO/BDSG, Art. 23 DS-GVO Rn. 49.
[1348] EuGH, Urt. v. 26. Oktober 2023 – C 307/22, ECLI:EU:C:2023:811, Rn. 69 in Übereinstimmung mit Generalanwalt *Nicholas Emiliou*, Schlussanträge vom 20. April 2023 – C 307/22, Rn. 39.
[1349] BGH, EuGH-Vorlage vom 29. März 2022 – VI ZR 1352/20, DB 2022, 1249–1255, Rn. 26.
[1350] *Bäcker*, in: Kühling/Buchner DS-GVO/BDSG, Art. 23 DS-GVO Rn. 36; *Grages*, in: Plath DS-GVO/BDSG/TTDSG, Art. 23 Rn. 4.
[1351] Vgl. EuGH, Urt. v. 26. Oktober 2023 – C 307/22, ECLI:EU:C:2023:811, Rn. 56.
[1352] Vgl. *Bäcker*, in: Kühling/Buchner DS-GVO/BDSG, Art. 23 DS-GVO Rn. 41 ff. zu den Anforderungen an die Bestimmtheit der Norm.
[1353] *Bäcker*, in: Kühling/Buchner DS-GVO/BDSG, Art. 23 DS-GVO Rn. 42; *Stender-Vorwachs/Wolff*, in: BeckOK Datenschutzrecht, Stand: 01.11.2021, Art. 23 DS-GVO Rn. 62.

im unionsrechtlichen Sinne erfordert zwar an sich kein formelles Gesetz.[1354] Aus der Tatsache, dass datenschutzrechtliche Regelungen aber den Schutzbereich des nationalen Rechts auf informationelle Selbstbestimmung tangieren, ergibt sich ein solches Erfordernis eines formellen Gesetzes.[1355] Diesen Anforderungen kann nur geschriebenes Recht gerecht werden.[1356]

## II. Beschränkungen durch das nationale Datenschutzrecht des BDSG

Beschränkungen können sich zunächst aus dem nationalen Datenschutzrecht in Gestalt des BDSG ergeben. In Betracht kommen dabei § 29 BDSG sowie § 34 BDSG. § 29 Abs. 1 S. 2 BDSG kommt wegen der nahezu vollständigen Deckungsgleichheit mit Art. 15 Abs. 4 DS-GVO keine eigenständige Bedeutung zu.[1357] Nach der Rechtsprechung des BGH kann es dahinstehen, ob man einschlägige Sachverhalte anhand von § 29 Abs. 1 S. 2 BDSG oder Art. 15 Abs. 4 DS-GVO beurteilt.[1358] Entsprechend erübrigen sich weitergehende Ausführungen zu § 29 BDSG. Ein Ausschluss nach § 34 Abs. 1 Nr. 2 BDSG setzt voraus, dass es sich um Daten handelt, die aufgrund gesetzlicher oder satzungsmäßiger Aufbewahrungsvorschriften nicht gelöscht werden dürfen oder die ausschließlich der Datensicherung oder Datenschutzkontrolle dienen. Zusätzlich ist jeweils erforderlich, dass „[…] die Auskunftserteilung einen unverhältnismäßigen Aufwand erfordern würde sowie eine Verarbeitung zu anderen Zwecken durch geeignete technische und organisatorische Maßnahmen ausgeschlossen ist." Es bestehen Zweifel an der Unionsrechtskonformität des

---

[1354] Erwägungsgrund 41 zur DS-GVO; *Bäcker*, in: Kühling/Buchner DS-GVO/BDSG, Art. 23 DS-GVO Rn. 38; a.A. *Lembke*, NJW 2020, 1841 (1846), der dieses Erfordernis in Art. 23 DS-GVO entdecken möchte.

[1355] *Bäcker*, in: Kühling/Buchner DS-GVO/BDSG, Art. 23 DS-GVO Rn. 38; *Kunig/Kämmerer*, in: von Münch/Kunig GG, Art. 2 Rn. 87 zu den Anforderungen an die Schranken des Allgemeinen Persönlichkeitsrechts von dem das Recht auf informationelle Selbstbestimmung eine Ausprägung ist; *Lembke*, NJW 2020, 1841 (1846), der das ausdrücklich in Art. 23 DS-GVO hineinliest.

[1356] Vgl. zur fehlenden Analogiefähigkeit vereinzelter Einschränkungen anderer Informationsansprüche *Franck*, in: Gola/Heckmann DS-GVO/BDSG, Art. 15 DS-GVO Rn. 4: „Keine Betroffenenrechte stellen Ansprüche nach den Informationsfreiheitsgesetzen (IFG; VIG; UIG) oder sonstige Einsichtsansprüche ([…] § 810 BGB etc.) dar. Dort niedergelegte Einschränkungen sind nicht im Anwendungsbereich des Art. 15 fruchtbar zu machen, auch nicht im Wege der Analogie."

[1357] *Peisker*, Der datenschutzrechtliche Auskunftsanspruch, S. 430 f., der angesichts der bloßen Wiederholung des Art. 15 Abs. 4 DS-GVO sogar die Unionsrechtskonformität des § 29 Abs. 1 S. 2 BDSG bezweifelt; *Zikesch/Sörup*, ZD 2019, 239 (244).

[1358] BGH, Urt. v. 22. Februar 2022 – VI ZR 14/21, ZD 2022, 326–328, Rn. 14; unklar LAG Baden-Württemberg, Urt. v. 20. Dezember 2018 – 17 Sa 11/18, NZA-RR 2019, 242–251, juris Rn. 206 ff.

§ 34 Abs. 1 Nr. 2 lit. a BDSG[1359] sowie des § 34 Abs. 1 Nr. 2 lit. b Var. 2 BDSG.[1360] Unabhängig von der Frage, ob diese Einschränkungen unionsrechtskonform sind oder nicht, wäre der Anwendungsbereich jedenfalls derart speziell und beschränkt, dass die Frage auf den hiesigen Untersuchungsgegenstand keinen relevanten Einfluss haben wird.

### III. Einzelne nationale (potenziell) beschränkende Normen

Auch Normen außerhalb des Datenschutzrechts können den Anspruch aus Art. 15 DS-GVO einschränken. In den Augen des BGH sowie des Generalanwalts Emiliou gilt das beispielsweise für § 630g Abs. 2 S. 2 BGB, der dem Patienten im Verhältnis zum Behandelnden die Kostentragungspflicht bei der Bereitstellung einer Kopie der Patientenakte zuschreibt.[1361] Anderer Auffassung ist diesbezüglich der EuGH, der den Verdacht hegt, diese Norm diene nur dem Schutz wirtschaftlicher Interessen des Verantwortlichen, was er für eine Einschränkung des Art. 15 DS-GVO nicht als ausreichend erachtet.[1362] Eine Einschränkung des Zugangsanspruchs nach § 242 BGB scheitert am Anwendungsvorrang des Unionsrechts, da der Unionsrechtliche Rechtsmissbrauchsvorbehalt den einschlägigen Maßstab zur Bewertung solcher Fälle liefert[1363] und eine solche Generalklausel nicht den Anforderungen der Bestimmtheit des Art. 23 Abs. 2 DS-GVO genügt.[1364]

Ein Ausschluss nach § 275 Abs. 2 BGB wegen unverhältnismäßigen Aufwands scheitert wiederum daran, dass die Norm die Mindestanforderungen des Art. 23 Abs. 2 DS-GVO nicht erfüllt.[1365] Die Norm benennt weder den Umfang der vorgenommenen Beschränkung noch die Risiken für die Rechte und Freiheiten der betroffenen Person. Der Normierung liegt keinerlei datenschutzrechtliche Abwägung zugrunde und die bereits benannte Warnfunktion läuft leer.[1366] Die Norm tritt daher nicht mittels Art. 23 DS-GVO in das Regelungsgefüge ein.

---

[1359] *Golla*, in: Kühling/Buchner DS-GVO/BDSG, § 34 BDSG Rn. 9; *Bienemann*, in: Sydow/Marsch DS-GVO/BDSG, § 34 BDSG Rn. 12; *Dix*, in: Simitis/Hornung/Spiecker gen. Döhmann Datenschutzrecht, Art. 15 DS-GVO Rn. 36.
[1360] *Golla*, in: Kühling/Buchner DS-GVO/BDSG, § 34 BDSG Rn. 12; *Dix*, in: Simitis/Hornung/Spiecker gen. Döhmann Datenschutzrecht, Art. 15 DS-GVO Rn. 36.
[1361] Generalanwalt *Nicholas Emiliou*, Schlussanträge vom 20. April 2023 – C 307/22, Rn. 39: BGH, EuGH-Vorlage vom 29. März 2022 – VI ZR 1352/20, DB 2022, 1249–1255, Rn. 26.
[1362] EuGH, Urt. v. 26. Oktober 2023 – C 307/22, ECLI:EU:C:2023:811, Rn. 63 ff.
[1363] Siehe oben § 5 E. IV. 5. a) und § 5 E. IV. 5. d).
[1364] *Bäcker*, in: Kühling/Buchner DS-GVO/BDSG, Art. 23 DS-GVO Rn. 42; vgl. *Waldkirch*, r+s 2021, 317 (319), der die Anforderungen für § 275 Abs. 2 BGB nicht für erfüllt ansieht mit einer Begründung, die auf § 242 BGB ohne Weiteres übertragbar ist.
[1365] *Waldkirch*, r+s 2021, 317 (319); abweichende Begründung bei *Korch/Chatard*, ZD 2022, 482 (484); ebenfalls abweichende Begründung *König*, CR 2019, 295 (298); nochmal abweichende Begründung bei *Korch/Chatard*, CR 2020, 438 (443); a. A. *Krämer/Burghoff*, ZD 2022, 428 (431).
[1366] Zu alledem im Kontext des § 242 BGB siehe oben § 5 E. IV. 5. a).

Zudem hat der Gesetzgeber mit § 34 Abs. 1 BDSG – dessen Unionsrechtskonformität vorausgesetzt – eine speziellere Norm in den Art. 23 DS-GVO eintreten lassen, die ein Hinzutreten weiterer Umstände zur Unverhältnismäßigkeit fordert.[1367] Auch werden die Voraussetzungen des § 275 Abs. 2 BGB schon deshalb im Organhaftungsprozess nicht gegeben sein, da mit wachsender Datenmenge neben dem Erfüllungsaufwand auch das Leistungsinteresse des Organmitglieds steigt. Steigen Leistungsinteresse und Erfüllungsaufwand gleichermaßen, so ist dies kein Fall des § 275 Abs. 2 BGB, sondern allenfalls ein solcher des § 313 BGB.[1368] Auch § 313 BGB findet aber im Rahmen der DS-GVO keinesfalls Anwendung, da die Norm die Anforderungen des Art. 23 DS-GVO ebenso wenig erfüllt wie § 242 BGB oder § 275 Abs. 2 BGB. Eine Abwägung der Interessen des Betroffenen und des Verantwortlichen muss im Fall des hohen Aufwands anhand des Art. 15 Abs. 4 DS-GVO erfolgen.[1369] Die absolute Unmöglichkeit nach § 275 Abs. 1 BGB findet zwar dogmatisch ebenfalls keine Anwendung in der DS-GVO, wird jedoch als Ausprägung eines allgemeinen Rechtsgedankens des Unionsrechts als Einschränkungsmöglichkeit anerkannt.[1370] Bedeutung entfaltet die Vorschrift im Organhaftungsprozess nicht. Denn liegen die Daten schon nicht mehr vor, so sind sie auch vom Zugangsanspruch nicht erfasst. Ein Ausschluss auf Grundlage des Schikaneverbots nach § 226 BGB scheitert am spezielleren Schikaneverbot des Art. 12 Abs. 5 S. 2 DS-GVO.

## G. Summa – Keine erheblichen Beschränkungen des Art. 15 DS-GVO

Die Untersuchung der Beschränkungen des Art. 15 DS-GVO hat gezeigt, dass die Verwendung dieses Anspruchs im Organhaftungsprozess nur rudimentär beschränkt werden kann. Eine „Verfolgung zu datenschutzfremden Zwecken" ist zulässig, sofern ein Informationsinteresse besteht und nicht bloß die Schikane des Verantwortlichen oder die Erzielung eines ungerechtfertigten Vorteils bezweckt wird.

Die Interessen des Verantwortlichen im Falle eines hohen Aufwands der Zugangsgewährung können im Rahmen einer Interessenabwägung berücksichtigt werden, die dogmatisch an Art. 15 Abs. 4 DS-GVO anknüpft. Die identifizierten Abwägungsmaßstäbe, insbesondere die wachsende Schutzwürdigkeit des Organmitglieds und zugleich abnehmende Schutzwürdigkeit der Gesellschaft bei einer großen Datenmenge, lassen die Interessen der Gesellschaft als Verantwortliche aber regelmäßig hinter denjenigen des Organmitglieds zurücktreten. Die Gesellschaft selbst ist dafür verantwortlich, die Datenverarbeitung mit Blick auf die Zugangs-

---

[1367] *König*, CR 2019, 295 (298).
[1368] *Korch/Chatard*, CR 2020, 438 (443); *Korch/Chatard*, ZD 2022, 482 (484) Fn. 54.
[1369] Siehe ausführlich oben zur Begrenzung des Anspruchs wegen Aufwands § 5 D.
[1370] EuGH, Urt. v. 6. November 2018 – C 622/16 P und C 624/16 P, ECLI:EU:C:2018:873, Rn. 79.

verpflichtung „aufwandsreduzierend" zu organisieren. Sie muss Maßnahmen zur Aufwandsreduzierung ergreifen, wobei technische Hilfsmittel wie die künstliche Intelligenz eine immer bedeutende Rolle spielen werden. Wichtig ist es zu betonen, dass interne Untersuchungen, die Prozessstrategie, Geschäftsgeheimnisse und erst recht die Kommunikation der Gesellschaft mit ihren Rechtsberatern von dem Zugangsanspruch des Organmitglieds nicht erfasst sind. Bei internen Untersuchungen wird sich das mit Abschluss der Untersuchungen regelmäßig umkehren, wobei die Hinweisgeber, die Anlass zu einer solchen Untersuchung gegeben haben, aber schutzwürdig bleiben.

Gewichtige Defizite des Art. 15 DS-GVO im Organhaftungsprozess zeigen sich bei einem Vergleich mit der angloamerikanischen Pre-Trial Discovery. Die Informationsbeschaffung mittels Art. 15 DS-GVO wird von einem Zufallselement dominiert. Das Organmitglied wird nicht wissen, wie nützlich die personenbezogenen Daten bei der Anspruchsverteidigung sind. Der Bezug der personenbezogenen Daten auch auf den Streitgegenstand der Organhaftung ist zufällig. Dieses Zufallselement gewinnt wegen der Begrenzung der Zugangsverpflichtung auf das personenbezogene Datum an sich, an Gewicht. Die Gesellschaft hat ganze Dokumente nur ausnahmsweise zu kopieren, soweit die nicht enthaltenen personenbezogenen Daten zum Verständnis der personenbezogenen Daten erforderlich sind. Insofern müssten die personenbezogenen Daten des Organmitglieds in der Regel selbst entlastender Natur sein, damit sie dem Organmitglied helfen können. Denn darüber hinausgehende Daten sind mit Art. 15 DS-GVO in der Regel nicht zu erlangen. Die Suche nach Informationen, die im Organhaftungsprozess von entlastender Natur sind, ist nicht zielgerichtet möglich. Auf nationaler Ebene findet Art. 15 DS-GVO im Organhaftungsprozess keine relevanten Beschränkungen. In Betracht kommende Normen scheitern an den Anforderungen des Art. 23 DS-GVO.

# § 6 Vergleich von Art. 15 DS-GVO und §§ 810, 242 BGB

Zur Beurteilung des Einflusses von Art. 15 DS-GVO auf den Organhaftungsprozess ist, wie mehrfach angedeutet, ein Vergleich dieser Norm mit den Anspruchsgrundlagen der §§ 810, 242 BGB sachdienlich. Nur vor dem Hintergrund eines solchen Vergleichs können die Auswirkungen des Art. 15 DS-GVO auf den Organhaftungsprozess bewertet werden. Denn die anerkannten Informationsansprüche sind Teil dieses Organhaftungsprozesses.

## A. Vergleich der „Voraussetzungen" – Insbesondere Konkretisierungsanforderungen

Wie festgestellt, sind die materiellen Voraussetzungen aller angesprochenen Informationsansprüche im Falle des Organhaftungsprozesses grundsätzlich erfüllt. Die Voraussetzungen sind dabei verschieden: Bei Art. 15 DS-GVO ist die Verarbeitung personenbezogener Daten erforderlich, bei § 810 BGB muss die Gesellschaft in Besitz von Urkunden sein, die im Interesse des Organmitglieds errichtet worden sind oder Informationen über Verhandlungen enthalten und es muss ein rechtliches Interesse an der Einsicht bestehen. Das rechtliche Interesse, welches bei § 810 BGB gefordert wird, ergibt sich bei Art. 15 DS-GVO aus dem Personenbezug der Daten. Das bei § 242 BGB geforderte schutzwürdige Interesse des Organmitglieds ist mit dem rechtlichen Interesse bei § 810 BGB gleichzusetzen.

### I. Vergleich der notwendigen Konkretisierung

Maßgebliche Unterschiede ergeben sich bei den Anforderungen an die Konkretisierung des Informationsverlangens und damit bei der dem Informationsgewinn vorgeschalteten Hürde. Korch und Chatard stellen fest:

> „Mit zunehmender Präzisierung schwindet [...] der Mehrwert der datenschutzrechtlichen Ansprüche gegenüber den ohnehin bestehenden Möglichkeiten, die Vorlage bestimmter Unterlagen zu verlangen."[1371]

---

[1371] *Korch/Chatard*, NZG 2020, 893 (896).

Diese Aussage basiert auf der zutreffenden Annahme, dass die Anforderungen an die Konkretisierung im Rahmen der nationalen Normen – nämlich § 810 BGB und § 242 BGB – hoch sind und sich die Hürden der Geltendmachung des Art. 15 DS-GVO daran angleichen, je höher man die Anforderungen an die Konkretisierung bei Art. 15 DS-GVO versteht.

### 1. Konkretisierung bei § 810 BGB und § 242 BGB – Hohe Anforderungen

Die sich aus dem Ausforschungsverbot und allgemeinen prozessrechtlichen Grundsätzen ergebenden Konkretisierungsanforderungen im Rahmen des § 810 BGB und § 242 BGB wurden bereits unter § 3 C dargelegt. Überzeugend ist es den obigen Ausführungen zufolge strenge Anforderungen zu stellen und die Benennung konkreter Unterlagen sowie die Darlegung des rechtlichen Interesses, also der Erforderlichkeit der Einsicht zur Rechtsverfolgung zu fordern.[1372] Diesen Anforderungen genügt es, wie der BGH ausführt, nicht, wenn eine Urkunden- oder Aktensammlung benannt wird, sondern es muss die konkrete Urkunde benannt werden.[1373] Diese Anforderungen setzen eine gewisse Sachverhaltskenntnis aufseiten des Organmitglieds unweigerlich voraus. Noch darüber hinaus genügen nicht pauschale Erinnerungen, sondern es muss Gewissheit über bestimmte Dokumente bestehen.

### 2. Konkretisierung bei Art. 15 DS-GVO – Geringe Anforderungen

Im Kontext der Problematik des hohen Aufwands bei der Zugangsgewährung wurden die Konkretisierungsanforderungen bei der Geltendmachung des Art. 15 DS-GVO ausführlich untersucht. Eine echte Pflicht zur Konkretisierung, etwa in Form der abgestuften Erfüllungslast, gibt es den Ausführungen zufolge nicht. Es kann dem Organmitglied allenfalls in einer Interessenabwägung im Rahmen des Art. 15 Abs. 4 DS-GVO zur Last gelegt werden, wenn er eine den Aufwand reduzierende Konkretisierung nicht vornimmt.[1374]

---

[1372] Siehe oben § 3 C. V.
[1373] BGH, Urt. v. 27. Mai 2014 – XI ZR 264/13, WM 2014, 1379–1382, Rn. 25.
[1374] Siehe zu alle dem oben § 5 D. I.

### 3. Prozessrechtliche Konkretisierung nach § 253 Abs. 2 Nr. 2 ZPO

Schließt sich an den Versuch einer vorprozessualen Geltendmachung eine prozessuale Geltendmachung an, so ergeben sich neben den materiellen Konkretisierungsanforderungen auch solche des Prozessrechts. Die Konkretisierungsanforderungen des Klageantrags normiert § 253 Abs. 2 Nr. 2 ZPO.

#### a) § 253 Abs. 2 Nr. 2 ZPO bei § 810 BGB und § 242 BGB

Wegen der ohnehin bereits strengen Anforderungen, die an § 810 BGB und § 242 BGB auf materieller Ebene gestellt werden, vermag § 253 ZPO hieran nichts zu ändern. Die Konkretisierungsanforderungen in Form der Benennung konkreter Unterlagen (gegebenenfalls samt Nennung des möglichen Inhalts) sind bereits derart hoch, dass eine weitere Konkretisierung kaum denkbar ist. Für diese Informationsansprüche gilt in Bezug auf die Konkretisierung folglich prozessual das gleiche wie vorprozessual. Sobald §§ 810, 242 BGB im Prozess durch §§ 421 ff. ZPO abgelöst werden,[1375] gelten die ohnehin sehr strengen Konkretisierungsanforderungen dieser prozessrechtlichen Normen, die durch § 253 Abs. 2 Nr. 2 ZPO ebenfalls nicht beeinflusst werden.

#### b) § 253 Abs. 2 Nr. 2 ZPO bei Art. 15 DS-GVO

Im Kontext des datenschutzrechtlichen Informationsanspruchs sind die Auswirkung des § 253 Abs. 2 Nr. 2 ZPO weniger einfach zu determinieren. Die Rechtsprechung beurteilt sie unterschiedlich. Das BAG geht bezüglich Art. 15 Abs. 3 DS-GVO davon aus, dass die genaue Bezeichnung einzelner Daten erforderlich sei, da es ansonsten an der Vollstreckungsfähigkeit des Anspruchs fehle.[1376] Es genüge nicht einmal, wenn der Kläger im Klageantrag eine Kategorie von E-Mails benennt, von der er eine Kopie verlangt.[1377] Etwaige Schwierigkeiten bei der Konkretisierung eines *Kopie*verlangens seien mithilfe einer Stufenklage im Sinne des § 254 ZPO zu beseitigen, in dessen Rahmen der Verarbeitende dann zunächst er-

---

[1375] OLG Frankfurt a. M., Urt. v. 25. September 1979 – 5 U 210/78, DB 1979, 2476–2477, juris Rn. 20; *Werner*, GmbHR 2013, 68 (73); *Foerster*, ZHR 2012, 221 (237 f.); *Fest*, in: Staudinger BGB, § 810 Rn. 288; *Jena*, Die Business Judgment Rule im Prozess, S. 250 f.; kritisch insb. *Ruckteschler/Grillitsch*, in: FS Elsing 2015, S. 1129 (1141); ebenfalls kritisch *Grooterhorst*, AG 2011, 389 (397); vgl. *Sprau*, in: Grüneberg, § 809 BGB Rn. 13; *Buck-Heeb*, in: Prütting/Wegen/Weinreich BGB, § 810 Rn. 14.
[1376] BAG, Urt. v. 27. April 2021 – 2 AZR 342/20, BAGE 174, 351–357, juris Rn. 18 ff.; BAG, Urt. v. 16. Dezember 2021 – 2 AZR 235/21, NZA 2022, 362–366, Rn. 31 ff.; nun folgt dem auch das LAG Hamm, Urt. v. 2. Dezember 2022 – 19 Sa 756/22, ZD 2023, 468–469, juris Rn. 114 ff.
[1377] BAG, Urt. v. 27. April 2021 – 2 AZR 342/20, BAGE 174, 351–357, juris Rn. 20.

## A. Vergleich der „Voraussetzungen"   289

klären müsse, welche Daten in einer betreffenden Kategorie verarbeitet werden.[1378] Dabei differenziert das BAG in einem anderen Urteil zu der Klage auf Zugang nach Art. 15 Abs. 1 DS-GVO.[1379] Für den Anspruch aus Art. 15 Abs. 1 DS-GVO hält das BAG es anders als für Abs. 3 für möglich, dass die bloße Wiederholung des Wortlauts der Norm im Klageantrag dem Bestimmtheitsgrundsatz genüge,[1380] legt sich aber nicht abschließend fest.[1381]

Der BGH verfährt bezüglich der sich aus § 253 Abs. 2 Nr. 2 ZPO ergebenden Anforderungen bei Art. 15 DS-GVO insbesondere bezüglich einer Kopie großzügiger und lässt es auch dafür genügen, wenn aus der Klagebegründung hervorgeht, dass „[…] Auskunft über die von der Beklagten verarbeiteten, ihn betreffenden personenbezogenen Daten […]" verlangt wird.[1382] Auf der gleichen Linie entschied unter Verweis auf den BGH das OLG München bezüglich eines Klageantrags, der sich auf „[…] Telefonnotizen, Aktenvermerke, Gesprächsprotokolle, E-Mails, Briefe und Zeichnungsunterlagen für Kapitalanlagen im Zeitraum vom 1.1.1997 bis ein[schließlich] 31.3.2018 […]" bezog.[1383] Die überwiegende Literatur scheint dieser großzügigen Auffassung zu folgen.[1384]

Die differenzierende Ansicht des BAG kann dogmatisch schon deshalb nicht überzeugen, weil es sich bei Abs. 1 und Abs. 3 wie gezeigt um einen einheitlichen Anspruch auf Datenzugang handelt.[1385] Die Ansicht des BAG, das zur Geltendmachung des Abs. 3 eine Stufenklage nach § 254 ZPO für vorrangig erachtet, kann auch nicht überzeugend auf den einheitlichen Zugangsanspruch übertragen werden. Denn wie das BAG auch für den Abs. 1 zutreffend erkennt, überzeugt der Verweis auf eine Stufenklage dann nicht, wenn mittels des materiellen Anspruchs selbst erst solche Informationen erlangt werden sollen, die eine Konkretisierung dann ermöglichen würden.[1386] Der Art. 15 Abs. 1, 3 DS-GVO selbst ist gerade das Recht auf Zugang zu den Daten, mit dem man sich einen Blick über diese verschaffen soll. Eine Stufenklage bezüglich des gesamten Zugangsanspruchs hätte die paradoxe

---

[1378] BAG, Urt. v. 27. April 2021 – 2 AZR 342/20, BAGE 174, 351–357, juris Rn. 20; allg. zur Stufenklage BAG, Urt. v. 9. November 2021 – 1 AZR 206/20, NZA 2022, 286–290, Rn. 13.
[1379] BAG, Urt. v. 16. Dezember 2021 – 2 AZR 235/21, NZA 2022, 362–366, Rn. 31.
[1380] BAG, Urt. v. 16. Dezember 2021 – 2 AZR 235/21, NZA 2022, 362–366, Rn. 31.
[1381] Das als ausreichend erachtend für Abs. 1: LAG Hessen, Urt. v. 10. Juni 2021 – 9 Sa 1431/19, GWR 2021, 459, juris Rn. 36.
[1382] BGH, Urt. v. 15. Juni 2021 – VI ZR 576/19, DB 2021, 1803–1804, Rn. 31 f.
[1383] OLG München, Urt. v. 4. Oktober 2021 – 3 U 2906/20, ZD 2022, 39–40, juris Rn. 5, 13.
[1384] *Schmidt-Wudy*, in: BeckOK Datenschutzrecht, Stand: 01.08.2024, Art. 15 DS-GVO Rn. 85; *König*, CR 2019, 295 (296); *Lembke/Fischels*, NZA 2022, 513 (519 f.); *Peisker*, Der datenschutzrechtliche Auskunftsanspruch, S. 388.
[1385] Siehe oben § 4 C. I. 2.; so auch *Peisker*, Der datenschutzrechtliche Auskunftsanspruch, S. 386.
[1386] Vgl. BAG, Urteil vom 16. Dezember 2021 – 2 AZR 235/21, NZA 2022, 362–366, Rn. 26: „Dabei ist – anders als beim Anspruch auf Zurverfügungstellung einer Kopie nach Art. 15 III 1 DS-GVO – in besonderer Weise zu beachten, dass der Anspruchsteller durch sein Auskunftsbegehren erst die Informationen erlangen will, die eine genauere Bezeichnung dessen, was über ihn an personenbezogenen Daten gespeichert ist, ermöglichen."

Folge, dass auf der ersten Stufe Informationen darüber eingeklagt werden, worüber auf der zweiten Stufe Informationen (in Form der Kopie) eingeklagt werden können. Ein solches Verständnis wäre mit dem unionsrechtlichen Normverständnis nicht vereinbar.[1387] Dass das der Norm des Art. 15 DS-GVO widerspricht, erkennt auch der BGH zutreffend:

> „[...] Klageanträge [müssen] im Zweifel so ausgelegt werden, wie es dem Inhalt des mit der Klage verfolgten materiellen Anspruchs entspricht [...]. Auf dieser Grundlage kann der Auskunftsantrag [...] nicht deshalb als unbestimmt angesehen werden, weil er nicht die Informationen enthält, die der Kläger erst durch den Auskunftsanspruch materiell-rechtlich erfahren will."[1388]

Ferner überzeugt die Ansicht des BGH auch für sich genommen. Entscheidend für die Bejahung der Bestimmtheit auch bei der bloßen Nennung „aller personenbezogenen Daten" im Klageantrag spricht nämlich, dass es für die Vollstreckbarkeit genügt, wenn der Antrag sich auf *alle* bei dem Verantwortlichen vorhandenen personenbezogenen Daten bezieht.[1389] Auch bei *allen* Daten kann auf der Vollstreckungsebene keine Unsicherheit darüber bestehen, welche Daten gemeint sind,[1390] sodass nach § 888 ZPO[1391] vollstreckt werden kann. Zur Unterstützung dieses Arguments hilft auch ein Vergleich mit denjenigen Anforderungen, die an die Bestimmtheit im Sachenrecht gestellt werden, wenn über Sachen verfügt wird. Dort genügt es nach allgemeiner Ansicht für die dingliche Einigung, wenn die Sache Teil einer bestimmbaren Sachgesamtheit ist, die sich durch Abgrenzungskriterien bestimmen lässt.[1392] Übertragen auf den Zugangsanspruch aus Art. 15 DS-GVO würde das bedeuten, dass Daten dann bestimmbar sind, wenn sie sich durch Abgrenzungskriterien von anderen unterscheiden. Das Abgrenzungskriterium, das dies ermöglicht, ist in diesem Falle der Personenbezug sowie die seitens des Verantwortlichen erfolgende oder erfolgte Verarbeitung. Die Voraussetzungen des Zugangsanspruchs nach Art. 15 DS-GVO ermöglichen also zugleich die Begrenzung und Bestimmung des Umfangs des Anspruchs, was eine Vollstreckung ermöglicht.

Nicht zuletzt darf das nationale Prozessrecht dem materiellen Unionsrecht wegen des Anwendungsvorrangs und des Grundsatzes der effektiven Umsetzung des Unionsrechts (*effet utile*) auch nicht derart hindernd entgegenstehen, dass eine Ver-

---

[1387] *Kuznik*, NVwZ 2023, 297 (298).
[1388] BGH, Urt. v. 2. Dezember 2015 – IV ZR 28/15, ZD 2016, 132–134, Rn. 10; zustimmend *Lembke/Fischels*, NZA 2022, 513 (519 f.).
[1389] OLG München, Urt. v. 4. Oktober 2021 – 3 U 2906/20, ZD 2022, 39–40, juris Rn. 13.
[1390] Vgl. OLG München, Urt. v. 4. Oktober 2021 – 3 U 2906/20, ZD 2022, 39–40, juris Rn. 13; *König*, CR 2019, 295 (296).
[1391] Zur Vollstreckung nach dieser Norm statt nach § 883 ZPO: *Lembke/Fischels*, NZA 2022, 513 (519 f.) unter Verweis auf BAG, Urt. v. 27. April 2021 – 2 AZR 342/20, BAGE 174, 351–357, juris Rn. 26.
[1392] BGH, Urt. v. 16. Dezember 2022 – V ZR 174/21, ZIP 2023, 421–424, Rn. 10 f.; *Gaier*, in: MüKo BGB, Einl. SachenR Rn. 21.

wirklichung des Rechts vor den Gerichten erheblich erschwert würde.[1393] Das aber wäre bei der Zugrundlegung des Verständnisses des BAG der Fall. Auch aus einem ansonsten drohenden Verstoß gegen diese unionsrechtlichen Grundsätze ergibt sich folglich, dass § 253 Abs. 2 Nr. 2 ZPO bei Art. 15 DS-GVO keine zu strengen Anforderungen hervorrufen darf, die dem Art. 15 DS-GVO jede Wirkung nehmen.

## II. Zusammenfassung der Unterschiede und Auswirkungen der Konkretisierungsanforderungen auf den Organhaftungsprozess

An die Konkretisierung werden bei Art. 15 DS-GVO sowohl vorprozessual als auch prozessual nach richtiger Auffassung keine hohen Anforderungen gestellt. Insbesondere führt die unterlassene Konkretisierung – egal, ob völlig fehlende Reaktion oder bloße Konkretisierung auf „alle personenbezogenen Daten" – nicht zum Ausschluss des Anspruchs, sondern fällt dem Betroffenen allenfalls im Rahmen des Art. 15 Abs. 4 DS-GVO zur Last. Bei §§ 810, 242 BGB hingegen ist ein höheres Maß an Konkretisierung zu fordern, was sich aus dem Ausforschungsverbot ergibt. Die nationalen Ansprüche dienen gerade nicht der Ausforschung nach bisher unbekannten Informationen.[1394] Mit Art. 15 DS-GVO soll der Betroffene sich aber – und das spiegelt sich in den geringen Konkretisierungsanforderungen wider – gerade auch auf die Suche nach unbekannten Informationen begeben können.

Somit besteht ein wesentlicher Unterschied der verschiedenen Anspruchsgrundlagen, welcher unterschiedliche Konkretisierungsanforderungen rechtfertigt. Ein solch erheblicher Unterschied besteht auch auf der Ebene der Rechtsfolgen einer unterlassenen oder unzureichenden Konkretisierung: Während eine unzureichende Konkretisierung bei den nationalen Normen des Zivilrechts dazu führt, dass der Anspruch nicht durchgesetzt werden kann, wird das dem Organmitglied beim datenschutzrechtlichen Zugangsanspruch nur im Rahmen der Abwägung nach Art. 15 Abs. 4 DS-GVO zur Last gelegt. Das „Schwert" der Konkretisierungsanforderung ist bei den nationalen Normen also zusätzlich zu den daran gestellten hohen Anforderungen wegen der absoluten Rechtsfolge deutlich schärfer, da sich die unterlassene Konkretisierung unmittelbar auf die Durchsetzbarkeit des Anspruchs auswirkt

---

[1393] Ständige Rechtsprechung des EuGH: Exemplarisch EuGH, Urt. v. 6. Oktober 2020 – C 511/18, ECLI:EU:C:2020:791, Rn. 223; EuGH, Urt. v. 6. Oktober 2015 – C 69/14, ECLI:EU:C: 2015:662, Rn. 26f.; EuGH, Urt. v. 12. Dezember 2013 – C 362/12, ECLI:EU:C:2013:834, Rn. 32 jeweils m.w.N.

[1394] *Krieger*, in: FS U. H. Schneider 2011, S. 717 (735).

## B. Umfang: Welche Informationen sind jeweils zugänglich?

Auf der Rechtsfolgenseite der Ansprüche muss verglichen werden, welche für das Organmitglied hilfreichen Informationen mit der jeweiligen Anspruchsgrundlage zugänglich sind.

### I. Mittels Art. 15 DS-GVO zugängliche Informationen

Mittels Art. 15 DS-GVO sind Daten aller Art in Kopie zugänglich, sofern sie personenbezogen sind und verarbeitet werden. Das umfasst nach herrschender und richtiger Auffassung grundsätzlich auch Sekundärunterlagen und bloße interne Vermerke.[1395] Auch erfasst sind elektronische Dokumente, Bild- und Tonaufzeichnungen und jegliche „Vertragsunterlagen, Dokumente mit Bezug zu Vertragsverhandlungen […] oder Protokolle von Gremiensitzungen".[1396] Für den Beschäftigungskontext stellt Peisker exemplarisch einige Arten von Dokumenten dar, die personenbezogene Daten beinhalten: Personalakte und Daten aus Personalinformationssystemen, Kommunikation und Äußerungen in Notizen, Schriftstücke und E-Mails, Gesprächsaufzeichnungen, Protokolle und andere Aufzeichnungen sowie interne Dokumente über den Beschäftigten.[1397] Mittels Art. 15 DS-GVO wären folglich alle möglicherweise hilfreichen Daten zu erlangen, die das weit verstandene Kriterium des Personenbezugs erfüllen.[1398] Dazu gehören auch nicht automatisiert verarbeitete Daten, sofern sie „strukturiert" abgelegt sind.[1399]

Eine relevante Einschränkung erfährt der datenschutzrechtliche Zugangsanspruch aus der Perspektive des Organmitglieds dadurch, dass es allein Zugang zu den personenbezogenen Daten erhält. Eine Kopie ganzer Dokumente muss ihm nur bei Notwendigkeit dieser Kontextualisierung zum Verständnis der Daten bereitgestellt werden.[1400] Nicht erfasst sind dem BGH zufolge wegen dieser Begrenzung des Anspruchs auf personenbezogene Daten beispielsweise die „[…] Abschrift der gesamten Begründungsschreiben [zu Prämienerhöhungen] samt Anlagen […]."[1401] Diese zunächst erhebliche Beschränkung des Anspruchs wird durch das weite Verständnis des Begriffs der personenbezogenen Daten aber abgemildert. Wegen des extensiven Verständnisses dieses Begriffs müssen häufig doch ganze Dokumente bereitgestellt werden.

---

[1395] Siehe oben Fn. 647 und Fn. 649.
[1396] *Hirschfeld/Gerhold*, ZIP 2021, 394 (394).
[1397] *Peisker*, Der datenschutzrechtliche Auskunftsanspruch, S. 169 ff.
[1398] Zu diesen im Einzelfall hilfreichen Informationen siehe oben § 2 J.
[1399] Zu diesem Anwendungsbereich nach Art. 2 Abs. 1 DS-GVO siehe oben § 4 B. II. 3. a).
[1400] Siehe oben § 4 C. II. 5.
[1401] BGH, Urt. v. 27. September 2023 – IV ZR 177/22, DB 2023, 2556–2560, Rn. 46.

Es sind wegen Art. 15 Abs. 4 DS-GVO aber solche Daten von dem Anspruch ausgeschlossen, die sich auf interne Untersuchungen, die Identität eines Whistleblowers, auf Geschäftsgeheimnisse oder die Prozessstrategie der Gesellschaft beziehen. In einem solchen Fall überwiegen die Interessen der Gesellschaft an der Geheimhaltung.

## II. Mittels §§ 810, 242 BGB zugängliche Informationen

Der Kreis der nach §§ 810, 242 BGB zugänglichen Unterlagen ist etwas geringer als derjenige des Art. 15 DS-GVO. Nicht erfasst von dem Umfang sind jedenfalls Sekundärunterlagen, da der Anspruch nach herrschender Ansicht nur so weit reicht, wie das Organmitglied auch während seiner Tätigkeit Zugriff gehabt hätte.[1402] Im Übrigen müssen die Unterlagen bei § 810 BGB den Begriff der Urkunde erfüllen. Diese Anforderung wird aber dadurch entscheidend entschärft, dass der Anspruch bei Nichtvorliegen dieser Voraussetzungen um § 242 BGB ergänzt wird, womit dann auch Unterlagen hierunter fallen, die keine Urkunde darstellen.[1403] Gleiches gilt für rein elektronische Daten, die von § 810 BGB an sich nach herrschender Ansicht nicht erfasst wären.[1404] Bloß interne Vermerke sind ebenso wie Vorstandsprotokolle oder Unterlagen, die Erwägungen mit Relevanz für die Business-Judgment Rule dokumentieren, von dieser Anspruchsgrundlage umfasst. Anders als bei Art. 15 DS-GVO ist es bei §§ 810, 242 BGB erforderlich, dass die in den Unterlagen enthaltenen Informationen zur Rechtsverteidigung erforderlich sind. Werden Informationen mittels dieser nationalen Ansprüche erlangt, so werden diese also bei der Verteidigung hilfreich sein.

## III. Zusammenfassung der Unterschiede betreffend den Umfang

Hinsichtlich des Umfangs der zugänglichen Informationen ergeben sich Unterschiede je nach Anspruchsgrundlage. Nach den nationalen Ansprüchen wird in der Regel anders als bei Art. 15 DS-GVO ein ganzes Dokument erlangt. Bei letzterem Anspruch ist das theoretisch nur die Ausnahme. Praktisch wird dort wegen des weiten Begriffs der personenbezogenen Daten häufig auch ein ganzes Dokument bereitzustellen sein. Mittels Art. 15 DS-GVO werden zudem sämtliche personenbezogenen Daten erlangt, unabhängig davon, ob sie den Streitgegenstand der Organhaftung betreffen oder nicht. Über §§ 810, 242 BGB ist wegen der Voraus-

---

[1402] *Sailer-Coceani*, in: Schmidt/Lutter AktG, § 93 Rn. 44; *Krieger*, in: FS U.H. Schneider 2011, S. 717 (727f.); *Foerster*, ZHR 2012, 221 (236f.); *Scholz*, ZZP 2020, 491 (523); *Koch*, AktG, § 93 Rn. 111; *Ruckteschler/Grillitsch*, in: FS Elsing 2015, S. 1129 (1137); *Groh*, ZIP 2021, 724 (728f.); *Deilmann/Otte*, BB 2011, 1291 (1293); a.A. wohl *Bachmann*, in: FS Thümmel 2020, S. 27 (35).
[1403] Siehe oben § 3 B.
[1404] Siehe oben § 3 A. II. 3.

setzung des rechtlichen Interesses erforderlich, dass die Unterlagen einen Bezug zum Streitgegenstand haben. Ansonsten sind sie über §§ 810, 242 BGB nicht zugänglich. Bei Art. 15 DS-GVO besteht der Personenbezug der für die Verteidigung relevanten Daten nur zufällig. Wegen dieser Unterschiede sind nach §§ 810, 242 BGB gegebenenfalls zugänglich, nach Art. 15 DS-GVO aber unter Umständen nicht zu erlangen: Expertengutachten oder -aussagen, Kostenschätzungen, Rechnungen, Finanzberichte, Unternehmensrichtlinien, Technische Spezifikationen sowie Forschungs- und Entwicklungsunterlagen. Sind diese Unterlagen bloß an das Organmitglied adressiert, so sind nämlich nicht schon deshalb alle enthaltenen Informationen personenbezogen.[1405] Sind sie für die Verteidigung relevant, wären sie mittels §§ 810, 242 BGB zugänglich, sofern das Organmitglied den Konkretisierungsanforderungen gerecht werden kann.

Da mittels Art. 15 DS-GVO keine zielgerichtete Informationsbeschaffung ermöglicht wird, müssen die erhaltenen Unterlagen vom Organmitglied noch bezüglich ihrer Relevanz für die Verteidigung gesichtet und gefiltert werden. Das ist zwar ein zusätzlicher Aufwand aber zugleich ein Vorteil des Art. 15 DS-GVO, da hierdurch ein umfangreicheres Gesamtbild der Situation erlangt werden kann, als das bei der Einsicht in vereinzelte Dokumente der Fall ist. Sowohl die unionsrechtliche Anspruchsgrundlage als auch die nationalen Anspruchsgrundlagen helfen im Ergebnis dabei, für den Organhaftungsprozess relevante Unterlagen wie Vermerke, E-Mails oder Vorstandsprotokolle zu erhalten. Sie können sich dabei wegen der Anspruchskonkurrenz, in der sie stehen,[1406] auch ergänzen. Das Organmitglied muss sich nicht für eine der Anspruchsgrundlagen entscheiden.

## C. Erfüllungsmodalitäten – Tauglichkeit zur Generierung von Beweisnähe

Ein wichtiges Anliegen des ausgeschiedenen Organmitglieds liegt darin, mittels eines Informationsanspruchs neben der Sachnähe auch Beweisnähe zu generieren. Nur dann sind die erlangten Informationen im gerichtlichen Verfahren effektiv verwertbar. Auch bei Betrachtung dieses Anliegens zeigen sich Unterschiede der Anspruchsgrundlagen. Bei den nationalen Ansprüchen kann der Anspruchsinhaber grundsätzlich nur Einsicht und Vorlage der Unterlagen aber gerade keine Überlassung der Unterlagen verlangen.[1407] Unter gewissen Voraussetzungen – insbesondere

---

[1405] Siehe parallel zu diesem Unterschied auch unten der Vergleich zur Pre-Trial Discovery § 5 B. I. 2.
[1406] Siehe zum Verhältnis der Anspruchsgrundlagen oben § 4 A. II.
[1407] Das betonend auch OLG Schleswig, Urt. v. 18. Juli 2022 – 16 U 181/21, ZD 2023, 156–158, Rn. 32; Aushändigung der Unterlagen bejahend, soweit ein wichtiger Grund für eine Aushändigung vorliegt OLG Köln, Beschl. v. 21. September 1995 – 18 W 33/95, NJW-RR 1996, 382, juris Rn. 6; ausf. *Richter*, Informationsrechte im Organhaftungsprozess, S. 110 ff.

bei einer großen Menge an Unterlagen – darf das Organmitglied aber selbst und auf eigene Kosten Kopien anfertigen.[1408] Wegen der großen Datenmenge, die bei einem langjährig tätigen Organmitglied regelmäßig anfällt, werden diese Voraussetzungen, die das selbstständige Anfertigen einer Kopie gestatten aber in der Regel vorliegen, sodass auch dieser Anspruch dann geeignet sein wird, Beweisnähe zu generieren. Auf prozessualer Ebene, auf der die Beweisführung erst relevant wird, gereicht dem Organmitglied § 422 ZPO zur Hilfe, wonach die Gesellschaft die von dem Organmitglied benannten Unterlagen vorlegen muss.[1409]

Bei Art. 15 DS-GVO muss der Zugang zu den Daten wegen Art. 15 Abs. 3 DS-GVO schon standardmäßig in Form der (elektronischen) Kopie erfolgen.[1410] Dementsprechend ist der unionsrechtliche Anspruch im Regelfall schon vorprozessual geeignet, dem Betroffenen vollumfänglich Beweise an die Hand zu geben. Aus der Sicht des Organmitglieds ist der unionsrechtliche Anspruch auch deswegen vorteilhaft, weil die Kopien in jedem Fall und durch den Verantwortlichen, also den Anspruchsgegner angefertigt werden müssen. Das Organmitglied kann sich – vorbehaltlich etwaiger einschlägiger Grenzen des Anspruchs – sämtliche personenbezogene Daten in Kopie zur Verfügung stellen lassen. Zudem trägt das Organmitglied anders als bei §§ 810, 242 BGB, zumindest für die erste Kopie, nicht die Kosten derselben.[1411] Damit bietet der unionsrechtliche Anspruch dem Organmitglied auch in dieser Hinsicht einen über die §§ 810, 242 BGB hinausgehenden Mehrwert. Art. 15 DS-GVO erzeugt bereits seiner Konzeption nach Beweisnähe, während das bei den nationalen Ansprüchen nur unter besonderen Voraussetzungen beziehungsweise unter Zuhilfenahme der prozessrechtlichen Vorschriften der Fall ist. Letztere unterliegen ihrerseits hohen Konkretisierungsanforderungen.[1412]

## D. Vergleich der Sanktionen bei Schlechterfüllung und Nichterfüllung

Unterschiede zeigen sich auch bezüglich der Sanktionen, die dem zur Informationsgewährung Verpflichteten drohen, sofern er seiner Informationsverpflichtung nicht oder nur teilweise nachkommt. Bei Art. 15 DS-GVO gilt es zwischen einem „Public"- und einem „Private"-Enforcement zu unterscheiden.

---

[1408] Zu Einzelheiten siehe oben § 3 A. II. 1.
[1409] Siehe oben § 3 D.
[1410] Siehe oben § 4 C.
[1411] Zur Kostentragung bei § 810 BGB: *Kilian*, in: Kilian/Koch Anwaltliches Berufsrecht, B. Materielles Berufsrecht Rn. 727 im Kontext der Einsicht eines Mandanten in die Handakte des Rechtsanwalts; *Richter*, Informationsrechte im Organhaftungsprozess, S. 98 zur Kostentragung bei § 242 BGB.
[1412] Siehe oben § 3 E. II.

## I. „Public-Enforcement" des Art. 15 DS-GVO

Auf der Ebene des Public-Enforcements kommen bei Art. 15 DS-GVO als Sanktion sowohl ein Bußgeld als auch eine strafrechtliche Sanktionierung in Betracht.

### 1. Public-Enforcement mittels Bußgeld nach Art. 83 DS-GVO

Dem Verantwortlichen würde bei erfolglosem Fristablauf jedenfalls ein Bußgeld nach Art. 83 Abs. 5 lit. b DS-GVO drohen. Zu klären ist in diesem Kontext, wie die Ein-Monats-Frist (bis Drei-Monats-Frist) zur Erfüllung des Art. 15 DS-GVO im Falle der gerichtlichen Auseinandersetzung über das Bestehen oder Nichtbestehen dieses Anspruchs zu handhaben ist. Fristbeginn ist der Antragseingang beim Verantwortlichen,[1413] gegebenenfalls verlagert auf den Zeitpunkt der Identifikation des Betroffenen, was bei Geltendmachung durch einen Rechtsanwalt die Vorlage einer Originalvollmacht bedeuten würde.[1414] Würde die Frist zur Erfüllung des Art. 15 DS-GVO während einer prozessualen Auseinandersetzung über das (Nicht-)Bestehen des Zugangsanspruchs gehemmt, so würden dem Verantwortlichen mittels einer Feststellungsklage auf Nichtbestehen des Anspruchs aus Art. 15 DS-GVO oder mittels einer Verteidigungsanzeige gegen eine Klage auf Zugang zu den Daten Instrumente an die Hand gegeben, den Fristablauf hinauszuzögern. Das würde die Rechte des Betroffenen erheblich beschränken. Das gilt nicht zuletzt deshalb, weil Informationen „[…] mit zunehmendem zeitliche[m] Abstand [zum Zugangsverlangen] an Bedeutung verlieren."[1415] Insofern kommt der Frist auch eine materielle Funktion zu.[1416] Aus der Perspektive des Betroffenen ist der Fortlauf der Frist während der prozessualen Auseinandersetzung über den Anspruch also geboten und dem Verantwortlichen die Verzögerung nicht zu ermöglichen. Auf der Seite des Betroffenen steht dem aber das Gebot des effektiven Rechtsschutzes entgegen. Müsste er bei einem Verlust des Prozesses über Art. 15 DS-GVO zugleich immer ein empfindliches Bußgeld nach Art. 83 Abs. 5 lit. b DS-GVO fürchten, so ist das eine erhebliche Hürde im Rechtsschutz. Die Funktion des Buß-

---

[1413] *Heckmann/Paschke*, in: Ehmann/Selmayr DS-GVO, Art. 12 Rn. 32; *Franck*, in: Gola/Heckmann DS-GVO/BDSG, Art. 12 DS-GVO Rn. 26f., der die Normen des BGB (§§ 186 ff.) zur Fristenberechnung heranziehen möchte; Edpb, Guidelines 01/2022 on data subject rights – Right of access, 28. März 2023, Rn. 159 mit dem Verweis auf besondere mitgliedstaatliche Regelungen des Zugangs.
[1414] *Franck*, in: Gola/Heckmann DS-GVO/BDSG, Art. 12 DS-GVO Rn. 27; *Quaas*, in: BeckOK Datenschutzrecht, Stand: 01.08.2024, Art. 12 DS-GVO Rn. 35a; vgl. *Eßer*, in: Auernhammer DS-GVO/BDSG, Art. 12 DS-GVO Rn. 26: „[…] fristauslösendes Ereignis [ist] der Eingang der letzten fehlenden und zur Bearbeitung des Antrags notwendigen Angabe."
[1415] Vgl. zu § 3 UIG: OVG NRW, Beschl. v. 23. Mai 2011 – 8 B 1729/10, NVwZ-RR 2011, 855–858, juris Rn. 13; zustimmend *Karg*, in: BeckOK InfoMedienR, Stand: 01.08.2021, § 3 UIG Rn. 36.
[1416] Vgl. zu § 3 UIG: *Karg*, in: BeckOK InfoMedienR, Stand: 01.08.2021, § 3 UIG Rn. 36.

## D. Vergleich der Sanktionen bei Schlechterfüllung und Nichterfüllung

gelds, zur „[...] konsequenten Durchsetzung der Vorschriften [der] Verordnung [...]"[1417] würde sich erheblich zulasten des effektiven Rechtsschutzes auswirken. Zum Eigenschutz vor einem Bußgeld müsste der Verantwortliche immer zunächst Zugang gewähren. Danach aber wäre eine Klage auf Feststellung des Nichtbestehens oder eine Verteidigungsanzeige gegen die Klage auf Datenzugang sinnlos, da der einmal gewährte Zugang nicht rückgängig gemacht werden könnte. Die Interessen der beteiligten Parteien müssen in Einklang gebracht werden. Dazu bietet sich nur ein überzeugender Weg: Die Frist muss während des anhängigen Verfahrens weiterlaufen, sodass mit einem Urteil in diesem Verfahren regelmäßig Fristablauf eingetreten sein wird, womit der Anwendungsbereich des Art. 83 Abs. 5 lit. b DS-GVO eröffnet ist und ein Bußgeld verhängt werden kann. Im Rahmen des Ermessens, das der Behörde bei der Festsetzung des Bußgelds dann zukommt,[1418] muss zugunsten des Verantwortlichen das Gebot des effektiven Rechtsschutzes berücksichtigt werden. Insofern kann sich das Ermessen der Behörde sogar auf null reduzieren, wenn der Verantwortliche wegen bestehender Rechtsunsicherheit vertretbar davon ausgehen durfte, dass der Anspruch möglicherweise nicht besteht. In einem solchen Fall kommt als Sanktion allenfalls eine Verwarnung des Verantwortlichen in Betracht, wie sie Erwägungsgrund 148 S. 2 zur DS-GVO vorschlägt. Das Gebot effektiven Rechtsschutzes überwiegt in der Abwägung dann. Hingegen ist ein hohes Bußgeld dann gerechtfertigt, wenn der Verantwortliche die Streitigkeit über das Bestehen des Anspruchs nur dazu nutzt, um Zeit zu gewinnen und die Frist des Art. 12 Abs. 3 S. 1 DS-GVO zu umgehen. Dem „Vorsatz" des Verstoßes sowie dem „Grad der Verantwortlichkeit" soll dem Erwägungsgrund 148 S. 3 DS-GVO zufolge nämlich bei der Bemessung des Bußgelds „[...] gebührend Rechnung getragen werden [...]".[1419] Angesichts der Anzahl an Vorlagefragen beim EuGH und dem damit im Idealfall einhergehenden Zugewinn an Rechtssicherheit, dürfte eine auf vermeintlicher Rechtsunsicherheit beruhende Gegenwehr mit voranschreitender Zeit immer weniger anzuerkennen sein. Allenfalls bezüglich einzelner Daten dürfte dann noch Unsicherheit bestehen, nicht aber bezüglich des grundsätzlichen Bestehens des Anspruchs.[1420] Stellt sich im Prozess heraus, dass der Anspruch nach Art. 15 DS-GVO tatsächlich nicht bestand, so stellt sich die dargelegte Problematik des Fristablaufs erst gar nicht. Der Verantwortliche hat den Art. 15 DS-GVO dann mangels Anspruchs des Betroffenen auch nicht verletzt.

---

[1417] Erwägungsgrund 148 zur DS-GVO.
[1418] Erwägungsgrund 149 zur DS-GVO: „[...] wobei diese Geldbußen von der zuständigen Aufsichtsbehörde in jedem Einzelfall unter Berücksichtigung aller besonderen Umstände und insbesondere der Art, Schwere und Dauer des Verstoßes und seiner Folgen [...] festzusetzen sind."
[1419] Tabellarische Auflistung mildernder und schärfender Aspekte bei *Schreibauer/Spittka*, in: Wybitul Hdb DS-GVO, Art. 83 Rn. 14.
[1420] Das gilt umso mehr nach EuGH, Urt. v. 26. Oktober 2023 – C 307/22, ECLI:EU:C:2023:811.

Die Bußgeldandrohung bewirkt im Ergebnis, dass der Verantwortliche die Gegenwehr gegen den Anspruch sorgfältig abwägt und sich der Erfüllung nicht leichtfertig verweigert. Bestehen keine begründeten Zweifel am Bestehen des Anspruchs, so sorgt die Bußgeldandrohung in der Regel für eine zeitnahe Erfüllung des Zugangsanspruchs.

### 2. Public-Enforcement mittels mittelbarer strafrechtlicher Sanktionierung

Wie gezeigt ist § 260 Abs. 2 BGB auf den unionsrechtlichen Informationsanspruch anwendbar. Liegen die Voraussetzungen des § 260 Abs. 2 BGB vor und versichert der Verantwortliche sodann fälschlicherweise eidesstattlich, „[…] dass er nach bestem Wissen den Bestand so vollständig angegeben habe, als er dazu imstande sei […]", so ist das unter besonderen Voraussetzungen nach §§ 156, 161 StGB sogar strafrechtlich relevant.[1421] In einem solchen Szenario ist Art. 15 DS-GVO damit mittelbar sogar strafrechtlich sanktioniert.

### II. „Private-Enforcement" des Art. 15 DS-GVO mittels Schadensersatz nach Art. 82 DS-GVO

Klärungsbedürftig ist, ob auch ein Private-Enforcement in Form eines Schadensersatzanspruchs nach Art. 82 Abs. 1 DS-GVO in Betracht kommt, sofern der Anspruch nach Art. 15 DS-GVO nicht rechtzeitig erfüllt wird. Auch ein solches Private-Enforcement hätte potenziell abschreckende Wirkungen, wodurch der Verantwortliche dazu veranlasst würde, den Anspruch zeitnah zu erfüllen. Einen kausalen Schaden könnte man auf einen ersten Blick darin sehen, dass eine Verteidigung gegen den Organhaftungsanspruch wegen des verspäteten Zugangs nicht mehr möglich war und daher Schadensersatz wegen Organhaftung gezahlt werden musste, wogegen man sich bei rechtzeitiger Erfüllung zur Wehr hätte setzen können. Letztere Frage des Schadens gilt es von ersterer des grundsätzlichen Bestehens des Anspruchs zu trennen.

Die Frage, ob Art. 82 DS-GVO den Fall der verspäteten Zugangsgewährung erfasst, hängt maßgeblich vom Verständnis der Terminologie des „Verstoßes gegen diese Verordnung" in Art. 82 Abs. 1 DS-GVO ab. Genauer: Es ist entscheidend, ob diese Terminologie durch Art. 82 Abs. 2 DS-GVO, der einen Schaden „infolge einer Verarbeitung" erfordert, derart eingeschränkt wird, dass der Fehler bei einer Ver-

---

[1421] Vgl. BayObLG, Beschl. v. 20. September 2021 – 101 ZBR 134/20, NZG 2022, 118–122, Rn. 32; *Toussaint*, in: juris-PK BGB, Stand: 01.02.2023, § 260 Rn. 15; *Schulz/Hauß*, in: Schulz/Hauß Vermögensauseinandersetzung, 1. Kap. Rn. 903; *Demirci*, in: Krug/Horn Pflichtteilsprozess, § 3 Rn. 232; *Peisker*, Der datenschutzrechtliche Auskunftsanspruch, S. 391.

D. Vergleich der Sanktionen bei Schlechterfüllung und Nichterfüllung

arbeitung und nicht bei der Zugangsgewährung entstehen müsse.[1422] Zur Beantwortung dieser Fragen wird der EuGH in der Rechtssache C 757/22 Gelegenheit haben.

Für das Erfordernis eines Verstoßes bei einer Verarbeitung spricht der Wortlaut des Art. 82 Abs. 2 DS-GVO sowie der Erwägungsgrund 146 zur DS-GVO, die beide von der „Verarbeitung" sprechen.[1423] Erwägungsgrund 146 zur DS-GVO lautet: „Der Verantwortliche oder der Auftragsverarbeiter sollte Schäden, die einer Person *aufgrund einer Verarbeitung* entstehen, die mit dieser Verordnung nicht im Einklang steht, ersetzen."[1424]

Peisker und Zhou sehen eine Antwort auf die Problematik in der Rechtssache C 300/21 herbeigeführt und meinen, der EuGH hätte hier betont, dass ein Schaden wegen eines Verstoßes gegen die DS-GVO genüge, um den Schadensersatzanspruch zu begründen.[1425] Man könnte die Ausführungen des EuGH abweichend davon aber auch als Argument für die Erforderlichkeit eines Verstoßes bei der Verarbeitung heranziehen. Denn in dem Urteil des EuGH aus Mai 2023 knüpft das Gericht an die Erwägungsgründe 75 und 78 zur DS-GVO an, welche die aus der

---

[1422] So argumentierend LAG Düsseldorf, Urt. v. 28. November 2023 – 3 Sa 285/23, BB 2023, 2931; LAG Nürnberg, Urt. v. 25. Januar 2023 – 4 Sa 201/22, ZD 2023, 413–414, Rn. 16 ff.; LG Düsseldorf, Urt. v. 28. Oktober 2021 – 16 O 128/20, ZD 2022, 48–49, Rn. 25 ff.; LG Bonn, Urt. v. 1. Juli 2021 – 15 O 372/20, ZD 2021, 586–587, Rn. 33; *Nemitz*, in: Ehmann/Selmayr DS-GVO, Art. 82 Rn. 12; *Moos/Schefzig*, in: Taeger/Gabel DS-GVO/BDSG/TTDSG, Art. 82 DS-GVO Rn. 22; *Arnold/Schönfeld*, DB 2023, 1800 (1800); tendenziell *Gola/Piltz*, in: Gola/Heckmann DS-GVO/BDSG, Art. 82 DS-GVO Rn. 21; *Kreße*, in: Sydow/Marsch DS-GVO/BDSG, Art. 82 DS-GVO Rn. 7; *Schefzig/Rothkegel/Cornelius*, in: Moos/Schefzig/Arning Hdb DS-GVO/BDSG, Kap. 16 Rn. 167; tendenziell Datenschutzkonferenz, Kurzpapier Nr. 6 – Auskunftsrecht der betroffenen Person, Art. 15 DS-GVO, S. 3, die sich auf den Hinweis einer Sanktion nach Art. 83 DS-GVO beschränkt und Art. 82 DS-GVO nicht einbezieht; a.A.: LAG Niedersachsen, Urt. v. 22. Oktober 2021 – 16 Sa 761/20, CR 2022, 89–96, Rn. 232; LAG Berlin-Brandenburg, Urt. v. 18. November 2021 – 10 Sa 443/21, CR 2022, 442–444, Rn. 62 ff. bei „[...] unvollständig beantwortetem Auskunftsverlangen [...]"; ArbG Neumünster, Urt. v. 11. August 2020 – 1 Ca 247 c/20, ZD 2021, 171–172, Rn. 37; ArbG Düsseldorf, Urt. v. 5. März 2020 – 9 Ca 6557/18, CR 2020, 592–596, Rn. 102; *Aliprandi*, Datenschutzrechtlicher Schadensersatz nach Art. 82 DS-GVO, S. 227; *Franck*, ZD 2021, 680 (682); *Quaas*, in: BeckOK Datenschutzrecht, Stand: 01.08.2024, Art. 82 DS-GVO Rn. 14; *Boehm*, in: Simitis/Hornung/Spiecker gen. Döhmann Datenschutzrecht, Art. 82 DS-GVO Rn. 10; *Krätschmer/Bausewein*, in: Wybitul Hdb DS-GVO, Art. 82 Rn. 16; tendenziell *Bergt*, in: Kühling/Buchner DS-GVO/BDSG, Art. 82 DS-GVO Rn. 23.

[1423] LAG Nürnberg, Urt. v. 25. Januar 2023 – 4 Sa 201/22, ZD 2023, 413–414, Rn. 16 ff.; LG Düsseldorf, Urt. v. 28. Oktober 2021 – 16 O 128/20, ZD 2022, 48–49, Rn. 25 ff.; LG Bonn, Urt. v. 1. Juli 2021 – 15 O 372/20, ZD 2021, 586–587, Rn. 33; *Nemitz*, in: Ehmann/Selmayr DS-GVO, Art. 82 Rn. 12; *Moos/Schefzig*, in: Taeger/Gabel DS-GVO/BDSG/TTDSG, Art. 82 DS-GVO Rn. 22; *Arnold/Schönfeld*, DB 2023, 1800 (1800); tendenziell *Gola/Piltz*, in: Gola/Heckmann DS-GVO/BDSG, Art. 82 DS-GVO Rn. 21; *Kreße*, in: Sydow/Marsch DS-GVO/BDSG, Art. 82 DS-GVO Rn. 7; *Schefzig/Rothkegel/Cornelius*, in: Moos/Schefzig/Arning Hdb DS-GVO/BDSG, Kap. 16 Rn. 167.

[1424] [Anm.: Hervorhebungen durch den Verfasser].

[1425] *Peisker/Zhou*, PinG 2023, 218 (224 f.).

„Verarbeitung" entstehenden Risiken und daraus entstehende materielle oder immaterielle Schäden betonen.[1426] Die Erläuterungen des EuGH, die eigentlich eine andere Frage, nämlich das Erfordernis eines Schadens im Rahmen des Art. 82 Abs. 1 DS-GVO, behandeln,[1427] könnten damit ganz nebenbei auch klarstellen, dass ein Schaden wegen einer Verarbeitung der Daten erforderlich ist. Der EuGH betont die drei Voraussetzungen des Anspruchs in Form der „[…] *Verarbeitung* personenbezogener Daten unter Verstoß gegen die Bestimmungen der DS-GVO, ein der betroffenen Person entstandener Schaden und ein Kausalzusammenhang zwischen der rechtswidrigen *Verarbeitung* und diesem Schaden."[1428] Da der EuGH sich argumentativ nicht mit der Frage auseinandersetzt, ob eine Verarbeitung erforderlich ist oder ein allgemeiner Verstoß gegen die Verordnung genügt, sollte dem Urteil auch nicht unterstellt werden, es würde diese Frage beantworten. Es ließe sich für beide Argumentationsgänge instrumentalisieren, sodass eine Entscheidung in der Rechtssache C 757/22 abgewartet werden muss, damit Rechtssicherheit herrscht.

Man könnte in der Zugangsgewährung selbst eine Datenverarbeitung im Sinne des Art. 4 Nr. 2 DS-GVO sehen, sodass die verschiedenen Ansätze zum selben Ergebnis führen.[1429] Denn auch der Verstoß gegen Art. 15 DS-GVO wäre dann ein Verstoß bei einer Verarbeitung. Auch könnte man Art. 82 Abs. 2 DS-GVO als bloße Ergänzung des Art. 82 Abs. 1 DS-GVO oder Spezialfall der Haftung auf Schadensersatz verstehen. Art. 82 Abs. 2 S. 1 DS-GVO kann dahingehend interpretiert werden, dass es bei einem Schadensersatz wegen fehlerhafter Verarbeitung, jeden an der Verarbeitung Beteiligten in den Kreis der Haftenden einbezieht. Art. 82 Abs. 2 DS-GVO liest sich eher wie eine Beschreibung des Kreises der Haftenden und weniger als Beschränkung der den Schadensersatz begründenden Handlungen. Vieles deutet darauf hin, dass ein bloßer Verstoß gegen Art. 15 DS-GVO genügt, um den Schadensersatzanspruch des Art. 82 Abs. 1 DS-GVO zu begründen.

Die fehlende Möglichkeit der Verwendung der Informationen im Prozess wegen verspäteter Zugangsgewährung ist vom Schutzzweck des Art. 15 Abs. 1, 3 i.V.m. Art. 12 Abs. 3 S. 1 DS-GVO jedenfalls nicht erfasst. Denn wie gezeigt, ist die Verwendung der mittels Art. 15 DS-GVO erlangten Informationen in einem anderen Prozess lediglich ein zulässiger Nebeneffekt, den es zwar zu billigen, aber bei Verfehlung nicht zu sanktionieren gilt. Eine schadenersatzrechtliche Sanktionierung wegen der Verfehlung dieses Nebeneffekts würde den Schutzzweck des Art. 82 Abs. 1 DS-GVO überspannen.[1430] Im Ergebnis besteht damit jedenfalls kein Schadensersatzanspruch wegen fehlender Möglichkeit der Verteidigung gegen einen

---

[1426] EuGH, Urt. v. 4. Mai 2023 – C 300/21, ECLI:EU:C:2023:370, Rn. 37.
[1427] Vgl. EuGH, Urt. v. 4. Mai 2023 – C 300/21, ECLI:EU:C:2023:370, Rn. 28ff.
[1428] EuGH, Urt. v. 4. Mai 2023 – C 300/21, ECLI:EU:C:2023:370, Rn. 36 [Anm.: Hervorhebungen durch den Verfasser].
[1429] Ausf. *Franck*, ZD 2021, 680 (682).
[1430] Das für die nationale Schadensrechtsdogmatik herausstellend, *Bayer/Scholz*, in: Melot de Beauregard/Lieder/Liersch Managerhaftung, § 3 Rn. 465 Fn. 995; tendenziell auch *Peisker/Zhou*, PinG 2023, 218 (225), die es für einen Schaden nicht genügen lassen, wenn ein Leistungs-

Organhaftungsanspruch. Entstehen dem Betroffenen infolge eines Verstoßes gegen Art. 15 DS-GVO aber andere Schäden, so deutet einiges darauf hin, dass diese nach Art. 82 Abs. 1 DS-GVO zu ersetzen sind.

### III. Rechtsfolgen unzureichender Auskunftserteilung bei §§ 810, 242 BGB

Auch über die Rechtsfolgen der Nichterfüllung des Einsichts- oder Auskunftsverlangens des Organmitglieds nach §§ 810, 242 BGB herrscht Uneinigkeit. Man könnte eine Nichterfüllung als einen Fall der „Beweisvereitlung" qualifizieren.[1431] Für die Annahme einer Beweisvereitlung genügt schon jedes Verhalten im vorprozessualen Bereich, das einen möglichen Hauptbeweis verhindern oder erschweren kann.[1432] Kommt die Gesellschaft dem Informationsrecht nicht nach, so fehlt dem Organmitglied regelmäßig die Kenntnis zur Benennung konkreter Beweise, sodass die Beweisführung erschwert ist.

Die Rechtsfolgen einer solchen Beweisvereitlung sind allgemein und auch in Bezug auf den Organhaftungsprozess äußerst umstritten. Manche versagen der Gesellschaft die Berufung auf die Beweislastumkehr des § 93 Abs. 2 S. 2 AktG.[1433] Andere verschärfen in der Folge die Darlegungspflichten der Gesellschaft,[1434] was zum Teil mit einem rechtsmissbräuchlichen Verhalten dieser begründet wird.[1435] Eine weitergehende Ansicht möchte einen Schadensersatzanspruch des Organmitglieds gegen die Gesellschaft konstruieren, mit welchem das Organmitglied sodann gegen die Inanspruchnahme aufrechnen kann.[1436] Auch wird vertreten, dass der Richter ein solches Verhalten im Rahmen der Beweiswürdigung zu berücksichtigen habe.[1437]

Einigkeit herrscht lediglich hinsichtlich der Tatsache, dass eine Sanktion folgen muss, die im Ergebnis zumindest faktisch die Darlegungs- und Beweislast aufseiten des Organmitglieds „schwächt". Wie dies konkret geschieht, ist hier unerheblich und soll daher nicht weiter untersucht werden.

---

anspruch im Wege der Stufenklage wegen fehlender Erfüllung des Art. 15 DS-GVO nicht bestimmt werden kann.

[1431] *Sailer-Coceani*, in: Schmidt/Lutter AktG, § 93 Rn. 44; a.A. *Groh*, ZIP 2021, 724 (733) der den Anspruch als Einrede nach § 273 Abs. 1 BGB oder § 320 Abs. 1 S. 1 BGB gegen § 93 AktG anregt.

[1432] *Prütting*, in: MüKo ZPO, § 286 Rn. 83.

[1433] *Sailer-Coceani*, in: Schmidt/Lutter AktG, § 93 Rn. 44.

[1434] LG München I, Urt. v. 14. September 2007 – 14 HK O 1877/07, ZIP 2007, 1960–1963, juris Rn. 64 ff. im Falle der Haftung des Geschäftsführers nach § 130a HGB a.F. (jetzt § 15b InsO); *Spindler*, in: MüKo AktG, § 93 Rn. 237.

[1435] *Spindler*, in: MüKo AktG, § 93 Rn. 237.

[1436] Vgl. *Grooterhorst*, AG 2011, 389 (398).

[1437] *Prütting*, in: MüKo ZPO, § 286 Rn. 89.

Für § 810 BGB wird eine entsprechende Anwendung des § 260 BGB mangels Vereinbarkeit mit dem Inhalt und Zweck des Einsichtsrechts aber verneint,[1438] sodass dann keine eidesstattliche Versicherung verlangt werden kann.[1439] Bei § 810 BGB muss das Organmitglied also auf eine Erfüllung mit der erforderlichen Sorgfalt vertrauen.

### IV. Zusammenfassung der Unterschiede bei den Sanktionen

Die Sanktionen im Rahmen der nationalen Normen sind nicht derart empfindlich wie die für Art. 15 DS-GVO geschilderten. Auswirkungen hat eine unzureichende Erfüllung dort insbesondere auf die Darlegungs- und Beweislastverteilung. Es drohen nur *intraprozessuale* Konsequenzen, nicht aber darüber hinausgehende staatliche Konsequenzen, wie das bei Art. 15 DS-GVO unter Umständen der Fall sein kann. Die abschreckende Wirkung der Sanktionen ist damit nicht derart hoch, wie das bei der unionsrechtlichen Norm des Art. 15 DS-GVO der Fall ist.

Die unterschiedlichen Härten der Sanktionen haben Einfluss auf eine von dem Verantwortlichen regelmäßig vorgenommene Kosten-Nutzen-Abwägung vor der Anspruchserfüllung.[1440] Bei §§ 810, 242 BGB wird es für den Verpflichteten eher in Betracht kommen, den Anspruch nicht oder nur teilweise zu erfüllen als das bei Art. 15 DS-GVO der Fall ist. Der Druck zur ordnungsgemäßen Erfüllung ist bei Art. 15 DS-GVO höher als das bei §§ 810, 242 BGB der Fall ist. Damit ist er in diesem Sinne „wertvoller" für das Organmitglied. Bei §§ 810, 242 BGB ist es dem „Good-Will" der Gesellschaft in höherem Maße ausgeliefert.[1441]

## E. Summa – Art. 15 DS-GVO stärker als §§ 810, 242 BGB

Nach all dem Gesagten fällt auf, dass die „Probleme" der nationalen Ansprüche auf der Ebene der Voraussetzungen und Durchsetzbarkeit des Anspruchs liegen. Wie sich zeigt, führt die Ergänzung des § 810 BGB durch § 242 BGB im Ergebnis dazu, dass Unterschiede auf Rechtsfolgenseite verschwimmen. Die an die Konkretisierung gestellten Anforderungen im Rahmen der nationalen Ansprüche

---

[1438] *Krüger*, in: MüKo BGB, § 260 Rn. 10.

[1439] Forderung nach einem Anspruch auf eidesstattliche Versicherung bezüglich des Einsichtsrechts des Organmitglieds *de lege ferenda* bei *Richter*, Informationsrechte im Organhaftungsprozess, S. 268 ff.

[1440] Siehe dazu oben § 5 A. II.

[1441] *Bachmann*, Gutachten E zum 70. DJT, S. E37; vgl. *Weller*, LMK 2005, 271637; *Freund*, NZG 2015, 1419 (1420) „nicht selten […] vollständige oder zumindest teilweise Ablehnung. […] nicht alle Unterlagen oder […] lückenhaft."; *Grooterhorst*, AG 2011, 389 (398); *Peltzer*, in: Gesellschaftsrecht in der Diskussion 2013, S. 83 (99 f.); zustimmend *Vetter*, in: Gesellschaftsrecht in der Diskussion 2013, S. 102 (Diskussionsbeitrag).

schwächen diese im Vergleich zum unionsrechtlichen Anspruch jedoch erheblich. In dieser Hinsicht ist Art. 15 DS-GVO vorteilhafter, da dessen Geltendmachung erheblich geringe Hürden hat. §§ 810, 242 BGB setzen eine zu große Sachkenntnis bezüglich der begehrten Informationen voraus, weshalb der *netto* verbleibende Informationsgewinn gering ist. Paradox ist, dass diese Ansprüche durch diese Konzeption dann am wenigsten helfen, wenn das Informationsdefizit am größten ist. Art. 15 DS-GVO setzt keinerlei Kenntnis voraus und führt damit zu einem erheblich größeren *netto* Informationsgewinn. Einzig geschwächt wird Art. 15 DS-GVO im Vergleich zu §§ 810, 242 BGB durch den Umstand, dass die Relevanz der mittels des Anspruchs erlangten Daten für die Organhaftung allein zufällig besteht. Das Organmitglied kann sich nicht sicher sein, ob die mittels Art. 15 DS-GVO erlangten Informationen bei der Verteidigung helfen werden. Die Unterschiede wirken sich auch auf die über die Ansprüche geführten Diskussionen aus. Während bei §§ 810, 242 BGB eine Ausweitung gefordert wird,[1442] fordern viele bei Art. 15 DS-GVO eine Begrenzung.[1443] Bei den nationalen Normen würde das Anliegen durch eine Reduzierung der Konkretisierungsanforderungen erreicht; bei der datenschutzrechtlichen Norm würde das Bestreben durch eine restriktive Grenzziehung auf der Rechtsfolgenseite erreicht. Dass letzteres *de lege lata* nicht möglich ist, wurde im vorherigen Kapitel ausführlich aufgezeigt. Weder ein hoher Aufwand noch eine Verwendung zu „datenschutzfremden Zwecken" vermag den Anspruch grundsätzlich zu begrenzen. Die entscheidende Frage zum Umfang des Art. 15 DS-GVO bleibt die Frage nach einem Personenbezug der Daten.

Nach den bis hierhin erfolgten, vorwiegend materiell-rechtlichen Untersuchungen, würde sich Art. 15 DS-GVO zugunsten des Organmitglieds auf den Organhaftungsprozess auswirken. Das Organmitglied wäre bis hierhin gut beraten, den Anspruch auf Datenzugang nach Art. 15 DS-GVO geltend zu machen. Die nationalen Ansprüche werden durch den unionsrechtlichen Anspruch nicht verdrängt, sodass Art. 15 DS-GVO zu diesen ergänzend hinzutritt. Schon dadurch stellt er unabhängig davon, wie umfangreich seine Wirkungen sind, einen Mehrwert für das Organmitglied dar. Art. 15 DS-GVO scheint aber bis hierher auch geeignet, das Konkretisierungsdilemma der §§ 810, 242 BGB zu durchbrechen. Im Folgenden

---

[1442] *Bachmann*, Gutachten E zum 70. DJT, S. E37; *Rieger*, in: FS Peltzer, S. 339 (351 f.); vgl. *Weller*, LMK 2005, 271637; vgl. *Hopt*, ZIP 2013, 1793 (1803), der in einer Zeit vor Geltung der DS-GVO extensive Handhabung der bisher diskutierten Ansprüche für erforderlich hält; a.A. wohl *Krieger*, in: FS U.H. Schneider 2011, S. 717 (734 f.), der geringe Anforderungen an §§ 810, 242 BGB stellt und diese dann trotz der „klaren Grenzen" für ausreichende erachtet; *Jena*, Die Business Judgment Rule im Prozess, S. 316, 326; *Wilsing*, in: FS M. Henssler 2023, S. 1333 (1333 ff.) erkennt das Problem und versucht eine Lösung auf prozessrechtlicher Ebene zu entwickeln; *Spindler*, in: MüKo AktG, § 93 Rn. 351: „Zwar wird der mangelnde Zugriff auf notwendige Unterlagen von einem Einsichtsrecht abgefedert, jedoch ist dies nur eine schwache Hilfestellung für das Vorstandsmitglied, das sich mit den Jahren immer weniger an den maßgeblichen Zeitpunkt zu erinnern vermag."; vgl. *Baums*, ZHR 2010, 593 (607 f.).

[1443] Siehe hierzu unter § 5 die verschiedenen Ansatzpunkte für Beschränkungen.

§ 6 Vergleich von Art. 15 DS-GVO und §§ 810, 242 BGB

gilt es zu untersuchen, ob sich an dieser Feststellung aufgrund prozessrechtlicher Erwägungen etwas ändert. Die bis hierher gewonnenen Erkenntnisse, die sich zunächst auf das materielle Recht beziehen, soll folgende Grafik verbildlichen:

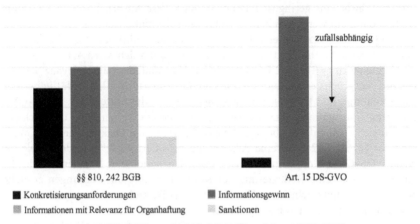

Abb. 4: Vergleich von §§ 810, 242 BGB und Art. 15 DS-GVO

# § 7 (Vor-)Prozessuale Durchsetzbarkeit des Art. 15 DS-GVO in der Organhaftung

Es sind verschiedene Konstellationen denkbar, im Wege derer der Zugangsanspruch des Art. 15 DS-GVO durchgesetzt werden kann. Prozessual könnte eine Geltendmachung entweder verknüpft mit einem anderen Streitgegenstand – etwa in Form einer Widerklage[1444] oder Stufenklage[1445] – oder isoliert in einem selbstständigen Verfahren in Betracht kommen. Außerprozessual fehlt es an Instrumenten für die rechtliche Verknüpfung des Zugangsanspruchs mit einem anderen Streitgegenstand, weshalb die Geltendmachung außerprozessual entweder isoliert oder bloß auf Grundlage tatsächlicher Verknüpfung mit einem anderen Streitgegenstand erfolgen kann. Letzteres meint insbesondere solche Fälle, in denen der Betroffene anbietet, auf eine Geltendmachung des Zugangsanspruchs zu verzichten,[1446] wenn der Verantwortliche im Gegenzug ebenfalls auf Ansprüche, im Kontext dieser Arbeit insbesondere auf Organhaftungsansprüche, verzichtet. Denkbar wären auch andere seitens des Verantwortlichen gewährte Vorteile wie eine (höhere) Abfindung.

## A. Allgemein: Zuständiges Gericht für eine Klage auf Datenzugang

Gemäß Art. 79 Abs. 2 DS-GVO sind diejenigen Gerichte desjenigen Mitgliedstaates für eine Klage auf Datenzugang zuständig, in denen der Verarbeitende eine Niederlassung hat.[1447] Handelt es sich bei der verantwortlichen Gesellschaft um eine private juristische Person, so sind die ordentlichen Gerichte des jeweiligen Staates zuständig.[1448] Maßgeblich für die Zuständigkeitsverteilung zwischen Amtsgericht und Landgericht ist sodann der Streitwert, dessen Bezifferung bei Art. 15 DS-GVO Schwierigkeiten bereitet: Eine überwiegende Ansicht in der Literatur und Rechtsprechung bezieht ein vom Betroffenen über ein bloßes Informationsinteresse hinaus ebenfalls verfolgtes wirtschaftliches Interesse in die Streitwertermittlung

---

[1444] Dazu LG Frankenthal, Urteil vom 12. Januar 2021 – 1 HK O 4/19, ZD 2022, 511–512, juris Rn. 165; vgl. Reichelt gegen Springer, AG Berlin, Pressemitteilung Nr. 21/23 vom 9. Juni 2023.
[1445] Vgl. OLG München, Beschl. v. 24. November 2021 – 14 U 6205/21, r+s 2022, 94–95, Rn. 55 ff.
[1446] Zur tatsächlich fehlenden Verzichtsmöglichkeit *ex ante* siehe oben § 4 C. IV.
[1447] *Bienemann*, in: Sydow/Marsch DS-GVO/BDSG, Art. 15 DS-GVO Rn. 79.
[1448] *Bienemann*, in: Sydow/Marsch DS-GVO/BDSG, Art. 15 DS-GVO Rn. 80.

mit ein.¹⁴⁴⁹ Das würde im Kontext der Organhaftung regelmäßig zu einem hohen Streitwert führen, da das wirtschaftliche Interesse wegen der Absicht zur Verwendung der Daten im Organhaftungsprozess hoch sein wird. Andere möchten solche über das Informationsinteresse hinausgehende Absichten bei der Streitwertermittlung nicht inkludieren, da es sich nicht um den primären Zweck des Art. 15 DS-GVO, sondern um einen bloßen Nebeneffekt handle, wenn die Informationen wirtschaftlich verwertet werden sollen, indem sie beispielsweise zur Geltendmachung anderer Forderungen genutzt werden.¹⁴⁵⁰ In aller Regel wird der Streitwert im Rahmen beider Ansichten zwischen 500 und 5.000 Euro festgesetzt,¹⁴⁵¹ weshalb diese Diskussion in ihrer Bedeutung nicht überbewertet werden darf. Meist sind hierzulande wegen der Festsetzung des Streitwerts zwischen 500 und 5.000 Euro nach §§ 23 Nr. 1, 71 GVG die Amtsgerichte zuständig.

Vorzugswürdig ist diejenige Ansicht, die eine etwaige wirtschaftliche Verwertbarkeit der Informationen in die Streitwertbestimmung einbezieht. Die Argumentation zu dieser Frage muss einheitlich mit derjenigen erfolgen, die zur Frage entwickelt wurde, ob das wirtschaftliche Interesse des Organmitglieds an den Daten in die Abwägung des Art. 15 Abs. 4 DS-GVO einzustellen ist.¹⁴⁵² Denn wird das konkrete Informationsinteresse dort berücksichtigt und ist die wirtschaftliche Verwertbarkeit der Informationen dort relevant, so kann dieser Wert, den der Anspruch für das Organmitglied hat, bei der Streitwertermittlung nicht außer Betracht bleiben. Kein überzeugendes Argument gegen die Berücksichtigung einer wirtschaftlichen Verwertbarkeit wäre im Übrigen, dass der konkrete Wert erst dann erkennbar ist, wenn die Daten entsprechend wirtschaftlich verwertet wurden. Eine solche

---

¹⁴⁴⁹ OLG Köln, Beschl. v. 7. August 2023 – 7 U 137/21, juris Rn. 3; LAG Hessen, Beschl. v. 11. November 2022 – 12 Ta 417/22, ZD 2023, 162–163, Rn. 14 ff.; AG München, Urt. v. 4. September 2019 – 155 C 1510/18, ZD 2019, 569–570, juris Rn. 74 ff.; OLG Köln, Beschl. v. 12. November 2020 – 9 W 34/20, ZD 2021, 323–324, Rn. 6; OLG Köln, Beschl. v. 6. Februar 2020 – 20 W 9/19, RDV 2020, 91, juris Rn. 2; LG Bonn, Urt. v. 1. Juli 2021 – 15 O 355/20, juris Rn. 52; LArbG Berlin-Brandenburg, Beschl. v. 18. März 2021 – 26 Ta (Kost) 6110/20, NZA-RR 2021, 269–270, Rn. 7, *Bienemann*, in: Sydow/Marsch DS-GVO/BDSG, Art. 15 DS-GVO Rn. 80; *Riemer*, Anm. zu OLG Köln, Urt. v. 6. Februar 2020 – 20 W 9/19, VuR 2020, 314 (316); *Schmidt-Wudy*, in: BeckOK Datenschutzrecht, Stand: 01.08.2024, Art. 15 DS-GVO Rn. 31.1.
¹⁴⁵⁰ OLG Köln, Beschl. v. 3. September 2019 – I-20 W 10/18, ZD 2019, 566–567, Rn. 4 f.; LAG Schleswig-Holstein, Beschl. v. 20. Juli 2022 – 2 Ta 63/22, NZA-RR 2022, 644–646, Rn. 14; Brandenburgisches OLG, Beschl. v. 1. August 2022 – 12 W 23/22, ZD 2022, 693–694, Rn. 6 f.
¹⁴⁵¹ Brandenburgisches OLG, Beschl. v. 1. August 2022 – 12 W 23/22, ZD 2022, 693–694, Rn. 7; LAG Schleswig-Holstein, Beschl. v. 20. Juli 2022 – 2 Ta 63/22, NZA-RR 2022, 644–646, Rn. 12; LAG Hessen, Beschl. v. 11. November 2022 – 12 Ta 417/22, ZD 2023, 162–163, Rn. 15; OLG Köln, Beschl. v. 7. August 2023 – 7 U 137/21, juris Rn. 3; AG München, Urt. v. 4. September 2019 – 155 C 1510/18, ZD 2019, 569–570, juris Rn. 76; OLG Köln Beschl. v. 12. November 2020 – 9 W 34/20, ZD 2021, 323–324, Rn. 6; OLG Köln, Beschl. v. 6. Februar 2020 – 20 W 9/19, RDV 2020, 91, juris Rn. 2; LG Bonn, Urt. v. 1. Juli 2021 – 15 O 355/20, juris Rn. 52; LArbG Berlin-Brandenburg, Beschl. v. 18. März 2021 – 26 Ta (Kost) 6110/20, NZA-RR 2021, 269–270, Rn. 6 ff.
¹⁴⁵² Siehe oben § 5 D. VI. 2. d).

Begründung wäre systematisch inkongruent zur Stufenklage nach § 254 ZPO, bei der ebenfalls vor Erteilung der Auskunft keine Kenntnis über den genauen wirtschaftlichen Wert der Auskunft und des Hauptantrags besteht, ein solcher aber in die Streitwertermittlung einfließt.[1453]

Teils wird bei der Streitwertbestimmung des Art. 15 DS-GVO differenziert zwischen einem nicht vermögensrechtlichen Anspruch (Auskunft) und einem vermögensrechtlichen Anspruch (Kopie),[1454] was schon deshalb nicht überzeugt, weil es sich dabei nach richtiger Ansicht um einen einheitlichen Anspruch handelt.[1455]

## B. Verschiedene (außer-)prozessuale Konstellationen

Es sind verschiedene Möglichkeiten einer (außer-)prozessualen Geltendmachung des Anspruchs auf Datenzugang zu diskutieren. Etwaige Konkretisierungsanforderungen, die sich bei der Geltendmachung des Art. 15 DS-GVO außerprozessual sowie prozessual (§ 253 ZPO) ergeben, wurden bereits thematisiert,[1456] sodass sie hier ausgespart bleiben.

### I. Isolierte prozessuale Geltendmachung

Das (ehemalige) Organmitglied kann den Anspruch auf Datenzugang isoliert von jeglichen anderen Streitgegenständen gerichtlich geltend machen. Es gilt dabei in die strategischen Überlegungen einzustellen, wie sich die Dauer des jeweiligen Prozesses (Zugangsanspruch vs. Organhaftungsanspruch) zueinander verhält. Regelmäßig werden im Kontext des Zugangsanspruchs weniger offene Rechtsfragen zu klären sein und erheblich weniger Beweisaufnahmen erforderlich sein, sodass der Prozess in kürzerer Zeit erledigt sein wird. Empirische Untersuchungen zu den Verfahrensdauern fehlen aber soweit ersichtlich. Verschiedene beim EuGH anhängige oder bereits entschiedene Vorlagefragen zeugen von der Komplexität vereinzelter Fragen, die das Verfahren über den Zugangsanspruch ausnahmsweise in die Länge ziehen können. Jedoch wird die Wahrscheinlichkeit der Notwendigkeit einer Vorlagefrage zu Art. 15 DS-GVO mit jeder beim EuGH anhängigen Vorlagefrage geringer. Ist trotz all dem einmal ersichtlich, dass eine Klage auf Zugang länger dauern würde als die Entscheidung über den Organhaftungsprozess, so wird das Organmitglied die Erhebung einer Widerklage gegen die Organhaftungsklage er-

---

[1453] *Anders*, in: Anders/Gehle ZPO, § 254 Rn. 39.
[1454] LAG Hessen, Beschl. v. 11. November 2022 – 12 Ta 417/22, ZD 2023, 162–163, Rn. 14 ff.; a.A. LAG Schleswig-Holstein, Beschl. v. 20. Juli 2022 – 2 Ta 63/22, NZA-RR 2022, 644–646, juris Rn. 27.
[1455] Siehe oben § 4 C. I. 3.
[1456] Siehe oben § 6 A. I. 2. und § 6 A. I. 3. b).

wägen, um den Anspruch des Art. 15 DS-GVO geltend zu machen.[1457] Hierauf und auf andere Möglichkeiten der zeitlichen Abstimmung der Verfahren aufeinander wird im Folgenden einzugehen sein.[1458]

## II. Rechtliche Verknüpfung mittels Widerklage nach § 33 ZPO

Eine Widerklage stellt einen Fall der prozessualen Verknüpfung der Streitgegenstände dar. Sie ist Mittel zum eigenständigen Gegenangriff des Beklagten.[1459] Über die Organhaftungsklage und die Widerklage würde bei Statthaftigkeit der Widerklage in einem einheitlichen Prozess, nicht zwingend aber in einem einheitlichen Urteil entschieden.[1460] Ein Teilurteil bezüglich der Widerklage vor einem Urteil in der Organhaftungsklage wäre dabei das optimale Szenario für das Organmitglied, da das die Verwertbarkeit etwaiger erlangter Informationen sicherstellen würde. Nicht eindeutig beantwortet und ohnehin wenig diskutiert wird in der Literatur und Rechtsprechung die Frage, ob eine Widerklage gegen den Organhaftungsanspruch, gestützt auf Art. 15 DS-GVO, überhaupt möglich ist.[1461] Jedenfalls dann, wenn die Organhaftung im Wege eines Urkundenprozesses nach § 592 ZPO geltend gemacht wird, scheidet die Widerklage nach § 595 ZPO aus.

### 1. Kongruente gerichtliche Zuständigkeit

Die Widerklage muss zunächst in die Zuständigkeit desselben Gerichts fallen wie die Zuständigkeit für die rechtshängige Organhaftungsklage.[1462] Wie dargestellt, kann der Zugangsanspruch vor den ordentlichen Gerichten geltend gemacht werden. Dort wird mangels Arbeitnehmereigenschaft (vgl. § 5 Abs. 1 S. 3 ArbGG) auch der Organhaftungsanspruch gegen Vorstandsmitglieder eingeklagt.[1463] Gleiches gilt für den Geschäftsführer einer GmbH, denn auch er gilt nach § 5 Abs. 1

---

[1457] Solche Widerklage bei LG Frankenthal, Urt. v. 12. Januar 2021 – 1 HK O 4/19, ZD 2022, 511–512, juris Rn. 165; vgl. Reichelt gegen Springer, AG Berlin, Pressemitteilung Nr. 21/23 vom 9. Juni 2023.

[1458] Siehe unten § 7 B. II. & § 7 D. II.

[1459] BAG, Urt. v. 26. Juni 1990 – 1 AZR 454/89, NZA 1990, 987–988, juris Rn. 15; *Schlutzky*, in: Zöller ZPO, § 33 Rn. 10; *Heinrich*, in: Musielak/Voit ZPO, § 33 Rn. 11; *Riehm/Bucher*, ZZP 2010, 347 (348).

[1460] Vgl. *Bendtsen*, in: Saenger ZPO, § 33 Rn. 11.

[1461] Ausnahme: LG Frankenthal, Urt. v. 12. Januar 2021 – 1 HK O 4/19, ZD 2022, 511–512, juris Rn. 157 ff. allerdings mit schwerpunktmäßig materiell-rechtlichen Erwägungen.

[1462] *Schlutzky*, in: Zöller ZPO, § 33 Rn. 16; *Bendtsen*, in: Saenger ZPO, § 33 Rn. 8.

[1463] *Fleischer*, in: BeckOGK AktG, Stand: 01.02.2024, § 93 Rn. 382; *Schmidt*, in: Heidel AktG und KapMR, § 93 AktG Rn. 197; das gilt für den Vorstand einer AG, einer KGaA, einer eingetragenen Genossenschaft, eines Vereins und einer Stiftung *Clemens*, in: BeckOK ArbR, Stand: 01.09.2024, § 5 ArbGG Rn. 14; *Perschke*, in: Natter/Gross ArbGG, § 5 Rn. 44.

S. 3 ArbGG nicht als Arbeitnehmer.[1464] Auch für Klagen gegen Aufsichtsratsmitglieder aus §§ 116, 93 AktG ist die ordentliche Gerichtsbarkeit zuständig.[1465] Die örtliche Zuständigkeit wird sich bezüglich beider Streitgegenstände decken: In beiden Fällen handelt es sich um den Sitz beziehungsweise eine Niederlassung der Gesellschaft.[1466]

Allein wegen des unterschiedlichen Streitwerts, der bei einem Organhaftungsprozess häufig höher liegen wird als bei 5.000 Euro, womit das Landgericht zuständig wäre, könnte es zu Abweichungen der sachlichen Zuständigkeit kommen. Der Streitwert des Zugangsanspruchs wird nämlich, wie gezeigt, häufig zwischen 500 und 5.000 Euro festgelegt, womit das Amtsgericht zuständig wäre. Jedoch ist im Falle eines geringeren Streitwerts der Widerklage, der grundsätzlich eine Zuständigkeit des Amtsgerichts zufolge hätte, anerkannt, dass diese Widerklage dann wegen ihres Zwecks der Verhinderung der Aufsplitterung des Verfahrens ebenfalls vor dem Landgericht zulässig ist.[1467] Im umgekehrten (theoretischen) Fall, in dem der Streitwert des Zugangsverlangens höher ist als derjenige der Organhaftung, greift § 506 Abs. 1 ZPO. Daraus ergibt sich, dass trotz eines Streitwerts der Widerklage von über 5.000 Euro das Amtsgericht zur Entscheidung befugt ist, sofern nicht eine Partei die Verweisung an das Landgericht beantragt. In der Regel wird der Wert der Organhaftungsklage jedoch erheblich über dem des Zugangsverlangens liegen. Im Ergebnis vereint sich die Zuständigkeit für die Zugangs(-wider-)klage und die Organhaftungsklage damit beim Landgericht am Sitz der Gesellschaft.

### 2. Keine Vorrangigkeit der §§ 421 ff. ZPO

Es muss analysiert werden, ob ein etwaiger Vorrang prozessualer Vorlagepflichten dazu geeignet ist, eine Widerklage mittels Art. 15 DS-GVO zu verdrängen. Dann würde die prozessuale Integration der Verfahren mittels Widerklage scheitern. Ein solcher Vorrang prozessualer Vorlagepflichten ist hinsichtlich § 810 BGB umstritten, womit dort ebenfalls streitig ist, ob eine Widerklage mittels § 810 BGB statthaft ist.[1468] Die weit überwiegende Auffassung, die hier zugrunde gelegt wer-

---

[1464] *Clemens*, in: BeckOK ArbR, Stand: 01.09.2024, § 5 ArbGG Rn. 14.
[1465] Auf § 5 ArbGG kommt es mangels Anstellungsverhältnisses nicht an, *Theusinger/Dolff*, in: Backhaus/Tielmann, § 116 Rn. 732.
[1466] Für den Organhaftungsanspruch gilt das, da dort die Sorgfaltspflichten des § 93 AktG zu erfüllen sind, vgl. *Theusinger/Dolff*, in: Backhaus/Tielmann, § 116 Rn. 732; für den Zugangsanspruch ergibt sich entsprechendes aus Abs. 79 Abs. 2 S. 1 DS-GVO, wonach eine Niederlassung des Verantwortlichen maßgebliches Kriterium bei der Bestimmung der örtlichen zuständig ist.
[1467] *Schlutzky*, in: Zöller ZPO, § 33 Rn. 16: „iErg allgM"; *Riehm/Bucher*, ZZP 2010, 347 (348); *Simmler*, in: Bergmann/Pauge/Steinmeyer, § 33 ZPO Rn. 7: Im Kontext einer Arzthaftungsklage und „Honorarwiderklage".
[1468] Dafür *Grooterhorst*, AG 2011, 389 (398); *Ruckteschler/Grillitsch*, in: FS Elsing 2015, S. 1129 (1141 f.); *Werner*, GmbHR 2013, 68 (73); OLG Düsseldorf, Urt. v. 26. März 1999 –

den soll, geht davon aus, dass ein solcher Vorrang vor einer Widerklage mittels § 810 BGB besteht.[1469] Es gilt, die Gründe für den Vorrang zu identifizieren und darauf aufbauend zu untersuchen, ob diese Erwägungen auf Art. 15 DS-GVO übertragen werden können. Wäre das der Fall, so käme die Durchsetzung des Art. 15 DS-GVO mittels Widerklage nicht in Betracht.

### a) Begründung des Vorrangs bei § 810 BGB

Einen Vorrang der prozessualen Vorlagepflichten vor § 810 BGB im Prozess sieht unter anderem das OLG Frankfurt, sodass eine Widerklage ihm zufolge auf Grundlage des § 810 BGB nicht in Betracht kommt.[1470] Das folge aus der allgemeinen Wertung, dass „[s]oweit die ZPO für die Erfüllung einer Pflicht (der Gegner hat Urkunden vorzulegen) bestimmte innerprozessuale Folgen anordnet (§ 427 ZPO), […] die anderweite (‚außerprozessuale') Geltendmachung auch durch eine Widerklage ausgeschlossen […]" ist.[1471] Ein als Widerklage betiteltes Begehren würde sodann in einen Antrag nach §§ 421 ff. ZPO umgedeutet.[1472] Einen dogmatischen Anknüpfungspunkt für den Vorrang bietet das OLG Frankfurt nicht. Stimmen in der Literatur wählen als solchen grundsätzlich ein fehlendes Rechtsschutzbedürfnis für die Widerklage.[1473]

Streitig ist, ob der korporationsrechtliche Anspruch des ausgeschiedenen Organmitglieds im Gesamten von dem Vorrang der §§ 421 ff. ZPO verdrängt wird, oder ob nur derjenige Teil verdrängt wird, der unmittelbar unter § 810 BGB fällt und Urkun-

---

16 U 63/98, NZG 1999, 876–877, juris Rn. 123 ff.; a. A. OLG Frankfurt, Urt. v. 25. September 1979 – 5 U 210/78, DB 1979, 2476–2477, juris Rn. 20, welches das Verfahren nach §§ 421 ff. ZPO für spezieller erachtet; *Meckbach*, NZG 2015, 580 (582); *Huber*, in: Musielak/Voit ZPO, § 421 Rn. 3 wegen fehlenden Rechtsschutzbedürfnisses, sofern ein Antrag nach § 421 ZPO möglich ist; *Jena*, Die Business Judgment Rule im Prozess, S. 253, der den Vorrang der prozessrechtlichen Vorlageansprüche als herrschende Ansicht bezeichnet; *Foerster*, ZHR 2012, 221 (237 ff.); *Scholz*, ZZP 2020, 491 (524), der ein Rechtsschutzbedürfnis anerkennt, das der § 422 ZPO in seiner Form nicht erfüllen kann und diesen daher ausweiten möchte; wohl auch *Bayer/Scholz*, in: Melot de Beauregard/Lieder/Liersch Managerhaftung, § 3 Rn. 465.

[1469] OLG Frankfurt, Urt. v. 25. September 1979 – 5 U 210/78, DB 1979, 2476–2477, juris Rn. 20; *Meckbach*, NZG 2015, 580 (582); *Huber*, in: Musielak/Voit ZPO, § 421 Rn. 3; *Jena*, Die Business Judgment Rule im Prozess, S. 253; *Foerster*, ZHR 2012, 221 (237 ff.); *Scholz*, ZZP 2020, 491 (524); wohl auch *Bayer/Scholz*, in: Melot de Beauregard/Lieder/Liersch Managerhaftung, § 3 Rn. 465; *Seyfarth*, Vorstandsrecht, § 23 Rn. 56; vgl. *Fest*, in: Staudinger BGB, § 810 Rn. 288 wegen fehlenden Rechtsschutzbedürfnisses.

[1470] OLG Frankfurt, Urt. v. 25. September 1979 – 5 U 210/78, DB 1979, 2476–2477, juris Rn. 20; *Foerster*, ZHR 2012, 221 (237 ff.); *Jena*, Die Business Judgment Rule im Prozess, S. 250 f.; kritisch *Ruckteschler/Grillitsch*, in: FS Elsing 2015, S. 1129 (1141 f.).

[1471] OLG Frankfurt, Urt. v. 25. September 1979 – 5 U 210/78, DB 1979, 2476–2477, juris Rn. 20; vgl. *Baumgärtel*, in: FS Schima 1969, S. 41 (46).

[1472] OLG Frankfurt, Urt. v. 25. September 1979 – 5 U 210/78, DB 1979, 2476–2477, juris Rn. 20.

[1473] *Huber*, in: Musielak/Voit ZPO, § 421 Rn. 3; *Meckbach*, NZG 2015, 580 (582) Fn. 54.

denqualität besitzt.[1474] Jedenfalls darf im Ergebnis keine Verkürzung des materiellrechtlich zustehenden Informationsgewinns erfolgen, weshalb über §§ 422 ff. ZPO hinausgehende Einsichtsrechte ausnahmsweise von diesem erfasst sein sollen;[1475] nötigenfalls in analoger Anwendung.[1476] „Das Recht, die Vorlegung zu verlangen, gilt insoweit als identisch mit dem Anspruch auf Einsicht."[1477]

### b) Kein Vorrang im Verhältnis zu Art. 15 DS-GVO

Für eine Übertragung des Vorrangs der §§ 422 ff. ZPO auch auf die Konstellation der Widerklage mit Art. 15 DS-GVO spricht zunächst, dass der Umfang der §§ 422 ff. ZPO sich ohnehin „[...] nach dem Umfang und dem Zweck der materiell-rechtlichen Pflicht zur Vorlegung und Einsichtsgewährung [...]"[1478] richtet. Im Hinblick auf die Reichweite des datenschutzrechtlichen Informationsanspruchs käme es damit zu keinen Beschränkungen. Jedoch ist es fragwürdig, ein derart weites Verständnis der §§ 422 ff. ZPO zu konstruieren, welches den umfangreichen, unionsrechtlichen, datenschutzrechtlichen Zugangsanspruch in die zivilprozessualen Vorlagepflichten implementieren soll.

Eine Folge des Vorrangs der §§ 422 ff. ZPO vor einer Widerklage mit Art. 15 DS-GVO wäre zudem eine Übertragung der strengen Konkretisierungsanforderungen der §§ 422 ff. ZPO auf Art. 15 DS-GVO. Dieser kennt solche schon seinem Zweck nach nicht.[1479] Die Zwecke von §§ 422 ff. ZPO und Art. 15 DS-GVO sind grundverschieden: §§ 422 ff. ZPO soll die Vorlage bereits bekannter Informationen ermöglichen, während Art. 15 DS-GVO noch unbekannte Informationen offenbaren soll. Eine Übertragung der Konkretisierungsanforderungen der §§ 422 ff. ZPO auf Art. 15 DS-GVO würde den Art. 15 DS-GVO seines Informationsgewinns berauben. Angesichts des unionsrechtlichen Ursprungs der Norm, darf die Norm durch nationales Recht, das zudem noch vor der Verkündung des Art. 15 DS-GVO bestand, nicht jeder Geltung beraubt werden. Das gilt erst recht vor dem Hintergrund des Grundsatzes der materiellrechtsfreundlichen Auslegung des Prozessrechts:[1480] „Im Zweifel ist das Prozessrecht so auszulegen, dass ein Rechtsverlust vermieden wird."[1481] Strenge Konkretisierungsanforderungen im Rahmen des Art. 15 DS-GVO, die die Benennung konkreter Unterlagen fordern, würden einem Rechtsverlust hinsichtlich dieses datenschutzrechtlichen Informationsanspruchs gleichen.

---

[1474] *Foerster*, ZHR 2012, 221 (238).
[1475] *Foerster*, ZHR 2012, 221 (238); vgl. *Berger*, in: Stein/Jonas ZPO, § 422 Rn. 6.
[1476] *Bayer/Scholz*, in: Melot de Beauregard/Lieder/Liersch Managerhaftung, § 3 Rn. 465.
[1477] *Foerster*, ZHR 2012, 221 (237 f.).
[1478] *Berger*, in: Stein/Jonas ZPO, § 422 Rn. 6; vgl. *Foerster*, ZHR 2012, 221 (238).
[1479] Siehe dazu oben § 6 A. I.
[1480] *Morell*, Der Beibringungsgrundsatz, S. 28; vgl. *Saenger*, in: Saenger ZPO, Einführung Rn. 16.
[1481] *Morell*, Der Beibringungsgrundsatz, S. 28.

Einsichtsrechte im Sinne der §§ 422 ff. ZPO und der umfassende datenschutzrechtliche Zugangsanspruch sind nicht miteinander vergleichbar. Der Anspruch nach Art. 15 DS-GVO umfasst in Abs. 1 2. Hs. beispielsweise auch einen Anspruch auf Auskunft über bestimmte Metadaten und geht damit über ein bloßes Einsichtsrecht nach nationalem Verständnis hinaus. Auch das zeigt schon, dass die Reichweite des Art. 15 DS-GVO verkannt würde, wenn er als bloßes Einsichtsrecht, den §§ 422 ff. ZPO untergeordnet würde. Allenfalls könnte man vertreten, dass hinsichtlich bereits bekannter Informationen ein Vorrang der §§ 422 ff. ZPO besteht. Das hätte jedoch eine Zersplitterung der Anspruchsgrundlagen zur Folge. Die Informationen würden dann teilweise über §§ 422 ff. ZPO und teilweise über eine Widerklage mittels Art. 15 DS-GVO erlangt. Auch eine solche Aufsplitterung kann nicht überzeugen.

Die Zulässigkeit einer Widerklage mit dem Inhalt eines „Auskunftsanspruchs" ist der Rechtsordnung nicht fremd. Auch das LG Berlin bejahte in einer Kündigungsstreitigkeit wegen Eigenbedarfs die Möglichkeit einer Widerklage des Mieters gegen seinen Vermieter mit dem Auskunftsanspruch des § 242 BGB.[1482] Ebenso bejahte das OLG Zweibrücken die Zulässigkeit einer Widerklage mit dem Auskunftsanspruch aus § 1379 BGB.[1483] Auch dieser Auskunftsanspruch geht nämlich über ein Einsichtsrecht im Sinne der §§ 422 ff. ZPO hinaus.

Im Ergebnis überzeugt es daher nicht, die Erwägungen zu § 810 BGB auf den grundverschiedenen Art. 15 DS-GVO zu übertragen. Der Art. 15 DS-GVO darf auch in Form einer Widerklage nicht durch die prozessualen Vorlagepflichten der §§ 422 ff. ZPO verdrängt werden.[1484]

### 3. Konnexität im Sinne des § 33 Abs. 1 ZPO

§ 33 Abs. 1 ZPO setzt voraus, dass die Widerklage mit der Klage des rechtshängigen Streitgegenstandes oder mit den dagegen vorgebrachten Verteidigungsmitteln „in Zusammenhang steht". Nur in der Theorie ist streitig, ob dieses Erfordernis der Konnexität der Streitgegenstände eine echte Zulässigkeitsvoraussetzung für die Widerklage ist[1485] oder, ob es sich dabei lediglich um eine Voraussetzung für einen

---

[1482] LG Berlin, Urt. v. 30. September 1993 – 67 S 47/93, NJW-RR 1994, 850–853, juris Rn. 4.
[1483] OLG Zweibrücken, Urt. v. 16. Januar 1996 – 5 UF 16/95, NJW-RR 1997, 1–2, juris Rn. 35.
[1484] Im Ergebnis ebenso *Bayer/Scholz*, in: Melot de Beauregard/Lieder/Liersch Managerhaftung, § 3 Rn. 465 Fn. 995. Allerdings mit einer Begründung über eine fehlende Konnexität, wobei es sich um eine sogleich thematisierte, nachgelagerte Frage handelt; ebenso scheint *Saenger*, in: Saenger ZPO, § 301 Rn. 12 davon auszugehen, dass Auskunftsansprüche existieren, die im Rahmen einer Widerklage geltend gemacht werden können.
[1485] Derart BGH, Urt. v. 5. April 2001 – VII ZR 135/00, BGHZ 147, 220–225, juris Rn. 14 f.; BGH, Urt. v. 17. Oktober 1963 – II ZR 77/61, BGHZ 40, 185–191, juris Rn. 10 f.

besonderen Gerichtsstand handelt.¹⁴⁸⁶ Zu Recht betont die herrschende Ansicht in der Literatur sowie obergerichtliche Entscheidungen, dass es sich bei der Konnexität allein um eine Voraussetzung für den besonderen Gerichtsstand handelt.

Für die Praxis ergibt sich aus der Rechtsprechung des BGH aber, dass es sich bei dem Erfordernis der Konnexität des § 33 ZPO um eine besondere Sachurteilsvoraussetzung handelt.¹⁴⁸⁷ Angesichts dieser höchstrichterlichen Rechtsprechung soll die in der Literatur überwiegende Ansicht hier außer Betracht bleiben. Es ist zugrunde zu legen, dass es sich bei § 33 ZPO um einen besonderen Gerichtsstand sowie um eine besondere Sachurteilsvoraussetzung handelt, die wegen § 295 Abs. 1 ZPO nur bei rechtzeitiger Rüge zu beachten ist.¹⁴⁸⁸ Wird eine fehlende Konnexität nicht gerügt, so kommt unter Umständen eine Prozesstrennung nach § 145 Abs. 2 ZPO in Betracht.

### a) Anforderungen der Konnexität

Die Konnexität erfordert unabhängig von ihrer dogmatischen Einordnung einen rechtlichen Zusammenhang.¹⁴⁸⁹ Klage und Widerklage müssten auf demselben rechtlichen Verhältnis beruhen.¹⁴⁹⁰ Der Begriff des rechtlichen Zusammenhangs soll dabei aber angesichts des Sinn und Zwecks des § 33 ZPO, „[...] einer Zersplitterung von Rechtsstreitigkeiten entgegenzuwirken und zusammenhängende Fragen in einem Rechtsstreit zu klären [...]"¹⁴⁹¹, weit verstanden werden.¹⁴⁹² Übertragbar ist der Maßstab des § 273 Abs. 1 BGB.¹⁴⁹³ Insbesondere im Falle eines einheit-

---

¹⁴⁸⁶ So *Schlutzky*, in: Zöller ZPO, § 33 Rn. 1; *Anders*, in: Anders/Gehle ZPO, § 33 Rn. 23; *Roth*, in: Stein/Jonas ZPO, § 33 Rn. 2; *Toussaint*, in: BeckOK ZPO, Stand: 01.09.2024, § 33 Rn. 11.3; *Patzina*, in: MüKo ZPO, § 33 Rn. 19; teilweise auch obergerichtliche Rspr.: OLG Düsseldorf, Urt. v. 12. November 2008 – VI-U (Kart) 10/08, ZfWG 2008, 453–455, Rn. 33; OLG Frankfurt a. M., Urt. v. 24. Mai 2012 – 6 U 103/11, GRUR-RR 2012, 392–395, juris Rn. 37.
¹⁴⁸⁷ Siehe oben Fn. 1485.
¹⁴⁸⁸ BGH, Urt. v. 27. Mai 1953 – II ZR 147/52, BeckRS 1953, 31203783, Ls. 3.
¹⁴⁸⁹ BGH, Urt. v. 7. November 2001 – VIII ZR 263/00, BGHZ 149, 120–129, Rn. 19; BGH, Urt. v. 23. Januar 1970 – V ZR 2/67, BGHZ 53, 166–172, Rn. 21; OLG Frankfurt, Urt. v. 17. Dezember 2012 – 1 U 17/11, ZIP 2013, 277–281, juris Rn. 23; *Bünnigmann*, in: Anders/Gehle ZPO, 81 Aufl. 2023, § 33 Rn. 11; *Heinrich*, in: Musielak/Voit ZPO, § 33 Rn. 2; *Toussaint*, in: BeckOK ZPO, Stand: 01.09.2024, § 33 Rn. 12; *Roth*, in: Stein/Jonas ZPO, § 33 Rn. 26; *Patzina*, in: MüKo ZPO, § 33 Rn. 20.
¹⁴⁹⁰ BGH, Urt. v. 7. November 2001 – VIII ZR 263/00 – BGHZ 149, 120–129, juris Rn. 19; *Roth*, in: Stein/Jonas ZPO, § 33 Rn. 28; *Bünnigmann*, in: Anders/Gehle ZPO, 81. Aufl. 2023, § 33 Rn. 11.
¹⁴⁹¹ *Heinrich*, in: Musielak/Voit ZPO, § 33 Rn. 2.
¹⁴⁹² OLG Zweibrücken, Beschl. v. 8. Oktober 1976 – 3 W 101/76, Rpfleger 1977, 141–142, Rn. 19; *Heinrich*, in: Musielak/Voit ZPO, § 33 Rn. 2; *Toussaint*, in: BeckOK ZPO, Stand: 01.09.2024, § 33 Rn. 12; *Roth*, in: Stein/Jonas ZPO, § 33 Rn. 26.
¹⁴⁹³ OLG Frankfurt, Urt. v. 17. Dezember 2012 – 1 U 17/11, ZIP 2013, 277–281, juris Rn. 23; OLG Zweibrücken, Beschl. v. 8. Oktober 1976 – 3 W 101/76, Rpfleger 1977, 141–142, Rn. 19; *Heinrich*, in: Musielak/Voit ZPO, § 33 Rn. 2; *Roth*, in: Stein/Jonas ZPO, § 33 Rn. 26; *Patzina*, in: MüKo ZPO, § 33 Rn. 20; *Chasklowicz*, in: Kern/Diehm ZPO, § 33 Rn. 13.

lichen Tatbestandes von Anspruch und Gegenanspruch sowie im Falle eines Bedingungsverhältnisses von Anspruch und Gegenanspruch, wie auch im Falle eines einheitlichen zusammengehörigen Lebensverhältnisses wie ständiger Geschäftsbeziehungen, wird ein solcher Zusammenhang zu bejahen sein,[1494] auch wenn ihr verschiedene Verträge zugrunde liegen.[1495] Nach dem OLG Zweibrücken würde ein unmittelbarer wirtschaftlicher Zusammenhang nach § 2 Abs. 1 Nr. 4a ArbGG einen rechtlichen Zusammenhang daher regelmäßig indizieren.[1496] Die Streitgegenstände müssten für diese Indizwirkung im selben wirtschaftlichen Verhältnis gründen.[1497] „Der erforderliche rechtliche Zusammenhang kann deshalb auch bei Ansprüchen aus mehreren Rechtsgeschäften gegeben sein, die zusammengefasst, einheitlich oder untrennbar […]"[1498] und wie „[…] ein innerlich zusammengehöriges Lebensverhältnis erscheinen."[1499] Der Begriff des rechtlichen Zusammenhangs wurde durch die Rechtsprechung im Sinne der Prozessökonomie also erheblich gelockert, sodass im Ergebnis doch auch ein wirtschaftlicher Zusammenhang oder ein einheitliches Lebensverhältnis als ausreichend erachtet werden.

### b) Konnexität zwischen Zugangsverlangen und Organhaftung

Die Bestimmung, ob zwischen dem Zugangsverlangen und der Organhaftung eine Konnexität besteht oder nicht, gestaltet sich problematisch. Notwendig ist eine Abwägung verschiedener Argumente.[1500]

#### aa) Keine Übertragbarkeit der Argumente bezüglich Unzulässigkeit der Stufenklage

Die Zulässigkeit einer Stufenklage nach § 254 ZPO mit Art. 15 DS-GVO zum Inhalt wird verneint.[1501] Die Argumente gegen die Zulässigkeit einer Stufenklage

---

[1494] BGH, Urt. v. 21. Februar 1975 – V ZR 148/73, NJW 1975, 1228–1230, juris Rn. 11; BGH, Urt. v. 7. November 2001 – VIII ZR 263/00 – BGHZ 149, 120–129, juris Rn. 19; *Toussaint*, in: BeckOK ZPO, Stand: 01.09.2024, § 33 Rn. 13; *Roth*, in: Stein/Jonas ZPO, § 33 Rn. 26; so auch schon RG, Urt. v. 29. November 1927 – II 532/26, RGZ 118, 295 (301); *Chasklowicz*, in: Kern/Diehm ZPO, § 33 Rn. 13; *Anders*, in: Anders/Gehle ZPO, § 33 Rn. 25.
[1495] *Anders*, in: Anders/Gehle ZPO, § 33 Rn. 25.
[1496] OLG Zweibrücken, Beschl. v. 8. Oktober 1976 – 3 W 101/76, Rpfleger 1977, 141–142, Rn. 19; *Bünnigmann*, in: Anders/Gehle ZPO, 81. Aufl. 2023, § 33 Rn. 11.
[1497] *Bünnigmann*, in: Anders/Gehle ZPO, 81. Aufl. 2023, § 33 Rn. 11; vgl. *Patzina*, in: MüKo ZPO, § 33 Rn. 22.
[1498] *Patzina*, in: MüKo ZPO, § 33 Rn. 21.
[1499] BGH, Urt. v. 21. Februar 1975 – V ZR 148/73, NJW 1975, 1228–1230, juris Rn. 11.
[1500] Ohne Begründung gegen das Vorliegen einer Konnexität, *Bayer/Scholz*, in: Melot de Beauregard/Lieder/Liersch, Managerhaftung, § 3 Rn. 465 Fn. 995.
[1501] OLG Celle, Urt. v. 15. Dezember 2022 – 8 U 165/22, CR 2023, 182–184, Rn. 110 ff.; OLG München, Beschl. v. 24. November 2021 – 14 U 6205/21, r+s 2022, 94–95, Rn. 55 ff.; *Schwartmann/Klein/Peisker*, in: Schwartmann/Jaspers/Thüsing/Kugelmann DS-GVO/BDSG, Art. 15

können aber nicht herangezogen werden, um eine fehlende Konnexität von Organhaftung und Art. 15 DS-GVO zu begründen. Zwar setzt auch die Stufenklage nach § 254 ZPO einen gewissen Zusammenhang mit der Hauptsache voraus. Jedoch ist dieser Zusammenhang ein ganz anderer als die von § 33 ZPO geforderte Konnexität. § 254 ZPO dient gerade nicht der Verfahrensverbindung, sondern der Zulassung von unbestimmten Klageanträgen entgegen den Anforderungen des § 253 Abs. 2 Nr. 2 ZPO. Aus diesem Zweck der Stufenklage folgt, dass der Auskunftsanspruch im Rahmen dieser Klageart allein den Zweck haben darf, einen feststehenden Anspruch genauer zu bestimmen.[1502] Die bei § 254 ZPO erfolgende Betrachtung ist damit eine rein rechtlich formale, während bei § 33 ZPO auch tatsächliche und wirtschaftliche Zusammenhänge Berücksichtigung finden dürfen. Das Vorliegen des von § 33 ZPO geforderten Zusammenhangs ist gesondert zu bestimmen.

### bb) Datenschutz und Organhaftung als verschiedene Regelungsmaterien

Bei dem Fundament des Informationsanspruchs, dem Datenschutzrecht, und dem Fundament der Organhaftung, dem Gesellschaftsrecht, handelt es sich rechtlich gesehen um zwei verschiedene Regelungsmaterien. Das lässt einen rechtlichen Zusammenhang fernliegend erscheinen. Der rechtliche Zusammenhang darf nämlich nicht wegen der bloßen „Identität der Subjekte"[1503] angenommen werden. Darüberhinausgehende Verbindungen zwischen dem datenschutzrechtlichen Anspruch und dem Anspruch aus Organhaftung sind bei streng formaler rechtlicher Betrachtung aber nicht existent. Insbesondere dient Art. 15 DS-GVO nicht der Erlangung von Sachkenntnis zwecks Verteidigung gegen einen Organhaftungsanspruch: Es handelt sich allein um einen zulässigen Nebeneffekt des Anspruchs.[1504]

### cc) Parallelen zu § 273 BGB – Einheitlicher Lebenssachverhalt

Die in der Literatur betonte Parallele der Konnexität zu § 273 BGB könnte auf einen ersten Blick auf eine fehlende Konnexität schließen lassen. Im Rahmen des § 273 BGB wird angenommen, dass ein ausreichender Zusammenhang von Ansprüchen in gesellschaftsrechtlichen Verhältnissen nur so lang anzunehmen ist, wie die Ansprüche gerade *wegen* dieses Verhältnisses bestehen.[1505] Ein ausreichender Zusammenhang würde dann nicht bestehen, wenn das Recht auch einem beliebigen

---

Rn. 83; *Waldkirch*, r+s 2021, 317 (320); *Peisker*, Der datenschutzrechtliche Auskunftsanspruch, S. 535, der die unzulässige Stufenklage in eine zulässige Klagehäufung umdeuten möchte.

[1502] OLG Celle, Urt. v. 15. Dezember 2022 – 8 U 165/22, CR 2023, 182–184, Rn. 111; OLG Köln, Urt. v. 26. Juli 2019 – 20 U 75/18, ZD 2019, 462–463, juris Rn. 312.
[1503] *Roth*, in: Stein/Jonas ZPO, § 33 Rn. 26.
[1504] Siehe oben § 5 B. III.
[1505] *Krafka*, in: BeckOGK BGB, Stand: 01.10.2024, § 273 Rn. 46.

Dritten zustehen könnte, der in Geschäftsbeziehung mit der Gesellschaft steht.[1506] Dafür, dass das Recht aus Art. 15 DS-GVO hier jedem beliebigen Dritten zustehen könnte, spricht, dass der Anspruch auf Datenzugang nicht *wegen* der Organmitgliedschaft besteht, sondern dem Organmitglied gerade in seiner Eigenschaft als natürliche Person zusteht.[1507] Insofern hat das Organmitglied den Anspruch gegen die Gesellschaft in gewisser Weise als ein Dritter, was dann gegen eine Konnexität spricht.[1508] Es könnten Daten jedes beliebigen (einwilligenden) Dritten verarbeitet werden, der in Geschäftsverbindung mit der Gesellschaft tritt, sodass auch dieser dann Anspruchsinhaber des Art. 15 DS-GVO wäre. Es handelt sich bei diesem Anspruch um kein Spezifikum der Organstellung. Allerdings gilt es zu berücksichtigen, dass bei prozessualer Betrachtungsweise im Organhaftungsprozess und im Fall der Zugangsklage keine unterschiedlichen Personen agieren. Es handelt sich nicht um einen Fall der Prozessstandschaft, sondern es wird in beiden Verfahren eigenes Recht in eigenem Namen geltend gemacht oder aus eigenem Recht in Anspruch genommen. Hinzu kommt, dass die Datenverarbeitung über das Organmitglied aus tatsächlicher Sicht nicht erfolgt wäre, wenn es nicht als Organmitglied agiert hätte. Die Daten über das Organmitglied, genauer gesagt über die dahinterstehende natürliche Person, erwachsen aus denselben Handlungen wie die Haftung des Organmitglieds. Das spricht dafür, dass der Anspruch des Art. 15 DS-GVO im Fall eines den Zugang begehrenden (ehemaligen) Organmitglieds, zumindest in tatsächlicher Betrachtung, *wegen* des gesellschaftsrechtlichen Verhältnisses besteht.

Anders als § 148 ZPO fordert § 33 ZPO keinen streng rechtlichen Zusammenhang in Form rechtlicher Beeinflussung.[1509] Für die Annahme der Konnexität zwischen Organhaftungs- und Zugangsanspruch des Organmitglieds genügt ein einheitlicher Lebenssachverhalt oder ein einheitliches wirtschaftliches Verhältnis.[1510] Es „[...] genügt ein solcher natürlicher und wirtschaftlicher Zusammenhang, dass es gegen Treu und Glauben verstieße, wenn der eine Anspruch ohne Rücksicht auf den anderen geltend gemacht werden könnte."[1511] Die vorstehenden Erwägungen sprechen auch für die Annahme eines solchen einheitlichen wirtschaftlichen Verhältnisses. Überdies handelt es sich bei der Organtätigkeit für eine Gesellschaft um eine Art „dauerhafte Geschäftsbeziehung", was ebenfalls für einen rechtlichen Zusammenhang spricht.[1512]

---

[1506] Siehe oben Fn. 1505.
[1507] Siehe oben § 4 B. II. 2.
[1508] RG, Urt. v. 29. November 1927 – II 532/26, RGZ 118, 295 (300); *Krüger*, in: MüKoBGB, § 273 Rn. 17.
[1509] Zu § 148 ZPO vgl. *Bünnigmann*, in: Anders/Gehle ZPO, § 148 Rn. 6 „Allein tatsächliche Auswirkungen genügen nicht, [...]."; *Wendtland*, in: BeckOK ZPO, Stand: 01.09.2024, § 148 Rn. 7; *Fritsche*, in: MüKo ZPO, § 148 Rn. 10.
[1510] Siehe oben § 7 B. II. 3. a).
[1511] *Stadler*, in: Jauernig BGB, § 273 Rn. 9; RG, Urt. v. 29. November 1927 – II 532/26, RGZ 118, 295 (300); BGH, Urt. v. 5. Juni 1985 – I ZR 53/83, BGHZ 95, 274–284, juris Rn. 13.
[1512] Dazu allgemein: BGH, Urt. v. 21. Februar 1975 – V ZR 148/73, NJW 1975, 1228–1230, juris Rn. 11; BGH, Urt. v. 7. November 2001 – VIII ZR 263/00 – BGHZ 149, 120–129, juris

### dd) Ausforschungsverbot *versus* Prozessökonomie und Art. 19 Abs. 4 GG

Man könnte einwenden, die prozessuale Konstellation der Widerklage würde den Zugangsanspruch nahe an eine Ausforschung nach dem Vorbild der anglo-amerikanischen Pre-Trial Discovery heranrücken lassen, womit eine derartige Widerklage im Konflikt zum nationalen Ausforschungsverbot stünde.[1513] Ein solches Heranrücken an die Pre-Trial Discovery würde insbesondere deshalb drohen, weil ein wesentlicher Unterschied von dieser und Art. 15 DS-GVO entfallen würde, der darin besteht, dass es sich bei Art. 15 DS-GVO um materielles Recht handelt[1514] und der „andere" Prozess hiervon nicht abhängig ist und nicht rechtlich beeinflusst wird. Würde man die Widerklage aber zulassen, bestünde eine solche prozessuale Verbindung von Informationsaustausch und anderem Streitgegenstand. Der Organhaftungsprozess und Art. 15 DS-GVO würden sich dann möglicherweise prozessual, beispielsweise in Bezug auf die Verfahrensdauer, beeinflussen. Eine solche Integration widerspräche auf einen ersten Blick dem klaren Willen des nationalen Gesetzgebers, der eine Ausforschung verhindern möchte. Somit könnte man in einem ersten Zugriff meinen, die Voraussetzung der Konnexität schon deswegen ablehnen zu müssen.

Allerdings muss berücksichtigt werden, dass auch das aus dem Beibringungsgrundsatz abgeleitete Ausforschungsverbot nicht grenzenlos bestehen kann. Reiling stellt fest, dass der Grundsatz der Prozessökonomie sowie die Garantie effektiven Rechtsschutzes potenzielle Einfallstore für Informationsansprüche bilden, die grundsätzlich in Konflikt zum Ausforschungsverbot stehen.[1515] Notwendig ist zur Beurteilung der Vereinbarkeit einer Widerklage mittels Art. 15 DS-GVO mit dem nationalen Prozessrecht eine Betrachtung der Prozessmaximen in ihrer Gesamtheit.[1516] Entsprechend kann allein das Heranrücken des Art. 15 DS-GVO an eine Ausforschung nicht die fehlende Konnexität begründen. Insbesondere würde es der Garantie effektiven Rechtsschutzes nach Art. 19 Abs. 4 GG zuwiderlaufen, die Widerklage nicht zuzulassen. Vor dem Hintergrund dieses grundgesetzlich verankerten Gebots ist der Beibringungsgrundsatz, aus dem sich das Ausforschungsverbot ergibt, nur so lang legitimiert, wie der effektive Rechtsschutz nicht gefährdet wird.[1517] Zum Schutzbereich des Art. 19 Abs. 4 GG gehört es, dass der „Rechtsschutz […]

---

Rn. 19; *Toussaint*, in: BeckOK ZPO, Stand: 01.09.2024, § 33 Rn. 13; *Roth*, in: Stein/Jonas ZPO, § 33 Rn. 26; so auch schon RG, Urt. v. 29. November 1927 – II 532/26, RGZ 118, 295 (301); *Chasklowicz*, in: Kern/Diehm ZPO, § 33 Rn. 13.

[1513] Ausführlich zum Verhältnis von Ausforschungsverbot, Pre-Trial Discovery und Art. 15 DS-GVO siehe oben § 5 B. I.

[1514] Dazu insb. *Waldkirch*, r+s 2021, 317 (320).

[1515] Vgl. *Reiling*, Das US-amerikanische Discovery-Verfahren im Rahmen deutscher gerichtlicher Auseinandersetzungen, S. 31, 294 ff. im Kontext der Beweiserlangung bei Patentstreitigkeiten.

[1516] *Reiling*, Das US-amerikanische Discovery-Verfahren im Rahmen deutscher gerichtlicher Auseinandersetzungen, S. 301.

[1517] Zu diesen Wertungen *Morell*, Der Beibringungsgrundsatz, S. 27 f.

nicht durch eine überstrenge Handhabung von Verfahrensvorschriften ineffektiv werden [...]" darf.[1518] Es würde Art. 19 Abs. 4 GG zuwiderlaufen, wenn vom Gericht verlangt würde, eine Trennung sich potenziell beeinflussender Verfahren in Kauf zu nehmen. Eine „[...] Verfahrenshandhabung, bei der das materielle Recht gar nicht mehr durchsetzbar ist, ist dem Gericht verwehrt [...]."[1519] Das Prozessrecht darf materiell-rechtlich bestehende Aufklärungsmöglichkeiten nicht zu alleinigen Lasten einer Partei unberücksichtigt lassen.[1520]

Würde man die Konnexität wegen des Ausforschungsverbotes verneinen, so würde man den Informationsaustausch, der zu einem späteren Zeitpunkt unabhängig davon noch stattfinden wird, da Art. 15 DS-GVO jedenfalls isoliert durchsetzbar wäre, abschneiden und unter gewissen Bedingungen eine Berufung wegen neuer Tatsachen provozieren. Das Gericht würde in der Organhaftung möglicherweise ein Urteil fällen, obwohl ersichtlich ist, dass eine Entscheidung im datenschutzrechtlichen Verfahren einen Einfluss auf den Organhaftungsprozess entfalten könnte, da dem Organmitglied Sachkenntnis und Beweise verschafft würden. Sehenden Auges würde der Richter eine Berufung wegen neuen Erkenntnisgewinns nach §§ 513 Abs. 1, 529 Abs. 1 Nr. 2 ZPO in Kauf nehmen müssen und damit die Prozessökonomie völlig vernachlässigen. Auch dieser Prozessgrundsatz der Prozessökonomie spricht im Rahmen einer Gesamtbetrachtung tangierter Prozessgrundsätze für die weite Auslegung des Begriffs der Konnexität und damit für die Zulässigkeit der Widerklage und die Inkaufnahme eines faktischen Heranrückens an die Ausforschung. Eine echte Ausforschung droht bei diesem „Heranrücken" zudem gar nicht. Die „Ausforschung" mittels Art. 15 DS-GVO ist nämlich wie beschrieben nicht zielgerichtet und nur bezüglich personenbezogener Daten möglich.[1521]

### ee) Konnexität trotz Selbststand des Art. 15 DS-GVO

Der Annahme der Konnexität steht auch der Selbststand des Art. 15 DS-GVO nicht entgegen. Zwar folgt aus diesem Selbststand, dass dem Art. 15 DS-GVO gerade keine subjektive Zweckrichtung zugrunde liegt,[1522] welche in einer Widerklage aber zum Ausdruck kommt. Jedoch verbietet der Selbststand eine Verwendung der Informationen in einem anderen Prozess auch nicht, sondern ermöglicht eine solche vielmehr, auch wenn es nicht sein originärer Zweck ist. Das Organmitglied kann, ohne des Art. 15 DS-GVO verlustig zu werden, offen kommunizieren, dass er die Informationen für einen anderen Prozess verwenden möchte. Das folgt aus der Rechtssache C 307/22 des EuGH, wonach eine Verwendung zu „datenschutz-

---

[1518] *Jarass*, in: Jarass/Pieroth GG, Art. 19 Rn. 77.
[1519] *Morell*, Der Beibringungsgrundsatz, S. 28; vgl. *Saenger*, in: Saenger ZPO, Einführung Rn. 16.
[1520] Vgl. *Morell*, Der Beibringungsgrundsatz, S. 28 f.
[1521] Siehe zum Maß der Kollision oben § 5 B. II. 2.
[1522] Zum Selbststand des Zugangsrechts siehe oben § 5 E. IV. 1.

fremden Zwecken" von Art. 15 DS-GVO gedeckt ist.[1523] Entsprechend sollte dem Organmitglied auch zugestanden werden, dieses Motiv im Rahmen der Widerklage zum Ausdruck zu bringen.

### c) Abwägung der Argumente – Zugangsverlangen und Organhaftung sind konnex

Die Untersuchung zeigt, dass eine streng formale Betrachtung der Konnexität die Garantie effektiven Rechtsschutzes sowie das Gebot der Prozessökonomie missachtet. Der Begriff der Konnexität ist dem Zweck der Widerklage entsprechend weit und funktional auszulegen. Die besseren Gründe sprechen dafür, anzunehmen, dass die Anforderungen an die Konnexität erfüllt werden. Die Verbindung der Prozesse beruht nicht nur auf der Personenidentität der Parteien, sondern vielmehr auf der Möglichkeit der Beeinflussung des Organhaftungsprozesses durch den datenschutzrechtlichen Zugangsanspruch sowie auf dem Umstand, dass dieselben Handlungen des Organmitglieds sowohl den Daten als auch der Haftung zugrunde liegen. Diesem Ergebnis steht auch das Ausforschungsverbot nicht entgegen, das wie der Beibringungsgrundsatz, aus dem es abgeleitet wird, seine Grenze in Art. 19 Abs. 4 GG findet. In einer notwendigen Gesamtbetrachtung tangierter Prozessgrundsätze setzen sich die Prozessökonomie und das Gebot effektiven Rechtsschutzes aus Art. 19 Abs. 4 DS-GVO gegen das ohnehin nur eingeschränkt betroffene Ausforschungsverbot durch.

### 4. Kein Ausschluss der Widerklage wegen Rechtsmissbrauchs

Das LG Frankenthal sieht in der prozessualen Integration des Art. 15 DS-GVO in den Organhaftungsprozess mittels Widerklage einen Rechtsmissbrauch wegen Verzögerung des Organhaftungsprozesses auf unbestimmte Zeit.[1524] Bei einer solchen prozessualen Konstellation müsse nämlich zunächst aus Gründen des effektiven Rechtsschutzes ein Teilurteil über die datenschutzrechtliche Widerklage ergehen und die Vollstreckung dieser abgewartet werden, bevor ein Urteil in der Organhaftungsklage ergehen könnte.[1525] Es sei nicht der Zweck des Art. 15 DS-GVO den Haftungsprozess auf „[…] unbestimmte Zeit […]" hinauszuzögern.[1526]

Keine dieser Erwägungen des LG Frankenthal kann in irgendeiner Hinsicht überzeugen. Die Zulässigkeit einer Widerklage erfordert nicht, dass der im Wege einer Widerklage geltend gemachte Anspruch den Sinn und Zweck hat, die Klage des Widerbeklagten auf unbestimmte Zeit hinauszuzögern. Dass dies nicht Zweck des

---

[1523] EuGH, Urt. v. 26. Oktober 2023 – C 307/22, ECLI:EU:C:2023:811, Rn. 52.
[1524] LG Frankenthal, Urt. v. 12. Januar 2021 – 1 HK O 4/19, ZD 2022, 511–512, juris Rn. 165.
[1525] Siehe oben Fn. 1524.
[1526] Siehe oben Fn. 1524.

Art. 15 DS-GVO ist, ist mithin, anders, als es die Argumentation des LG vermuten lässt, nicht schädlich. Im Übrigen kann es kein Argument gegen die Zulässigkeit einer Widerklage darstellen, dass im Sinne des effektiven Rechtsschutzes erst ein Teilurteil bezüglich der Widerklage ergeht, sodann erst das Urteil für die Organhaftungsklage folgt und dadurch eine Verzögerung der Organhaftungsklage eintritt. Die Argumentation des LG hätte zur Folge, dass eine Widerklage immer dann unzulässig sein müsste, wenn im Sinne des effektiven Rechtsschutzes zunächst ein Teilurteil über die Widerklage ergehen müsste. Dass das nicht richtig sein kann, zeigt schon, dass das Teilurteil nach § 301 ZPO im Rahmen der Widerklage ein anerkanntes Mittel zur Bewältigung des Rechtsstreits ist.[1527] Das Gericht selbst verweist in seiner Argumentation zudem auf die Garantie effektiven Rechtsschutzes, der bei Zulassung einer Widerklage dafürsprechen würde, dass zunächst ein Teilurteil über die Widerklage ergehen müsse. Daraus dann aber abzuleiten, dass ein im Sinne des effektiven Rechtsschutzes ergehendes Teilurteil eine unzulässige Verzögerung des Verfahrens verursachen würde, ist widersprüchlich. Denn das Abwarten auf eine Entscheidung der Widerklage dient gerade diesem effektiven Rechtsschutz. Zuletzt würde die vom LG Frankenthal vertretene Auffassung es dem Betroffenen auch zum Vorwurf machen, dass er die mittels Art. 15 DS-GVO erlangten Informationen in Bezug auf einen anderen Streitgegenstand verwerten möchte. Einer solchen Verwendung der mittels Art. 15 DS-GVO erhaltenen Daten steht aber nichts im Wege.[1528] Diese Verwendungsabsicht stellt keinen Ausschlussgrund dar. Der Ansatz des LG Frankenthal hat also keine überzeugenden Argumente auf seiner Seite, sodass er nicht gegen die Zulässigkeit einer Widerklage mittels Art. 15 DS-GVO sprechen kann.

### 5. Keine Schwäche der Widerklage wegen fehlender Abstimmung der Verfahren

Mittels einer Verbindung der Verfahren im Wege der Widerklage sei Bayer und Scholz zufolge jedoch noch keine „Abstimmung mit dem Schadensersatzverfahren garantiert".[1529] Daraus wird gefolgert, dass es ratsam sei, den Anspruch von vornherein in einer isolierten Klage zu verfolgen, um der Gefahr zu entgehen, dass zeitgleich über die Klagen entschieden würde.[1530] Sodann könnte der Informationsgewinn im Organhaftungsprozess nämlich nicht mehr verwertet werden. Dieses Verständnis ist vor dem Hintergrund des Gebots effektiven Rechtsschutzes aber zu kritisieren. Regelmäßig wird vor dem Hintergrund des effektiven Rechtsschutzes

---

[1527] Vgl. *Elzer*, in: BeckOK ZPO, Stand: 01.09.2024, § 301 Rn. 42 f.; vgl. *Musielak/Wolff*, in: Musielak/Voit ZPO, § 301 Rn. 17; vgl. *Saenger*, in: Saenger ZPO, § 301 Rn. 2.

[1528] Siehe oben § 5 E.

[1529] *Bayer/Scholz*, in: Melot de Beauregard/Lieder/Liersch Managerhaftung, § 3 Rn. 465; *Scholz*, ZZP 2020, 491 (524) bezüglich einer Widerklage mit § 810 BGB.

[1530] *Korch/Chatard*, NZG 2020, 893 (894) Fn. 11.

hinsichtlich der Widerklage ein Teilurteil nach § 301 ZPO geboten sein,[1531] sodass eine zeitliche Abstimmung der Verfahren erfolgt. Deswegen besteht die Gefahr einer gleichzeitigen Beurteilung der Verfahren in dieser Konstellation nicht.

### III. Isolierte außerprozessuale Geltendmachung

Außerprozessual setzt die Geltendmachung des datenschutzrechtlichen Informationsanspruchs einen Antrag voraus, der formlos, also sowohl mündlich als auch in Text- oder Schriftform, erfolgen kann.[1532] Aus Art. 12 Abs. 3 S. 4 DS-GVO ergibt sich weiterhin die Möglichkeit der Antragstellung im elektronischen Verfahren. Die geringen Konkretisierungsanforderungen der Antragstellung wurden bereits erörtert.[1533] Eine Begründung des Anliegens muss der Betroffene nicht abgeben.[1534] Besondere Probleme ergeben sich bei isolierter außerprozessualer Geltendmachung nicht.

### IV. Tatsächlich verknüpfte (außer-)prozessuale Geltendmachung

Außergerichtlich kann der Betroffene den Zugangsanspruch nur rein tatsächlich verknüpfen. Auch im Falle der prozessualen Geltendmachung des Zugangsanspruchs kann eine solche tatsächliche Verknüpfung in Betracht kommen. Insbesondere meint diese tatsächliche Verknüpfung Konstellationen, in denen das Organmitglied den „Verzicht" auf den Zugangsanspruch im Gegenzug für den (teilweisen) Verzicht auf den Organhaftungsanspruch oder andere Vorteile wie eine Abfindung anbietet. Angesichts der bei solcher Verknüpfung leicht zu begründenden Rechtsmissbräuchlichkeit des Vorgehens mangels Informationsinteresses,[1535] ist von einer solchen Vorgehensweise abzuraten. Vorsicht ist gleichsam bei einer „nachträglichen" Verknüpfung, geboten, also dann, wenn das Organmitglied den Anspruch zunächst isoliert geltend macht und sodann auf Angebote der Gesellschaft eingeht, dass diese auf den Organhaftungsanspruch (teilweise) verzichten wird, sofern der Anspruch aus Art. 15 DS-GVO zurückgenommen würde. Sollte das Organmitglied Vergleichsbereitschaft zeigen, so nützt das einmal mehr der Gesellschaft bei der Begründung des fehlenden Informationsinteresses aufsei-

---

[1531] *Ruckteschler/Grillitsch*, in: FS Elsing 2015, S. 1129 (1142); ebenso LG Frankenthal, Urt. v. 12. Januar 2021 – 1 HK O 4/19, ZD 2022, 511–512, juris Rn. 165.
[1532] *König*, CR 2019, 295 (296); *Franck*, in: Gola/Heckmann DS-GVO/BDSG, Art. 15 DS-GVO Rn. 25; zu dem richtigen Adressaten des Zugangsverlangens vgl. Edpb, Guidelines 01/2022 on data subject rights – Right of access, 28. März 2023, Rn. 52.
[1533] Siehe oben § 6 A. I. 2.
[1534] EuGH, Urt. v. 26. Oktober 2023 – C 307/22, ECLI:EU:C:2023:811, Rn. 38, 43; Generalanwalt *Nicholas Emiliou*, Schlussanträge vom 20. April 2023 – C 307/22, Rn. 18; BGH, EuGH-Vorlage vom 29. März 2022 – VI ZR 1352/20, DB 2022, 1249–1255, Rn. 18.
[1535] Siehe oben § 5 E. IV. 5. d) bb).

ten des Organmitglieds, was wie gezeigt zum Anspruchsausschluss führen kann. Dementsprechend wird es für das Organmitglied schwierig sein, in einen solchen Vergleich einzutreten, ohne Anhaltspunkte für eine Subsumtion der Anspruchsgeltendmachung unter den unionsrechtlichen Missbrauchsvorbehalt zu bieten.

### V. Anspruchsdurchsetzung unter Einbindung der Datenschutzbehörde

Als alternative Form der Durchsetzung kann der Betroffene bei der zuständigen Datenschutzaufsichtsbehörde eine Beschwerde einreichen (Art. 12 Abs. 4 DS-GVO), die sodann einen Verwaltungsakt zulasten des Verantwortlichen erlässt.[1536] Im Falle des Zurückbleibens dieses Verwaltungsaktes hinter dem Begehren des Betroffenen kann er sodann Verpflichtungsklage vor dem Verwaltungsgericht erheben.[1537] Bezüglich eines solchen Verwaltungsverfahrens besteht allein die Möglichkeit einer tatsächlichen Verknüpfung mit dem vor den ordentlichen Gerichten ausgetragenen Organhaftungsprozess. Es ergeben sich keine Besonderheiten im Vergleich zur außerprozessualen tatsächlichen Verknüpfung der Ansprüche.

## C. Summa – Ausschließlich prozessuale Verknüpfung der Verfahren

Im Ergebnis verbleiben für das Organmitglied die Möglichkeiten der isolierten gerichtlichen und außergerichtlichen Geltendmachung sowie der verknüpften prozessualen Geltendmachung des Anspruchs mittels Widerklage nach § 33 ZPO. Außergerichtlich kommt eine Verknüpfung allenfalls auf Grundlage einer tatsächlichen, nicht aber rechtlichen Verknüpfung in Betracht. Einer solchen tatsächlichen Verknüpfung auf Initiative des Organmitglieds steht aber der unionsrechtliche Missbrauchsvorbehalt als erhebliche Hürde entgegen, die es aus Perspektive des Organmitglieds vorsichtig zu umschiffen gilt, da er den Art. 15 DS-GVO als Informationshebel ansonsten verliert. Die Untersuchung hat die Möglichkeit der prozessualen Integration des Art. 15 DS-GVO als Informationshebel in den Organhaftungsprozess offenbart. Eine Verknüpfung mittels Widerklage ist prozessual zulässig. Über diese wird in der Regel zunächst im Wege eines Teilurteils zu entscheiden sein.

---

[1536] *Bienemann*, in: Sydow/Marsch DS-GVO/BDSG, Art. 15 DS-GVO Rn. 83; *Dix*, in: Simitis/Hornung/Spiecker gen. Döhmann Datenschutzrecht, Art. 15 DS-GVO Rn. 38; *Ehmann*, in: Ehmann/Selmayr DS-GVO, Art. 15 Rn. 79.
[1537] *Bienemann*, in: Sydow/Marsch DS-GVO/BDSG, Art. 15 DS-GVO Rn. 83; vgl. VG Schwerin, Urt. v. 16. März 2021 – 1 A 1254/20 SN, ZD 2022, 70–71, juris Rn. 29 ff.

# D. (Wahrscheinliche) Praktische Szenarien des Organhaftungsprozesses

Zu erörtern ist nunmehr, wie sich diese Feststellungen im Organhaftungsprozess praktisch auswirken. Dies soll im Folgenden für verschiedene praktische Szenarien des Organhaftungsprozesses eingeordnet werden. Dabei sollen weitere Mittel untersucht werden, die eine Abstimmung der Verfahren auch ohne echte prozessuale Verknüpfung gegebenenfalls ermöglichen könnten, sodass es auf die prozessuale Verknüpfung nicht ankäme. Beginnen wird der Organhaftungsprozess regelmäßig mit einer ersten Aufforderung der Gesellschaft, die Schadenssumme zu zahlen. Es sei zugrunde gelegt, dass das Organmitglied in zeitlichem Zusammenhang dazu den Zugangsanspruch aus Art. 15 DS-GVO geltend macht. Beides erfolgt zunächst außergerichtlich. Anknüpfend hieran kommen dann zwei verschiedene Szenarien in Betracht.

## I. Erfüllung des Zugangsanspruchs ohne Notwendigkeit einer Klage

Möglicherweise erkennt die Gesellschaft ihre Pflicht zur Zugangsgewährung an und erfüllt den Anspruch des Betroffenen, gegebenenfalls unter Verlängerung der Frist nach Art. 12 Abs. 3 S. 2 DS-GVO. Eine sofortige Erfüllung der Organhaftungsforderung kommt zwar ebenso in Betracht, wird aber die seltene Ausnahme darstellen. Dies gilt erst recht dann, wenn Art. 15 DS-GVO zum Zweck der Verteidigung erhoben wird. Denn dann wird das Organmitglied davon ausgehen, dass Einwendungen gegen den Anspruch bestehen. Die Gesellschaft wird folglich Organhaftungsklage erheben. In diesem Prozess kann das Organmitglied die mittels Art. 15 DS-GVO gewonnenen Informationen nutzen. Art. 15 DS-GVO sorgt in dieser Konstellation für eine teilweise Beseitigung der Informationsasymmetrie, zumindest bezüglich der personenbezogenen Daten des Organmitglieds. Ob damit auch eine Beseitigung der Informationsasymmetrie hinsichtlich der Fragen der Organhaftung einhergeht, bleibt zufallsabhängig.

## II. Notwendigkeit einer Klage auf Erfüllung des Zugangsanspruchs

Eine andere Situation zeigt sich, sofern die Gesellschaft eine Pflicht zur Erfüllung des Zugangsanspruchs zunächst nicht anerkennt und zur Erfüllung nicht bereit ist. Für diese Konstellation ist weiter zu unterscheiden: Der Verantwortliche wird sich dazu entschließen, dem Organmitglied einen Vergleich anzubieten, im Rahmen dessen er auf die weitere Verfolgung des Zugangsanspruchs verzichten soll und die Gesellschaft im Gegenzug zumindest teilweise auf die Organhaftungsansprüche verzichtet. Ist der Verantwortliche aber davon überzeugt, dass der Zugangsanspruch nicht oder nur teilweise besteht, so wird er die Erfüllung endgültig (teilweise) ablehnen. Angesichts der drohenden Sanktionen bei unrechtmäßiger Ablehnung[1538] sollte das aber sorgfältig abgewogen werden. Das Organmitglied wird bei fehlender Bereitschaft zur Erfüllung des Anspruchs aufseiten des Verantwortlichen auf Erfüllung des Zugangsanspruchs klagen. Die Gesellschaft wird wiederum, in der Regel schon vorher, auf Erfüllung des Organhaftungsanspruchs klagen oder geklagt haben. Wie gezeigt, bietet sich in dieser Konstellation grundsätzlich die prozessuale Einkleidung des Zugangsverlangens in Form einer Widerklage mit Art. 15 DS-GVO an. Das Gebot der Prozessökonomie gebietet dabei in der Regel ein Teilurteil über die Widerklage vor einem Urteil über die Organhaftung. Bei isolierter Geltendmachung stellt sich mangels Statthaftigkeit einer Widerklage die praktisch bedeutsame Frage, ob und wenn ja, wie das Organmitglied sicherstellen kann, dass es die Informationen mittels des Zugangsanspruchs vor einer Entscheidung im Organhaftungsprozess erhält.

### 1. Kürzere Verfahrensdauer im datenschutzrechtlichen Verfahren

Es fehlt zwar, soweit ersichtlich, an empirischen Befunden zur durchschnittlichen Verfahrensdauer von Gerichtsverfahren mit dem Gegenstand des Art. 15 DS-GVO und Organhaftungsprozessen. Jedoch lässt die im Vergleich deutlich geringere Komplexität, geringere Anzahl an streitigen Rechtsfragen und die damit einhergehende weniger aufwendige Beweisaufnahme vermuten, dass Prozesse, die Art. 15 DS-GVO zum Gegenstand haben, weniger Zeit in Anspruch nehmen als solche, die eine Organhaftung zum Gegenstand haben.[1539] Dementsprechend wird das Urteil und auch die Vollstreckung in der Rechtssache des Zugangsanspruchs häufig schon der Natur der Sache nach früher vorliegen als eine Entscheidung im Organhaftungsprozess. Das gilt möglicherweise aber dann nicht, wenn der Organhaftungsanspruch im Urkundenprozess geltend gemacht wird, der gerade eine schnellere Durchsetzung des Anspruchs ermöglicht.[1540]

Für das Organmitglied empfiehlt es sich daher bei ersten konkreten Anzeichen eines drohenden Organhaftungsprozesses unverzüglich den Anspruch auf Datenzugang zu erheben. Eine Frist, die für die Erhebung einer hierauf gerichteten Klage nach einem ersten Antrag abgewartet werden müsste, gibt es nach richtiger Ansicht nicht.[1541] Die sofortige Klageerhebung noch vor Rechtshängigkeit des Organhaftungsprozesses erhöht die Chancen, dass eine Entscheidung bezüglich des Zu-

---

[1538] Siehe oben § 6 D. I. 1. zum Bußgeld sowie oben § 4 C. III. 5. zur strafrechtlichen Sanktionierung im Zusammenhang mit der Pflicht zur Abgabe einer eidesstattlichen Versicherung.
[1539] Siehe dazu schon oben § 7 B. I.
[1540] *Voit*, in: Musielak/Voit ZPO, § 592 Rn. 1.
[1541] *Schmidt-Wudy*, in: BeckOK Datenschutzrecht, Stand: 01.08.2024, Art. 15 DS-GVO Rn. 30.

gangsbegehrens vor einer Entscheidung in der Organhaftung vorliegt. Sollte sich zu einem späteren Zeitpunkt ein Vergleich anbieten, so könnte die Klage auf Zugangsgewährung dann für erledigt erklärt werden. Die anfallenden Kosten für die Klageerhebung, die das Organmitglied nach § 93 ZPO dann zu tragen hätte, können angesichts des Streitwerts von meist zwischen 500 und 5.000 Euro[1542] im Gesamtkontext des Organhaftungsprozesses regelmäßig vernachlässigt werden. Aber auch eine sofortige Klageerhebung bietet sich nicht in jedem Fall an und sollte sorgfältig abgewogen werden. Sie könnte zu einer Verhärtung der Fronten führen und die Bereitschaft zur Inanspruchnahme aus Organhaftung erhöhen. Die Inanspruchnahme aus Organhaftung sollte also konkret drohen und unmittelbar bevorstehen, wenn die Klage auf Datenzugang erhoben wird.

### 2. Einstweilige Verfügung nach § 935 ZPO

Zum Zweck der Beschleunigung der Entscheidung über die Organhaftung könnte das Organmitglied auch versuchen, in dieser Sache eine einstweilige Verfügung nach § 935 ZPO zu erwirken. Der erforderliche Verfügungsgrund könnte darin liegen, dass dem Organmitglied „[...] ohne die beantragte einstweilige Regelung eine konkrete, schwerwiegende Beeinträchtigung seiner rechtlichen Interessen [...]"[1543] droht, sofern der Organhaftungsanspruch vor einer datenschutzrechtlichen Befriedigung des Organmitglieds beschieden würde. Diese Beeinträchtigung bestünde in einem erstinstanzlichen, vorläufig vollstreckbaren existenzbedrohenden Urteil sowie einem möglichen Reputationsschaden.

Dem Organmitglied darf ein Warten auf eine Entscheidung in der Hauptsache darüber hinaus auch nicht zumutbar sein, damit eine einstweilige Verfügung in Betracht käme.[1544] Denn wegen der drohenden Vorwegnahme der Hauptsache durch eine entsprechende Leistungsverfügung sind an den Verfügungsgrund strenge Anforderungen zu stellen.[1545] Die Frage der Zumutbarkeit setzt notwendig eine Abwägung voraus. Im Rahmen dieser Abwägung muss aufseiten des Organmitglieds einmal mehr die Garantie effektiven Rechtsschutzes nach Art. 19 Abs. 4 DS-GVO berücksichtigt werden. Die genannten, drohenden Beeinträchtigungen der Interessen des Organmitglieds lassen ein Abwägungsergebnis zugunsten des Organmitglieds zunächst plausibel erscheinen. Aber auch die Gesellschaft ist nicht interessenlos. Sie hat gegebenenfalls ein erhebliches Interesse an der Geheimhaltung verschiedener Informationen, wie solcher über interne Untersuchungen oder solche über Hinweisgeber. Diese Interessen gewinnen dadurch an Gewicht, dass bei einer

---

[1542] Siehe zu Fragen der Zuständigkeit und der Streitwertbestimmung oben § 7 B. II. 1.
[1543] OLG Hamm, Urt. v. 27. November 2019 – I-8 U 69/19, NZG 2020, 986–992, Rn. 97; *Becker*, in: Anders/Gehle ZPO, § 935 Rn. 6.
[1544] LG München I, Urt. v. 7. November 2019 – 7 O 10831/19, juris Rn. 48 für eine patentrechtliche Streitigkeit; *Becker*, in: Anders/Gehle ZPO, § 935 Rn. 6.
[1545] Dazu allgemein LG Stralsund, Beschl. v. 25. September 2023 – 8 T 94/23, juris Rn. 2.

Leistungsverfügung mit der Verpflichtung zur Informationsgewährung eine Vorwegnahme der Hauptsache droht. Denn ein einmal erfolgter Informationsaustausch kann nicht wieder rückabgewickelt werden. Entsprechend drohen die Interessen des Verantwortlichen in einem Eilrechtsschutz leerzulaufen, sodass dagegen berechtigte Bedenken bestehen.

Das Organmitglied ist aus dieser Unsicherheit heraus, ob ein Eilverfahren im Einzelfall als zulässig erachtet wird, wie schon erwähnt, gut beraten, den Zugangsanspruch bei ersten Anzeichen einer Inanspruchnahme auf Organhaftung geltend zu machen. Bei frühzeitiger Geltendmachung ist es dann eher eine theoretische Frage, ob eine einstweilige Verfügung im Einzelfall in Betracht kommt. Denn der Prozess der Organhaftung wird in der Regel mehr Zeit in Anspruch nehmen als das Verfahren des Art. 15 DS-GVO. Wird dazu noch rechtzeitig Klage auf Zugang zu den Daten erhoben, so wird das Ergebnis in aller Regel ohnehin rechtzeitig vorliegen, sodass auch ein Verfügungsgrund dann nicht vorliegt.

### 3. Anreiz zur zeitnahen Zugangsgewährung dank doppeltem Enforcement

Möglicherweise sorgt auch das doppelte „Enforcement" für den Fall des verspäteten Zugangsverlangens schon für eine beschleunigte Bearbeitung des Zugangsverlangens, sodass dieses vor einem Urteil im Organhaftungsprozess erfüllt wird. Die erhebliche Abschreckungswirkung des doppelten Enforcements könnte sogar dazu führen, dass eine Verweigerungshaltung des Verantwortlichen gar nicht erst eintritt. Wie obenstehend untersucht,[1546] erfolgt mittels des Schadensersatzanspruchs nach Art. 82 Abs. 1 DS-GVO einerseits ein Private-Enforcement und andererseits mittels des Bußgelds nach Art. 83 Abs. 5 lit. b DS-GVO auch ein Public-Enforcement droht. Auch eine strafrechtliche Sanktionierung einer möglicherweise fälschlichen Versicherung der Vollständigkeit der Zugangsgewährung an Eides statt, kommt in Betracht.[1547]

Die Höhe des Bußgelds kann im Rahmen des Ermessens der Behörde mit Blick auf den Grundsatz effektiven Rechtsschutzes zwar gemindert werden, wenn die Gesellschaft als Verantwortliche vertretbar annehmen durfte, dass der Anspruch nicht oder nicht in voller Höhe bestand. Eine solche Reduktion des Bußgelds muss dann sogar vorgenommen werden. Das bedeutet aber zugleich, dass ein leichtfertig und missbräuchlich eingelegter Rechtsbehelf zwecks Verzögerung der Zugangsgewährung keine mindernde, sondern wegen des Vorsatzes eher verschärfende Wirkung bei der Bemessung des Bußgelds hat. Angesichts der immer weiter geschaffenen Rechtsklarheit hinsichtlich des Zugangsanspruchs aus Art. 15 DS-GVO liegt die Annahme einer Treuwidrigkeit der unbegründeten Gegenwehr fortschreitend näher.

---

[1546] Siehe zum Enforcement ausführlich oben § 6 D. I. & § 6 D. II.
[1547] Siehe oben § 4 C. III. 5.

Es gilt für die Gesellschaft jegliche Verweigerung sorgfältig zu prüfen und den Anspruch in Zweifelsfällen fristgerecht zu erfüllen. Die drohenden Sanktionen sind damit ein weiterer Faktor, der eine Erfüllung des Zugangsanspruchs vor einer Entscheidung im Organhaftungsfall wahrscheinlicher macht.

### 4. Keine Aussetzung des Organhaftungsprozesses nach gerichtlichem Ermessen

Das Gericht des Organhaftungsprozesses könnte das Verfahren möglicherweise bis zu einer Entscheidung im datenschutzrechtlichen Verfahren aussetzen. Dann könnte der bevorstehende Erkenntnisgewinn im datenschutzrechtlichen Verfahren im Organhaftungsprozess immer verwertet werden. Eine Aussetzung des Verfahrens nach § 148 Abs. 1 ZPO steht im Ermessen des Gerichts.[1548] Es hat eine Abwägung vorzunehmen, die die Verfahrensökonomie,[1549] die Vermeidung widersprüchlicher Entscheidungen[1550] und die Vermeidung der doppelten Befassung der Gerichte mit einer Rechtssache zum Gegenstand hat.[1551] Auf einen ersten Blick könnte man meinen, der bevorstehende Erkenntnisgewinn aus dem datenschutzrechtlichen Verfahren sollte erst abgewartet werden, um eine doppelte Befassung mit der Rechtsfrage des Organhaftungsprozesses zu vermeiden. Letzteres wäre nämlich zu befürchten, wenn das Organmitglied die zur Verteidigung relevanten Informationen erst nach Abschluss des Organhaftungsprozesses erlangt. Voraussetzung der Aussetzung nach § 148 ZPO ist aber eine „Vorgreiflichkeit" der Rechtssache,[1552] hier des Organhaftungsprozesses:

> „§ 148 ZPO enthält keine allgemeine Ermächtigung, die Verhandlung eines Rechtsstreits zur Abwendung einer vermeidbaren Mehrbelastung des Gerichts auszusetzen. Vielmehr ist die Aussetzung grundsätzlich nur dann eröffnet, wenn die Entscheidung in dem einen Rechtsstreit die Entscheidung des anderen rechtlich beeinflussen kann."[1553]

---

[1548] *Stadler*, in: Musielak/Voit ZPO, § 148 Rn. 1; *Wendtland*, in: BeckOK ZPO, Stand: 01.09.2024, § 148 Rn. 0.

[1549] BVerfG, Stattg. Kammerbeschl. v. 5. August 2013 – 1 BvR 2965/10, NZA 2013, 1229–1231, Rn. 20; BGH, Urt. v. 5. Juli 2018 – IX ZR 264/17, NJW 2018, 3252–3254, Rn. 13; vgl. BGH, Beschl. v. 30. März 2005 – X ZB 26/04, BGHZ 162, 373–378, juris Rn. 11; BAG, Beschl. v. 28. Juli 2021 – 10 AZR 397/20 (A), VersR 2022, 901–908, Rn. 31.

[1550] BVerfG, Stattg. Kammerbeschl. v. 5. August 2013 – 1 BvR 2965/10, NZA 2013, 1229–1231, Rn. 20; BAG, Beschl. v. 28. Juli 2021 – 10 AZR 397/20 (A), VersR 2022, 901–908, Rn. 31.

[1551] OLG Dresden, Beschl. v. 2. Juni 1993 – 5 W 243/93, NJW 1994, 139, juris Rn. 3; *Stadler*, in: Musielak/Voit ZPO, § 148 Rn. 1; vgl. *Bünnigmann*, in: Anders/Gehle ZPO, § 148 Rn. 2; *Wendtland*, in: BeckOK ZPO, Stand: 01.09.2024, § 148 vor Rn. 1; *Fritsche*, in: MüKo ZPO, § 148 Rn. 1.

[1552] *Stadler*, in: Musielak/Voit ZPO, § 148 Rn. 5; *Bünnigmann*, in: Anders/Gehle ZPO, § 148 Rn. 4; *Wendtland*, in: BeckOK ZPO, Stand: 01.09.2024, § 148 Rn. 6; *Fritsche*, in: MüKo ZPO, § 148 Rn. 5.

[1553] BGH, Beschl. v. 30. März 2005 – X ZB 26/04, BGHZ 162, 373–378, juris Rn. 11.

Erforderlich wäre demnach, dass der Organhaftungsprozess ganz oder zum Teil vom Bestehen- oder Nichtbestehen des Anspruchs aus Art. 15 DS-GVO abhängt. Gemeint ist damit ein rechtlicher,[1554] präjudizieller Zusammenhang, während ein „[b]loßer tatsächlicher Einfluss auf die Beweiswürdigung oder die Vermeidung doppelter Beweisaufnahmen [...]"[1555] nicht genügt.[1556] „Eine Aussetzung allein aus Zweckmäßigkeitsgründen sieht das Gesetz nicht vor."[1557]

Die Anforderungen sind damit weitaus strenger als diejenigen des § 33 ZPO, der auch einen einheitlichen Lebenssachverhalt oder ein einheitliches wirtschaftliches Verhältnis ausreichen lässt.[1558] Der Fall der Geltendmachung des datenschutzrechtlichen Informationsanspruchs parallel zur Organhaftungsklage erfüllt die Voraussetzung einer rechtlichen Abhängigkeit nicht. Der Organhaftungsprozess ist rechtlich unabhängig von Art. 15 DS-GVO. Die Wirkungen des datenschutzrechtlichen Informationsanspruchs sind auf rein tatsächliche Auswirkungen beschränkt. Auswirkungen hat dieser Anspruch allein auf den Tatsachenvortrag und die Beweisführung des Organmitglieds. An einer Sonderregelung zur Aussetzung, wie sie §§ 152, 153 ZPO oder § 246 ZPO darstellen, mangelt es.

### 5. Keine „Aussetzung" auf anderem Wege wegen Kooperationsbereitschaft

Obwohl die Voraussetzungen für eine Aussetzung des Verfahrens nicht vorliegen, steht zweifelsfrei fest, dass ein Abwarten des Informationsgewinns aufseiten des Organmitglieds für den Organhaftungsprozess im Sinne der Prozessökonomie und Wahrheitsfindung wünschenswert wäre. Eine echte Aussetzung von Gerichts wegen wäre wegen der in § 148 ZPO vorgesehenen Voraussetzungen wie gezeigt nicht möglich. Das Gericht könnte aber Anträge im Sinne des § 251 S. 1 ZPO anregen, die ein Ruhen des Verfahrens zur Folge hätten.[1559] § 251 S. 1 ZPO normiert den Fall des *einverständlichen* Ruhens, weshalb für beide Parteien ein Interesse an einem solchen Ruhen des Verfahrens bestehen müsste, damit solche Anträge

---

[1554] BGH, Beschl. v. 30. März 2005 – X ZB 26/04, BGHZ 162, 373–378, juris Rn. 11 „rechtlich beeinflussen"; *Bünnigmann*, in: Anders/Gehle ZPO, § 148 Rn. 6: „in rechtlicher Hinsicht Einfluss".

[1555] *Stadler*, in: Musielak/Voit ZPO, § 148 Rn. 5.

[1556] *Bünnigmann*, in: Anders/Gehle ZPO, § 148 Rn. 6 „Allein tatsächliche Auswirkungen genügen nicht, [...]."; *Wendtland*, in: BeckOK ZPO, Stand: 01.09.2024, § 148 Rn. 7; *Fritsche*, in: MüKo ZPO, § 148 Rn. 10; vgl. BGH, Beschl. v. 30. März 2005 – X ZB 26/04, BGHZ 162, 373–378, juris Rn. 11: „[...] keine allgemeine Ermächtigung, die Verhandlung eines Rechtsstreits zur Abwendung einer vermeidbaren Mehrbelastung des Gerichts auszusetzen."

[1557] BGH, Urt. v. 21. Februar 1983 – VIII ZR 4/82, NJW 1983, 2496–2498, juris Rn. 12; BGH, Beschl. v. 27. Juni 2019 – IX ZB 5/19, NJW-RR 2019, 1212–1213, Rn. 7; *Wendtland*, in: BeckOK ZPO, Stand: 01.09.2024, § 148 Rn. 7.

[1558] Siehe oben § 7 B. II. 3. a).

[1559] *Fritsche*, in: MüKo ZPO, § 148 Rn. 3.

erwartbar wären. Ein solches Interesse könnte im Einzelfall bestehen, wenn eine Berufung zulässig und auch ein taugliches Rechtsmittel zum Einbringen neuer Beweise wäre und ein solches Berufungsverfahren absehbar wäre. Aber selbst unter derartigen Umständen ist es schwierig vorstellbar, dass die Gesellschaft ein Interesse daran hat, eine Entscheidung der datenschutzrechtlichen Streitigkeit abzuwarten. Denn ein erstinstanzliches Urteil in der Organhaftungsklage wäre bereits vorläufig vollstreckbar, was ein Interesse der Gesellschaft an einem solchen begründet. Zudem handelt es sich bei der Berufungsinstanz im zivilprozessualen Verfahren nur eine eingeschränkte Tatsacheninstanz, was für die Gesellschaft prozessual vorteilhaft sein kann. Dementsprechend kommt ein einverständliches Ruhen praktisch nicht in Betracht.

### 6. Notanker: Nachschieben eines Informationsgewinns mittels Berufung

Sollte im äußersten Ausnahmefall eine Informationsgewährung nach Art. 15 DS-GVO einmal nach Abschluss der ersten Instanz des Organhaftungsanspruchs erfolgen, so verbleibt dem Organmitglied die Möglichkeit einer Berufung wegen neuen Erkenntnisgewinns. Die Berufungsinstanz ist sowohl Tatsachen- als auch Rechtsinstanz und damit grundsätzlich nach §§ 513 Abs. 1, 529 Abs. 1 Nr. 2 ZPO geeignet, neue Erkenntnisgewinne zu berücksichtigen.[1560] Neue Verteidigungsmittel können aber nur bei Vorliegen der Voraussetzungen des § 531 Abs. 2 ZPO berücksichtigt werden. § 531 Abs. 2 Nr. 3 ZPO erlaubt das, wenn Verteidigungsmittel „[…] im ersten Rechtszug nicht geltend gemacht worden sind, ohne dass dies auf einer Nachlässigkeit der Partei beruht." Der zugrunde zu legende Sorgfaltsmaßstab für die Ermittlung der Nachlässigkeit ist die einfache Fahrlässigkeit.[1561] Dem Betroffenen, der bereits auf Erfüllung des Art. 15 DS-GVO geklagt hat und zusätzlich im Verfahren des Organhaftungsprozesses mittels §§ 421 ff. ZPO[1562] versucht an verteidigungsrelevante Informationen zu gelangen, kann nicht vorgeworfen werden, dass er Verteidigungsmittel zu spät anbringt. Das gilt insbesondere, wenn ihm diese wegen der verspäteten Zugangsgewährung durch den Verantwortlichen erst nach dem Schluss der mündlichen Verhandlung in der ersten Instanz bekannt geworden sind. Denn vom Organmitglied kann nur erwartet werden, dasjenige in den Prozess einzubringen, was ihm „[…] bei Aufwendung der gebotenen Sorgfalt hätte bekannt sein müssen und zu [dessen] Geltendmachung [das Organmitglied]

---

[1560] Jüngst die Eigenschaft als Tatsacheninstanz betonend: BGH, Beschl. v. 8. August 2023 – VIII ZR 20/23, juris Rn. 11 ff.

[1561] BGH, Urt. v. 8. Juni 2004 – VI ZR 199/03, BGHZ 159, 245–254, juris Rn. 25; Saarländisches Oberlandesgericht, Urt. v. 25. September 2002 – 1 U 273/02, OLGR Saarbrücken 2002, 453–455, juris Rn. 16; *Göertz*, in: Anders/Gehle ZPO, § 531 Rn. 21.

[1562] Zum Verhältnis der Widerklage mit Art. 15 DS-GVO und §§ 422 ff. ZPO siehe oben § 7 B. II. 2.

dort imstande ist."¹⁵⁶³ Mehr als zu versuchen, all diese potenziellen Informationsquellen auszuschöpfen, kann vom Organmitglied nicht verlangt werden.

Wegen der einzuhaltenden Zwei-Monats-Frist für die Berufungsbegründung ist der Anwendungsbereich der Berufung wegen des verspäteten Erkenntnisgewinns im Organhaftungsprozess aber äußerst eng. Wird das Zugangsverlangen nicht spätestens zwei Monate nach dem Urteil im Organhaftungsprozess erfüllt, so wird eine Berufung grundsätzlich nicht in Betracht kommen.

### 7. Summa – Keine Möglichkeit der zeitlichen Abstimmung der Verfahren

Die Untersuchung hat gezeigt: Es besteht keine über die Widerklage hinausgehende Möglichkeit zur (zeitlichen) Abstimmung der Verfahren aufeinander. Relevant wird das aber ohnehin nur im seltenen Ausnahmefall, in dem eine Entscheidung in der Organhaftung vor einer Entscheidung in der Zugangsklage droht und die Zugangsklage nicht als Widerklage erhoben wurde. Allein in dieser beschränkten Ausnahmekonstellation, könnte dann im Einzelfall eine einstweilige Verfügung nach § 935 ZPO in Betracht kommen, deren Zulässigkeit wegen einer Vorwegnahme der Hauptsache aber im Einzelfall sorgfältig abgewogen werden sollte. Als Notanker dient dem Organmitglied bei „zu spätem" Informationsgewinn die Möglichkeit einer Berufung offen.

## E. Ergebnis: Prozessuale Integration des Art. 15 DS-GVO

Die Untersuchung der prozessualen Aspekte des Art. 15 DS-GVO hat offenbart, dass in der Regel mittels der Widerklage nach § 33 ZPO die Möglichkeit der prozessualen Integration des Art. 15 DS-GVO in den Organhaftungsprozess besteht. Dem steht die Qualifikation des Informationsgewinns für den Organhaftungsprozess als bloßer Nebeneffekt des Zugangsanspruchs aus Art. 15 DS-GVO wie gezeigt nicht entgegen. Eine Gesamtabwägung tangierter Prozessgrundsätze spricht zudem maßgeblich für die Annahme der Konnexität. Das Ausforschungsverbot tritt in einer solchen Abwägung zurück, sodass es der prozessualen Verknüpfung der Verfahren nicht im Wege steht. Hinsichtlich der Widerklage hat in der Regel ein Teilurteil nach § 301 ZPO zu ergehen, sodass die Informationsgewährung im Sinne der Prozessökonomie und der Garantie effektiven Rechtsschutzes vor einer Entscheidung in der Organhaftung ergeht.

---

¹⁵⁶³ BGH, Urt. v. 8. Juni 2004 – VI ZR 199/03, BGHZ 159, 245–254, juris Rn. 25.

# § 8 Thesenartige Zusammenfassung

Aus den vorangegangenen Untersuchungen haben sich vielfältige Erkenntnisse ergeben. Intention dieser Arbeit war es, Art. 15 DS-GVO in die Organhaftung einzuordnen. Betreffend dieses Zusammenhangs ergeben sich die folgenden Thesen

## A. Informationsdefizite in der Organhaftung

(1) Das ausgeschiedene Organmitglied wird im Falle der Inanspruchnahme aus Organhaftung trotz sekundärer Darlegungslast und möglicherweise bestehender D&O-Versicherung ein erhebliches Interesse an einer Reduktion der Informationsasymmetrie zwischen ihm und der Gesellschaft haben. Der Darlegungs- und Beweisnot wird nicht zuverlässig vorgebeugt. Unter einer entsprechenden Darlegungs- und Beweisnot leidet auch ein in Regress genommenes Organmitglied nach richtiger Auffassung, da auch dieses in der Organhaftung die Darlegungs- und Beweislast bezüglich des Nichtvorliegens der objektiven und subjektiven Pflichtverletzung trifft. Die Gesellschaft sollte bei der Inanspruchnahme der Organmitglieder sorgfältig abwägen, ob es ein Organmitglied aus Überwachungsverschulden in Anspruch nimmt. Denn dann besteht sowohl für dieses als auch für das in Regress genommene Organmitglied ein Anreiz zur Geltendmachung des Art. 15 DS-GVO, womit die Gesellschaft unter zusätzlichem Aufwand zur Erfüllung dieser Ansprüche leidet.

(2) Die anerkannten Informationsansprüche der §§ 810, 242 BGB helfen dem Informationsbedürfnis des ausgeschiedenen Organmitglieds nicht ab. Die Schwäche dieser Ansprüche liegt darin, dass sie dem Organmitglied dann nicht helfen, wenn es sie am dringendsten benötigt: beim Fehlen jeglicher Erinnerungen. Die Ursache dafür liegt in den hohen Konkretisierungsanforderungen, die bei Geltendmachung dieser Ansprüche von der überwiegenden Ansicht sowie vom BGH gefordert werden. Diese Konkretisierungsanforderungen setzen eine gewisse Sachkenntnis des Organmitglieds bereits voraus. Auch die prozessrechtlichen Ansprüche der §§ 142, 421 ff. ZPO helfen dem Informationsbedürfnis des Organmitglieds nicht ab. Mit ihnen geht, ebenfalls wegen hoher Konkretisierungsanforderungen, kein zusätzlicher Informationsgewinn einher. Sie setzen zu spät an und helfen dem Organmitglied allenfalls auf der Beweisebene, nicht aber auf der Darlegungsebene.

## B. Anwendbarkeit des Art. 15 DS-GVO in der Organhaftung

(3) Der Begriff der „personenbezogenen Daten" ist extensiv zu verstehen. Ein restriktives Verständnis, wonach nur sensible oder private Informationen erfasst sind, zersplittert den Tatbestand des Informationsanspruchs. Lösungen zur Begegnung etwaiger Bedenken gegen ein restriktives Verständnis sind vielmehr in den Grenzen des Anspruchs zu suchen. *Prima facie* sind alle Daten objektiver und subjektiver Natur erfasst; auch interne Vermerke. Ebenso weit gefasst wird der Begriff der „Verarbeitung". Nicht erfasst vom Anspruch sind allein analog und nicht geordnet abgelegte Daten. Diese kumulativen Voraussetzungen werden bei für die Organhaftung relevanten Daten schon wegen der Digitalisierung selten vorliegen, sodass die Ausklammerung dieser Daten keine echte Bedeutung hat.

(4) Das ausgeschiedene Organmitglied ist Betroffener im Sinne der DS-GVO. Die anerkannten Grundsätze zu Daten über natürliche Personen hinter juristischen Personen, zu Daten über Funktionsträger im öffentlichen Recht und zu Daten im beruflichen Umfeld sind übertragbar. Ein rechtfertigender Grund für eine unterschiedliche Behandlung besteht nicht. Der mittelbare Bezug eines Datums auf eine natürliche Person genügt für den Personenbezug. Die persönliche Individualität wird nicht zulasten der Organfunktion aufgegeben.

(5) Der Zugangsanspruch ist nicht schon deshalb ausgeschlossen, weil das ausgeschiedene Organmitglied für die Verarbeitung einmal selbst verantwortlich war und ihm daher bestimmte Daten noch bekannt sind. Es erfolgt bei Art. 15 DS-GVO keine Reduktion auf eine Differenzauskunft, die bereits bekannte Daten ausspart. Auch schließt es den Anspruch nicht aus, wenn das Organmitglied wegen vormaliger Verantwortlichkeit für die Datenverarbeitung etwaige Versäumnisse in der Datenorganisation zu vertreten hat, welche die Zugangsgewährung nun erschweren. Die vormalige Verantwortlichkeit ist allein bei einer im Art. 15 Abs. 4 DS-GVO zu verortenden Interessenabwägung zu berücksichtigen. Dort wirkt sich dies zulasten der Schutzwürdigkeit des Organmitglieds aus und ist insbesondere dann relevant, wenn die Gesellschaft sich wegen eines hohen Aufwands gegen den Anspruch wehren möchte.

(6) Eine sprachvergleichende Auslegung zeigt, dass es sich bei Art. 15 Abs. 1 DS-GVO entgegen dem Wortlaut der deutschsprachigen Fassung um einen *Zugangsanspruch* und nicht um einen *Auskunftsanspruch* handelt. Dieser terminologische Unterschied ist für die Auslegung und damit das Verständnis des Anspruchs elementar. Daraus folgt, dass eine unmittelbare Wahrnehmung der Daten selbst ermöglicht werden muss, die nicht wie bei einer Auskunft durch die Wahrnehmung des Verarbeitenden gefiltert wird.

(7) Art. 15 Abs. 3 DS-GVO ist kein eigenständiger Anspruch, sondern lediglich eine Regelung der Modalität der Anspruchserfüllung. Demnach hat die Zugangs-

gewährung standardmäßig in Form einer Kopie zu erfolgen. Abs. 1 und Abs. 3 bilden einen einheitlichen Anspruch auf Zugang zu den verarbeiteten personenbezogenen Daten.

(8) Grundsätzlich genügt zur Erfüllung des Zugangsanspruchs die Bereitstellung des einzelnen, isolierten Datums in Kopie. Insbesondere eine Bereitstellung ganzer Dokumente ist grundsätzlich nicht erforderlich. Abweichendes gilt nur so weit, wie die Kontextualisierung mit im Dokument enthaltenen nicht personenbezogenen Daten zum Verständnis eines isoliert unverständlichen personenbezogenen Datums erforderlich ist.

(9) Die Erfüllung des Art. 15 DS-GVO wird subjektiv – mit objektiver Korrektur bei offensichtlicher Unvollständigkeit – bestimmt. Maßgeblich ist eine (konkludente) Erklärung der Gesellschaft, dass sie die Zugangsgewährung als vollständig erachtet. Ist diese Erklärung objektiv plausibel, tritt Erfüllung ein. Dahingehend ähnelt der Anspruch nationalen Auskunftsansprüchen, die unter § 260 BGB fallen. § 260 BGB ist auch auf Art. 15 DS-GVO anwendbar. Das regt wegen der abschreckenden Wirkung der unter gewissen Voraussetzungen bestehenden, strafrechtlich sanktionierten, Verpflichtung des Verantwortlichen zur Abgabe einer eidesstattlichen Versicherung der Vollständigkeit nach § 260 Abs. 2 BGB zur ordnungsgemäßen Erfüllung an. Die Anwendbarkeit des § 260 BGB auf Art. 15 DS-GVO entspricht dem Grundsatz des *effet-utile*.

(10) Eine Verwendung des Art. 15 DS-GVO kommt im Organhaftungskontext rein tatsächlich zum Zweck des Informationsgewinns, zum Zweck der Korrektur der Daten mittels der Folgeansprüche aus Artt. 16, 17 DS-GVO und auch zum Zweck des Druckaufbaus in Betracht. Der Druck kann dann in tatsächlicher Hinsicht dazu genutzt werden, einen Vorteil zu erlangen, der etwa in einer Abfindung oder einem Vergleich über die Schadensersatzforderung besteht. Druck auf den Verantwortlichen kann bei Geltendmachung des Anspruchs insbesondere deshalb entstehen, weil bei langjähriger Organtätigkeit regelmäßig eine große Datenmenge verarbeitet wurde. Damit wird der Gesellschaft ein erheblicher Aufwand zur Erfüllung zugemutet. Der Anspruch muss dennoch grundsätzlich innerhalb eines Monats erfüllt werden und bei Verletzung dieser Pflichten droht nach Art. 83 Abs. 5 lit. b DS-GVO ein erhebliches Bußgeld. Zusätzlich kommt nach Art. 82 Abs. 1 DS-GVO ein Schadensersatzanspruch des Betroffenen in Betracht.

## C. Beschränkungen des Art. 15 DS-GVO in der Organhaftung

(11) Es bestehen maßgebliche Unterschiede zwischen der angloamerikanischen Pre-Trial Discovery und der Vorbereitung eines Zivilprozesses mittels des durch Art. 15 DS-GVO ermöglichten Informationsgewinns. Diese Unterschiede bestehen insbesondere in der in Art. 15 DS-GVO nicht vorgesehenen Integration

dieses Anspruchs in den prozessrechtlichen Ablauf und damit in den fehlenden Auswirkungen der Nichterfüllung auf den anderen Streitgegenstand. Zudem ist die „Ausforschung" bei Art. 15 DS-GVO auf solche Daten mit Personenbezug begrenzt, wohingegen bei der Pre-Trial Discovery ein gezieltes Suchen nach Informationen mit Bezug zum Streitgegenstand möglich ist. Der Informationsgewinn kann bei der Pre-Trial Discovery damit zum Zweck der Verteidigung gegen die Inanspruchnahme im Einzelfall weitaus hilfreicher sein als das bei dem durch Art. 15 DS-GVO ermöglichten Informationsgewinn der Fall ist. Die Verwertbarkeit der durch Art. 15 DS-GVO gewonnenen Informationen im Organhaftungsprozess unterliegt einem Zufallselement, welches es bei der zielgerichteten Pre-Trial Discovery so nicht gibt. Wegen des bei Art. 15 DS-GVO bestehenden Zufallselements und der Begrenzung auf personenbezogene Daten, fällt die Kollision mit dem Ausforschungsverbot gering aus.

(12) Der bloß zufällige Nebeneffekt des Art. 15 DS-GVO, dass dieser als Informationshebel für einen anderen Prozess dienen kann, ist von der Kompetenz der Europäischen Union zur Regelung des Datenschutzes in Art. 16 Abs. 2 UAbs. 1 AUEV erfasst. Damit wird das Prinzip der begrenzten Einzelermächtigung gewahrt, womit der Anwendungsvorrang des Unionsrechts der Norm trotz Kollision mit dem Ausforschungsverbot zur Wirksamkeit verhilft. In Abgrenzung zur zulässigen Vertragsauslegung liegt gerade keine, eine dem Vertragsänderungsverfahren zu unterstellende, „ad-hoc Modifizierung" der Verträge vor. Beschränkungen des Art. 15 DS-GVO zum Schutz nationaler Prozessgrundsätze müsste der nationale Gesetzgeber normieren und in die Öffnungsklausel des Art. 23 Abs. 1 lit. f 2. Alt. DS-GVO eintreten lassen. Aus der Kollision des Art. 15 DS-GVO mit dem Ausforschungsverbot heraus müssen wegen des Anwendungsvorrangs des Unionsrechts jedenfalls keine besonders strengen Grenzen des Anspruchs gezogen werden. Die Auslegung wird durch diese Kollision nicht beeinflusst.

(13) Unter die „andere Person" des Art. 15 Abs. 4 DS-GVO fällt auch und insbesondere der Verantwortliche der Datenverarbeitung selbst. Der Verantwortliche, also die Gesellschaft, trägt, wenn sie sich auf diesen Ausschlussgrund beruft, die Darlegungs- und Beweislast für das Überwiegen ihrer Interessen oder der Interessen Dritter. Es gilt „*in dubio pro informatione*". Einen vollständigen Ausschluss der Zugangsgewährung kann Art. 15 Abs. 4 DS-GVO grundsätzlich nicht begründen. Dem Überwiegen der Interessen anderer wird in der Regel mittels Schwärzungen oder Auslassungen Rechnung getragen.

(14) Art. 15 Abs. 4 DS-GVO ist für den Verantwortlichen ein zweischneidiges Schwert. Neben der ermöglichten Beschränkung des Zugangs sorgt die erforderliche Abwägung und entsprechende Überarbeitung der Datenkopien auch für einen erheblichen Prüfungsaufwand und damit Mehraufwand bei der Anspruchserfüllung. Besondere Bedeutung entfaltet Art. 15 Abs. 4 DS-GVO dann, wenn ausnahmsweise die Kopie ganzer Dokumente und nicht nur isolierter Daten erforderlich ist. Denn sodann steigt die Wahrscheinlichkeit, dass schutzwürdige Daten der Gesellschaft oder Dritter enthalten sind.

(15) Mittels Art. 15 Abs. 4 DS-GVO kann insbesondere der Zugang zur Prozessstrategie der Gesellschaft im parallelen Haftungsprozess, der Zugang zu noch laufenden Ermittlungen, die durch den Zugang beeinträchtigt werden könnten, sowie grundsätzlich der Zugang zur Identität eines Hinweisgebers verweigert werden

(16) Eine Beschränkung des Anspruchs aus Art. 15 DS-GVO wegen „hohen Aufwands" ist nur unter sehr strengen Voraussetzungen und bei Hinzutreten weiterer Umstände zu dem Aufwand möglich. Überzeugender dogmatischer Ansatzpunkt dafür ist Art. 15 Abs. 4 DS-GVO, in dessen Rahmen das Zugangsinteresse des (ehemaligen) Organmitglieds gegen die Interessen der Gesellschaft, insbesondere gegen die unternehmerische Freiheit aus Art. 16 GRCh, abzuwägen ist. Wegen des Gewichts des Datenschutzes und der Eigenschaft des Art. 15 DS-GVO als *Magna-Charta* dieses Datenschutzes, müssen Beschränkungen wegen des Aufwands äußerst restriktiv gehandhabt werden. Das gilt maßgeblich wegen der paradoxen Verschiebung der Schutzwürdigkeit bei einer großen Datenmenge. Während der Betroffene hinsichtlich seines Grundrechts auf Datenschutz und seines Rechts auf informationelle Selbstbestimmung an Schutzwürdigkeit gewinnt, bewegt sich der Verantwortliche tiefer im verbotenen Bereich und büßt damit an Schutzwürdigkeit ein. Der Zugangsanspruch gewinnt bei einer großen Datenmenge also an Gewicht. Der Einwand des hohen Aufwands darf nicht auf eine bloße Lästigkeitsschwelle reduziert werden.

(17) Ein bedeutendes Abwägungskriterium im Zusammenhang mit einer Beschränkung des Anspruchs wegen hohen Aufwands, ist die Frage, ob die Gesellschaft zumutbare Maßnahmen zur Reduzierung des Aufwands ergriffen hat. Der Gesellschaft kommt dahingehend eine Obliegenheit zu, zumutbare, den Aufwand reduzierende Maßnahmen zu ergreifen. Angesichts diverser Möglichkeiten einer solchen Aufwandsreduzierung sowie der in These (16) beschriebenen Abwägungsmaßstäbe, unterliegt ein Ausschluss wegen hohen Aufwands einem kaum zu bewältigendem Begründungsaufwand. Zulässiges Abwägungskriterium ist auch ein etwaiger wirtschaftlicher Wert des Zugangsanspruchs für den Betroffenen, der sich aus einer datenschutzexternen Nutzung ergibt. Damit ein Einwand wegen unzumutbaren Aufwands Erfolg haben kann, muss das Organmitglied selbst während seiner Amtszeit erhebliche Versäumnisse in der Datenorganisation zu vertreten haben, die nun kausal für den hohen Aufwand sind. Alternativ oder kumulativ, je nach dem Maß der Vorwerfbarkeit, müsste das Organmitglied jegliche ihm zumutbare Kooperation verweigern, die den Erfüllungsaufwand reduzieren würde.

(18) Angesichts der fortschreitenden technologischen Entwicklungen und damit einhergehend der rasanten Verbreitung von niedrigschwellig zugänglicher künstlicher Intelligenz, wird von den Gesellschaften auch der Einsatz solcher Mittel zur Verringerung des Aufwands zu erwarten sein. Zahlreiche Anbieter von Datenräumen haben solche Anwendungen bereits in ihren Datenräumen installiert, die zur Bereitstellung der Daten genutzt werden können und dürfen, sofern der Datenraum „sicher" ist. Zudem liegt es im Verantwortungsbereich der Gesellschaft, die Daten-

organisation „aufwandsreduzierend" zu organisieren, sodass auch bei der Organisation der Datenverarbeitung schon eine Verwendung technischer Hilfsmittel und künstlicher Intelligenz erwartet werden darf. Das erleichtert eine spätere Zugangsgewährung. Die Ignoranz der Rechtsprechung hinsichtlich solcher technischen Mittel ist aus heutiger Perspektive bedenklich. Bei entsprechender Verwendung stellt die fortschreitende Technologie nicht nur eine Bedrohung für den Datenschutz dar, sondern hilft auch, diesen zu verwirklichen. Die Wirkungen des technischen Fortschritts auf den Datenschutz sind ambivalent.

(19) Durch künstliche Intelligenz erfolgte übermäßige Schwärzungen, die isoliert betrachtet nach Art. 15 Abs. 4 DS-GVO zunächst nicht hätten erfolgen müssen, dürfen nicht sanktioniert werden, wenn der Zugang zu den Daten durch den Einsatz der technischen Hilfsmittel erst ermöglicht wurde. Im Rahmen der Abwägung muss dieser Umstand, dass der Zugang hierdurch erst ermöglicht wurde, ebenfalls Berücksichtigung finden. Eine solche, isoliert betrachtet ungerechtfertigte Schwärzung, ist im Gesamtkontext dann hinzunehmen. Das darf aber nicht zu einem Freifahrtschein für übermäßige Schwärzungen verkommen. Gezielte Nachfragen können solche vereinzelten Schwärzungen nachträglich beseitigen.

(20) Bei Geltendmachung des Art. 15 DS-GVO werden keine Konkretisierungsanforderungen gestellt. Solche ergeben sich auch bei gerichtlicher Geltendmachung nicht aus § 253 Abs. 2 Nr. 2 ZPO. Richtig ist, dass eine unterlassene Konkretisierung im Rahmen einer Interessenabwägung gemäß Art. 15 Abs. 4 DS-GVO zu berücksichtigen ist. Eine absolute Rechtsfolge bei unterlassener Konkretisierung oder einer „Konkretisierung auf alle personenbezogenen Daten" wie beim Konzept der „abgestuften Erfüllungslast", ist nicht vorgesehen. Je eher dem Betroffenen eine Konkretisierung möglich und zumutbar ist, desto eher kann der Einwand einer unterlassenen Konkretisierung eine Begrenzung des Zugangs rechtfertigen.

(21) Eine Verschwiegenheitsvereinbarung zwischen Betroffenem und Verantwortlichem ist geeignet, den aus der bei Art. 15 Abs. 4 DS-GVO erforderlichen Abwägung mit Drittinteressen resultierenden Aufwand zu reduzieren. Es handelt sich nicht um einen unzulässigen Vertrag zulasten Dritter, sondern bei entsprechend hoher Vertragsstrafe im Falle des Verstoßes gegen die Vereinbarung lediglich um einen Ausgleich der Interessen aller Beteiligten, bestehend aus Verantwortlichem, Betroffenem und Drittem. Basierend auf einer vertragsstrafenbewehrten Verschwiegenheitsvereinbarung verlieren die Interessen des Dritten in dieser Gesamtabwägung gegenüber den Interessen des Verarbeitenden und des Betroffenen an Gewicht, sodass sich ein Zugang zu den Daten im Ergebnis als interessengerecht erweist. Die Weitergabe der Daten Dritter wird durch Art. 6 Abs. 1 lit. c DS-GVO legitimiert, wonach eine Datenverarbeitung rechtmäßig ist, wenn sie „[...] zur Erfüllung einer rechtlichen Verpflichtung erforderlich ist, der der Verantwortliche unterliegt [...]."

(22) Dem Zugangsrecht aus Art. 15 DS-GVO kommt ein relevanter Selbstand zu, was sich insbesondere aus dem primärrechtlichen Anker des Art. 8 GRCh ergibt. Dieser Selbstand verbietet es, den Zweck des Zugangsrechts auf eine instrumen-

telle Funktion zu reduzieren, die besonders in Erwägungsgrund 63 S. 1 DS-GVO zum Ausdruck kommt. Der Anspruch dient gerade nicht nur zur Rechtmäßigkeitskontrolle und Geltendmachung der Folgerechte der Artt. 16, 17 DS-GVO, sondern existiert auch um seiner selbst willen, zwecks anlassloser Erzeugung von Transparenz in der Datenverarbeitung. Der Betroffene darf sich jederzeit der Datenverarbeitung bewusstwerden, ohne dass er dafür ein bestimmtes Motiv verfolgen muss. Das ist der Ausgleich für den Eingriff in das Recht aus Art. 8 Abs. 1 GRCh und vermag diesen zu rechtfertigen.

(23) Wegen des Selbststands des Rechts aus Art. 15 DS-GVO überzeugt ein Anspruchsausschluss für den Fall der beabsichtigten Verwendung der Informationen in einem parallelen Haftungsprozess nicht. Dieser Fall, der in der Literatur unter der Terminologie der „Verfolgung datenschutzfremder Zwecke" diskutiert wird, stellt wegen des Selbststands schon keine Verfolgung datenschutz*fremder* Zwecke, sondern allenfalls datenschutz*externer* Zwecke dar. Das in Erwägungsgrund 63 S. 1 DS-GVO genannte „[...] sich bewusst [werden]" über die Datenverarbeitung setzt aber jedenfalls ein Informationsinteresse auf Seiten des Organmitglieds voraus. Nur wenn das Organmitglied beabsichtigt, die Daten wahrzunehmen, kann es sich der Verarbeitung bewusstwerden. Andernfalls ist die Verwendung des Art. 15 DS-GVO schon von vornherein untauglich, Transparenz zu erzeugen und Informationsasymmetrien abzubauen. Die Ausgleichsfunktion für den Eingriff in Art. 8 Abs. 1 GRCh würde nicht erfüllt.

(24) Eine „Verfolgung datenschutzfremder Zwecke" liegt dann vor, wenn ein Informationsinteresse des Betroffenen bei Geltendmachung des Zugangsanspruchs gar nicht besteht. Wird in solchen Fällen ein eigener Vorteil angestrebt, so kann die Konstellation unter den unionsrechtlichen Missbrauchsvorbehalt subsumiert werden, der zum Anspruchsausschluss führen wird. Dazu muss der Vorteil ungerechtfertigt sein und es muss anhand objektiver Umstände ersichtlich sein, dass nur dieser Vorteil subjektiv verfolgt wird. Insbesondere wird das der Fall sein, wenn der Betroffene dem Verantwortlichen anbietet, auf den Zugangsanspruch zu „verzichten", sofern er im Gegenzug einen Vorteil, etwa den (teilweisen) Verzicht auf den Organhaftungsanspruch oder eine Abfindung, erhält. Aus der unzulässigen Zweck-Mittel Verknüpfung ergibt sich, dass der Vorteil ungerechtfertigt und das Vorgehen damit rechtsmissbräuchlich im Sinne des unionsrechtlichen Missbrauchsvorbehalts ist. Wird kein eigener Vorteil verfolgt, sondern handelt es sich bloß um eine Schikane des Verantwortlichen, so greift Art. 12 Abs. 5 S. 2 DS-GVO, bei dem es sich um ein Schikaneverbot und keine Ausprägung des unionsrechtlichen Rechtsmissbrauchsvorbehalts handelt – wie es teils wenig überzeugend vertreten wird.

(25) Neben Art. 15 Abs. 4 DS-GVO, Art. 12 Abs. 5 S. 2 DS-GVO und dem allgemeinen unionsrechtlichen Missbrauchsvorbehalt, gibt es keine für die Organhaftungskonstellation bedeutenden Beschränkungen des Zugangsrechts. Das gilt sowohl für die unionsrechtliche Ebene als auch für die nationale Ebene. Die existierenden Grenzen sind für den Schutz interner Untersuchungen, den Schutz von

Hinweisgebern sowie von Geschäftsgeheimnissen und der Prozessstrategie der Gesellschaft von hoher Relevanz. Der Datenschutz ist zwar ein gewichtiges Rechtsgut, überwiegt aber nicht sämtliche Interessen. Dementsprechend hat stets eine Abwägung zu erfolgen.

## D. Vergleich von §§ 810, 242 BGB und Art. 15 DS-GVO

(26) Die bei §§ 810, 242 BGB sowie §§ 142, 421 ff. ZPO zur Geltendmachung notwendige Wissensgrundlage, die vorhanden sein muss, um den Konkretisierungsanforderungen gerecht zu werden, ist ein maßgeblicher Unterschied zu Art. 15 DS-GVO, der keine echte Konkretisierungspflicht kennt (vgl. These (20)). Mithin unterscheidet sich der *netto* Informationsgewinn der datenschutzrechtlichen Norm erheblich von demjenigen der nationalen Anspruchsgrundlagen. Die nationalen Ansprüche können vereinzelte Erinnerungslücken füllen. Art. 15 DS-GVO kann ein grundlegendes Bild ohne zuvor notwendige Sachkenntnis verschaffen.

(27) Auf Rechtsfolgenseite geht der Anspruch des Art. 15 DS-GVO nur in geringem Maße über die nationalen Ansprüche hinaus: Art. 15 DS-GVO erfasst auch interne Vermerke sowie Sekundärgrundlagen, die von den nationalen Ansprüchen nicht erfasst werden. §§ 810, 242 BGB haben nämlich nur den Zweck, dem Organ Zugang zu solchen Informationen zu verschaffen, die dieses vor dem Ausscheiden aus der Gesellschaft auch einsehen konnte. Der maßgebliche Unterschied der Ansprüche besteht mithin nicht auf der Rechtsfolgenseite, sondern in den nicht vorhandenen Konkretisierungsanforderungen des Art. 15 DS-GVO. Art. 15 DS-GVO sorgt damit für eine teilweise Beseitigung der Informationsasymmetrie, zumindest bezüglich der personenbezogenen Daten des Organmitglieds. Ob damit auch eine Beseitigung der Informationsasymmetrie hinsichtlich der Fragen der Organhaftung einhergeht, bleibt zufallsabhängig.

(28) Art. 15 DS-GVO erzeugt wegen der grundsätzlichen Pflicht zur Bereitstellung einer Kopie neben Sachnähe auch Beweisnähe. §§ 810, 242 BGB schaffen eine solche Beweisnähe nur unter besonderen Voraussetzungen, die die eigenständige Anfertigung einer Kopie erlauben. Alternativ kann national mittels der gesondert geltend zu machenden §§ 142, 421 ff. ZPO Beweisnähe generiert werden.

(29) Während bei Nicht- oder Schlechterfüllung der §§ 810, 242 BGB lediglich intraprozessuale Konsequenzen wie eine Verschärfung der Darlegungs- und Beweislast zulasten der Gesellschaft drohen, drohen bei Art. 15 DS-GVO mit Art. 83 Abs. 5 lit. b DS-GVO und § 260 Abs. 2 BGB i. V. m. §§ 156, 161 StGB insbesondere auch hoheitliche Sanktionen außerhalb eines etwaigen Prozesses. Zudem kann das Organmitglied bei verspäteter Zugangsgewährung Schadensersatz nach Art. 82 Abs. 1 DS-GVO verlangen. Der Schaden besteht aber nicht in der fehlenden Möglichkeit zur Verteidigung gegen den Organhaftungsanspruch. Eine Berechnung des Schadens hiernach würde den Zweck des Anspruchs überdehnen, dessen bloßer

Nebeneffekt es ist, dass die Informationen auch in einem Organhaftungsprozess verwendet werden dürfen. Diesen gebilligten Nebeneffekt gilt es bei Nichterreichung nicht zu sanktionieren. Die unterschiedlichen Sanktionen bei den nationalen und unionsrechtlichen Informationsansprüchen haben Auswirkungen auf die von der Gesellschaft vorgenommenen Kosten-Nutzen-Abwägung vor Erfüllung des Anspruchs. Die Motivation zur vollständigen und sorgfältigen Erfüllung wird bei Art. 15 DS-GVO durch diese über einen Prozess hinausgehenden Sanktionen gesteigert. Das ist aber auch notwendig, da der Erfüllungsaufwand dort größer sein wird als bei §§ 810, 242 BGB.

# E. Prozessuale Integration des Art. 15 DS-GVO in den Organhaftungsprozess

(30) Eine Geltendmachung des Art. 15 DS-GVO als Gegenstand einer Widerklage gegen den Organhaftungsanspruch ist zulässig. Der Anspruch wird im Anwendungsfall der Widerklage anders als § 810 BGB nicht durch §§ 422 ff. ZPO verdrängt. Die weit zu verstehende Voraussetzung der Konnexität von Organhaftungsanspruch und Zugangsanspruch liegt zudem vor. Die Organhaftung und die Datenverarbeitung beruhen auf denselben Handlungen des Organmitglieds. In tatsächlicher Hinsicht besteht der Zugangsanspruch nach Art. 15 DS-GVO daher *wegen* der Organtätigkeit. Einer prozessualen Integration mittels Widerklage steht nicht der Umstand entgegen, dass dadurch das Maß der Kollision mit dem Ausforschungsverbot gesteigert wird. Denn das Ausforschungsverbot findet seine funktionale und grundgesetzliche Grenze wie auch der Beibringungsgrundsatz in der Garantie effektiven Rechtsschutzes nach Art. 19 Abs. 4 GG. In einer notwendigen Gesamtbetrachtung dieser tangierten Prozessgrundsätze setzen sich die Prozessökonomie und das Gebot effektiven Rechtsschutzes aus Art. 19 Abs. 4 DS-GVO gegen das ohnehin nur eingeschränkt betroffene Ausforschungsverbot durch (zum Maß der Kollision vgl. These (11)). Dementsprechend taugt das Ausforschungsverbot in diesem konkreten Fall nicht als Grenze der prozessualen Integration und kann einer Widerklage nicht entgegenstehen.

(31) Die Konstellation, dass eine Entscheidung im Verfahren der Organhaftung vor einer Entscheidung im datenschutzrechtlichen Verfahren ergeht, ist bei rechtzeitiger Erhebung der Zugangsklage eher theoretischer Natur und praktisch damit nicht relevant. Das doppelte Enforcement des Zugangsanspruchs, gepaart mit der kurzen einmonatigen Frist zur Zugangsgewährung sowie der im Vergleich zur Organhaftung weniger aufwendige Prozess, sorgen dafür, dass eine Entscheidung in datenschutzrechtlichen Fragen zügiger ergehen wird. Sollte eine Entscheidung in der Organhaftung doch einmal zeitlich vorher drohen, so kommt unter besonderen Voraussetzungen eine einstweilige Leistungsverfügung zugunsten einer Zugangsgewährung in Betracht. Angesichts der dann erfolgenden Vorwegnahme der Hauptsache ist dies aber restriktiv zu handhaben. Sicherheitshalber sollte das

Organmitglied bei konkreten Anzeichen einer Inanspruchnahme seiner Person aus Organhaftung zeitnah den Zugangsanspruch aus Art. 15 DS-GVO erheben. Erfolgt der Informationsgewinn nach Schluss der mündlichen Verhandlung in der ersten Instanz, kommt bei Fristwahrung eine Verwertung der Informationen im Wege einer Berufung in Betracht.

## F. Fazit zu Art. 15 DS-GVO in der Organhaftung

(32) Art. 15 Abs. 1, 3 DS-GVO kann als Informationshebel im Organhaftungsprozess wirken, indem er eine *Due Diligence der personenbezogenen Daten* ermöglicht. Kraft des Anwendungsvorrangs des Unionsrechts überwindet er Hürden, die einer Effektivität der nationalen Normen zur Informationsbeschaffung im Wege stehen. Der Gesellschaft stehen nur äußerst beschränkte Verteidigungsmöglichkeiten gegen den Anspruch aus Art. 15 DS-GVO zu. Begrenzt wird dieser Informationshebel durch das unmöglich pauschalisierend zu bestimmende Zufallselement, wie hilfreich die personenbezogenen Daten für eine Verteidigung gegen den Organhaftungsanspruch im Einzelfall sind. Neben der Funktion als Informationshebel kann Art. 15 DS-GVO auch die Bereitschaft der Gesellschaft zum Abschluss eines Vergleichs erhöhen, da die Gesellschaft regelmäßig nicht auf einen hohen Aufwand verweisen können wird, um der Erfüllung zu entgehen. Der Betroffene selbst darf dabei aber keinen Vergleich anregen, da er ansonsten Gefahr läuft, Anhaltspunkte für einen Anspruchsausschluss nach dem unionsrechtlichen Missbrauchsvorbehalt anzubieten. Die Position der Organmitglieder als „Opfer" der Darlegungs- und Beweisnot wird durch Art. 15 DS-GVO relativiert. Die Praxis wird sich darauf einstellen müssen, dass einer Inanspruchnahme wegen Organhaftung vermehrt mit einer Widerklage auf Grundlage des Art. 15 DS-GVO entgegengetreten wird. Auf eine solche Geltendmachung hin sollte dann ein beidseitig kooperatives Verhalten mit dem Ziel eines effektiven Informationsaustauschs folgen. Der Anspruch ist geeignet, den Organhaftungsprozess maßgeblich zu verändern – ob als Informationshebel oder als Anlass einer kooperativen Streitbeilegung.

# Literaturverzeichnis

*Ahmling*, Rebecca: Analogiebildung durch den EuGH im Europäischen Privatrecht, Berlin 2012.

*Albers*, Joachim: Der Pflicht-Selbstbehalt im Rahmen der D&O Versicherung – Überlegungen zur Umsetzung in der Praxis, CCZ 2009, 222–226.

*Albers*, Marion: Realizing the Complexity of Data Protection, in: Reloading Data Protection – Multidisciplinary Insights and Contemporary Challenges, Dordrecht 2014, S. 213–235.

*Aliprandi*, Claudio: Datenschutzrechtlicher Schadensersatz nach Art. 82 DS-GVO, Baden-Baden 2022.

*Allianz Global Corporate & Specialty SE*: Informationsblatt D&O Selbstbehalt Versicherung, https://www.agcs.allianz.com/content/dam/onemarketing/agcs/agcs/ipid/cee/AGCS-IPID-Germany-DO-Selbstbehalt.pdf (zuletzt abgerufen am 24. 11. 2024).

*Altmeppen*, Holger (Hrsg.): Kommentar zum Gesetz betreffend die Gesellschaften mit beschränkter Haftung, München, 11. Auflage 2023 (zitiert: *Bearbeiter*, in: Altmeppen GmbHG, § Rn.).

*Anders*, Monika/*Gehle*, Burkhard (Hrsg.): Beck'scher Kurzkommentar Zivilprozessordnung, München, 81. Auflage 2023 (zitiert: *Bearbeiter*, in: Anders/Gehle ZPO, 81. Aufl. 2023, § Rn.).

*Anders*, Monika/*Gehle*, Burkhard (Hrsg.): Beck'scher Kurzkommentar Zivilprozessordnung, München, 82. Auflage 2024 (zitiert: *Bearbeiter*, in: Anders/Gehle ZPO, § Rn.).

*Arend*, Katharina/*Möhrke-Sobolewski*, Christine: Das Recht auf Kopie – mit Sinn und Verstand. Wie weit reicht das Recht auf Erhalt einer Kopie von personenbezogenen Daten?, PinG 2019, 245–251.

*Armbrüster*, Christian: Im Visier der Justiz, VW 2/2016, 54–56.

*Armbrüster*, Christian: Neues vom BGH zur D&O-Versicherung, NJW 2016, 2155–2158.

*Arnold*, Felix/*Schönfeld*, Leon: Kein Anspruch auf Schadensersatz bei Verletzung der Auskunftspflicht nach Art. 15 DS-GVO, DB 2023, 1800.

*Baade*, Isabelle/*Hößl*, Theresa: Arbeits- und compliancerechtlicher Handlungsbedarf unter dem neuen Hinweisgeberschutzgesetz (Teil II), DStR 2023, 1265–1270.

*Bachmann*, Gregor: Die Beweisbelastung ausgeschiedener Organmitglieder und ihrer Rechtsnachfolger im Haftungsprozess, Festschrift für Roderich C. Thümmel, Berlin 2020, S. 27–42.

*Bachmann*, Gregor: Reform der Organhaftung? Materielles Haftungsrecht und seine Durchsetzung in privaten und öffentlichen Unternehmen, Gutachten E zum 70. Deutschen Juristentag, München 2014.

*Backhaus*, Richard/*Tielmann*, Jörgen (Hrsg.): Der Aufsichtsrat, München, 2. Auflage 2023 (zitiert: *Bearbeiter*, in: Backhaus/Tielmann, § Rn.).

*Bamberg*, Eva/*Ducki*, Antje/*Janneck*, Monique: Digitale Arbeit gestalten – Herausforderungen der Digitalisierung für die Gestaltung gesunder Arbeit, Berlin 2022.

*Baumgärtel*, Gottfried: Die Klage auf Vornahme, Widerruf oder Unterlassung einer Prozeßhandlung in einem bereits anhängigen Prozeß, Festschrift für Hans Schima, Wien 1969, S. 41–58.

*Baums*, Theodor: Managerhaftung und Verjährung, ZHR 2010, 593–615.

*Baur*, Alexander/*Holle*, Philipp Maximilian: Anwendung des § 93 Abs. 2 Satz 2 AktG im Direktprozess gegen den D&O-Versicherer, AG 2017, 141–147.

*Becker*, Ulrich/*Hatje*, Armin/*Schoo*, Joachim/*Schwarze*, Jürgen (Hrsg.): EU-Kommentar, Baden-Baden, 4. Auflage 2019 (zitiert: *Bearbeiter*, in: Schwarze/Becker/Hatje/Schoo EU-Kommentar, Art. Rn.).

*Behling*, Thorsten B.: Die datenschutzrechtliche Compliance-Verantwortung der Geschäftsleitung, ZIP 2017, 697–706.

*Bergmann*, Karl Otto/*Pauge*, Burkhard/*Steinmeyer*, Heinz-Dietrich (Hrsg.): Nomos-Kommentar Gesamtes Medizinrecht, Baden-Baden, 4. Auflage 2024 (zitiert: *Bearbeiter*, in: Bergmann/Pauge/Steinmeyer, § Rn.).

*Bergt*, Matthias: Die Bestimmbarkeit als Grundproblem des Datenschutzrechts – Überblick über den Theorienstreit und Lösungsvorschlag, ZD 2015, 365–371.

*Binz*, Mark K./*Sorg*, Martin H. (Hrsg.): Die GmbH & Co.KG im Gesellschafts- und Steuerrecht, München, 12. Auflage 2018 (zitiert: *Bearbeiter*, in: Binz/Sorg Die GmbH & Co. KG, § Rn.).

*Bitkom e. V.*: Europäischer KI-Markt verfünffacht sich binnen fünf Jahren, 07. Januar 2019, https://www.bitkom.org/Presse/Presseinformation/Europaeischer-KI-Markt-verfuenffacht-sich-binnen-fuenf-Jahren (zuletzt abgerufen am 24. 11. 2024).

*Boehme-Neßler*, Volker: Das Ende der Anonymität, DuD 2016, 419–423.

*Bogdandy*, Armin von/*Bast*, Jürgen (Hrsg.): Europäisches Verfassungsrecht – Theoretische und dogmatische Grundsätze, Berlin, Heidelberg, 2. Auflage 2009 (zitiert: *Bearbeiter*, in: von Bogdandy/Bast Europäisches Verfassungsrecht, S.).

*Bork*, Reinhard/*Roth*, Herberth (Hrsg.): Kommentar zur Zivilprozessordnung, Band 1, Tübingen, 23. Auflage 2014 (zitiert: *Bearbeiter*, in: Stein/Jonas ZPO, § Rn.).

*Bork*, Reinhard/*Roth*, Herberth (Hrsg.): Kommentar zur Zivilprozessordnung, Band 2, Tübingen, 23. Auflage 2016 (zitiert: *Bearbeiter*, in: Stein/Jonas ZPO, § Rn.).

*Bork*, Reinhard/*Roth*, Herberth (Hrsg.): Kommentar zur Zivilprozessordnung, Band 4, Tübingen, 23. Auflage 2018 (zitiert: *Bearbeiter*, in: Stein/Jonas ZPO, § Rn.).

*Bork*, Reinhard/*Roth*, Herberth (Hrsg.): Kommentar zur Zivilprozessordnung, Band 5, Tübingen, 23. Auflage 2015 (zitiert: *Bearbeiter*, in: Stein/Jonas ZPO, § Rn.).

*Born*, Manfred: Erleichterung der Darlegungs- und Beweislast für ausgeschiedene Organmitglieder im Innenhaftungsprozess de lege lata?, Festschrift für Alfred Bergmann, Berlin, Boston 2018, S. 79–91.

*Born*, Manfred/*Ghassemi-Tabler*, Nima/*Gehle*, Burkhard (Hrsg.): Münchener Handbuch des Gesellschaftsrechts, Band 7, München, 6. Auflage 2020 (zitiert: *Bearbeiter*, in: MHdb GesR, Bd. 7, § Rn.).

*Böttcher*, Lars: Direktanspruch gegen den D&O-Versicherer – Neue Spielregeln im Managerhaftungsprozess?, NZG 2008, 645–650.

*Brink*, Stefan/*Eckhardt*, Jens: Wann ist ein Datum ein personenbezogenes Datum? Anwendungsbereich des Datenschutzrechts, ZD 2015, 205–212.

*Brink*, Stefan/*Joos*, Daniel: Reichweite und Grenzen des Auskunftsanspruchs und des Rechts auf Kopie, ZD 2019, 483–488.

*Brinkmann*, Moritz: Die prozessualen Konsequenzen der Abtretung des Freistellungsanspruchs aus einer D&O-Versicherung, ZIP 2017, 301–309.

*Britz*, Tobias/*Beyer*, Alexander: Der datenschutzrechtliche Auskunftsanspruch in der Versicherungspraxis, VersR 2020, 65–73.

*Buchner*, Benedikt: Grundsätze und Rechtmäßigkeit der Datenverarbeitung unter der DS-GVO, DuD 2016, 155–161.

*Bundesverband Deutscher Stiftungen e. V.*: Zahlen, Daten, Fakten zum deutschen Stiftungswesen, Berlin 2021.

*Burger*, Simon: Das Recht auf Datenauskunft und Datenkopie im Arbeitsverhältnis, öAT 2021, 221–224.

*Bürgers*, Tobias/*Körber*, Torsten/*Lieder*, Jan (Hrsg.): Kommentar zum Aktiengesetz, Heidelberg, 5. Auflage 2021 (zitiert: *Bearbeiter*, in: Bürgers/Körber/Lieder AktG, § Rn.).

*Bußmann-Welsch*, Til Martin: Much Ado About Nothing? – Das Datenschutzrecht als Mittel der Beweisgewinnung (Teil 1), AnwZert ITR 3/2020, Beitrag 3.

*Bußmann-Welsch*, Til Martin: Much Ado About Nothing? – Das Datenschutzrecht als Mittel der Beweisgewinnung (Teil 2), AnwZert ITR 5/2020, Beitrag 2.

*Cahn*, Andreas: Sekundäre Schadensersatzpflichten des Aufsichtsrats wegen unterlassender Anspruchsdurchsetzung – Nachlese zur Easy-Software-Entscheidung des BGH, ZHR 2020, 297–323.

*Calliess*, Christian/*Ruffert*, Matthias (Hrsg.): Das Verfassungsrecht der Europäischen Union mit Europäischer Grundrechtecharta, München, 6. Auflage 2022 (zitiert: *Bearbeiter*, in: Calliess/Ruffert EUV/AEUV, Art. Rn.).

*Conrad*, Sebastian: Künstliche Intelligenz – Die Risiken für den Datenschutz, DuD 2017, 740–744.

*Danninger*, Nadja: Organhaftung und Beweislast, Tübingen 2020.

*Dauner-Lieb*, Barbara/*Langen*, Werner (Hrsg.): Nomos-Kommentar BGB, Band 2, Baden-Baden, 4. Auflage 2021 (zitiert: *Bearbeiter*, in: Dauner-Lieb/Langen BGB, § Rn.).

*Dauner-Lieb*, Barbara/*Tettinger*, Peter W.: Offene Fragen zum neuen § 93 Abs. 2 S. 3 AktG, ZIP 2009, 1555–1557.

*Dauses*, Manfred A. (Begr.)/*Ludwigs*, Markus (Hrsg.): Handbuch des EU-Wirtschaftsrechts, München, 60. EL 2024 (zitiert: *Bearbeiter*, in: Dauses/Ludwigs Hdb EU-Wirtschaftsrecht, Kap. Rn.).

*Deilmann*, Barbara/*Otte*, Sabine: Verteidigung ausgeschiedener Organmitglieder gegen Schadensersatzklagen – Zugang zu Unterlagen der Gesellschaft, BB 2011, 1291–1295.

*Deutsches Aktieninstitut e. V.*: Anzahl der Aktiengesellschaften und Kommanditgesellschaften auf Aktien in Deutschland von 1960–2012, Frankfurt a. M. 2013, https://de.statista.com/statistik/daten/studie/6917/umfrage/anzahl-der-aktiengesellschaften-von-1960-bis-2008/ (zuletzt abgerufen am 24. 11. 2024).

*Deutschmann*, Lennart: Anmerkung zu OLG Köln, Beschl. v. 14. Januar 2022 – 7 VA 20/21, ZD 2022, 695–697.

*Deutschmann*, Lennart: Datenschutzrechtliche Auskunftsansprüche gemäß Art. 15 DS-GVO gegenüber Zivilgerichten, ZD 2021, 414–418.

*Dict.cc*: Deutsch-Englisch-Wörterbuch, https://www.dict.cc (zuletzt abgerufen am 24. 11. 2024).

*Dombrowski*, Jan: Discovery – auch in deutschen Gerichtsverfahren?, GRUR-Prax 2016, 319–321.

*Dose*, Michael: Aktionärsklage, D&O-Versicherung und Vorstandshandeln, Wiesbaden 2019.

*Dreher*, Meinard: Versicherungsschutz für die Verletzung von Kartellrecht oder von Unternehmensinnenrecht in der D&O-Versicherung und Ausschluss vorsätzlicher oder wissentlicher Pflichtverletzungen, VersR 2015, 781–794.

*Dreher*, Meinard/*Fritz*, Dennis: Die Vorstandshaftung im Verein und die D&O-Versicherung, npoR 2020, 171–181.

*Drescher*, Ingo: Die Haftung des GmbH-Geschäftsführers, Köln, 8. Auflage 2019.

*Dudenredaktion* (Hrsg.): DUDEN online, Berlin, https://www.duden.de/ (zuletzt abgerufen am 24. 11. 2024).

*Dzida*, Boris: Neue datenschutzrechtliche Herausforderungen für das Personalmanagement, BB 2019, 3060–3067.

*Eckhardt*, Jens/*Kramer*, Rudi/*Mester*, Britta Alexander: Auswirkungen der geplanten EU-DS-GVO auf den deutschen Datenschutz, DuD 2013, 623–630.

*Ehmann*, Eugen/*Selmayr*, Martin (Hrsg.): Datenschutz-Grundverordnung, München, 2. Auflage 2018 (zitiert: *Bearbeiter*, in: Ehmann/Selmayr DS-GVO, 2. Aufl. 2018, Art. Rn.).

*Ehmann*, Eugen/*Selmayr*, Martin (Hrsg.): Datenschutz-Grundverordnung, München, 3. Auflage 2024 (zitiert: *Bearbeiter*, in: Ehmann/Selmayr DS-GVO, Art. Rn.).

*Eichel*, Florian/*Matt*, Christian/*Galván*, Rorick Tovar: Chancen und Hürden von Entscheidungsunterstützungssystemen und künstlicher Intelligenz bei der Rechtsanwendung, Wirtschaftsinformatik & Management 2020, 392–403.

*Engeler*, Malte/*Quiel*, Philipp: Recht auf Kopie und Auskunftsanspruch im Datenschutzrecht, NJW 2019, 2201–2206.

*Ernst*, Christian: Algorithmische Entscheidungsfindung und personenbezogene Daten, JZ 2017, 1026–1036.

*Ertel*, Wolfgang: Grundkurs Künstliche Intelligenz. Eine praxisorientierte Einführung, Wiesbaden, 4. Auflage 2016.

*Eßer*, Martin/*Kramer*, Philipp/*Lewinski*, Kai von: Auernhammer DS-GVO/BDSG, Köln, 7. Auflage 2020 (zitiert: *Bearbeiter*, in: Auernhammer DS-GVO/BDSG, 7. Aufl. 2020, Art. Rn.).

*Eßer*, Martin/*Kramer*, Philipp/*Lewinski*, Kai von: Auernhammer DS-GVO/BDSG, Köln, 8. Auflage 2024 (zitiert: *Bearbeiter*, in: Auernhammer DS-GVO/BDSG, Art. Rn.).

*Fehrenbach*, Markus: Die Darlegungs- und Beweislast bei der Vorstandshaftung nach Gesamtrechtsnachfolge, ZWH 2020, 135–137.

*Fest*, Timo: Darlegungs- und Beweislast bei Prognoseentscheidungen im Rahmen der Business Judgment Rule, NZG 2011, 540–542.

*Fett*, Torsten/*Stütz*, Dominique: 20 Jahre Kapitalgesellschaft & Co. KGaA, NZG 2017, 1121–1131.

*Fetzer*, Thomas/*Fischer*, Kristian (Hrsg.): Europarecht, Heidelberg, 12. Auflage 2019 (zitiert: Fetzer/Fischer Europarecht, S. Rn.).

*Finkel*, Bastian/*Ruchatz*, Ulrich: Präventive Dokumentationsobliegenheiten von Gesellschaftsorganen zur Minimierung von Haftungsrisiken und Beweisschwierigkeiten, BB 2017, 519–524.

*Fischer*, Nicolai: Die existenzvernichtende Vorstandshaftung und ihre Begrenzung durch Satzungsbestimmung (de lege lata), Berlin 2018.

*Flasshoff*, Fabian Eike: Die Beweislastverteilung bei der Organhaftung, Tübingen 2021.

*Fleischer*, Holger (Hrsg.): Handbuch des Vorstandsrechts, München, 1. Auflage 2006 (zitiert: *Bearbeiter*, in: Hdb des Vorstandsrechts, § Rn.).

*Fleischer*, Holger: Vorstandshaftung und Vertrauen auf anwaltlichen Rat, NZG 2010, 121–125.

*Fleischer*, Holger/*Danninger*, Nadja: Darlegungs- und Beweislast bei Organhaftung und Gesamtrechtsnachfolge, AG 2020, 193–200.

*Fleischer*, Holger/*Goette*, Wulf (Hrsg.): Münchener Kommentar zum GmbHG, Band 2, München, 4. Auflage 2023 (zitiert: *Bearbeiter*, in: MüKo GmbHG, § Rn.).

*Foerster*, Max: Beweislastverteilung und Einsichtsrecht bei Inspruchnahme ausgeschiedener Organmitglieder, ZHR 2012, 221–249.

*Franck*, Lorenz: Schadensersatz nach Art. 82 DS-GVO wegen Auskunftsfehlern – Unterlassene, unvollständige oder verspätete Auskunft, ZD 2021, 680–685.

*Frankfurter Allgemeine Zeitung – Redaktion*: Heftbeilage „Die 100 Größten", 2020, https://www.faz.net/aktuell/wirtschaft/unternehmen/die-100-groessten-unternehmen-der-deutschen-wirtschaft-16850144.html (zuletzt abgerufen am 24.11.2024).

*Franz*, Einiko: Der gesetzliche Selbstbehalt in der D&O-Versicherung nach dem VorstAG – Wie weit geht das Einschussloch in der Schutzweste der Manager?, DB 2009, 2764–2773.

*Franzen*, Martin: Das Verhältnis des Auskunftsanspruchs nach DS-GVO zu personalaktenrechtlichen Einsichtsrechten nach dem BetrVG, NZA 2020, 1593–1597.

*Franzen*, Martin/*Gallner*, Inken/*Oetker*, Hartmut (Hrsg.): Beck'scher Kurzkommentar – Kommentar zum europäischen Arbeitsrecht, München, 5. Auflage 2024 (zitiert: *Bearbeiter*, in: EUArbRK, Art. Rn.).

*Freund*, Stefan: Anmerkungen aus der Praxis zur organrechtlichen Innenhaftung, NZG 2015, 1419–1424.

*Freund*, Stefan: Gesamtschuldnerregress in der Organhaftung, GmbHR 2013, 785–791.

*Fromme*, Herbert: Versicherungsfall Dieselbetrug, Süddeutsche Zeitung vom 18. Oktober 2015, https://www.sueddeutsche.de/wirtschaft/haftung-versicherungsfall-dieselbetrug-1.2696927 (zuletzt abgerufen am 24.11.2024).

*Fuhlrott*, Michael: Anmerkung zu LAG Baden-Württemberg, Urt. v. 20. Dezember 2018 – 17 Sa 11/18, NZA-RR 2019, 242–252.

*Fuhlrott*, Michael: Umfang und Grenzen des arbeitnehmerseitigen Auskunftsanspruchs gem. Art. 15 DS-GVO, GWR 2019, 157–159.

*Fuhlrott*, Michael/*Garden*, Florian: Vergleichsweise Erledigung des datenschutzrechtlichen Auskunftsanspruchs, NZA 2021, 530–536.

*Fuhlrott*, Michael/*Oltmanns*, Sönke: Arbeitnehmerüberwachung und interne Ermittlungen im Lichte der Datenschutz-Grundverordnung, NZA 2019, 1105–1110.

*Gaier*, Reinhard (Red.): Münchener Kommentar zum BGB, Band 8 (§§ 854–1296 BGB, WEG, ErbbauRG), München, 9. Auflage 2023 (zitiert: *Bearbeiter*, in: MüKo BGB, § Rn.).

*Gaul*, Felix: Regressansprüche bei Kartellbußen im Lichte der Rechtsprechung und der aktuellen Debatte über die Reform der Organhaftung, AG 2015, 109–118.

*Gausling*, Tina: Künstliche Intelligenz im Anwendungsbereich der Datenschutz-Grundverordnung, PinG 2019, 61–70.

*Gebele*, Alexander/*Scholz*, Kai-Steffen (Hrsg.): Beck'sches Formularbuch Bürgerliches, Handels- und Wirtschaftsrecht, München, 14. Auflage 2022 (zitiert: *Bearbeiter*, in: BeckFormB BHW, Form., Anm.).

*Gersdorf*, Hubertus/*Paal*, Boris P. (Hrsg.): Beck'scher Online-Kommentar Informations- und Medienrecht, München, 45. Edition 2024 (zitiert: *Bearbeiter*, in: BeckOK InfoMedienR, Stand, § Rn.).

*Gesamtverband der Deutschen Versicherungswirtschaft*: Allgemeine Versicherungsbedingungen für die Vermögensschaden-Haftpflichtversicherung von Aufsichtsräten, Vorständen und Geschäftsführern (AVB D&O), Stand Mai 2020, https://www.gdv.de/resource/blob/6044/7b038c87a72637a0079f3164a631ae4c/05-allgemeine-versicherungsbedingungen-fuer-die-vermoegensschaden-haftpflichtversicherung-von-aufsichtsraeten-vorstaenden-und-geschaeftsfuehrern-avb-d-o--data.pdf (zuletzt abgerufen am 24.11.2024).

*Gesamtverband der Deutschen Versicherungswirtschaft*: GDV korrigiert D&O-Statistik – Schadenquote sinkt 2021 deutlich, 2022, https://www.gdv.de/gdv/medien/medieninformationen/gdv-korrigiert-d-o-statistik-schadenquote-sinkt-2021-deutlich--105184 (zuletzt abgerufen am 24.11.2024).

*Gesellschaftsrechtliche Vereinigung* (Hrsg.): Gesellschaftsrecht in der Diskussion 2013, Band 19, Köln 2014.

*Globig*, Klaus: Der Auskunftsanspruch des Betroffenen als Grundrecht, in Festschrift für Walter Rudolf, München 2001, S. 441–465.

*Goette*, Wulf: Zur Bedeutung von § 83 AktG für die Geltendmachung aktienrechtlicher Organhaftungsansprüche, in: Festschrift für Martin Henssler, München 2023, S. 869–878.

*Goette*, Wulf/*Habersack*, Mathias/*Kalss*, Susanne (Hrsg.): Münchener Kommentar zum AktG, Band 1 (§§ 1–75 AktG), München, 6. Auflage 2024 (zitiert: *Bearbeiter*, in: MüKo AktG, § Rn.).

*Goette*, Wulf/*Habersack*, Mathias/*Kalss*, Susanne (Hrsg.): Münchener Kommentar zum AktG, Band 2 (§§ 76–177 AktG, MitbestG, DrittelbG), München, 6. Auflage 2023 (zitiert: *Bearbeiter*, in: MüKo AktG, § Rn.).

*Goette*, Wulf/*Habersack*, Mathias/*Kalss*, Susanne (Hrsg.): Münchener Kommentar zum AktG, Band 7 (Europäisches Aktienrecht), München, 5. Auflage 2021 (zitiert: *Bearbeiter*, in: MüKo AktG, Art. Rn.).

*Gola*, Peter/*Heckmann*, Dirk (Hrsg.): Kommentar zur Datenschutz-Grundverordnung und Bundesdatenschutzgesetz, München, 3. Auflage 2022 (zitiert: *Bearbeiter*, in: Gola/Heckmann DS-GVO/BDSG, Art. Rn.).

*Gran*, Andreas: Abläufe bei Mergers & Acquisitions, NJW 2008, 1409–1415.

*Grau*, Timon/*Seidensticker*, Thomas: Anmerkung zu LAG Stuttgart, Urt. v. 20. Dezember 2018 – 17 Sa 11/18, EWiR 2019, 443–444.

*Grigoleit*, Hans Christoph (Hrsg.): Aktiengesetz Kommentar, München, 2. Auflage 2020 (zitiert: *Bearbeiter*, in: Grigoleit AktG, § Rn.).

*Grimm*, Detlef: Anmerkung zu LG Köln, Urt. v. 26. Juli 2019 – 20 U 75/18, ArbRB 2019, 338–339.

*Groeben*, Hans von der/*Schwarze*, Jürgen/*Hatje*, Armin (Hrsg.): Europäisches Unionsrecht, Baden-Baden, 7. Auflage 2015 (zitiert: *Bearbeiter*, in: von der Groeben/Schwarze/Hatje EU-Recht, Art. Rn.).

*Groh*, Jakob: Das Einsichtsrecht des ausgeschiedenen, in Anspruch genommenen Vorstandsmitglieds: Umfang, Umsetzung und Verletzungsfolgen, ZIP 2021, 724–735.

*Grooterhorst*, Johannes: Das Einsichtnahmerecht des ausgeschiedenen Vorstandsmitgliedes in Geschäftsunterlagen im Haftungsfall, AG 2011, 389–398.

*Grooterhorst*, Johannes/*Loomann*, Jörg: Rechtsfolgen der Abtretung des Freistellungsanspruchs gegen den Versicherer im Rahmen der D&O-Versicherung, NZG 2015, 215–221.

*Grüneberg*, Christian (Hrsg.): Kommentar zum BGB, München, 83. Auflage 2024 (zitiert: *Bearbeiter*, in: Grüneberg, § Rn.).

*Gsell*, Beate/*Krüger*, Wolfgang/*Lorenz*, Stephan/*Reymann*, Christoph (Ges.-Hrsg.): beck-online.GROSSKOMMENTAR BGB, München 2024 (zitiert: *Bearbeiter*, in: BeckOGK BGB, Stand, § Rn.).

*Guntermann*, Lisa Marleen: Der Gesamtschuldnerregress unter Vorstandsmitgliedern, AG 2017, 606–612.

*Guntermann*, Lisa Marleen/*Noack*, Ulrich: Gesamtschuldnerregress in der aktienrechtlichen Organhaftung – Haftungsquoten, gestörte Gesamtschuld und D&O-Versicherung, in: Festschrift für Barbara Grunewald, Köln 2021, S. 253–272.

*Habersack*, Mathias (Red.): Münchener Kommentar zum BGB, Band 7, München, 9. Auflage 2024 (zitiert: *Bearbeiter*, in: MüKo BGB, § Rn.).

*Habersack*, Mathias: Perspektiven der aktienrechtlichen Organhaftung, ZHR 2013, 782–806.

*Habersack*, Mathias/*Casper*, Matthias/*Löbbe*, Marc (Hrsg.): Großkommentar GmbHG, Tübingen, 3. Auflage 2019 (zitiert: *Bearbeiter*, in: Habersack/Casper/Löbbe GmbHG, § Rn.).

*Habersack*, Mathias/*Drinhausen*, Florian (Hrsg.): Beck'scher Kurzkommentar SE-Recht, 3. Auflage 2022 (zitiert: *Bearbeiter*, in: Habersack/Drinhausen SE, Art. Rn.).

*Halder*, Christoph/*Bußmann-Welsch*, Til Martin: Umfassendes Recht auf Kopie nach Art. 15 Abs. 3 DS-GVO, jurisPR-ITR 21/2021, Anm. 5.

*Hamann*, Christian/*Wegmann*, Simon Clemens: Ein Jahr DS-GVO – einige Erkenntnisse und viele offene Fragen, BB 2019, 1347–1354.

*Hamann*, Hartmut/*Sigle*, Axel/*Grub*, Maximilian (Hrsg.): Gesellschaftsrecht, Finanzierung und Unternehmensnachfolge, München, 3. Auflage 2022 (zitiert: *Bearbeiter*, in: Hamann/Sigle/Grub Gesellschaftsrecht, Finanzierung, Unternehmensnachfolge, § Rn.).

*Handelsblatt Redaktion*: Sechs Branchen, die von der KI profitieren, Handelsblatt-Online vom 20. März 2023, https://www.handelsblatt.com/28957868.html?share=mail (zuletzt abgerufen am 24.11.2024).

*Harguth*, Alexander: „Pre Trial Discovery" und das deutsche Datenschutzrecht, Marburg 2013.

*Härting*, Niko: Was ist eigentlich eine „Kopie"? – Zur Auslegung des Art. 15 Abs. 3 Satz 1 DS-GVO, CR 2019, 219–225.

*Harzenetter*, Tobias: Abtretung des Freistellungsanspruchs aus einer D&O-Versicherung nach den BGH-Urteilen vom 13.4.2016, NZG 2016, 728–733.

*Hau*, Wolfgang/*Poseck*, Roman (Hrsg.): Beck'scher Online-Kommentar zum BGB, München, 71. Edition 2024 (zitiert: *Bearbeiter*, in: BeckOK BGB, Stand, § Rn.).

*Heidel*, Thomas (Hrsg.): Nomos-Kommentar, Aktienrecht und Kapitalmarktrecht, Baden-Baden, 5. Auflage 2020 (zitiert: *Bearbeiter*, in: Heidel AktG und KapMR, § Rn.).

*Hemeling*, Peter: Neuere Entwicklungen in der D&O-Versicherung, in: Festschrift für Michael Hoffmann-Becking, München 2013, S. 491–510.

*Henssler*, Martin (Ges.-Hrsg.): beck-online.GROSSKOMMENTAR AktG, München 2024 (zitiert: *Bearbeiter*, in: BeckOGK AktG, Stand, § Rn.).

*Henssler*, Martin (Ges.-Hrsg.): beck-online.GROSSKOMMENTAR HGB, München 2024 (zitiert: *Bearbeiter*, in: BeckOGK HGB, Stand, § Rn.).

*Henssler*, Martin (Ges.-Hrsg.): beck-online.GROSSKOMMENTAR SE, München 2024 (zitiert: *Bearbeiter*, in: BeckOGK SE, Stand, § Rn.).

*Henssler*, Martin/*Strohn*, Lutz (Hrsg.): Beck'scher Kuzkommentar Gesellschaftsrecht, München, 6. Auflage 2024 (zitiert: *Bearbeiter*, in: Henssler/Strohn Gesellschaftsrecht, § Rn.).

*Henssler*, Martin/*Willemsen*, Heinz Josef/*Kalb*, Heinz Jürgen (Hrsg.): Arbeitsrecht Kommentar, Köln, 11. Auflage 2024 (zitiert: *Bearbeiter*, in: Henssler/Willemsen/Kalb Arbeitsrecht, § Rn.).

*Herberger*, Maximilian/*Martinek*, Michael/*Rüßmann*, Helmut/*Weth*, Stephan/*Würdinger*, Markus (Hrsg.): juris Praxiskommentar BGB, Band 2, Saarbrücken, 10. Auflage 2023 (zitiert: *Bearbeiter*, in: juris-PK BGB, Stand, § Rn.).

*Hettler*, Stephan/*Stratz*, Rolf-Christian/*Hörtnagl*, Robert (Hrsg.): Beck'sches Mandatshandbuch Unternehmenskauf, München, 2. Auflage 2013 (zitiert: *Bearbeiter*, in: Beck'sches Mandats-Hdb Unternehmenskauf, Stand, § Rn.).

*Hils*, Wolfgang: Die Unterscheidung zwischen der obligation de résultat und der obligation de moyens und ihre Auswirkungen auf die Verteilung der Beweislast hinsichtlich der faute bei vertraglichen Schadenersatzansprüchen wegen exécution défectueuse im französischen Recht, Stuttgart 1969.

*Hirschfeld*, Maximilian/*Gerhold*, Maximilian: (K)eine Lösung der Beweisnot in Geschäftsleiterhaftungsfällen über Art. 15 DS-GVO, ZIP 2021, 394–402.

*Hirte*, Heribert/*Mülbert*, Peter O./*Roth*, Markus (Hrsg.): Großkommentar AktG, Band 4/1 §§ 76–91 AktG, Berlin, 5. Auflage 2014 (zitiert: *Bearbeiter*, in: Hirte/Mülbert/Roth Großkommentar AktG, § Rn.).

*Hirte*, Heribert/*Mülbert*, Peter O./*Roth*, Markus (Hrsg.): Großkommentar AktG, Band 4/2 §§ 92–94 AktG, Berlin, 5. Auflage 2015 (zitiert: *Bearbeiter*, in: Hirte/Mülbert/Roth Großkommentar AktG, § Rn.).

*Hoeren*, Thomas/*Sieber*, Ulrich/*Holznagel*, Bernd (Hrsg.): Handbuch Multimediarecht, München, 62. EL Juni 2024 (zitiert: *Bearbeiter*, in: Hoeren/Sieber/Holznagel Hdb Multimediarecht, Teil Rn.).

*Hoffmann-Becking*, Michael/*Austmann*, Andreas (Hrsg.): Münchener Handbuch des Gesellschaftsrechts, Band 4, München, 6. Auflage 2024 (zitiert: *Bearbeiter*, in: MHdb GesR, Bd. 4, § Rn.).

*Hoffmann-Becking*, Michael: Sinn und Unsinn der D&O Versicherung, ZHR 2017, 737–745.

*Holtermann*, Felix: Peter Thiel im Interview: „Noch sind wir Menschen am Ruder", Handelsblatt-Online vom 28. März 2023, https://www.handelsblatt.com/technik/it-internet/peter-thiel-im-interview-noch-sind-wir-menschen-am-ruder/29025444.html (zuletzt abgerufen am 24.11.2024).

*Hölters*, Wolfgang/*Weber*, Markus (Hrsg.): Aktiengesetz Kommentar, München, 4. Auflage 2022 (zitiert: *Bearbeiter*, in: Hölters/Weber AktG, § Rn.).

*Hopt*, Klaus J.: Die Reform der Organhaftung nach § 93 AktG – Bemerkungen zu den Beschlüssen des 70. Deutschen Juristentages 2014, in: Festschrift für Wulf-Henning Roth, München 2015, S. 225–240.

*Hopt*, Klaus J.: Die Verantwortlichkeit von Vorstand und Aufsichtsrat: Grundsatz und Praxisprobleme – unter besonderer Berücksichtigung der Banken, ZIP 2013, 1793–1806.

*Hopt*, Klaus J.: M&A, Due Diligence und Kautelarpraxis – Eine internationale Untersuchung, ZHR 2022, 7–66.

*Huber*, Herwart: Anmerkung zu BGH, Beschl. v. 7. Juli 2008 – II ZR 71/07, GmbHR 2008, 1214–1216.

*Huber*, Marco/*Wagner*, Philipp/*Wu*, Xinyang: Zuverlässige KI: Künstliche neuronale Netze absichern, interaktiv. die Nachrichten Plattform des Fraunhofer IPA vom 16. Dezember 2021, https://interaktiv.ipa.fraunhofer.de/kuenstliche-intelligenz-fuer-die-produktion/zuverlaessige-ki-kuenstliche-neuronale-netze-absichern/ (zuletzt abgerufen am 24.11.2024).

*Hübner*, Ulrich: Beweislastverteilung bei der Verletzung von Vertragspflichten im französischen und deutschen Recht, in: Festschrift für Gottfried Baumgärtel, Köln, Berlin, Bonn, München 1990, S. 151–161.

*Ihlas*, Horst: D&O – Directors & Officers Liability, Berlin, 2. Auflage 2009.

*Jakob*, Anne/*Orth*, Jan F./*Stopper*, Martin (Hrsg.): Praxishandbuch Vereins- und Verbandsrecht, München 2021 (zitiert: *Bearbeiter*, in: Jakob/Orth/Stopper Vereins- und Verbandsrecht, § Rn.).

*Jannott*, Dirk/*Frodermann*, Jürgen (Hrsg.): Handbuch der Europäischen Aktiengesellschaft – Societas Europaea, Heidelberg, 2. Auflage 2014 (zitiert: *Bearbeiter*, in: Jannot/Frodermann Hdb SE, Rn.).

*Jarass*, Hans D. (Hrsg.): Kommentar zur Charta der Grundrechte der Europäischen Union, München, 4. Auflage 2021 (zitiert: *Bearbeiter*, in: Jarass GRCh, Art. Rn.).

*Jarass*, Hans D./*Pieroth*, Bodo (Begr.): Grundgesetz für die Bundesrepublik Deutschland: GG, München, 18. Auflage 2024 (zitiert: *Bearbeiter*, in: Jarass/Pieroth GG, Art. Rn.).

*Jena*, Jan Ole: Die Business Judgment Rule im Prozess: eine prozessrechtliche Betrachtung der Business Judgment Rule und Beweislastverteilung im Organhaftungsrecht, Baden-Baden 2020.

*Johannes*, Paul C.: Der BDSG-Entwurf und das Mysterium der „23", ZD-Aktuell 2017, 05533.

*Jung*, Marcus: Datenabfrage hat ihre Grenzen, F.A.Z. online vom 27. April 2021, https://www.faz.net/-gqe-ab4k0 (zuletzt abgerufen am 24.11.2024).

*Jung*, Marcus: Wie eine Auskunft ganze Unternehmen lahmlegt, F.A.Z. online vom 27. April 2021, https://www.faz.net/-gqe-ab3m1 (zuletzt abgerufen am 24.11.2024).

*Jungermann*, Frank: § 31 Abs. 1 VVG: lex imperfecta? Scharfes Schwert! – Ist der VN allein aufgrund von § 31 Abs. 1 VVG (ohne entsprechende vertragliche Regelung) zur Mitwirkung gehalten?, r+s 2018, 356–362.

*Kann*, Jürgen van (Hrsg.): Vorstand der AG – Corporate Governance, Compliance, Haftungsvermeidung, Berlin, 3. Auflage 2021.

*Kann*, Jürgen van: Zwingender Selbstbehalt bei der D&O-Versicherung – Gut gemeint, aber auch gut gemacht? Änderungsbedarf an D&O-Versicherungen durch das VorstAG, NZG 2009. 1010–1013.

*Kern*, Christoph/*Diehm*, Dirk (Hrsg.): ZPO Kommentar, Berlin, 2. Auflage 2020 (zitiert: *Bearbeiter*, in: Kern/Diehm ZPO, § Rn.).

*Kerst*, Andreas: Haftungsmanagement durch die D&O-Versicherung nach Einführung des aktienrechtlichen Selbstbehaltes in § 93 Abs. 2 Satz 3 AktG, WM 2010, 594–605.

*Kessler*, Alexander: Die rechtlichen Möglichkeiten der Kommanditaktionäre einer GmbH & Co. KGaA zur Einwirkung auf die Geschäftsführung, Köln 2003.

*Kiekebusch*, Dirk: Der Grundsatz der begrenzten Einzelermächtigung, Tübingen 2017.

*Kilian*, Matthias (Hrsg.): Anwaltliches Berufsrecht, München, 2. Auflage 2018 (zitiert: *Bearbeiter*, in: Kilian/Koch Anwaltliches Berufsrecht, Kap. Rn.).

*Kirn*, Stefan/*Müller-Hengstenberg*, Claus D.: Intelligente (Software-)Agenten: Von der Automatisierung zur Autonomie? Verselbstständigung technischer Systeme, MMR 2014, 225–232.

*Klachin*, Sarah: Datenschutzrechtliche Auskunftsansprüche von (ehemaligen) Arbeitnehmer*innen – Leitfaden zur praktischen Handhabe, ZD 2021, 663–668.

*Klein*, Susanne: Die Kopie als Waffe, F.A.Z. online vom 23. November 2021, https://www.faz.net/aktuell/wirtschaft/datenschutz-grundverordnung-die-kopie-als-waffe-17648696.html (zuletzt abgerufen am 24.11.2024).

*Klinger*, Markus: Anmerkung zu LG Köln, Urt. v. 18. März 2019 – 26 O 25/18, jurisPR-ITR 14/2019, Anm. 5.

*Koch*, Elisabeth (Red.): Münchener Kommentar zum BGB, Band 9 (§§ 1297–1588 BGB, GewSchG, VersAuslG, LPartG), München, 9. Auflage 2022 (zitiert: *Bearbeiter*, in: MüKo BGB, § Rn.).

*Koch*, Jens: Beschränkung der Regressfolgen im Kapitalgesellschaftsrecht, AG 2012, 429–440.

*Koch*, Jens (Hrsg.): Beck'scher Kurzkommentar AktG, München, 18. Auflage 2024 (zitiert: *Koch*, AktG, § Rn.).

*Koch*, Robert: Einführung eines obligatorischen Selbstbehalts in der D&O-Versicherung durch das VorstAG, AG 2009, 637–647.

*Komnios*, Komninos: Auswirkungen der Datenschutz-Grundverordnung auf das Mediationsverfahren, ZKM 2022, 120–125.

*König*, Doris/*Uwer*, Dirk (Hrsg.): Grenzen europäischer Normgebung: EU-Kompetenzen und Europäische Grundrechte, Hamburg 2015 (zitiert: *Bearbeiter*, in: König/Uwer Grenzen europäischer Normgebung, S.).

*König*, Tassilo-Rouven: Beschäftigtendatenschutz in der Beratungspraxis, Baden-Baden, 1. Auflage 2020 (zitiert: *König*, Beschäftigtendatenschutz, § Rn.).

*König*, Tassilo-Rouven: Das Recht auf eine Datenkopie im Arbeitsverhältnis – Ein Leitfaden zur Handhabung in der betrieblichen Praxis, CR 2019, 295–301.

*Korch*, Stefan/*Chatard*, Yannick: Datenschutz als Vorstandsverantwortung, AG 2019, 551–560.

*Korch*, Stefan/*Chatard*, Yannick: Der datenschutzrechtliche Auskunftsanspruch in Geschäftsleiterhaftungsfällen – Unverhoffte Hilfe für Organe in Beweisnot?, NZG 2020, 893–898.

*Korch*, Stefan/*Chatard*, Yannick: Der Missbrauchseinwand gegen Betroffenenrechte – Eine Standortbestimmung zum Umgang mit datenschutzfremden Motiven, ZD 2022, 482–486.

*Korch*, Stefan/*Chatard*, Yannick: Reichweite und Grenzen des Anspruchs auf Erhalt einer Kopie gem. Art. 15 DS-GVO, CR 2020, 438–447.

*Koreng*, Ansgar: Reichweite des datenschutzrechtlichen Auskunftsanspruchs, NJW 2021, 2692–2694.

*Kovács*, Christian: Der Generalanwalt am Gerichtshof der Europäischen Union, JA 2010, 625–631.

*Krämer*, Michael/*Burghoff*, Ramon: Praxisgerechter Umgang mit Auskunftsersuchen nach Art. 15 DS-GVO, ZD 2022, 428–433.

*Kraußer*, Hans-Peter: Das Prinzip begrenzter Einzelermächtigung im Gemeinschaftsrecht als Strukturprinzip des EWG-Vertrages, Berlin 1991.

*Kremer*, Ulrich/*Prochazka*, Boris: Harter D&O-Markt: Dem Mittelstand drohen deutliche Preissteigerungen bei steigenden Risiken, Versicherungswirtschaft-Heute vom 6. September 2021, https://versicherungswirtschaft-heute.de/schlaglicht/2021-09-06/harter-do-markt-dem-mittelstand-drohen-deutliche-preissteigerungen-bei-steigenden-risiken/ (zuletzt abgerufen am 24. 11. 2024).

*Krieger*, Gerd: Beweislastumkehr und Informationsanspruch des Vorstandsmitglieds bei Schadensersatzforderungen nach § 93 Abs. 2 AktG, in: Festschrift für Uwe Helmut Schneider, Köln 2011, S. 717–736.

*Krieger*, Gerd/*Schneider*, Uwe H. (Hrsg.): Handbuch Managerhaftung, Köln, 4. Auflage 2023 (zitiert: *Bearbeiter*, in: Krieger/Schneider Hdb Managerhaftung, § Rn.).

*Krogh*, Henning: Abgasskandal: VW will Schadenersatz von Winterkorn und Stadler – dieses Schreiben schickte der Aufsichtsrat heute an die Belegschaft, Business-Insider vom 26. März 2021, https://www.businessinsider.de/wirtschaft/vw-will-schadensersatz-von-winterkorn-und-stadler/ (zuletzt abgerufen am 24. 11. 2024).

*Krug*, Walter/*Horn*, Claus-Henrik (Hrsg.): Nomos-Prozesshandbuch Pflichtteilsprozess, Baden-Baden, 3. Auflage 2021 (zitiert: *Bearbeiter*, in: Krug/Horn Pflichtteilsprozess, § Rn.).

*Krüger*, Wolfgang (Red.): Münchener Kommentar zum BGB, Band 2 (Schuldrecht-Allgemeiner Teil I, §§ 241–310), 9. Auflage 2022 (zitiert: *Bearbeiter*, in: MüKo BGB, § Rn.).

*Krüger*, Wolfgang (Red.): Münchener Kommentar zum BGB, Band 3 (Schuldrecht-Allgemeiner Teil II), 9. Auflage 2022 (zitiert: *Bearbeiter*, in: MüKo BGB, § Rn.).

*Kühling*, Jürgen/*Buchner*, Benedikt (Hrsg.): Datenschutz-Grundverordnung – Bundesdatenschutzgesetz, München, 3. Auflage 2020 (zitiert: *Bearbeiter*, in: Kühling/Buchner DS-GVO/BDSG, 3. Aufl. 2020, Art./§ Rn.).

*Kühling*, Jürgen/*Buchner*, Benedikt (Hrsg.): Datenschutz-Grundverordnung – Bundesdatenschutzgesetz, München, 4. Auflage 2024 (zitiert: *Bearbeiter*, in: Kühling/Buchner DS-GVO/BDSG, Art./§ Rn.).

*Kühling*, Jürgen/*Klar*, Manuel: Unsicherheitsfaktor Datenschutzrecht – Das Beispiel des Personenbezugs und der Anonymität, NJW 2013, 3611–3617.

*Kühling*, Jürgen/*Martini*, Mario: Die Datenschutz-Grundverordnung: Revolution oder Evolution im europäischen und deutschen Datenschutzrecht, EuZW 2016, 448–454.

*Kühling*, Jürgen/*Schildbach*, Roman: Corona-Apps – Daten- und Grundrechtsschutz in Krisenzeiten, NJW 2020, 1545–1550.

*Kullrich*, Antje: Fall VW alarmiert den Markt für D&O-Versicherungen, Börsen-Zeitung vom 16. Juni 2021, https://www.boersen-zeitung.de/fall-vw-alarmiert-den-markt-fuer-do-versicherung-f04cadd8-ce94-11eb-a739-6b4c0019618e (zuletzt abgerufen am 24.11.2024).

*Kürschner*, Wolfgang: Parteiöffentlichkeit vor Geheimnisschutz im Zivilprozeß, NJW 1992, 1804–1805.

*Kutyniok*, Gitta: Zuverlässige Künstliche Intelligenz – Erfolge, Herausforderungen und Grenze, Digitale Welt 2022, 4–5.

*Kuznik*, Christoph: Die Grenzen des Anspruchs auf Zugang zu personenbezogenen Daten, NVwZ 2023, 297–304.

*Lang*, Johannes: Die Aufklärungspflicht der Parteien des Zivilprozesses vor dem Hintergrund der europäischen Rechtsvereinheitlichung, Berlin 1999.

*Lang*, Volker: Anmerkung zu OLG München, Urt. v. 4. Oktober 2021, 3 U 2906/20, BKR 2022, 266–270.

*Lange*, Oliver: D&O-Versicherung und Managerhaftung, München, 2. Auflage 2022.

*Langheid*, Theo/*Rixecker*, Roland/*Gal*, Jens/*Grote*, Joachim/*Muschner*, Jens (Hrsg.): Kommentar zum Versicherungsvertragsgesetz, München, 7. Auflage 2022 (zitiert: *Bearbeiter*, in: Langheid/Rixecker VVG, § Rn.).

*Langheid*, Theo/*Wandt*, Manfred (Hrsg.): Münchener Kommentar zum Versicherungsvertragsgesetz, Band 1 (§§ 1–99, VVG-InfoV), München, 3. Auflage 2022 (zitiert: *Bearbeiter*, in: MüKo VVG, § Rn.).

*Langheid*, Theo/*Wandt*, Manfred (Hrsg.): Münchener Kommentar zum Versicherungsvertragsgesetz, Band 3 (Nebengesetze, Systematische Darstellungen I), München, 2. Auflage 2017 (zitiert: *Bearbeiter*, in: MüKo VVG, §/Nr. Rn.).

*Larenz*, Karl: Methodenlehre der Rechtswissenschaft, Berlin, 6. Auflage 1991.

*Lattwein*, Alois/*Krüger*, Burkhard: D&O-Versicherung – Das Ende der Goldgräberstimmung?, NVersZ 2000, 365–368.

*Laumen*, Hans-Willi/*Prütting*, Hanns (Hrsg.): Handbuch der Beweislast, Köln, 5. Auflage 2023 (zitiert: *Bearbeiter*, in: Baumgärtel/Laumen/Prütting Handbuch der Beweislast, § Rn.).

*Lehmann*, Martin: Aktuelle Rechtsprechung des Bundesgerichtshofs zur D&O-Versicherung und Folgerungen für die Praxis, r+s 2018, 6–15.

*Lembke*, Mark: Der datenschutzrechtliche Auskunftsanspruch im Anstellungsverhältnis, NJW 2020, 1841–1846.

*Lembke*, Mark/*Fischels*, André: Datenschutzrechtlicher Auskunfts- und Kopieanspruch im Fokus von Rechtsprechung und Praxis, NZA 2022, 513–521.

*Lensdorf*, Lars: Anmerkung zu LAG Baden-Württemberg, Urt. v. 20. Dezember 2018 – 17 Sa 11/18, CR 2019, 304–308.

*Lentz*, Alexander: Der Auskunftsanspruch nach Art. 15 DS-GVO – Aktuelle Herausforderungen bei der Umsetzung im Arbeitsrecht, ArbRB 2019, 150–154.

*Lenzen*, Manuela: Künstliche Intelligenz. Was sie kann und was uns erwartet, München 2018.

*Leuering*, Dieter/*Keßler*, Hans-Christian: Die Organhaftung des Vereinsvorstands, NJW-Spezial 2017, 335–336.

*Li*, Yiyi: Künstliche Intelligenz im Rahmen unternehmerischer Entscheidungen des Vorstands der AG, Baden-Baden 2022.

*Lindner*, Eric: Auskunftsanspruch und Belegeinsicht unter DS-GVO, NZM 2022, 633–642.

*Löbbe*, Marc: Abtretungslösung – Königsweg zur Durchsetzung von Organhaftungsansprüchen?, in: Festschrift für Reinhard Marsch-Barner, München 2018, S. 317–334.

*Lorenz*, Luisa: Keine Rechtsmissbräuchlichkeit der Geltendmachung von Auskunftsanspruch gemäß Art. 15 DS-GVO zum Zwecke der Verfolgung datenschutzfremder Ziele, jurisPR-ITR 4/2023, Anm. 6.

*Löschhorn*, Alexander/*Fuhrmann*, Lambertus: „Neubürger" und die Datenschutz-Grundverordnung: Welche Organisations- und Handlungspflichten treffen die Geschäftsleitung in Bezug auf Datenschutz und Datensicherheit?, NZG 2019, 161–170.

*Lücke*, Oliver/*Schaub*, Bernhard (Hrsg.): Beck'sches Mandats Handbuch – Vorstand der AG, München, 2. Auflage 2010 (zitiert: *Bearbeiter*, in: Beck'sches Mandats Hdb. – Vorstand der AG, § Rn.).

*Lüderitz*, Alexander: Ausforschungsverbot und Auskunftsanspruch bei Verfolgung privater Rechte, Recht und Staat in Geschichte und Gegenwart, Heft 319/320.

*Lühning*, Torsten: Auskunftsersuchen des Beschuldigten bei internen Ermittlungen, ZD 2023, 136–140.

*Lüpke*, Tobias/*Müller*, Robert: „Pre-Trial Discovery of Documents" und § 142 ZPO – ein trojanisches Pferd im neuen Zivilprozessrecht?, NZI 2002, 588–589.

*Lutter*, Marcus: Die Auslegung angeglichenen Rechts, JZ 1992, 593–607.

*Lutz*, Christopher: Der Vorwurf missbräuchlichen Verhaltens im Insolvenzrecht, Berlin 2020.

*Mann*, Maximilian: Pflichten der Geschäftsleiter der Zielgesellschaft in der privaten M&A-Transaktion – Grundsätze und deren Konkretisierung für bestimmte Meilensteine der Transaktion, NZG 2022, 1568–1574.

*Marlow*, Sven/*Spuhl*, Udo (Hrsg.): Beck'scher Online-Kommentar VVG, München, 24. Edition 2024 (zitiert: *Bearbeiter*, in: BeckOK VVG, Stand, § Rn.).

*Marsch*, Nikolaus: Das europäische Datenschutzgrundrecht, Tübingen 2018.

*Matthes*, Sebastian: Bill Gates: „Wir werden weniger arbeiten müssen als heute", Handelsblatt-Online vom 17. März 2023, https://www.handelsblatt.com/politik/international/bill-gates-wir-werden-weniger-arbeiten-muessen-als-heute-/28973628.html?tm=login#wt_eid=2167751349196477964&wt_t=1678692209465 (zuletzt abgerufen am 24.11.2024).

*Meckbach*, Anne: Organhaftung und Beweisrisiken, NZG 2015, 580–585.

*Melot de Beauregard*, Paul: Die D&O-Versicherung für Vereins- und Stiftungsvorstände, ZStV 2015, 143–148.

*Melot de Beauregard*, Paul/*Lieder*, Jan/*Liersch*, Jan (Hrsg.): Managerhaftung, München, 1. Auflage 2022 (zitiert: *Bearbeiter*, in: Melot de Beauregard/Lieder/Liersch Managerhaftung, § Rn.).

*Menke*, Rainard/*Porsch*, Winfried: Verfassungs- und europarechtliche Grenzen eines Gesetzes zur individualisierten Zwangsoffenlegung der Vergütung der Vorstandsmitglieder, BB 2004, 2533–2537.

*Moll*, Wilhelm (Hrsg.): Münchener Anwalts Handbuch Arbeitsrecht, München, 5. Auflage 2021 (zitiert: *Bearbeiter*, in: MAH Arbeitsrecht, § Rn.).

*Moos*, Flemming/*Schefzig*, Jens/*Arning*, Marian (Hrsg.): Praxishandbuch DS-GVO einschließlich BDSG und spezifischer Anwendungsfälle, Heidelberg, 2. Auflage 2021 (zitiert: *Bearbeiter*, in: Moos/Schefzig/Arning Hdb DS-GVO/BDSG, Kap. Rn.).

*Morell*, Alexander: Der Beibringungsgrundsatz, Tübingen 2018.

*Müller-Glöge*, Rudi/*Preis*, Ulrich/*Gallner*, Inken/*Schmidt*, Ingrid (Hrsg.): Beck'scher Kurzkommentar – Erfurter Kommentar zum Arbeitsrecht, München, 24. Auflage 2024 (zitiert: *Bearbeiter*, in: ErfK ArbR, § Rn.).

*Münch*, Ingo von/*Kunig*, Philip (Hrsg.): Grundgesetz Kommentar, Band I (Präambel bis Art. 69 GG), München, 7. Auflage 2021 (zitiert: *Bearbeiter*, in: von Münch/Kunig GG, Art. Rn.).

*Murphy*, Martin/*Votsmeier*, Volker: Ex-„Bild"-Chef Julian Reichelt reicht Widerklage gegen Springer ein, Handelsblatt-Online vom 9. Juni 2023, https://www.handelsblatt.com/unternehmen/it-medien/medien-ex-bild-chef-julian-reichelt-reicht-widerklage-gegen-springer-ein/29196630.html (zuletzt abgerufen am 24. 11. 2024).

*Musielak*, Hans-Joachim/*Voit*, Wolfgang (Hrsg.): Kommentar Zivilprozessordnung mit Gerichtsverfassungsgesetz, München, 21. Auflage 2024 (zitiert: *Bearbeiter*, in: Musielak/Voit ZPO, § Rn.).

*Nägele*, Thomas/*Apel*, Simon/*Stolz*, Alexander/*Drescher*, Jonathan/*Sefrin*, Lara: Die Entwicklung des Datenschutzrechts im vierten Jahr der DS-GVO (Teil 1): Gesetzgebung mit datenschutzrechtlichem Bezug, DB 2022, 1946–1955.

*Nägele*, Thomas/*Apel*, Simon/*Stolz*, Alexander/*Drescher*, Jonathan/*Sefrin*, Lara: Die Entwicklung des Datenschutzrechts im vierten Jahr der DS-GVO (Teil 3): Überblick über die Rechtsprechung, DB 2022, 2458–2470.

*Natter*, Eberhard/*Gross*, Roland (Hrsg.): Nomos-Kommentar Arbeitsgerichtsgesetz, Baden-Baden, 2. Auflage 2013 (zitiert: *Bearbeiter*, in: Natter/Gross ArbGG, § Rn.).

*Nettesheim*, Martin (Hrsg.): Das Recht der Europäischen Union: EUV/AEUV, München, 82. EL 2024 (zitiert: *Bearbeiter*, in: Grabitz/Hilf/Nettesheim Das Recht der EU, Art. Rn.).

*Noack*, Ulrich/*Servatius*, Wolfgang/*Haas*, Ulrich (Hrsg.): Beck'scher Kurzkommentar GmbHG, München, 23. Auflage 2022 (zitiert: *Bearbeiter*, in: Noack/Servatius/Haas GmbHG, § Rn.).

*Olbrich*, Carola: Die D&O-Versicherung, Karlsruhe, 2. Auflage 2017.

*Paal*, Boris P./*Kritzer*, Ina: Geltendmachung von DS-GVO-Ansprüchen als Geschäftsmodell, NJW 2022, 2433–2439.

*Paal*, Boris P./*Pauly*, Daniel A. (Hrsg.): Datenschutz-Grundverordnung – Bundesdatenschutzgesetz, München, 3. Auflage 2021 (zitiert: *Bearbeiter*, in: Paal/Pauly DS-GVO/BDSG, Art. Rn.).

*Paefgen*, Walter G.: Die Darlegungs- und Beweislast bei der Business Judgment Rule, NZG 2009, 891–896.

*Patzina*, Reinhard/*Bank*, Stefan/*Schimmer*, Dieter/*Simon-Widmann*, Michaele (Hrsg.): Haftung von Unternehmensorganen – Vorstände, Aufsichtsräte, Geschäftsführer, München, 1. Auflage 2010 (zitiert: *Bearbeiter*, in: Patzina/Bank/Schimmer/Simon-Widmann Haftung von Unternehmensorganen, § Rn.).

*Paul*, Carsten A.: Pflicht ausgeschiedener Aufsichtsräte zur Rückgabe von Geschäftsunterlagen („Metro"), EWiR 2008, 737–738.

*Pechstein*, Matthias/*Nowak*, Carsten/*Häde*, Ulrich (Hrsg.): Frankfurter Kommentar zu EUV, GRC und AEUV, Band 2, Tübingen, 2. Auflage 2023 (zitiert: *Bearbeiter*, in: Pechstein/Nowak/Häde EUV/GRC/AEUV, Art. Rn.).

*Peisker*, Yannick: Anmerkung zu EuGH, Urt. v. 26. Oktober 2023 – C 307/22, EuZW 2023, 1100–1106.

*Peisker*, Yannick: Der datenschutzrechtliche Auskunftsanspruch, Baden-Baden 2023.

*Peisker*, Yannick: Die Kopie nach Art. 15 Abs. 3 S. 1 DSGVO – Gedanken zur EuGH-Entscheidung in der Rs. C 487/21, RDV 2023, 187–189.

*Peisker*, Yannick/*Zhou*, Johannes: Quo vadis Art. 15 DSGVO?, PinG 2023, 218–225.

*Pfeifer*, Markus: Finanz- und Haftungsverfassung der SARL, GmbHR 2007, 1208–1213.

*Piltz*, Carlo/*Zwerschke*, Johannes: Missbräuchliche Ausübung von DS-GVO-Betroffenenrechten – zulässiger Verteidigungseinwand für Verantwortliche?, RDV 2022, 11–15.

*Plath*, Kai-Uwe (Hrsg.): Kommentar zu DS-GVO, BDSG und TTDSG, Köln, 4. Auflage 2023 (zitiert: *Bearbeiter*, in: Plath DS-GVO/BDSG, Art. Rn.).

*Pöhlmann*, Peter/*Fandrich*, Andreas/*Bloehs*, Joachim (Hrsg.): Kommentar zum Genossenschaftsgesetz, München, 4. Auflage 2012 (zitiert: *Bearbeiter*, in: Pöhlmann/Fandrich/Bloehs GenG, § Rn.).

*Prölls*, Jürgen/*Martin*, Anton (Hrsg.): beck'scher Kurz-Kommentar Versicherungsvertragsgesetz, München, 32. Auflage 2024 (zitiert: *Bearbeiter*, in: Prölls/Martin VVG, § Rn.).

*Prütting*, Hanns: Die sekundäre Darlegungslast und die nicht existierende sekundäre Beweislast, in: Festschrift für Wolfgang Krüger, München, 1. Auflage 2017, S. 433–438.

*Prütting*, Hanns/*Gehrlein*, Markus (Hrsg.): Kommentar zur Zivilprozessordnung, München, 16. Auflage 2024 (zitiert: *Bearbeiter*, in: Prütting/Gehrlein ZPO, § Rn.).

*Prütting*, Hanns/*Wegen*, Gerhard/*Weinreich*, Gerd (Hrsg.): Kommentar zum BGB, München, 19. Auflage 2024 (zitiert: *Bearbeiter*, in: Prütting/Wegen/Weinreich BGB, § Rn.).

*Quiel*, Philipp: Das Missbrauchsverbot im Kontext von Art. 15 DS-GVO, DSB 2022, 217.

*Rancke*, Friedbert/*Pepping*, Georg (Hrsg.): Nomos-Kommentar Mutterschutz/Elterngeld/Elternzeit, Baden-Baden, 6. Auflage 2021 (zitiert: *Bearbeiter*, in: NK-MuSchG/Elterngeld/Elternzeit, § Rn.).

*Rauscher*, Thomas/*Krüger*, Wolfgang (Hrsg.): Münchener Kommentar zur Zivilprozessordnung mit Gerichtsverfassungsgesetz und Nebengesetzen, Band 1 (§§ 1–354 ZPO), München, 6. Auflage 2020 (zitiert: *Bearbeiter*, in: MüKo ZPO, § Rn.).

*Rauscher*, Thomas/*Krüger*, Wolfgang (Hrsg.): Münchener Kommentar zur Zivilprozessordnung mit Gerichtsverfassungsgesetz und Nebengesetzen, Band 2 (§§ 355–945b ZPO), München, 6. Auflage 2020 (zitiert: *Bearbeiter*, in: MüKo ZPO, § Rn.).

*Reichert*, Jochem: Das Prinzip der Regelverfolgung von Schadensersatzansprüchen nach „ARAG/Garmenbeck", in: Festschrift für Peter Hommelhoff, Köln 2012, S. 907–926.

*Reichert*, Jochem/*Groh*, Jakob: Datenschutz in der Organhaftung – eine Zweckentfremdung, NZG 2021, 1381–1385.

*Reiding*, Viviane: Sieben Grundbausteine der europäischen Datenschutzreform, ZD 2012, 195–198.

*Reiling*, Florian: Das US-amerikanische Discovery-Verfahren im Rahmen deutscher gerichtlicher Auseinandersetzungen, Tübingen 2016.

*Reuter*, Alexander: Rückbau oder Ausbau der Managerhaftung? Eine Befundung im Licht der neueren Rechtsprechung und der Unternehmenspraxis, ZIP 2016, 597–607.

*Richter*, Vera Josefin: Informationsrechte im Organhaftungsprozess, Berlin 2018.

*Rieger*, Harald: Gesetzeswortlaut und Rechtswirklichkeit im Aktiengesetz, in: Festschrift für Martin Peltzer, Köln 2001, S. 339–357.

*Riehm*, Thomas/*Bucher*, Stefanie: Die Drittwiderklage, ZZP 2010, 347–361.

*Riemer*, Martin: Anmerkung zu LG Köln, Urt. v. 19. Juni 2019 – 26 S 13/18, ZD 2019, 413–415.

*Riemer*, Martin: Anmerkung zu OLG Köln, Urt. v. 6. Februar 2020 – 20 W 9/19, VuR 2020, 314–316.

*Riemer*, Martin: Der Datenauskunftsanspruch gem. Art. 15 DS-GVO als Pre-Trial Discovery und prima lex des Auskunftsrechts, DSB 2019, 223–225.

*Riesenhuber*, Karl (Hrsg.): Europäische Methodenlehre, Berlin, 4. Auflage 2021 (zitiert: *Bearbeiter*, in: Riesenhuber Europäische Methodenlehre, § Rn.).

*Rolfs*, Christian/*Giesen*, Richard/*Meßling*, Miriam/*Udsching*, Peter (Hrsg.): Beck'scher Online-Kommentar zum Arbeitsrecht, München, 73. Edition 2024 (zitiert: *Bearbeiter*, in: BeckOK ArbR, Stand, § Rn.).

*Röller*, Jürgen (Hrsg.): Personalbuch 2024, München, 31. Auflage 2024 (zitiert: *Bearbeiter*, in: Personalbuch, Begriff Rn.).

*Roßnagel*, Alexander (Hrsg.): Europäische Datenschutz-Grundverordnung, Baden-Baden, 1. Auflage 2017 (zitiert: *Bearbeiter*, in: Roßnagel DSGVO, Art. Rn.).

*Roßnagel*, Alexander: Gesetzgebung im Rahmen der Datenschutz-Grundverordnung, DuD 2017, 277–281.

*Roßnagel*, Alexander (Hrsg.): Handbuch Datenschutzrecht, München, 1. Auflage 2003 (zitiert: *Bearbeiter*, in: Roßnagel Hdb Datenschutzrecht, Kap. Rn.).

*Rowedder*, Heinz/*Pentz*, Andreas (Hrsg.): Kommentar zum Gesetz betreffend die Gesellschaft mit beschränkter Haftung, München, 7. Auflage 2022 (zitiert: *Bearbeiter*, in: Rowedder/Pentz GmbHG, § Rn.).

*Ruchatz*, Ulrich: Auskunftspflichten der Aktiengesellschaft bei Organhaftungsverfahren im Verhältnis zum Anspruchsgegner und gegenüber dem D&O-Versicherer, AG 2015, 1–10.

*Ruckteschler*, Dorothee/*Grillitsch*, Karsten: Organhaftung – Zur Durchsetzung des Einsichtsrechts ausgeschiedener Organmitglieder, in: Festschrift für Siegfried H. Elsing, Frankfurt a. M. 2015, S. 1129–1144.

*Ruckteschler*, Dorothee/*Wendelstein*, Anika: Neuer Einblick in die Akte, F.A.Z. online vom 25. Juni 2019, https://www.faz.net/-gqe-9odl4 (zuletzt abgerufen am 24.11.2024).

*Saenger*, Ingo (Hrsg.): Nomos-Kommentar, Zivilprozessordnung, Baden-Baden, 10. Auflage 2023 (zitiert: *Bearbeiter*, in: Saenger ZPO, § Rn.).

*Schaffland*, Hans-Jürgen/*Wiltfang*, Noeme (Begr.): Kommentar zur Datenschutzgrundverordnung (DS-GVO)/Bundesdatenschutzgesetz (BDSG), Berlin, 7. EL 2024 (zitiert: *Bearbeiter*, in: Schaffland/Wiltfang DS-GVO/BDSG, Art. Rn.).

*Schantz*, Peter/*Wolff*, Heinrich Amadeus (Hrsg.): Das neue Datenschutzrecht – Datenschutzgrundverordnung und Bundesdatenschutzgesetz in der Praxis, München, 1. Auflage 2017 (zitiert: *Bearbeiter*, in: Schantz/Wolff Das neue Datenschutzrecht, Rn.).

*Schenk*, Kersten von/*Wilsing*, Hans-Ulrich (Hrsg.): Arbeitshandbuch für Aufsichtsratsmitglieder, München, 5. Auflage 2021 (zitiert: *Bearbeiter*, in: Arbeitshandbuch für Aufsichtsratsmitglieder, § Rn.).

*Schlosser*, Peter: Das Bundesverfassungsgericht und der Zugang zu den Informationsquellen im Zivilprozeß, NJW 1992, 3275–3277.

*Schmidt*, Karsten/*Lutter*, Marcus (Hrsg.): Kommentar zum AktG, Köln, 5. Auflage 2024 (zitiert: *Bearbeiter*, in: Schmidt/Lutter AktG, § Rn.).

*Schmidt*, Uwe: Überlegungen zur Beweislastverteilung bei Organhaftungsansprüchen, in: Festschrift für Thomas Heidel, Baden-Baden 2021, S. 733–750.

*Schneider*, Jochen: Datenschutz nach der EU-Datenschutz-Grundverordnung, München, 2. Auflage 2019.

*Schneider*, Uwe H.: Die nachwirkenden Pflichten des ausgeschiedenen Geschäftsführers, in: Festschrift für Peter Hommelhoff, Köln 2012, S. 1023–1036.

*Schnorbus*, York/*Ganzer*, Felix: Haftung fakultativer Gesellschaftsorgane in der GmbH und KGaA, BB 2017, 1795–1806.

*Schoch*, Friedrich/*Schneider*, Jens-Peter (Hrsg.): Verwaltungsrecht, München, 45. EL 2024 (zitiert: *Bearbeiter*, in: Schoch/Schneider Verwaltungsrecht, § Rn.).

*Scholz*, Philipp: Darlegungs- und Beweislast bei der Durchsetzung von Organhaftungsansprüchen, ZZP 2020, 491–529.

*Scholz*, Philipp: Die existenzvernichtende Haftung von Vorstandsmitgliedern in der Aktiengesellschaft, Jena 2014.

*Scholz*, Philipp: Die Haftung der Stiftungsorgane nach neuem Recht – Pflichtenkreis, Business Judgment Rule, Darlegungs- und Beweislast, npoR 2022, 50–54.

*Schön*, Wolfgang: Privatrechtsdogmatik im 21. Jahrhundert, in Festschrift für Claus-Wilhelm Canaris, Berlin 2017, S. 147–180.

*Schreiber*, Kristina: Zum Recht auf Kopie personenbezogener Daten: Reproduktion von Dokumenten bei Unerlässlichkeit für das Verständnis der Informationen, DB 2023, 250.

*Schreiber*, Kristina/*Brinke*, Pauline: Der Auskunftsanspruch als discovery-Ersatz?, Rdi 2023, 232–239.

*Schreyer-Bestmann*, Sylle/*Jentsch*, Martina: Zusammenspiel von Datenschutz- und Hinweisgeberschutz im Kontext des Whistleblowings, CMS Deutschland bloggt, https://www.cmshs-bloggt.de/rechtsthemen/whistleblowing-arbeitsrecht/zusammenspiel-von-datenschutz-und-hinweisgeberschutz-im-kontext-whistleblowing/ (zuletzt abgerufen am 24.11.2024).

*Schröder*, Markus: Anmerkung zu OLG Köln, Urt. v. 26. Juli 2019, 20 U 75/18, DSB 2019, 232–233.

*Schubert*, Claudia (Red.): Münchener Kommentar zum BGB, Band 1 (§§ 1–240, AllgPersönlR, ProstG, AGG), München, 9. Auflage 2021 (zitiert: *Bearbeiter*, in: MüKo BGB, § Rn.).

*Schulte*, Willem/*Welge*, Jonas: Der datenschutzrechtliche Kopieanspruch im Arbeitsrecht, NZA 2019, 1110–1116.

*Schulz*, Werner/*Hauß*, Jörn (Hrsg.): Vermögensauseinandersetzung bei Trennung und Scheidung, München, 7. Auflage 2022 (zitiert: *Schulz/Hauß*, in: Schulz/Hauß Vermögensauseinandersetzung, Kap. Rn.).

*Schulze*, Reiner/*Janssen*, André/*Kadelbach*, Stefan (Hrsg.): Europarecht – Handbuch für die deutsche Rechtspraxis, Baden-Baden, 4. Auflage 2020 (zitiert: *Bearbeiter*, in: Schulze/Janssen/Kadelbach Europarecht, § Rn.).

*Schumacher*, Florian: Organhaftung und D&O-Versicherung im Schiedsverfahren, NZG 2016, 969–975.

*Schürmann*, Kathrin/*Baier*, Jan O.: Schadensersatzansprüche im Datenschutz, DuD 2022, 103–106.

*Schwartmann*, Rolf/*Jaspers*, Andreas/*Thüsing*, Georg/*Kugelmann*, Dieter (Hrsg.): Datenschutz-Grundverordnung und Bundesdatenschutzgesetz Kommentar, Heidelberg, 2. Auflage 2020 (zitiert: *Bearbeiter*, in: Schwartmann/Jaspers/Thüsing/Kugelmann DS-GVO/BDSG, 2. Aufl. 2020, Art./§ Rn.).

*Schwartmann*, Rolf/*Jaspers*, Andreas/*Thüsing*, Georg/*Kugelmann*, Dieter (Hrsg.): Datenschutz-Grundverordnung und Bundesdatenschutzgesetz Kommentar, Heidelberg, 3. Auflage 2024 (zitiert: *Bearbeiter*, in: Schwartmann/Jaspers/Thüsing/Kugelmann DS-GVO/BDSG, Art./§ Rn.).

*Schwarz*, Günter Christian (Hrsg.): Kommentar zur SE-VO, München, 1. Auflage 2006 (zitiert: *Bearbeiter*, in: Schwarz SE-VO, Art. Rn.).

*Schweitzer*, Eva Maria: Zulässigkeit der Ausschlussklauseln für Vorsatz und wissentliches Handeln in der D&O-Versicherung, Hamburg 2013.

*Seitz*, Björn: Vorsatzausschluss in der D&O-Versicherung – endlich Licht im Dunkeln!, VersR 2007, 1476–1478.

*Seyfarth*, Georg: Neuer Rechtsrahmen für D&O-Versicherung, Börsen-Zeitung, 140. Ausgabe 2016, S. 9.

*Seyfarth*, Georg: Vorstandsrecht, Köln, 2. Auflage 2023.

*Simitis*, Spiros/*Hornung*, Gerrit/*Spiecker gen. Döhmann*, Indra (Hrsg.): Nomos-Kommentar Datenschutzrecht, Baden-Baden, 1. Auflage 2019 (zitiert: *Bearbeiter*, in: Simitis/Hornung/Spiecker gen. Döhmann Datenschutzrecht, Art. Rn.).

*Soergel*, Theodor (Hrsg.): Kommentar zum BGB, Stuttgart, 13. Auflage 2011 (zitiert: *Bearbeiter*, in: Soergel BGB, § Rn.).

*Sonnenberger*, Hans Jürgen: Leistungsstörung, positive Forderungsverletzung und Beweislast – rechtsvergleichende Bemerkungen, in: Festschrift für Dieter Medicus, Köln 1999, S. 621–636.

*Specht*, Louisa/*Mantz*, Reto (Hrsg.): Handbuch Europäisches und deutsches Datenschutzrecht, München 2019 (zitiert: *Bearbeiter*, in: Specht/Mantz Hdb Datenschutzrecht, § Rn.).

*Spindler*, Gerald/*Schuster*, Fabian (Hrsg.): Recht der elektronischen Medien, München, 4. Auflage 2019 (zitiert: *Bearbeiter*, in: Spindler/Schuster Recht der elektronischen Medien, Art. Rn.).

*Staudinger*, Julius von (Begr.): Kommentar zum BGB, Buch 2, §§ 214–243, Berlin, Neubearbeitung 2019 (zitiert: *Bearbeiter*, in: Staudinger BGB, § Rn.).

*Staudinger*, Julius von (Begr.): Kommentar zum BGB, Buch 2, §§ 809–811 BGB, Berlin, Neubearbeitung 2023 (zitiert: *Bearbeiter*, in: Staudinger BGB, § Rn.).

*Staudinger*, Julius von (Begr.)/*Löwisch*, Manfred (Red.): Kommentar zum BGB, Buch 2, §§ 255–304, Berlin, Neubearbeitung 2019 (zitiert: *Bearbeiter*, in: Staudinger BGB, § Rn.).

*Streinz*, Rudolf (Hrsg.): Beck'scher Kurzkommentar EUV/AEUV, München, 3. Auflage 2018 (zitiert: *Bearbeiter*, in: Streinz EUV/AEUV, Art. Rn.).

*Strohn*, Lutz: Pflichtenmaßstab und Verschulden bei der Haftung von Organen einer Kapitalgesellschaft, CCZ 2013, 177–224.

*Stürner*, Rolf: Die Aufklärungspflicht der Parteien im Zivilprozess, Tübingen 1976.

*Stürner*, Rolf (Hrsg.): Jauernig – Bürgerliches Gesetzbuch, München, 19. Auflage 2023 (zitiert: *Bearbeiter*, in: Jauernig BGB, § Rn.).

*Suchan*, Florian B.: Der „qualitative Exzess" nach Art. 15 DS-GVO – Vorschlag zur Begrenzung ausforschender Auskunftsanträge, ZD 2021, 198–202.

*Sury*, Ursula: Die datenschutzrechtliche Aufgabe von Cookie-Bannern, Informatik Spektrum 2021, 306–307.

*Sydow*, Gernot (Hrsg.): Nomos-Kommentar Europäische Datenschutzgrundverordnung, Baden-Baden, 2. Auflage 2018 (zitiert: *Bearbeiter*, in: Sydow DS-GVO, 2. Aufl. 2018, Art. Rn.).

*Sydow*, Gernot/*Marsch*, Nikolaus (Hrsg.): Nomos-Kommentar Europäische Datenschutz-Grundverordnung und Bundesdatenschutzgesetz, Baden-Baden, 3. Auflage 2022 (zitiert: *Bearbeiter*, in: Sydow/Marsch DS-GVO/BDSG, Art./§ Rn.).

*Taeger*, Jürgen/*Gabel*, Detlev (Hrsg.): Kommentar zu DS-GVO – BDSG – TTDSG, Frankfurt a. M., 4. Auflage 2022 (zitiert: *Bearbeiter*, in: Taeger/Gabel DS-GVO/BDSG/TTDSG, Art. Rn.).

*Telle*, Marc: Einsatz Künstlicher Intelligenz zur vorbereitenden Unterstützung von Leistungsentscheidungen des Vorstands einer AG, Berlin 2023.

*Theissen*, Natalia: Das US-amerikanische Rechtsinstrument der „discovery", IWRZ 2020, 10–14.

*Thümmel*, Roderich C.: Persönliche Haftung von Managern und Aufsichtsräten, Stuttgart, 5. Auflage 2016.

*Thümmel*, Roderich C./*Sparberg*, Michael: Anmerkungen zu Directors' und Officers' Policen in Deutschland, DB 1995, 1013–1019.

*Thüsing*, Gregor (Hrsg.): Beschäftigtendatenschutz und Compliance, München, 3. Auflage 2021 (zitiert: *Bearbeiter*, in: Beschäftigtendatenschutz und Compliance, § Rn.).

*Thüsing*, Gregor/*Traut*, Johannes: Angemessener Selbstbehalt bei D&O-Versicherungen – Ein Blick auf die Neuerungen nach dem VorstAG, NZA 2010, 140–144.

*Tödtmann*, Claudia: Unbezahlbare D&O-Versicherungen: Sechs Fragen an Managerhaftungsexperte Michael Hendricks zu den exorbitanten Preiserhöhungen der Versicherer und dass sich Top-Manager genau ansehen sollten, wogegen sie nicht mehr versichert sind, Wirtschaftswoche Management-Blog vom 27. September 2021, https://blog.wiwo.de/management/2021/09/27/do-versicherungen-sechs-fragen-an-managerhaftungsexperte-michael-hendricks-zu-den-exorbitanten-preiserhoehungen-der-versicherer-und-dass-sich-top-manager-genau-ansehen-sollten-wogegen-sie-nicht-mehr-v/ (zuletzt abgerufen am 24.11.2024).

*Tractica*: September 2016, https://de.statista.com/statistik/daten/studie/620513/umfrage/umsatz-mit-anwendungen-im-bereich-kuenstliche-intelligenz-in-europa/ (zuletzt abgerufen am 24.11.2024).

*Ulmer*, Peter: Strikte aktienrechtliche Organhaftung und D&O-Versicherung – zwei getrennte Welten?, in: Festschrift für Claus-Wilhelm Canaris, Band II, München 2007, S. 451–472.

*Vogel*, Paul: Künstliche Intelligenz und Datenschutz, Baden-Baden 2022.

*Vogt*, Gabriele: Die Due Diligence – ein zentrales Element bei der Durchführung von Mergers & Acquisitions, DStR 2001, 2027–2034.

*Vorwerk*, Volkert (Hrsg.): Das Prozessformular-Buch, Köln, 12. Auflage 2024 (zitiert: *Bearbeiter*, in: Vorwerk Prozessformular-Buch, Kap. Rn.).

*Vorwerk*, Volkert/*Wolf*, Christian (Hrsg.): Beck'scher Online-Kommentar ZPO, München, 54. Edition 2024 (zitiert: *Bearbeiter*, in: BeckOK ZPO, Stand, § Rn.).

*Voß*, Oliver: Wenn der Algorithmus versagt – So dumm ist Künstliche Intelligenz, Tagesspiegel-Online vom 15. Juni 2018, https://www.tagesspiegel.de/politik/so-dumm-ist-kunstliche-intelligenz-5269513.html (zuletzt abgerufen am 24.11.2024).

*Wagner*, Gerhard: Organhaftung im Interesse der Verhaltenssteuerung, ZHR 2014, 227–281.

*Waldkirch*, Conrad: Der datenschutzrechtliche Auskunftsanspruch des Versicherten, r+s 2021, 317–321.

*Waldner*, Wolfram (Hrsg.): Der eingetragene Verein, München, 21. Auflage 2021 (zitiert: *Bearbeiter*, in: Sauter/Schweyer/Waldner e. V., Rn.).

*Walz*, Robert (Hrsg.): Beck'sches Formularbuch – Zivil-, Wirtschafts- und Unternehmensrecht, München, 5. Auflage 2022 (zitiert: *Bearbeiter*, in: Beck'sches Fb Zivil-, Wirtschafts- und Unternehmensrecht, Formular Anm.).

*Weber*, Klaus (Hrsg.): Weber kompakt, Rechtswörterbuch, München, 9. Edition 2023 (zitiert: *Bearbeiter*, in: Weber kompakt Rechtswörterbuch, Begriff).

*Wegen*, Gerhard/*Spahlinger*, Andreas/*Barth*, Marcel (Hrsg.): Gesellschaftsrecht des Auslands, München, 5. EL 2022 (zitiert: *Bearbeiter*, in: GesR des Auslands, Nation Rn.).

*Weller*, Marc-Philippe: Pflicht eines Aufsichtsratsmitglieds zur Herausgabe von Geschäftsunterlagen, LMK 2008, 271637.

*Weller*, Sebastian/*Rahlmeyer*, Niklas: Ausgleichsklauseln in Aufhebungsvereinbarungen mit Vorstandsmitgliedern – Steine statt Brot?!, GWR 2014, 167–170.

*Wellhöfer*, Werner/*Peltzer*, Martin/*Müller*, Welf (Hrsg.): Die Haftung von Vorstand, Aufsichtsrat, Wirtschaftsprüfer, München, 1. Auflage 2008 (zitiert: *Bearbeiter*, in: Wellhöfer/Peltzer/Müller, § Rn.).

*Wentz*, Kilian L./*Döding*, Karl: § 93 Abs. 2 Satz 2 AktG und die sekundäre Darlegungslast im Erbfall, WM 2020, 1458–1462.

*Werner*, Rüdiger: Der Informationsanspruch des ausgeschiedenen GmbH-Geschäftsführers, GmbHR 2013, 68–74.

*Werry*, Susanne: Auskunft bitte – Der Datenschutz avanciert immer mehr zu einem taktischen Instrument in Prozessen, F.A.Z. vom 28. Juli 2021, Nr. 172, S. 20.

*Westermann*, Harm Peter/*Grunewald*, Barbara/*Maier-Reimer*, Georg (Hrsg.): Erman Kommentar zum BGB, Köln, 17. Auflage 2023 (zitiert: *Bearbeiter*, in: Erman BGB, § Rn.).

*Wicke*, Hartmut/*Bachmann*, Gregor (Hrsg.): Münchener Handbuch des Gesellschaftsrechts, Band 3, München, 6. Auflage 2023 (zitiert: *Bearbeiter*, in: MHdb GesR, Bd. 3, § Rn.).

*Will*, Michael: Vermittelt die DS-GVO einen Anspruch auf aufsichtsbehördliches Einschreiten?, ZD 2020, 97–99.

*Wilsing*, Hans-Ulrich: Zur Beweisnot ausgeschiedener Organmitglieder im Organhaftungsprozess, in: Festschrift für Martin Henssler, München 2023, S. 1333–1346.

*Winnenburg*, Max: Anmerkung zu EuGH, Urt. v. 26. Oktober 2023, C 307/22, ZD 2024, 22–28.

*Winterhagen*, Annabelle: DSA-Leitlinie zum Auskunftsrecht: Kurzanalyse der Anforderungen an den Umfang des Auskunftsrechts, ZD-Aktuell 2022, 01066.

*Wolff*, Heinrich Amadeus/*Brink*, Stefan (Hrsg.): BeckOK Datenschutzrecht, München, 23. Edition (zitiert: *Bearbeiter*, in: BeckOK Datenschutzrecht, Stand, Art./§ Rn.).

*Wolff*, Heinrich Amadeus/*Brink*, Stefan (Hrsg.): BeckOK Datenschutzrecht, München, 45. Edition (zitiert: *Bearbeiter*, in: BeckOK Datenschutzrecht, Stand, Art./§ Rn.).

*Wolff*, Heinrich Amadeus/*Brink*, Stefan/*Ungern-Sternberg*, Antje von (Hrsg.): BeckOK Datenschutzrecht, München, 49. Edition (zitiert: *Bearbeiter*, in: BeckOK Datenschutzrecht, Stand, Art./§ Rn.).

*Wünschelbaum*, Markus: Zur Einschränkung des DS-GVO-Auskunftsanspruchs durch Betriebsvereinbarung, BB 2019, 2102–2106.

*Wybitul*, Tim (Hrsg.): Handbuch EU-Datenschutz-Grundverordnung, Frankfurt a. M., 1. Auflage 2017 (zitiert: *Bearbeiter*, in: Wybitul Hdb DS-GVO, Art. Rn.).

*Wybitul*, Tim: Welche Reichweite hat das Recht auf Auskunft und auf eine Kopie nach Art. 15 Abs. 1 DS-GVO, NZA 2019, 672–677.

*Wybitul*, Tim/*Baus*, Christoph: Wie weit geht das Recht auf Auskunft und Kopie nach Art. 15 DS-GVO?, CR 2019, 494–500.

*Zekoll*, Joachim/*Bolt*, Jan: Die Pflicht zur Vorlage von Urkunden im Zivilprozess – Amerikanische Verhältnisse in Deutschland?, NJW 2002, 3129–3134.

*Zhou*, Johannes/*Wybitul*, Tim: DS-GVO-Auskunftsansprüche als Vorstufe von Schadensersatzforderungen, BB 2023, 1411–1416.

*Ziemons*, Hildegard: Anmerkung zu BGH, Beschl. v. 7. Juli 2008 – II ZR 71/07, FD-HGR 2008, 267873.

*Ziemons*, Hildegard/*Jaeger*, Carsten/*Pöschke*, Moritz (Hrsg.): Beck'scher Online-Kommentar zum GmbHG, München, 61. Edition 2024 (zitiert: *Bearbeiter*, in: BeckOK GmbHG, Stand, § Rn.).

*Zikesch*, Philipp/*Sörup*, Thorsten: Der Auskunftsanspruch nach Art. 15 DS-GVO – Reichweite und Begrenzung, ZD 2019, 239–245.

*Zöll*, Oliver/*Kielkowski*, Jacek: Anmerkung zu LG Heidelberg, Urt. v. 21. Februar 2020 – 4 O 6/19, ZD 2020, 313–315.

*Zöller*, Richard (Begr.): Kommentar zur Zivilprozessordnung, Köln, 35. Auflage 2024 (zitiert: *Bearbeiter*, in: Zöller ZPO, § Rn.).

*Zöllner*, Wolfgang/*Noack*, Ulrich (Hrsg.): Kölner Kommentar zum Aktiengesetz, Band 5 (§§ 241–290 AktG), Köln, 3. Auflage 2018 (zitiert: *Bearbeiter*, in: KölnerKomm AktG, § Rn.).

*Zöllner*, Wolfang/*Noack*, Ulrich (Hrsg.): Kölner Kommentar zum Aktiengesetz, Band 7 (§§ 76, 94 AktG), Köln, 4. Auflage 2023 (zitiert: *Bearbeiter*, in: KölnerKomm AktG, § Rn.).

# Sachwortverzeichnis

**A**bgeltungsvereinbarung 68 ff.
Abgestufte Erfüllungslast 189 ff., 220, 287
Anwendungsbereich 99 ff.
Anwendungsvorrang 97 ff., 156 f., 165 ff., 194
Aufwand 188 ff., 237
Aufwandsreduzierung 217 ff.
Ausforschungsverbot 163 ff.
Auskunft 124
Auskunftsanspruch 84 ff.

**B**eschränkungen 153 ff.
Betroffene Person 106 ff.
Beweislastumkehr 35 ff.
Beweisnot 49 ff., 75 f., 91 ff.

**D**arlegungslast *siehe* Beweislastumkehr
Darlegungsnot *siehe* Beweisnot
Datenschutzfremde Zwecke 238 f., 273
D&O-Versicherung 53 ff.

**E**lektronische Dokumente 83
Erfüllungswirkung 139 ff.
Exzess 195 ff.

**H**inweisgeberschutz 184

**I**nstrumentelles Verständnis 259

**K**onkretisierung 86 ff., 189 ff., 286 ff.
Kopie 124

Künstliche Intelligenz 227 ff.

**M**agna-Charta 207

**O**rganhaftungsprozess 28 ff.
Organmitglied 108 ff.

**P**assivlegitimation 118 ff.
Personenbezogene Daten 100 ff.
Pre-Trial Discovery 158 ff., 236
Private Enforcement 298
Prozessuale Durchsetzbarkeit 305 ff.
Public Enforcement 295 ff.

**R**echtsfolge 123
Rechtsmissbrauch 319

Sekundäre Darlegungslast 49 ff.
Sekundärunterlagen 82 ff.

Teleologische Reduktion 267 ff.

Unionsrechtliche Rechtsmissbrauchslehre 269 ff.

Verantwortlicher 119 ff.
Verarbeitung 100 ff., 114 ff.
Virtueller Datenraum 223 ff.

**W**iderklage 308 ff.

**Z**ugangsanspruch 131 ff.